Isabel Leicht

Der Kriegstoten gedenken

Isabel Leicht

Der Kriegstoten gedenken

Lokale Erinnerungskulturen in Rosenheim und Penzberg nach 1945

Quellen und Darstellungen zur Geschichte der Stadt
und des Landkreises Rosenheim
Band XVIII

Rosenheim 2016
Historischer Verein Rosenheim

Titelbild: Denkmal von Josef Hamberger, Foto: Klaus G. Förg, Rosenheim
Die Fotos auf den Seiten 244, 310, 312, 347, 356, 426, 500–505 stammen von
Klaus G. Förg, Rosenheim.

Herausgeber:
Historischer Verein Rosenheim e. V.
Geschäftsstelle im Stadtarchiv Rosenheim
Reichenbachstraße 1 a
83022 Rosenheim
www.historischervereinrosenheim.de

Dissertation der Ludwig-Maximilians-Universität München (eingereicht 2014).
Die Arbeit wurde gefördert von der Friedrich-Ebert-Stiftung und dem Promotionsprogramm ProMoHist des Historischen Instituts der LMU München.

Gesamtherstellung: Rosenheimer Verlagshaus GmbH & Co. KG, Rosenheim
Layout & Satz: BuchBetrieb Peggy Sasse, Leipzig
Bildbearbeitung: Fotoweitblick Raphael Lichius, Bad Aibling
Druck: GGP Media GmbH, Pößneck
Printed in Germany

© 2016 Historischer Verein Rosenheim e.V.

Vervielfältigung und Wiedergabe, auch in Auszügen, nur mit schriftlicher
Genehmigung des Historischen Vereins Rosenheim e. V.

ISBN 978-3-9803204-8-1

Inhalt

Danksagung 13

I. Einleitung 16
  1. Gegenstand und Fragestellung 17
  2. Lokalisierung der Erinnerungskultur: Das Gedächtnis
    der Stadt 26
  3. Methode: Untersuchte Ausdrücke des kollektiven
    Gedächtnisses 33
    Denkmäler 33
    Rituale 37
    Übergangsriten 38
    Kranzniederlegung und Kameradenlied 40
  4. Untersuchungszeitraum 44
  5. Begriffe 47
    Kriegstote – Opfer – Gefallene 47
    Trauer 49
  6. Forschungsstand 52
  7. Quellen 58
    Totenkult im Nationalsozialismus 58
    Administrative Bewältigung des Kriegstodes nach 1945 .. 59
    Praktiken zur Bewältigung des Kriegstodes nach 1945 ... 59
    Das »Gedächtnis der Stadt« und kollektives Gedenken 60
  8. Aufbau der Arbeit 62

II. Städte und Akteure 65
  1. Städte 65
    1.1 Penzberg 65
    1.2 Rosenheim 68
  2. Akteure 74

2.1 Der Volksbund Deutsche Kriegsgräberfürsorge 75
2.2 Akteure des Gefallenengedenkens im Nationalsozialismus 77
2.3 Kirchen 78
2.4 Traditionsverbände 80
2.5 Politische Akteure auf lokaler und überregionaler Ebene 82

III. Totenkult im Nationalsozialismus 84
  1. Kämpfe um die Deutungshoheit – Gefallenengedenken 1919 bis 1933 85
  2. »Nichts Neues entsteht ohne Opfer.« – Gefallenengedenken 1933 bis 1939 86
    2.1 Organisationsstruktur 88
    2.2 Abkehr von der Totenklage und neue Rituale des Totengedenkens 88
      2.2.1 Vom Volkstrauertag zum Heldengedenktag 91
      2.2.2 Heldengedenken und Propaganda 94
      2.2.3 Heldengedenken als mentale Kriegsvorbereitung 95
    2.3 Auf dem Weg in die Kriegsgesellschaft 97
  3. Gefallenengedenken als Trauerhilfe – 1939 bis 1945 98
    3.1 Krisenmanagement und Propagandamittel 98
    3.2 Gefallen an der Heimatfront: Zivile Opfer des Luftkrieges 99
      3.2.1 Nationalsozialistische Totenfeste 101
      3.2.2 Luftkrieg und Propaganda 105
      3.2.3 Dekonstruktion des Heldenmythos 108
    3.3 Benachrichtigungen und Trauerfeiern 109
      3.3.1 Individuelle Gefallenenehrungen 110
      3.3.2 Todesnachrichten von der Front 114
      3.3.3 Zwischen Propaganda und Tradition: Praktiken der Hinterbliebenen 117
    3.4 Offizielles und persönliches Gedenken 124
  4. Zwischenfazit 127

IV. Der ferne Tod ... 130
1. Die administrative Bewältigung des Massensterbens ... 130
   1.1 Erinnerungskultur und Militärregierung ... 130
   1.2 Statusklärung deutscher Soldaten ... 131
       1.2.1 Nachforschungen durch Hinterbliebene ... 132
       1.2.2 Todeserklärungen vermisster Soldaten ... 134
   1.3 Kriegsgräber ... 135
       1.3.1 Grabstätten alliierter Soldaten ... 137
       1.3.2 Grabstätten deutscher Soldaten im Ausland ... 139
       1.3.3 Gräber von KZ-Häftlingen ... 140
       1.3.4 Gräber von Displaced Persons und Zwangsarbeitern ... 142
2. Der ferne Tod als Motiv der Erinnerungskultur ... 145
   Die Rolle des Volksbundes Deutsche Kriegsgräberfürsorge ... 148
3. Kommunikation im Krieg ... 150
   3.1 Die Mitteilungen von der Front ... 151
   3.2 »Ruhe sanft in fremder Erde!« – Todesanzeigen ... 156
4. Ist er noch am Leben oder schon lange tot? – Todeserklärungen von Vermissten ... 162
   4.1 Gesetzeslage ... 162
   4.2 Zwischen Hoffnung und Alltagszwängen ... 163
   4.3 Wiederverheiratung, »Onkelehe«, überraschende Heimkehr ... 166
       »Onkelehen« ... 168
       Überraschende Heimkehr ... 169
5. Trauern aus der Ferne: Praktiken, um den Raum zu überwinden ... 171
   5.1 Grabnachforschungen ... 172
   5.2 Exhumierungen und Umbettungen ... 178
   5.3 Kollektive Reisen zu Soldatenfriedhöfen ... 180
   5.4 Individuelle Reisen zu Soldatengräbern ... 183
   5.5 Grabpflege aus der Ferne ... 184
   5.6 Neue Orte für die ortlose Erinnerung ... 188
   5.7 Neue Praktiken der Erinnerungskultur ... 191
6. Geschichtspolitik mit dem fernen Grab ... 194

7. Totengedenken in der »neuen Heimat« ... 198
　7.1 Neue Rituale und private Praktiken ... 200
　7.2 Begräbnisse in der neuen Heimat – »Heimatlicher als in der Heimat selbst«? ... 202
　7.3 Die Heimatvertriebenen und die Aufnahmegemeinschaften ... 206
　7.4 Geschichtspolitik der Heimatvertriebenen ... 208
8. Zwischenfazit ... 211

V. Die Toten des Zweiten Weltkrieges in lokalen Erinnerungskulturen ... 216
1. Die Penzberger Mordnacht – Ein lokaler Erinnerungsort ... 216
　1.1 Chronologie und Aufarbeitung ... 217
　　Begrifflichkeiten ... 219
　1.2 Der Penzberger Mordprozess ... 220
　　1.2.1 Der Tatort als Gerichtsort? ... 221
　　1.2.2 Urteil, Revisionen und weitere Prozesse ... 225
　　1.2.3 Reaktionen in Penzberg ... 227
　1.3 »Wir wollen an diesem Tag nur der Toten gedenken!« Etablierung eines Gedenknarrativs ... 233
　1.4 Das Denkmal »An der Freiheit« ... 236
　　1.4.1 Entstehungsgeschichte ... 237
　　1.4.2 Die Grundsteinlegung ... 239
　　1.4.3 Der gegeißelte Bergmann ... 241
　　1.4.4 Die Einweihungsfeier (1948) ... 249
　　1.4.5 Gedenken als Protest (1950) ... 254
　1.5 Im Übergang zum kulturellen Gedächtnis: 1970 bis heute ... 259
　　1.5.1 Die »Proletarische Provinz« als wissenschaftlicher Forschungsgegenstand ... 260
　　1.5.2 Ein »Tag gegen Fanatismus und Fremdenhass, für Toleranz und Frieden« (1995) ... 266
　　　Gedenkfeierlichkeiten der Stadt ... 267
　　　Begleitprogramm ... 271
　　1.5.3 Gedenken im »Erinnerungsboom« ... 273

1.6 Der Ort der Gefallenen im Gedächtnis
der Stadt Penzberg 275
    1.6.1 Eine Leerstelle im kollektiven Gedächtnis
    Penzbergs 275
    1.6.2 »Negatives Gedächtnis« und »Verdrängung«
    als Analysekategorien 278
    1.6.3 Gedächtnis der Stadt – Gedächtnis der Familie ... 281
1.7 Funktionen des Erinnerungsortes »Penzberger
Mordnacht« 282
1.8 Zwischenfazit: Erinnern am historischen Ort 287
2. »Diese Toten gehören alle zu uns« –
Rosenheim gedenkt der Kriegstoten 290
2.1 Die erste Denkmalinitiative (1949) 290
    2.1.1 Motive und Ziele der ersten Gedenkinitiative 291
        2.1.1.1 Erinnerte Opfer 294
        2.1.1.2 Der erste Entwurf eines Denkmals für
        Rosenheim 296
    2.1.2 Öffentliche Reaktionen auf die Gedenkinitiative 297
        2.1.2.1 Unterstützer 298
        2.1.2.2 »Mumpitz der Menschheit von gestern« 299
        2.1.2.3 »Allein der Gedanke ist verfrüht« 299
        2.1.2.4 »Lebende Mahnmale«? 301
2.2 Kriegstotengedenken bis zur Errichtung des
Ehrenfriedhofes (1949–1961) 302
    2.2.1 Gedenktafeln in Schulen und Kirchen 302
    2.2.2 Allerheiligen auf dem Friedhof 304
    2.2.3 Volkstrauertag am Gefallenendenkmal 306
2.3 Die Kriegsgräberstätte auf dem Städtischen Friedhof 307
    2.3.1 Ein neuer Anlauf 307
    2.3.2 »Weit mehr als ein bloßes Erinnerungs-
    zeichen« – Die Anlage 309
2.4 Die Einweihungsfeier (1961) 315
    2.4.1 Ansprachen 316
        2.4.1.1 Erinnern als Opfer-Erzählung 317
        2.4.1.2 Erinnerung als städtische Identitätspolitik 319
        2.4.1.3 Umschreibungen für den Krieg 323

  2.4.1.4 Versuche der Sinnstiftung 325
  2.4.2 Riten der Einweihungsfeier 328
   2.4.2.1 Gestaltung des Raumes 330
   2.4.2.2 Religiöse Rituale 334
   2.4.2.3 Säkulare Rituale 336
 2.5 Auseinandersetzungen um das Gedächtnis der Stadt 343
  2.5.1 »... für ihre größten Opfer ein würdiges
   Ehrenmal ...« 343
  2.5.2 Die Form des neuen Denkmals 348
  2.5.3 Die Einweihung des neuen Denkmals 350
  2.5.4 »Die Antennen lehnen wir ab«:
   Die Spaltung des Totengedenkens 352
 2.6 Der Volkstrauertag in Rosenheim bis heute 357
  2.6.1 Ort 358
  2.6.2 Märsche, Salutschüsse, Kameradenlied –
   Rituale des Volkstrauertags 360
  2.6.3 Von Gefallenen bis zum Generalbundesanwalt:
   Erinnerte Opfer 361
  2.6.4 Rhetorik 364
  2.6.5 Nationalsozialismus vor Ort 367
  2.6.6 Reichweite/individuelle Teilnahme am
   Volkstrauertag 370
  2.6.7 Auseinandersetzungen um das Gedenken ... 374
 2.7 Zwischenfazit: Die Erinnerungskultur in Rosenheim 379
  Das Gedenken der frühen Nachkriegszeit 379
  Aneignungen des Denkmals 380
  Das kollektive Gedenken der Nachkriegsgeneration ... 381
  Die Gesellschaft der Überlebenden und
  das Gesicht des Kriegstodes 382
3. Lokale Erinnerungskulturen im Vergleich 386
 3.1 Die Akteure 386
 3.2 Der ästhetisch-materielle Ausdruck der Erinnerung ... 388
 3.3 Erinnerte Opfer 390
 3.4 Lokale Erinnerungsnarrative und ihre Funktionen ... 391
 3.5 Die Dynamik der Erinnerung 393

VI. Fazit 399

Anhang 427
   Abbildungsverzeichnis 428
   Tabellen 430
   Abkürzungsverzeichnis 438
   Bürgermeister der Stadt Penzberg seit 1919 440
   Bürgermeister/Oberbürgermeister Rosenheims seit 1863 441
   Personenübersicht 442
   Quellenverzeichnis 445
   Literaturverzeichnis 457

Bildanhang 500
Publikationen des Historischen Vereins Rosenheim 506

Danksagung

Mit 15 fiel es mir am Esstisch ein zu proklamieren, ich wolle einmal »berufsgscheid« werden. Ob auch nur ein Teilziel davon erreicht ist, weiß ich nicht – eine Promotion ist gefühlt aber schon nahe dran. Dass ich dies erreicht habe, verdanke ich vielen Menschen, denen ich spätestens hier meinen Dank aussprechen möchte.

Martin Baumeister ermutigte mich früh, zu promovieren. Ihm danke ich herzlich für die Gespräche zur Ausrichtung der Arbeit, seine beständige Unterstützung sowie den großen Freiraum bei der Bearbeitung des Themas. Xosé Manoel Núñez Seixas übernahm die Zweitbetreuung der Arbeit. Über das Kolloquium hinaus erhielt ich von ihm viele interessante Anregungen, die zu verfolgen sich lohnte. Für die institutionelle Einbindung und die großzügige Übernahme von Reisekosten danke ich Margit Szöllösi-Janze stellvertretend für das strukturierte Promotionsprogramm ProMoHist der LMU München. Wertvolle Hinweise erhielt ich darüber hinaus von Werner Blessing, Karl-Ulrich Gelberg, Svenja Goltermann, Malte Thiessen und Dietmar Süß. Dank der großzügigen Förderung durch die Friedrich-Ebert-Stiftung (Bonn) konnte ich ohne die Ablenkung einer Erwerbstätigkeit promovieren. Stellvertretend für die FES gilt mein herzlicher Dank Ursula Bitzegeio.

Ohne Archivarinnen und Archivare gäbe es meine Dissertation in dieser Form nicht. Ihnen allen bin ich zu großem Dank verpflichtet: Christina Hartung, Tina Buttenberg und Anita Schmich (Stadtarchiv Rosenheim), Bettina Wutz und Kathrin Fohlmeister-Zach (Stadtarchiv Penzberg) sowie Peter Pässler (Archiv des VDK). Auf der Sammlung von Georg Reis (Penzberg) basieren weite Strecken meiner Argumentation. Im Gespräch mit ihm erkannte ich die Menschen und Schicksale hinter meinen Quellen. Die Mitarbeiterinnen und Mitarbeiter der Bayerischen Staatsbibliothek, namentlich im Aventinus-Lesesaal, hatten vor allem an meinen exzessiven Bestellungen von Zeitungsbänden schwer zu schleppen.

Vom Exposé bis zur Publikation stand Lisa Dittrich mir mit offenen Ohren, Rat und Tat zur Seite. Nicole Leicht und Bettina Pfotenhauer korrigierten einzelne Kapitel, Sven Blömer nahm sich das gesamte Manuskript vor und Walter Leicht trägt nach vier Jahren den Ehrentitel des Großkorrektors. Überhaupt verdanke ich meinem Vater Initialzündungen, Expertenwissen, Inspiration. Den Schrecken der Disputation bannte mit fachkundigem Rat Ulrike Papajewski. Für alle Adleraugen, Literaturhinweise und kritischen Rückfragen bin ich zutiefst dankbar.

Gerne kam ich den Einladungen von Christiane Hufnagl, Vorsitzende des Historischen Vereins Rosenheim, nach, vor heimischem Publikum meine Forschung zu präsentieren. Dafür und für Unterstützung und Motivation während der Publikationsphase danke ich ihr herzlich. Ebenso verdanke ich dem Historischen Verein Rosenheim, dass aus dem Projekt ein Buch wurde. Stellvertretend für das Rosenheimer Verlagshaus danke ich Klaus G. Förg für sein umfassendes Engagement und Nicole Wesely für die Betreuung des Manuskriptes.

Quellenkrisen, Schreibkrisen, Abgabetermine – eine Diss bietet viele unerfreuliche Phasen. Dafür, dass diese schon bald nach der Abgabe dank vielfältiger Ablenkung während der Promotionsphase sofort vergessen waren, danke ich von Herzen Nicole, Lisa, Janina, Bettina, Georgia, Kristina, Andrea und Ulrike. Meine Schwester Nicole teilte mit mir eine Wohnung und damit auch viele Höhen und Tiefen der Dissertation: danke für deine Geduld, deine Offenheit und die Ohrwürmer. Weisen Rat zum Promovieren erhielt ich von denen, die es schon hinter sich hatten: Lisa Dittrich, Andrea Rüth, Mathias Heigl und Dominik Petzold.

Meine Eltern Gabi und Walter Leicht hinterfragten mein Ziel der »Berufsgscheidheit« nicht. Mein Interesse an Geschichte verdanke ich ihnen und Urlauben in Verdun und den Dolomiten. Für die bedingungslose Unterstützung beim jahrelangen Erwerb vermeintlich brotloser Künste, auf eine Art und Weise, wie nur Eltern das können und die zu schildern diesen Rahmen sprengte, danke ich euch sehr.

Sven nahm die Promotionszeit mit Geduld und Humor, bestärkte mich, schon alles richtig zu machen, und holte mich regelmäßig raus aus den Lokalstudien in die weite Welt oder auch nur in die nächste Bar. Abenteuer, Glück und Freiheit – ich danke dir für alles.

München, im Frühjahr 2016

I. Einleitung

Als die Philosophin Hannah Arendt im Jahr 1950 zum ersten Mal nach dem Zweiten Weltkrieg Deutschland besuchte, nahm sie eine rege Betriebsamkeit auf den Straßen wahr. Etwas jedoch irritierte sie: »Überall fällt einem auf, dass es keine Reaktionen auf das Geschehene gibt, aber es ist schwer zu sagen, ob es sich dabei um eine irgendwie absichtliche Weigerung zu trauern oder um den Ausdruck einer echten Gefühlsunfähigkeit handelt. Die Gleichgültigkeit, mit der sich die Deutschen durch die Trümmer bewegen, findet ihre genaue Entsprechung darin, dass niemand um die Toten trauert.«[1] Diese Außenperspektive Arendts schienen Margarete und Alexander Mitscherlich Ende der 1960er-Jahre zu bestätigen, als sie den Deutschen die »Unfähigkeit zu trauern«[2] attestierten und damit die These aufstellten, dass zu einer gelungenen Verarbeitung des Nationalsozialismus auch die Trauer um das Ende des Regimes und den Tod Hitlers gehöre. Mit der kollektiven Betriebsamkeit des Wiederaufbaus und dem Erfolg des Wirtschaftswunders sei Westdeutschland hingegen den Weg des geringeren Widerstandes gegangen.[3]

---

1 Arendt, Hannah: *Besuch in Deutschland* (1950), in: *Zur Zeit: politische Essays*, Hamburg 1999, S. 43–70, Zitat: S. 44.
2 Mitscherlich, Alexander; Mitscherlich, Margarete: *Die Unfähigkeit zu trauern*, München, Zürich 1990.
3 So Margarete Mitscherlich in einer weiteren Differenzierung ihrer These 1987: »Trauer ist ein seelischer Vorgang, bei dem der Mensch einen Verlust mit Hilfe eines wiederholten, schmerzlichen Erinnerungsprozesses langsam zu ertragen und durchzuarbeiten lernt. Eine Alternative zur mit Trauerschmerzen verbundenen Durcharbeitung der verlustreichen Vergangenheit ist der schnelle Wechsel zu neuen Objekten, neuen Identifikationen und Idealen, welche die aufgegebenen bruch- und gedankenlos ersetzen. Bekanntes Beispiel (um vom

1. Gegenstand und Fragestellung

In Wahrheit gab es »Reaktionen auf das Geschehene« – auch in Form von Trauer um die Kriegstoten. Die vorliegende Dissertation untersucht, wie die Nachkriegsgesellschaft mit den Toten des Zweiten Weltkrieges als dessen Erbe umging. Methodisch wird dabei eine vergleichende Lokalstudie unternommen, um die Akteure, Handlungsfelder, Formen, Funktionen und die Reichweite des kollektiven Gedenkens in ihren Facetten darstellen und unterschiedliche Nuancen aufzeigen zu können.

Der Zweite Weltkrieg bedeutete ein bis dahin nicht gekanntes Ausmaß des Tötens und Sterbens im Krieg. Anders als in den Kriegen, die ihm vorausgegangen waren, waren es nun nicht mehr ausschließlich Kombattanten, die ihr Leben gelassen hatten. Als die bedingungslose Kapitulation des Deutschen Reiches am 8. Mai 1945 das Ende des Zweiten Weltkrieges einleitete, waren über 50 Millionen Menschen auf den Schlachtfeldern, in Luftschutzräumen, in den Konzentrationslagern oder auf der Flucht gestorben.[4] Die Gesellschaft der Überlebenden war mit einem Heer von Toten konfrontiert, das man zu diesem Zeitpunkt, im Chaos des Kriegsendes, noch nicht definitiv beziffern konnte. So hielt der Tod nach Jahrhunderten, in denen er »gezähmt« und aus

---

Individuum auf ein Kollektiv überzugehen): der Wechsel der Deutschen von ihrem Glauben an den Führer und ihren Nazi-Idealen, ihrem Rassen- und Herrschaftswahn, ihren Durchhalteparolen, ihrem Volkssturm zur Identifikation mit den Siegern und deren Führer. Mit diesem Austausch der Vorbilder wählten sie den leichtesten Weg, um dem drohenden nationalen Selbstwertverlust zu entgehen.« Mitscherlich, Margarete: *Erinnerungsarbeit*, Frankfurt a. M. 1987, S. 13.

4 Zur Situation in Deutschland 1945 vgl. Bessel, Richard: *Germany 1945*, London 2010; Bessel, Richard: *The Shadow of Death in Germany at the End of the Second World War*. In: Confino, Alon; Betts, Paul und Schumann, Dirk (Hg.): *Between Mass Death and Individual Loss*, New York 2008; Judt, Tony: Geschichte Europas von 1945 bis zur Gegenwart, Frankfurt a. M., 2009; Echternkamp, Jörg: *Kriegsschauplatz Deutschland 1945*, München 2006; Rusinek, Bernd-A: *Kriegsende 1945*, Göttingen 2004; Echternkamp, Jörg: *Der Zusammenbruch des Deutschen Reiches 1945/2* 2008.

dem Alltagsleben verdrängt worden war[5], während und nach dem Zweiten Weltkrieg Einzug in den Alltag der Menschen wie nie zuvor.

Die Arbeit fragt danach, wie diese neue Dimension des Sterbens und des Tötens im Zweiten Weltkrieg den Umgang mit den Kriegstoten und mit dem Tod im Allgemeinen veränderte. Wie wurde die enorme Anzahl der Kriegstoten auf der administrativen Ebene bewältigt? Welche Möglichkeiten hatten die Familien von Soldaten, Gewissheit über deren Schicksal zu erlangen? Wie verfuhren die Stadtgemeinschaften mit den vielen fremden Toten, die vor Ort in Lazaretten, Kriegsgefangenenlagern, im Zwangsarbeitseinsatz oder in Konzentrationslagern ums Leben gekommen waren? Und wie gingen die Alliierten mit ihren Soldaten um, die in Deutschland bestattet worden waren?

Gleich, ob das Ende des Krieges und des nationalsozialistischen Regimes als Befreiung oder als Zusammenbruch wahrgenommen wurde, bedeutete die bedingungslose Kapitulation einen massiven Umbruch für die deutsche Bevölkerung. Der Übergang vom Krieg zum Frieden, von der Diktatur zur Demokratie, musste nicht nur politisch und administrativ bewältigt werden, sondern wirkte sich auch auf den Alltag der Zivilbevölkerung aus. So auch das Heer der Toten. Kaum eine Familie hatte im Mai 1945 keinen persönlichen Verlust zu betrauern. Sei es, dass eine Nachricht von der Front Gewissheit über den Tod eines Soldaten gebracht hatte oder das Schicksal eines Angehörigen noch ungeklärt war. Die Familien mussten lernen, diese Kriegsfolgen zu bewältigen, die nun nicht mehr in ein sinnstiftendes politisches Narrativ eingeordnet werden konnten. Doch auch größere Gruppen, wie beispielsweise Stadtgemeinschaften und Nationen, mussten mit den Opfern des Krieges umgehen – den erlittenen Opfern ebenso wie mit denen, die die Deutschen verursacht hatten. Im Fokus der Untersuchung steht also nicht ein politisches Gefallenengedenken, sondern allgemein der Umgang mit allen Toten des Krieges.

---

5 Ariès, Philippe: *Geschichte des Todes*, München 1995, S. 42.

In Anbetracht der demografischen, politischen und sozialen Veränderungen, die das Frühjahr 1945 brachte, kann man von einer Schwellensituation für die deutsche Bevölkerung sprechen. In diesem Kontext fragt die Studie nach den Funktionen des kollektiven Gedenkens an die Kriegstoten in deutschen Städten in den Nachkriegsjahren. Die kollektive Erinnerung wird als Narrativ begriffen, welches dem Sterben im Krieg einen Sinn einschreibt und Konsequenzen für die Gegenwart ableitet.[6] Die Analyse des Umgangs mit den Kriegstoten im kollektiven Gedächtnis gibt also Aufschluss über die Mentalität der Nachkriegsgesellschaft hinsichtlich des Krieges im Allgemeinen. Daher untersuche ich die materiellen, rituellen und rhetorischen Ausdrucksformen des Kriegstotengedenkens daraufhin, was im Kriegstotengedenken verhandelt wurde.

Zweierlei hat den Ausschlag für die Themenfindung gegeben, etwas Offensichtliches und ein damit einhergehendes Paradox: Die erste Hälfte des 20. Jahrhunderts, das »Zeitalter der Extreme«[7], war geprägt von massenhaftem Sterben und massenhaftem Töten.[8] Von den späten 1930er-Jahren bis zum Ende der 1940er-Jahre wurden mehr Menschen gewaltsam getötet als in irgendeiner anderen Dekade zuvor.[9]

---

6 Thiessen, Malte: *Eingebrannt ins Gedächtnis*, München, Hamburg 2007, S. 20.
7 Hobsbawm, Eric J.: *Das Zeitalter der Extreme*, München 1998.
8 Diskurse und Praktiken des Tötens im Krieg und der Umgang damit in Friedenszeiten wurden bisher vor allem aus der Perspektive der Politik- und der Erfahrungsgeschichte untersucht: Latzel, Klaus: *Vom Sterben im Krieg*, Warendorf 1988; Bourke, Joanna: *An intimate History of Killing*, London 1999; Kühne, Thomas: *Massen-Töten*. In: Gleichmann, Peter Reinhart und Kühne, Thomas (Hg.): *Massenhaftes Töten*, Essen 2004; Latzel, Klaus: *Töten und Schweigen*. In: Gleichmann, Peter Reinhart und Kühne, Thomas (Hg.): *Massenhaftes Töten*, Essen 2004; Kümmel, Gerhard: *Death, The Military and Society*, Strausberg 2005.
9 »The history of the twentieth century revolves around mass death. At its center lies the mass killing and mass murder carried out during the decade roughly from the late 1930s to the late 1940s – during which time more people were killed by their fellow human beings than ever before in the history of humankind.« Bessel, Richard; Schumann, Dirk: *Introduction: Violence, Normality,*

Bisher hat sich weder die Erforschung der Erinnerungskultur noch die der Politik- oder Sozialgeschichte der unmittelbaren Nachkriegszeit[10] explizit des Umgangs mit den Kriegstoten angenommen.[11] Mit dem Fokus auf dem Umgang mit den Toten ist es das Anliegen dieser Arbeit, einen möglichst konkreten Zugang zur Erinnerungskultur zu finden. Auf individueller Ebene untersuchten Historiker und Historikerinnen, Soziologinnen und Soziologen

---

and the Construction of Postwar Europe. In: Bessel, Richard und Schumann, Dirk (Hg.): *Life after Death*, Washington/Cambridge 2003.

10 Zum Problem, wann die Nachkriegszeit endete, s. Wolfrum, Edgar: *Die Suche nach dem »Ende der Nachkriegszeit«*. In: Cornelißen, Christoph; Klinkhammer, Lutz und Schwentker, Wolfgang (Hg.): *Erinnerungskulturen*, Frankfurt a. M. 2003.
S. allgemein zur Geschichte der Nachkriegszeit in Deutschland: Biess, Frank; Moeller, Robert G.: *Histories of the Aftermath*, New York 2010; Biess, Frank; Roseman, Mark; Schissler, Hanna: *Conflict, Catastrophe and Continuity*, New York 2007; Bönisch, Georg; Andresen, Karen: *Die 50er Jahre*, München 2006; Echternkamp, Jörg: *Nach dem Krieg*, Zürich 2003; Herbert, Ulrich; Schildt, Axel: *Kriegsende in Europa*, Essen 1998; Hoffmann, Dierk: *Nachkriegszeit*, Darmstadt 2011; Judt (2009): EUROPA SEIT 1945; Jarausch, Konrad Hugo; Geyer, Michael: *Zerbrochener Spiegel*, München 2005. Zur Nachkriegszeit in Bayern: Benz, Wolfgang: *Neuanfang in Bayern*, München 1988; Fait, Barbara: *Demokratische Erneuerung unter dem Sternenbanner*, Düsseldorf 1998; Lanzinner, Maximilian: *Zwischen Sternenbanner und Bundesadler*, Regensburg 1996.

11 Das Massensterben und das industriell organisierte Töten im Zweiten Weltkrieg ist zwar Ausgangspunkt für kultur- und sozialgeschichtliche Studien zur deutschen Nachkriegsgesellschaft. Jedoch geht es in diesen nicht explizit um den Umgang mit den Toten, beispielsweise in: Bessel, Richard; Schumann, Dirk: *Life after Death*, Washington/Cambridge 2003; Bessel (2008): SHADOW OF DEATH; Goltermann, Svenja: *The Imagination of Disaster*. In: Confino, Alon; Betts, Paul und Schumann, Dirk (Hg.): *Between Mass Death and Individual Loss*, New York 2008; Svenja Goltermann attestiert der »Gesellschaft der Überlebenden« eine posttraumatische Belastungsstörung (PTSD), behandelt jedoch nicht den konkreten individuellen oder kollektiven Umgang mit den Toten: Goltermann, Svenja: *Die Gesellschaft der Überlebenden*, München 2009. Richard Bessel und Dirk Schumann konstatieren in ihrer Einleitung knapp, die Deutschen hätten nach 1945 den Toten den Rücken zugewandt und sich nicht mehr mit ihnen beschäftigt: Bessel und Schumann (2003): INTRODUCTION, S. 3.

bisher vor allem den Umgang von Familien mit der nationalsozialistischen Vergangenheit einzelner Mitglieder. Dieser individualhistorische Zugang leistete einen Beitrag über die Konstruktion und Verfasstheit des kommunikativen Gedächtnisses, in diesem Fall des »Familiengedächtnisses«.[12] Der individuelle Zugang, den diese Arbeit wählt, bezieht sich nicht auf das kommunikative Gedächtnis innerhalb der Familie, sondern auf soziale Praktiken der Hinterbliebenen im öffentlichen Raum.[13]

Durch diese Perspektive werden das persönliche und das kollektive Gedenken zueinander in Beziehung gesetzt: Wie eigneten sich die Hinterbliebenen die Orte und Räume kollektiven Gedenkens an? Welche Orte, Räume und Artefakte des kollektiven Gedenkens spielten eine wichtige Rolle für die Hinterbliebenen? Welche Rituale und Handlungen machten sie sich zu eigen, um der Kriegstoten zu gedenken? Wie gingen sie mit dem Wechsel der politischen Vorzeichen um, unter denen vor beziehungsweise nach 1945 kollektiv der gefallenen Soldaten gedacht wurde? Welche Rolle spielten persönliche Artefakte, Orte des Gedenkens und der geografische Raum für die Trauernden? Auf der persönlichen Ebene kann zudem sehr gut untersucht werden, wie die Trauernden die klassischen Übergangsrituale an das massenhafte und zum Teil namenlose Sterben anpassten.

Diese Lokalisierung der Erinnerungskultur bedeutet, dass die Akteure vor Ort untersucht werden, ihre Intentionen sowie die Wechselbeziehungen, Aushandlungsprozesse, Konflikte und Koalitionen

---

12 Welzer, Harald u. a.: *Opa war kein Nazi*, Frankfurt a. M. 2005, 2002.
13 Bislang gibt es wenige Studien, die das individuelle und das kollektive Erinnern systematisch verknüpfen. Zu nennen wäre als theoretischer Ansatz Assmann, Aleida: *Re-framing memory*. In: Tilmans, Karin; van Vree, Frank und Winter, Jay (Hg.): *Performing the Past*, Amsterdam 2010. Der Sammelband zur Geschichte des Privaten untersucht nicht den privaten Umgang mit den Toten: Fulda, Daniel; Herzog, Dagmar; Hoffmann, Stefan-Ludwig; van Rahden, Till: *Demokratie im Schatten der Gewalt*, Göttingen 2010; Oliver Janz verknüpft den politischen Totenkult mit der privaten Totenmemoria, allerdings hinsichtlich des Gefallenengedenkens in Italien während und nach dem Ersten Weltkrieg: Janz, Oliver: *Das symbolische Kapital der Trauer*, Tübingen 2009.

zwischen ihnen. Welche Gruppen bildeten Allianzen, um die Erinnerung an die Kriegstoten und damit an den Zweiten Weltkrieg zu gestalten? Welche Ziele verfolgten die Akteure dabei?

Denkmäler, als materieller Ausdruck des kommunalen Gedenkens, entstanden auf die Initiative dieser Akteure hin. Ihre Entstehungsgeschichten zeigen, welche Kriegserfahrung und welche Opfer eine bestimmte Gruppe zu einer bestimmten Zeit als »erinnernswert« betrachtete. Die Analyse räumt dem jeweiligen Entstehungskontext der Denkmäler entsprechend viel Raum ein. Es schließt sich nämlich die Frage an, ob mit den Denkmälern der unmittelbaren Nachkriegszeit gleichsam der Grundstein für die gemeinschaftliche Hinwendung zur Vergangenheit gelegt wurde. Als Scharnier zwischen den Denkmälern und deren ritueller Nutzung kommt der Analyse der Einweihungszeremonien eine wichtige Stellung innerhalb der Untersuchung zu. Schrieben die Rituale und deren Inszenierung den Denkmälern eine zusätzliche Bedeutungsebene ein?

Ist ein Denkmal gebaut und eingeweiht, so wird es, beispielsweise für offizielle Gedenkfeierlichkeiten, rituell genutzt. Während der Entstehungsphase zeigt sich deutlich, dass Erinnerung ein Prozess ist, auch ein Aushandlungsprozess: Wer und was war erinnernswert? Auf welche Art und Weise sollte man etwas erinnern? An jährlich stattfindenden Feiern lässt sich dann ablesen, ob der kollektiven Erinnerung immer noch eine Dynamik innewohnte oder ob die Akteure den Prozess, den kollektives Gedenken bedeutet, mit der Einweihung des Denkmals als abgeschlossen betrachteten. Wurden immer die gleichen Opfergruppen weiterhin in den gleichen Formen, Ritualen und Idiomen erinnert? Wie gingen Erinnerungskollektive in Westdeutschland mit der Täter-Opfer-Dichotomie um? Unter der Fragestellung, welchen Grad der Reichweite diese Gedenktage hatten, soll das Verhältnis zwischen der Erinnerung von Gedenkkollektiven (beispielsweise Stadtkollektive) und den Einzelnen innerhalb dieser Kollektive untersucht werden.

Die Auffassung von Gedenken als Prozess[14], der Veränderungen und bestimmte Konjunkturen kennt, wird vor allem dann zentral, wenn es um die Frage geht, wie die Akteure seit den 1980er-Jahren mit dem Generationenwechsel[15] umgingen.[16] Diese Zeit wird

---

14 So untersuchte beispielsweise Arnd Bauernkämper das Erinnern »als Prozess und soziale Praxis, als *work in memory*«: Bauerkämper, Arnd: *Das umstrittene Gedächtnis*, Paderborn, München 2012, Zitat S. 13.
15 Vgl. zum Konzept des Generationswechsels Grebner, Gundula; Schulz, Andreas: *Generationswechsel und historischer Wandel*, München 2003.
16 Laut Helmut Schelsky teilen Generationen »eine Gemeinsamkeit der Weltauffassung und Weltbemächtigung«: Schelsky, Helmut: *Die Generationen der Bundesrepublik*. In: Scheel, Walter (Hg.): *Die andere deutsche Frage*, Stuttgart 1981, S. 178.
Grundsätzlich zum Konzept »Generationen« vgl. Mannheim (1964); die Verbindung von Generation und Gedächtnis untersuchte Platt, Kristin; Dhabag, Mihran: *Generation und Gedächtnis,* Opladen 1995; zur Grenzziehung zwischen Generationen durch historische Daten; Roseman analysierte Generationen daher als »Imagined Communities«: Roseman, Mark: *Generationen als »Imagined Communities«*. In: Jureit, Ulrike und Wildt, Michael (Hg.): *Generationen*, Hamburg 2005; Schelsky versuchte, die Generationen der Bundesrepublik zu klassifizieren: Schelsky (1981): GENERATIONEN.
Zur Operationalisierbarkeit des Generationen-Konzeptes vgl. Jureit, Ulrike; Wildt, Michael: *Generationen*. In: Jureit, Ulrike und Wildt, Michael (Hg.): *Generationen*, Hamburg 2005: »Durch eine solche Perspektive wird deutlich, dass ›Generation‹ zunächst einmal ein Identitätsbegriff ist. Er verspricht, eine spezifische Ausprägung des Denkens, Fühlens und Handelns zu erklären, indem die unterstellte dauerhafte und gleichartige Wirkung von Sozialisationsbedingungen als Erfahrung gedeutet wird – und das nicht nur individuell, sondern auch kollektiv. Denn nach ›Generation‹ zu fragen, heißt stets auch über den Einzelnen hinaus nach altersspezifischen, überindividuellen Mustern zu forschen und damit ein wesentliches, für manche sogar das einzig relevante Element im Verhältnis von Individuum und Gruppe zu markieren. Darum ist ›Generation‹ auch ein Erfahrungsbegriff, denn er beschreibt ja nicht nur eine generative ›Lagerung im sozialen Raum‹, sondern meint eine auf altersspezifische Erlebnisschichtung basierende Gemeinschaft, die darauf beruht, Ereignisse und Lebensinhalte aus derselbe Bewusstseinsschichtung heraus wahrzunehmen und zu deuten.
Neben diesen Erlebnis- und Erfahrungsaspekten stellt ›Generation‹ gleichfalls eine Handlungskategorie dar, die in der Annahme mündet, dass individuelle und kollektive Wahrnehmungs- und Deutungsmuster zu spezifischen

allgemein als »Erinnerungsboom« bezeichnet, im Sinne einer Phase intensiver Hinwendung zur Vergangenheit angesichts des bevorstehenden »Abschiedes von den Zeitzeugen«[17].

Gleichzeitig markiert dieses Jahrzehnt den *floating gap:* Die Zeitspanne, in der das kommunikative in ein kulturelles Gedächtnis übergeht.[18] Während ersteres von der Erlebensgeneration[19] mündlich weitergegeben wurde und damit eine lebendige Erinnerung war, besteht das kulturelle Gedächtnis aus unterschiedlichen Speichermedien, die das mündlich Tradierte für kommende Generationen aufbewahren: Archive, Museen, Denkmäler, Zeitzeugen-Projekte, Bücher. Auf lokaler Ebene gilt es zu fragen, ob sich die Akteure dieses bevorstehenden Wechsels bewusst waren und wie sie mit ihm umgingen. Arbeiteten sie aktiv daran mit, die Erinnerungen der Kriegsgeneration in das kulturelle Gedächtnis der Stadt zu überführen? Welche Erfahrungen, und damit verbunden welche Perspektive auf den Krieg, erachteten sie als speichernswert? Welche Speichermedien wurden wie genutzt und gefüllt? Oder aber verharrten die Akteure in Formen des gemeinschaftlichen Gedenkens, ohne sich aktiv darum zu kümmern, bestimmte Erfahrungen und Erinnerungen an die nächsten Generationen weiterzugeben?

Die Fragen nach den Erinnerungskonjunkturen, der unterschiedlichen Funktionalisierung der Kriegstoten und der Über-

---

und gesellschaftlich relevanten Handlungen führen, was im Umkehrschluss wiederum bedeutet, historische Ereignisse und historischen Wandel durch Rückbindung an die Generationenzugehörigkeit der Akteure besser erklären zu können.« Zitat S. 9.

17 S. zum Umgang mit dem bevorstehenden Abtreten der Generation, die als Zeitzeugen den Zweiten Weltkrieg miterlebten: Frei, Norbert: *Abschied von der Zeitgenossenschaft.* In: *WerkstattGeschichte* 20 (1998).

18 Diese Definition des »floating gap« findet sich bei: Erll, Astrid: *Kollektives Gedächtnis und Erinnerungskulturen,* Stuttgart u. a. 2005, S. 28.

19 »Erlebensgeneration« meint, in Anlehnung an Roseman, der historische Generationen durch ein gemeinsames Erlebnis konstituiert sieht (vgl. Roseman (2005): GENERATIONEN, S. 182), zunächst die Gesamtheit derjenigen, die den Zweiten Weltkrieg bewusst miterlebt haben.

führung in das kulturelle Gedächtnis der Stadt sollen anhand der Volkstrauertage respektive Jahrestage der Penzberger Mordnacht bis in die Gegenwart untersucht werden. Ein besonderer Fokus liegt dabei mit den Jahren von 1980 bis 2010 auf dem Zeitraum des *floating gap*.

2. Lokalisierung der Erinnerungskultur: Das Gedächtnis der Stadt

Im »Erinnerungsboom« der 1980er-Jahre wandten sich auch die Kultur- und Sozialwissenschaften verstärkt der Erforschung von Erinnerung und Gedächtnis als einem sozialen und kulturellen Prozess zu.

Die vorliegende Dissertation bezieht sich auf die grundlegenden Arbeiten von Maurice Halbwachs über die sozialen Bedingungen des Gedächtnisses[20]. Jan[21] und Aleida Assmann[22] entwickelten dieses Konzept weiter, indem sie zwischen dem kommunikativen[23] und dem kulturellen[24] Gedächtnis unterschieden. Die Lücke zwischen

---

20 Halbwachs, Maurice: *Les cadres sociaux de la mémoire*, Paris 1925. In der deutschen Übersetzung zuerst 60 Jahre später erschienen: Halbwachs, Maurice: *Das Gedächtnis und seine sozialen Bedingungen*, Berlin 1985.
21 Jan Assmann untersucht vormoderne Kulturen, seine Konzeptualisierung des kulturellen Gedächtnisses lässt sich jedoch auf gegenwärtige Erinnerungsgemeinschaften übertragen: Assmann, Jan: *Das kulturelle Gedächtnis*, München 2007; Assmann, Jan: *Kollektives Gedächtnis und kulturelle Identität*. In: Assmann, Jan und Hölscher, Tonio (Hg.): *Kultur und Gedächtnis*, Frankfurt a.M. 1988.
22 Aleida Assmann untersucht v.a. die Verbindung von kollektivem und individuellem Erinnern und schreibt die Theorie der Verbindung von Raum und Erinnerung weiter: Assmann, Aleida: *Geschichte im Gedächtnis*, München 2007; Assmann, Aleida: *Erinnerungsräume*, München 2009; Assmann (2010): RE-FRAMING; Assmann, Aleida: *Der Kampf um die Stadt als Identitätsverankerung und Geschichtsspeicher*. In: Eigler, Friederike und Kugele, Jens (Hg.): *Heimat*, Berlin 2012; Assmann, Aleida: *Der lange Schatten der Vergangenheit*, München 2006.
23 »Unter dem Begriff des ›kommunikativen Gedächtnisses‹ fassen wir jene Spielarten des kollektiven Gedächtnisses zusammen, die ausschließlich auf Alltagskommunikation beruhen. Sie sind es, die M. Halbwachs […] unter dem Begriff eines Kollektivgedächtnisses zusammengefasst und analysiert hat und die den Gegenstandsbereich der Oral History bilden.« Assmann (1988): KOLLEKTIVES GEDÄCHTNIS, S. 10.
24 »Wir definieren den Begriff des kulturellen Gedächtnisses in Form einer doppelten Abgrenzung:
1. In Richtung auf das, was wir das ›kommunikative‹ oder ›Alltagsgedächtnis‹ nennen, weil ihm die Merkmale des – in einem engeren, noch zu entwickelnden Sinne – ›Kulturellen‹ abgehen, und

dem mündlich tradierten und dem medial gespeicherten Gedächtnis einer Gruppe wird als *floating gap*[25] bezeichnet. Pierre Nora setzte Halbwachs entgegen, dass es keine »Milieux de mémoire« mehr gebe und deshalb nun den »Lieux de mémoire« große Bedeutung zukäme.[26] Gleichzeitig arbeitet die vorliegende Untersuchung mit dem Konzept der Geschichtspolitik[27], also wie Vergangenes in der Gegenwart instrumentalisiert wird, um eine Nutzanwendung für Gegenwart und Zukunft zu bestimmen.[28]

---

2. in Richtung auf die Wissenschaft, weil ihr die Merkmale des Gedächtnisses, nämlich die Bezogenheit auf ein kollektives Selbstbild, abgehen. Wir lassen diese zweite Abgrenzung, die Halbwachs als den Gegensatz von *mémoire* und *histoire* entfaltet hat, hier der Kürze halber beiseite und beschränken uns auf die erste: die Unterscheidung des kommunikativen und des kulturellen Gedächtnisses.« Assmann (1988): KOLLEKTIVES GEDÄCHTNIS, S. 9–10.

25 Erll (2005): KOLLEKTIVES GEDÄCHTNIS, S. 28.

26 Nora, Pierre: *Les Lieux de Mémoire*, Paris 1994.

27 Dabei folge ich der Definition von Edgar Wolfrum: »Geschichtspolitik ist ein Handlungs- und Politikfeld, auf dem verschiedene Akteure Geschichte mit ihren spezifischen Interessen befrachten und politisch zu nutzen suchen. Sie zielt auf die Öffentlichkeit und trachtet nach legitimierenden, mobilisierenden, politisierenden, skandalisierenden, diffamierenden usw. Wirkungen in der politischen Auseinandersetzung. Bei den beteiligten Akteuren handelt es sich im weiteren Sinne um konkurrierende Deutungseliten, um Politiker, Journalisten, Intellektuelle und Wissenschaftler, die die Geschichtskultur erzeugen und prägen. Im engeren Sinne interessiert es aber vor allem, wie politische Eliten agieren [...] Moderne Demokratien werden durch Deutungszusammenhänge mobilisiert, und Geschichte kann ein wichtiges Vehikel sein, um Zusammenhänge zwischen diffusen Gruppen zu schaffen.« Wolfrum, Edgar: *Geschichtspolitik in der Bundesrepublik Deutschland*, Darmstadt 1999, S. 25–26.

28 Vgl. zur Geschichtspolitik auch: Frei, Norbert: *Vergangenheitspolitik*, München 1996; Bock, Petra; Wolfrum, Edgar: *Umkämpfte Vergangenheit*, Göttingen 1999; Winkler, Heinrich August: *Griff nach der Deutungsmacht*, Göttingen 2004; Fröhlich, Claudia; Heinrich, Horst-Alfred: *Geschichtspolitik*, Stuttgart 2004; Asmuss, Burkhard: *Der Krieg und seine Folgen 1945*, Berlin u. a. 2005; Andresen, Knud: *Die Erforschung von Geschichtspolitik unter Aspekten des »Spatial turns«*. In: Schmid, Harald (Hg.): *Geschichtspolitik und kollektives Gedächtnis*, Göttingen 2009; Schmid, Harald: *Vom publizistischen Kampfbegriff zum Forschungskonzept*. In: Schmid, Harald (Hg.): *Geschichtspolitik und kollektives Gedächtnis*, Göttingen 2009.

Das Konzept des »Gedächtnisses der Stadt« verbindet die Ansätze dieser Forschung mit denen der Regionalgeschichte. Während die Regionalgeschichte als solche seit den 1970er-Jahren fester Bestandteil der Geschichtswissenschaft ist, wird erst seit der Wende zum 21. Jahrhundert auch die Erinnerungskultur als Regionalgeschichte geschrieben.[29]

Die wichtigsten Initiatoren der Lokalisierung der Erinnerungskultur waren zum Ende des 20. beziehungsweise Anfang des 21. Jahrhunderts Peter Reichel und Harald Schmid mit ihren Abhandlungen zum »Gedächtnis der Stadt«.[30] Die bisher erschienenen Sammelbände zum Gedächtnis von Ort und Region beziehen sich auf den lokalen Umgang mit dem Nationalsozialismus[31], konkrete Täterorte[32] oder Erinnerungsorte wie den Luftkrieg[33].

---

29 Allgemein und grundlegend zum Konzept der Regionalgeschichte: Ginzburg, Carlo: *Mikro-Historie*. In: *Historische Anthropologie* 11 (1993); Brakensiek, Stefan; Flügel, Axel: *Regionalgeschichte in Europa*, Paderborn 2000; Köllmann, Wolfgang: *Zur Bedeutung der Regionalgeschichte im Rahmen struktur- und sozialgeschichtlicher Konzeptionen*. In: *Archiv für Sozialgeschichte (1975)*; darin v.a.: Kaiser, Wolfgang: *Regionalgeschichte, Mikro-Historie und segmentierte Öffentlichkeiten*. In: Brakensiek, Stefan und Flügel, Axel (Hg.): *Regionalgeschichte in Europa*, Paderborn 2000.
30 Reichel, Peter: *Das Gedächtnis der Stadt*, Hamburg 1997. In der Einleitung konzeptualisiert Reichel das Gedächtnis der Stadt: Reichel, Peter: *Das Gedächtnis der Stadt*. In: Reichel, Peter (Hg.): *Das Gedächtnis der Stadt*, Hamburg 1997. Vgl. auch Schmid, Harald: *Regionale Erinnerungskulturen – ein einführender Problemaufriss*. In: Schmid, Harald (Hg.): *Erinnerungskultur und Regionalgeschichte*, München 2009.
31 Reichel, Peter; Schmid, Harald: *Von der Katastrophe zum Stolperstein*, München 2005. Kühne, Thomas: *The Holocaust and Local History*, London 2011.
32 Garbe, Detlef: *Seismographen der Vergangenheitsbewältigung*. In: Knoch, Habbo (Hg.): *Das Erbe der Provinz*, Göttingen 2001.
33 Arnold, Jörg; Süß, Dietmar; Thiessen, Malte: *Luftkrieg*, Göttingen 2009, darin finden sich mehrere Lokalstudien: Gregor, Neil: *Trauer und städtische Identitätspolitik*. In: Arnold, Jörg; Süß, Dietmar und Thiessen, Malte (Hg.): *Luftkrieg*, Göttingen 2009; Seiderer, Georg: *Würzburg, 16. März 1945*. In: Arnold, Jörg; Süß, Dietmar und Thiessen, Malte (Hg.): *Luftkrieg*, Göttingen 2009; Arnold, Jörg: *»Nagasaki« in der DDR*. In: Arnold, Jörg; Süß, Dietmar und Thiessen, Malte (Hg.): *Luftkrieg*, Göttingen 2009. Darüber hinaus: Thiessen, Malte: *Gedenken an die »Operation Gomorrha«*. In: Süß, Dietmar (Hg.): *Deutschland im Luftkrieg*, München 2007.

Nur vereinzelt widmen sich Sammelbände allgemein lokalen Erinnerungskulturen.[34] Bisher gibt es wenige Monografien, die systematisch stadt- respektive regionalspezifische Erinnerungskulturen und Geschichtspolitik untersuchen.[35]

Die vorliegende Arbeit unternimmt erstmals den Versuch, zwei Städte zu vergleichen, die dem gleichen politischen System angehörten[36] und deren Erinnerungskultur nicht von einem nationalen Erinnerungsnarrativ wie dem Luftkrieg bestimmt war. Es wird stattdessen gefragt, ob und wie sich in einer »ganz normalen Stadt« bestimmte Narrative und Erinnerungsorte herausbildeten.

Mit der vorgenommenen Lokalisierung der Erinnerungskultur gewinnt die Analyse an Konkretheit hinsichtlich der Voraussetzungen, Formen und Folgen des lokalen Erinnerns für die Stadtgemeinschaft. Auf der lokalen Ebene können, im Gegensatz zur Untersuchung des Gedächtnisses einer Nation, die Wechselwirkungen der Erinnerungsorte und der Erinnerungsgruppen, die Wechselbeziehungen zwischen Akteursgruppen, die Spuren des Individuellen im kollektiven Gedächtnis sowie die Funktionen des kollektiven Gedenkens für eine spezifische Gemeinschaft herausgearbeitet werden.[37] Es wird zu prüfen sein, ob die Erinnerungsgemeinschaften vor Ort und die konkreten historischen Erinnerungsorte eine stärkere Bindekraft entfalten als eine imaginierte Gemeinschaft im

---

34 Fuge, Janina; Hering, Rainer; Schmid, Harald: *Das Gedächtnis von Stadt und Region*, München 2010.
35 Zu nennen wären vor allem Malte Thiessen und Jörg Arnold, die das Gedenken an den Luftkrieg jeweils in Hamburg und Magdeburg/Kassel untersucht haben: Thiessen (2007): EINGEBRANNT. Arnold, Jörg: *The Allied Air War and Urban Memory*, Cambridge 2007. Giebel, Anne: *Trauer und Erinnerung in München 1945–1955*. Unveröffentlichte Magisterarbeit, München 2011.
36 Im Gegensatz zum Systemvergleich, den Arnold mit dem Vergleich von Magdeburg und Kassel vornimmt.
37 Damit folge ich dem Postulat Malte Thiessens nach einer Lokalisierung der Erinnerungskultur und Geschichtspolitik: Thiessen, Malte: *Das kollektive als lokales Gedächtnis: Plädoyer für eine Lokalisierung von Geschichtspolitik*. In: Schmid, Harald (Hg.): *Geschichtspolitik und kollektives Gedächtnis*, Göttingen 2009, S. 159–160.

Sinne Benedict Andersons.[38] Ebenfalls erlaubt dieser methodische Zugriff, die Verbindung von Raum und Erinnerung zu untersuchen.

Peter Reichel machte vier Dimensionen für das Gedächtnis der Stadt aus[39]: die politisch-administrative Ebene, die wissenschaftlich-pädagogische Vermittlung, die material-expressive Form des Gedenkens im Denkmal und schließlich, in meiner Arbeit am stärksten betont, das individuelle und kollektive Hinwenden zur Vergangenheit im ritualisierten Gedenken. Den meisten Platz nehmen die Denkmäler als »die material-expressive Form des Gedenkens« und Orte kollektiven Gedenkens ein. Die vorliegende Arbeit verknüpft die Ansätze der *memory studies* mit denen des *spatial turn*[40] und untersucht das kollektive Gedenken als einen sozialen Raum.[41] Die Erinnerungsorte, konkret: die Denkmäler und das Er-

---

38 Anderson, Benedict R.: *Imagined communities*, London/New York 2006.
39 Reichel und Schmid (2005): STOLPERSTEIN, S. 10–12; Peter Reichel kategorisiert die vier Handlungsfelder im Umgang mit der NS-Vergangenheit: Reichel (1997): HAMBURG, S. 10; Reichel, Peter: *Politik mit der Erinnerung*, Frankfurt a. M. 1999; Thiessen (2007): EINGEBRANNT, S. 15–22.
40 Die Geschichte des Begriffs »spatial turn« geht auf den Humangeografen Edward W. Soja zurück: 1989 zuerst verwendet, erhält er 1996 paradigmatisches Gewicht. Allgemein zum *spatial turn*, der die Kategorie des Raumes in das Interesse der Geschichtswissenschaft rückte: Döring, Jörg; Thielmann, Tristan: *Was lesen wir im Raume?* In: Döring, Jörg (Hg.): *Spatial turn*, Bielefeld Vgl. zum *spatial turn* in der Geschichtswissenschaft: Damir-Geilsdorf, Sabine; Hartmann, Angelika; Hendrich, Béatrice: *Mental Maps – Raum – Erinnerung*, Münster 2005; Hartmann, Angelika: *Konzepte und Transformationen der Trias mental maps, Raum und Erinnerung*. In: Damir-Geilsdorf, Sabine; Hartmann, Angelika und Hendrich, Béatrice (Hg.): *Mental Maps – Raum – Erinnerung*, Münster 2005; Döring, Jörg: SPATIAL TURN, Bielefeld; Döring und Thielmann: SPATIAL TURN; zur Verbindung von Raum und Erinnerung s. Assmann (2009): ERINNERUNGSRÄUME; Csáky, Moritz; Stachel, Peter: *Die Verortung von Gedächtnis*, Wien 2001; Fendl, Elisabeth: *Das Gedächtnis der Orte*, Freiburg 2006.
41 »Raum kann auf verschiedene Weise gedacht werden: als materielles Substrat, d. h. als konkreter, physikalischer Ort unterschiedlicher Größe, als sozialer, virtueller oder sakraler Raum. Raum wird produziert, reproduziert, präsentiert, angeeignet, entsorgt, zerstört und in vielfacher Weise kombiniert. Die räumlichen Parameter verschieben sich.« Hartmann (2005): TRIAS, S. 14.

innerungsnarrativ »Penzberger Mordnacht«, werden demzufolge in zwei Analyseschritten untersucht.

Im ersten Analyseschritt wird das *spacing*[42], also die Erschaffung von Erinnerungsorten und Erinnerungsräumen durch die Akteure untersucht. Hierfür werden die Entstehungsgeschichten der Denkmäler sowie die Inszenierung der Einweihungsfeiern untersucht. Im Fokus des zweiten Analyseschritts steht die kollektive und individuelle Aneignung dieser Orte und Räume durch Gruppen, Akteure und Einzelpersonen, also die individuelle und gemeinschaftliche rituelle Nutzung an Feiertagen und Gedenktagen.[43] Dabei gehe ich von der Hypothese aus, dass sich die individuelle Aneignung von Orten und Räumen auf die Räume selbst auswirkt. In diesem Schritt untersuche ich Sprache und soziale Praktiken des Gedenkens, beispielsweise bei Denkmalseinweihungen. Anschließend werden die Erinnerungsräume und Rituale auf ihre Funktion für die Gemeinschaft befragt.

Die ausgewählten Lokalstudien sind nicht allein Fallbeispiele, die die verschiedenartigen Ausprägungen lokaler Erinnerungskulturen verdeutlichen sollen. Im individualisierenden Vergleich[44] der Städte Penzberg und Rosenheim soll aufgezeigt werden, welche Faktoren ausschlaggebend dafür sind, welche materiellen und rituellen Formen das kollektive Gedenken annimmt und welches Narrativ der Kriegserinnerung über die Jahre reproduziert und tradiert wird.

---

42 Vgl. hierzu Braun, Karl-Heinz: *Raumentwicklung als Aneignungsprozess*. In: Deinet, Ulrich und Reutlinger, Christian (Hg.): *»Aneignung« als Bildungskonzept der Sozialpädagogik*, Wiesbaden 2004, S. 24.
43 Zum Konzept der Aneignung vgl. Braun (2004): RAUMENTWICKLUNG, S. 25.
44 Der individualisierende Vergleich soll vor allem Unterschiede aufzeigen, während der generalisierende Vergleich allgemeine Regeln aufdecken will. Vgl. Kaelble, Hartmut: *Der historische Vergleich*, Frankfurt a. M. [u. a.] 1999, S. 26. Zum historischen Vergleich sei vor allem auf die grundlegenden konzeptionellen Arbeiten verwiesen: Haupt, Heinz-Gerhard; Kocka, Jürgen: *Historischer Vergleich*. In: Haupt, Heinz-Gerhard und Kocka, Jürgen (Hg.): *Geschichte und Vergleich*, Frankfurt a.M. u.a 1996; Kaelble (1999); Kaelble, Hartmut: *Vergleich und Transfer*, Frankfurt a.M. 2003; Tilly, Charles: *Big Structures, large Processes, huge Comparisons*, New York 1984.

Rosenheim und Penzberg weisen dabei grundsätzliche Gemeinsamkeiten auf, die den Vergleich erlauben: Beides sind relativ junge, mittelgroße Städte in Oberbayern, die erst gegen Kriegsende Ziele von Bombenangriffen wurden und jeweils eine große Anzahl von Evakuierten, Flüchtlingen und Vertriebenen aufnahmen.[45] Im Gegensatz zu Jörg Arnold, der anhand von Kassel und Magdeburg einen Systemvergleich lokaler Erinnerungskulturen vornahm, untersucht diese Arbeit zwei Städte, die beide in der amerikanischen Besatzungszone lagen und in einem ländlich geprägten, traditionell katholischen Raum verortet sind. Dennoch entwickelte sich in den beiden Städten eine völlig unterschiedliche Memorialkultur. Anschließend an die Analyse der jeweiligen Formen, Funktionen und Dynamiken des Gedenkens fragt ein systematisch vergleichendes Kapitel nach den Gründen für Unterschiede und Gemeinsamkeiten der Erinnerung vor Ort.

---

45 Rosenheim erhielt das Stadtrecht 1864, Penzberg 1918. Beide Städte haben heute weniger als 70.000 Einwohner. S. Kapitel II.: Städte und Akteure.

3. Methode: Untersuchte Ausdrücke des kollektiven Gedächtnisses

Denkmäler

Laut Robert Musil gibt es nichts auf der Welt, das so unsichtbar wäre wie ein Denkmal.[46] Die Monumente verschmelzen mit ihrer Umwelt und werden mithin von den Passanten nicht mehr bewusst wahrgenommen.

Alle hier analysierten Denkmäler existieren bis heute im Stadtbild als »architektonisches oder plastisches Kunstdenkmal, das formal und ideell überhöht in Erscheinung tritt«[47]. Sichtbar wird das Denkmal in all seinen Facetten allerdings erst, wenn man über die Form hinaus auch dessen Entstehungsgeschichte untersucht: das Wechselspiel der lokalen Akteure sowie deren Ausgangszeit und Ausgangsort, also das politische, kulturelle und soziale Umfeld, in dem das Denkmal geplant und realisiert wurde.[48] Die Fragen, welcher Opfer gedacht wurde und auf welche Kriegserfahrung das Denkmal Bezug nahm, sind zentral für die Frage nach der Selbstverortung der Erinnerungsgemeinschaften und der Funktion der Monumente in diesem Prozess. Dabei werden sie als Geschichtsdenkmäler im doppelten Sinn analysiert. Erstens als Monumente, die auf ein historisches Ereignis verweisen, und zweitens als Teil der Nachkriegsgeschichte, über deren Mentalitätsgeschichte sie Zeugnis ablegen.[49]

---

46 Musil, Robert: *Nachlass zu Lebzeiten*, 24. Aufl. Reinbek bei Hamburg 2004, S. 62.
47 So die kunsthistorische Definition: Scharf, Helmut: *Kleine Kunstgeschichte des deutschen Denkmals*, Darmstadt 1984, S. 11.
48 Für eine entstehungsgeschichtliche Analyse von Denkmälern plädieren u. a. Young, James E.: *Formen des Erinnerns*, Wien 1997, S. 36 und Stoffels, Michaela: *Kriegerdenkmale als Kulturobjekte*, Köln [u. a.] 2011, S. 20ff.
49 Vgl. Scharf (1984): KUNSTGESCHICHTE, S. 20: Geschichtsdenkmale sind »unmittelbare Dokumente einer Geistes und Ideolgiengeschichte«.

Dem Postulat von Michaela Stoffels[50] und Jay Winter[51] folgend, untersuche ich nicht nur die Funktion der Denkmäler für das politische Kollektiv[52], sondern auch für die trauernden Hinterbliebenen. Zunächst gilt das Interesse den politischen und sozialen Umständen der Entstehung der Denkmäler sowie der Motivation der Akteure. Weder die »Nationalisierung der Massen« (Mosse) noch die Legitimation des gewaltsamen Todes im Krieg[53] ist die alleinige Funktion von Denkmälern für Kriegsopfer. Denkmäler sind auch die »Ausgangspunkte für politisches und gesellschaftsorientiertes Handeln«[54]. Daher ist nicht nur die Entstehungsgeschichte, sondern auch die rituelle Nutzung der Denkmäler von Interesse. Neben der politischen Funktionalisierung von Denkmälern vernachlässigte die Forschung ihre Bedeutung als Orte, an denen Hinterbliebene um ihre Toten trauerten, bis in die 1990er hinein.[55] In meiner Analyse folge ich dabei dem Ansatz von

---

50 Stoffels (2011): KRIEGERDENKMALE, S. 20ff.
51 Zu Winters Kritik an der rein funktionalistischen Denkmal-Analyse bei George L. Mosse (Mosse, George L.: *Gefallen für das Vaterland*, Stuttgart 1993; Mosse, George L.: *Die Nationalisierung der Massen*, Frankfurt a. M. 1993) vgl. Winter, Jay: *Sites of Memory, Sites of Mourning*, Cambridge 1995.
52 Eine rein politische Totenkultthese vertritt George L. Mosse, der die Monumente für die Gefallenen des Ersten Weltkrieges als Elemente versteht, die zur »Nationalisierung der Massen« beitragen. In ihrer Symbolik kristallisiere sich die Bild- und Vorstellungswelt der imaginierten Gemeinschaft der Nation: Mosse (1993): NATIONALISIERUNG, S. 87ff; Mosse (1993): GEFALLEN, S. 133.
53 Reinhart Koselleck untersuchte die »politische Ikonologie des gewaltsamen Todes« und kam im deutsch-französischen Vergleich zu dem Schluss, dass die Totenkultthese erweitert werden müsse. Zentral für die Funktion von Gefallenendenkmälern sah Koselleck deren demokratisierendes Element und die Aufgabe, dass sie den gewaltsamen Tod vor den folgenden Generationen rechtfertigen müssten: Koselleck, Reinhart: *Zur politischen Ikonologie des gewaltsamen Todes*, Basel 1998, S. 6ff; S. 30ff; Koselleck, Reinhart: *Einleitung*. In: Koselleck, Reinhart und Jeismann, Michael (Hg.): *Der politische Totenkult*, München 1994, S. 11. Zur Demokratisierung der Gesellschaft im Kriegerdenkmal, das seit der levée en masse nun alle Namen der Gefallenen nennt; Koselleck (1994): EINLEITUNG, S. 14.
54 Young (1997): FORMEN, S. 43.
55 Jay Winter machte zuerst auf diese Bedeutung für die individuelle Trauer aufmerksam: »War memorials were places where people grieved, both indi-

Michaela Stoffels, die die Kriegerdenkmäler der Weimarer Republik als Trauer- und Kulturobjekte untersuchte.[56] Die Frage, wie trauernde Hinterbliebene die Denkmäler nutzten, gibt nicht nur Aufschluss über deren soziale Praktiken, sondern auch über die Reichweite solcher Gedenkorte.

Für meine Untersuchung möchte ich die Ansätze des *spatial turn* fruchtbar machen, denn Denkmäler haben eine integrative Funktion: Sie sind der Ort, an dem im Rahmen politischer Repräsentation erinnert, aber auch privat getrauert werden kann. Sie markieren nicht die »Grauzone zwischen gelebter Erinnerung und institutionalisiertem Gedenken«[57], sondern sind der Raum, der beides integriert. In Verbindung mit den Theorien des *spatial turn*[58] analysiere ich die Denkmäler also als einen sozialen Raum, der von Künstlern nach den Vorgaben der Akteure ästhetisch gestaltet wurde und der immer wieder aufs Neue geschaffen wurde und wird von Individuen und Gruppen.[59] Die am Denkmal aufgeführten Rituale zeigen, dass das Gedenken nicht homogen und über die Jahre konstant war, sondern dass eine »permanente

---

vidually and collectively.« (Winter (1995): SITES, S. 79).

56 Stoffels, Michaela: *Kriegerdenkmäler in der Weimarer Republik zwischen nationaler Einheit und kultureller Vielfalt. Bürgerliche Erinnerungsparadigmen des Kriegstodes im Bonner Denkmalsbau*. In: Bonner Geschichtsblätter, Bd. 53, S. 351–428.

57 Goebel, Stefan: *The Great War and Medieval Memory*, Cambridge 2007, S. 5. Auch für Jay Winter markierte das trauernde Gedenken die Schnittstelle zwischen individuellen und kollektiven Praktiken: REMEMBRANCE, S. 9; FORMS OF KINSHIP, S. 59.

58 Vgl. Zur Operationalisierung der Methoden des *spatial turn* zur Erforschung der Geschichtspolitik Andresen (2009): SPATIAL TURN.

59 Nach der Definition von Angela Hartmann ist der Raum das »Produkt sozialer Beziehungen und diskursiver Prozesse« innerhalb eines Bezugraumes: Hartmann (2005): TRIAS, S. 17. Nach Martina Löw stellen die Prozesse des »Spacing« (durch Akteure, indem sie symbolisch konnotierte Güter platzieren, um einen Raum zu konstruieren) und der »Syntheseleistung« (durch die Rezipienten, die den Raum mental entstehen lassen) den Raum in kommunikativen Prozessen her: Löw, Martina: *Raumsoziologie*, Frankfurt a. M. 2001, S. 154–158. Vgl. zur Konstruktion des Raumes durch Spacing und Synthese auch das Schema bei Andresen (2009): SPATIAL TURN, S. 103 (= Abb. 1).

Verschiebung und Verschränkung trauernder Identitäten am Denkmal«[60] stattfand.

Um belastbare Aussagen über die Aneignung von Denkmälern treffen zu können, müssen nicht nur die Praktiken am Monument untersucht werden, sondern auch die Reichweite der Gedenkveranstaltungen. Frequentierten auch die Hinterbliebenen den Volkstrauertag – immerhin der in der BRD zentrale Tag, an dem die Denkmäler rituell zur kollektiven Trauer genutzt werden? Welche Erinnerungsgemeinschaft konstituierte sich an diesem Tag? Oder diente der Volkstrauertag lediglich den offiziellen Akteuren des Gedenkens zur Repräsentation? Wie nutzten die Hinterbliebenen die physischen Erinnerungsorte? An welchen Tagen schmückten sie Gräber oder Denkmäler? Indem der Grad der Teilnahme der Bevölkerung an kollektiven Gedenkveranstaltungen gegengelesen wird mit der individuellen Aneignung von Erinnerungsräumen, soll gezeigt werden, wie wichtig das Erinnern im Kollektiv für die Einzelnen war.

Die Analyse von Kriegsdenkmälern muss also erstens die Umstände ihrer Entstehung nachvollziehen, zweitens den symbolischen Gehalt erfassen und drittens die Wechselbeziehung zwischen ritueller Nutzung des Denkmales und der Einwirkung der Monumente auf diese Rituale analysieren. Das Individuelle im kollektiven Gedächtnis wird – viertens – sichtbar, wenn man die Reichweite des kollektiven Gedenkens mit individuellen Praktiken am Denkmal kontrastiert. Begreift man die Rituale am Denkmal als fortlaufende Einschreibung der Erinnerungsnarrative in das Monument, so hebt die Analyse die scheinbare Differenz zwischen dem statischen Denkmal und dem dynamischen Erinnerungsprozess auf.

---

60 Stoffels: KRIEGERDENKMÄLER, S. 19.

Rituale

Ein Ritual zeichnet sich zunächst, in der Definition von Alois Hahn, durch »bestimmte Formen hochgradig formalen, ausdruckskontrollierten zeremonialen Verhaltens«[61] aus. Rituelle Handlungen können sprachliche wie nichtsprachliche Äußerungen sein, also Lieder und Gebete ebenso wie Prozessionen oder Kranzniederlegungen. Allen Ritualen ist gemeinsam, dass sie aufgeführt werden. Während »Performanz« jede Art von Aufführung bezeichnet, steht der Begriff »Ritual« für eine bestimmte Gattung von Aufführung. »Inszenierung« benennt die jeweilige spezifische Gestaltung des Rituals.[62]

Das kollektive Gedenken wird im Sinne von John L. Austins Sprechakttheorie[63] als »performativer Akt« verstanden. Ritualen wohnt demnach eine performative Funktion inne. Das heißt, das gemeinschaftliche rituelle Agieren ist als eine Handlung zu verstehen, die keine sozialen Zustände in der Welt beschreibt, sondern in ihrer Ausführung erst schafft.[64] Für das Kriegstotengedenken in der Nachkriegszeit bedeutet das: Die hier analysierten Übergangsrituale bildeten den Statuswechsel der Gesellschaft nicht ab, sie erschufen ihn performativ.[65]

---

61 Hahn, Alois: *Kultische und säkulare Riten und Zeremonien in soziologischer Sicht*. In: Hahn, Alois (Hg.): *Anthropologie des Kults*, Freiburg u. a. 1977, S. 51.
62 Vgl. zur Begriffsklärung und Abgrenzung Fischer-Lichte, Erika: *Performance, Inszenierung, Ritual*. In: Martschukat, Jürgen und Patzold, Steffen (Hg.): *Geschichtswissenschaft und »performative turn«*, Weimar/Wien 2003, S. 36.
63 Austin, John L.: *How to do Things with Words* 1963, in der deutschen Übersetzung: Austin, John L.: *Zur Theorie der Sprechakte*, Stuttgart 1972.
64 Zitiert nach Martschukat, Jürgen; Patzold, Steffen: *Geschichtswissenschaft und »performative turn«*. In: Martschukat, Jürgen und Patzold, Steffen (Hg.): *Geschichtswissenschaft und »performative turn«*, Weimar/Wien 2003, S. 4. Zu verschiedenen Formen, wie die Vergangenheit »performed« werden kann und welchen Zwecken sie dient, s. den Sammelband von Tilmans, Karin; van Vree, Frank; Winter, Jay: *Performing the Past*, Amsterdam 2010.
65 Vgl. Martschukat, Jürgen; Patzold, Steffen: *Geschichtswissenschaft und »performative turn«*, Weimar/Wien 2003, S. 8. Allgemein zur Performanz-Theorie

Die Einweihungszeremonien, Begräbnisse und jährlichen Gedenkfeiern, die im Fokus der Analyse stehen, liegen naturgemäß alle bereits mehrere Jahrzehnte zurück. Die Rituale werden demzufolge mit dem methodischen Werkzeugkasten der Kulturwissenschaften analysiert. Jedoch bringt es der Zugriff der Historikerin mit sich, dass dabei nicht auf eine teilnehmende Beobachtung als klassische Methode der Ethnologie zurückgegriffen werden kann. Detaillierte Ablaufpläne und Einladungsschreiben, die Berichterstattung in den Printmedien[66] und Fotografien der Feiern[67] erlauben es jedoch, die Rituale hinsichtlich ihrer Abfolge, ihrer Aufführung sowie ihrer Kombination nachzuvollziehen und nach ihrer Funktion für die Erinnerungsgemeinschaft zu befragen.

Übergangsriten

»Jede Veränderung im Leben eines Individuums erfordert teils profane, teils sakrale Aktionen und Reaktionen, die reglementiert und überwacht werden müssen, damit die Gesellschaft als Ganzes weder in Konflikt gerät, noch Schaden nimmt.«[68] So definierte der französische Ethnologe Arnold van Gennep bereits im Jahr 1909 die Übergangsriten und klassifizierte deren Arten, die den Übergang des Individuums zwischen den »Alters- und Tätigkeitsgruppen«

---

und ihrer methodischen Umsetzung in der Geschichtswissenschaft s. Martschukat und Patzold (2003): PERFORMATIVE TURN.

66 In den meisten Fällen sind dies die jeweiligen Lokalzeitungen. Über die Einweihung der Rosenheimer Kriegsgräberstätte wurde jedoch auch, da es eine Anlage des Volksbundes ist, in der Mitgliederzeitschrift des Volksbundes ausführlich und reich bebildert berichtet.

67 Überliefert in Lokalzeitungen, Verbandszeitschriften und den Stadtarchiven.

68 Van Gennep, Arnold: *Übergangsriten*, Frankfurt a. M. 1986, S. 15: Eine prägnante Zusammenfassung der Übergangsriten und ihrer Funktionen findet sich bei Spiegel, Yorick: *Der Prozess des Trauerns*, München 1973, S. 93ff, sowie bei Sörries, Reiner: Artikel Übergangsriten. In: Sörries, Reiner (Hg.): *Großes Lexikon der Bestattungs- und Friedhofskultur*, Braunschweig 2002, S. 361.

markierten.⁶⁹ Ihre wichtigste Funktion ist es, die Gesellschaft trotz der Störung, die der Statusübergang hervorrufen könnte, zu stabilisieren.

Van Gennep bezog diese Definition auf Ereignisse wie beispielsweise Geburt, Hochzeit oder Tod. Rituale des Totengedenkens markieren einerseits den Statusübergang der Hinterbliebenen, sie gestalten ihn aber auch und helfen der Gemeinschaft, Konflikte zu vermeiden.

Kollektives Erinnern an den Zweiten Weltkrieg ist immer verbunden mit dem Gedenken an die Toten des Krieges, sodass diese Anlässe des Totengedenkens als *rites de passage* der »Zusammenbruchsgesellschaft« zu sehen sind. Am Übergang von der Diktatur zur Demokratie, von der von den Nazis proklamierten »Volksgemeinschaft« zur zivilen Nachkriegsgesellschaft, waren es die rituellen Formen des Totengedenkens, die erstens den neuen Status dieser Gesellschaft nach außen anzeigten und ihr zweitens, nach innen gerichtet, halfen, diesen Statuswechsel möglichst konfliktfrei zu vollziehen.

Die Rituale werden in zwei Analyseschritten untersucht. Zunächst ist zu klären, auf welche Traditionen die Erinnerungsgemeinschaften zurückgriffen, um dem Sprechen über den Krieg und dem Sterben im Krieg ein ordnendes Narrativ zuzuweisen. Orientierten sich die lokalen Gemeinschaften an den zentralen Feiern, beispielsweise am Volkstrauertag, oder bildeten sich lokale Eigenheiten aus? Welche Kontinuitäten und Brüche gab es zum Totenkult der Zwischenkriegszeit und dem Heldenkult der Nationalsozialisten? Rituale können nicht losgelöst von ihrem Kontext analysiert werden. Daher fragt der zweite Analyseschritt nach ihrer Inszenierung und Aufführung. Ein Beispiel soll zeigen, wie Performanz Realität herstellen kann: Setzt sich eine Gruppe in Bewegung, um zu Fuß von einem Ort zum anderen zu gelangen, so kann dieser Zug einer religiösen Prozession oder aber einem militärischen Marsch nachempfunden sein. Indem sich die Akteure des

---

69 Van Gennep (1986): ÜBERGANGSRITEN, S. 15.

Gedenkens für eine spezifische Inszenierung entschieden, gaben sie der gesamten Veranstaltung einen Rahmen. Gleichzeitig erzeugte das gemeinsame Aufführen der Erinnerungsgemeinschaft, die Partizipation jedes Einzelnen, ein Zusammengehörigkeitsgefühl.[70]

Aus dieser Mehrschichtigkeit der Rituale ergibt sich also zuerst die Frage nach der äußeren Form des Totengedenkens, um zu analysieren, welche Form und welche Sprechmuster die jeweiligen Erinnerungsgemeinschaften in der Nachkriegszeit als adäquat erachteten, um über den Krieg und das massenhafte Sterben zu sprechen. Anschließend wird die Performativität der Rituale untersucht, um die Funktion des rituellen Gedenkens für das Kollektiv herauszuarbeiten.[71]

Kranzniederlegung und Kameradenlied

Zwei spezifische Rituale des Totengedenkens, die zu Elementen des politischen Totenkultes geworden sind, sind zentral bei nahezu jeder Gedenkfeier. Da die Geschichte des »Liedes vom guten Kameraden« sowie die ursprüngliche Herkunft und Bedeutung der Kranzniederlegung am Grab nicht als allgemein bekannt vorausgesetzt werden können, werden sie hier vorgestellt, damit in der Analyse der Rituale auf dieses Wissen zurückgegriffen werden kann.

---

70 Oder »fictive kinship«, wie es Jay Winter nannte: Winter, Jay: *Forms of Kinship and Remembrance in the Aftermath of the Great War*. In: Winter, Jay und Sivan, Emmanuel (Hg.): *War and Remembrance in the Twentieth Century*, Cambridge 1999.

71 Die bisherige Literatur, die das kollektive Gedächtnis als ein nationales untersuchte, konzentrierte sich bisher auf den geschichtspolitischen Aspekt der Erinnerung an den Zweiten Weltkrieg und ließ die kulturhistorische Untersuchung der Denkmäler und Rituale dabei außen vor: Wolfrum (1999a): Geschichtspolitik; Wolfrum, Edgar: *Geschichtspolitik in der Bundesrepublik Deutschland 1949–1989*. In: Bock, Petra und Wolfrum, Edgar (Hg.): *Umkämpfte Vergangenheit*, Göttingen 1999b; Wolfrum, Edgar: *Die beiden Deutschland*. In: Knigge, Volkhard und Frei, Norbert (Hg.): *Verbrechen erinnern*, München 2002; Jarausch und Geyer (2005): Spiegel; Reichel (1997): Hamburg, S. 12–13.

Die Kranzniederlegung am Grab symbolisiert eine Gabe an die Toten. Das Ritual entwickelte sich im 17. Jahrhundert aus dem Brauch der Hochzeitskrönlein. Wegen des symbolischen Verweises des Krönleins auf die Unschuld der Braut war der Kranz als Totengabe zunächst Kindern und Jungfrauen vorbehalten, die den Kranz als »Totenkrönlein« auf dem Kopf trugen. In der bürgerlichen Bestattungskultur des 19. Jahrhunderts wandelte sich dieser Kopfschmuck zu einem allgemeinen Grabschmuck, der nun nicht mehr bestimmten Personen vorbehalten war.[72] Sowohl bei privaten Beerdigungen als auch offiziellen Gedenkfeiern ist die stille Kranzniederlegung am Grab oder am Denkmal ein bedeutsames Element der Feier.[73]

Dieses bürgerliche Ritual der Kranzniederlegung begleitet in Deutschland bei Anlässen des offiziellen Kriegstotengedenkens das »Lied vom guten Kameraden«. Die Geschichte des Liedes lässt sich bis zum Beginn des 19. Jahrhunderts zurückverfolgen:[74] Ludwig Uhland verfasste 1809 den Liedtext, den Ferdinand Silcher 1827 vertonte. 1848 publizierte Hoffmann von Fallersleben das Lied im »Deutschen Volksgesangbuch«.[75]

Es sei »kein Lied vom Heldentod«[76], war Peter Horst Neumanns Fazit nach seiner Interpretation des Liedes 1994. Tatsächlich ist

---

72 Vgl. zu den Totenkronen ausführlich Lauffer: *Der volkstümliche Gebrauch der Totenkronen in Deutschland*. In: *Zeitschrift für Volkskunde* 1916 (26), S. 225–246; zur symbolischen Bedeutung und rituellen Verwendung des Kranzes vgl. Sörries, Reiner: *Artikel »Kranz«*. In: Sörries, Reiner (Hg.): *Großes Lexikon der Bestattungs- und Friedhofskultur*, Braunschweig 2002.
73 Vgl. auch: Kaiser, Alexandra: *Von Helden und Opfern*, Frankfurt a. M. [u. a.] 2010, S. 310–313 sowie Sörries (2002): KRANZ und *Artikel »Kranz«*. In: Bächtold-Stäubli, Hanns (Hg.): *Handwörterbuch des Deutschen Aberglaubens*, Berlin [u. a.] 1937.
74 Zur Geschichte des Kameradenliedes vgl. Oesterle: *Die heimliche deutsche Hymne*. In: *taz Magazin* 10.11.2001; Zimmermann: *Der gute Kamerad*. In: *Zeitschrift für Volkskunde*. 95, 1999, S. 1–13; Fischer, Michael; Schmidt, Rebecca: *»Mein Testament soll seyn am End«*, München/Berlin 2006, S. 203–227; Kaiser (2010): VOLKSTRAUERTAG, S. 82–89.
75 Vgl. Kaiser (2010): VOLKSTRAUERTAG, S. 82–83.
76 Neumann, Peter Horst: *Kein Lied vom Heldentod*. In: Reich-Ranicki, Marcel (Hg.): *100 deutsche Gedichte und ihre Interpretationen*, Frankfurt a. M., Leipzig 1994.

weder von Sieg noch Niederlage die Rede, weder die melancholische Melodie noch die Sprache verweisen auf eine heroisch-pathetische Überhöhung des Krieges. Der Krieg selbst bleibt unkonkret, daher eignete sich das Lied 1870/71 genauso wie 2014 als Trauerlied militärischer Gedenkrituale und wurde offiziell in den Traditionsbestand der Bundeswehr aufgenommen.[77] Zentral für das Lied sind jedoch die Logik militärischen Gehorsams, soldatischer Kameradschaft, Pflichterfüllung und Opferbereitschaft.[78] Alexandra Kaiser kommt in ihrer Analyse des Liedes zu dem Schluss, dass diese Werte überhöht würden, ohne dass sie gerechtfertigt werden müssten[79]: Das Lied »wahrt vordergründig einen unpolitischen Charakter und gibt dem Kämpfen und Sterben im Krieg Sinn, ohne nach dem Sinn des Krieges zu fragen«[80].

Vor allem der »vordergründig unpolitische Charakter« und der abstrakte Bezug auf eine Schlacht ermöglichten es den Erinnerungsgemeinschaften auch nach 1945, dem »Kameradenlied« einen zentralen Platz im öffentlichen Kriegstotengedenken zuzuweisen.[81] Zwar vereinnahmten auch die Nationalsozialisten das Lied ob seines nationalistischen Klanges für die »Heldengedenkfeiern«,

---

[77] Bundesministerium der Verteidigung: *Traditionserlass der Bundeswehr*. Online verfügbar unter http://www.bundeswehr.de/portal/a/bwde/!ut/p/c4/RYsxDoAgDADf4gfo7uYv1K1AhQaCpq3yfXEyt1wuOdhh0PDhhMZ-nwworbIFn353vkZyaEFsRpMPIJblbrJiouUQaMoc8qglG_u7flKSiKlxlm-V4qpIts/, zuletzt aufgerufen am 19.08.2015. Der Traditionserlass und mit ihm die Traditionen, auf die die Bundeswehr sich bezieht, sind durchaus umstritten, s. hierzu Altenburg, Wolfgang; Prüfert, Andreas: *Bundeswehr und Tradition*, Baden-Baden 2000; Giordano, Ralph: *Die Traditionslüge*, Köln 2000; Knab, Jakob: *Falsche Glorie*, Berlin 1995 und Knab: *Zeitlose soldatische Tugenden*. In: *Die Zeit*. 2005 (65).
[78] Vgl. Kaiser (2010): VOLKSTRAUERTAG, S. 83–84.
[79] Vgl. Kaiser (2010): VOLKSTRAUERTAG, S. 84.
[80] Kaiser (2010): VOLKSTRAUERTAG, S. 83.
[81] So ist das »Kameradenlied« bis heute Bestandteil der Tradition der Bundeswehr, wie es der Traditionserlass von 1982 formulierte: »So haben auch der Große Zapfenstreich als Ausdruck des Zusammengehörigkeitsgefühls und das Lied vom guten Kameraden als Abschiedsgruß ebenfalls einen festen Platz in der Traditionspflege.« Bundesministerium der Verteidigung: *Traditionserlass der Bundeswehr*.

jedoch konnte man eine noch längere Kontinuitätslinie hin zur deutschen Romantik konstruieren. Das »Kameradenlied« schien somit gleichsam unbelastet vom nationalsozialistischen Erbe. Gleichwohl trägt es dazu bei, den soldatischen Tod auch nach 1945 zu überhöhen und zu glorifizieren.

4. Untersuchungszeitraum

Die vorliegende Studie deckt den zeitlichen Horizont von 1933 bis in die Gegenwart ab. Der Schwerpunkt der Untersuchung liegt dabei auf den Jahrzehnten der unmittelbaren Nachkriegszeit, in denen die Erinnerung an den Krieg und seine Toten im kommunikativen Gedächtnis fortlebte. Mit dem Blick auf die Gesellschaft der Nachkriegsjahre werden die Kontinuitäten und Brüche in der öffentlichen sowie privaten Totenmemoria herausgearbeitet. Um solche Kontinuitäten oder Brüche identifizieren zu können, muss zunächst der politische Totenkult des »Dritten Reiches« dargestellt werden. Daher setzt die Arbeit bereits im Jahr 1933 an und analysiert Formen und Funktionen des nationalsozialistischen Heldenkultes sowie seine Wirkung und Reichweite auf die jeweiligen Städte und die trauernden Hinterbliebenen.

Auf der lokalen Ebene markieren die Einweihungsfeiern der Denkmäler jeweils die Grenzen des Untersuchungszeitraumes. Bis hierhin soll in einer detaillierten Analyse die Entstehungsgeschichte und rituelle Funktionalisierung der Gedächtnisorte durch die Erlebensgeneration untersucht werden.[82] Offizielle Rituale am Denkmal, ebenso wie die individuelle Rezeption und Aneignung, werden vor allem in deren Entstehungszeit untersucht. In der unmittelbaren Nachkriegszeit bestimmte die Erlebensgeneration das kollektive Gedenken an die Kriegstoten. Indem man ihren Motivationen und Ausdrucksformen nachspürt, wird die Textur der Denkmäler sichtbar: Unter der heutigen Oberfläche und Nutzung treten die ursprüngliche Intention der Akteure und Auftraggeber und die Nutzung durch die Hinterbliebenen zu Tage. Jay Winter betonte, dass es die Agenten der Denkmalinitiative seien, die zur Etablierung einer *fictive kinship* der am Kriegerdenkmal Trauernden beitrage und die Aussage des Denkmales im wiederholten Ritual offenbare. Sobald diese Agenten die Arena des Gedenkens verließen und die *fictive kinship* zerbreche, verlören die

---

82 Das Rosenheimer Denkmal wurde 1961 eingeweiht, das in Penzberg 1948.

Denkmäler an Aussagekraft, sodass wir heute nur noch die politische Funktion der Denkmäler sähen.

Das Kriegstotengedenken hatte für die Gesellschaft der Überlebenden die Funktion klassischer Übergangsriten: Es erleichterte die Neuorientierung nach dem Kriegsende und sollte die gesellschaftliche Ordnung wiederherstellen. Das Totengedenken sollte ein abgegrenzter Raum sein, in dem man über den Krieg und seine Folgen in einem bestimmten Narrativ sprechen und ihn so einordnen konnte. Bis 1960 erfuhr die bundesrepublikanische Gesellschaft wichtige politische und strukturelle Zäsuren, die zentrale Aushandlungsprozesse und Diskussionen der Nachkriegszeit beendeten: 1957 regelte das Allgemeine Kriegsfolgengesetz die Versorgung der Veteranen, die Bundesrepublik unterzeichnete die Römischen Verträge, und die ersten Wehrpflichtigen der neuen Bundeswehr leisteten ab April ihren Wehrdienst ab. 1957 war das Jahr, in dem die Bundesrepublik wieder auf dem europäischen Parkett als gleichberechtigter Partner wahrgenommen wurde. Daher wird das kollektive Gedenken der 1960er- bis 1990er-Jahre lediglich schlaglichtartig im Hinblick auf die Dynamik des Gedenkens untersucht. Entstanden Konflikte im Gedenken? Welche Akteure instrumentalisierten das Gedenken für ihre Anliegen? Veränderten sich Form oder Inhalt des Gedenkens? Politische und soziale Ereignisse und Prozesse, die sich auf die Erinnerungskultur auswirkten[83], werden nicht einzeln thematisiert, sondern es wird das Gedenken hinsichtlich der Bezugnahme auf diese Ereignisse untersucht.

Angesichts des bevorstehenden Abschieds der Zeitzeugen erlebte die Erinnerung an den Zweiten Weltkrieg in den 1980er- und 1990er-Jahren einen regelrechten Boom. In dieser Arbeit wird die Frage gestellt, wie dieser Erinnerungsboom vor Ort aussah und welche Anstrengungen die Akteure unternahmen, um das Andenken an die Kriegstoten vom kommunikativen in das kulturelle Gedächtnis zu überführen.

---

83 Beispielsweise die Studentenbewegung, der Terrorismus der RAF, der Historikerstreit, die Wiedervereinigung, erste Auslandseinsätze der Bundeswehr.

Ob und wie sich das kollektive Gedenken mit dem generationellen Wechsel auf der Akteursebene veränderte, soll durch schlaglichtartige Analysen der Gedenkfeierlichkeiten im »Erinnerungsboom« der 1980er-Jahre und zu Beginn des 21. Jahrhunderts gezeigt werden. So soll die These Jay Winters, die Erlebensgeneration sei konstitutiv für das kollektive Gedenken, am lokalen Fall hinterfragt werden. Malte Thiessen stellte für die lokale Erinnerung an den Nationalsozialismus fest, dass seit dem 21. Jahrhundert eine kritische Auseinandersetzung mit den Tätern aus einer Stadt beziehungsweise den Täterorten in der jeweiligen Stadt stattfinde.[84] Als Grund dafür benennt Thiessen den »fehlenden Schuldkontext«, also dass das Sprechen über die nationalsozialistischen Verbrechen inzwischen eine Generation belastet, die die Staatsanwaltschaften nicht mehr anklagen und Gerichte nicht mehr verurteilen können. Trifft das auch auf die untersuchten Städte zu? Spiegelt sich im kollektiven Gedenken der Stadtgemeinschaften die Dynamik wider, die dem Prozess des Erinnerns innewohnt? Oder verharrten die Akteure in einmal ausgehandelten und etablierten Formen und Idiomen des Gedenkens?

---

84 Thiessen analysiert dies am Beispiel Hamburgs: Thiessen (2009): LOKALISIERUNG, S. 179–180.

5. Begriffe

Bereits in der Einleitung wurden Begriffe verwendet, die der Klärung und Abgrenzung bedürfen. Nachfolgend soll also definiert werden, welche »Kriegsopfer« die Arbeit als Objekte des Gedenkens versteht und wie mit dem semantisch mehrdeutigen und politisch aufgeladenen Begriff des »Opfers« verfahren wird. Auch der Begriff der »Trauer« wird vorab differenziert.

Kriegstote – Opfer – Gefallene

Kriegstote – das sind in meinem Forschungsdesign alle Menschen, die während des Zweiten Weltkrieges infolge von Kriegseinwirkungen gewaltsam gestorben sind. Dieses Verständnis von Kriegstoten umfasst neben den Kombattanten auch die Toten des Luftkrieges, Zwangsarbeiterinnen und Zwangsarbeiter, KZ-Häftlinge, Zivilistinnen und Zivilisten, Kriegsgefangene und auch noch nach Kriegsende Verstorbene. Im allgemeinen Sprachgebrauch erscheinen »Opfer« oder »Gefallene« als die gängigeren Alternativen zu »Kriegstote«. Warum sie das in diesem Fall nicht sind, bedarf der Problematisierung. Diese Studie untersucht, wie unterschiedliche Akteure über Kriegstote sprachen, und dabei macht es einen Unterschied, wenn sie als »Tote« oder »Opfer« oder »Gefallene« bezeichneten.

»Opfer« bezeichnet keinen objektiven Zustand, sondern ist eine emotional und politisch aufgeladene Zuschreibung: Gedenkakteure stilisierten Menschen postum zu »Opfern« und instrumentalisierten sie für ihre Zwecke.[85] Hinzu kommt eine Schwäche des deutschen Wortschatzes. Im Gegensatz zum Lateinischen, Französischen oder Englischen differenziert die deutsche Sprache nicht

---

85 Vgl. hierzu Giesen, Bernhard: *Das Tätertrauma der Deutschen*. In: Giesen, Bernhard und Schneider, Christoph (Hg.): *Tätertrauma*, Konstanz 2004, S. 17; Zimmermann, Moshe: *Täter-Opfer-Dichotomien als Identitätsformen*. In: Jarausch, Konrad Hugo und Sabrow, Martin (Hg.): *Verletztes Gedächtnis*, Frankfurt a. M., New York 2002, S. 213–214.

zwischen dem aktiven, freiwillig dargebrachten Opfer im Sinne von *sacrifice* und dem passiven, zu Unrecht erlittenen Opfer im Sinne von *victim*.[86] Wenn also in den Quellen von »Opfern« die Rede ist, so muss erstens immer nach dem Kontext und der Sprecherposition gefragt und zweitens geklärt werden, ob ein aktiver oder passiver Opferbegriff verwendet wird. Die Geschichtsforschung wirft den Deutschen eine kollektive Schuldabwehr unmittelbar nach Kriegsende vor, die hauptsächlich über eine rasche Selbstviktimisierung der Deutschen erfolgt sei.[87] War das so? Und wenn ja – welche Strategien trugen dazu bei? Mit diesen Fragen untersucht die vorliegende Studie die Rituale, Symbole und die Rhetorik des Gedenkens und überprüft, ob sie ein solches Opfernarrativ reproduzierten.

Soldaten »sterben« nicht im Kampf, sie »fallen« – so will es die gebräuchliche Semantik. Im Kampf ums Leben gekommene Soldaten sind »gefallen für Gott, Kaiser und Vaterland« oder »gefallen auf dem Feld der Ehre«. Im Umfeld von großen abstrakten Ideen wie »Gott«, »Vaterland« und »Ehre« erschließt sich, wofür das Verb »fallen« (sowie sein Partizip »gefallen« und die Substantivierung »Gefallener«) verwendet wird. Die gewaltsam auf dem Schlachtfeld gestorbenen Soldaten werden als Kollektiv in eine Reihe solcher abstrakter Ideen gestellt und damit semantisch in ihre Nähe gebracht. Das Verb »fallen« beschönigt den Kriegstod, indem es die Realität ausblendet und den Krieg, das Sterben,

---

86 Zur Unterscheidung zwischen dem sakrifiziellen und dem viktimen Opfer vgl. Fischer, Karsten; Münkler, Herfried: *»Nothing to kill or die for ...«*. In: *Leviathan* 283 (2000), S. 343–362; Hallama, Peter: *Geschichtswissenschaften, Memory Studies und der Passive Turn*. In: Franzen, K. Erik und Schulze Wessel, Martin (Hg.): *Opfernarrative*, München 2012.
87 Rothe, Katharina: *Das (Nicht-)Sprechen über die Judenvernichtung*, Gießen 2009; Garbe, Detlef: *Äußerliche Abkehr, Erinnerungsverweigerung und »Vergangenheitsbewältigung«*. In: Schildt, Axel (Hg.): *Modernisierung im Wiederaufbau*, Bonn 1993; Fritzsche, Peter: *Volkstümliche Erinnerung und deutsche Identität nach dem Zweiten Weltkrieg*. In: Jarausch, Konrad Hugo und Sabrow, Martin (Hg.): *Verletztes Gedächtnis*, Frankfurt a.M., New York 2002, v. a. S. 80ff.

Töten und Getötetwerden nicht nennt. »Gefallene« unreflektiert in den Wortschatz der Beschreibungssprache aufzunehmen hieße, der Beschönigung und Überhöhung des Kriegstodes zu folgen. Zur besseren Lesbarkeit und ob der wenigen zur Verfügung stehenden sprachlichen Alternativen verwende ich im Folgenden den Begriff »Gefallene«, dies jedoch im kritischen Bewusstsein seiner Herkunft und Konnotationen.

Trauer

Die vorliegende Studie versteht sich nicht als Beitrag zur Erforschung und Historisierung von Emotionen respektive Gefühlen.[88] Wer jedoch über das Totengedenken schreibt, der kann von der Trauer nicht schweigen. Im Rahmen meiner Fragestellung werde ich lediglich das Sprechen über Trauer und die sozialen Praktiken, die die Trauer signalisieren und begleiten, analysieren.

Im Gegensatz zum Englischen kennt die deutsche Sprache keine Unterscheidung zwischen Trauer als emotionale Reaktion auf einen Verlust (= *grief*) und deren Kundgebung nach außen (= *mourning*): »Mit Trauer bezeichnet man gemeinhin die Reaktion auf einen Verlust, hier im besonderen Fall die durch den Tod eines Menschen verursachte Gemütsstimmung und deren Kundgebung nach außen. Die deutsche Sprache ist gewiss nicht arm an Ausdrucksmöglichkeiten, doch um die Reaktionen auf den Verlust eines Menschen zu beschreiben, fehlt ihr neben der Trauer mindestens ein weiteres

---

88 Allgemein zur Geschichte der Gefühle als Überblick über die verschiedenen Konzepte: Frevert, Ute: *Was haben Gefühle in der Geschichte zu suchen?* In: *Geschichte und Gesellschaft.* 352 (2009), S. 183–208; Frevert, Ute u. a.: *Gefühlswissen*, Frankfurt a. M. 2011. Einen interdisziplinären Forschungsüberblick mitsamt ausführlicher Bibliograhie bietet Hitzer (2011): EMOTIONSGESCHICHTE – EIN ANFANG MIT FOLGEN. Online verfügbar unter http://hsozkult.geschichte.hu-berlin.de/forum/2011-11-001, zuletzt aufgerufen am 28.08.2013. Der Sammelband; Biess, Frank: *Feelings in the Aftermath.* In: Biess, Frank und Moeller, Robert G. (Hg.): *Histories of the Aftermath*, New York 2010, versucht, die deutsche Nachkriegsgeschichte durch das Raster der Gefühle zu analysieren.

Wort. Im Englischen unterscheidet man sachgerechter zwischen *mourning* und *grief*, wobei *mourning* den sozialen und kulturellen Aspekt der Trauer beschreibt, *grief* hingegen die damit verbundene Gefühlswelt meint. Die gesellschaftlich determinierenden Trauernormen sind dabei unter *mourning* einzuordnen, während die psychischen Bewältigungsstrategien unter *grief* zu subsumieren sind.«[89] Die vorliegende Analyse widmet sich dem sozialen und kulturellen Aspekt der Trauer, den »[...] äußerlich sichtbaren Zeichen der Trauer, die beschreibbar sind und sich in bestimmten Verhaltensweisen und Requisiten der Trauer äußern«[90]. Somit werden Todesanzeigen, Sterbezettel, Reden an Gedenktagen, Inschriften von Gräbern und Denkmälern auf folgende Fragen untersucht: Wer war in welchem Rahmen betrauerbar?[91] Wie veränderten sich die sprachlichen und nichtsprachlichen Formen des Totengedenkens mit dem Zweiten Weltkrieg?

Die Psychologie kennt zudem den Begriff der Trauerarbeit und bezeichnet damit die Handlungen der Hinterbliebenen, die den Tod des geliebten Subjektes real machen und die Ablösung von selbigem erleichtern sollen.[92] In der klassischen Psychoanalyse nach Sigmund Freud verhindert die Trauerarbeit das Abgleiten von der

---

89 Sörries, Reiner: *Herzliches Beileid*, Darmstadt 2012, S. 11.
90 Sörries (2012): BEILEID, S. 8.
91 Vgl. zu dem Konzept der Rahmen (»frames«) Butler, Judith: *Raster des Krieges*, Frankfurt a.M. 2010, S. 9: »Die Rahmen oder Raster [*frames*], mittels welcher wir das Leben anderer als zerstört oder beschädigt (und überhaupt als des Verlustes oder der Beschädigung fähig) wahrnehmen oder eben nicht wahrnehmen, sind politisch mitbestimmt. Sie sind ihrerseits schon das Ergebnis zielgerichteter Verfahren der Macht.« Zur Kategorie und Bedeutung der »Betrauerbarkeit« Butler (2010): RASTER: »Ohne Betrauerbarkeit gibt es kein Leben, oder vielmehr: Wer nicht betrauerbar ist, lebt außerhalb des Lebens. [...] Die Wahrnehmung der Betrauerbarkeit geht der Wahrnehmung des Gefährdetseins des Lebens vorher und ermöglicht diese Wahrnehmung erst. Die Betrauerbarkeit geht der Wahrnehmung und der Wahrnehmbarkeit des Lebendigen als Lebendem vorher, das von Anfang an dem Nicht-Leben ausgesetzt ist.«
92 Zur Wichtigkeit der Trauerarbeit, mit besonderem Fokus auf die BRD in der unmittelbaren Nachkriegszeit: Mitscherlich (1987): ERINNERUNGSARBEIT.

Trauer in die Zwangsneurose.[93] Bei dieser Ablösung vom geliebten Objekt hilft ein Repertoire von Ritualen, mit denen der Tod realisiert, transzendiert und verarbeitet werden soll und die der Trauerzeit schließlich eine Grenze setzen.[94] Wenn in der vorliegenden Studie nun von Trauer gesprochen wird, so ist damit immer ihre soziale und kulturelle Komponente im Sinne des englischen *mourning* gemeint.

---

[93] Zu den Begriffen der Trauer (in Abgrenzung zur Melancholie), Trauerarbeit und Zwangsneurose klassisch Freud, Sigmund: *Trauer und Melancholie*. In: Freud, Sigmund (Hg.): *Gesammelte Schriften.*

[94] Zur entlastenden Funktion der Trauerrituale vgl. Graf, Friedrich Wilhelm: *Todesgegenwart*. In: Graf, Friedrich Wilhelm und Meier, Heinrich (Hg.): *Der Tod im Leben*, München u. a. 2004, S. 35; Spiegel (1973): TRAUERN, S. 104–107.

6. Forschungsstand

Wie Menschen, einzeln und in Gemeinschaften, in Europa und in anderen Ländern, in der Gegenwart und vergangenen Zeiten, mit dem Tod umgingen, ist bislang vor allem von der Soziologie sehr gut erforscht.[95] Dabei sind sich die Forscherinnen und Forscher einig, dass in der Moderne eine Verdrängung des Todes aus dem Alltagsleben stattgefunden habe.[96] Gestorben wurde nun nicht mehr zu Hause, im Kreise der Familie, sondern Krankheit und Tod wurden in Kliniken und Hospize verbannt und die Friedhöfe[97] vor den Stadttoren errichtet. Mit dieser Verdrängung des Todes ging gleichzeitig ein Ritualverlust einher, so die vorherrschende Meinung in der Soziologie. Erstaunlich ist, dass diese Verdrängungsthese auch für das gesamte 20. Jahrhundert aufrechterhalten wird. Immerhin ist dies das Zeitalter, in dem der massenhafte Tod durch die Weltkriege auf schreckliche Weise Einzug in das Bewusstsein der Menschen hielt, und auch in der zweiten Hälfte des Jahrhunderts durch Kriege, Bürgerkriege, Genozide und Epidemien wie AIDS präsent blieb. Das Zeitalter der Weltkriege wird von einzelnen Soziologen als eine Ausnahmesituation gesehen, die jedoch die Verdrängungs-These unberührt lässt.

Arnold van Gennep stellte die bis heute unbestrittene These auf, dass Rituale, die das Sterben und Abschiednehmen begleiten, den Überlebenden dazu dienen, den Tod zu realisieren, ihn zu transzendieren und trotz der Verlusterfahrung weiterzuleben. Innerhalb der Gemeinschaft dienen die Übergangsriten dazu, die durch den Todesfall in Unordnung gebrachte gesellschaftliche Ordnung

---

[95] Grundlegend immer noch: Ariès (1995): TOD.

[96] Laut Armin Nassehi konstruiert »die gesellschaftliche Konstruktion der Wirklichkeit [...] quasi die Unwirklichkeit des Todes mit«: Nassehi, Armin: *Tod, Modernität und Gesellschaft*, Opladen 1989, S. 204; nach Julia Schäfer geht mit der Verdrängung des Todes eine Individualisierung und ein Ritualverlust einher: Schäfer, Julia: *Tod und Trauerrituale in der modernen Gesellschaft*, Stuttgart 2002, S. 9.

[97] Vovelle, Michel: *Der Friedhof*. In: Haupt, Heinz-Gerhard (Hg.): *Orte des Alltags*, München 1994.

wiederherzustellen.[98] Mit unterschiedlichen kulturellen Repräsentationen des Todes und Übergangsriten wie beispielsweise den Todesanzeigen[99], Sterbebildchen[100], Beerdigungszeremonien[101] oder auch mit der Vorstellung des eigenen Todes[102] haben sich die Geschichts- und die Kulturwissenschaft in den letzten Jahrzehnten vermehrt beschäftigt.

Die Geschichtswissenschaft scheint gleichsam die Theorie von der Verdrängung des Todes zu bestätigen. Obwohl die Forschungsliteratur zum Ersten und zum Zweiten Weltkrieg und der Nachkriegszeit kaum noch zu überblicken ist, nimmt der konkrete Umgang mit den Toten des Krieges darin sehr wenig Raum ein. Zentral ist bislang die Erforschung des politischen Totenkultes gewesen, den Reinhart Koselleck in den späten 1980er-Jahren theoretisch konzeptualisierte und vorwiegend auf Gefallenen-Denkmäler bezog.[103] Die Forschungen zum politischen Totenkult untersuchten vor allem Denkmäler[104], selten dezidiert Zeremonien

---

98 Van Gennep (1986): ÜBERGANGSRITEN, S. 15.
99 Eckkramer, Eva Martha: *Die Todesanzeige als Spiegel kultureller Konventionen*, Bonn 1996. Braun, Christian A.: *Der normierte Tod*. In: Braun, Christian A; Mayer, Michael und Weitkamp, Sebastian (Hg.): *Deformation der Gesellschaft?*, Berlin 2008.
100 Aka, Christine: *Tot und vergessen?*, Detmold 1993.
101 Fendl, Elisabeth: *Beerdigung und Totengedenken in der »neuen Heimat«*. In: Fendl (Hg.) 2006. Kirsch, Anja: *Bestattungskultur im Wandel*. In: Heller, Birgit (Hg.): *Tod und Ritual*, Wien [u.a.] 2007. Schäfer, Julia: *Tod und Trauerrituale in der modernen Gesellschaft*, Stuttgart 2011. Sörries, Reiner: *Großes Lexikon der Bestattungs- und Friedhofskultur*, Braunschweig 2002.
102 Richter, Isabel: *Der phantasierte Tod*, Frankfurt a. M. 2010.
103 Koselleck (1998): IKONOLOGIE; Koselleck, Reinhart; Jeismann, Michael: *Der politische Totenkult*, München 1994. Koselleck (1994): EINLEITUNG; darin: Kruse, Kai; Kruse, Wolfgang: *Kriegerdenkmäler in Bielefeld*. In: Koselleck, Reinhart und Jeismann, Michael (Hg.): *Der politische Totenkult*, München 1994.
104 Zu Kriegerdenkmälern in der Weimarer Republik: Stoffels (2011): KRIEGERDENKMALE; Kruse und Kruse (1994): KRIEGERDENKMÄLER; Stoffels: KRIEGERDENKMÄLER. Zu ungeliebten Denkmalen und der Praxis des Gegendenkmales: Wijsenbeek, Dinah: *Denkmal und Gegendenkmal*, München 2010. Zur Bedeutung der Denkmale für die einzelne Stadt: Vinken, Gerhard: *Lokale*

des kollektiven Gedenkens. George L. Mosse analysierte die Instrumentalisierung des Kriegstodes, die zu einer »Nationalisierung der Massen« führen sollte.[105] Jay Winter erweiterte die Thesen des politischen Totenkults insofern, als er den Denkmälern nicht nur eine Funktion als Erinnerungsorte, sondern auch als Orte der Trauer zugestand.[106] Zudem liegen einzelne Monografien über nationale Totenfeiern in Deutschland[107] sowie säkulare Totenrituale in der DDR[108] vor.

Eine systematische Verbindung kollektiven Gedenkens und persönlicher Praktiken von Trauer und Erinnerung an die Toten des Zweiten Weltkrieges in Deutschland steht bislang noch aus. Der Sammelband »Between Mass Death and Individual Loss«[109] verspricht zwar diese Verbindung, löst sie jedoch nicht systematisch ein. Vielmehr stehen einzelne Beiträge zum kollektiven Umgang mit dem Massensterben dem kollektiven Gedenken an Einzelne, in Form von Staatsbegräbnissen, gegenüber.[110] »Das symbolische Kapital der Trauer«[111] von Oliver Janz ist bislang die einzige Monografie, die den politischen Totenkult systematisch mit den privaten Praktiken der Trauer um Gefallene verbindet.

    Sinnstiftung – Die Bedeutung der Denkmale. In: Löw, Martina und Terizakis, Georgios (Hg.): *Städte und ihre Eigenlogik*, Frankfurt a. M./New York 2011. Meinhold Lurz legte eine umfassende Darstellung der Kriegerdenkmäler vor.

105 Mosse (1993): NATIONALISIERUNG.
106 Winter (1995): SITES.
107 Ackermann, Volker: *Nationale Totenfeiern in Deutschland*, Stuttgart 1990.
108 So der Titel von Jane Redlins Monografie, in der sie sowohl Staatsbegräbnisse als auch individuelle Beerdigungszeremonien untersucht: Redlin, Jane: *Säkulare Totenrituale*, Münster, München [u. a.] 2009.
109 Confino, Alon; Betts, Paul; Schumann, Dirk: *Between Mass Death and Individual Loss*, New York 2008.
110 Confino et al. (2008): MASS DEATH. Der Sammelband hat sich genau dies zum Leitthema gemacht, jedoch das Spannungsverhältnis zwischen »mass death and indidual loss« nicht wirklich aufgelöst bzw. die beiden Forschungsblickwinkel nicht miteinander in Verbindung gesetzt.
111 Allerdings untersucht Janz das Gefallenengedenken in Italien während des Ersten Weltkrieges: Janz, Oliver: *Das symbolische Kapital der Trauer*, Tübingen 2009.

In den 1980er-Jahren erlebte die Erforschung des Gedächtnisses und der Erinnerung als soziale Praktik und kultureller Ausdruck von Gemeinschaften[112] einen regelrechten Boom, der bis heute anhält. Zur Geschichtsschreibung über den Nationalsozialismus, den Zweiten Weltkrieg und die Schoah kam die Erforschung der »Zweiten Geschichte des Nationalsozialismus«. Seit den 1990er-Jahren befassen sich Historikerinnen und Historiker mit dem Umgang der Deutschen mit der nationalsozialistischen Vergangenheit[113] und deren Instrumentalisierung als Geschichtspolitik[114]. Während dem politischen, justiziellen und erinnerungskulturellen Umgang mit der Schoah viel Bedeutung zukommt, befasst sich diese Erforschung der Erinnerungskultur nicht mit dem konkreten Umgang mit den Toten. Auch die Erforschung lokaler Erinnerungskulturen, die circa seit dem Jahr 2000 in Deutschland betrieben wird, fokussiert sich auf kollektives Gedenken als städtische Geschichtspolitik und befasst sich mit konkreten Aspekten, wie beispielsweise der Erinnerung an den Luftkrieg.[115]

---

112 Im Gegensatz zu Gedächtnis, respektive Erinnerung, als Forschungsfelder der Neurobiologie oder Psychologie.
113 Cornelißen, Christoph; Klinkhammer, Lutz; Schwentker, Wolfgang: *Nationale Erinnerungskulturen seit 1945 im Vergleich*. In: Cornelißen, Christoph; Klinkhammer, Lutz und Schwentker, Wolfgang (Hg.): *Erinnerungskulturen*, Frankfurt a. M. 2003. Eschebach, Insa: *Öffentliches Gedenken*, Frankfurt a. M., New York 2005. Frei (1996): VERGANGENHEITSPOLITIK. Frei, Norbert (1998). Frei, Norbert: *Beschweigen und Bekennen*, Göttingen 2001. Frei, Norbert: *1945 und wir*, München 2005. Jarausch, Konrad Hugo; Sabrow, Martin: *Verletztes Gedächtnis*, Frankfurt a. M., New York 2002. Reichel (1997): GEDÄCHTNIS DER STADT. Reichel (1999): GEDÄCHTNISORTE. Reichel, Peter: *Vergangenheitsbewältigung in Deutschland*, Bonn 2003. Reichel und Schmid (2005): STOLPERSTEIN.
114 Assmann (2006): SCHATTEN. Schmid (2009): GESCHICHTSPOLITIK. Winkler (2004): GRIFF. Schönhoven, Klaus: *Geschichtspolitik: über den öffentlichen Umgang mit Geschichte und Erinnerung*, Bonn 2003; Wolfrum (1999a): GESCHICHTSPOLITIK. Schmid (2009): KAMPFBEGRIFF. Schmid, Harald: *Erinnern an den »Tag der Schuld«*, Hamburg 2001.
115 Prominent ist dabei das lokale Gedenken an den Luftkrieg: Arnold et al. (2009): LUFTKRIEG. Arnold (2007): AIR WAR. Süß, Dietmar: *Deutschland im Luftkrieg*, München 2007. Thiessen (2007): EINGEBRANNT.

Der Umgang mit den Kriegstoten nach dem Zweiten Weltkrieg wurde in der bisherigen Forschung also lediglich innerhalb der Themenkomplexe Geschichtspolitik und kollektive Erinnerungskultur untersucht. Dabei werden Denkmäler, Gedenktage[116], das Töten im Krieg[117] und der Heldenkult im Nationalsozialismus[118] jeweils als voneinander abgegrenzte Themen untersucht. Der Gefallenenkult[119] nimmt dabei bisher den meisten Raum in der Forschung ein, während zivile Opfer nur am Rande behandelt werden. Die Geschichte des Volkstrauertages als dem bundesweiten Gedenktag für die Opfer der Weltkriege analysierte Alexandra Kaiser mediengeschichtlich und im lokalen Vergleich.[120]

---

116 Kaiser (2010): VOLKSTRAUERTAG. Münch, Paul: *Jubiläum, Jubiläum*, Essen 2005. Schmid (2001): TAG DER SCHULD.
117 Bourke (1999): HISTORY OF KILLING. Latzel (1988): STERBEN.
118 Behrenbeck, Sabine: *Der Kult um die toten Helden*, Vierow bei Greifswald, Köln analysierte in ihrer umfassenden Monografie den »Kult um die toten Helden« als religionspsychologisches Phänomen. Baird, Jay W.: *To die for Germany*, Bloomington u. a. 1990 vollzieht die Todesmythen der extremen Rechten in Deutschland seit dem Ersten Weltkrieg nach und sieht die »nationale Erlösung«, die der soldatische *Opfer*tod laut nationalsozialistischer Mythologie verspreche, als deutsches Spezifikum in der Transzendierung des gewaltsamen Todes. Mosse (1993): GEFALLEN, untersucht die Auswirkung der Konfrontation mit dem Kriegstod auf die Bereitschaft zur Hinnahme der Gewalt. Siemens, Daniel: *Horst Wessel*, München 2009, und Zwicker, Stefan: *»Nationale Märtyrer«: Albert Leo Schlageter und Julius Fucik*, Paderborn u. a. 2006, widmen sich der propagandistischen Vereinnahmung der »Märtyrer der Bewegung«. Süß, Dietmar: *Tod aus der Luft*, München 2011, untersucht transnational neben den Herausforderungen an die Stadtverwaltungen unter anderem neue Praktiken im Umgang mit dem Massentod sowie die mit dem Luftkrieg einhergehende »neue Körperlichkeit des Todes« und die enge Verflechtung von Zerstörung und Fürsorge im NS-Regime. Kramer, Nicole: *Volksgenossinnen an der Heimatfront*, Göttingen, Oakville, CT 2011, blickt aus der Perspektive der genderstudies auf die Rolle der trauernden Frauen bzw. wie Frauen im Luftkrieg als Luftkriegshelferinnen ebenfalls zu »Gefallenen Helden« wurden (S. 164–172 und S. 181–246).
119 Echternkamp, Jörg; Hettling, Manfred: *Gefallenengedenken im globalen Vergleich*, München 2013. Echternkamp und Hettling (2013): GEFALLENENGEDENKEN. Kruse und Kruse (1994): KRIEGERDENKMÄLER. Mosse, George L.: *Fallen Soldiers*, New York 1990.
120 Kaiser (2010): VOLKSTRAUERTAG.

Als Ausgangslage für die vorliegende Untersuchung lassen sich also die folgenden Desiderate festhalten:

Neben dem kollektiven Gedenken als politischer Totenkult müssen die individuellen Gedenkpraktiken untersucht werden: Wie gingen die Hinterbliebenen mit dem individuellen Verlust um?

Diese individuellen Praktiken müssen in Bezug zum kollektiven Gedenken gesetzt werden: Welche Reichweite hatte das kollektive Gedenken außerhalb politischer und kirchlicher Repräsentanten, welche Erinnerungsgemeinschaft konstituierte sich?

Die Perspektive einer Untersuchung des Kriegstotengedenkens muss weggehen vom Gefallenengedenken oder dem spezifischen Gedenken an einzelne Opfergruppen. Um diese Perspektive zu weiten, gehe ich von einem integrativen Verständnis von Kriegstoten aus und untersuche auf der lokalen Ebene den Umgang mit allen Menschen, die während des Zweiten Weltkrieges aufgrund von Kriegseinwirkungen (oder Kriegsfolgen) ums Leben kamen. Dies verspricht einen Einblick in die Mentalität der Nachkriegsgesellschaft: Welche Opfer wurden wahrgenommen? Welche Opfergruppen waren »betrauernswert«?[121]

---

[121] Zur theoretischen Basis der Frage »Welches Leid wird hier betrauert« vgl. Butler (2010): RASTER. Butler geht von der These aus, dass ein Leben als lebenswert wahrgenommen werden muss, um dessen Verlust als betrauernswert zu definieren.

7. Quellen

Die Basis dieser Arbeit bilden größtenteils unveröffentlichte und bisher unbearbeitete Quellen, die sowohl über die persönlichen Gedenkpraktiken wie auch das kollektive Gedenken und das »Gedächtnis der Stadt« Aufschluss geben.

Totenkult im Nationalsozialismus

Die Gestaltung der zentralen Feier des »Heldengedenktages« in Berlin wird anhand der Berichte in der Zeitschrift *Kriegsgräberfürsorge* des Volksbundes untersucht. In Rosenheim sind die Ablaufpläne und Einladungsschreiben zu Gefallenenehrungsfeiern der NSDAP größtenteils überliefert, sodass hier die lokale Ausformung des nationalsozialistischen Totenkultes analysiert werden kann. Wo die Überlieferung unvollständig ist, geben Lokalzeitungen wie der *Penzberger Anzeiger* und der *Rosenheimer Anzeiger*[122] Aufschluss über die Form, die rituelle Inszenierung und die Rhetorik der lokalen Zeremonien. In der »Chronik Penzbergs« dokumentierte Albert Winkler den lokalen Alltag unter dem nationalsozialistischen Regime in Penzberg von 1933 bis 1943 in einer Sammlung aus Zeitungsberichten über Wahlen, Parteiveranstaltungen, Feste und Aufmärsche sowie Abzeichen des Winterhilfswerkes, Plakate, Postkarten, eigene Fotos von Veranstaltungen und ab 1939 auch Gefallenenanzeigen und Nachrufe auf Soldaten.[123] Georg Reis sammelte nach dem Krieg Todesanzeigen und Sterbebilder nahezu aller gefallenen Soldaten aus Penzberg.[124] Allerdings geben auch diese Quellen nur bedingt Aufschluss über die privaten Praktiken und die Einstellung der Bevölkerung gegenüber dem Massensterben im Krieg, da die Todesanzeigen strikt reguliert waren und der öffentliche Raum, in dem diese Äußerungen stattfanden,

---

122 Überliefert bis März 1945, der RA erschien bis zum 1. Mai 1945.
123 Diese Chronik ist überliefert im Stadtarchiv Penzberg: Winkler, Albert: NS-Chronik Penzberg (1933–1943).
124 StAP Sammlung Georg Reis.

von sozialer Kontrolle und Angst vor Repressionen gekennzeichnet war. Ebenfalls in der Sammlung Georg Reis überliefert sind Fotos von Ersatzgräbern, die Familien auf dem Penzberger Friedhof errichteten, um einen Ort der Trauer für die Soldaten zu haben, die in einem Feldgrab bestattet worden waren.[125] Als edierte Quellensammlung zeigen die Meldungen aus dem Reich die Haltung der Bevölkerung gegenüber Gefallenenfeiern der NSDAP und den Zulauf, den die »Heldengottesdienste« erlebten.

Administrative Bewältigung des Kriegstodes nach 1945

Dieses Kapitel stützt sich auf die sehr gute Überlieferung des Rosenheimer Stadtarchives. Hier finden sich die Anordnungen der Militärregierung, wie mit den Toten der alliierten Truppen umzugehen sei, ebenso wie die Korrespondenz mit Vertretern der Siegermächte. Aus dieser Korrespondenz wird der administrative Umgang mit den fremden Soldaten analysiert: das Prozedere des Suchens und Bekanntgebens einer Grabstätte, des Exhumierens und Umbettens von Soldaten. Ebenfalls vollständig sind in Rosenheim die Statistiken über Kriegssterbefälle überliefert, sowohl die Gefallenen aus Rosenheim wie auch diejenigen Kriegstoten, die in Rosenheim im Lazarett, in Kriegsgefangenschaft oder als Zwangsarbeiter starben.

Praktiken zur Bewältigung des Kriegstodes nach 1945

Der Großteil der Soldaten starb in den Kämpfen an der Front und wurde ebendort in einem Feldgrab bestattet. Diese geografische Entfernung zwischen den trauernden Hinterbliebenen und dem Leichnam beziehungsweise dem Grab musste sowohl administrativ wie auch rituell bewältigt werden. Unterstützung bei der Suche nach vermissten Soldaten erfuhren die Angehörigen durch das

---

[125] Meistens sind diese Ersatzgräber Inschriften auf dem Familiengrabstein, in einzelnen Fällen jedoch errichteten Angehörige auf dem Grund ihres Familiengrabes separate Grabzeichen, bspw. in Form von Birkenkreuzen.

Rote Kreuz, die Deutsche Dienststelle für die Benachrichtigung der nächsten Angehörigen von Gefallenen der ehemaligen deutschen Wehrmacht (WASt) und vor allem den Volksbund Deutsche Kriegsgräberfürsorge (VDK). Letzterer lokalisierte auch die Gräber deutscher Soldaten im Ausland und bot den Hinterbliebenen Unterstützung bei Umbettungen an. Sehr viel häufiger als Umbettungen waren jedoch Anfragen Hinterbliebener, die das Soldatengrab aus der Ferne über den VDK schmücken lassen oder im Zuge einer Reise besuchen wollten. Diese Korrespondenz der Angehörigen mit dem Volksbund ist im Archiv des VDK überliefert und bildet die Grundlage des Kapitels »Der ferne Tod«.[126] Die Berichte in der VDK-Zeitschrift *Kriegsgräberfürsorge* über individuelle Praktiken am Grab müssen unter dem Vorbehalt gelesen werden, dass sie stets zuerst die Haltung des Volksbundes und nicht ausschließlich die privaten Praktiken wiedergaben.

Das »Gedächtnis der Stadt« und kollektives Gedenken

Basis der Lokalstudien ist die Überlieferung in den jeweiligen Stadtarchiven. Stadtratsprotokolle und Korrespondenzen mit dem Volksbund lassen den Entstehungsprozess der Denkmäler und ihrer Einweihungszeremonien nachvollziehen. Mit der Berichterstattung der Lokalpresse[127], Leserbriefen und Briefen von Bürgern an die Stadtverwaltung gewinnt die Analyse des Entstehungsprozesses an Details, da auch die Haltung der Bevölkerung gegenüber Denkmalprojekten, nicht nur die Intention der Akteure, in die

---

126 Die Korrespondenz ist im VDK-Archiv sortiert nach den Gefallenen, die gesucht wurden bzw. deren Gräber geschmückt werden sollten. Damit die Persönlichkeitsrechte gewahrt bleiben, werden die einzelnen Korrespondenzen anonymisiert im Stile »VDK-A, Suchvorgang Vorname X«. Über die Suchmaske des digitalisierten Verzeichnisses aller Vorgänge war ein systematisches Abfragen nach den Heimatorten bzw. Orten der Grablage der Gefallenen leider nicht möglich. Lediglich die zuletzt aktuellen Wohnorte der Hinterbliebenen konnten abgefragt werden.
127 *Oberbayerisches Volksblatt Rosenheim* (seit 1945); *Hochland-Bote* (Penzberg, 1945).

Untersuchung einfließt. Die Denkmäler selbst werden ebenfalls als Quellen analysiert: Ihre Ikonografie wird dabei als Quelle für die politische Haltung und Intention der Akteure herangezogen, die sie initiierten und gestalteten. Die Analyse regelmäßig stattfindender Rituale soll die Bedeutung der Denkmäler innerhalb des sich dynamisch wandelnden Erinnerungsprozesses herausarbeiten.

Einweihungszeremonien für Denkmäler ebenso wie die jährliche rituelle Begehung von Feiertagen[128] werden anhand von Ablaufplänen, Presseberichten und Fotografien hinsichtlich der Rhetorik der Gedenkakteure und der Inszenierung der Rituale untersucht.

---

128 Dies sind jeweils unterschiedliche für die Lokalstudien: In Rosenheim wird der Volkstrauertag analysiert, Penzberg gedenkt seiner Toten jährlich am 28. April.

8. Aufbau der Arbeit

Das Argument der Arbeit wird in drei Schritten aufgebaut. Nach einem knappen Überblick über Städte und Akteure kommt den Ausführungen zum Totenkult im Nationalsozialismus eine Scharnierfunktion zwischen der Einleitung und dem empirischen Teil zu. Der empirische Teil der Arbeit untersucht erstens die Auswirkungen des »fernen Todes« für Erinnerungskultur und Geschichtspolitik und analysiert zweitens das kollektive Kriegstotengedenken, indem es anhand zweier Lokalstudien als »Gedächtnis der Stadt« konkretisiert und lokalisiert wird.

In einem traditionell gestalteten Kontextkapitel (II) werden die Akteure der Erinnerungskultur sowie mit den untersuchten Städten deren Handlungsfelder vorgestellt. Nach Kriegsende engagierten sich unterschiedliche Interessengruppen, politische Parteien und Vereine, um die Erinnerung an die Kriegstoten wachzuhalten und zu gestalten. Dieses Kapitel stellt die Hintergründe und Interessen der Akteursgruppen vor, die überregional von Bedeutung waren und auf lokaler Ebene agierten. Dieser lokalen Ebene widmet sich der zweite Teil des Kapitels. Als Grundlage für die Fallstudien wird jeweils die wirtschaftliche, soziale und politische Struktur Rosenheims und Penzbergs dargestellt. Diese Kontextinformationen sind die Grundlage, auf der die Analyse der Entwicklung der spezifischen Erinnerungskulturen und ihrer Unterschiede im dritten Teil der Arbeit aufbaut.

Um die Kontinuitäten und Brüche zwischen dem Totengedenken der Kriegs- und der Friedensgesellschaft zu analysieren, ist den Fallstudien ein Kapitel über das Gefallenengedenken im Nationalsozialismus vorgeschaltet (Kapitel III). Die Funktionalisierung des Gefallenengedenkens im Rahmen der NS-Propaganda bis Kriegsbeginn und während des Weltkrieges wurde in der Forschung bereits ausführlich dargestellt. Eine systematische Verknüpfung der Analyse von nationalsozialistischem Totenkult und dem individuellen Umgang mit dem Massensterben steht bisher noch aus. Die Studie bezieht sich nicht nur auf die Außenperspektive und die Einschätzung des Sicherheitsdienstes. Sterbebildchen,

Todesanzeigen und Grabschmuck geben Auskunft über den Ausdruck von Trauer als sozialer Praxis der Hinterbliebenen. So kann gezeigt werden, wie weit die nationalsozialistische Propaganda in das Leben der Hinterbliebenen reichte. Dabei muss man den stark normierten Charakter dieser Textsorten bedenken: Zu den gängigen gesellschaftlichen, meist religiös geprägten sprachlichen und symbolischen Gestaltungsnormen der Todesanzeigen kamen während des »Dritten Reiches« strenge Auflagen über den Informationsgehalt und die Gestaltung der Anzeigen. Von diesem nationalsozialistischen Standard abweichende Nuancen sind jedoch umso stärker zu gewichten.

Der Umgang mit den Kriegstoten war sowohl in administrativer als auch ritueller Hinsicht von der Abwesenheit des Leichnams beziehungsweise der räumlichen Entfernung zwischen den Hinterbliebenen und dem Grab des Toten geprägt. Diesem Phänomen des »fernen Todes« widmet sich das erste Kapitel des empirischen Teiles (IV). In diesem Kapitel ist die zentrale Analysekategorie der Raum in Beziehung mit der Erinnerung: Wie gestaltete der geografische Raum die Erinnerung? Wie gestalten die Hinterbliebenen den Erinnerungsraum? Im ersten Analyseschritt wird untersucht, wie das massenhafte Sterben und die meist unüberwindbare physische Distanz zwischen den Gedenkenden und den Toten die Gedenkrituale im privaten Totenkult veränderten. Im zweiten Analyseschritt fragt das Kapitel nach der geschichtspolitischen Funktion des Motivs vom fernen Grab in der Erinnerungskultur. Zunächst wird dargestellt, wie der Tod an der Front den Hinterbliebenen kommuniziert wurde. Welche Formulierungen sollten den Angehörigen während des Krieges helfen, diesen fernen Tod, den sie nur imaginieren konnten, zu realisieren? Bei Kriegsende waren längst nicht alle Schicksale von noch im Felde stehenden oder schon verschollenen Soldaten geklärt. Dieses Kapitel zeigt auf, welche Möglichkeiten ihre Angehörigen nach Kriegsende hatten, um über das Überleben oder den Tod eines Soldaten Gewissheit zu erlangen. In diesen Ausführungen zur administrativen Bewältigung des Heeres der Toten soll es aber auch darum gehen, wie die deutschen Behörden vor Ort mit den für sie fremden Toten umgingen, die ebenfalls fern ihrer Heimat verstorben waren. Waren die Hinterbliebenen über den Tod eines Soldaten unterrichtet, entwickelten sie bestimmte Praktiken, um den physischen Raum zwischen sich und dem Objekt ihrer Trauer und Erinnerung zu überwinden. Das ferne Grab barg jedoch auch politischen Konfliktstoff: So wurde die Pflege der Gräber im Osten im Ost-West-Konflikt von der Politik vereinnahmt. Die Heimatvertriebenen instrumentalisierten die Gräber, die sie in der alten Heimat zurücklassen mussten, im politischen Diskurs, um ihr Recht auf Rückkehr oder Restitution ihrer Güter zu unterstreichen.

Die anschließenden empirischen Studien (V) untersuchen die lokalen Erinnerungskulturen der Städte Penzberg (V.1) und Rosenheim (V.2). Anhand der jeweiligen Denkmäler, deren Einweihungszeremonien und ritueller Gedenkfeiern werden die städtischen Erinnerungskulturen untersucht. Der Blick auf die lokale Erinnerungskultur erlaubt dabei detaillierte Fragen nach den erinnerten und den verschwiegenen Opfern, den Wechselbeziehungen der Akteure, den Konflikten und Allianzen unter ihnen, der Entwicklung eines spezifischen Erinnerungsnarratives, seine Reproduktion über die Jahrzehnte, die Reichweite von Gedenktagen sowie dem Verhältnis zwischen dem individuellen und dem kollektiven Gedächtnis. Im Fokus steht dabei die Frage, welche Funktion das kollektive Gedenken für die Stadtgemeinschaft erfüllte. Anschließend an die Fallstudien steht ein zusammenfassendes methodisches Kapitel, das die städtischen Gedächtnisse vergleichend analysiert (V.3).

Das Fazit (VI) greift die eingangs formulierten Fragen auf und beantwortet sie anhand der Ergebnisse der einzelnen Kapitel. Zugleich werden die neuen Fragen und Probleme, die die Studie aufgeworfen hat, reflektiert und als Anstoß für potenzielle weiterführende Projekte formuliert.

II. Städte und Akteure

1. Städte

Die Städte Penzberg und Rosenheim wurden für die Analyse der lokalen Erinnerungskultur ausgewählt, weil sie geografisch nah beieinanderliegen und sich gleichzeitig in ihrer Wirtschafts- und Sozialstruktur signifikant unterscheiden. Rosenheim ist die größere der beiden Städte, hier bestimmt der bürgerliche Mittelstand die Gesellschaft. Penzberg ist eine klassische Arbeiterstadt in einer von Landwirtschaft geprägten Umgebung. In Penzberg sind die wichtigsten Akteure des kollektiven Gedenkens die Stadtverwaltung und die Parteien links der Mitte.[129] Das Gedächtnis der Stadt Rosenheim wird von den kommunalen Politikerinnen und Politikern gestaltet. Wichtige Akteure sind hier außerdem der Volksbund Deutsche Kriegsgräberfürsorge, Vertreter der christlichen Kirchen sowie Traditionsverbände wie der Krieger- und Veteranenverein Rosenheim oder die Gebirgsschützen.

1.1 Penzberg

Im südlichen Münchner Umland liegt die Stadt Penzberg, die zum ersten Mal 1275 in einer Tauschurkunde des Klosters Benediktbeuern erwähnt wurde.[130] Diesem Kloster gehörten bis zur

---

[129] Dies sind bis in die 1950er die Kommunistische Partei Penzberg und die Sozialistische Partei Penzberg, danach nur noch die SPD.
[130] Penzberg wurde am 01.03.1919 zur Stadt erhoben. Da sich die Untersuchung auf einen Zeitraum bezieht, zu dem Penzberg bereits Stadt war, verwende ich der besseren Verständlichkeit halber auch hier schon den Begriff »Stadt« und

Säkularisation 1803 zwei Drittel der Gemeindefläche, das übrige Drittel gehörte dem Münchner Angerkloster.[131] 1808 kam es zur Abgrenzung des heutigen Gemeindegebietes als Steuerdistrikt St. Johannisrain.[132] In dieser Region um München sind bis heute die Landwirtschaft und der Tourismus die wichtigsten Wirtschaftsfaktoren. Penzberg[133] unterscheidet sich davon deutlich, denn seit der Mitte des 19. Jahrhunderts prägte der Pechkohleabbau die Wirtschaft, die Stadtpolitik und die Sozialstruktur des Ortes. Franz Schaffer wies nach, dass weder dem »klösterlichen Wirtschaftsgeist« noch der bäuerlichem Umgebung, sondern vielmehr dem Bergbau die »stadtbildende Funktion« zukam.[134] Die Bergbauindustrie prägte vom Ende des 18. Jahrhunderts bis zur Schließung des Bergwerkes 1966 über 170 Jahre lang die Sozialstruktur der Stadt.[135] Zwischen 1871 und 1900 stieg die Ein-

---

den Namen »Penzberg«, da immer von derselben Gemeindefläche gesprochen wird, die zwischenzeitlich jedoch St. Johannisrain hieß.
131 Schaffer, Franz (1970): WERDEN UND WANDEL, S. 85.
132 Schaffer, Franz (1970): WERDEN UND WANDEL, S. 86.
133 Zur Geschichte der Stadt Penzberg liegen hauptsächlich wenig umfangreiche Stadtchroniken vor, in denen jeweils die Penzberger Mordnacht den meisten Umfang einnimmt: Luberger, Karl: *Die Geschichte der Stadt Penzberg*, Penzberg 1969; Luberger, Karl: *Geschichte der Stadt Penzberg*, Penzberg 1985; Luberger, Karl: *75 Jahre Stadt Penzberg*. In: Stadt Penzberg (Hg.): *75 Jahre Stadt Penzberg*, Penzberg 1994. Klaus Tenfeldes Habilitationsschrift »Proletarische Provinz« untersucht die Sozialstruktur Penzbergs, um der Stadtgemeinschaft eine besondere, widerständige Mentalität zu attestieren, die im Widerstand gegen das nationalsozialistische Regime am 28. April 1945 gemündet hätte: Tenfelde, Klaus: *Proletarische Provinz*, München u. a. 1981 Einzelnen Opfern der Mordnacht ist eine Schriftenreihe des Stadtmuseums gewidmet. Bisher erschienen die Bände: Fügener, Katrin Ina C.: *Hans Rummer (1880–1945)*, Penzberg 2005 und Völker-Rasor, Anette: *Michael Boos (1888–1945): Opfer der Mordnacht*, Penzberg 2005. Der Geschichte des Bergwerkes und des Strukturwandels in Penzberg widmeten sich Franz Schaffer und Margarete Drexel: Schaffer, Franz: *Sozialgeographische Aspekte über Werden und Wandel der Bergwerksstadt Penzberg*. In: *Mitteilungen der Geographischen Gesellschaft in München* 55 (1970), S. 85–103; Drexel, Margarete: *Alles was getan wird, geschieht für den Menschen!*, Penzberg 2001.
134 Schaffer, Franz (1970): WERDEN UND WANDEL, S. 88.
135 Schaffer, Franz (1970): WERDEN UND WANDEL, S. 87–88.

wohnerzahl, vor allem durch die Zuwanderung ausländischer Arbeiter, sprunghaft von 949 auf 5042 an, wuchs bis zum Zweiten Weltkrieg auf knapp 7000 und seit Kriegsende bis heute auf ca. 16.000. Zu Anfang des 20. Jahrhunderts waren erstmals mehrheitlich Bergarbeiter und nicht mehr Großbauern im Gemeinderat vertreten.[136] Als Standort des Pechkohleabbaus verzeichnete Penzberg seit dem ausgehenden 19. Jahrhundert eine hohe Zahl zugewanderter Arbeiter, vor allem von Ruhr und Saar, aus Schlesien, der Oberpfalz, Böhmen, Kärnten, der Steiermark sowie aus Italien.[137] Mit der Schließung des Bergwerkes im Jahre 1966 setzte in Penzberg ein Strukturwandel ein, große Firmen wie MAN und Boehringer Mannheim (heute Roche Diagnostics) siedelten sich in Penzberg an.

Bis 1966 war Penzberg eine klassische Bergbaustadt – wenn auch in einer dafür untypischen Gegend. Dass die Bevölkerung überwiegend im Bergbau tätig war, spiegelte sich auch in der Kommunalpolitik wieder. Seit Penzberg 1919 das Stadtrecht verliehen wurde, leiten bis heute SPD-Bürgermeister die Geschicke der Stadt. Die Ausnahmen waren der NSDAP-Bürgermeister 1933–1945 sowie Josef Raab, der als Mitglied der KPD von 1945 bis 1946 Bürgermeister war.

Trotz seiner Lage im vermeintlichen »Luftschutzkeller des Reiches« wurde auch Penzberg in den letzten Monaten des Zweiten Weltkrieges Ziel alliierter Luftangriffe. Der größte Luftangriff auf die Stadt zerstörte am 16. November 1944 unter anderem die Stadtkirche. Das kollektive Gedächtnis Penzbergs an den Zweiten Weltkrieg dominiert jedoch bis heute eine andere Begebenheit: In der Nacht des 28. Aprils 1945, 48 Stunden vor dem Einmarsch der Amerikaner, erschossen SS-Männer einer »Werwolf-Truppe« 16 Männer und Frauen, die durch ihre Intervention das Bergwerk

---

136 Vgl. hierzu die Statistik über die Zusammensetzung des Gemeinde- bzw. Stadtrates nach Sozial- und Berufsgruppen bei Schaffer, Franz (1970): WERDEN UND WANDEL, S. 95.
137 Schaffer, Franz (1970): WERDEN UND WANDEL, S. 92. Zur skeptischen Reaktion der Bauernbevölkerung s. ders. S. 93.

vor der Sprengung bewahren, die nationalsozialistische Stadtverwaltung zur Niederlegung ihrer Ämter bewegen und Penzberg friedlich den vorrückenden amerikanischen Truppen übergeben wollten.

1.2 Rosenheim

Rosenheim[138] liegt circa 60 Kilometer südöstlich von München. Eine Siedlung mit Namen Rosenheim wurde zum ersten Mal 1234 erwähnt, 1864 erhob König Ludwig II. den Markt zur Stadt. Zur Zeit der Stadterhebung zählte Rosenheim knapp über 4000 Einwohner[139], im Jahr 1900, also nur 36 Jahre später, waren es bereits

---

138 Zur Rosenheimer Stadtgeschichte liegt eine Chronik vor, die deutlich umfangreicher ist als die Penzbergs und einen wissenschaftlichen Anspruch verfolgt: Treml, Manfred; Pilz, Michael: *Rosenheim*, Rosenheim 2010. Daneben liegen einzelne wissenschaftliche Arbeiten vor: Stäbler, Wolfgang: *Weltwirtschaftskrise und Provinz*, Kallmünz 1992; Miesbeck, Peter: *Bürgertum und Nationalsozialismus in Rosenheim*, Rosenheim 1994; Diem, Veronika: *Fremdarbeit in Oberbayern*, Kolbermoor 2005; Mair, Karl: *Rosenheim in den 50er Jahren*, Rosenheim 2001; Mair, Karl; Teyke, Tobias: *»Hinaus zu den stillen Gräbern«*, Rosenheim 2009; Tobias, Jim G; Schlichting, Nicola: *Heimat auf Zeit*, Nürnberg 2006; In der Zeitschrift des Historischen Vereins Rosenheim erschienen Beiträge über das Kriegsende in Rosenheim, die unmittelbare Nachkriegszeit und die Aufbauleistung der Vertriebenen: Fischer, Michael: *Zur Sache: Am Ende stand ein Anfang*. In: *Das bayerische Inn-Oberland/53* (1996), S. 85–146; Kaiser, Christine: *Rosenheim 1945 bis 1947*. In: Historischer Verein Rosenheim (Hg.): *Das bayerische Inn-Oberland/53* (1996), Rosenheim 1996; Brandau, Doris: *Die Aufbauleistung der Vertriebenen im Raum Rosenheim*. In: *Das bayerische Inn-Oberland/53* (1996), S. 149–251. Der Ausstellungskatalog »Rosenheim im Dritten Reich« versammelt Beiträge über alltags-, sozial- und politikgeschichtliche Aspekte des Nationalsozialismus vor Ort: Kulturamt der Stadt Rosenheim: *Rosenheim im Dritten Reich*, Rosenheim 1989. Das aktuellste Werk ist der Begleitband zur Ausstellung »Rosenheim wird Stadt. Die goldenen Jahre 1864–1914«, das sich der Stadtgeschichte mittels einer biografisch-personenbezogenen Darstellung nähert: Leicht, Walter: *Rosenheim wird Stadt*, Rosenheim 2014.
139 Treml, Manfred: *Vom ›neuen Bayern‹ zur Stadterhebung (1799-1864)*. In: Treml und Pilz (2010): ROSENHEIM, S. 200.

14.247.[140] Dieser rasante Bevölkerungszuwachs[141] geht vor allem auf die wirtschaftliche Entwicklung Rosenheims und die verkehrsgeografisch günstige Lage an einem Eisenbahnknotenpunkt zurück.[142]

Bis zur vorletzten Jahrhundertwende prägten vor allem die Saline und die Eisenbahn als wichtigste Arbeitgeber die Rosenheimer Sozialstruktur: Zu Beginn des 20. Jahrhunderts war die Reichsbahn der größte Arbeitgeber in Rosenheim.[143] Bis 1907 wandelten sich die Anstellungsverhältnisse in Rosenheim, weg von Kleinbetrieben hin zu Anstellungen in größeren Fabriken.[144] Rosenheim kann also, im Gegensatz zur Arbeiterstadt Penzberg, als »Angestelltenstadt« gelten, deren politische Geschicke eine bürgerliche Mittelschicht lenkte.[145]

Der Erste Weltkrieg bedeutete ein jähes Ende der Rosenheimer Blütezeit. Revolution und Gegenrevolution hinterließen in Rosenheim deutliche Spuren: Es bildeten sich Freikorps-Gliederungen, und Rosenheim wurde zum »Zentrum revisionistisch-antidemokratischer, nationalistischer und völkisch-antisemitischer Bewegungen«[146]. Im Jahr 1920 gründeten der Reichsbahnbeamte Theodor Lauböck und Anton Drexler in Rosenheim die erste

---

140 Leicht, Walter: *Rosenheim zwischen Stadterhebung und Erstem Weltkrieg.* In: Treml und Pilz (2010): ROSENHEIM, S. 211.
141 Eine Grafik zur Bevölkerungsentwicklung zwischen 1850 und 1900 zeigt eine fast exponentielle Kurve ab 1865: Treml (2010): ROSENHEIM 1799–1864, S. 200.
142 Vgl. zur wirtschaftlichen Entwicklung bis 1864 Treml (2010): ROSENHEIM 1799–1864, S. 194–200, zur »Blütezeit« Rosenheims 1864–1914: Leicht (2010): STADTERHEBUNG. Die Industriegeschichte Rosenheims beschreibt Winkler, Richard: *Rosenheims Industriegeschichte in Firmenporträts.* In: Treml und Pilz (2010): ROSENHEIM, S. 339–349.
143 Treml (2010): ROSENHEIM 1799–1864, S. 194–200. Leicht (2010): STADTERHEBUNG, S. 205.
144 27 % der Rosenheimer waren 1907 im Baugewerbe angestellt, 25 % im Dienstleistungssektor: Winkler (2010): FIRMENPORTRÄTS, S. 339.
145 Vgl. zu den Magistratswahlen 1864–1914 Leicht (2010): STADTERHEBUNG und Leicht (2014): GOLDENE JAHRE.
146 Stäbler, Wolfgang: *Rosenheim von 1918 bis 1933.* In: Treml und Pilz (2010): ROSENHEIM, S. 356.

NSDAP-Ortsgruppe außerhalb von München[147], die bis August 1922 mit 320 Mitgliedern zur zweitstärksten Ortsgruppe (nach München) avancierte.[148] In der »Provinzstadt der Bewegung« hielt Adolf Hitler seine ersten Reden außerhalb von München.[149] Diese Auftritte Hitlers fielen jeweils zeitlich zusammen mit antisemitisch motivierten Übergriffen in Rosenheim im Juni 1920 – der kausale Zusammenhang ist offensichtlich. Die Akteure des Antisemitismus waren dabei vornehmlich Lehrer und Schüler des Rosenheimer Gymnasiums.[150] Ihren Höhepunkt erreichte die antisemitische Hetze im Jahr 1923.[151] Nachdem das NSDAP-Verbot wieder aufgehoben worden war, erstarkte auch die Rosenheimer Ortsgruppe ab 1930 zusehends und zog vor allem das mittlere und höhere Bürgertum an, wie Wolfgang Stäbler ermittelte.[152]

Während des Zweiten Weltkrieges beschäftigten die größeren Rosenheimer Betriebe Zwangsarbeiter und sogenannte »Ostarbeiter«.[153] In der unmittelbaren Nachbarschaft fertigten Häftlinge in einem Außenlager des Konzentrationslagers Dachau in Stephanskirchen/Haidholzen Flugzeugmotoren für BMW.[154]

Der Zweite Weltkrieg veränderte die demografische Struktur und das bauliche Stadtbild deutlich. Bei Beginn des Zweiten Weltkrieges verzeichnete Rosenheim 21.210 Einwohner, im Juni

---

147 Rosenheimer Anzeiger vom 03.05.1920. Stäbler (2010): ROSENHEIM 1918–1933, S. 358.
148 Stäbler (2010): ROSENHEIM 1918–1933, S. 358.
149 14 zwischen 1920 und 1922: Stäbler (2010): ROSENHEIM 1918–1933, S. 356.
150 Stäbler (2010): ROSENHEIM 1918–1933, S. 361.
151 Stäbler (2010): ROSENHEIM 1918–1933, S. 362.
152 Stäbler (2010): ROSENHEIM 1918–1933, S. 370.
153 Grundlegend: Diem (2005): FREMDARBEIT, mit einer Übersicht über die Verteilung der Zwangsarbeiter auf einzelne Firmen S. 199ff; StARo Zwangsarbeiterkartei; Miesbeck, Peter: *Rosenheim unter nationalsozialistischer Herrschaft*. In: Treml und Pilz (2010): ROSENHEIM, S. 415–417.
154 Miesbeck (2010): ROSENHEIM NS, S. 417; Diem (2005): FREMDARBEIT, S. 66 u. 68; Lakowski, Andreas: *Stephanskirchen – Außenlager des Konzentrationslagers Dachau*. In: Kulturamt der Stadt Rosenheim (Hg.): *Rosenheim im Dritten Reich*, Rosenheim 1989.

1946 wohnten 27.979 Menschen im Stadtgebiet.[155] Nach insgesamt 14 Luftangriffen zwischen Oktober 1944 und April 1945 waren 201 Menschen gestorben, darunter 47 Kriegsgefangene, Zwangsarbeiter und Ostarbeiterinnen.[156] Der Bahnhof und wichtige Industrieanlagen waren zerstört, weit über tausend Menschen obdachlos.[157] Insgesamt starben 654 Soldaten aus Rosenheim im Zweiten Weltkrieg, der Großteil davon (377) an der Ostfront.[158]

In den Jahren bis 1960 nahm Rosenheim insgesamt über 7000 Heimatvertriebene auf. Die Stadt lag damit statistisch über dem Landesdurchschnitt und hatte im Verhältnis zur Bevölkerung die meisten Vertriebenen in den oberbayerischen kreisfreien Städten.[159] Die Sudetendeutschen veränderten das Stadtbild, die konfessionelle und die politische Struktur der Stadtbevölkerung einer bislang rein konservativ, katholisch geprägten Stadt.[160]

Zwar waren die Heimatvertriebenen nicht die »völligen Heiden«, wie katholische Pfarrer sie in ihren Seelsorgsberichten bezeichneten, doch trugen sie dazu bei, dass der Anteil der Protestanten in der Stadtbevölkerung stieg. Die politisch und gesellschaftlich engagierten Heimatvertriebenen waren Sozialdemokraten und trieben vor allem den Siedlungsbau in Rosenheim voran – auch dies ein Unterschied zu den konservativen Parteien, die bis dahin die Geschicke der Stadt gelenkt hatten.

Für die Erforschung des Kriegstotengedenkens während des Krieges und nach 1945 bietet Rosenheim als Fallbeispiel denkbar günstige Voraussetzungen: In Rosenheim starben neben Wehrmachtssoldaten auch Kriegsgefangene, Zwangsarbeiter, Ostarbei-

---

155 *Oberbayerisches Volksblatt* 26.07.1946.
156 StARo MAG I A 01, Nr. 112.
157 Willibald, Claudia: *Luftschutzorganisation und Luftangriffe*. In: Kulturamt der Stadt Rosenheim (Hg.): *Rosenheim im Dritten Reich*, Rosenheim 1989, S. 85.
158 StARo MAG I A 01 Nr. 112.
159 Statistische Berichte des Bayerischen Statistischen Landesamtes, A I 1/S 1/60 »Vertriebene in Bayern, Stand: 31.März 1960«, in: StARo 061 Bevölkerungsstatistiken.
160 Leicht (2010): STADTERHEBUNG, S. 211.

terinnen, alliierte Soldaten und Zivilistinnen, die auf der Rosenheimer Kriegsgräberstätte bestattet wurden.[161] Die Überlieferung im Stadtarchiv Rosenheim erlaubt eine Rekonstruktion des kollektiven Gedenkens in Rosenheim, die Analyse des Umgangs mit den »fremden« Toten sowie den Umgang der Siegermächte mit ihren in Deutschland bestatteten Staatsangehörigen.

Einer der wichtigsten Akteure des Kriegstotengedenkens war die Rosenheimer Stadtverwaltung. Der Stadtrat entschied nicht nur über die Realisierung von Gedenkinitiativen, die Stadt ist auch die Trägerin des Städtischen Friedhofes, auf dem die Gefallenen bestattet wurden. Auf dem Gelände des Städtischen Friedhofes weihte der Rosenheimer Bürgermeister[162] 1961 eine Kriegsgräberstätte ein, die in Kooperation mit dem Volksbund Deutsche Kriegsgräberfürsorge errichtet worden war.[163] Auch die Vertreter der christlichen Kirchen spielen eine wichtige Rolle für das Gedächtnis der Stadt.

---

161 Gruber, Hans: *Rosenheim gab 527 Kriegstoten Heimrecht in geweihter Erde.* In: Mitteilungen und Berichte. Volksbund Dt. Kriegsgräberfürsorge e.V. Landesverband Bayern. (1/1961), S. 20–25.
S. auch die Statistiken in: Friedhofsverwaltung Rosenheim: *Beisetzungen von Zivilarbeitern aus ehemaligen Kriegsgebieten,* StARo 061-4/2; Friedhofsverwaltung Rosenheim: *Kriegsgefangene und ausländische Arbeitskräfte im Friedhof Rosenheim,* StARo 061-4/2; Friedhofsverwaltung Rosenheim (1944): *Hauptbuch für alle Beerdigungen und Überführungen von 1.1.1942 bis 31.12.1944,* StARo Friedhofsverwaltung 554/002; Friedhofsverwaltung Rosenheim (ab 1945): *Hauptbuch für alle Beerdigungen und Überführungen ab 1. Jan. 1945,* StARo Friedhofsverwaltung 554/003; Friedhofsverwaltung Rosenheim (März 1946): *Aufstellung über Ausländergräber auf dem Friedhof Rosenheim,* StARo 061-4 Ausländergräber.
162 Seit 1935 sitzt dem Rosenheimer Stadtrat der Oberbürgermeister vor (zuvor: Bürgermeister). Im Frühjahr 1961 fungierte der Bürgermeister Albert Steinbeißer (CSU), nach dem Rücktritt von Oberbürgermeister Herbert Springl (SPD) und vor der Wahl von Sepp Heindl (CSU) zum neuen Stadtoberhaupt, vom 24.03. bis 10.06. als amtierender Oberbürgermeister. Von 1965 bis 1977 war Steinbeißer selbst Oberbürgermeister.
163 Dr. Steinbeißer (26.04.1961): *Ablaufplan Einweihung der Kriegsgräberstätte Rosenheim,* StARo 061-4/2 Einweihung des Kriegerdenkmals; *Anlage eines Ehrenhaines des VdK in Rosenheim* (07.05.1961) 1279 StARo U1073; Kapitel V 2.3.

Namentlich ist der ehemalige Feldgeistliche Georg Lipp[164] zu nennen, der die erste Rosenheimer Denkmalinitiative unterstützte und in seiner Gemeindekirche 1951 eine Gedenktafel anbringen ließ.[165]

Die Grenzen zwischen den Akteuren beziehungsweise Akteursgruppen können in Rosenheim nicht scharf gezogen werden. So war Georg Lipp nicht nur katholischer Pfarrer, sondern auch selbst Kriegsteilnehmer und als Vorsitzender im Kreisverband des Volksbundes ebenso engagiert wie seit 1953 im Kameradenkreis der Gebirgstruppe. Sepp Heindl wiederum entschied nicht nur als Oberbürgermeister (1961–1965) über die Errichtung eines zweiten Mahnmales, sondern vertrat als Mitglied des Veteranenvereines Rosenheim dessen Interessen in der Diskussion über das Denkmal.[166]

---

164 Uhle-Wettler, Franz: *Zur Tradition der Wehrmacht*, Kiel 1998.
165 Kath. Stadtpfarramt Christkönig (13.02.1951): *Dank für Zuschuss zur Errichtung einer Kriegergedächtnisstätte*, StARo VI D2 Nr. 18.
166 Kapitel V 2.5.

2. Akteure

Bis heute gestalten in Deutschland verschiedene gesellschaftliche und politische Akteure das kollektive Gedenken an die Toten des Zweiten Weltkrieges. Dieser Abschnitt soll zunächst die Akteure auf Bundes-, Landes- und lokaler Ebene identifizieren und die institutionellen sowie personellen Rahmenbedingungen klären. Es ergeben sich Gedenkkoalitionen zwischen Akteuren ebenso, wie Konflikte unter ihnen auftreten. In den inhaltlichen Kapiteln werden Bedeutung der Akteure, ihre Motive, ihre wechselseitigen Beziehungen und ihre Hierarchie untersucht. Dabei werden, wie von Harald Schmid vorgeschlagen, »die Gewichtung der Praxis, Deutungen und soziale Veränderungen der Gedenkkoalitionen hinsichtlich der Gesamtgesellschaft«[167] analysiert.

Für die folgende erinnerungskulturelle wie geschichtspolitische Analyse werden mit dem Begriff des Akteurs in Abgrenzung zum autonomen Subjekt diejenigen Personen und Gruppen gefasst, die im Erinnerungsfeld des Kriegstotengedenkens öffentlich handelten und bis heute handeln.[168] Dazu gehören staatliche Stellen ebenso wie die Kirchen, Verbände von Veteranen, Heimkehrern oder Vertriebenen, Parteien, Gewerkschaften sowie im lokalen Beispiel die Stadtverwaltungen. Stadtgemeinschaften konstituierten sich anlässlich kollektiver Gedenktage oftmals als Erinnerungs- beziehungsweise Trauergemeinschaften. Auf dieser lokalen Ebene können die enge Verbindung und das Wechselspiel der unterschiedlichen Akteure detailliert untersucht werden.[169]

---

167 Schmid (2001): TAG DER SCHULD, S. 66.
168 Vgl. zur Definition des »historischen Akteurs« Lüdtke, Alf: *Einleitung: Herrschaft als soziale Praxis*. In: Lüdtke, Alf (Hg.): *Herrschaft als soziale Praxis*, Göttingen 1991, S. 12–13, sowie zu den Akteuren der Geschichtspolitik als »Gedenkkoalition« Schmid (2001): TAG DER SCHULD, S. 66.
169 Vgl. zur Bindekraft lokaler Erinnerungsgemeinschaften Thiessen (2009): LOKALISIERUNG, S. 163.

2.1 Der Volksbund Deutsche Kriegsgräberfürsorge

Der Volksbund Deutsche Kriegsgräberfürsorge (VDK) wurde nach dem Ersten Weltkrieg, im Dezember 1919, mit dem Ziel gegründet
»a) Herrichtung, Schmuck und Pflege der Kriegsgrabstätten im Reichsgebiet und der deutschen Kriegsgräberstätten im Auslande dem Volksempfinden entsprechend zu fördern,
b) den Angehörigen der Gefallenen und Verstorbenen in allen Angelegenheiten der Kriegsgräberfürsorge behilflich zu sein,
c) die zwischenstaatliche Fürsorge für die Kriegsgräber auf der Grundlage der Gegenseitigkeit zu betreiben«.[170]

Gemäß einer Satzungsänderung, die sich der Volksbund Anfang des Jahres 1933 freiwillig gab, kümmerte sich der VDK fortan und bis 1945 zusätzlich um die Gräber der »Blutzeugen der Bewegung«, also der Toten des gescheiterten Hitler-Putsches vom 9. November 1933.[171] Nach dieser »freudigen Gleichschaltung«[172] im Jahre 1933 und seiner bereitwilligen Kooperation mit den Nazis wurde der VDK 1945 verboten – und blieb es in der DDR auch.

In den westlichen Besatzungszonen nahm der Volksbund seine Arbeit erstmals 1946 wieder auf, nachdem er auf Antrag des Bayerischen Innenministeriums wiedergegründet worden war. Zu seinen Aufgaben unter dem Motto »Versöhnung über den Gräbern«[173] zählen bis heute die Instandsetzung und Pflege

---

170 Satzung des VDK von 1919, zitiert nach Kaiser (2010): VOLKSTRAUERTAG, S. 45–46. Zur Geschichte der Gründung des VDK ebd. S. 45–49.
171 Lurz (1986): Bd. 5, S. 72. Lurz schildert ausführlich die Zusammenarbeit von VDK und den Reichsstellen (ebd. S. 71–76). Ausführlicher zur Transformation des VDK zu Beginn des NS-Regimes s. Kaiser (2010): VOLKSTRAUERTAG, S. 176–178.
172 Lurz (1986): Bd. 5, S. 72.
173 Dieses Motto wird kritisch hinterfragt in den Beiträgen von: Livingstone, David: *Remembering on Foreign Soil*. In: Niven, Bill und Paver Chloe (Hg.): *Memoralization in Germany since 1945*, Basingstoke 2010. Und Krause-Vilmar, Dietfrid: *NS-Täter und NS-Verfolgte*. In: Düringer, Hermann; Mannitz, Sabine und Starzacher, Karl (Hg.): *Möglichkeiten und Grenzen kollektiver Erinnerung*, Frankfurt a. M. 2007.

deutscher Soldatenfriedhöfe im In- und Ausland, die Betreuung ausländischer Soldatenfriedhöfe in Deutschland (auf der Basis binationaler Abkommen), die Organisation und Gestaltung des Volkstrauertages, der Umbettungsdienst sowie die Betreuung der Angehörigen. Nach dem Ersten Weltkrieg initiierte der VDK einen reichsweiten Volkstrauertag und nimmt bis heute eine zentrale Rolle bei diesem bundesweiten Gedenktag für die Kriegstoten ein. Der Volksbund fungiert als Träger des Volkstrauertages, publiziert jährlich die »Handreichung zum Volkstrauertag« mit einer von ihm vorgeschlagenen Gedenkformel, er lädt auf kommunaler Ebene gemeinsam mit der Stadtverwaltung zur Gedenkfeier und ist Träger der offiziellen Feierstunde im Deutschen Bundestag.[174]

Unter den Vereinen und Verbänden, die als Akteure die kollektive Erinnerung an den Zweiten Weltkrieg und die Kriegstoten gestalten, kommt bis heute dem Volksbund Deutsche Kriegsgräberfürsorge eine herausgehobene Stellung zu: Durch sein Engagement als Akteur im öffentlichen wie privaten Totengedenken bestimmte er nicht nur beide Erinnerungsfelder mit, er hat darüber hinaus eine Verbindungsfunktion zwischen den beiden Feldern. Das Kriegstotengedenken in der Bundesrepublik ist in vielerlei Hinsicht mit der Arbeit des Volksbundes verknüpft. Das Wirken des VDK auf die westdeutsche Erinnerungskultur bis auf die lokale Ebene zieht sich daher durch die gesamte Analyse. Unabhängige und kritische Forschung zum Volksbund gibt es bisher nicht.[175] Diese Forschungslücke will die vorliegende Arbeit in kritischer Auseinandersetzung mit der Volksbund-Arbeit hinsichtlich der Rolle des VDK als Erinnerungsakteur zumindest teilweise schließen.

---

174 Zur Geschichte des Volkstrauertages vgl. Kaiser (2010): VOLKSTRAUERTAG; Fischer, Wolfgang: *Das politische Gedenken an die Toten des Ersten Weltkiegs*, München [u.a.] 2001; Petersen, Thomas Peter: *Die Geschichte des Volkstrauertages*, Kassel 1999. Ausgewählte Reden, die am Volkstrauertag gehalten wurden, finden sich bei Soltau, Hans: *Wir gedenken*, Kassel 1995.
175 Kaiser (2010): VOLKSTRAUERTAG analysiert kritisch die Rolle des VDK beim Volkstrauertag; mit der »Geschichte des Volkstrauertages« von Petersen (1999): VOLKSTRAUERTAG liegt eine Publikation des Volksbundes vor, eigenständige Darstellungen oder Analysen der gesamten Volksbund-Arbeit gibt es nicht.

2.2 Akteure des Gefallenengedenkens im Nationalsozialismus

Das Gedenken an die »toten Helden« spielte schon früh eine wichtige Rolle in Adolf Hitlers Ideologie. Bereits 1926 bezeichnete er den 9. November als »Reichstrauertag der NSDAP«. Im »Dritten Reich« nutzte Hitler das Totengedenken als Propagandamittel, um die Bevölkerung auf den bevorstehenden Krieg einzustimmen. Mit der Machtübernahme etablierten die Nationalsozialisten zwei feststehende Feiertage, die dem Totengedenken gewidmet waren: Am 9. November wurde der »Märtyrer der Bewegung« gedacht. Den Volkstrauertag benannten die Nationalsozialisten 1934 um in »Heldengedenktag« und feierten jedes Frühjahr in kultischer Verehrung die toten Soldaten des Ersten Weltkrieges.

Joseph Goebbels war als Reichsminister für Volksaufklärung und Propaganda für die Gestaltung der zentralen Feiern in Berlin beziehungsweise München (9. November) zuständig. Die Träger des »Heldengedenktages« waren die NSDAP und die Wehrmacht.[176] Der »Heldengedenktag« wurde seit 1933 und noch im Frühjahr 1945 kollektiv mit einer zentralen Zeremonie in Berlin und lokalen Feierlichkeiten in den Städten begangen. Der Staatsakt, der ab 1933 am 9. November in München an die während des gescheiterten Putschversuches ums Leben Gekommenen erinnern sollte, wurde lediglich bis 1938 abgehalten.[177] Auf lokaler Ebene organisierten die jeweiligen Ortsgruppenleiter am »Heldengedenktag« und am 9. November Gedenkfeiern und Märsche.

Die Umbenennung des Volkstrauertages in »Heldengedenktag« impliziert bereits auf sprachlicher Ebene die Stoßrichtung des rituellen Totengedenkens der Nationalsozialisten: Im Mittelpunkt stand die mythische Überhöhung der »Gefallenen der Bewegung« zu »Helden«. Anstelle von Trauerfeiern waren diese Gedenkfeiern

---

176 Zur Transformation des Volkstrauertages zum »Heldengedenktag« s. Kaiser (2010): VOLKSTRAUERTAG, S. 178–186.
177 Zum Opferzeremoniell des 9. November s. Behrenbeck (1996): HELDEN, S. 299–313.

Instrumente der politischen Agitation der Nationalsozialisten. Sabine Behrenbeck konstatierte, dass der Heldenkult der Nationalsozialisten schon seit 1933 Teil einer »Motivationsstrategie« für den bevorstehenden Krieg und die zu erwartenden Opfer gewesen sei.[178]

2.3 Kirchen

Die Transzendierung des Todes ist zentraler Bestandteil aller großen Religionen, ganz gleich ob es sich konkret um Heilsversprechen für ein Leben nach dem Tod, die Vorstellung von Wiedergeburt und Nirwana oder die Androhung von Fegefeuer und Hölle handelt. Auch für die Betreuung von Sterbenden und Trauernden hat jede Religion ihre Übergangsrituale geschaffen, sei es die Letzte Ölung oder der rituelle Ablauf der Shiva. Da die deutsche Nachkriegsgesellschaft sich konfessionell größtenteils auf die beiden christlichen Kirchen verteilte, beziehe ich mich auf die Übergangsriten der evangelischen und der katholischen Kirche sowie auf die Vertreter dieser Kirchen als Akteure. Die seelsorgerische Begleitung von Sterbenden und Trauernden ist seit Hunderten Jahren ein zentraler Tätigkeitsbereich der Kirchen. Ein Kernsatz des Glaubensbekenntnisses der christlichen Kirchen ist der Glaube an die Auferstehung der Toten, auf die man sich durch ein gottgefälliges Leben im Diesseits vorbereiten könne.

Ein derart starkes in der Mentalität und im Alltag der Bevölkerung verwurzeltes Sinnstiftungsangebot durch die Kirchen musste den Nationalsozialisten missfallen. Bald waren die Kirchen im Zweiten Weltkrieg die größten Konkurrentinnen von Partei und Staat, wenn es um die Betreuung der Hinterbliebenen ging.[179] Die deutsche Bevölkerung suchte während des Krieges, vor allem in

---

178 Vgl. Behrenbeck (1996): HELDEN, S. 471.
179 Als Quelle zur Einstellung der NSDAP gegenüber den Kirchen hinsichtlich der Gestaltung von Trauerfeiern s. Rosenberg, Alfred: *Die Gestaltung der Lebensfeiern* 1942, S. 26. Allgemein zu den Kirchen im »Dritten Reich« s. die Überblicksdarstellung von Strohm, Christoph: *Die Kirchen im Dritten Reich*, Bonn 2011.

Zeiten rapide ansteigender Todeszahlen, Trost und Rückhalt in den Sinnstiftungsangeboten und Ritualen der Kirchen.[180] Nach dem Ende des Zweiten Weltkrieges waren die Kirchen wichtige und nun auch wieder öffentlich präsente Akteurinnen der Trauer um die Kriegstoten. Die Kirchenvertreter äußerten sich öffentlich in Gottesdiensten und Kirchenzeitschriften zum Umgang mit den Gräbern von Gefallenen und Kriegsverbrechern.[181] Nach 1945 nahmen nicht nur katholische und evangelische Pfarrer wieder am öffentlichen Totengedenken teil, diese Zeremonien an Feiertagen oder zu Denkmalseinweihungen waren von Beginn an um einen Gottesdienst herum gestaltet. Lokale Kirchenvertreter schalteten sich in die örtlichen Diskussionen und Denkmalinitiativen ein, und in einzelnen Fällen war die Kirche der einzige Ort, an dem der toten Soldaten gedacht wurde. Sei es in Predigten, Aufsätzen oder Erbauungsgeschichten in den Kirchenzeitschriften, der Tenor zumindest der katholischen Kirche zielte ganz klar auf eine Rechristianisierung der Gesellschaft ab, indem der Kriegsausbruch mit einem Abfall der Menschen von Gott erklärt wurde. Die Erfahrung des Zweiten Weltkrieges sollte, im Deutungsschema der Kirchen, dazu dienen, weitere Kriege zu verhindern und die Menschen in den Schoß der Kirche zurückzuführen.[182]

---

180 Behrenbeck zieht dieses Fazit im Vergleich von nationalsozialistischem Heldenmythos und privater Trauer: Behrenbeck (1996): HELDEN, S. 493; Dietmar Süß stellt dies in seiner Untersuchung zum Luftkrieg fest: Süß (2011): LUFTKRIEG, S. 574; Alon Confino konfrontiert die postulierte »politische Religion« des Nationalsozialismus mit den tatsächlichen Praktiken der Hinterbliebenen: Confino, Alon: *Death, Spiritual Solace, and Afterlife*. In: Confino, Betts, Schumann (2008): MASS DEATH, hier S. 224.
181 So positionierte sich Weihbischof Dr. Johannes Neuhäusler 1949 in der *Münchner Katholischen Kirchenzeitung* gegen die Entfernung christlicher Kreuze von den Gräbern hingerichteter Kriegsverbrecher auf dem Spöttinger Friedhof – mit Erfolg: General Clay ordnete hierauf die Wiederaufstellung der Grabkreuze an. Schaffer, Franz (1970): WERDEN UND WANDEL.
182 S. dazu Süß (2011): LUFTKRIEG, S. 518: »Die Erinnerung an den Luftkrieg fügte sich ein in die Appelle zur Rechristianisierung einer von Gott abgefallenen Gesellschaft. Es war also ein doppeltes Deutungsangebot der christlichen

2.4 Traditionsverbände

Traditionsverbände waren (und sind bis heute) als Akteure und Teilnehmer ein wichtiger Bestandteil der jährlichen Feiern am Volkstrauertag.[183] Lokale Krieger- und Veteranenvereine arbeiteten dabei auf ein ehrendes Gedenken an die Gefallenen hin, um damit eine Rehabilitierung der Soldaten der Wehrmacht zu erwirken. Ursprünglich waren ihre Mitglieder durchweg ehemalige Soldaten oder Reservisten, mittlerweile sind nicht mehr alle Mitglieder der jüngeren Generationen Soldaten oder Veteranen. In Rosenheim war neben dem örtlichen Krieger- und Veteranenverein die »Hilfsorganisation auf Gegenseitigkeit« (HIAG)[184] am kollektiven Gedenken beteiligt.

Offiziere der ehemaligen Waffen-SS hatten die HIAG 1951 gegründet[185], die in den 1950er-Jahren zu einer Massenorganisation

---

Kirchen: auf der einen Seite der Hinweis auf die Unschuld der Opfer und die Trauer der Angehörigen, aus deren stiller Andacht sich die Kraft für das Weiterleben nach der Katastrophe ergab; auf der anderen Seite eine Erklärung für das Unglück, das den Menschen und der Stadt widerfahren war und das etwas mit ihrem eigenen Verhalten, ihrem eigenen Verhältnis zu Gott zu tun hatte.«

183 Ihre Aktivitäten wurden bisher untersucht von: Schwelling, Birgit: *Krieger in Nachkriegszeiten*. In: Fröhlich, Claudia und Heinrich, Horst-Alfred (Hg.): *Geschichtspolitik*, Stuttgart 2004; Kühne, Thomas: *Zwischen Vernichtungskrieg und Freizeitgesellschaft*. In: Naumann, Klaus (Hg.): *Nachkrieg in Deutschland*, Hamburg 2001; Hettiger, Andreas: *Erinnerung als Ritual*, Tübingen 2005; Wilke, Karsten: *Die »Hilfsgemeinschaft auf Gegenseitigkeit« (HIAG) 1950–1990*, Paderborn 2011.

184 Bisher existiert wenig Forschungsliteratur zur HIAG. Karsten Wilke legte 2011 die erste systematische Analyse der HIAG vor: Wilke (2011): HIAG 1950–1990. Davor existierten einzelne Aufsätze zur HIAG: Tauber, Kurt P.: *Beyond Eagle and Wwastika*, Middletown, Conn 1967; Large, David Clay: *Reckoning without the Past*. In: *The Journal of Modern History* 59 (1987), S. 79–113; Weiß, Hermann: *Alte Kameraden von der Waffen-SS*. In: Benz, Wolfgang (Hg.): *Rechtsextremismus in der Bundesrepublik*, Frankfurt a. M. 1989; Wilke, Karsten: *Geistige Regeneration der Schutzstaffel in der frühen Bundesrepublik?* In: Schulte, Jan Erik (Hg.): *Die SS, Himmler und die Wewelsburg*, Paderborn 2009.

185 Vgl. Wilke (2011): HIAG 1950–1990, S. 35.

wuchs, der zeitweise bis zu 20.000 Mitglieder angehörten.[186] Ihrem Selbstverständnis nach war sie eine »Selbsthilfeorganisation auf der Basis der Grundsätze der ehemaligen SS«[187]. Nach innen nahm die HIAG vor allem karitative Aufgaben wahr, sie suchte nach Vermissten und kümmerte sich um die Hinterbliebenen der Gefallenen. Nach außen kooperierte die HIAG mit Soldatenbünden und »unterhielt intensive Kontakte zu Politikern aller Parteien«[188]. Durch ihre karitative Ausrichtung und ihre politische Vernetzung war die HIAG in der unmittelbaren Nachkriegszeit in der Öffentlichkeit nicht nur stark präsent, sondern ihre Aktivitäten wurden auch honoriert.[189] Nachdem die Richter die Waffen-SS im Nürnberger Prozess gegen die Hauptkriegsverbrecher als »verbrecherische Organisation«[190] verurteilt hatten, stilisierten sich ihre ehemaligen Mitglieder als »kollektive Opfer alliierter Willkür«[191]. Erklärtes Ziel der HIAG war es daher, auf eine Rehabilitierung der Angehörigen der ehemaligen Waffen-SS hinzuwirken: Sie sollten nicht als »verbrecherische Organisation«, sondern als »Soldaten wie andere

---

186 Vgl. zur Gründungsgeschichte der HIAG: Wilke (2011): HIAG 1950–1990, S. 35–120.
187 Zum sozialen und politischen Selbstverständnis der HIAG vgl. Wilke (2009): GEISTIGE REGENERATION?, S. 441–445, hier S. 443 sowie Wilke (2011): HIAG 1950–1990, S. 121–157 und S. 385–288.
188 Wilke (2009): GEISTIGE REGENERATION?, S. 433. Vgl. auch Wilke (2011): HIAG 1950–1990, S. 109–117.
189 Zu diesem Schluss kommt Wilke (2009): GEISTIGE REGENERATION?, S. 447: »Die Ausrichtung der HIAG auf karitative Aufgaben, wie zum Beispiel Hinterbliebenenversorgung oder Vermisstensuchdienst, war nicht nur politisch unverfänglich und in der Situation der Nachkriegszeit notwendig, sondern wurde auch gesellschaftlich honoriert. Das offensive Bekenntnis der Organisation zur Demokratie und die Konstituierung nach dem Vereinsgesetz trugen darüber hinaus dazu bei, sie der Konspiration unverdächtig erscheinen zu lassen.«
190 Der Urteilsspruch findet sich in: *Der Prozess gegen die Hauptkriegsverbrecher vor dem Internationalen Militärgerichtshof (IMT)*, Frechen 2001, S. 189–414.
191 Wilke (2009): GEISTIGE REGENERATION?, S. 434 und Tauber (1967): EAGLE AND SWASTIKA, S. 332.

auch«[192] wahrgenommen und erinnert werden. In den 1970er-Jahren wandelte sich die Einstellung der Öffentlichkeit gegenüber der HIAG[193], sie wurde als rechtsextrem eingestuft vom Verfassungsschutz beobachtet, bis sich 1992 schließlich der Dachverband auflöste. Einzelne lokale Gruppierungen existieren bis heute.

2.5 Politische Akteure auf lokaler und überregionaler Ebene

Für die Rahmenbedingungen des Kriegstotengedenkens zeichnete die jeweilige Regierung des Bundeslandes verantwortlich, das konkrete lokale Gedenken wurde von den Stadtverwaltungen organisiert und gestaltet. Der Volkstrauertag wurde in der Bundesrepublik 1952 wiedereingeführt und ist seitdem ein bundesweiter staatlicher Gedenktag.[194] Zwei Sonntage vor dem ersten Advent erinnert er jährlich an die Toten der Weltkriege und Opfer der Gewaltherrschaft aller Nationen[195] und gehört zu den stillen Feiertagen. Er vereint dabei drei Akteure des Gedenkens: Die Bundesregierung legte den Volkstrauertag als staatlichen Feiertag deutschlandweit fest. Der Volksbund Deutsche Kriegsgräberfürsorge gestaltet die zentrale Feierstunde im Deutschen Bundestag und liefert die Vorlagen für die gesprochene Totenehrung sowie Vorschläge für den Ablauf der lokalen Feierstunden. Die Ausgestaltung der lokalen Feiern zum Volkstrauertag obliegt vor Ort den Stadt- und Gemeindeverwaltungen.

---

192 Wilke (2009): GEISTIGE REGENERATION?, S. 436. Darauf zielte bereits die Verteidigung während des Prozesses in Nürnberg ab. Dieses Image transportierten auch Publikationen von ehemaligen Mitgliedern der Waffen-SS aus der unmittelbaren Nachkriegszeit, wie zum Beispiel Hausser, Paul: *Waffen-SS im Einsatz*, Göttingen 1956.
193 Wilke (2011): HIAG 1950–1990, S. 327–377 und S. 415–418.
194 Zur Debatte um und Einigung auf die Einführung des Volkstrauertages und des Termins s. Kaiser (2010): VOLKSTRAUERTAG, S. 233–245.
195 So lautete die Gedenkformel anlässlich des Volkstrauertages 2014. Zur Einführung der »gesprochenen Totenehrung« und der Veränderungen dieser Formel über die Jahrzehnte s. Kaiser (2010): VOLKSTRAUERTAG, S. 270–290.

Städtische Akteure, also die Stadtverwaltung, bestimmte Vereinigungen und Vertreter von Parteien treten immer dann auf, wenn der Kriegstoten im öffentlichen Raum der Stadt (beispielsweise auf dem Friedhof, im Stadtzentrum oder in Form von Ausstellungen und Denkmälern) gedacht wird oder Initiativen ein entsprechendes Gedenken anregen.

III. Totenkult im Nationalsozialismus

Der Wehrmachtsstandortbereichsführer in Rosenheim, so heißt es in der Lokalzeitung, »wusste in seiner Ansprache das innere Erlebnis dieses ernsten Tages seinen Hörern besonders nahezurücken. Er sprach von den schweren Abwehrkämpfen, die nun in den bisher so blühenden Grenzgebieten unseres Vaterlandes wüten, er sprach von der schweren Belastung der Heimat durch den feindlichen Luftterror. Wir fühlen es alle, so führte der Redner aus, dass dieses gewaltige Ringen um die Existenz unseres Volkes nunmehr seiner Entscheidung entgegengehe. Diese Entscheidung müsse uns die Freiheit für alle Zukunft sichern. Schwere Opfer an Gut und Blut habe dieser Kampf auf Leben und Tod bereits gefordert und werde er noch fordern. Wir verneigen uns vor der Größe des Opfers, das unsere gefallenen Kameraden in ihrem todgetreuen Einsatz gebracht haben.«[196]

Aus heutiger Sicht erscheint es zynisch und makaber, die Bevölkerung noch im März 1945 auf die ultimative Opferbereitschaft einzuschwören. Diese Einstellung gegenüber dem Kriegstod ist jedoch beispielhaft für die Instrumentalisierung des gewaltsamen Todes durch die Nationalsozialisten.

---

196 Heldengedenktag 1945 in Rosenheim. In: *Rosenheimer Anzeiger*, 12.03.1945.

1. Kämpfe um die Deutungshoheit – Gefallenengedenken 1919 bis 1933

»Für Gott, Kaiser und Vaterland« – diese Trias, die den Tod der Soldaten im Ersten Weltkrieg rechtfertigen sollte, hatte nach Kriegsende mit dem Kaiser den einzigen konkreten Bezugspunkt verloren. Das »Vaterland«, für das die Soldaten 1914 in den Krieg gezogen waren, war 1918 nicht mehr das Kaiserreich, sondern eine umstrittene, geschmähte und (wie sich herausstellen sollte) nicht sehr stabile Republik. In der politischen Gemengelage Weimars ließ sich der Kriegstod nicht in einen Opfertod für die Republik umdeuten. Das kollektive Gedenken an die Gefallenen als Teil der politischen Kultur gilt als Faktor, der zur Stabilität und Identität dieser Handlungseinheit beiträgt.[197] Die Weimarer Republik konnte dieses Potenzial des kollektiven Kriegstotengedenkens jedoch nicht ausschöpfen, zu sehr prägten die politischen Gegensätze auch das Gefallenengedenken. Politischer Totenkult bedeutete in Weimar anhaltende Kämpfe um die Deutungshoheit, wofür die Soldaten gestorben seien: Dem Staat fehlte ein eindeutiges Sinnstiftungsangebot. Damit konnte er das vergemeinschaftende Potenzial des kollektiven Gedenkens, als Praxis, die eine republikanische Identität stiften solle, nicht ausschöpfen.[198] Ein zentraler Akteur dieser Deutungskonflikte der Weimarer Zeit war der am 1. Oktober 1919 als privater Verein gegründete Volksbund Deutsche Kriegsgräberfürsorge. Seine Hauptaufgabe war die zwischenstaatliche Pflege der Kriegsgräber und die Unterstützung der Hinterbliebenen bei selbiger.[199] Seit 1922 organisierte der VDK den Volkstrauertag mit deutlich revanchistischer Tendenz.[200]

---

197 Koselleck (1994): EINLEITUNG.
198 Vgl. zu den Schwierigkeiten und den konkurrierenden Gedenknarrativen Kaiser (2010): VOLKSTRAUERTAG S. 24–42.
199 Kaiser (2010): VOLKSTRAUERTAG S. 45–49.
200 Ausführlich zeichnet Kaiser (2010): VOLKSTRAUERTAG, S. 43–82, die Einführung des Volkstrauertages nach. Zur revanchistischen Tendenz der Feier vgl.

2. »Nichts Neues entsteht ohne Opfer.«[201] – Gefallenengedenken 1933 bis 1939

Der gescheiterte Hitlerputsch verhalf der nationalsozialistischen Bewegung in der »Kampfzeit«[202] zu ihren ersten Toten. Diese stilisierten die Nationalsozialisten zu »Blutzeugen« beziehungsweise »Märtyrern der Bewegung« und etablierten schon in den 1920ern eine kultische Verehrung des Opfertodes als zentrales Element ihrer Weltanschauung. Ab 1933 war der »Kult um die toten Helden«[203] zentral in der nationalsozialistischen Ideologie, und auch die Weltkriegssoldaten fanden ihren Platz: »Jahre hindurch schien es, als sei alles Kämpfen, alles Bluten und Sterben umsonst gewesen. Heute aber wissen wir, dass es nicht umsonst war. Der Geist des deutschen Frontsoldaten schuf das neue Reich. […] Adolf Hitler, unser geliebter Führer, erfüllte das Vermächtnis der zwei Millionen, die ihr Leben für Deutschland ließen.«[204]

Nach den Auseinandersetzungen um die Deutungshoheit über den Kriegstod in der Weimarer Republik integrierten die Nationalsozialisten mit der Machtübernahme 1933 auch die Gefallenen des Ersten Weltkriegs in ihr Weltbild und boten so 15 Jahre nach Kriegsende eine neue Lesart ihres gewaltsamen Todes: Der Kampf wurde als »siegreich« umgedeutet. Diese Soldaten seien für »das neue Reich« gestorben – indem der Bezug so abstrakt blieb, machte es in dieser Interpretation auch keinen Unterschied, dass dieses

---

Kaiser (2010): VOLKSTRAUERTAG S. 58–63.
201 Westecker, Wilhelm: Ewig ist der Toten Tatenruhm, In: *Kriegsgräberfürsorge* 18 (1938), Nr. 3, S. 46.
202 »Kampfzeit« bezeichnete in der nationalsozialistischen Propagandasprache die Zeit der nationalsozialistischen »Bewegung« vor der Machtübernahme am 30.01.1933. Benz, Wolfgang: *Enzyklopädie des Nationalsozialismus*, München 2007, S. 540.
203 So der Titel der ausführlichen Studie von Sabine Behrenbeck über den Totenkult der Nationalsozialisten: Behrenbeck (1996): HELDEN.
204 Heldengedenktag 1938. Gedenkrede Hermann Görings während des Staatsaktes in Berlin, 13.03.1938. In: *Kriegsgräberfürsorge* 18 (1938), Nr. 4, S. 51–52.

»neue Reich« sich erst im »Dritten Reich« manifestierte, das 1914 noch nicht absehbar war. In dieser Deutung des Kriegstodes stilisierten sich die Nationalsozialisten zu denjenigen, die den Weltkriegstoten nun endlich zu Anerkennung verhelfen würden. Aus dem Tod der Soldaten leiteten sie eine Verpflichtung für die Lebenden ab: »einzustehen für Deutschlands Größe«[205] – die wiederum natürlich der Nationalsozialismus verkörpere. Wer die Gefallenen des »großen Krieges« ehren, also ihr Erbe weiterführen wollte, der wollte dasselbe wie die NSDAP.

Die Nationalsozialisten etablierten im Jahreslauf der politischen Feiertage gleich zwei Anlässe, an denen der »toten Helden« gedacht werden sollte. Am Jahrestag des gescheiterten Hitlerputsches wurde der »Märtyrer der Bewegung« gedacht[206], am »Heldengedenktag« der toten Weltkriegssoldaten. An beiden Gelegenheiten wurden kollektive Gedenkriten eingeübt, in denen der Verlust zur Verpflichtung zum Kampf, die Trauer zur nationalen Aufbruchsstimmung umgedeutet wurde: »Der Geist aller unserer gefallenen Helden lebt im neuen Deutschland weiter. Er ist uns ewiger Ansporn zur Arbeit und zum Kampf im Wiederaufbau von Volk und Reich. In diesem Sinne geloben wir, ihr Vermächtnis zu erfüllen.«[207]

Der Heldenkult war nicht nur in der nationalsozialistischen Ideologie, sondern auch in der Praxis der propagandistisch aufgeladenen Massenspektakel zentral, wie zu zeigen sein wird. Was jedoch war an ihm spezifisch nationalsozialistisch? Welche Funktion kam dem Totenkult im »Dritten Reich« vor 1939 zu?

---

205 Heldengedenktag 1938. Gedenkrede Hermann Görings während des Staatsaktes in Berlin, 13.03.1938. In: *Kriegsgräberfürsorge* 18 (1938), Nr. 4, S. 51–52.
206 Bereits 1926 erklärte Adolf Hitler den 9. November, den Jahrestag des gescheiterten Hitlerputsches, zum »Reichstrauertag« der NSDAP: Behrenbeck (1996): HELDEN, S. 299.
207 Heldengedenktag 1938. Gedenkrede Görings während des Staatsaktes in Berlin. In: *Kriegsgräberfürsorge* 18 (1938), Nr. 4, S. 57.

2.1 Organisationsstruktur

Adolf Hitler instrumentalisierte das Gedenken an die »Blutzeugen der Bewegung« sowie an die Gefallenen des Ersten Weltkrieges als Ehrung der mythisch überhöhten Helden.[208] Als »Protagonisten der Mythenbildung« (Behrenbeck) setzten Adolf Hitler und Joseph Goebbels, als Reichsminister für Volksaufklärung und Propaganda, die inhaltlichen Schwerpunkte und gestalteten neue Rituale des Gefallenengedenkens.[209] In seiner Funktion als Propagandaminister war Joseph Goebbels seit 1933 ebenfalls verantwortlich für die Gestaltung und Organisation von Massenspektakeln, wozu auch die zentralen Feiern am 9. November in München und am »Heldengedenktag« in Berlin gehörten.

Nach der Etablierung dieser Gedenkfeierlichkeiten wandten sich die Parteipropagandisten ab 1935 der Basis zu und veröffentlichten in »Vorschläge der Reichspropagandaleitung«[210] und »Die neue Gemeinschaft«[211] Richtlinien für den Ablauf und Vorschläge für den Inhalt der Totengedenkfeiern in der Ortsgruppe. Auf der lokalen Ebene war dann der jeweilige Ortsgruppenleiter für die Gestaltung und den Ablauf der Feiern zuständig.[212]

2.2 Abkehr von der Totenklage und neue Rituale des Totengedenkens

Der Totenkult war zentral in der Weltanschauung der Nationalsozialisten. Als reales Instrument der Herrschaftsausübung[213] kam ihm eine so große Bedeutung zu, dass die Nationalsozialisten gleich zwei Tage des kollektiven Totengedenkens etablierten. Weder der

---

208 Zu den Inhalten des Heldenkultes vgl. Behrenbeck (1996): HELDEN, S. 65–76.
209 Behrenbeck (1996): HELDEN, S. 84–148.
210 Erschienen 1935–1936.
211 Erschienen 1936–1945.
212 Behrenbeck (1996): HELDEN, S. 314. Zur Struktur dieser Feiern s. Behrenbeck (1996): HELDEN, S. 316.
213 Behrenbeck (1996): HELDEN.

9. November noch der Volkstrauertag hatten eine lange Tradition. Gemeinsam war ihnen, dass sie explizit nicht als Trauertage begangen wurden. Diese programmatische Abkehr von der Totenklage drückte sich konkret aus in den Ritualen und ihrer Inszenierung, der Rhetorik des Gedenkens und der symbolischen Verknüpfung von politischen Ereignissen mit dem Gedenken.

Das Vorbild für die Gedenkfeierlichkeiten am 9. November war die christliche Opferliturgie.[214] Die 1923 beim gescheiterten Hitlerputsch Getöteten wurden als »Blutzeugen der Bewegung« zu Opfern für den Nationalsozialismus stilisiert. Mit der Machtübernahme der Nationalsozialisten im Januar 1933 seien diese Toten auferstanden, so die Deutung Hitlers.[215] Obwohl die Nationalsozialisten alles daransetzten, ihre Feiern klar von den christlichen Gottesdiensten und den bürgerlichen Feiern des 19. und 20. Jahrhunderts abzugrenzen, waren die Bezugnahmen unverkennbar. 1934 benannte Adolf Hitler das Blut der »Märtyrer« explizit als »Taufwasser […] für das Dritte Reich«.[216] Dieses rituelle Vokabular wurde ab 1935 immer weiter entwickelt.[217]

Im »Heldengedenken« am 9. November wurde in München, am historischen Ort, zunächst der »Marsch auf die Feldherrenhalle« rituell nachvollzogen. Dieser Marsch war mehr als ein bloßes Nachstellen der Ereignisse von 1923: Auf der performativen Ebene des Rituals kam dem gemeinsamen Umzug die Funktion der »Teilhabe aller am Heilsereignis«[218] zu. Gleichzeitig war der Marsch für die Nationalsozialisten »das typische Mittel ihrer Selbstdarstellung in der Öffentlichkeit geworden«[219]. Der Gedenkmarsch verweist stark auf Prozessionen der katholischen Kirche zu Feiertagen. Im Programm von 1936 heißt er auch explizit »Nationalsozialistische

---

214 So Behrenbeck (1996): HELDEN, S. 300.
215 Behrenbeck (1996): HELDEN, S. 307.
216 Behrenbeck (1996): HELDEN, S. 300.
217 Behrenbeck (1996): HELDEN, S. 300.
218 Behrenbeck (1996): HELDEN, S. 300.
219 Behrenbeck (1996): HELDEN, S. 300.

Prozession«[220]. Parteiprominenz und »alte Kämpfer« marschierten gemeinsam durch die Münchner Innenstadt zur Feldherrenhalle, an der Spitze des Zuges wurde analog zum Hochkreuz katholischer Prozessionen die »Blutfahne« vorangetragen. Der Weg war mit Pylonen als symbolische Stellvertreter für die »Märtyrer der Bewegung« geschmückt. An der Feldherrenhalle wurden 16 Schüsse abgefeuert, die die Todesschüsse von 1923 symbolisieren sollten. Währenddessen betrat Hitler alleine die Feldherrenhalle und legte dort zu den Klängen des Liedes vom »Guten Kameraden« Kränze nieder. Wie in der katholischen Liturgie sollten am Ende dieses nationalsozialistischen Rituals die »Gläubigen« mit einem gemeinsamen »Glaubensbekenntnis« auf den Nationalsozialismus eingeschworen werden. Hier orientierten sich die Parteipropagandisten am »Letzten Appell« der italienischen Faschisten. Die 16 Toten wurden namentlich aufgerufen, was jeweils von Tausenden Mitgliedern der Hitlerjugend mit einem militärischen »Hier!« beantwortet wurde.[221]

Zwischen 1933 und 1935 variierte der Ablauf: Der Gedenkmarsch endete 1933 an der Feldherrenhalle. 1934 gab es keinen Marsch, lediglich die Kranzniederlegung fand an der Feldherrenhalle statt. 1935 wurden die exhumierten sterblichen Überreste der »Märtyrer« in die »Ehrentempel« am Königsplatz überführt. Bis 1938 wurde der 9. November in München mit einem ausführlichen Ritus zelebriert, ab Kriegsbeginn griffen die Nationalsozialisten auf eine verkürzte Form mit gemeinsamem Marsch und Kranzniederlegung in der Feldherrenhalle zurück.[222]

Dieses Ritual der von Sabine Behrenbeck so bezeichneten »nationalsozialistischen Opferzeremonie« vereinte alle Elemente na-

---

220 Programm des 08./09.11.1936, zitiert nach Behrenbeck (1996): HELDEN, S. 302. Zum Ablauf der Gedenkfeiern, die in München von 1933 bis 1938 stattfanden, s. Behrenbeck (1996): HELDEN, S. 299–313. Behrenbeck analysiert die einzelnen mythischen Elemente des Heldenkultes; hier seien nur der Ablauf und der symbolische Gehalt der Gedenkfeier dargestellt.
221 Zum »Letzten Appell«: Behrenbeck (1996): HELDEN, S. 310–311.
222 Behrenbeck (1996): HELDEN, S. 300.

tionalsozialistischen Totengedenkens: die mythische Überhöhung der Toten zu Helden beziehungsweise Märtyrern, die Abgrenzung von traditionellen Formen wie katholischen Zeremonien oder bürgerlichen Feiern und gleichzeitig die Vermengung traditioneller Elemente zu »neuen Traditionen«. Der gemeinsame Marsch und der Appell an die Verstorbenen erwirkten auf der performativen Ebene eine Militarisierung der Erinnerungsgemeinschaft.

Hitlers Politik verknüpfte das Totengedenken mit dem »neuen Reich« und deutete den Kriegstod positiv als ein aktives Opfer. Das Gefallenengedenken zielte darauf ab, eine Traditionslinie zwischen dem Ersten Weltkrieg und dem »Dritten Reich« zu ziehen: Dieses habe von den Soldaten die Verpflichtung geerbt, eine Revision des Vertrages von Versailles zu erreichen. Die Nationalsozialisten inszenierten das kollektive Gedenken nicht als Trauerfeier, sondern als Ausdruck kämpferischer Aufbruchsstimmung: »Von allen Häusern wehten die Fahnen, denn es war kein Tag der Trauer. Unsere Toten feiern Auferstehung in der Freiheit unseres Volkes, und wir wollen nicht klagen, denn Totenklage ist ein arger Totendienst. Freudig und dankbar wollen wir ihrer gedenken als Wegbereiter eines neuen Reiches.«[223]

2.2.1 Vom Volkstrauertag zum Heldengedenktag

1919 machte der Volksbund den ersten Vorschlag, einen zentralen Gedenktag für die Gefallenen des Ersten Weltkriegs einzurichten. 1922 fand die erste Gedenkstunde im Reichstag statt. Im Frühjahr 1926 wurde der Volkstrauertag auf den Sonntag Reminiscere (der fünfte Sonntag vor Ostern) gelegt und zum ersten Mal im gesamten Deutschen Reich begangen. Trotz der hartnäckigen Initiative des Volksbundes scheiterte die gesetzliche Fixierung des Volkstrauertages als reichsweiter Feiertag aus mehreren Gründen: Am gravierendsten war der Umstand, dass nicht geklärt war, ob die

---

223 Penzberger Heldengedenken (zum Heldengedenktag 1936). In: Winkler, Albert: NS-Chronik Penzberg.

Zuständigkeit für gesetzliche Feiertage beim Reich oder bei den Ländern lag. Darüber hinaus bestimmten Konflikte mit den Kirchen die Terminierung, da mit dem evangelischen Totensonntag und den katholischen Feiertagen Allerheiligen und Allerseelen[224] bereits kirchliche Gedenktage etabliert waren. Schließlich konnte kein entsprechendes Gesetz verabschiedet werden, da die politische Lage instabil war und der Reichstag mehrmals aufgelöst wurde.[225]

Kurz nach der nationalsozialistischen Machtübernahme 1933 bereitete die Reichsregierung bereits die Einführung des Volkstrauertages am fünften Sonntag vor Ostern vor und erließ deshalb ein Schreiben, nach dem »[...] am 12. März 1933 stattfindenden Volkstrauertag alle Lustbarkeiten zu verbieten [waren], um eine würdige Begehung des Tages sicherzustellen«.[226] Der Volksbund sah sich in seiner jahrelangen Initiative und seinem Hinwirken bestätigt und schrieb in seiner Mitgliederzeitschrift: »[...] noch niemals ist er [= der Volkstrauertag; IL] so würdig gefeiert worden wie in diesem Jahre. [...] Auf sämtlichen Dienstgebäuden des Reiches und der Länder [...] und allen übrigen öffentlichen Gebäuden wehte die ruhmgekrönte Fahne des alten Reiches auf Halbmast, die Fahne, unter der die 2 Millionen singend in den Tod gegangen sind.«[227]

Dass die Nationalsozialisten das pädagogische Anliegen des Volksbundes erkannten und förderten, freute den VDK besonders: »Ein ganz besonderer Erfolg der Bemühungen des Volks-

---

224 Vor allem in Oberbayern war lange Zeit Allerseelen der Feiertag, der für die individuelle Totenmemoria bedeutsam war, da er »allen Seelen« und nicht nur den Heiligen gewidmet war: *Allerseelen*. In: Sörries, Reiner (Hg.): *Großes Lexikon der Bestattungs- und Friedhofskultur*, Braunschweig 2002.
225 Zum Kriegstotengedenken in der Weimarer Republik s. Kaiser (2010): VOLKSTRAUERTAG, S. 24–42; zu den Schwierigkeiten der Terminfindung und generell der Einführung des Volkstrauertages s. Kaiser (2010): VOLKSTRAUERTAG, S. 49–52 und S. 54–90.
226 Schreiben des Staatsministerium des Innern an die Kommunen vom 10.03.1933: StARo IA 01 082.
227 Volkstrauertag 1933. In: *Kriegsgräberfürsorge* 13 (1933), Nr. 4, S. 50–52.

bundes war die Anordnung des preußischen Kultusministeriums, am Vortage des Volkstrauertages in allen Schulen der Gefallenen zu gedenken. Unser ganzes Streben war stets, die Jugend in der Ehrfurcht vor unseren Gefallenen und ihren Leistungen und Opfern zu erziehen.«[228] Gleichzeitig warnte der VDK 1933 davor, dass der Volkstrauertag von Parteien für ihre Ziele vereinnahmt würde: »Hüten wir uns aber [...] den Gedenktag an die Toten zu einem Parteischauspiel zu machen. Die Toten gehören dem ganzen Volke; die Gefallenen haben nicht für Partei-Ideale gekämpft und sind auch nicht für Parteiziele gestorben, sondern für das ganze Volk und Vaterland [...].«[229]

1934 wurde der Volkstrauertag durch ein Gesetz in »Heldengedenktag« umbenannt[230] und der Termin im Frühling als reichsweiter Feiertag festgelegt.[231] Mit dieser gesetzlichen Fixierung des Heldengedenktages wurde ab 1933 also halbjährlich, im März und November, der Kriegstoten und der »Märtyrer der Bewegung« gedacht. Die Realität bestätigte die Warnung vor einer Vereinnahmung des Gedenktages durch eine Partei. So bedeutete die Institutionalisierung des Volkstrauertages eine Umarmung des Volksbundes durch die NSDAP, die den VDK damit als potenziellen Konkurrent um die Sinnstiftung des Kriegstodes ausschaltete. Der Volksbund nannte die Machtübernahme der Nationalsozialisten die »Erfüllung unserer Sehnsucht«[232] und vollzog am 1./2. Dezember 1933 freiwillig seine Gleichschaltung. Bei dieser Satzungsänderung nahm er auch die »Blutzeugen der Bewegung« sowie die Toten der Nachkriegskämpfe in seine neue Satzung auf und unterstellte sie damit der Betreuung durch den VDK.[233]

---

228 Volkstrauertag 1933. In: *Kriegsgräberfürsorge* 13 (1933), Nr. 4, S. 50–52.
229 Dechant Dr. Schlick: »Unseren lieben Toten zum Gedächtnis«. In: *Kriegsgräberfürsorge* 13 (1933), Nr. 3, S. 39.
230 Vgl. hierzu *Kriegsgräberfürsorge* 14 (1934), Nr. 3, S. 34.
231 Kaiser (2010): Volkstrauertag, S. 181.
232 *Kriegsgräberfürsorge* 14 (1934), Nr. 1, S. 2.
233 Vgl. ausführlich zur Transformation des VDK zu Beginn des NS-Regimes Kaiser (2010): Volkstrauertag, S. 176-178. Bereits Meinhold Lurz beschrieb in seiner Studie zu den Kriegerdenkmälern die »anpassungsfreudige

2.2.2 Heldengedenken und Propaganda

Nach der faktischen Ausschaltung des VDK als autonom handelnder Akteur besaß das nationalsozialistische Regime die alleinige Deutungshoheit über den Kriegstod. Der Termin im Frühjahr und die neue Bezeichnung als »Heldengedenktag« implizierten die Ausrichtung des nationalsozialistischen Kriegstotengedenkens: Aufbruchsstimmung und Überhöhung des gewaltsamen Todes anstelle von Schmerz und Trauer dominierten die Feiern.

Durch die Verknüpfung von Erfolgen des Regimes mit dem Heldengedenktag machte Adolf Hitler den »[...] März im Leben des deutschen Volkes zum Aufbruchsmonat der Nation« (Göring).[234] Außen- und innenpolitische Coups wurden terminlich kurz vor dem Heldengedenktag angesetzt, sodass sie sich bei der zentralen Feier in Berlin propagandistisch als Erfüllung des Vermächtnisses der toten Weltkriegssoldaten durch Adolf Hitler stilisieren ließen: die »Gleichschaltung« der Länder durch das »Gesetz zum Neuaufbau des Reiches« 1934, die Wiedereinführung der Wehrpflicht 1935, der Einmarsch in das entmilitarisierte Rheinland 1936, der »Anschluss« Österreichs 1938 sowie die Besetzung der sogenannten »Rest-Tschechei« 1939.[235]

Die Remilitarisierung des Rheinlandes soll hier beispielhaft für die Verknüpfung von aggressiver Außenpolitik, Heldengedenken und nationalsozialistischer Propaganda stehen. Am 7. März 1936 marschierten – gegen die Bestimmungen der Verträge von Versailles und Locarno – deutsche Truppen in das entmilitarisierte Rheinland ein und begannen mit dem Bau von Befestigungsanlagen an der Westgrenze. Die Westmächte reagierten nicht. Der VDK begrüßte diesen Bruch des Friedensvertrages von Versailles mit einem

---

Einstellung« des VDK (Lurz 1986, Bd. 5, S. 72) und schildert ausführlich die Zusammenarbeit von VDK und den Reichsstellen (ebd. S. 71–76).
234 Heldengedenktag 1938. Gedenkrede Görings während des Staatsaktes in Berlin. In: *Kriegsgräberfürsorge* 18 (1938), Nr. 4, S. 57.
235 Vgl. ausführlich zu dieser symbolischen Verknüpfung zur Erreichung von Propagandazielen: Kaiser (2010): VOLKSTRAUERTAG, S. 185.

»Deutschland ist frei!«[236] Zugunsten einer aggressiven »nationalen Aufbruchsstimmung« wurde die Trauer um die Gefallenen auch auf symbolischer Ebene überwunden, indem »[...] überall in Stadt und Land aus Dank und Freude die Fahnen auf Ganzstock [...]«[237] wehten. Die Propaganda der Nationalsozialisten interpretierte beim Heldengedenktag die Remilitarisierung des Rheinlandes als Erfüllung des Vermächtnisses der Gefallenen: »Unser Dank an die Toten des Krieges kann nicht besser abgetragen werden, als durch die Tat der Lebenden den Frieden der Welt und die Freiheit des Volkes zu erhalten. Am 16. März 1935 hatte der Führer die Wehrhoheit des Deutschen Reiches verkündet. Ehr' und Wehr, für die zwei Millionen Volksgenossen gefallen sind, waren damit wieder gegeben. Am 7. März 1936, einen Tag vor dem vierten Heldengedenken des neuen Reiches, marschierten deutsche Truppen in die bisher entmilitarisierte Zone des Rheinlandes ein. [...] Die Lebenden hätten sich des Opfers ihrer Toten würdig gezeigt. Der unbekannte Frontkämpfer des Volkes ist nicht umsonst gefallen, sein Leben und Opfer hat sich in diesen historischen Stunden des 7. März erfüllt.«[238]

Aggressive Außenpolitik als vermeintliche Erfüllung des Erbes der Gefallenen des Ersten Weltkrieges – mit dieser Verknüpfung konstruierte Hitler nicht nur eine Kontinuitätslinie zwischen dem Ersten Weltkrieg und dem »Dritten Reich«, das die Niederlage im Ersten Weltkrieg umwandeln sollte. Im März 1936 wurde nicht nur das Rheinland remilitarisiert, sondern auch das Gedenken an die Gefallenen des Weltkrieges.

2.2.3 Heldengedenken als mentale Kriegsvorbereitung

Nicht nur die Rhetorik, sondern auch die Inszenierung der Heldengedenktage zeigt eine deutliche Militarisierung des Gedenktages: Die Sprechakttheorie besagt, dass das spezifische Aufführen

---

236 Heldengedenktag 1936. In: *Kriegsgräberfürsorge* 16 (1936), Nr. 4, S. 50.
237 Heldengedenktag 1936. In: *Kriegsgräberfürsorge* 16 (1936), Nr. 4, S. 50.
238 Penzberger Heldengedenken (zum Heldengedenktag 1936). In: Winkler, Albert: NS-Chronik Penzberg.

von Ritualen und Zeremonien nicht Realität abbildet, sondern sie erst erzeugt. Die militärischen Aufmärsche der Parteigliederungen und Appelle am Heldengedenktag sollten eine Militarisierung des Gedenktages und eine Militarisierung der Bevölkerung erwirken.[239]

Doch nicht allein die politische Agitation stand im Mittelpunkt des nationalsozialistischen Heldenkultes. In dieser Phase vor Kriegsbeginn zielten die Gedenkfeiern bereits darauf ab, die Bevölkerung Deutschlands auf einen weiteren Krieg und die damit verbundenen Opfer einzustimmen, indem an die Opferbereitschaft der Frontsoldaten erinnert wurde[240]: »Das Opfer, nach dessen Sinn wir so lange fragten, war die notwendige Voraussetzung des neuen Deutschland. Nichts Neues entsteht ohne Opfer.«[241] Mit dieser Sinnstiftung des Kriegstodes appellierte Hermann Göring bei der zentralen Feier 1938 an die Opferbereitschaft in der Bevölkerung: »Der Geist aller unserer gefallenen Helden lebt im neuen Deutschland weiter. Er ist uns ewiger Ansporn zur Arbeit und zum Kampf im Wiederaufbau von Volk und Reich. In diesem Sinne geloben wir, ihr Vermächtnis zu erfüllen.«[242]

Die Sprache und Inszenierung der Gedenkfeiern erwirkten eine Militarisierung des Gefallenengedenkens, mithin also eine Militarisierung der Gesellschaft. Die Heldenehrungen sollten also nicht nur als Massenspektakel die Bevölkerung an die NSDAP binden und propagandistisch ihre Politik feiern. Vielmehr sollte die Bevölkerung in Friedenszeiten auf den zu erwartenden Krieg und die damit einhergehenden Opfer vorbereitet werden.

---

239 Vgl. Martschukat und Patzold (2003): EINFÜHRUNG, S. 8.
240 Vgl. Behrenbeck (1996): HELDEN, die den Heldenkult als »Motivationsstrategie« (S. 471) des Regimes bezeichnet.
241 Westecker, Wilhelm: *Ewig ist der Toten Tatenruhm*, In: *Kriegsgräberfürsorge* 18 (1938), Nr. 3, S. 46.
242 Heldengedenktag 1938. Gedenkrede Görings während des Staatsaktes in Berlin. In: *Kriegsgräberfürsorge* 18 (1938), Nr. 4, S. 57.

2.3 Auf dem Weg in die Kriegsgesellschaft

Mit dem 9. November und dem Heldengedenktag wurden im »Dritten Reich« halbjährlich militärisch inszenierte Gedenkrituale eingeübt. Dabei verknüpfte Hitler bis 1939 außen- und innenpolitische Erfolge zeitlich mit dem Heldengedenktag, um diese dann anschließend auf der zentralen Zeremonie in Berlin zu feiern. So konstruierte er eine Kontinuitätslinie zwischen dem Kriegstod und den Erfolgen des Regimes. Die zentralen Gedenkfeiern in Berlin waren beispielhaft für die Inszenierung und die Rhetorik nationalsozialistischen Heldengedenkens. Die Lektüre der Rosenheimer und Penzberger Lokalzeitungen belegt, dass auch die halbjährlichen Gedenkfeiern in kleineren, weit von Berlin entfernten Städten propagandistisch im Sinne der Nationalsozialisten aufgeladen waren.

Eine aggressive Sprache und außenpolitische Aggressionen, die militärische Anmutung der Feiern und die Umdeutung von Trauer in Aufbruchsstimmung luden das Totengedenken militärisch auf. Inhaltlich schworen die Redner die Bevölkerung auf die individuelle Opferbereitschaft zugunsten der überindividuellen »Volksgemeinschaft« ein. Der Zweite Weltkrieg wurde nicht nur industriell und außenpolitisch vorbereitet – sondern durch militärische Rituale und eine martialische Sprache des Totengedenkens auch in der Mentalität der Bevölkerung.

3. Gefallenengedenken als Trauerhilfe – 1939 bis 1945

Der Krieg kam, und mit ihm der Tod. Konzentrierte sich der Heldenkult vor 1939 auf die Gefallenen des Ersten Weltkrieges und die Toten des Hitlerputsches als die vermeintlichen Wegbereiter für das »Dritte Reich«, so musste der deutschen Bevölkerung mit Beginn des Zweiten Weltkrieges konkret der Sinn des Sterbens im Krieg vermittelt werden.

3.1 Krisenmanagement und Propagandamittel

Auch noch nach der Schlacht um Stalingrad und bis zum Ende des Krieges versuchte die NSDAP, den Kriegstod positiv als »das heiligste Blutopfer im Kampf gegen den Bolschewismus«[243] zu deuten, die toten Soldaten als »Wegbereiter für ein größeres Deutschland«[244]. In der Zeit, für die Sabine Behrenbeck bei der Bevölkerung einen »Verrat am Mythos«[245] konstatiert, proklamierten die Redner der Heldenehrungen weiterhin den »Daseinskampf«, das »Sein oder Nichtsein des deutschen Vaterlandes« und die Entschlossenheit, »mit den toten Helden in die Zukunft zu stürmen«.[246] Noch im März 1945 ermahnte der Redner des Heldengedenktages in Rosenheim die Bevölkerung dazu, »den Kampf und dadurch das Leben zu bejahen und unser hart ringendes Vaterland bis zum letzten Blutstropfen zu verteidigen«[247]. Zwei Monate vor dem Kriegsende sollte die Bevölkerung noch auf die totale Opferbereitschaft eingeschworen werden.

---

243 Die Heldengedenkfeier des deutschen Volkes, in: *Rosenheimer Anzeiger*, 22.03.1943, S. 1.
244 Eulen: Heldengedenktag 1943. In: *Kriegsgräberfürsorge* 23 (1943), Nr. 3/4.
245 Behrenbeck (1996): HELDEN S. 461.
246 Alle Zitate: Heldengedenktag 1944. In: *Rosenheimer Anzeiger*, 13.04.1944, S. 3.
247 *Rosenheimer Anzeiger*, 13.03.1945.

Stalingrad und die sich anschließenden Niederlagen können aber auch als Wendepunkt in der Politik der NSDAP mit den Gefallenenehrungen gesehen werden, zumindest hinsichtlich der Öffnung zu den Angehörigen, die sich individuelle Feiern wünschten. 1944 gab die Propagandaleitung die Devise aus »Für jeden Gefallenen eine Gefallenenehrungsfeier der NSDAP«[248] und forderte, kurze Zeit nach der Überbringung der Todesnachricht eine Feier zu Ehren des Gefallenen abzuhalten. Auf einen besonders repräsentativen Rahmen wurde dabei kein Wert gelegt, wichtiger waren die Aufrechterhaltung der »Kampfmoral« an der »Heimatfront« und die Suggestion, die NSDAP kümmere sich ebenso wie die Kirchen um die Bevölkerung.

3.2 Gefallen an der Heimatfront: Zivile Opfer des Luftkrieges

Bis zum September 1939 konzentrierte sich das Heldengedenken ausschließlich auf die Gefallenen des Ersten Weltkrieges und die Toten des gescheiterten Hitlerputsches. Worauf dieses Gefallenengedenken die Bevölkerung nicht vorbereitete, waren zivile Opfer. Während des Ersten Weltkrieges verliefen die Fronten so weit entfernt von den Grenzen des Deutschen Reiches, dass die Zivilistinnen und Zivilisten in Deutschland nur mittelbare Auswirkungen des Krieges erfuhren und keine tatsächlichen Kriegshandlungen erlebten. Weder die eigene Erfahrung noch die Propaganda der Nazis bereitete die deutsche Zivilbevölkerung auf das Sterben an der »Heimatfront« vor.

Die Luftangriffe der Alliierten brachten der deutschen Bevölkerung seit Frühjahr 1942 den Tod aus der Luft. Arthur Harris, im Februar 1942 zum Befehlshaber des British Bomber Command ernannt, verstärkte ab März 1942 die gezielte Bombardierung reiner Wohnviertel mit dem expliziten Ziel, die Bevölkerung zu

---

248 *Die neue Gemeinschaft* 10 (1944), Nr. 1, S. 35–36.

zermürben.[249] Die Luftangriffe auf große Städte, die zwischen 1943 und 1945 eine hohe Zahl an zivilen Toten forderten, machten dabei Städte wie Dresden[250] zu einem Erinnerungsort des Krieges gegen die deutsche Zivilbevölkerung.[251] Doch nicht nur große Städte wie Dresden, Hamburg, Berlin und München waren Ziele der britischen Bomber. Ab dem Winter 1944 nahmen die Alliierten auch den »Luftschutzkeller des Reiches«[252] ins Visier und bombardierten mittelgroße und kleine Städte wie Rosenheim[253] oder Penzberg[254].

Konfrontiert mit dem massenhaften Sterben von Zivilpersonen im Luftkrieg, musste die NS-Propaganda auch diesen gewaltsamen Tod erklären und in das nationalsozialistische Bezugssystem einfügen, um der drohenden Demoralisierung und Kriegsmüdigkeit entgegenzuwirken. Dietmar Süß konstatierte, dass vor Kriegsbeginn die administrative Bewältigung der zu erwartenden Toten des Luftkrieges zwar festgelegt war, jedoch die Realität der Luftangriffe die Planungen hinfällig machte.[255] Diese Form der Bewältigung umfasste zunächst Aufgaben wie die Leichenbergung und die Bestattung in eigens dafür vorgesehenen Friedhofsabteilungen. Mindestens genauso wichtig war den Nationalsozialisten jedoch

---

249 Zum sog. »moral bombing« als Teil der Luftkriegsstrategie s. Süß (2011): LUFTKRIEG, S. 12.
250 In der Nacht auf den 13. Februar starben bei einem alliierten Luftangriff auf Dresden ca. 25.000 Menschen. Zu den geschätzten Zahlen, die bis heute diskutiert und umstritten sind, vgl. Süß (2011): LUFTKRIEG, S. 13–14.
251 Vgl. zum Luftkrieg als lokalem Erinnerungsort die Arbeiten: Arnold (2007): AIR WAR; Thiessen (2007): EINGEBRANNT sowie den Sammelband Arnold et al. (2009): LUFTKRIEG. Dietmar Süß widmete der Erinnerung an den Luftkrieg ebenfalls ein Kapitel: Süß (2011): LUFTKRIEG, S. 483–524.
252 So die umgangssprachliche Bezeichnung für das ländliche Süddeutschland, in das sich viele Stadtbewohner flüchteten oder evakuiert wurden: Klee (1999): EVAKUIERTE.
253 Rosenheim wurde zuerst am 15.10.1944 bombardiert, es folgten bis zum 21.04.1945 noch 13 Luftangriffe. Willibald (1989): LUFTSCHUTZORGANISATION, S. 85.
254 Penzberg erlebte den einzigen schweren Luftangriff am 16.11.1944: Walter: *Die vergessenen Luftangriffe*. In: *Münchner Merkur* 22.05.2004.
255 Süß (2011): LUFTKRIEG, S.432–451.

die rituelle Verarbeitung des massenhaften zivilen Todes an der »Heimatfront«.[256] Süß bezeichnet dies als »Chance und Gefahr« für das Regime: »Chance, weil der inszenierte Totenkult ein wirkungsmächtiges rituelles Instrument der Vergemeinschaftung sein konnte; Gefahr, weil mit jedem neuen Toten die Krisenlösungskompetenz des nationalsozialistischen Staates und seiner volksgemeinschaftlichen Fürsorge infrage gestellt wurde.«[257]

Die Nationalsozialisten veranstalteten auch für die zivilen Toten der Luftangriffe kollektive Trauerfeiern der Partei, integrierten sie in das Bezugssystem der »Volksgemeinschaft« und lösten so die Frage, wie über den Kriegstod von Zivilisten zu sprechen sei. Am Beispiel einer Gefallenenehrung in Rosenheim soll gezeigt werden, wie die Nationalsozialisten den Tod von Zivilpersonen an der »Heimatfront« rituell und propagandistisch in ihre Ideologie einordneten.

3.2.1 Nationalsozialistische Totenfeste

Mit dem Luftkrieg wurden auch Zivilisten zu »neuen Blutzeugen der Bewegung«[258]. Rosenheim hatte die ersten Luftkriegsopfer nach einem Angriff auf München am 13. Juni 1944 zu beklagen, bei dem auch Pendlerinnen und Pendler aus Rosenheim den »Heldentod« starben, wie der *Rosenheimer Anzeiger* bekanntgab.[259]

Die Verwendung des Begriffes »Heldentod« für zivile Tote verweist darauf, dass die Zivilbevölkerung im Luftkrieg postum militarisiert und mit denselben Symbolen und Ritualen betrauert wurde wie Soldaten. An der Trauerfeier der NSDAP auf dem

---

256 Der Aspekt der administrativen Bewältigung wird hier nicht behandelt, denn die Bergung und Bestattung der Leichen variierte erheblich mit dem Ausmaß der Verluste, und weder Rosenheim noch Penzberg können hier als Fallbeispiele für den Umgang mit unüberschaubaren Leichenbergen dienen. Vgl. hierzu Süß (2011): LUFTKRIEG, S. 469ff.
257 Süß (2011): LUFTKRIEG, S. 435.
258 Trauerakt für die Rosenheimer Opfer des Münchner Terrorangriffs. In: *Rosenheimer Anzeiger*, 28.09.1944 (288).
259 Morgen Trauerakt in Rosenheim. In: *Rosenheimer Anzeiger*, 19.06.1944 (141).

Rosenheimer Friedhof am 20. Juni 1944 nahmen neben den Hinterbliebenen der Kreisleiter, der Oberbürgermeister, der Standortbereichsleiter, Offiziere der Wehrmacht, Formationen der Partei, Schutzpolizei sowie die Gendarmerie und Feuerlöschpolizei teil.[260] Die Inszenierung der Veranstaltung orientierte sich an den »Heldengedenktagen« und den Feiern am 9. November: Zu Beginn der Feier signalisierten »Salven des Ehrensaluts [...] dass diese Männer und Frauen gefallen sind wie Soldaten für Deutschland«[261], lodernde Pylonen waren aufgebaut[262], und während die »Namen der Gefallenen aufgerufen« wurden, spielte eine Wehrmachtkapelle das »Kameradenlied«, die »Fahnen der Bewegung« waren »in Trauer« gesenkt und »tausend Hände zum letzten Gruß« erhoben.

Nicht nur die Rituale implizierten eine Gleichwertigkeit des Opfers von Soldaten und ziviler Stadtbevölkerung. Die Redner wiesen auch dem Tod der Zivilistinnen und Zivilisten eine militärische Bedeutung zu. Bei dieser ersten Trauerfeier in Rosenheim für die Luftkriegsopfer wurde der Unterschied zwischen Soldaten und der Zivilbevölkerung noch thematisiert: »Oft schon kam der Kriegstod in unsere schöne Heimat, nahm Vater und Sohn und Bruder. Aber es waren Soldaten, die mit der Waffe in der Hand dem Tod ins Auge sahen. Nun aber forderte der Kriegstod von unserer Stadt Kinder, Frauen und Arbeiter.«[263]

Seit der Kriegstod auch die »Heimatfront« erreicht hatte, wurde innerhalb der NSDAP diskutiert, in welchen Fällen die Bezeichnung »Gefallene« und das Eiserne Kreuz in Todesanzei-

---

260 Rosenheim an den Särgen von Gefallenen. Die Stadt nimmt in einem Trauerakt Abschied von Opfern des Terrorangriffes gegen München. In: *Rosenheimer Anzeiger*, 21.06.1944 (143).
261 Rosenheim an den Särgen von Gefallenen. Die Stadt nimmt in einem Trauerakt Abschied von Opfern des Terrorangriffes gegen München. In: *Rosenheimer Anzeiger*, 21.06.1944 (143).
262 Trauerakt für die Rosenheimer Opfer des Münchner Terrorangriffs. In: *Rosenheimer Anzeiger*, 28.09.1944 (288).
263 Rosenheim an den Särgen von Gefallenen. Die Stadt nimmt in einem Trauerakt Abschied von Opfern des Terrorangriffes gegen München. In: *Rosenheimer Anzeiger*, 21.06.1944 (143).

gen zu verwenden seien. 1943 einigten sich das Oberkommando der Wehrmacht und die Propagandaleitung darauf, dass auch im Luftkrieg umgekommene Kinder und Frauen, nicht nur Luftschutzhelferinnen, als »Gefallene« zu bezeichnen seien. Mit dieser Begründung wurde es den Hinterbliebenen gestattet, die Todesanzeigen mit einem Eisernen Kreuz zu versehen. Die im Luftkrieg getöteten Menschen wurden in den Reden als »gefallen«[264] oder »die Gefallenen«[265] bezeichnet. Alte, Frauen, Kinder und Arbeitsdienstmänner wurden im Luftkrieg auf einer symbolischen Ebene zu Gefallenen, also den Soldaten gleichgesetzt.

Die Gleichsetzung der Zivilistinnen und Zivilisten mit Soldaten machte aus dem passiven, erlittenen Opfer ein heroisches, aufopferungsvolles aktives Opfer für das Deutsche Reich und die »Volksgemeinschaft«. In der Einladung zur Trauerfeier am 20. Juni 1944, das gleichzeitig als Beileidschreiben für die Angehörigen der Toten fungierte, betonte der Rosenheimer Oberbürgermeister dieses aktive Opfer, um den Hinterbliebenen Trost zu spenden: »Auch er (sie) ist in dem uns aufgezwungenen Kampf für ein geeintes Großdeutschland gefallen; dies möge Ihnen ein kleiner Trost sein.«[266]

Das Opfer für die »Volksgemeinschaft« stand auch bei den Rednern im Vordergrund: »Die gefallen sind, standen inmitten einer Pflicht. Die meisten von ihnen fuhren an jenem Tag nach München, um für uns zu sorgen. Nahrung für uns zu beschaffen. In solchem Wollen für die Gemeinschaft wurden sie gemordet. Es waren fleißige Hände, die jetzt ruhen, gute Herzen, die in der Gemeinschaft schlugen.«[267]

---

264 Rosenheim an den Särgen von Gefallenen. Die Stadt nimmt in einem Trauerakt Abschied von Opfern des Terrorangriffes gegen München. In: *Rosenheimer Anzeiger*, 21.06.1944 (143).
265 Die Trauerfeier in Rosenheim. In: *Rosenheimer Anzeiger*, 22.02.1945 (Nr. 45).
266 Oberbürgermeister der Stadt Rosenheim: Gedenken an die Opfer des Luftangriffes auf München. StARo 1 A 01 129. Das zitierte Schreiben ist eine Vorlage für individuelle Briefe, in denen das »er (sie)« entsprechend verwendet wurde.
267 Rosenheim an den Särgen von Gefallenen. Die Stadt nimmt in einem Trauerakt Abschied von Opfern des Terrorangriffes gegen München. In: *Rosenhei-*

Trauer sollte auch im Gedenken an »wehrlose Frauen und Kinder« keinen Platz haben: »Sie liebten das Leben und haben darum auch für das Leben gearbeitet. In dieser Liebe liegt auch ihr Vermächtnis an uns. Deshalb darf uns der Schmerz nicht niederdrücken.«[268] So wurde aus dem Tod von Zivilisten ein heroisches Opfer für die »Volksgemeinschaft« konstruiert und in eine Verpflichtung der »Volksgemeinschaft« umgedeutet: »Vorbildlich sei das Beispiel dieser Gefallenen, die bis zuletzt treu und gewissenhaft ihre Pflicht getan haben. Nicht umsonst dürfte ihr Opfertod gewesen sein. So heiße es auszuhalten und standhaft zu bleiben, bis das Recht auf Leben gesichert und der verdiente Sieg des deutschen Volkes erkämpft sei.«[269]

Die offiziellen Feiern der Partei nach Luftangriffen sollten »Verzweiflung und Ohnmacht über den Verlust von Angehörigen [...] kanalisieren und ein positives Gemeinschaftsgefühl [...] erzeugen«.[270] Ob diese Rhetorik auch nach dem schwersten Angriff auf Rosenheim, bei dem am 18. April 1945 innerhalb von 15 Minuten 53 Menschen ums Leben kamen, verwendet wurde, kann leider aufgrund fehlender Quellen nicht nachvollzogen werden.[271]

Die Luftangriffe erzeugten ein »Heer an Toten« (Süß) und veränderten die Körperlichkeit des Sterbens: Den Leichnamen fehlten Gliedmaßen, manche waren völlig zerfetzt, oder es waren nur noch einzelne Knochen zu identifizieren. Bei den Angriffen auf Dresden oder Hamburg entwickelte sich durch die Brandbomben eine so große Hitze, dass die Körper vollends verbrannten und die Särge bei Beerdigungen lediglich Staffage waren.[272] Um den Anschein von Massenbeisetzungen in Massengräbern zu vermeiden,

---

mer Anzeiger, 21.06.1944 (143).
268 Rosenheim an den Särgen von Gefallenen. Die Stadt nimmt in einem Traueraktakt Abschied von Opfern des Terrorangriffes gegen München. In: *Rosenheimer Anzeiger*, 21.06.1944 (143).
269 Die Trauerfeier in Rosenheim. In: *Rosenheimer Anzeiger*, 22.02.1945 (Nr. 45).
270 Kramer (2011): Volksgenossinnen, S. 170.
271 Zahlen laut Oberbayerischem Volksblatt vom 04.04.1955, zitiert nach Willibald (1989): Luftschutzorganisation, S. 85.
272 Süß (2011): Luftkrieg, S. 438.

kümmerte sich die NSDAP lediglich um die Totenfeiern als politische Repräsentation. Die Beisetzungen fanden anschließend im privaten Rahmen statt. Dieses Prozedere ermöglichte eine klare Aufteilung zwischen Partei und Kirchen als Trostspender.[273] Bei den Zeremonien waren »unter Fahnentüchern eine lange Reihe von Särgen aufgebahrt«[274]. So verwiesen die Gestalter der Feiern auf die Gleichwertigkeit der Zivilbevölkerung mit Soldaten und lenkten mit dem gewohnten Anblick von Särgen davon ab, dass darin verstümmelte Leichname, lediglich einzelne Knochen oder, falls der Körper beim Luftangriff verbrannt war, gar kein Leichnam lag.

3.2.2 Luftkrieg und Propaganda

»Der Schlag, der diese hier getroffen hat, galt uns allen. Der Feind war auch unbarmherzig damals, als wir uns ihm unterwarfen. […] Aber daraus wuchs eine neue Kraft. Die Festung Deutschland entstand. Die Hände ballten sich zu Fäusten, die Herzen wurden hart, die Gehirne haben die neuen Waffen ersonnen, die jetzt gegen England schlagen. […]«[275]

Innerhalb von wenigen Sätzen kam der Trauerredner, Kreisschulungsleiter Kolb, von den ersten Luftkriegstoten aus Rosenheim zurück auf den Ersten Weltkrieg und von dort wiederum auf das »Dritte Reich« als »Festung Deutschland«. Die Toten band er so in eine vermeintliche Kontinuitätslinie ein und gab ihrem Sterben einen Sinn. Dass sie diese Zukunft nicht mehr miterleben würden, solle die Hinterbliebenen jedoch nicht betrüben, sondern weiter

---

273 Zu den zweigeteilten Trauerfeiern s.: Morgen Trauerakt in Rosenheim. In: *Rosenheimer Anzeiger*, 19.06.1944 (141): »Die Beisetzung der Opfer findet sodann zu dem Zeitpunkt statt, den die Angehörigen jeweils festgesetzt haben.« Leider konnten keine Details zu diesen privaten Beisetzungen ermittelt werden.
274 Die Trauerfeier in Rosenheim. In: *Rosenheimer Anzeiger*, 22.02.1945 (Nr. 45).
275 Rosenheim an den Särgen von Gefallenen. Die Stadt nimmt in einem Trauerakt Abschied von Opfern des Terrorangriffes gegen München. In: *Rosenheimer Anzeiger*, 21.06.1944 (143).

zum Kampf anspornen: »Eine neue Jugend wächst heran, stark und gläubig. Sie kämpft mit unvergleichlichem Heroismus jetzt in der Normandie. Das Werk geht der Vollendung entgegen. Diese Toten hier können nicht mehr an ihm arbeiten. Aber ihr Gedenken gibt uns Lebenden neue Kraft. Da sie nun in die Erde gesenkt werden, ruhen sie in heiligem Land, Deutschland. Der letzte Gruß, den wir ihnen entbieten, sei das Lied ›Deutschland, Deutschland über alles‹! Und dann die Fahnen wieder hochgerissen zu Kampf und Arbeit und zum Sieg!«[276]

So deutete er den viktimen Tod im Luftkrieg um zu einem Sakrifizium für die »Volksgemeinschaft«, die Zukunft Deutschlands. Das Gedenken an die Toten wurde aggressiv umgedeutet zur Verpflichtung, weiterzukämpfen um schließlich zu siegen. Die Performanz des aggressiven »Und dann die Fahnen wieder hochgerissen« markierte, dass eine kurze Phase des Trauerns und Innehaltens zu Ende war. Auch bei den darauf folgenden Traueraktender für die Rosenheimer Luftkriegsopfer verwiesen die Redner immer auf die »Würde und Größe eines solchen Opfertodes, der gewiss nicht vergebens gewesen sein wird«.[277]

Diese Propagandasprache bezog sich nicht mehr nur auf die »Volksgemeinschaft«, für die die Toten sich aufgeopfert hätten. Es war vielmehr eine martialische Kriegssprache, die auch den Tod im Luftkrieg als freiwilliges Hingeben des eigenen Lebens und eben nicht als ein passiv erlittenes Unrecht interpretierte. Gleichzeitig hetzten die Redner gegen die Bombenangriffe, die sie als »Terrorangriffe«[278] und »schamlose Mordtaten der feindlichen Luftgangster«[279] bezeichneten. Auch in den Gedenkreden reproduzierten sie also die Propaganda vom Verteidigungskrieg.

---

276 Rosenheim an den Särgen von Gefallenen. Die Stadt nimmt in einem Traueakt Abschied von Opfern des Terrorangriffes gegen München. In: *Rosenheimer Anzeiger*, 21.06.1944 (143).
277 Trauerakt für die Rosenheimer Opfer des Münchner Terrorangriffs. In: *Rosenheimer Anzeiger*, 28.09.1944 (288).
278 Knab: Zeitlose soldatische Tugenden, In: *Die Zeit*, 2005 (65).
279 Trauerakt für die Rosenheimer Opfer des Münchner Terrorangriffs. In: *Rosenheimer Anzeiger*, 28.09.1944 (288).

Als die Rosenheimer ihrer im Luftkrieg umgekommenen Mitbürgerinnen und Mitbürger gedachten, befand sich der Zweite Weltkrieg bereits in seiner Endphase, in der keine Hoffnung mehr auf den propagierten »Endsieg« bestand: Die Fronten rückten näher, die Verlustzahlen stiegen exponentiell und an der »Heimatfront« häuften sich die Luftangriffe. Auch Rosenheim wurde immer häufiger getroffen und veranstaltete daher Sammeltermine, bei denen der Opfer mehrerer Luftangriffe gedacht wurde. Die Reden anlässlich dieser Trauerfeiern hatten einen ganz klaren Zweck: Die Kriegsmoral der Stadtbevölkerung sollte nach den zermürbenden Bombardements der Alliierten wieder aufgerichtet werden, indem auf eine bessere Zukunft nach dem nahen »Endsieg« verwiesen wurde. So auch der Oberbürgermeister Hans Gmelch im Frühjahr 1945 in Rosenheim: »Gmelch [...] schilderte die Schwere dieses deutschen Schicksalskampfes, der immer wieder solche Opfer fordere. Es sei ihnen [= den Toten; IL] nicht vergönnt gewesen, eine schönere und bessere Zukunft zu erleben. Den Hinterbliebenen drückte der Redner das tiefe Mitgefühl der Allgemeinheit aus und versprach ihnen Hilfe und Unterstützung im Rahmen der Volksgemeinschaft, die ihre Dankesschuld nie vergessen würde.«[280]

Im Anschluss schwor Kreisleiter Ziehnert die Trauergemeinde auf das »vorbildlich[e] [...] Beispiel dieser Gefallenen« ein, »die bis zuletzt treu und gewissenhaft ihre Pflicht getan haben. Nicht umsonst dürfe ihr Opfertod gewesen sein. So hieße es auszuhalten und standhaft zu bleiben, bis das Recht auf Leben gesichert und der verdiente Sieg des deutschen Volkes erkämpft sei.«[281] In dieser kurzen Wiedergabe der Rede Ziehnerts finden sich gleich mehrere Elemente nationalsozialistischer Propaganda und Bezüge, die den höheren Sinn des Todes der Rosenheimer Luftkriegsopfer erklären sollten: Erstens erscheint der Tod im Luftkrieg hier als die äußerste Pflichterfüllung gegenüber der »Volksgemeinschaft«.

---

280 Die Trauerfeier in Rosenheim. In: *Rosenheimer Anzeiger*, 22.02.1945 (Nr. 45).
281 Die Trauerfeier in Rosenheim. In: *Rosenheimer Anzeiger*, 22.02.1945 (Nr. 45).

Zweitens wird der Zweite Weltkrieg als legitimer Krieg interpretiert, in dem es um das »Recht auf Leben« ginge. Drittens stellte Ziehnert den Sieg Deutschlands als verdient in Aussicht. Viertens schließlich verpflichteten die Luftkriegsopfer die Überlebenden zum »Aushalten«, »Weiterkämpfen« und »Standhaftbleiben« – also dazu, nicht an der nationalsozialistischen Politik oder dem Krieg zu zweifeln oder gar dagegen zu agitieren.

Die Propaganda der Nationalsozialisten am Grab der zivilen Opfer des Luftkrieges vereinte alle Elemente des nationalsozialistischen Totenkultes: In Abwesenheit der Kirche war der NS-Staat mit seiner Ideologie das einzige Bezugssystem, das den Kriegstod transzendiert. Der passiv erlittene Tod wurde zum aktiven Opfer für die »Volksgemeinschaft« stilisiert, und auch Kinder und Frauen wurden nun zu »Helden«. Aggressive Propagandaparolen vom »Endsieg« und einer »besseren Zukunft« sollten die Bevölkerung zum Durchhalten animieren. Schließlich: Das Gedenken widmete sich nur den Mitgliedern der »Volksgemeinschaft«. In Rosenheim starben während der Luftangriffe auch Zwangsarbeiter – diese fanden weder einen Platz im kollektiven Gedenken noch auf dem Gräberfeld im Städtischen Friedhof, sondern wurden in Massengräbern für Zwangsarbeiter bestattet. Die »Volksgemeinschaft« sollte durch diese Propaganda als Kampfgemeinschaft gefestigt werden.

3.2.3 Dekonstruktion des Heldenmythos

Die Nationalsozialisten bemühten sich, dem Massensterben in den deutschen Städten einen höheren Sinn zu geben und von der Grausamkeit des Todes im Luftkrieg abzulenken. In kleinen Städten wie Rosenheim, wo nach insgesamt 14 Luftangriffen 201 tote »Volksgenossen« zu betrauern waren[282], hatte diese Strategie noch eine Chance zu funktionieren: Im Gegensatz zu Städten wie Hamburg und Dresden, wo man die geborgenen Leichen mangels Särgen und

---

282 Willibald (1989): LUFTSCHUTZORGANISATION, S. 85.

Platz auf den Friedhöfen auf öffentlichen Plätzen mit Flammenwerfern verbrannte[283], konnte man in Rosenheim angesichts einer kleineren Anzahl von Toten noch das gewohnte Abschiedsritual mit Särgen auf dem Friedhof vollziehen. Die Diskrepanz zwischen dem imaginierten »Heldentod« und dem realen Massensterben trat in diesen Ritualen nicht so deutlich zutage.

Einen wichtigen Unterschied gab es jedoch zwischen dem Soldatentod und dem Tod aus der Luft: Der Tod an der Front war den Hinterbliebenen fern – geografisch und in ihrer Lebensrealität. Die Benachrichtigungen von der Front ersparten ihnen die grausigen Einzelheiten des Sterbens auf dem Schlachtfeld. Wenn die Hinterbliebenen selbst keine Kriegserfahrung als Soldaten hatten, so musste ihre Imagination des Soldatentodes vage bleiben. Der Tod im Luftkrieg war jedoch für die Hinterbliebenen real, sie hatten den gleichen Bombenangriff miterlebt, hatten ihn überlebt, hatten ihre Nachbarn, Freunde oder Familienangehörigen sterben sehen. Die nationalsozialistische Propaganda hatte daher kaum eine Chance, diesen Aspekt des Kriegstodes als Herrschaftselement zur Verfestigung der »Volksgemeinschaft« zu instrumentalisieren.[284] Der Luftkrieg trug vielmehr zur Dekonstruktion des propagierten Heldentodes bei, und heroisierende Sinnstiftungen des Kriegstodes verfehlten ihre Wirkung bei der Bevölkerung immer mehr.[285]

3.3 Benachrichtigungen und Trauerfeiern

Gedenkpraktiken, bei denen man die Gefallenen als Kollektiv von Soldaten erinnerte, waren in ihrer Performanz, Rhetorik und Intention bereits vor Kriegsbeginn festgelegt und seit Jahren halbjährlich kollektiv eingeübt worden. Dabei ging es bis 1939 jedoch ausschließlich um Soldaten, deren gewaltsamer Tod fast 20 Jahre zurücklag. Nun musste das Regime den Soldatentod

---

283 Süß (2011): LUFTKRIEG.
284 Kramer (2011): VOLKSGENOSSINNEN, S. 171–172.
285 Zu diesem Schluss kommt Kramer (2011): VOLKSGENOSSINNEN, S. 172.

angesichts akuter individueller Verlusterfahrungen erklären – und es zeigte sich, dass es nur mangelhaft darauf vorbereitet war.

3.3.1 Individuelle Gefallenenehrungen

So durchorchestriert kollektive Gedenkfeiern vor 1939 waren, so wenig war das Regime darauf eingestellt, dass die Hinterbliebenen Ehrenfeiern für die einzelnen Gefallenen erwarten würden. Bei Kriegsbeginn gab es keine einheitlichen Regelungen über die Organisation von Gefallenenehrungen durch die Partei, was vielerorts zu Unklarheiten führte.[286] Mehrheitlich lehnte es die NSDAP sogar als »verfrüht« ab, während des Krieges Gefallenenehrungen für Einzelne vorzunehmen. Aus den Meldungen des Sicherheitsdienstes spricht die Einschätzung, dass der Krieg rasch beendet sein würde und erst dann der Gefallenen gedacht werden sollte.[287] Noch 1940 wurde innerhalb der NSDAP über angemessene Gefallenenehrungen diskutiert. Für das nationalsozialistische Organ *Die neue Gemeinschaft* stand die Berechtigung von Gefallenenehrungen dabei nicht zur Debatte. »Notwendig sind sie [= die Gefallenenehrungen; IL] einerseits, weil wir sonst Gefahr laufen, dass aus Böswilligkeit oder Berechnung Missbrauch mit der Sinndeutung des Opfers unserer Gefallenen an anderen Plätzen und bei anderen Gelegenheiten getrieben und die Kampfmoral unseres Volkes dadurch beeinträchtigt werden könnte.«[288]

Die Kampfmoral an der »Heimatfront« ist hier das wichtigste Argument. Gleichzeitig verweist der Autor dieses Artikels darauf, dass eben diese »innere Vertiefung des Gemeinschaftsgeistes und des Bewusstseins einer unauslösbaren Schicksalsgemeinschaft« das Wichtigste »in der Fülle der täglichen Arbeit für den Sieg« sein müsse – nachdem es im Ersten Weltkrieg versäumt worden sei.[289] Der Ausdruck »tägliche Arbeit« verweist darauf, dass es hier nicht allein

---

286 Vgl. MAD, 29.07.1940, S. 1427–1428.
287 Vgl. MAD, 20.10.1941, S. 2884–2887.
288 Unsere Feier. Heldenehrung. In: *Die neue Gemeinschaft* (1940), Nr. 44, S. 3.
289 Unsere Feier. Heldenehrung. In: *Die neue Gemeinschaft* (1940), Nr. 44, S. 3.

um den jährlichen Heldengedenktag geht. Auch dass es noch bis 1942 dauerte, bis einheitliche Richtlinien für Totenfeiern von gefallenen Soldaten herausgegeben wurden, zeigt, dass die Propagandaleitung wohl davon ausging, mit den Heldenehrungen der Kampfzeit seien die kollektiven Praktiken des Gedenkens zur Genüge einstudiert und müssten lediglich am Heldengedenktag reproduziert werden.

Mit Kriegsausbruch zeigte sich jedoch, dass die Bevölkerung keineswegs die Ideologie der NSDAP als einziges Bezugssystem betrachtete. Die Feiern zum Heldengedenktag und zum 9. November waren zwar weiterhin gut besucht, doch die Bedürfnisse der Hinterbliebenen nach Trost und Anerkennung der Opfer waren damit nicht gestillt. Als Folge der noch offenen Frage des offiziellen Gefallenengedenkens abseits des Heldengedenktages wandten sich die Hinterbliebenen den Kirchen zu und hielten hier individuelle Gedenk- beziehungsweise Heldengottesdienste ab, bei denen der Altar oftmals mit Stahlhelm und Hakenkreuzfahne geschmückt war.[290] Allein das Nichtvorhandensein von regelmäßigen Gefallenenehrungen der NSDAP erklärt jedoch noch nicht den starken Zulauf, den die Kirchen erlebten. Diese richteten nicht nur Gottesdienste zum allgemeinen Gedenken der Gefallenen aus.[291] Gläubige stifteten darüber hinaus Messen, in denen für »gute Heimkehr« oder für die ewige Ruhe eines verstorbenen Familienmitglieds gebetet wurde.[292]

Diese wichtige Rolle, die die Kirche bei der seelsorgerischen Betreuung der Familien getöteter Soldaten einnahm, missfiel der NSDAP und war wiederholt und ausführlich Thema der Berichte des Sicherheitsdienstes der SS: »Zahlreiche Meldungen lassen erkennen, dass die katholische und evangelische Kirche in zunehmendem Maße Gedächtnisfeiern für Gefallene veranstalten und

---

290 Vgl. MAD, 20.10.1941, S. 2887.
291 Im Kriegsverlauf wurden die sogenannten »Heldengottesdienste« z.T. immer unbeliebter bei den Pfarrern, die sich beschwerten, dass wegen der Heldengottesdienste die Frühmessen am Sonntag so schlecht besucht seien. (Seelsorgsberichte Dekanat Rosenheim. St. Quirinus (Fürstätt) 1943. EAM, SSB 489.)
292 EAM Mess- und Stipendienbuch des Benediktinerstiftes Rosenheim.

sich ihrer als Propagandamittel bedienen. Die Gedächtnisfeiern werden propagandistisch äußerst wirksam gestaltet und sind allgemein sehr gut besucht. [...] Die Predigten waren zum Teil geeignet, die Trauer über den Verlust zu erhöhen und Zweifel an der Notwendigkeit des Opfers zu wecken.«[293]

Vor allem Letzteres musste der nationalsozialistischen Führung ein Dorn im Auge sein. Sie erkannte rasch, dass die Kirchen die Situation besser zu nutzen wussten und damit ernst zu nehmende Konkurrenten um die Deutungshoheit über den Kriegstod waren.

Bis das Regime auf die augenscheinlichen Bedürfnisse der Hinterbliebenen einging, die Gefallenen auch individuell und nicht nur kollektiv am Heldengedenktag zu ehren, dauerte es allerdings noch. Zu sehr stand das entindividualisierende Element des Nationalsozialismus einem individualisierten Gefallenengedenken entgegen. Erst im dritten Kriegsjahr, 1942, publizierte die Propagandaleitung den Leitfaden »Die Gestaltung der Lebensfeiern«[294], der auf eine nationalsozialistische Neugestaltung von Übergangsriten wie Taufen, Hochzeiten und Beerdigungen abzielte. Traditionelle religiöse Feiern sollten durch Umbenennungen, als »Lebensfeste«, mit neuen Symbolen (beispielsweise Runen anstatt Asteriskus und Kreuz, um Lebensdaten zu markieren) und Ritualen säkularisiert werden und »allein aus der nationalsozialistischen Weltanschauung heraus gestaltet werden, die berufen ist, das ganze Leben des deutschen Volkes zu bestimmen«.[295] Wie bereits vor dem Krieg eingeübt, sollten die Feiern zum Heldengedenktag »nicht den Charakter eines Traueraktes, sondern den einer wirklichen Ehrung und eines im Grunde genommen kämpferischen Bekenntnisses haben«.[296] Als weiteres Propagandainstrument sollten die Feiern den »Gemeinschaftsgeist« der »Volksgemeinschaft« und das »Bewusstsein

---

293 MAD 29.07.1940, S. 1427–1428. S. dazu auch: MAD 15.07.1940, S. 1388. MAD 04.11.1940, S. 1733-1734; MAD 20.10.1941, S. 2884 und S. 2889; MAD 01.03.1943, S. 4874–4878.
294 Rosenberg (1942): LEBENSFEIERN.
295 Rosenberg (1942): LEBENSFEIERN, S. 7.
296 *Die neue Gemeinschaft* (1940), Nr. 44, S. 5.

[ihrer] unauslösbaren Schicksalsgemeinschaft«[297] festigen. Der Tod des Individuums sollte in seiner Bedeutung für das Kollektiv, die »Volksgemeinschaft«, transzendiert werden.

Nachdem seit 1940 die kirchlichen Gefallenenehrungen skeptisch beobachtet, aber noch gebilligt wurden, verboten die Richtlinien von 1942 »[j]egliche Teilnahme von Parteigenossen, Angehörigen der Gliederungen und angeschlossenen Verbände in Uniform an kirchlichen Veranstaltungen oder an den Veranstaltungen sonstiger religiöser Gemeinschaften [...]«.[298]

Partei und Kirchen sollten strikt getrennt bleiben, wenn es um die Beerdigungen von Parteigenossen und die Trauerfeiern für Soldaten ging. Man kann jedoch davon ausgehen, dass diese Richtlinien im privaten Bereich keine wirkliche Resonanz erfuhren. Die Berichte des SD meldeten Ende 1943 eine Statistik, nach der »vor allem in den Landgebieten [...] die Kirche nach wie vor das Feld beherrscht und [...] diese aus der Initiative der Bewegung heraus gestalteten Feiern gegenüber der Kirche noch ganz im Hintergrund stehen.«[299]

Die wenigen Totenfeiern, die »von der Bewegung her gestaltet« würden, »beschränkten sich zumeist auf hauptamtlich tätig gewesene Parteigenossen oder Angehörige der Gliederungen«.[300] Insgesamt liege der Anteil der nationalsozialistischen Lebensfeiern bei nicht einmal einem Prozent.[301] Die NSDAP selbst begründete dies damit, dass die Partei dringendere Probleme kenne als die Abhaltung von Lebensfeiern, während die Kirche weiterhin ihre wichtigste Aufgabe in der Betreuung der Gemeinde sehe.[302]

---

297 *Die neue Gemeinschaft* (1940), Nr. 44, S. 4.
298 Rosenberg (1942): LEBENSFEIERN, S. 26.
299 MAD 09.12.1943, S. 6114–6116.
300 MAD 09.12.1943, S. 6114–6116. Aus den Seelsorgsberichten der Rosenheimer Pfarreien geht hervor, dass hohe Parteifunktionäre vor und während des Krieges »durch die Partei begraben« wurden, also explizit unter Ausschluss der Kirche.
301 MAD 09.12.1943, S. 6114–6116.
302 MAD 09.12.1943, S. 6114–6116.

3.3.2 Todesnachrichten von der Front

Die erste Konfrontation der Hinterbliebenen mit dem Kriegstod war in den meisten Fällen die offizielle Benachrichtigung von der Front, mit der militärische Vorgesetzte oder Ärzte aus dem Feldlazarett die Angehörigen über den Tod eines Soldaten informierten.[303] Die Nationalsozialisten etablierten bereits seit 1933 eine neue Rhetorik der Gefallenenehrungen, neue Rituale des kollektiven Gedenkens und neue Deutungsmuster des Kriegstodes. Auch auf der Ebene der Verwaltung, die mit dem Kriegstod einherging, produzierten Staat und Partei eine neue Sprache, um bei den Hinterbliebenen Schmerz und Trauer in Stolz und Zuversicht zu sublimieren.

Die Nationalsozialisten rechneten mit einem raschen Kriegsende, denn für diese offiziellen Benachrichtigungen der Hinterbliebenen erarbeitete das Hauptamt Kultur der Reichspropagandaleitung erst Anfang 1943, im vierten Kriegsjahr und nach der Niederlage in Stalingrad, eine Anleitung, die den Verfassern den Zusammenhang zwischen der Benachrichtigung und dem Vertrauen der Hinterbliebenen in Staat und Partei nahelegte.[304] Neben den inhaltlichen Elementen regelte diese Anleitung auch das Prozedere des Überbringens durch den Ortsgruppenleiter.[305] Allerdings konnte diese Anordnung nicht verhindern, dass die Todesnachricht die Familien oftmals schon vor der offiziellen Benachrichtigung durch die Partei erreichte, sei es über die Feldgeistlichen oder durch Erzählungen von Kameraden.[306] Mit fortschreitendem

---

303 Zur Kommunikation im Kriegsalltag vgl. Sattler, Anne: *Und was erfuhr des Soldaten Weib?*, Münster, Hamburg 1994. Im Folgenden werden ausschließlich offizielle Schriftstücke untersucht, da der Umgang des Regimes mit dem Soldatentod dargestellt werden soll. Feldpostbriefe, die über das individuelle Erleben der Frontsoldaten Auskunft geben könnten, unterlagen der militärischen Zensur und stellen somit nur bedingt eine belastbare Quelle für eine Erfahrungsgeschichte dar.
304 Kramer (2011): Volksgenossinnen, S. 183. Vgl. Zu den Kriegssterbefallanzeigen ausführlich ebd. S. 184–193.
305 Kramer (2011): Volksgenossinnen, S. 185.
306 Kramer (2011): Volksgenossinnen, S. 188.

Kriegsverlauf und damit immer weiter steigenden Totenzahlen genügte oft schon der Anblick des Ortsgruppenleiters in der eigenen Straße, um die Angehörigen das Schlimmste annehmen zu lassen. So schreibt ein Ortsgruppenleiter: »Ich darf mich so einem Hause nur mehr grinsend oder laut pfeifend nähern, sonst bekommen die Frauen schon einen Weinkrampf«, oder: »Ich bin allmählich zum Schreck der Frauen und Mütter geworden.«[307]

Die mir vorliegenden Benachrichtigungen von der Front[308] offenbaren eine bemerkenswerte Spannbreite der Gestaltung dieser Briefe, die von vorgedruckten Formularen bis hin zu scheinbar sehr persönlichen, emotionalen Briefen an die Hinterbliebenen reicht. Einige Elemente weisen jedoch all diese Briefe auf: Berichte über das heroische Kämpfen und Sterben des Verstorbenen, Bemerkungen über seine Persönlichkeit und seine Beliebtheit bei den Kameraden und in mildem Maße Informationen, wie der Soldat gestorben sei. Die folgende Nachricht kann als beispielhaft gelten für das offizielle Schreiben, das Kriegerwitwen erhielten: »Ich habe die traurige Pflicht, Ihnen mitzuteilen, dass Ihr Mann [...] 1944 im Einsatz [...] durch Tiefflieger im Kampf um die Freiheit Großdeutschlands in soldatischer Pflichterfüllung, getreu seinem Fahneneide für Führer, Volk und Vaterland gefallen ist. Zugleich im Namen der Kameraden spreche ich Ihnen meine wärmste Anteilnahme aus. Die Batterie wird Ihrem Manne stets ein ehrendes Andenken bewahren und in ihm ein Vorbild sehen.«[309]

Mit der Realität des massenhaften Sterbens auf den Schlachtfeldern hatten die Schilderungen in den offiziellen Todesnachrichten wenig gemein, die Absender wollten den Hinterbliebenen die Brutalität des Krieges ersparen.[310] Die Nachrichten beschworen zudem

---

307 MAD 04.08.1944 S. 6688ff.
308 StAP Sammlung Georg Reis, dort sind 129 Kriegssterbefallanzeigen aus dem Zweiten Weltkrieg gesammelt.
309 Otto R. an Fam. F., 1944, StAP Sammlung Georg Reis.
310 So berichtete mir der Kriegsteilnehmer Georg Reis aus Penzberg, er habe gemeinsam mit seinem Vorgesetzten in allen Fällen den »Kopfschuss« oder das »Einschlafen im Lazarett« bevorzugt, ganz gleich, wie die Realität des Kriegstodes aussah. Besonders hoben die Verfasser der Nachrichten die

das Durchhaltevermögen auch an der »Heimatfront«: »Die Gewissheit, dass Ihr Mann für die Größe und Zukunft unseres ewigen deutschen Volkes sein Leben hingab, möge Ihnen in dem schweren Leid, dass sie betroffen hat, Kraft geben und ein Trost sein«.[311]

In den ersten Jahren des Krieges, als es noch keine einheitliche Vorlage gab, sind diese Nachrichten noch persönlicher gehalten. So schrieb ein Vorgesetzter an die Familie F. in Penzberg, deren noch sehr junger Sohn Max gefallen war: »Sehr geehrter Herr F.! Ich muss Ihnen heute leider eine traurige Nachricht geben. [...] Obwohl Ihr Sohn erst sehr kurze Zeit bei uns war, war er uns doch allen schon [...] sehr ans Herz gewachsen. [...] Sei es Ihnen in Ihrem großen Leid ein kleiner Trost, dass er wenigstens keine Schmerzen hatte und der Tod sofort eintrat. [...] Ich teile Ihren Schmerz [...]«[312]

Gleichwohl enthalten auch diejenigen Nachrichten, die in bemerkenswert ausführlicher und emotionaler Sprache abgefasst sind, die ideologischen Standards des Umgangs mit dem Kriegstod im Nationalsozialismus. So ist der oben genannte Soldat »im Heldenkampf für unser geliebtes Vaterland gefallen«[313], was suggeriert, der Einzelne habe sich für das Wohl der »Volksgemeinschaft« geopfert, das Opfer sei damit also gerechtfertigt.

Ein wichtiges Element dieser Schreiben waren detaillierte Informationen über die Grablage des Verstorbenen[314] sowie die Begräbniszeremonie »mit militärischen Ehren«[315]. Als Trost für die

---

»Beisetzung unter militärischen Ehren« beziehungsweise »in Beisein eines Pfarrers« hervor. Durchweg ist dabei von Beisetzungen in Einzelgräbern die Rede.

311 Otto R. an Fam. F., 1944, StAP Sammlung Georg Reis.
312 Hans P. an Fam. F., Nov. 1942, StAP Sammlung Georg Reis.
313 Hans P. an Fam. F., Nov. 1942, StAP Sammlung Georg Reis.
314 So Hans P. an die Familie des Soldaten MF.: »Das Grab liegt im Waldgebiet des Westkaukasus, 1 km westlich des Flusses Pschisch, ca. 7 km südlich der Ortschaft Sohaumjon (Strecke Maikop – Tuapse)«, Nov. 1942. Kriegssterbefallanzeige Hans P. an Fam. F., Nov. 1942, StAP Sammlung Georg Reis.
315 Kriegssterbefallanzeige Dr. L. an Frau G., März 1945: »Die Beisetzung findet mit militärischen Ehren auf dem Ehrenfriedhof [...] statt.« Hans P. an

Hinterbliebenen, denen das Begräbnis als Abschiedsritual und das Grab als Gedenkort fehlten, legten die Verfasser den Schreiben oftmals Fotos des Feldgrabes bei.[316]

Die Bevölkerung erwartete, dass das Regime jeden einzelnen gestorbenen Soldaten betrauerte.[317] Die Menge an ausführlichen, persönlich abgefassten Beileidsschreiben bis zum Kriegsende zeigt, dass die Verfasser diesen Anspruch hatten. Dabei griffen sie meistens auf eine normierte Sprache von »Heldentod« und »stolzer Trauer« zurück. Die Schreiben waren grundsätzlich hinsichtlich ihres Aufbaus und ihrer Sprache normiert, wurden in unterschiedlichen Abstufungen aber auch personalisiert.

3.3.3 Zwischen Propaganda und Tradition: Praktiken der Hinterbliebenen

Im Bestreben, die Deutungshoheit über den Sinn des Kriegstodes zu erlangen, etablierten die Nationalsozialisten nicht nur neue Rituale und eine neue Rhetorik des kollektiven Gedenkens, sie wollten auch die private Trauerarbeit der Hinterbliebenen kontrollieren. Als angemessenes Sprechen über den Kriegstod wurde seit 1933 in den kollektiven Gedenkakten die Formel der »stolzen Trauer« eingeführt und zahllos wiederholt. Mit dieser Formel sollte die Trauer als Ausdruck von Schmerz zurückstehen hinter dem Stolz auf das Opfer, das die Toten gebracht hatten. Es ist jedoch fraglich, ob diese Propaganda im Moment des persönlichen Verlustes ihr Ziel erreichte. Konnte der Kriegstod auch im konkreten Einzelfall derart überhöht und stilisiert werden, dass er kein Anlass für Schmerz, Trauer und das Hinterfragen des Krieges war?

Todesanzeigen, Gräber, Sterbebildchen geben uns auch heute noch Aufschluss über die Reaktionen der Hinterbliebenen auf den gewaltsamen Kriegstod naher Angehöriger. Allerdings muss man

---

Fam. F., Nov. 1942, StAP Sammlung Georg Reis.
316 So in der Kriegssterbefallanzeige an Frau A.G., 1944, StAP Sammlung Georg Reis.
317 Kramer (2011): VOLKSGENOSSINNEN, S. 193.

hier höchst quellenkritisch den engen (bis kaum vorhandenen) Gestaltungsspielraum der Bevölkerung berücksichtigen und die in zweierlei Hinsicht begrenzte Aussagekraft dieser Quellen sehen: So sind Todesanzeigen und Sterbebildchen zwar persönliche Artikulationen Hinterbliebener, jedoch sind es Praktiken des Trauerns, die im öffentlichen Raum stattfinden und stark normiert sind. Todesanzeigen zeigen uns also nicht die Gefühle der Hinterbliebenen oder eine individuelle Reaktion auf den Kriegstod. In ihrem minimalen Gestaltungsspielraum sind allerdings schon kleinste Abweichungen von nationalsozialistischen Floskeln höchst aufschlussreich.

Ian Kershaw argumentierte, dass sich an den Todesanzeigen die öffentliche Meinung sowie deren Haltung gegenüber dem Krieg ablesen lasse. Aus dem Rückgang des »Führerbezuges« in den Todesanzeigen dreier Tageszeitungen[318] schloss Kershaw auf einen entsprechenden Rückgang des »Führerglaubens« in der Bevölkerung.[319] Ähnlich wie Kershaw stellt auch Sabine Behrenbeck einen »Verrat am Mythos«[320] fest, den die Bevölkerung nach ihren Quellenauswertungen spätestens seit 1942 begangen habe. Ein Korpus von Todesanzeigen und Sterbebildchen soll Aufschluss geben, wieweit sich nationalsozialistische Deutungsmuster auch in den Bewältigungsstrategien der Hinterbliebenen niederschlagen oder ob diese in tradierten Sprechmustern der Trauer ihren Verlust ausdrückten.[321]

---

318 *Münchner Neueste Nachrichten, Augsburger Nationalzeitung, Fränkischer Kurier.*
319 Kershaw, Ian: *Der Hitler-Mythos*, München 2002, S. 230–231.
320 Behrenbeck (1996): HELDEN, S. 461.
321 Ich untersuche einen Korpus von 42 Todesanzeigen und 157 Sterbebildchen aus lokaler Perspektive auf die Frage, ob die Hinterbliebenen die Trauer-Sprache der Nationalsozialisten reproduzierten oder ob sie bei einem traditionellen Set aus Sprache und Symbolen blieben. Hierbei handelt es sich um die von Georg Reis gesammelten Sterbebildchen und Todesanzeigen, die die Familien von Soldaten aus Penzberg drucken ließen, im Folgenden zitiert als StAP Sammlung Georg Reis. Aus Gründen des Datenschutzes und Wahrung der Persönlichkeitsrechte sind alle Todesanzeigen anonymisiert, sofern

Nachdem ein offizieller Brief die Angehörigen über den Kriegstod des Sohnes oder Ehemannes in Kenntnis gesetzt hatte, war das Schalten einer Todesanzeige in der Lokalzeitung für die Hinterbliebenen oft die erste Handlung in einem festgelegten Set von Praktiken der Trauerarbeit. Mit der Todesanzeige wurde der Tod über die Familie hinaus kommuniziert, öffentlich und damit real gemacht.[322]

Bis heute sind Todesanzeigen eine stark normierte Textsorte, in der sich die gesellschaftlichen Konventionen spiegeln.[323] Das Abfassen einer Todesanzeige lässt sich daher als »überindividuelle[r] Sprechakt« begreifen, der »an wiederkehrende Kommunikationsmuster gebunden ist und aufgrund seines wiederholten Auftretens charakteristische Sprach- und Gestaltungsmuster ausgebildet hat«.[324] Solche Sprachmuster sind zum Beispiel der Ausdruck des Schmerzes der Hinterbliebenen oder die positive Charakterisierung des Verstorbenen. Besonders gebräuchliche Gestaltungsmuster im christlich geprägten Untersuchungsraum Oberbayern sind Symbole wie das Kreuz, betende Hände oder eine Taube. Auch wenn die Gestaltungsmöglichkeiten auf eine Individualisierung verweisen, bleibt diese Textsorte dennoch eine überindividuelle, die im Nationalsozialismus noch stärker normiert war. Daher muss bei der Analyse umso mehr auf kleinste Nuancen in der Abweichung von der Standardsprache geachtet werden.

Da sie zumeist direkt Inhalte der Wehrmacht enthielten, unterlagen die Todesanzeigen für Soldaten während des Zweiten Weltkrieges zunächst der militärischen Vorzensur: Sie sollten möglichst keine Informationen über Truppenstandorte und -bewegungen preisgeben.[325] Die nationalsozialistische Propagandaleitung hielt die Redaktionsleiter dazu an, die Hinterbliebenen bei der Gestaltung

---

    es sich nicht um eine Person des öffentlichen Lebens wie den Bürgermeister und Ortsgruppenleiter handelt.
322 Sörries, Reiner: *Artikel »Todesanzeige«*. In: Sörries, Reiner (Hg.): *Großes Lexikon der Bestattungs- und Friedhofskultur*, Braunschweig 2002.
323 Vgl. Eckkramer (1996): TODESANZEIGE.
324 Eckkramer (1996): TODESANZEIGE, S. 12.
325 Braun (2008): NORMIERUNG, S. 131.

von »Gefallenenanzeigen« zu beraten und ihnen Formeln wie den »Heldentod« für »Führer, Volk und Großdeutsches Reich« oder die »stolze Trauer« anzubieten.[326] Die Umsetzung konnte jedoch von Redaktion zu Redaktion variieren und wurde, wenn überhaupt, nur stichprobenartig kontrolliert.[327] Als Gestaltungsmittel war das Eiserne Kreuz mit Hakenkreuz in der Mitte Standard, damit Gefallenenanzeigen sich von den Todesanzeigen der Zivilisten abhoben.[328] Abgesehen von den »Vorschlägen« waren die Hinterbliebenen bei der Gestaltung der Todesanzeige nicht weiter von der Propagandaleitung eingeschränkt.[329] Die soziale Kontrolle der Stadtgemeinschaft, der Nachbarinnen und Nachbarn, und die Angst vor Denunziation stellten jedoch eine Einschränkung in der Gestaltung dieser Trauerbekundungen im öffentlichen Raum dar, die nicht per Anordnung festgeschrieben werden musste. Um die Bevölkerung nicht mit den Härten des Krieges abseits propagierter militärischer Erfolge zu konfrontieren, durften in einer Tageszeitung pro Tag maximal zehn Todesanzeigen veröffentlicht werden, deren Größe begrenzt war.[330]

Sterbebildchen werden bis heute bei Beerdigungen und Gedenkgottesdiensten verteilt und sollen die Betrachter an den Verstorbenen erinnern und gleichzeitig zum Gebet für ihn oder sie mahnen.[331] Meist vierseitig, zeigen sie ein Porträtfoto des Verstorbenen sowie christliche Motive und Gebete. Im Gegensatz zu den Todesanzeigen gab es für sie keine offiziellen Anordnungen der NSDAP. Man kann jedoch davon ausgehen, dass die Angst vor der Denunziation die Angehörigen von allzu expliziten anti-nationalsozialistischen Inhalten in Sterbebildchen Abstand halten ließ.[332]

---

326 Braun (2008): NORMIERUNG, S. 143–144.
327 Vgl. Hierzu Braun (2008): NORMIERUNG, der das Gauorgan »Der Führer« auswertete.
328 Zur Bedeutung des Eisernen Kreuzes vgl. Reichel, Peter: *Zwischen Pietät und Politik*. In: Greven, Michael und Wrochem, Oliver von (Hg.): *Der Krieg in der Nachkriegszeit*, Opladen 2000.
329 Vgl. Braun (2008): NORMIERUNG, S. 43–44.
330 Vgl. Kramer (2011): VOLKSGENOSSINNEN, S. 193.
331 Aka (1993): STERBEBILDER, S. 10.
332 Christine Aka analysierte Totenzettel aus dem Zweiten Weltkrieg und stellte

Folgende »Gefallenenanzeige« erschien im Juli 1944 im Penzberger Anzeiger:

»Ein hartes Schicksal forderte von mir das größte Opfer. Mein lieber Mann [...] starb im Westen den Heldentod.«[333]

Nach dem Namen, dem Dienstgrad und den mit Runen versehenen Lebensdaten wird der Verstorbene so charakterisiert:

»Ein wahres Kämpferleben für die reine Idee Adolf Hitlers fand damit seine Krönung. Er gab sein Letztes für seinen geliebten Führer und Deutschlands Zukunft.«

Die explizite Propagandasprache unterscheidet sich in ihrer eindeutig nationalsozialistischen Ausprägung signifikant von den anderen Todesanzeigen aus dem Quellenkorpus. Die vorliegende Todesanzeige für Otto Bogner, den Bürgermeister und Ortsgruppenleiter der Stadt Penzberg, ist in ihrer sprachlichen Gestaltung eine klare Ausnahme. Gleich zweimal bezieht sich die Witwe, die die Todesanzeige aufgab, auf »seinen geliebten Führer« beziehungsweise dessen »reine Idee«.

Insgesamt gibt es neben dieser Todesanzeige nur noch 7 weitere (von 42), in denen der »Führer« explizit genannt wird, das entspricht lediglich 18 % des Gesamtbestandes. Bei den Sterbebildchen sind es mit 3 von 157 (2,5 %) noch sehr viel weniger. Kershaw argumentiert, dass nach 1943 die Bezugnahme auf Adolf Hitler in den Todesanzeigen abnehme, weil die Bevölkerung sich von ihm und seiner Ideologie abwende. Bei den mir vorliegenden Todesanzeigen,

---

fest, dass in dieser Zeit besonders die katholische Überzeugung in Totenzetteln und Sterbebildchen manifestiert wurde, was sie auf die »kirchenfeindliche Umgebung« zurückführt. Aka (1993): STERBEBILDER, S. 101. Dabei lässt sie außer Acht, dass die Sterbebildchen eine Tradition aus dem kirchlichen Umfeld darstellen, sodass der Ausdruck von Gottesfurcht oder Gläubigkeit keine Besonderheit darstellt.
333 Todesanzeige für Otto Bogner, StAP Sammlung Georg Reis.

die sich positiv auf den »Führer« beziehen, sind drei der acht erinnerten Soldaten 1944 oder später gestorben. Ich gehe also davon aus, dass die Herausgeber dieser Todesanzeigen nicht wahllos eine Vorlage in der Redaktion aussuchten, sondern ganz bewusst den »Führerglauben« in der Todesanzeige zum Ausdruck brachten. Aus diesen Todesanzeigen lässt sich daher meiner Einschätzung nach nicht ablesen, wie die Penzberger Familien zu Adolf Hitler oder zum Nationalsozialismus im Allgemeinen standen. In dem zitierten Fall ist es die Witwe des Ortsgruppenleiters, von der solches Verhalten erwartet wird und bei der man annehmen darf, dass es ihre eigene Überzeugung widerspiegelt.

Auch der »Parteigenosse« Adolf E. war 1940 für »Führer, Volk und Vaterland« gestorben – so suggerierten es die Todesanzeigen sowohl des Münchner Bebräbnisvereins als auch der NSDAP Penzberg. Das Sterbebildchen, für das die Familie verantwortlich war, zeigt als Symbol das Eiserne Kreuz mit Hakenkreuz und verweist auf den »Kampf fürs Vaterland«. Überschrieben ist es mit dem Bibelspruch »Seele und Leib gab ich hin für das Vaterland und seine Gesetze« (Matth. 7,17) und ruft auf »zum frommen Gedenken im Gebete«[334]. Hier offenbart sich eine interessante Verschränkung der Bezugssysteme: Nationalsozialistische Propaganda (»im Kampfe fürs Vaterland gefallen«; Hakenkreuz anstelle des christlichen Kreuzes) vermischt sich mit christlicher Sinnstiftung und Überhöhung des Todes (auch wenn die Bibelstelle sich auf den Tod für das Vaterland bezieht). Alte und neue Traditionen, Sinnstiftung und Rhetorik, konnten also nebeneinander auf dem sehr begrenzten Raum eines Sterbebildchens existieren. Diese Gleichzeitigkeit von nationalsozialistischer Rhetorik und dem Bezug auf christliche Traditionen kann als beispielhaft für das gesichtete Korpus gelten.

Besonders augenfällig wird diese Gleichzeitigkeit im Sterbebildchen für Josef K., der 1944 »den Heldentod starb«[335]. Unter der Illustration eines Feldgrabes mit Stahlhelm liest man hier den

---

334 Todesanzeigen für Adolf E., StAP Sammlung Georg Reis. Fälschliche Angabe der Bibelstelle in der Quelle, korrekte Belegstelle: 2. Makabäer 7,37.
335 Todesanzeige für Josef K., StAP Sammlung Georg Reis.

Spruch: »In Gottes heiligem Frieden ruht fern von seinen Lieben unser innigst geliebter Sohn und herzensguter Bruder.« Diese Trauersprache weicht deutlich ab von nationalsozialistischen Sinnbezügen und Sprechmustern. Auf der gegenüberliegenden Seite ist Josef K. in Uniform abgebildet, darunter spricht ein Gedicht vom Schmerz der Hinterbliebenen, denen die Wiederkehr des geliebten Sohnes nicht vergönnt war. Auch die Todesanzeige haben die Eltern von Josef K. gezeichnet mit »in tiefem Weh!«. Von »stolzer Trauer« keine Spur. Dieser Befund kann als beispielhaft für private Todesanzeigen gelten: Tatsächlich bringen 78 % der vorliegenden Todesanzeigen die Trauer der Angehörigen deutlich zum Ausdruck, die in keinem der Fälle mit dem Adjektiv »stolz« beschrieben wird.[336]

Neben der »stolzen Trauer« ist der »Heldentod« eine Standardformel der Nationalsozialisten in ihrer Rhetorik der Trauer. Die große Mehrzahl der Todesanzeigen verweist auf ihn (71 %), während nicht einmal ein Drittel (28 %) der Sterbebildchen vom »Heldentod« spricht. Allgemein auf nationalsozialistische Sprechmuster untersucht, weichen gerade mal 12 % der Todesanzeigen davon ab, beispielsweise indem der Schmerz stark betont wird, christliche Elemente dominieren oder die oben genannten Versatzstücke völlig fehlen. Es scheint, als würden die Sterbebildchen eine Perspektive bieten, die näher an der individuellen Realität ist: Hier weist die Mehrzahl (53 %) keinerlei NS-Standards in Sprache und Symbolik auf. Dies kann einerseits an der Nähe dieser Textsorte zu christlichen Ritualen liegen. Gleichzeitig war das Risiko einer Kontrolle und Restriktion bei öffentlich geschalteten Todesanzeigen vermutlich höher einzuschätzen als bei Sterbebildchen, die in kleiner Auflage an die Gäste der Trauerfeiern verteilt wurden.

---

336 Bei den Sterbebildern liegt der Anteil bei 42,5 %, was an der unterschiedlichen Intention dieser Textsorte liegt. Hier sollte vordringlich zum Gebet angehalten und an den Toten erinnert werden, die Familie hatte dabei keinen so exponierten Raum wie in der Todesanzeige.

3.4 Offizielles und persönliches Gedenken

Als Ergebnis der Analyse nationalsozialistischer Trauerhilfe und individueller Praktiken bleibt festzuhalten, dass die individuelle Realität deutlich von der propagierten »stolzen Trauer« im Angesicht des »Heldentodes« abwich. Konfrontiert mit dem persönlichen Verlust, bot die Ideologie des Nationalsozialismus den Hinterbliebenen keinen Trost und kein schlüssiges Deutungsangebot, das den individuellen Schmerz zu sublimieren vermochte. Besonders aufschlussreich hierfür war es, die offiziellen Todesnachrichten mit den reglementierten Todesanzeigen und den privaten Sterbebildchen, die im Rahmen von Gottesdiensten verteilt wurden und keiner Vorzensur unterlagen, gegenzulesen.

Die Sprache der Hinterbliebenen ist sowohl in den Todesanzeigen als auch in den Sterbebildchen normiert und spiegelt vor allem gesellschaftliche Konventionen der Zeit wieder. Todesanzeigen können daher ein Gradmesser dafür sein, wie sehr die nationalsozialistische Ideologie verwurzelt war. Sie müssen es aber nicht. Auch im individuellen Fall sind Rückschlüsse aus den Formulierungen auf die Gesinnung der Familien, die die Anzeigen schalteten, nur unter Vorbehalt anzustellen, da die formale Regulierung und die drohende Kontrolle ein zu starker Faktor sind. Ich konzentrierte mich daher auf den Grad der Reichweite der nationalsozialistischen Trauer-Propaganda und -Rituale im alltäglichen Leben der Bevölkerung.

Die propagierte »stolze Trauer« findet man kaum. Trotz jahrelangen Einübens in kollektiven Gedenkfeiern war »stolze Trauer« beim Tod eines Familienmitgliedes nicht die vorherrschende Haltung in der Bevölkerung. Gleichzeitig zu einer Reglementierung und Vorzensur der Todesanzeigen gab es hier noch einen deutlichen Gestaltungsraum, den die Hinterbliebenen auch nutzten.

Der Vergleich von Sterbebildchen und Todesanzeigen zeigte, dass die Propagandasprache vom »Heldentod« im »Daseinskampf« für das »Vaterland« nicht zwingend auf eine nationalsozialistische Gesinnung der Verfasser schließen lassen muss. Über zwei Drittel der Todesanzeigen weisen die Schlagworte »Heldentod«, »Daseinskampf« oder »Vaterland« auf. Jedoch nicht einmal ein Drittel der Sterbebildchen überhöht den Soldatentod mit diesen Vokabeln. Der Schluss liegt nahe, dass die Bevölkerung diese Vokabeln in den Todesanzeigen lediglich als Tarnvokabular benutzte, um nicht als Regimekritiker aufzufallen. Bei Hinterbliebenen, die den Tod ihre Söhne und Ehemänner in den Todesanzeigen als »letztes Opfer« im »Daseinskampf des Großdeutschen Reiches« überhöhten und die Sterbebildchen nicht mit Gebetsaufrufen, sondern Parolen wie »Seine Ehre hieß Treue« versahen, kann man wohl zweifelsfrei davon ausgehen, dass sie dies aufgrund ihrer nationalsozialistischen Gesinnung taten.

Jedoch waren sechs Jahre des militärisch geformten »Heldengedenkens« bis Kriegsbeginn nicht spurlos an der Bevölkerung vorbeigegangen: Besonders die Sterbebilder für Soldaten zeigen die Gleichzeitigkeit von nationalsozialistischer und christlicher Sprache und Symbolik. Es gelang den Nationalsozialisten nicht, die Kirchen als Bezugssystem und Trostspenderinnen im Falle des Kriegstodes auszuschalten. Gleichwohl war die Bevölkerung in einem gewissen Grade militarisiert, was sich vor allem in den Sterbebildchen zeigt, die oft mit Illustrationen von Feldgräbern, Dolchen oder Stahlhelmen sowie martialischen Gedichten versehen waren. In den Praktiken der Hinterbliebenen vermischten sich die älteren Traditionen der christlichen Kirchen mit den neuen Symbolen und der spezifischen Rhetorik der Nationalsozialisten.

Von den mir vorliegenden Todesanzeigen aus Penzberg beziehen sich weniger als 20 % auf Adolf Hitler. Mehr als ein Drittel dieser Anzeigen, die sich explizit auf den »Führer« beziehen, sind 1944 von den Angehörigen geschaltet worden. Auch die Verteilung des »Heldentodes« auf die Todesanzeigen ist vor und nach 1943 konstant. Da die Todesanzeigen in einem stark kontrollierten Raum veröffentlicht und rezipiert wurden, gehe ich davon aus, dass in vielen Fällen die nationalsozialistische Sprache gleichsam als Tarnung verwendet wurde, aber den Verfassern nicht entsprach. Der Vergleich mit den Sterbebildchen, die keiner derartigen Zensur unterlagen, zeigte, dass die nationalsozialistische

Propagandasprache ein Vehikel war, um über den Kriegstod zu sprechen, aber der eigentliche Bezugspunkt, um den Tod zu betrauern und den Schmerz zu überwinden, weiterhin der christliche Glaube und nicht der Glaube an die »Volksgemeinschaft« oder das »Großdeutsche Reich« war.

4. Zwischenfazit

Der Totenkult der Nationalsozialisten diente bis zum Kriegsausbruch als Herrschaftselement (Behrenbeck), ab 1939 gehörte er zum Krisenmanagement. Niederlagen und Verluste erfuhren innerhalb des Totenkultes propagandistisch eine positive Umdeutung, indem der gewaltsame Tod zum Opfer für die »Volksgemeinschaft« uminterpretiert wurde.[337] In der Phase von 1933 bis zum Kriegsausbruch 1939 sollte der Heldenkult den inneren Zusammenhalt der »Volksgemeinschaft« stärken: Der Tod von Weltkriegssoldaten und den »Märtyrern der Bewegung« wurde als Verpflichtung der »Volksgemeinschaft« gegenüber den Toten gedeutet, die die Wegbereiter des »Dritten Reiches« gewesen seien.

Um die Bevölkerung im Totengedenken auf die nationalsozialistische Ideologie und den bevorstehenden Krieg einzustimmen, etablierten die Nationalsozialisten im politischen Kalender zwei Feiertage, an denen der toten Helden gedacht wurde: den »Heldengedenktag« im März und den 9. November. Militärisch in der Inszenierung, propagandistisch aufgeladen durch politische Erfolge und aggressiv in der Rhetorik, sollte das Heldengedenken die deutsche Bevölkerung mit der Aussicht auf einen neuen Krieg in ihrem Alltag militarisieren, eine aggressive Mentalität erzeugen und auf die äußerste Opferbereitschaft vorbereiten. Als spezifisch nationalsozialistisch erkenne ich im Totenkult der NSDAP folgende Elemente: das Erfinden neuer Traditionen, die in Wirklichkeit ein Sample alter Rituale waren, das Einschwören auf die »Volksgemeinschaft« – und der Ausschluss der »Feinde« der »Volksgemeinschaft« aus dem Gedenken –, die Instrumentalisierung des Totengedenkens zur mentalen Kriegsvorbereitung, das Verdrängen anderer sinnstiftender Institutionen sowie die Verbindung militärisch inszenierten Gedenkens mit aggressiver Außenpolitik. Nicht nur in Berlin bei der zentralen Gedenkfeier, auch in kleinen Städten

---

337 Behrenbeck (1996): HELDEN, S. 17ff.

war das Heldengedenken mit nationalsozialistischer Propaganda untrennbar verbunden. Auch in den untersuchten Städten kamen die Menschen also mit dem nationalsozialistischen Heldenkult in Berührung.

Im Krieg zeigte sich jedoch, dass die Nationalsozialisten mit ihrer Strategie nicht reüssierten: Der konkrete Verlust wurde individuell als Schmerz erfahren, die Hinterbliebenen suchten in ihrer Trauer Beistand bei den Kirchen und keine Erbauung durch Propaganda. Die private Sprache der Trauer lehnte sich zwar an die nationalsozialistischen Parolen und Symbole an. Dieser Bezug auf die NS-Propaganda blieb jedoch in den meisten Fällen oberflächlich, die Ideologie der Nazis konnte nicht wirklich als Trostangebot dienen.

Die Nationalsozialisten gestalteten das kollektive Gedenken zwar neu, konnten damit aber die alten Rituale nicht gänzlich ablösen. Die propagierte »stolze Trauer« gab es nicht. Die Umwandlung von Trauer in Aggression funktionierte nicht. War die Ideologie des »unsterblichen Blutes« zu abstrakt, wie Alon Confino als Erklärung vorschlug?[338] Funktionierten die neuen Rituale nicht, weil sie zu neu waren? Hat die Politik der Emotion Trauer nichts entgegenzusetzen? Die familiäre Bindung, die sich im persönlichen Verlust mit Wucht Bahn brach, war viel stärker als die Bindekraft der propagierten »Volksgemeinschaft«. Die Entindividualisierung, das Aufgehen im Kollektiv, das im Nationalsozialismus auch durch kollektives Totengedenken eingeübt werden sollte, funktionierte nicht.

Doch inwieweit die Nationalsozialisten den privaten Ausdruck von Trauer auch beeinflussten (oder nicht): Während des Zweiten Weltkrieges schrieben sie dem gewaltsamen Tod deutscher Soldaten in einem aggressiven Eroberungs- und Vernichtungskrieg einen Sinn ein, sie rechtfertigten ihn so vor den Angehörigen. Mit dem Kriegsende 1945 jedoch brach das Bezugssystem des Nationalsozialismus, das »Vaterland«, für das die Soldaten in den Krieg ziehen

---

338 Confino (2008): DEATH.

und sterben mussten, weg. Für die Angehörigen der Gefallenen ebenso wie für die Akteure des kollektiven Gedenkens bedeutete dies eine abrupte Orientierungslosigkeit: Wofür und für wen waren die deutschen Soldaten nun gestorben? Wie sollte man die Soldaten erinnern, die Teil eines derartigen Angriffskrieges waren und ihn auf den Schlachtfeldern auskämpften?

Diese Suche nach neuen Formen des Gedenkens, nach neuen Erklärungs- und Rechtfertigungsversuchen ist Thema der empirischen Kapitel.

IV. Der ferne Tod

1. Die administrative Bewältigung des Massensterbens

Bevor Stadtgemeinschaften und Angehörige jeweils der Toten gedenken konnten, mussten diese als tot identifiziert werden. Wie ging das vonstatten? In welcher Form durfte nach Kriegsende in Deutschland der Soldaten gedacht werden? Wer kümmerte sich um die Toten aus den Konzentrationslagern? Wie verfuhr man mit den toten alliierten Soldaten, Fremdarbeitern und Displaced Persons?

Das folgende Kapitel soll zunächst den administrativen Umgang mit den Toten darstellen und die Zuständigkeiten für Exhumierungen, Umbettungen und die Kriegsgräberpflege klären. Auf der lokalen Ebene soll gezeigt werden, wie diese Anordnungen umgesetzt wurden und welche Einstellung zum Krieg und seinen Toten sich darin zum Teil widerspiegelt. Die folgenden Ausführungen beziehen sich dabei, soweit sie sich über die Zeit bis 1949 erstrecken, auf die amerikanische Zone, beziehungsweise nach 1949 auf die Bundesrepublik Deutschland.

1.1 Erinnerungskultur und Militärregierung

Die amerikanische Militärregierung in Bayern strebte nicht nur eine personelle und strukturelle Entnazifizierung, sondern auch eine Entnazifizierung der ästhetischen Gestaltung des öffentlichen Raumes an. Mit der Direktive Nr. 30 verbot der Alliierte Kontrollrat die Neuerrichtung von Denkmälern jeglicher Form, »[...] die darauf zielen, den Militarismus wachzurufen oder die Erinnerung an die nationalsozialistische Partei aufrechtzuerhalten oder ihrem Wesen nach in der Verherrlichung von kriegerischen Ereignissen bestehen«.[339]

Bereits bestehende Denkmäler, Bauwerke oder Straßenschilder sollten zum 1. Januar 1947 komplett entfernt oder zerstört werden, jedoch mit einer Einschränkung: »Nicht zu zerstören oder sonst zu beseitigen sind Gegenstände von wesentlichem Nutzen für die Allgemeinheit oder von großem architektonischen Wert, bei welchen der Zweck dieser Direktive dadurch erreicht werden kann, dass durch Entfernung der zu beanstandenden Teile oder durch anderweitige Maßnahmen der Charakter einer Gedenkstätte wirklich ausgemerzt wird.«[340]

Eine Ausnahme machte diese Direktive für Gedenksteine »zum Andenken an verstorbene Angehörige regulärer militärischer Einheiten [...], mit Ausnahme [...] der SS und Waffen-SS und [...] Einzelgrabsteine«[341]. Konkret bedeutete diese Direktive, dass ab dem 1. Januar 1947 keine Straßen mehr auf Militarismus und Nationalsozialismus verweisen durften, also umbenannt oder rückbenannt werden mussten. Nationalsozialistische Hoheitsinsignien und Inschriften mussten von Gebäuden und Denkmälern entfernt werden.

1.2 Statusklärung deutscher Soldaten

Während des Krieges, als die Informationsstrukturen der Wehrmacht noch funktionierten, waren Mitteilungen von der Front oft wochenlang unterwegs, bis sie ihr Ziel erreichten. Starb ein Soldat in den letzten Wochen des Krieges, als diese Strukturen nicht mehr funktionierten, so erfuhren seine Angehörigen (wenn überhaupt)

---

339 Kontrollrat 13.05.1946: Direktive Nr. 30: Beseitigung deutscher Denkmäler und Museen militärischen und nationalsozialistischen Charakters. In: R. Hemken (Hg.): Sammlung der vom Alliierten Kontrollrat und der Amerikanischen Militärregierung erlassenen Proklamationen, Gesetze, Verordnungen, Befehle und Direktive. Stuttgart, §I.
340 Kontrollrat 13.05.1946: Direktive Nr. 30, §II.
341 Kontrollrat 13.05.1946: Direktive Nr. 30, §IV.

erst weit nach Kriegsende und auf inoffiziellen Wegen von seinem Tod. Im Chaos der unmittelbaren Nachkriegszeit konnten viele Familien in Deutschland nicht sicher sein, ob ihre Angehörigen an der Front noch lebten, verschollen oder gefallen waren.

1.2.1 Nachforschungen durch Hinterbliebene

Lag den Angehörigen keine offizielle oder inoffizielle Nachricht von der Front vor, so gab es mehrere Institutionen, an die sie eine Suchanfrage richten konnten. Im August 1939 nahm die Wehrmachtsauskunftstelle für Kriegerverluste und Kriegsgefangene (WASt) als Dienststelle des Oberkommandos der Wehrmacht ihre Tätigkeit auf.[342] Sie erteilte Auskunft über ausländische Kriegsgefangene und erfasste die Verluste der deutschen Wehrmacht. Zunächst in Berlin angesiedelt, wurde die WASt 1943 nach Thüringen verlegt. Nachdem die Alliierten Thüringen besetzt hatten, arbeitete die Auskunftstelle seit dem 12. April 1945 unter der Aufsicht der amerikanischen Militärkommission. Die Amerikaner verlegten die WASt schließlich wieder nach Berlin und beauftragten sie im Sommer 1946 damit, ihre Arbeit, die unter anderem auf internationalen Verpflichtungen beruhte, weiterzuführen. Seit Januar 1951 ist die Auskunftsstelle eine Behörde des Landes Berlin und arbeitet unter dem neuen Namen »Deutsche Dienststelle (WASt) für die Benachrichtigung der nächsten Angehörigen von Gefallenen der ehemaligen deutschen Wehrmacht«. Der Bund erstattet dem Berliner Senat alle Kosten.[343] Zu den zahlreichen Aufgaben der WASt gehörten unter anderem, die Suchanfragen von Angehörigen zu bearbeiten, Auskunft über Dienstzeiten zu geben und Todeserklärungen beziehungsweise Kriegssterbefallanzeigen auszustellen.

---

342 Die Einrichtung einer solchen nationalen Auskunftsstelle schrieb der Artikel 77 des Genfer Abkommens über die Behandlung der Kriegsgefangenen vom 27.07.1929 vor; http://www.dd-wast.de/frame.htm, zuletzt aufgerufen am 11.08.2014.
343 Nach: http://www.dd-wast.de/frame.htm, zuletzt aufgerufen am 11.08.2014.

Um das Schicksal eines Soldaten zu klären, konnten sich die Hinterbliebenen auch an den Suchdienst des Roten Kreuzes oder des Volksbundes Deutsche Kriegsgräberfürsorge wenden.[344] Sowohl die WASt als auch der VDK wurden erst auf Nachfrage der Hinterbliebenen hin in ihrer Suche aktiv, kooperierten bei der Suche untereinander und waren vor allem auf die Informationen von Veteranen angewiesen. Frank Biess charakterisiert das Engagement der WASt als eher zögerlich.[345] Die Grabnachforschungen der Ehefrau von Albert K. zeigen, dass der Volksbund der zuverlässigere Ansprechpartner bei der Suche nach Gefallenen war. Ihre Suchanfrage an die WASt datiert von 1950. Acht Jahre später ging bei der WASt ein Schreiben des VDK mit detaillierten Informationen über die Grabstätte von Albert K. ein, jedoch vergingen weitere 18 Jahre, bis die WASt 1976 die Witwe über die Grabstätte von Albert K. informierte.[346]

Als Ansprechpartner bei der Gräbersuche genoss der Volksbund wohl vor allem wegen seiner zuverlässigen Nachforschungs- und Informationspolitik das Vertrauen der Bevölkerung, was sein umfangreiches Archiv mit Millionen von Suchanfragen beweist. Wünschte die Familie eines Gefallenen, seine sterblichen Überreste an ihren Heimatort umzubetten, so war es ebenfalls der Volksbund, der in Kooperation mit der örtlichen Friedhofsverwaltung die Exhumierung und Umbettung organisierte.[347]

---

344 Die folgenden Korrespondenzen stammen (neben den direkten Anfragen an die jeweilige Stadtverwaltung) aus dem Archiv des VDK. Aus Gründen des Datenschutzes mussten die Korrespondenzen anonymisiert werden, was auch die jeweiligen Vorgangsnummern betrifft.
345 Stadtverwaltung Rosenheim (17.11.1945): Beerdigungsliste über die Opfer der bei den Luftangriffen auf Rosenheim gefallenen bzw. an Luftkriegsfolgen Verstorbenen, StARo 061-4/2, S. 121.
346 Abschrift des Briefes der WASt an Frau K. vom 06.07.1976. In: VDK-A Vorgangsregister Grabnachforschungen Zweiter Weltkrieg.
347 Volksbund deutsche Kriegsgräberfürsorge – Umbettungsdienst (06.03.1953): Exhumierung und Überführung der Gebeine von Robert Ernst, StARo 061-4/1; zu den Umbettungen s. das interne Rundschreiben Volksbund deutsche Kriegsgräberfürsorge: *Warum Umbettungen? Ein Wort der Aufklärung und Begründung für die Anlegung großer Kriegsgräberstätten*, VDK-A B.4 14:

1.2.2 Todeserklärungen vermisster Soldaten

Brachten diese Nachforschungen keine Gewissheit darüber, ob ein Soldat tot oder noch am Leben war, regelte das Verschollenheitsgesetz[348] den Zeitraum, der verstreichen musste, bis ein Mensch für tot erklärt werden durfte. Demnach konnte ein Kriegsteilnehmer, der während des Krieges »im Gefahrengebiet vermisst und seitdem verschollen ist, [...] für tot erklärt werden, wenn seit dem Ende des Jahres, in dem der Friede geschlossen [...] ist, ein Jahr verstrichen ist.«[349]

Für die Besatzung von Schiffen und Flugzeugen galten Fristen von sechs (§5) beziehungsweise drei Monaten (§6). Das Gesetz regelte darüber hinaus die zuständige Gerichtsbarkeit (§15), die zur Todeserklärung berechtigten Personen (§16) sowie die Rechtsmittel des für tot Erklärten, sofern dieser »die Todeserklärung überlebt« hat. Es war also in den unklaren Fällen eine Entscheidung der

---

»Eins aber rechtfertigt die Umbettungen mehr als alle anderen Gründe und macht sie erst recht zu einer zwingenden Notwendigkeit: Hunderttausende von Unbekannten ruhen auf den zahllosen Kriegsgräberstätten, und ihre Angehörigen leben heute noch in qualvoller Ungewissheit. Die Umbettung und die damit verbundene sorgfältige Prüfung aller vorhandenen Unterlagen an Truppenmeldungen, Aussagen von Kameraden und Ortsansässigen, aller erhaltenen Kennzeichen und Körpermerkmale ermöglichen es, Zehntausende von Unbekannten zu identifizieren und ihren Familien damit eine wenn auch schmerzliche Gewissheit zu geben und den Trost, das Grab mit ihren Gedanken oder in Wirklichkeit besuchen zu können.
Ist diese Arbeit aber vollendet, dann ist Abertausenden von unbekannten Toten der Name wiedergegeben, dann ruhen unsere Gefallenen erst wirklich nach menschlichem Ermessen geborgen für alle Zeit in Friedhöfen, die durch Staatsverträge gesichert sich, die der Volksbund zu einem Stück Heimat in fremder Erde gestalten, die er in Wort und Bild dem ganzen Volk und besonders der Jugend ans Herz legen und zu denen er die Hinterbliebenen in großen Pilgerfahrten führen wird.«

348 BRD (2008): Verschollenheitsgesetz in der im Bundesgesetzblatt Teil III, Gliederungsnummer 401-6, veröffentlichten bereinigten Fassung, das zuletzt durch Artikel 55 des Gesetzes vom 17. Dezember 2008 (BGBl. I S. 2586) geändert worden ist. VerschG vom 17.12.2008.

349 VerschG §4 Abs. 1.

Angehörigen, ob einem Soldaten der Status »lebend« oder »tot« zugeschrieben wurde. Dabei musste der reale Tod eines Soldaten keineswegs zwangsläufig die Todeserklärung in der Heimat nach sich ziehen. Ebenso kam es vor, dass der soziale Tod, den die Todeserklärung bedeutete, nicht mit dem realen physischen Zustand des Vermissten übereinstimmte.

1.3 Kriegsgräber

Mit Wirkung zum 1. April 1951 verkündeten Bundespräsident Theodor Heuss, Bundeskanzler Konrad Adenauer, Innenminister Robert Lehr und Finanzminister Fritz Schäffer am 27. Mai 1952 das »Gesetz über die Sorge für die Kriegsgräber«.[350] Kriegsgräber waren im Sinne dieses Gesetztes Gräber von Soldaten aus dem Ersten und Zweiten Weltkrieg und darüber hinaus der Gräber aller Personen, »[...] die im Zweiten Weltkrieg
a) bei ihrem Tode militärischen oder militärähnlichen Dienst nach §§2, 3 und 4 des Bundesversorgungsgesetzes vom 20. Dezember 1950 versehen haben,
b) nachweislich an den Folgen der Gesundheitsschädigungen, die sie sich im militärischen oder militärähnlichen Dienst zugezogen haben, gestorben sind oder innerhalb eines Jahres nach Inkrafttreten dieses Gesetztes noch sterben,
c) in der Kriegsgefangenschaft gestorben sind oder noch sterben oder nach Beendigung der Kriegsgefangenschaft nachweislich an den Folgen der Gesundheitsschädigungen, die sie sich in der Kriegsgefangenschaft zugezogen haben, gestorben sind oder innerhalb eines Jahres nach ihrer Rückkehr oder nach Inkrafttreten dieses Gesetzes noch sterben,
2. die Gräber der Kriegsteilnehmer fremder Staaten, die im Zweiten Weltkrieg gefallen oder als Kriegsgefangene gestorben sind,

---

350 BGBl. 27.05.1952: Gesetz über die Sorge für die Kriegsgräber. Für den Untersuchungszeitraum wird das jeweilig gültige Gesetz zitiert. In der hier geschilderten ersten Fassung des Gesetzes sind bereits die wichtigsten Definitionen und Aufgabenbereiche festgelegt.

3. die Gräber der deutschen und ausländischen Zivilpersonen, die durch unmittelbare Kriegseinwirkungen im Zweiten Weltkrieg ihr Leben verloren haben«.[351]

Die Sorge für die einzelnen Gräber oblag den Ländern, die diese Pflicht jeweils an die Kommunen weitergaben (§2.1). Zu den Aufgaben, die das Gesetz regelte, gehörten vor allem die Feststellung und der Nachweis der Kriegsgräber nach obiger Definition, ihre Anlage, Instandhaltung und Pflege (§2.2). Die Kosten hierfür trägt bis heute der Bund (§2.5), im Haushaltsjahr 2012 waren hierfür 34 Millionen Euro veranschlagt. Von dem Gesetz ausgenommen waren Gräber ausländischer Soldaten, die von deren Heimatstaaten gepflegt wurden (§3.1) sowie individuelle Kriegsgräber im allgemeinen Friedhofsteil, die von Angehörigen betreut wurden (§3.2). Besonderen Nachdruck legte der Gesetzgeber darauf, dass »Kriegsgräber [...] dauernd erhalten«[352] würden, und auf das dauernde Ruherecht, das unabhängig von den Grundstücksbesitzverhältnissen gewährt wurde und »allen öffentlichen und privaten Rechten im Range vorgeht«[353]. Die Exhumierung und Umbettung einer Person, die nach Artikel 1 des Kriegsgräbergesetzes in einem Kriegsgrab bestattet war, musste von der obersten Landesbehörde gestattet werden. Die Erlaubnis durfte nur dann erteilt werden, »wenn ein öffentliches Interesse vorliegt und eine andere Ruhestätte für die sterblichen Überreste gesichert« sei.[354] Eine Ausnahmeregelung gab es jedoch für geschlossene Kriegsgräberanlagen: Hier durfte die Genehmigung zur Umbettung nicht erteilt werden, wenn die Anlage dadurch »in ihrem Gesamtbild verändert werden oder die Ruhe der übrigen Toten gestört werden würde«.[355]
Artikel 6 des Kriegsgräbergesetzes übertrug den Ländern die Kosten für die Pflege der Gräber von Opfern des Nationalsozialis-

---

351 BGBl. 27.05.1952: Gesetz über die Sorge für die Kriegsgräber, §1 (1).
352 BGBl. 27.05.1952: Gesetz über die Sorge für die Kriegsgräber, §4 (1).
353 BGBl. 27.05.1952: Gesetz über die Sorge für die Kriegsgräber, §4 (2) und §4 (3).
354 BGBl. 27.05.1952: Gesetz über die Sorge für die Kriegsgräber, §5 (1).
355 BGBl. 27.05.1952: Gesetz über die Sorge für die Kriegsgräber, §5 (3).

mus, die in Konzentrationslagern, Heil- und Haftanstalten getötet wurden oder nach der Entlassung an den Folgen der Haft gestorben waren. Darüber hinaus waren die Kommunen verantwortlich für die Pflege der Gräber von »deutschen und volksdeutschen Umdsiedler[n], Zivilinternierten, verschleppten Deutschen, ausländischen Arbeitern und der *Displaced Persons*«.[356]

1.3.1 Grabstätten alliierter Soldaten

Die amerikanische Militärregierung begann im Mai 1946 mit der systematischen Suche nach »vereinzelten amerikanischen und alliierten Soldatengräbern oder unbeerdigten Überresten amerikanischer oder alliierter Soldaten«[357] und übertrug den Bürgermeistern die Aufgabe, »diesbezügliche Erhebungen im Benehmen mit den Standesämtern, Ortsgeistlichen, gemeindlichen Friedhofsverwaltungen usw. nach Maßgabe beiliegender Bekanntmachung umgehend durchzuführen«[358], wofür sie eine Woche Zeit hatten.

Graböffnungen und Exhumierungen alliierter Soldaten durften dabei nicht von den Gemeindeverwaltungen vorgenommen werden, wie es eine Direktive der Militärverwaltung vom 18. Januar 1947 festlegte: »Graves will not be opened moved for any reason whatsoever by the German authorities.«[359]

Das Vorgehen für die Umbettung alliierter Soldaten, allgemein: Angehöriger der Vereinten Nationen, soll beispielhaft an der Exhumierung französischer Soldaten dargestellt werden, die auf dem Städtischen Friedhof in Rosenheim bestattet waren.[360] Schon

---

356 BGBl. 27.05.1952: Gesetz über die Sorge für die Kriegsgräber, §6.
357 Landratsamt Garmisch Partenkirchen (15.05.1946): Nachforschung nach amerik. und all. Soldatengräbern oder umbeerdigten Überresten amerik. oder all. Soldaten, StAM LRA 199528.
358 Landratsamt Garmisch Partenkirchen (15.05.1946): Nachforschung, StAM LRA 199528.
359 Staatskommissar (23.09.1947): Befehl der Militärregierung betreffend Exhumierung und Wiedereinbettung von Angehörigen alliierter Nationen, StAM LRA 199528.
360 Zur Handhabung der im Feindesland gestorbenen französischen Soldaten

während des Zweiten Weltkrieges wurden Angehörige feindlicher Truppen auf der Sektion für Gefallene innerhalb des Städtischen Friedhofes bestattet, wobei es für Kriegsgefangene, Zwangsarbeiter und feindliche Soldaten jeweils eine separate Gräberreihe gab.[361] Im Juni 1946 ordnete der Rosenheimer Oberbürgermeister an, dass die 20 Gräber von Kriegsgefangenen ebenfalls als »Soldatengräber« anzuerkennen und entsprechend von der Friedhofsgärtnerei zu pflegen seien.[362] Die Militärverwaltung beziehungsweise eigens eingerichtete Behörden in den Heimatstaaten regelten die Suche nach den gefallenen Angehörigen der Vereinten Nationen im Nachkriegsdeutschland. Anschließend mussten die Kommunalverwaltungen die auf ihrem Gemeindegrund Bestatteten melden. Auf eine solche Meldung hin reiste im Januar und Februar 1950 ein französisches Gräberkommando unter Führung eines Gräberoffiziers nach Rosenheim, um die dort bestatteten Franzosen zu exhumieren und unter ihrer Aufsicht nach Frankreich zu überführen, um sie in der Heimaterde zu bestatten.[363] Ebenso verfuhren Italien[364] und Großbritannien.

---

durch die französische Regierung s. Capdevila, Luc; Voldman, Danièle: *War Dead*, Edinburgh 2006, S. 64ff. Capdevila und Voldman widmen auch dem Umgang mit den feindlichen Toten während des Krieges ein Kapitel: Capdevila und Voldman (2006): WAR DEAD, S. 76–113. Dabei stellen sie drei Formen des Umganges mit den feindlichen Toten fest: »respect, fury and the urge to annihilate« (S. 76). Dieser Aspekt des Umganges mit den Toten, der viel über die Wahrnehmung des Krieges und die spezifische Kriegsführung aussagt, kann aus Gründen des Umfanges nicht in diese Arbeit mit aufgenommen werden.

361 Friedhofsverwaltung Rosenheim (1944): Hauptbuch für alle Beerdigungen und Überführungen von 1.1.1942 bis 31.12.1944, StARo Friedhofsverwaltung 554/002.
362 Friedhofsverwaltung Rosenheim (März 1946): Aufstellung über Ausländergräber auf dem Friedhof Rosenheim, StARo 061-4 Ausländergräber.
363 Oberbürgermeister der Stadt Rosenheim (17.05.1950): Überführung der in Deutschland verstorbenen französischen Staatsangehörigen nach Frankreich, StARo 061-4/2.
364 Friedhofsverwaltung Rosenheim (07.10.1950): Überführung eines italienischen Kriegsgefallenen, StARo 061-4/1.

1.3.2 Grabstätten deutscher Soldaten im Ausland

Seit seiner Gründung 1919 hatte es sich der Volksbund Deutsche Kriegsgräberfürsorge zur Aufgabe gemacht, die Gräber deutscher Soldaten auch im Ausland zu pflegen. Hierfür legte er nach dem Ersten Weltkrieg vor allem Sammelfriedhöfe in Form des »Ehrenhaines« an. Auch nach dem Zweiten Weltkrieg übernahm der Volksbund die Suche und Identifizierung deutscher Gefallener und legte Sammelfriedhöfe im Ausland an. Sein Motto lautete: »Versöhnung über den Gräbern«.[365] Die Hinterbliebenen hatten die Möglichkeit, über den Volksbund diese Gräber aus der Ferne zu schmücken und sie individuell oder im Rahmen von Kriegsgräberreisen zu besuchen.[366] Dies galt bis zum Fall der Mauer freilich nur für die Grabstätten in Westeuropa – am Eisernen Vorhang endeten die Einflusssphäre und der Mitgestaltungsraum des Volksbundes. Regelmäßig wurde in der Zeitschrift *Kriegsgräberfürsorge* über die verwahrlosten Friedhöfe deutscher Soldaten in der Sowjetunion berichtet.[367] Hinterbliebene konnten erst nach dem Mauerfall ihre Angehörigen suchen, die im Osten gefallen oder verschollen waren, da zuvor die Behörden nicht mit dem Volksbund oder der deutschen Regierung kooperierten. Nachforschungen oder Reisen zu Gräbern konnten hier lediglich individuell stattfinden.[368]

---

365 Diese postulierte Versöhnung hinterfragt der Beitrag von Krause-Vilmar (2007): VERSÖHNUNG?
366 Kapitel IV 5.4.
367 So ließ der VDK in seiner Mitgliederzeitschrift Heimkehrer aus russischer Kriegsgefangenschaft über den Zustand (oder überhaupt das Vorhandensein) deutscher Soldatengräber in der Sowjetunion berichten: o. A.: Heimkehrer berichten über deutsche Gräber in Russland. In: *Kriegsgräberfürsorge* 29 November 1953 (11), S. 166–167.
368 Gerda Szepansky schildert mit einem biografischen Beispiel, wie so eine individuelle Reise aussehen konnte: Szepansky, Gerda: »Blitzmädel«, »Heldenmutter«, »Kriegerwitwe«, Frankfurt a. M. 1986, S. 296–302.

1.3.3 Gräber von KZ-Häftlingen

Orte wie Dachau, die direkt neben einem Konzentrationslager lagen, oder Mittenwald, wo ein Todesmarsch aus Dachau im April 1945 endete und wo viele der Häftlinge starben, sahen sich nach Kriegsende mit einer besonderen Verantwortung konfrontiert: Wie kümmerte man sich nun um die zivilen Opfer des Nationalsozialismus, die in den Konzentrationslagern getötet worden waren oder als Folge der Inhaftierung starben?

Bis 1952 oblag die Pflege der Gräber von KZ-Insassen dem Bayerischen Landesentschädigungsamt und wurde von den Gemeinden ausgeführt, auf deren Grund sie sich befanden. Im März 1952 wurde die »gärtnerische Pflege der KZ-Gräber« der Bayerischen Verwaltung der staatlichen Schlösser, Gärten und Seen (BSV) übertragen: »In Vollzug des Beschlusses des Bayerischen Ministerrates vom 11.3.52 hat das Bayerische Staatsministerium der Finanzen mit Bezugsentschließungen verfügt, dass die Verwaltung der KZ-Friedhöfe und Gedenkstätten in Bayern vom Bayerischen Landesentschädigungsamt auf die Bayerische Verwaltung der staatlich. Schlösser, Gärten und Seen übergeht. Gemäß der oben bezeichneten Entschließung [...] hat die Schlösserverwaltung mit Wirkung vom 20.08.1952 die gärtnerische Pflege und bauliche Unterhaltung der KZ-Friedhöfe und Gedenkstätten in Bayern übernommen.«[369]

Dies bedeutete, dass die BSV die Kosten für die gärtnerische Pflege und Instandhaltung übernahm. Die Betreuung dieser Gräber »in politischer« Beziehung übernahm weiterhin das Landesentschädigungsamt.[370] Unter »Betreuung politischer Fragen« verstand das Landesentschädigungsamt »[...] Beschwerden, Wünsche und

---

369 Bayerisches Landesentschädigungsamt (01.09.1952): KZ-Friedhöfe und Gedenkstätten. Übergabe der Verwaltung vom Bayer. Landesentschädigungsamt auf die Bayerische Verwaltung der staatl. Schlösser, Gärten und Seen, StAM LRA 199528.
370 Bayerisches Landesentschädigungsamt (01.09.1952): KZ-Friedhöfe und Gedenkstätten/Übergabe, StAM LRA 199528.

Anregungen ausländischer Kommissionen anlässlich von Besuchen in KZ-Friedhöfen und Gedenkstätten, Maßnahmen über Exhumierungen von Toten, Überführungen und Zusammenlegungen in andere Friedhöfe, Friedhofsbeschädigungen und Schändungen [...] sowie alle sonstigen Fragen, die nicht die gärtnerische Pflege und bauliche Erhaltung der KZ-Friedhöfe und Gedenkstätten betreffen [...]«[371].

Da die einzelnen KZ-Grabstätten über ganz Bayern verteilt waren, bat die BSV die Landratsämter, Stadt- und Gemeindeverwaltungen um Unterstützung bei der Grabpflege vor Ort. Von staatlicher Seite wurde festgestellt, »dass die KZ-Gräberbetreuung als staatliche Aufgabe von den Gemeinden unter dem Gesichtspunkt der Amtshilfe zu übernehmen sei.«[372] Eine finanzielle Entschädigung für die Grabpflege erhielten die Gemeinden erst dann, wenn sie nachweislich für eine stets »würdige und pietätvolle« Gestaltung der Gräber sorgten.[373] Dass diese würdige und pietätvolle Instandhaltung nicht immer gegeben war, belegen die jährlichen Briefe der BSV an das Landratsamt Mittenwald, in denen wiederholt auf die Wichtigkeit dieser Aufgabe hingewiesen wird: »Nach Berichten, die meiner Verwaltung zugegangen sind, hat die Pflege einzelner Grabstätten ehem. KZ-Häftlinge und sonstiger Opfer der vergangenen Epoche nicht immer befriedigt. Es besteht daher Anlass, darauf hinzuweisen, dass diese Gräberanlagen sich ständig in einem würdigen und pietätvollen Zustand befinden müssen.«[374]

Als Grabschmuck wurde vor allem eine dauerhafte Bepflanzung empfohlen. In der ersten Hälfte der 1950er-Jahre sollten die KZ-

---

371 Bayerisches Landesentschädigungsamt (01.09.1952): KZ-Friedhöfe und Gedenkstätten/Übergabe, StAM LRA 199528.
372 Bayerische Verwaltung der staatlichen Schlösser (02.03.1953): KZ-Friedhöfe und Grabstätten: gärtnerische Pflege, StAM LRA 199528.
373 Bayerische Verwaltung der staatlichen Schlösser (18.10.1954): Pflege der Grabstätten ehem. KZ-Insassen zu Allerheiligen und zum Volkstrauertag 1954, StAM LRA 199528.
374 Bayerische Verwaltung der staatlichen Schlösser (02.03.1953): KZ-Friedhöfe und Grabstätten: gärtnerische Pflege, StAM LRA 199528.

Gräber am Tag der Befreiung von Auschwitz (27. Januar), am Tag der Opfer des Nationalsozialismus, am Volkstrauertag sowie an Allerheiligen geschmückt werden.[375] Auffällig ist, wie die Vertreter der bayerischen Behörden völlig negierten, dass die getöteten KZ-Häftlinge größtenteils Juden waren, wenn sie als wichtige Gedenktage unter anderem katholische Feiertage des Totengedenkens angeben. Ab 1954 sollten die KZ-Gräber nur noch zu Allerheiligen und zum Volkstrauertag geschmückt werden[376] – ein Tag des katholischen Totengedenkens und ein Tag, an dem bis in die 1970er-Jahre hinein lediglich der gefallenen Soldaten gedacht wurde und die deutsche Schuld an der Schoah noch keinen Platz im kollektiven Gedenken hatte.

1.3.4 Gräber von Displaced Persons[377] und Zwangsarbeitern[378]

Das Gesetz über die Sorge für die Kriegsgräber regelte seit Mai 1952 auch den Umgang mit den Gräbern von Zwangsarbeitern[379] und Displaced Persons[380].

Die Rosenheimer Stadtverwaltung hatte schon während des Zweiten Weltkrieges Zwangsarbeiter auf der Armensektion des Städtischen Friedhofes bestattet, meist in Sammelgräbern.[381] Im Gegensatz zu den alliierten Soldaten und Kriegsgefangenen, die

---

375 Bayerische Verwaltung der staatlichen Schlösser (02.03.1953): KZ-Friedhöfe und Grabstätten: gärtnerische Pflege, StAM LRA 199528.
376 Bayerische Verwaltung der staatlichen Schlösser (10.06.1955): KZ-Grabstätten Mittenwald, StAM LRA 199528.
377 Allgemein zu den Displaced Persons s. Jacobmeyer, Wolfgang: *Vom Zwangsarbeiter zum heimatlosen Ausländer. Die Displaced Persons in Westdeutschland 1945–1951*, Göttingen 1985.
378 Zur Geschichte der Zwangsarbeit im Nationalsozialismus s. Spoerer, Mark: *Zwangsarbeit unter dem Hakenkreuz*, Stuttgart, München 2001; zu Fremdarbeit in Oberbayern: Diem (2005): FREMDARBEIT.
379 BGBl. 27.05.1952: Gesetz über die Sorge für die Kriegsgräber, §6 e).
380 BGBl. 27.05.1952: Gesetz über die Sorge für die Kriegsgräber, §6 f).
381 Friedhofsverwaltung Rosenheim: Kriegsgefangene und ausländische Arbeitskräfte im Friedhof Rosenheim, StARo 061-4/2.

von ihren Heimatstaaten gesucht, exhumiert und in ihr Heimatland überführt wurden, kam dies bei den Zwangsarbeitern nur sehr selten vor und geschah nicht durch staatliche Initiativen, sondern auf Initiativen beispielsweise von Kirchen oder Pfadfindern.[382]

Anlässlich des Baus der Kriegsgräberstätte in Rosenheim wurden 1960 auch die Gräber von Zwangsarbeitern geöffnet, um diese auf der zentralen Kriegsgräberstätte des VDK zu begraben – gemeinsam mit deutschen Soldaten, Unbekannten und zivilen Opfern des Luftkrieges. Diese vereinnahmende Geste fasste Bürgermeister Steinbeißer anlässlich der Einweihung im Mai 1961 in Worte: »Diese Toten sind jetzt unsere Toten, wir nehmen sie auf und geben ihnen Heimrecht. Auch wenn sie aus fernen Ländern kamen, jetzt gehören sie zu uns.«[383]

Sowohl den Gräbern der während des Krieges verstorbenen Juden als auch der Zwangsarbeiter und aller, die nach 1945 als Displaced Persons bezeichnet wurden, ist gemeinsam, dass sie weit entfernt von ihrer Heimat und ihren Familien bestattet worden waren. In den meisten Fällen wurden ihre Gräber also nicht privat gepflegt und besucht. Gabriel Finders Analyse des Totengedenkens der jüdischen DPs in der unmittelbaren Nachkriegszeit konnte zeigen, dass diese Gruppe vor allem in Form von Erinnerungsmärschen der getöteten Juden gedachte: Indem die Überlebenden der Schoah die Todesmärsche nachstellten, erinnerten sie an ihre Toten und mahnten die deutsche Nachkriegsgesellschaft an ihre Schuld.[384] Neben diesen Gedenkmärschen waren vor allem Yizkor-Bücher (Erinnerungsbücher) sowie die Etablierung eigener

---

382 So suchten z. B. lettische Pfadfinder nach in Deutschland verstorbenen Letten: Latvian Boy Skout Troop (03.08.1947): Bitte um Namhaftmachung der in Rosenheim verstorbenen Letten seit dem Jahre 1941, StARo I A 1 Nr. 112.
383 Gruber: Rosenheim gab 527 Kriegstoten Heimrecht in geweihter Erde. In: *Mitteilungen und Berichte. Volksbund Dt. Kriegsgräberfürsorge e. V. Landesverband Bayern* (1/1961), S. 20–25.
384 Finder, Gabriel N.: *Yizkor!* In: Confino, Alon; Betts, Paul und Schumann, Dirk (Hg.): *Between Mass Death and Individual Loss*, New York 2008.

Gedenktage sehr verbreitet.[385] Finder argumentiert, dass all diese Äußerungen des jüdischen Totengedenkens in Deutschland nach der Schoah auch geschichtspolitisch instrumentalisiert wurden und die Errichtung eines unabhängigen Staates Israel in Palästina forderten.[386]

---

385 Finder (2008): Yizkor!, S. 235.
386 Finder (2008): Yizkor!, S. 235.

2. Der ferne Tod als Motiv der Erinnerungskultur

Achim Riedel ringt um Worte: »Seit 1941 hab ich meinen Vater nicht mehr gesehen«. Er stockt, hält die Tränen nicht mehr zurück, nimmt die Brille ab, um sie zu trocknen: »Aber jetzt, jetzt hab ich meinen Frieden«.[387] 72 Jahre liegen zwischen der letzten Begegnung mit seinem Vater und diesem Moment im August 2013. Der Anlass für den Gefühlsausbruch vor der Kamera der Tagesschau war die Einweihung eines Soldatenfriedhofes in Duchowschtschina bei Smolensk.[388] Auf dieser Kriegsgräberstätte des Volksbundes Deutsche Kriegsgräberfürsorge fand auch sein Vater, Hans-Joachim Riedel, seine letzte Ruhe. Bei der Einweihungszeremonie, bei der Verteidigungsminister Thomas de Maizière von der »Versöhnung zwischen den Völkern« sprach, wurden symbolisch die exhumierten sterblichen Überreste fünf deutscher Soldaten auf dem jüngsten Friedhof beigesetzt, den der Volksbund für deutsche Soldaten in Russland angelegt hatte.

Der Tod im Zweiten Weltkrieg, fern der Heimat, beschäftigt die Angehörigen der Kriegstoten, die Politik und den Volksbund bis in die Gegenwart. Der ferne Tod veränderte die individuellen Praktiken im Umgang mit dem Tod und den Toten und ist im kollektiven Gedenken ein wiederkehrendes Motiv von Gedenkansprachen. Das Motiv des fernen Todes bezieht sich hierbei auf die geografische Distanz zwischen den Erinnernden und dem Objekt der Erinnerung. Diese Distanz wurde in der Erinnerungskultur nach dem Zweiten Weltkrieg zum Anlass für neue Erinnerungsnarrative.[389]

---

387 ARD Tagesschau vom 03.08.2013.
388 Vgl. hierzu auch den Bericht der »Welt«: http://www.welt.de/politik/deutschland/article118688270/Abschied-nach-70-Jahren.html?config=print.
389 Vgl. zur Wechselbeziehung zwischen Erinnerung und Raum Damir-Geilsdorf, Sabine; Hendrich, Béatrice: *Orientierungsleistungen räumlicher Strukturen und Erinnerung*. In: Damir-Geilsdorf, Sabine; Hartmann, Angelika und Hendrich, Béatrice (Hg.): *Mental Maps – Raum – Erinnerung*, Münster 2005, hier S. 34.

Beginnend mit der Benachrichtigung der Hinterbliebenen über den Tod an der Front, bis zur Einweihung des Soldatenfriedhofes des Volksbundes in Smolensk, untersucht das vorliegende Kapitel, wie die räumliche Distanz zwischen den Trauernden und dem Bestattungsort die Erinnerung strukturiert und neue Rituale, persönliche Praktiken und Narrative konstruiert.

Die Lebenden müssen jedoch nicht nur die räumliche Distanz zu den Toten überwinden. Zwischen dem Tod der Soldaten und der Benachrichtigung der Hinterbliebenen, dass ihr Angehöriger verstorben sei, und der Gewissheit, wo er bestattet wurde, vergingen während des Krieges Wochen. In der Nachkriegszeit dauerte es in einzelnen Fällen Jahrzehnte, bis die Hinterbliebenen Gewissheit erhielten, ob ein Vermisster noch am Leben oder tot war, beziehungsweise wo sich seine Grabstätte befand. Diese zeitliche Dimension des »fernen Todes« wird am Beispiel der wartenden Frauen untersucht, deren gesetzlicher und sozialer Status, also Witwe oder Ehefrau, erst mit der Todesnachricht oder aber mit einer Toterklärung definiert wurde.

Aus kulturhistorischer Perspektive wird im ersten Analyseschritt untersucht, wie das massenhafte Sterben und der teilweise unüberwindbare Raum zwischen Gedenkenden und den Toten die Gedenkrituale im privaten Totenkult veränderten, beispielsweise wenn diese an der Ostfront gefallen waren und die Hinterbliebenen in Westdeutschland lebten und das Grab nicht besuchen konnten. Daran anschließend wird die geschichtspolitische Funktion des fernen Grabes in der Erinnerungskultur nach dem Zweiten Weltkrieg untersucht.

Wie wurde der ferne Tod von der Front an die Heimat kommuniziert? Mit welchen symbolischen Repräsentationen und persönlichen Praktiken versuchten die Hinterbliebenen, die klassischen Übergangsriten an die neuen Umstände des Sterbens anzupassen, um den Raum zwischen sich und den toten Angehörigen zu überwinden? Welche Akteure instrumentalisierten den fernen Tod als Narrativ, und welche Funktionen kamen ihm im kollektiven Gedenken zu?

Schließlich führt das Motiv des fernen Todes auch mitten hinein in potenzielle Konflikte innerhalb der Stadtgemeinschaften, deren

Demografie sich mit der Massenmigration im und nach dem Krieg deutlich gewandelt hatte. Das Schicksal des fernen Todes betraf nicht nur Einheimische und Angehörige deutscher Soldaten.

Vertriebene, Evakuierte, Flüchtlinge hatten Tote in ihrer Heimat zurückgelassen und waren ebenso wie die Displaced Persons und die befreiten Insassen der Konzentrationslager mit der räumlichen Entfernung zwischen sich und ihren Familienangehörigen konfrontiert. Mit den ersten Toten in der neuen Heimat erlebten Vertriebene den Tod fern der Heimat, in die sie nicht zurückkehren konnten. Unter der Fragestellung, wie sich angesichts der ortlos[390] gewordenen Erinnerung soziale Praktiken veränderten oder neue Rituale etablierten, wird auch das Totengedenken der Heimatvertriebenen zunächst kulturgeschichtlich untersucht. Im zweiten Analyseschritt steht wiederum die Frage nach der geschichtspolitischen Funktion des Gedenkens im Zentrum. Weiterhin wird am Beispiel der Vertriebenen in den Aufnahmegesellschaften das Wechselspiel unterschiedlicher Erinnerungsakteure analysiert. Die Unterschiede in der Konfession, politischen Einstellung und vor allem die unterschiedlichen Kriegserfahrungen der Aufnahmegemeinschaften und ihrer Neubürger bargen Konfliktpotenzial. So hatten die Einheimischen Angst vor möglichen Rachegefühlen der Displaced Persons, und speziell Vertreter der katholischen Kirche fürchteten eine Radikalisierung durch die Sudetendeutschen, die sie als »glaubensfeindlich«[391] bezeichneten. Diese abweisende Haltung gegenüber den Heimatvertriebenen zeigte sich auch im Umgang mit deren Toten. Wie gingen die Aufnahmegesellschaften mit den Toten der Heimatvertriebenen um? Wurden auch sie als Tote des Weltkrieges anerkannt und fanden Eingang in das kollektive Gedenken, oder unterschied man klar verschiedene Gruppen von Kriegstoten?

---

390 Fendl: TOTENGEDENKEN IN DER »NEUEN HEIMAT«, S. 7.
391 So im Generalseelsorgsbericht von 1949: EAM SSB 778 – Generalbericht 1949.

Die Rolle des Volksbundes Deutsche Kriegsgräberfürsorge

Verschiedene Akteure vom Veteranenverein bis zur Staatsregierung bedienten sich im kollektiven Gedenken des Motivs des fernen Todes, einige instrumentalisierten ihn als Narrativ des Kriegserlebnisses für ihre Ziele. Eine herausgehobene Stellung unter diesen Akteuren kommt dabei bis heute dem Volksbund Deutsche Kriegsgräberfürsorge zu, der mit seinem Engagement sowohl die private Trauerarbeit als auch die Geschichtspolitik mitbestimmt.

Vor allem die Pflege von Kriegergräbern und die Gestaltung des Volkstrauertages machten den VDK zu einem zentralen Akteur im kollektiven Gedenken an die Kriegstoten. Eine Besonderheit ist jedoch das Agieren des VDK. Den privaten Umgang mit den Kriegstoten bestimmt der VDK vor allem durch seinen Gräbersuch- und den Umbettungsdienst sowie Gemeinschaftsfahrten zu den Kriegsgräberstätten mit.

Die Registratur der Grabnachforschungen im VDK-Archiv in Kassel umfasst heute Millionen von Vorgängen, von denen jeder einem Gefallenen gewidmet ist. In der chaotischen Zeit unmittelbar nach Kriegsende hatten die Familien die Möglichkeit, sich an die Deutsche Dienststelle für die Benachrichtigung der nächsten Angehörigen von Gefallenen der ehemaligen deutschen Wehrmacht (WASt), an den Suchdienst des Roten Kreuzes oder an den VDK zu wenden, um Auskunft über das Schicksal ihrer Angehörigen zu erhalten. Da ein Großteil der Akten der WASt bei Bombenangriffen zerstört worden war, wandten sich die Hinterbliebenen mit ihren Anliegen an den Volksbund und sein Netzwerk – eine bereits seit Jahrzehnten etablierte und bekannte Institution. In Zusammenarbeit mit Veteranenverbänden[392] und internationalen Organisationen wie dem Roten Kreuz ermittelt der VDK bis heute nicht nur die konkrete Grabstätte bestimmter Soldaten anhand deren Feldpostnummer, Wehrpass und unveränderlicher körperli-

---

392 So bittet z. B. der Kameradenkreis der Gebirgstruppe im Namen des VDK um die Bekanntgabe von Soldatengräbern in Griechenland: Soldatengräber in Griechenland (1952). In: *Weihnachts-Mitteilungen der ehemaligen deutschen Gebirgstruppen* 1952, S. 2.

cher Merkmale. In etlichen Fällen war der Volksbund die erste Stelle, die die Familie definitiv vom Tod eines Angehörigen im Krieg informierte. War die Grabstätte eines toten Soldaten ermittelt, so hatte der Volksbund zahlreiche Angebote, um den Familien bei der Trauerarbeit zu helfen: Die Familien konnten das Grab über den VDK aus der Ferne zu bestimmten Gelegenheiten schmücken lassen, sich Fotografien der Grabstätte bestellen, auf vom VDK organisierten Reisen zu Kriegsgräberstätten das Grab besuchen und sogar die Exhumierung und Überführung der Gebeine vornehmen lassen.

3. Kommunikation im Krieg

Im Krieg sterben Soldaten an der Front – sei es während der Kampfhandlungen auf dem Schlachtfeld oder im Lazarett. Die Körper der toten Soldaten hatten dabei bis zur Mitte des 19. Jahrhunderts keinen für sie bestimmten Ort, weder gab es Bestattungen noch Bestattungsriten. Pragmatische Erwägungen der Hygiene, nicht der Pietät, prägten den Umgang mit den Leichnamen: Aus Angst vor Seuchen wurden diese in der Regel verscharrt oder verbrannt. Erst mit dem deutsch-französischen Krieg von 1870/71 entstand eher zufällig der erste Soldatenfriedhof. 1915 fixierte Frankreich als erstes Land das gesetzliche Recht jedes Gefallenen auf ein Grab.[393] In der Geschichte des Krieges kann man also erst seit dem Ersten Weltkrieg von Bestattungen an der Front sprechen.

Bis 1944 befanden sich die Schauplätze des Zweiten Weltkrieges außerhalb der Grenzen des Deutschen Reiches, und so wurden Soldaten, die in großer geografischer Distanz zu ihrer Heimat starben, entsprechend weit entfernt von ihren Angehörigen in einem Feldgrab bestattet. Nahezu jede Familie hatte im Verlauf des Zweiten Weltkrieges den Verlust eines Angehörigen zu beklagen, die meisten Soldaten starben an der Ostfront.[394] Dieser ferne Tod der Soldaten führte zu einem Wandel in der Trauerkultur der Hinterbliebenen. In Ermangelung des Grabes und des Leichnams mussten die *rites de passage* neu gestaltet werden: Für die Trauerarbeit waren die Familien hauptsächlich auf symbolische Repräsentationen angewiesen.

---

393 Vgl. für einen historischen Abriss zum Umgang mit den Leichen toter Kombattanten: Mosse (1993): GEFALLEN, S. 59ff.
394 So fielen von insgesamt 654 Soldaten aus Rosenheim 377 an der Ostfront: StARo MAG I A 01 Nr. 112. Statistik zu Todesfällen an der Ostfront bei Overmans, Rüdiger: *Deutsche militärische Verluste im Zweiten Weltkrieg*, München 2000, S. 277–278.

3.1 Die Mitteilungen von der Front

»Ich hab genau gewusst, der kommt nimmer, ich hab das genau gewusst, und so war es auch.«[395] Vielen Angehörigen ging es beim Abschied der Soldaten an die Front wie Elisabeth R. (*1926), die so den Abschied von ihrem Vetter erinnert, als dieser nach Russland an die Front musste. Die Angehörigen, aber auch die Soldaten selbst antizipierten den drohenden Kriegstod bereits beim Abschied.[396] Zur Realität wurde der vorweggenommene und befürchtete Verlust allerdings erst mit der offiziellen Todesnachricht von der Front. Dabei vergingen zwischen dem Tod des Soldaten und dem Eintreffen der Benachrichtigung bei dessen Angehörigen oft Wochen und Monate, sodass die Familien sich weder vom Tod des Soldaten noch von seinem Begräbnis selbst überzeugen konnten. Den Meldungen kam daher eine besondere Funktion zu: Sie sollten die Hinterbliebenen nicht nur vom Tod ihres Vaters, Sohnes, Bruders oder Ehemannes in Kenntnis setzen, sondern gleichzeitig den Empfängern Trost spenden, indem sie den Tod des einzelnen Soldaten entindividualisierten und zum Opfer für »Großdeutschland« und die »Volksgemeinschaft« stilisierten.[397] Die Nationalsozialisten wollten verhindern, dass sich mit den seit 1943 rapide ansteigenden Gefallenenzahlen eine Kriegsverdrossenheit an der »Heimatfront« einstellte.[398] Die Propagandaleitung sah daher diese Benachrichtigungen als ein Element der »Menschenführung« an und reglementierte dementsprechend streng deren Duktus. Auch schrieb sie das Prozedere vor, wie diese Nachrichten zu überbringen seien, um so zu verhindern, dass der persönliche Verlust eines geliebten Menschen im Krieg zu einer Abwendung der Hinterbliebenen vom Regime führte.[399]

---

395 Elisabeth R. über den Abschied von ihrem Vetter. Zitiert nach Dörr, Margarete: *»Wer die Zeit nicht miterlebt hat ...«*, Frankfurt a. M. 1998, S. 147.
396 Vgl. Janz (2009b): Kapital, S. 58; Dörr (1998): Kriegsalltag, S. 146–147.
397 Vgl. Janz (2009b): Kapital, S. 52. Janz beschreibt die Funktion dieser Nachrichten für den Ersten Weltkrieg.
398 Kramer (2011): Volksgenossinnen, S. 185.
399 Kramer (2011): Volksgenossinnen, S. 185–189 und Jeggle, Utz: *In stolzer Trauer*. In: Jeggle, Utz; Bausinger, Hermann; Kaschuba, Wolfgang; Korff,

Die Vorgesetzten, Militärpfarrer und Ärzte verwendeten in diesen Briefen Standardformulierungen wie beispielsweise die »soldatische Pflichterfüllung« und den »Heldentod für das Vaterland«, um die Hinterbliebenen zu trösten und die Brutalität des Kriegstodes zu verschleiern. So schrieb Oberleutnant Otto R. an Frau F. nach Penzberg, um sie vom Tode ihres Mannes zu unterrichten: »Ich habe die traurige Pflicht, Ihnen mitzuteilen, dass Ihr Mann K. F. [...] durch Tiefflieger im Kampf für die Freiheit Großdeutschlands in soldatischer Pflichterfüllung, getreu seinem Fahneneid für Führer, Volk und Vaterland gefallen ist.« Der Ehefrau des Gefallenen sollte in ihrer Trauer »die Gewissheit, dass Ihr Mann für die Größe und Zukunft unseres ewigen deutschen Volkes sein Leben hingab [...] Kraft geben und ein Trost [sein]«.[400]

Die »nationalsozialistische Trauerhilfe«[401] zielte auf eine »stolze Trauer«: Dem gewaltsamen Tod auf dem Schlachtfeld wurde mit dem Bezug auf das »heldenhafte Opfer« für den Fortbestand der »Volksgemeinschaft« und das »großdeutsche Reich« ein Sinn eingeschrieben.[402] Persönliche Trauer, Schmerz oder gar Verzweiflung sollten durch die nationalsozialistische Ideologie sublimiert werden. Die Realität des gewaltsamen Kriegstodes blendeten die Verfasser bewusst aus, da Berichte über das namenlose Sterben auf dem Schlachtfeld und das Verscharren sterblicher Überreste in Massengräbern der moralischen Verfassung an der »Heimatfront« schaden würden. Um die Stimmung nicht gegen den Krieg anzuheizen und als Trost für die Familien finden sich deshalb in den Benachrichtigungen von der Front häufig Formulierungen, die den sofortigen Tod berichten.[403] Auch die Auskunft, der Be-

---

Gottfried; Scharfe, Martin und Warneken, Bernd Jürgen (Hg.): *Tübinger Beiträge zur Volkskultur*, Tübingen 1986, S. 250–254.
400 Oberleutnant Otto R. im Januar 1945 an Frau F., StAP Sammlung Georg Reis.
401 Kramer (2011): VOLKSGENOSSINNEN.
402 Zum nationalsozialistischen Heldenmythos und Totenkult vgl. Behrenbeck (1996): HELDEN sowie das Kapitel III. in dieser Arbeit.
403 »Sei es Ihnen in dem großen Leid ein kleiner Trost, dass er wenigstens keine Schmerzen mehr auszuhalten hatte und der Tod sofort eintrat.« Oberleut-

troffene sei »[i]nmitten seiner Kameraden« gefallen, sollten diesem Zweck dienen.[404]

Wie weit diese Beteuerungen von der Realität abwichen, erzählte mir Georg Reis, der die Todesanzeigen und Benachrichtigungen aus Penzberg sammelte und während des Kriegs selbst an der Ostfront beim Verfassen dieser Schreiben beteiligt war. Er betonte, dass immer dem sofortigen Tod ohne Leiden der Vorzug vor dem »elenden Krepieren« gegeben wurde, da man Letzteres den Müttern zu Hause nicht zumuten wollte. Ob die Verfasser sich bei ihren Versuchen, den Hinterbliebenen Trost zu spenden, von der NS-Propaganda oder tatsächlicher Empathie leiten ließen, konnte unterschiedliche Motive haben, wie zum Beispiel die Beliebtheit des Gefallenen in der Truppe. Angesichts der Häufung von Standardfloskeln sind persönliche Motive lediglich an Nuancen in den Formulierungen und graduellen Abweichungen von den standardisierten Floskeln zu erkennen. So wichen manche knapp gehaltenen Mitteilungen kaum von der Standardsprache ab, während andere Verfasser in ausführlichen Briefen ihren eigenen Gefühlen Ausdruck gaben. In diesen Fällen zeichneten sie nicht mit »Heil Hitler!« sondern »in herzlicher Verbundenheit«: So Oberleutnant Hans F. im November 1942 von der Ostfront an die Familie T.: »Ich teile Ihren Schmerz und bin Ihr sehr ergebener HF«.[405]

Ein zentraler Punkt in allen Mitteilungen ist die detaillierte Beschreibung der Grabstätte des Verstorbenen. Diese wird nicht nur geografisch so präzise wie möglich benannt, sondern es wird auch Wert auf ein »ordentliches Begräbnis« gelegt. Dies konnte eine

---

nant Hans F. im November 1942 von der Ostfront an die Familie T., StAP Sammlung Georg Reis.
404 »Inmitten seiner Kameraden wurde J. durch eine feindliche Kugel plötzlich aus unserer Mitte gerissen, schnell und ohne zu leiden ist er in den großen Soldatenhimmel eingegangen.« Unteroffizier Hans Z. an Familie F., StAP Sammlung Georg Reis.
405 StAP Sammlung Georg Reis.

Bestattung im Ehrenfriedhof[406], in einem Soldatengrab[407] oder »unter militärischen Ehren«[408] sein. In einzelnen Fällen erhielten die Hinterbliebenen auch ein Foto des Feldgrabes, das nicht nur den Tod, sondern auch die korrekte Bestattung beweisen sollte.

Die Berichte über das würdige Begräbnis der Gefallenen beschrieben nicht nur die detaillierte geografische Verortung des Grabes, sondern schilderten auch die Zeremonie in ihren Einzelheiten. Damit wollten die Verfasser der Sterbenachrichten der Angst der Hinterbliebenen vor der Bestattung in fremder Erde begegnen.[409] Durch die detaillierte Beschreibung waren die Hinterbliebenen zumindest versichert, dass der Gefallene ein würdiges Begräbnis erhalten hatte, das einer Bestattung in der Heimat gleichwertig war. Diese Beruhigung der Hinterbliebenen entsprach der Funktion der Gefallenenmeldungen als ein Instrument der »Menschenführung« an der »Heimatfront«. Die Verfasser bemühten sich sichtlich darum, den Kriegstod von jeglicher Brutalität und jeglichem Schrecken zu abstrahieren. Im Gegenteil sollte der Tod des Soldaten an der Front den Hinterbliebenen so human und die Bestattung den gewohnten Riten so ähnlich wie möglich geschildert werden. Mit-

---

406 O. R. an Frau F., StAP Sammlung Georg Reis.
407 H. Z. an Herrn F. (25.05.1942), StAP Sammlung Georg Reis.
408 So Oberleutnant O. R. An Frau F.; ein Oberstabsarzt an Frau M. G. (4.08.1942); an Herrn G. (25.09.1942); Dr. L. An Frau G. (24.03.1945); u. v. a. m., alle in StAP Sammlung Georg Reis.
409 Mircea Eliade begründet diese Angst mit der »Autochtonie«, dem Verbundensein mit der Erde: »Die Mutter war nur die Vollenderin des Werkes der Mutter Erde. Und die große Sehnsucht im Sterben war es, zur Mutter Erde zurückzukehren, in der Heimaterde begraben zu werden – dieser ›Heimaterde‹, deren tiefe Bedeutung wir nunmehr ahnen. Daher die Furcht, der Leichnam möchte in der Fremde bestattet werden [...]« Eliade, Mircea: *Mythen, Träume und Mysterien*, Salzburg 1961, S. 233f.
Bächtold-Stäubli schildert einen im Ersten Weltkrieg unter Soldaten weitverbreiteten Brauch, immer ein Säckchen Heimaterde mit sich zu führen. Damit konnten sie symbolisch auch fern der Heimat in der Heimaterde bestattet werden. Bächtold, Hanns: *Deutscher Soldatenbrauch und Soldatenglaube*, Straßburg 1917, S. 17; vgl. auch den Eintrag »Erde« im Handwörterbuch des Deutschen Aberglaubens: Fehrle: *Artikel »Erde«*. In: Bächtold-Stäubli (Hg.): *Handwörterbuch des Deutschen Aberglaubens*, Berlin, Leipzig 1930.

teilungen, dass ein Soldat nicht mehr geborgen werden konnte, stellen die Ausnahme dar.[410]

Ob die Todesnachrichten diese Funktion auch erfüllten und den Hinterbliebenen wirklich Trost spendeten, ist jedoch fraglich. Die Angst vor dem Kriegstod verfolgte die Angehörigen der Soldaten seit dem Zeitpunkt des Abschiedes. Um dem Verlust der Hinterbliebenen Rechnung zu tragen, hatte die Propagandaleitung genaue Richtlinien ausgearbeitet, wie und von wem die Benachrichtigungen zu überbringen waren. Die Kirche wurde von dem Prozedere bewusst ausgeschlossen, damit die Hinterbliebenen keinen Trost im Glauben erfuhren. Vielmehr sollte der Ortsgruppenleiter die Todesnachricht überbringen, damit diese nicht isoliert stünde, sondern der Tod des Soldaten im nationalsozialistischen Deutungsmuster überhöht würde. Diese Bestimmung verkehrte sich jedoch mit den steigenden Sterbezahlen in ihr Gegenteil: So wurde der Ortsgruppenleiter nach einiger Zeit auf seine Funktion als Überbringer von Todesnachrichten reduziert. Frauen brachen weinend auf der Straße zusammen, wenn sie den inzwischen so genannten »Totenvogel« aus der Ferne auf ihr Haus zukommen sahen.[411]

Formulierungen, die die »stolze Trauer« um den Mann, der den »Heldentod« gestorben sei, beschworen, dienten den Hinterbliebenen nicht als tatsächlicher Trost, wie Margarete Dörr in ihrer Befragung von Zeitzeuginnen nach deren Kriegserfahrung aufzeigte. Dörr berichtet, die Benachrichtigungen von der Front seien ihr kommentarlos übergeben worden, »keine [=der Frauen; IL] erwähnte, dass diese offiziellen Schreiben ein besonderer Trost für sie gewesen seien«.[412] Als die »innersten und eigensten Quellen des Trostes«[413] machte Dörr in den Erzählungen der Kriegerwitwen den christlichen Glauben aus. Dafür spricht, dass

---

410 So ist der Brief von F.S. an Familie K. der einzige im Konvolut des Stadtarchiv Penzbergs, der davon berichtet, dass der Sohn »nicht mehr geborgen werden« konnte. StAP Sammlung Georg Reis.
411 Zitiert nach Jeggle (1986): STOLZE TRAUER, S. 250ff.
412 Dörr (1998): KRIEGSALLTAG, S. 217.
413 Dörr (1998): KRIEGSALLTAG, S. 218.

auch die Meldungen des SD im November 1940 »eine erhebliche Zunahme der kirchlichen Trauergottesdienste und Gedächtnisfeiern für die Gefallenen«[414] verzeichneten.

Das nationalsozialistische Deutungssystem erfüllte in der Extremsituation der Konfrontation mit dem Kriegstod nicht die Funktion, die Hitler und die Propagandaleitung mit dem Heldenkult seit 1933 zu etablieren versuchten. Der Bezugsrahmen der Hinterbliebenen, der zum Weitermachen motivierte, war nicht die »Volksgemeinschaft«, sondern die Familie. Das Deutungssystem, das von ihnen zur Erklärung und Sinnstiftung des Soldatentodes herangezogen wurde, war das der christlichen Kirchen. Für die Trauerarbeit der Hinterbliebenen waren vor allem das detaillierte Wissen um die Grabstätte und die Begräbniszeremonie wichtig. Postume Auszeichnungen und Beförderungen hingegen empfanden die Kriegerwitwen als makaber.[415] Entscheidend waren den Hinterbliebenen ein ordentliches Begräbnis und die Begräbniszeremonie. Die Suche nach dem Grab eines Familienangehörigen sowie die Möglichkeit des rituellen Abschiednehmens beschäftigten die Hinterbliebenen nach Kriegsende teilweise noch über Jahrzehnte.

3.2 »Ruhe sanft in fremder Erde!« – Todesanzeigen

Die Mitteilungen von der Front machen deutlich, dass für die Menschen selbst während des Krieges, also in Zeiten gewaltsamen Massentodes, das »gute Sterben« erstrebenswert war.

Dieses »gute Sterben«, seit dem Mittelalter als »ars moriendi«[416] praktiziert, umfasste verschiedene Rituale: das Abschiednehmen vom Sterbenden, dessen rituelle Letzte Ölung, das Aufbahren des Leichnams sowie die Benachrichtigung der Bekannten und Verwandten.[417] Das Begräbnis stellt das rituelle Abschiednehmen der

---

414 MAD 04.11.1940, S. 1733–1734.
415 Vgl. Dörr (1998): KRIEGSALLTAG, S. 218.
416 Sörries, Reiner: Artikel »Ars moriendi«. In: Sörries, Reiner (Hg.): *Großes Lexikon der Bestattungs- und Friedhofskultur*, Braunschweig 2002.
417 Vgl. den entsprechenden Artikel: Sörries (2002): ARS MORIENDI.

Lebenden von dem Toten dar.[418] Besonders in den ländlichen Regionen Bayerns ist es bis heute der Brauch, am 30. Tag nach dem Tod eines Familienmitgliedes einen Seelengottesdienst und jeweils am Sterbetag eine Jahrtagsmesse lesen zu lassen.[419] Seelengottesdienste und Jahrtagsmessen sollen an die Verstorbenen erinnern und zugleich den »armen Seelen« die Zeit im Fegefeuer verkürzen und die dort zu ertragenden Qualen lindern.[420] Gleichzeitig endet mit dem ersten Jahrtagsgottesdienst der rituell festgelegte Zeitraum des Trauerns: Das Trauerjahr ist zu Ende.[421] Die Abfolge der Rituale erleichterte Hinterbliebenen nicht nur die Transzendierung des Todes. Diese »magischen Rituale« helfen, den Leichnam und somit den Tod abzuwehren.[422] Diejenigen Rituale, die nicht als »magisch« zu verstehen sind, sondern eine soziale Funktion im Zusammenleben erfüllen, wie beispielsweise das Begräbnis, der Leichenschmaus oder das Tragen spezieller Trauerkleidung, sollen hingegen die Ordnung der Gemeinschaft wiederherstellen und sie nach dem Ausnahmezustand der Trauer wieder funktionsfähig machen. Die Übergangsriten markieren also den neuen Status nicht des Verstorbenen, sondern der Hinterbliebenen.[423]

---

418 Vgl. zu den Trauerritualen und ihren Funktionen als Überblick Sörries (2012): BEILEID, hier S. 30; aus psychologischer Perspektive sehr ausführlich Spiegel (1973): TRAUERN, hier S. 101–104.
419 Zu den Jahrtagsmessen vgl. Sörries (2012): BEILEID, S. 30f.
420 Zum Arme-Seelen-Kult Leibbrand, Jürgen: *Armenseelenkult und Andachtsgraphik im 19. und 20. Jahrhundert*. In: Landesdenkmalamt Baden-Württemberg (Hg.): *Forschungen und Berichte zur Volkskunde in Baden-Württemberg*, Stuttgart 1973; Sörries, Reiner: Artikel »Arme Seelen«. In: Sörries, Reiner (Hg.): *Großes Lexikon der Bestattungs- und Friedhofskultur*, Braunschweig 2002.
421 Nassehi (1989): TODESVERDRÄNGUNG, S. 257 und Sörries (2012): BEILEID, S. 30.
422 Mit den »magischen Ritualen« benennt Sörries (2012): BEILEID Rituale aus dem »Handwörterbuch des Aberglaubens«, wie z.B. den Spiegel abzuhängen oder den Toten stets mit den Füßen voraus aus dem Haus zu tragen – wobei der Sarg vor der Schwelle dreimal abgesetzt werden muss, Sörries (2012): BEILEID, S. 69–71.
423 Sörries (2012): BEILEID, S. 72–73; ausführlich zur »Trauer als Statusübergang« und die Bedeutung der Rituale: Spiegel (1973): TRAUERN, S. 93–123. Spiegel betont hier, dass vor allem die Gesamtheit der Rituale entscheidend sei.

Diese Rituale gehören in der Volksfrömmigkeit zur »ars moriendi«, dem »guten Sterben«. Die Psychologie spricht vom gelungenen, vom »guten Trauern«[424], das nicht pathologisch wird, wenn es klare Abläufe und Grenzen gibt.[425] Diese Rituale mit ihren unterschiedlichen Bedeutungen waren im Falle des Kriegstodes für die Hinterbliebenen in der Heimat jedoch meist nicht praktikabel. Für das Abschiednehmen, die Letzte Ölung und schließlich das Begräbnis fehlte der Leichnam.[426] Umso wichtiger wurden während des Kriegs Repräsentationen des Todes. Eine besondere Rolle für die Hinterbliebenen hatte die Todesanzeige als das Medium, das der Verbreitung der Todesnachricht diente.[427]

»Ruhe sanft in fremder Erde!«[428] – diesen Ausruf findet man auf der Mehrzahl der Gefallenenanzeigen des Zweiten Weltkrieges, die die Angehörigen in der Heimat oftmals mit großer zeitlicher Verzögerung schalteten, um die weitere Familie, Freunde, Bekannte und die Stadtgemeinschaft über den Tod des Soldaten zu informieren.[429]

Der »Siegeszug der Todesanzeige«[430] begann laut der Linguistin Eva Martha Eckkramer in der zweiten Hälfte des 18. Jahrhunderts. Seitdem gehört das Benachrichtigen der Öffentlichkeit in

---

424 Vgl. Kast, Verena: *Trauern*, Stuttgart 1999; Kast (1999): TRAUERN, S. 71–90; Spiegel (1973): TRAUERN, S. 101–104; Sörries (2012): BEILEID.
425 Diese Bewertung der »guten Trauer« in Abgrenzung von der pathologischen Melancholie folgt Freuds Abhandlung zu »Trauer und Melancholie«: Freud: TRAUER.
426 Auf Ersatzhandlungen und Erinnerungsorte, die als Substitut für das ferne Grab in der Nachkriegszeit geschaffen wurden, geht das folgende Kapitel ein.
427 Die folgende Analyse stützt sich vor allem auf die Sammlung von über 400 Todesanzeigen gefallener Soldaten aus Penzberg, die Georg Reis zunächst privat sammelte und schließlich dem Stadtarchiv übergab.
428 Alle folgenden Zitate beziehen sich auf Todesanzeigen aus der Sammlung Georg Reis (StAP). Die klare Mehrzahl der ca. 400 Todesanzeigen dieser Sammlung bezieht sich so auf das ferne Grab der Soldaten.
429 Vgl. zur Geschichte und Funktion von Todesanzeigen Baum, Stella: *Plötzlich und unerwartet*, Düsseldorf 1980; Jäger, Marianna: *Todesanzeigen*, Zürich 2003. Als linguistisch-komparative Arbeit: Eckkramer (1996): TODESANZEIGE. Zur Normierung der Todesanzeigen im NS: Braun (2008): NORMIERUNG.
430 Eckkramer (1996): TODESANZEIGE, S. 12.

Form von Todesanzeigen in (Lokal-)Zeitungen zur Abfolge der Übergangsrituale nach dem Tod. Nach Eckkramer ist eine Todesanzeige eine »eigene Textsorte«, bei der »es sich um einen überindividuellen Schreibakt handelt, der an wiederkehrende Kommunikationsmuster gebunden ist und aufgrund seines wiederholten Auftretens charakteristische Sprach- und Gestaltungsmuster ausgebildet hat«.[431] Im Vordergrund der Todesanzeigen stehen bis heute die Lebensdaten der Verstorbenen und Informationen über die Bestattung. Das »charakteristische Sprachmuster« von Todesanzeigen aus dem katholisch geprägten ländlichen Raum zu Beginn des 20. Jahrhunderts bildet eine religiös geprägte Sprache. Diese äußerte sich in dem Zitieren von einschlägigen Bibelversen, hoffnungsvollen Anrufungen wie »O Herr, gib ihm die ewige Ruhe« oder dem Verweis auf das christliche Wesen und gottgefällige Leben der Verstorbenen. Bis heute findet man in überwiegend katholisch geprägten, ländlichen Gebieten Bayerns in Todesanzeigen den Verweis darauf, dass die verstorbene Person die Sterbesakramente empfangen habe. Dieser rituellen Handlung kam durch ihre doppelte Funktion eine besondere Stellung innerhalb der Übergangsriten zu: Sie sollte den Sterbenden und die Angehörigen gleichermaßen auf den nahenden Tod vorbereiten und beiden die Angst nehmen.

Zu den klassischen Gestaltungsmustern gehören neben der schwarzen Umrandung der Anzeigen auch Symbole des christlichen Glaubens wie das Kreuz, eine Taube mit Ölzweig oder zum Gebet gefaltete Hände. Während des Zweiten Weltkrieges stieg die Normierung der Todesanzeigen durch die militärische Vorzensur, der die Todesanzeigen ab 1940 unterlagen. So durften in bestimmten Fällen weder der genaue Sterbeort noch das Datum des Todes genannt werden – zu eng waren diese Daten mit Informationen über die Bewegungen der Wehrmacht verbunden.[432] Neben der militärischen fand auch eine »weltanschauliche« Zensur im Sinne der

---

431 Eckkramer (1996): TODESANZEIGE, S. 12.
432 Vgl. Braun (2008): NORMIERUNG, S. 130.

proklamierten »stolzen Trauer« und des nationalsozialistischen Heldenkults statt. Dabei sollten die Anzeigenleiter darauf achten, dass christliche Referenzen vermieden wurden und jede Gefallenenanzeige die Formulierung »Für Führer, Volk und Vaterland« beziehungsweise deren Variationen enthielt.[433] Christian Braun zeigt an einem Fallbeispiel, dass sich diese Anweisungen für die Gestaltung von Todesanzeigen lediglich bei den Fragen der militärischen Vorzensur durchsetzen ließen. Die Vorzensur von Gefallenenanzeigen sowie die Kontrolle der publizierten Anzeigen durch den SD belegen die Auffassung des Regimes, dass den Todesanzeigen für Gefallene ein subversives Potenzial innewohne und die Angehörigen der Soldaten sie zur Kritik am NS-Regime nutzen könnten.[434]

Für die vorliegende Analyse wurden über 400 Todesanzeigen von Soldaten aus Penzberg analysiert. Die christlichen Symbole wurden in den Gefallenenanzeigen abgelöst durch das Eiserne Kreuz mit Hakenkreuz. Bei einzelnen Soldaten wurden sogar die Lebensdaten nicht mit Asteriskus (*) und Kreuz (†), sondern mit den von den Nationalsozialisten adaptierten Lebensrunen versehen. Einzelne Todesdaten durften genau genannt werden, bei anderen wichen die Familien auf Formulierungen wie »kurz nach seinem Geburtstag« oder »wenige Tage nach Weihnachten« aus. Angesichts der Tatsache, dass die Kosten für Todesanzeigen je nach Umfang und Zeichenzahl berechnet werden, kommt auch hier der detaillierten Beschreibung der Grabstätte besondere Bedeutung zu. In den meisten Gefallenenanzeigen findet sich der Verweis darauf, dass die Kameraden den Verstorbenen »unter militärischen Ehren« bestattet hätten. So wollten die Angehörigen der Gefallenen sich und der Öffentlichkeit versichern, dass ein würdiges Begräbnis stattgefunden hatte, auch wenn sie diesem nicht beiwohnen konnten. Mit dem hoffnungsvollen Anruf »Ruhe sanft in fremder Erde!« schließen die Gefallenenanzeigen.

---

433 Vgl. Braun (2008): NORMIERUNG, S. 130.
434 Vgl. Braun (2008): NORMIERUNG, S. 143–144.

Der ferne Tod beeinflusste also auch die Gestaltung der Todesanzeigen. Ihre Funktion beschränkte sich nun nicht mehr darauf, die Öffentlichkeit vom gottgefälligen Leben und guten Sterben des Verstorbenen zu unterrichten. In Kriegszeiten standen ordentliche Grabstätte und der Wunsch der Angehörigen nach der ewigen Ruhe in »fremder Erde« im Vordergrund. Nationalsozialistische Formulierungen und Symbole lassen in den wenigsten Fällen auf die politische Gesinnung der Angehörigen schließen, vielmehr gehen sie auf die Normierung der Todesanzeigen durch das Regime zurück.[435]

---

435 S. hierfür die Analyse der Todesanzeigen aus Penzberg in Kapitel III. 3.3.

4. Ist er noch am Leben oder schon lange tot? – Todeserklärungen von Vermissten

Ab wann ist ein Mensch tot? Das Chaos der Nachkriegszeit brachte es mit sich, dass viele Familien in Deutschland nicht sicher sein konnten, ob ihre Angehörigen an der Front noch lebten, verschollen oder gefallen waren. Lag den Angehörigen keine Nachricht von der Front vor, war eine Suchanfrage über die WASt, das Rote Kreuz oder den Volksbund Deutsche Kriegsgräberfürsorge eine Möglichkeit, sich nach dem Verbleib des Soldaten zu erkundigen.

4.1 Gesetzeslage

Brachte auch diese Nachforschung keine Gewissheit darüber, ob der Soldat tot oder noch am Leben war, definierte das Verschollenheitsgesetz[436] den Zeitraum, der verstreichen musste, bis ein Mensch für tot erklärt werden durfte. Demnach konnte ein Kriegsteilnehmer, der während des Krieges »im Gefahrengebiet vermisst und seitdem verschollen ist [...] für tot erklärt werden, wenn seit dem Ende des Jahres, in dem der Friede geschlossen [...] ist, ein Jahr verstrichen ist«.[437] Der Gesetzestext allein sagt noch nichts über die reale Anwendung dieser Praxis aus, also wer aus welchen Gründen einen vermissten Soldaten wann für tot erklären ließ. Die Forschung interessierte sich für den Umgang mit Vermissten bisher vor allem im Kontext der Geschichtspolitik im Kalten Krieg.[438] Den wartenden Ehefrauen der Vermissten und der Kriegsgefangenen, so die These von Elizabeth Heinemann, kam dabei enormes

---

[436] BRD (2008): Verschollenheitsgesetz in der im Bundesgesetzblatt Teil III, Gliederungsnummer 401-6, veröffentlichten bereinigten Fassung, das zuletzt durch Artikel 55 des Gesetzes vom 17. Dezember 2008 (BGBl. I S. 2586) geändert worden ist. VerschG vom 17.12.2008.
[437] VeschG §4 Abs. 1.
[438] Biess, Frank: *The Search for Missing Soldiers.* In: Biess, Frank; Roseman, Mark und Schissler, Hanna (Hg.): *Conflict, Catastrophe and Continuity*, New York 2007.

politisches Potential im Kontext des Ost-West-Konflikts zu. Vor allem die wartenden Frauen von Kriegsgefangenen wurden als lebendes Mahnmal zur Erinnerung an deren Schicksal politisch instrumentalisiert.[439]

Das Hoffen und Warten symbolisierte also nicht nur die Treue gegenüber dem Ehemann, sondern hatte eine überindividuelle, gesellschaftliche Funktion in der Bundesrepublik. Neben den Fragen nach der (geschichts-)politischen Funktion und den sozialpolitischen Implikationen in der Bundesrepublik[440] ist hier die tatsächliche Praxis der Todeserklärung von Interesse, der Grad ihrer Verbreitung sowie der Zeitpunkt der Todeserklärungen. Dieser Ansatz soll Aufschluss über die zwei extremen Pole des Alltags der Hinterbliebenen geben: die Hoffnung auf Rückkehr und die Alltagsanforderungen.

4.2 Zwischen Hoffnung und Alltagszwängen

Bei der Sichtung der Gefallenenstatistik aus Penzberg im dortigen Stadtarchiv[441] fällt der zeitliche Abstand zwischen dem Kriegsende und der Todeserklärung einzelner Soldaten durch ihre Angehörigen auf. Aus welchem Grund wurde beispielsweise Sebastian B. bereits 1945, ein Jahr nach seiner Vermisstmeldung, für tot erklärt[442], Friedrich R. aber erst 1990?

411 Namen und Schicksale umfasst die Statistik der Penzberger Gefallenen. Insgesamt 98 davon gelten als vermisst, wovon 53 Soldaten nach Kriegsende für tot erklärt wurden. Drei Penzberger

---

439 Heineman, Elizabeth: *Gender, Public Policy, and Memory.* In: Biess, Frank und Moeller, Robert G. (Hg.): *Histories of the Aftermath,* New York 2010, S. 216–217: »They were reminders of additional hundreds of thousands of men whose fate was not known but some of whom, most Germans suspected, also lingered in Soviet camps. Narratives of waiting wives were deeply embedded in the two states' positioning in the cold war.«
440 Vgl. hierzu Heineman (2010): WAITING WIVES und Gregor, Neil: »*Is he still alive or long since dead?*«. In: *German History* 212 (2003), S. 183–203.
441 Aufstellung in: StAP Sammlung Georg Reis, s. auch Tabellen im Anhang.
442 StAP Sammlung Georg Reis.

wurden bereits 1945 für tot erklärt, nachdem sie im Jahr zuvor als vermisst gemeldet worden waren. Ihre Geburtsjahrgänge (vor 1915) und Berufe lassen vermuten, dass es sich bei ihnen um Ehemänner und/oder Familienväter handelte, von deren Einkommen der Lebensunterhalt mehrerer Personen abhing. In einem solchen Fall bedeutete die Todeserklärung für die Ehefrau, dass sie fortan eine Witwenrente erhielt, die ihren Lebensunterhalt zwar nicht vollständig sicherte, aber zumindest unterstützte.[443]

Die Altersverteilung soll als erstes Indiz dafür herangezogen werden, weshalb ein Soldat für tot erklärt wurde. 54 Soldaten wurden zwischen 1945 und 1990 für tot erklärt. 41 (77,8%) waren bei Kriegsende über 25 Jahre alt, 12 (22,2%) gehörten den Jahrgängen 1920 bis einschließlich 1927 an. Eine erste Vermutung über die Gründe, weshalb ein Vermisster für tot erklärt wurde, ist also die finanzielle Unterstützung, auf die die Witwen von Soldaten Anspruch hatten, nicht aber die Ehefrauen von Vermissten. Betrachtet man die Geburtsjahrgänge der vermissten Soldaten, die bis heute nicht für tot erklärt wurden, so stellt sich ein umgekehrtes Altersverhältnis dar: 42,3% der 52 Vermissten gehörten den Jahrgängen 1920 und jünger an. Dies legt nahe, dass diese 22 Soldaten deshalb niemals für tot erklärt wurden, weil sie unverheiratet waren und somit keine Hinterbliebene Anspruch auf eine Witwenrente gehabt hätte.

Bei dieser Argumentation, die sich lediglich auf die Altersstruktur stützt, bleiben allerdings individuelle Motive, wie die emotionale Verbundenheit mit dem Vermissten oder die Hoffnung auf Rückkehr, unbeachtet. Da sich in den Beständen des VDK-Archivs keine Briefe der jeweiligen Penzberger Familien ausmachen ließen, muss diese Vermutung spekulativ bleiben. Während die Vermissten geschichtspolitisch im kollektiven Gedenken instrumentalisiert wurden, bestimmte die Hoffnung vor allem den persönlichen Umgang mit vermissten Soldaten. Briefe an den Volksbund Deutsche

---

[443] Zu den rechtlichen und sozialen Rahmenbedingungen der Kriegerwitwen vgl. Schnädelbach, Anna: *Kriegerwitwen*, Frankfurt a.M. 2009, S. 63–104.

Kriegsgräberfürsorge belegen, wie lange einzelne Familienangehörige darauf hofften, einen Verschollenen doch noch lebend aufzuspüren. Auch der Zeitpunkt der Toterklärung gibt Aufschluss darüber, wie lange die Angehörigen auf seine Rückkehr hofften. So ließen fünf Familien ihre Angehörigen erst in dem Jahr für tot erklären, in dem die Vermissten 90 Jahre alt geworden wären. Es ist davon auszugehen, dass die Familien den Zeitpunkt abwarteten, ab dem es rein biologisch unwahrscheinlich war, dass der Vermisste noch am Leben war. Ein Brief an den VDK belegt, dass manche Angehörige tatsächlich so lange auf die Rückkehr eines Vermissten hofften, wie es eine durchschnittliche Lebenserwartung zuließ, und erst zu einem Zeitpunkt, da der Vermisste mit hoher Wahrscheinlichkeit nicht mehr am Leben war, die Suche nach ihm einstellten.[444]

Ob die einzelnen Familien nun tatsächlich bis in die 1980er-Jahre hinein auf das Überleben ihres Angehörigen hofften oder ob sie diesen aus emotionalen Motiven nicht für tot erklären wollten, lässt sich nicht eindeutig feststellen. Die Hälfte der vermissten Penzberger Soldaten wurde zwischen 1950 und 1955 für tot erklärt, also in den Jahren, in denen die letzten deutschen Soldaten aus russischer Kriegsgefangenschaft zurückkehrten. Vielleicht überbrachten also die Rückkehrer aus den russischen Lagern den wartenden Familien die definitive Todesnachricht. Vielleicht schwand auch mit jedem Zug von Heimkehrern, aus dem nicht der eigene Ehemann oder Sohn stieg, die Hoffnung, an deren Stelle der Pragmatismus rückte.

Es lässt sich keine eindeutige Aussage über die jeweiligen Motive der Hinterbliebenen treffen. Die wirtschaftliche Unabhängigkeit der Hinterbliebenen von dem betreffenden Soldaten kann ebenso als Grund gegen eine Toterklärung angenommen werden wie eine Leugnung des Todes, das Festhalten an der Vergangenheit oder die Hoffnung auf Rückkehr.

---

444 So beschreibt es auch P.K. in einem Brief an den VDK, dass sie die Suche nach ihrem Bruder erst jetzt einstelle, da es unwahrscheinlich sei, dass er noch am Leben sei: P.K. an den VDK (12.06.2005), VDK-A Register Grabnachforschungen Zweiter Weltkrieg.

4.3 Wiederverheiratung, »Onkelehe«, überraschende Heimkehr

Zwei Motive sprechen eindeutig dafür, dass ein vermisster Soldat von seiner Ehefrau für tot erklärt wurde. Zum einen die Abhängigkeit der Ehefrau vom Einkommen ihres Mannes und daraus folgend ihre Abhängigkeit von einer Witwenrente. Ein weiterer Grund vor allem für die Todeserklärungen von deutlich vor 1920 geborenen Soldaten in den 1950ern und 1960ern ist eine neuerliche Eheschließung der nun nicht mehr wartenden oder hoffenden Frau. Geht man davon aus, dass unverheiratete Soldaten selten für tot erklärt wurden, da die Hinterbliebenen dadurch keine verbesserte rechtliche oder finanzielle Lage erreichten, dann interessieren im Folgenden vor allem die Ehefrauen von Soldaten, die ihre Ehemänner auf dem juristischen Wege für tot erklären ließen.[445]

Von Interesse ist hier der gesellschaftliche und politische Diskurs über eine schnelle Wiederverheiratung sowie außereheliche Formen des partnerschaftlichen Zusammenlebens. Nach §20 des Ehegesetzes, das der Alliierte Kontrollrat im März 1946 erließ, war eine »[…] Ehe nichtig, wenn einer der Ehegatten zur Zeit der Eheschließung mit einem Dritten in gültiger Ehe lebte«.[446] Um eine neue Ehe schließen zu können, musste zunächst die noch bestehende aufgelöst werden. War einer der Ehepartner ein ver-

---

445 Die hier untersuchte Witwenrente sowie der Diskurs um die *Onkelehen* in der Nachkriegszeit bezieht sich dabei nur auf die Bundesrepublik. In der DDR wurden Kriegerwitwen gänzlich anders behandelt: Da man in ihnen einen Teil des faschistischen Vernichtungskrieges erkannte und sie der Seite der Täter zuordnete, erhielten sie keine Witwenrente und wurden auf geschichtspolitischer Ebene auch nicht als Mahnmal und Erinnerung an die Kriegsgefangenen im Osten instrumentalisiert. Vgl. hierzu: Schnädelbach (2009): KRIEGERWITWEN, S. 63–140; Heineman, Elizabeth: *What Difference does a Husband make?*, Berkeley 1999; Heineman (2010): WAITING WIVES, S. 216–217.
446 Kontrollrat (01.03.1946): Gesetz Nr. 16 Ehegesetz, K Gesetz Nr. 16. In: R. Hemken (Hg.): Sammlung der vom Alliierten Kontrollrat und der Amerikanischen Militärregierung erlassenen Proklamationen, Gesetze, Verordnungen, Befehle und Direktive. Stuttgart, §20.

misster Soldat, so konnte die Ehe nicht durch ein Scheidungsverfahren gelöst werden, sondern nur mit einer Todeserklärung.

Die Heiratsgesuche in Tageszeitungen und Kirchenzeitschriften zeigen, dass im Chaos und in der Not der unmittelbaren Nachkriegszeit für die zivile Bevölkerung nicht nur die Suche nach einer Wohnung oder einer Anstellung, sondern auch nach einer (neuen) Partnerschaft wichtig war. Die Anzeigen verdeutlichen, dass für die Männer und Frauen, die auf diesem Wege einen neuen Partner suchten, oft die wirtschaftliche Lage ausschlaggebend war. So ist die Anzeige, in der ein »fleiß[iger], streb[samer] Bäcker und Konditor [...] Einheirat in Bäckerei oder sonstiges Geschäft«[447] wünschte, keine Seltenheit. Entsprechend dem Erscheinungsort in der *Münchner Katholischen Kirchenzeitung* war gleich vermerkt, dass die Bewerbung »Geschied[ener] zwecklos!«[448] sei. Obwohl die Inserenten an allen unnötigen Buchstaben und Beschreibungen sparten, ist den Heiratsgesuchen von Männern der Verweis »Witwe mit Kind nicht ausgeschl[ossen]«[449] gemeinsam.

Die Frauen, die per Annonce einen Ehemann suchten, waren größtenteils selbst Kriegerwitwen, denen es nicht zuletzt um die Versorgung der Familie ging, wie diese Anzeige beispielhaft zeigt: »Gepr. Herrenschneiderin, 45 J, 1,55 gr, kath, m. gut. Vergangenh, wünscht mit lieb, treuem, aufricht. Lebensgefährt. zw. bald. Ehe bekanntzuwerden. [...] Wünsche zug[leich] für m[ein] 3-jähr[iges] Mäderl einen lieben u. guten Vati, da dessen Vati im Krieg geblieben ist.«[450]

Auch diese Heiratsannoncen geben Auskunft über den Umgang der Zivilbevölkerung mit den Gefallenen. So schien es üblich zu

---

447 Anzeigenteil/Heiraten (13.10.1946). In: *Münchner Katholische Kirchenzeitung. Bistumsblatt der Erzdiözese München-Freising* 39, 13.10.1946 (41), S. 320.
448 Anzeigenteil/Heiraten (13.10.1946). In: *Münchner Katholische Kirchenzeitung*.
449 Anzeigenteil/Heiraten (13.10.1946). In: *Münchner Katholische Kirchenzeitung*; s. auch Annonce (1946). In: *Münchner Katholische Kirchenzeitung. Bistumsblatt der Erzdiözese München-Freising* 39, 06.10.1946 (40), S. 312.
450 Annonce (1946). In: *Münchner Katholische Kirchenzeitung. Bistumsblatt der Erzdiözese München-Freising* 39, 06.10.1946 (40), S. 312.

sein, dass Kriegerwitwen bald nach Kriegsende einen neuen Partner suchten und dabei in den Annoncen bereits konkret dessen zukünftige Versorgerrolle ansprachen. Den wartenden Frauen als Symbolfiguren des (geschichts-)politischen Diskurses standen in der Realität Frauen gegenüber, die ihre Männer angesichts der Alltagsnot für tot erklären ließen und deren finanzielles Auskommen von ihrer Witwenrente oder einem neuen Ehemann als Versorger abhing.

»Onkelehen«

Während es in den Bekanntschaftsannoncen vor allem der katholischen Zeitungen immer explizit um die zukünftige Heirat ging, kann vermutet werden, dass das Ziel nicht tatsächlich eine Eheschließung war, vor allem wenn Männer explizit »Kriegerwitwen mit Kind« suchten. In diesem Fall war durch ihren Witwenstatus eine gewisse finanzielle Absicherung der Frau gegeben. Blieben die Partner in einer solchen Konstellation unverheiratet, so galt die Frau juristisch weiterhin als Kriegerwitwe und war damit zum Bezug der Witwenrente berechtigt. Mit einer neuen Eheschließung verfiel der Status der »Kriegerwitwe« und der damit verbundene Rechtsanspruch auf ihre Rente. Finanziell war es also vorteilhafter, als Kriegerwitwe in einer neuen Beziehung nicht zu heiraten.

In der bundesrepublikanischen Nachkriegszeit etablierte sich für solche Beziehungen mit Kriegerwitwen der pejorative Begriff »Onkelehe«. Dabei wird davon ausgegangen, dass das Kind der Kriegerwitwe deren neuen Partner als »Onkel« bezeichne.[451] Hans Ohle, Oberregierungsrat im Bundesministerium für Arbeit, definierte als »Onkelehe« eine »[...] eheähnliche Gemeinschaft (auch

---

451 Schnädelbach (2009): KRIEGERWITWEN, S. 169; Heineman (1999): MARITAL STATUS, S. 168. Schnädelbach führt zudem die seltener verwendeten Begriffe »Rentenkonkubinat« oder »Josefsehe« an und grenzt die »wilde Ehe« als einen zu weiten Begriff von der »*Onkelehe*« ab. Zum Forschungsstand über die »*Onkelehen*« in der Nachkriegszeit s. Schnädelbach (2009): KRIEGERWITWEN, S. 171, Anm. 10.

Onkelehe oder Rentenkonkubinat genannt) als Problem des Sozialrechts oder des Beamtenrechts [...], wenn zwei miteinander nicht verheiratete Personen wie in einer Ehe zusammenleben, die an sich zulässige oder jedenfalls rechtlich erreichbare Eheschließung aus wirtschaftlichen Gründen jedoch unterlassen, weil nach den gesetzlichen Vorschriften öffentlich-rechtliche Renten-, Pensions-, oder Unterstützungsleistungen, die meistens der Frau zustehen, mit der Eheschließung wegfallen oder im Rahmen einer Bedürftigkeitsprüfung von dem jeweiligen Einkommen des anderen Ehegatten abhängig sind.«[452]

In den 1950er-Jahren führten Politiker und Medien eine große Kampagne der moralischen Empörung gegen diese Form des Zusammenlebens. Das Argument, das sie am häufigsten anführten, war die Singularität der Ehe als Ort der Reproduktion und der Status der Ehe als gesellschaftsstabilisierendes Element. Die Onkelehe gefährdete nicht nur diesen Status der Ehe, sondern die gesellschaftliche Ordnung.[453] Tatsächlich stand ein finanzielles Argument hinter dieser Strategie: Witwen, die in einer neuen Beziehung lebten – und damit schließlich »versorgt« waren – sollten keine Witwenrente mehr erhalten.[454] In dieser Debatte um die Onkelehen wurden sowohl das Modell der imaginierten »Normalfamilie«, als auch die Kosten der Kriegsopferversorgung als Argument gegen die Onkelehe angeführt.[455]

Überraschende Heimkehr

In den ersten Nachkriegsjahren konnte man in den Zeitungen häufig Berichte über die überraschende Heimkehr tot geglaubter

---

[452] Ohle, Hans: »Zum Problem der eheähnlichen Gemeinschaft«, in: Bundesministerium für Arbeit (Hg.), Bundesarbeitsblatt 1957, S. 690–695, S. 690, zitiert nach Schnädelbach (2009): KRIEGERWITWEN, S. 168.
[453] In Schnädelbach (2009): KRIEGERWITWEN, S. 180–215 wird diese Diskussion detailliert nachgezeichnet und analysiert.
[454] Schnädelbach (2009): KRIEGERWITWEN, S. 215–226.
[455] Schnädelbach (2009): KRIEGERWITWEN, S. 245.

Soldaten lesen. So berichtet die katholische Zeitung *Rosenheimer Tagblatt Wendelstein* von der verwitweten Sudetendeutschen Elfriede A., die vier Jahre lang auf ihren vermissten Ehemann gewartet hatte, ehe sie ihn für tot erklären ließ und eine neue Ehe einging. Nur ein Jahr nach der zweiten Heirat stand jedoch ihr verschollener erster Ehemann vor ihrer Tür.[456] Vor dem Gesetz war im Falle einer neuen Heirat nach der Todeserklärung die erste Ehe nichtig[457], die jüngere konnte jedoch aufgehoben werden[458]. Sei es, dass die Verfasser des Artikels mit dem Ehegesetz nicht vertraut waren, sei es, dass sie der Geschichte eine dramatische Wende geben wollten – im Falle der Elfriede A. berichtete das katholische Blatt, dass in einem solchen Falle beide Ehen gültig seien, »[...] sodass also hier der Fall einer rechtmäßigen Doppelehe bestand, die allerdings ohne Verschulden der Beteiligten infolge der unter falschen Voraussetzungen vorgenommenen Beurkundung des Sterbefalls zustandekam«. Infolgedessen »[...] musste also hier der Entscheidung der Ehefrau überlassen werden, welche Ehe bestehen bleiben sollte«.

In der vorliegenden Geschichte entschied sich die neu verheiratete Elfriede A., die zweite Ehe zu annullieren und mit ihrem zurückgekehrten Ehemann zusammenzuleben. Dieser Ausgang, der auf der beharrlichen Suche des ersten Ehemannes genauso beruhte wie auf der Treue der Frau zu ihrem heimgekehrten Mann, macht diese Geschichte sowohl zur Erbauungsgeschichte wie auch zur Mahnung für wartende Ehefrauen, sich nicht zu rasch wieder zu binden.

---

456 So z.B. Ein Totgesagter kehrt aus der Gefangenschaft heim. Nachkriegsschicksal einer Kolbermoorer Familie (1950). In: *Rosenheimer Tagblatt Wendelstein*, 05.01.1950 (2).
457 Kontrollrat (01.03.1946): Gesetz Nr. 16 Ehegesetz, §38, 2.
458 Kontrollrat (01.03.1946): Gesetz Nr. 16 Ehegesetz, §39, 1.

5. Trauern aus der Ferne: Praktiken, um den Raum zu überwinden

Die Geschichte von Achim Riedel, der nach 72 Jahren endlich am Grab seines Vaters in Smolensk stehen und seinen Frieden mit der Vergangenheit machen konnte[459], zeigt eindrücklich, wie Übergangsriten auch noch mit großer zeitlicher Verzögerung helfen, die Trauerarbeit durch klare Strukturen zu erleichtern: Erst mit dem symbolischen Abschied am Grab ist die Phase des Nichtwahrhabenwollens abgeschlossen, können die Hinterbliebenen den Tod akzeptieren und sich der neuen Situation anpassen.[460] In der Zwischenzeit jedoch sind die Angehörigen der Soldaten auf symbolische Repräsentationen des Todes angewiesen, um die in der Psychologie klassischen Phasen der Trauer zu durchlaufen.[461] Vor allem in den Fällen, in denen die genaue Grabstätte nie bestätigt werden konnte, war die symbolische Repräsentation wichtig, um die Realität des Todes anzuerkennen. Mit den Mitteilungen von der Front und den Todesanzeigen war der erste Schritt gemacht, der Todesfall war kommuniziert. Wie trauerte man jedoch ohne Leichnam und ohne Grab, also ohne den symbolischen Abschied von den Toten und ohne einen konkreten Ort der Trauer und Erinnerung? Die klassischen Übergangsriten wurden nach dem Zweiten Weltkrieg abgewandelt und erfüllten sowohl für die trauernden Hinterbliebenen als auch für den politischen Diskurs wichtige Funktionen.

---

459 ARD Tagesschau vom 03.08.2013. Vgl. hierzu den Artikel »Ruhe in Frieden«, http://www.tagesspiegel.de/politik/soldatenfriedhof-smolensk-ruhe-im-frieden/8598022.html, zuletzt aufgerufen am 18.09.2013.
460 Zur Einteilung des psychologischen Trauerprozesses vgl. ursprünglich Parkes, Colin Murray: *Bereavement*, London 1972; Spiegel (1973): TRAUERN, S. 57–89. In ihrem Standardwerk bezieht sich Kast (1999): TRAUERN auf dieses Modell, benennt die Phasen jedoch minimal um.
461 Vgl. hierzu Spiegel (1973): TRAUERN, S. 57–89.

5.1 Grabnachforschungen

Es wurde bereits gezeigt, wie die Angst vor der Bestattung in fremder Erde sich auf den symbolischen Gehalt der Todesanzeigen während des Krieges auswirkte: Die Hinterbliebenen legten Wert auf die Information, wo der Gefallene unter militärischen Ehren oder in Beisein eines Priesters bestattet worden war, und schlossen die Todesanzeige mit dem Wunsch »Ruhe sanft in fremder Erde!«.[462] Viele Angehörige von Soldaten waren jedoch bei Kriegsende noch im Unklaren, ob ihre Angehörigen überhaupt noch lebten oder wo sie bestattet waren. Unterstützung bei der Suche boten der Suchdienst des Roten Kreuzes, die WASt und der VDK.[463]

Frank Biess charakterisiert das Engagement der WASt als eher zögerlich[464], was auch die Grabnachforschungen der Ehefrau von Albert K. nahelegen. Ihre Suchanfrage an die WASt datiert von 1950, woraufhin sich die WASt mit dem Volksbund in Verbindung setzte. 1958 ging bei der WASt ein Schreiben des VDK mit detaillierten Informationen über die Grabstätte von Albert K ein. Jedoch erst 1976 informierte die WASt die Ehefrau von Albert K. über den Ort seines Grabes und bedauerte darin, »dass Sie erst nach so langer Zeit Gewissheit über das Schicksal Ihres Ehemanns erhalten«.[465] Warum sie erst so spät informiert wurde, lässt sich aus den Quellen nicht erschließen. Die Ehefrau, die 18 Jahre unnötig in Ungewissheit lebte, hatte sich mit der Ungewissheit und dem Verlust abgefunden, wie sie 1972 an die WASt schrieb.[466] Als

---

462 Vgl. diverse Todesanzeigen StAP Sammlung Georg Reis.
463 Die folgenden Korrespondenzen stammen (neben den direkten Anfragen an die jeweilige Stadtverwaltung) aus dem Archiv des VDK. Aus Gründen des Datenschutzes mussten die Korrespondenzen anonymisiert werden, was auch die jeweiligen Vorgangsnummern betrifft.
464 Biess (2007): SEARCH, S. 121.
465 Abschrift des Briefes der WASt an Frau K. vom 06.07.1976. In: VDK-A Vorgangsregister Grabnachforschungen Zweiter Weltkrieg.
466 Frau K. an die WASt, 19.08.1972. Abschrift in: VDK-A Vorgangsregister Grabnachforschungen Zweiter Weltkrieg. Der Bedeutung von Warten, Suchen, Hoffen im Kontext von Erinnerungskultur und Sozialpolitik widmet

Ansprechpartner bei der Gräbersuche genoss der Volksbund vor allem wegen seiner zuverlässigen Nachforschungs- und Informationspolitik das Vertrauen der Bevölkerung, wie sein umfangreiches Archiv mit Millionen von Suchanfragen belegt.

Während des Krieges, als die Informationsstrukturen der Wehrmacht noch intakt waren, brauchten die Mitteilungen von der Front oft Wochen, bis sie ihr Ziel erreichten. Starb ein Soldat in den letzten Wochen des Krieges, als die Organisation des Heeres zunehmend an Funktionalität einbüßte, erfuhren seine Angehörigen, wenn überhaupt, erst weit nach Kriegsende und auf inoffiziellen Wegen davon. So schreibt C. E. aus H. im März 1947 an die Rosenheimer Friedhofsverwaltung: »Durch einen Kameraden meines Bruders erhielten meine Eltern aus französischer Gefangenschaft die Mitteilung, dass mein Bruder im April 1945 in oder bei Rosenheim tödlich verunglückt sei.«[467]

Eine andere Familie war über fünf Jahre in Unwissenheit darüber, ob ihr vermisster Angehöriger noch lebte: »Statt eines frohen Wiedersehens erhielten wir nach 5½ Jahren Ungewissheit die traurige Nachricht, dass nun als 2. Kriegsopfer [...] Herr A. L. [...] am 10. Juli 1944 [...] gefallen ist.«[468]

Der erste Schritt einer Grabnachforschung über den VDK war der formelle Antrag durch die Hinterbliebenen. Anhand von Informationen über das Datum des Gestellungsbefehls, den Truppenteil, die Feldpostnummer, den Dienstgrad, den letzten Einsatzort und unveränderliche körperliche Merkmale des Toten ermittelte der Volksbund dann die Grabstätte. In einer Skizze konnten sogar Auffälligkeiten des Gebisses markiert werden. Diese Informationen glich der VDK mit seiner umfangreichen Zentral-Gräber-Kartei ab, die unter anderem auf den Informationen von Veteranen über die Grabstätte ihrer Kameraden beruhte. Verlief diese interne Recherche ergebnislos, stellte der Volksbund Einzelnachforschungen

---

sich ausführlich Kapitel IV über die Vermissten.
467 C. E. aus H. am 21.03.1947 an die Rosenheimer Friedhofsverwaltung. StARo 061/4-1 Kriegssterbefallanzeigen und Überführungen.
468 Todesanzeige in: *Rosenheimer Tagblatt Wendelstein*, 15.12.1949.

über »Verbindungen zu amtlichen, kirchlichen und caritativen Stellen«[469] an. Besonders wichtig für eine erfolgreiche Identifikation war die Erkennungsmarke, die die einzige Möglichkeit darstellte, einen unbekannten Soldaten zu identifizieren. Die Familien der toten Soldaten ergriffen auch viele Jahre nach Kriegsende die Chance, das Schicksal ihrer Angehörigen zu klären – auch wenn nicht alle von den Methoden des VDK überzeugt waren. Dem skeptischen Vater von Gottfried G. beschrieb der VDK das Prozedere der Identifizierung deshalb ausführlich: »Auf Ihre Frage, wie es möglich ist, nach 15 Jahren noch Identifizierungen vornehmen zu können, möchten wir Ihnen mitteilen, dass anhand der den Tod überdauernden Merkmale – Zahnschema, verheilte Knochenbrüche, Körpergröße, sowie auf Grund von vorhandenen Nachlassgegenständen Identifizierungen vorgenommen werden können. Außerdem lässt das Skelett eines Toten genau erkennen, in welchem Alter sich derjenige zum Zeitpunkt seines Todes befunden hat.«[470]

Genau wie die Verfasser der Gefallenenmitteilungen bemühte sich auch der Volksbund in seinen Briefen an die Suchenden um eine möglichst sensible und abstrakte Sprache, die die Schrecken des Krieges ausblendete. Der anonyme Tod auf dem Schlachtfeld oder Bestattungen durch den Feind, im Massengrab und erst Tage nach dem Tod werden in den Briefen beschönigt: »Die Gräber zahlreicher Gefallener sind uns jedoch nur unter der Beschriftung ihrer Erkennungsnummer bekannt. Das ist insbesondere dann der Fall, wenn der Gefallene nicht mehr von seinen eigenen Kameraden bestattet werden konnte und – mitunter erst nach längerer Zeit – von anderer Seite der Erde übergeben wurde.«[471]

War der letzte Aufenthaltsort des Gesuchten zumindest gerüchteweise bekannt, so wandten sich die Angehörigen oft direkt an

---

469 Der VDK in einem Brief an den Vater von P. H. (18.9.1949). VDK-A Vorgangsregister Grabnachforschungen Zweiter Weltkrieg.
470 VDK am 14.10.1960 an den Vater von Gottfried G., VDK-A Vorgangsregister Grabnachforschungen Zweiter Weltkrieg.
471 Der VDK in einem Brief an den Vater von P. H. (18.9.1949). VDK-A Vorgangsregister Grabnachforschungen Zweiter Weltkrieg.

die Friedhofsverwaltung der betreffenden Stadt und erst dann an den VDK, wenn diese Anfrage kein Ergebnis brachte. Die Grabnachforschungen zogen sich in einzelnen Fällen über Jahre hin. So konnte der Volksbund den Eltern von Karl-Theodor B. erst acht Jahre nach ihrer Suchanfrage mitteilen, wo ihr Sohn bestattet ist und dass bereits Kriegssterbefallanzeige erstattet worden war.[472]

Unmittelbar nach Kriegsende hatten die Suchanfragen neben der erinnerungskulturellen auch eine administrative Funktion: Um Rentenansprüche für Witwen zu klären oder im Fall einer neuen Heirat musste zunächst der Tod des Ehemannes bestätigt sein.[473] In den Archiven des VDK finden sich jedoch auch Vorgänge, bei denen eindeutig die persönliche Erinnerungskultur der Hinterbliebenen den Anstoß zur Grabnachforschung gab. Gerade die Angehörigen der an der Ostfront gefallenen Soldaten mussten sich bis nach dem Mauerfall gedulden, da die russischen Behörden keine Grabnachforschungen zuließen oder unterstützten. Nachdem eine erste Suchanfrage der Familie von Matthias Z. von 1985 lediglich ergab, dass das Grab in Rumänien liege, aber nicht im Rahmen einer offiziellen Gräberreise des VDK besucht werden könne, wandte sich die Familie von Matthias Z. nach dem Mauerfall, im Jahr 2005, erneut an den Volksbund. Auch Jahrzehnte nach Kriegsende war das ungewisse Grab des Vaters beziehungsweise Großvaters eine Lücke im familiären Gedächtnis, die es zu schließen

---

472 VDK am 09.10.1956 an den Vater von Karl-Theodor B. VDK-A Vorgangsregister Grabnachforschungen Zweiter Weltkrieg.
473 Kontrollrat (01.03.1946): Gesetz Nr. 16 Ehegesetz, K Gesetz Nr. 16. In: R. Hemken (Hg.): Sammlung der vom Alliierten Kontrollrat und der Amerikanischen Militärregierung erlassenen Proklamationen, Gesetze, Verordnungen, Befehle und Direktive. Stuttgart. Das Ehegesetz regelte die Neuverheiratung; das Verschollenengesetz der BRD (in dieser Fassung auch während des Krieges und unmittelbar danach gültig) regelte die Dauer, die verstreichen musste, bis ein Verschollener für tot erklärt werden und dadurch die Ehefrau eine neue Ehe eingehen konnte. Zur Versorgungspolitik während des Zweiten Weltkriegs und in der BRD vgl. auch Niehuss, Merith: *Familie, Frau und Gesellschaft,* Göttingen 2001; Gregor, Neil (2003): LOSS, ABSENCE, REMEMBRANCE; Heineman (2010): WAITING WIVES, S. 217ff; Heineman (1999): MARITAL STATUS.

galt: »Es wäre schön, wenn wir nach 61 Jahren erfahren könnten, wo unser Vater und Opa seine letzte Ruhe gefunden hat und wir ihm vielleicht mit einem Besuch die letzte Ehre erweisen und somit einen sehr wichtigen Teil der Familiengeschichte zu einem doch noch positiven Ende zu bringen.«[474]

Wenn die Todesnachricht oder die Benachrichtigung über die Grabstätte die Hinterbliebenen erreichte, lag das Begräbnis in der Regel schon lange zurück. In der Heimat griffen die Angehörigen daher während des Krieges auf »Heldengottesdienste« als Ersatz für Begräbnisse zurück. In der Nachkriegszeit bediente man sich meist des neutraleren Ausdruckes »Kriegergottesdienst«. Jedoch finden sich auch noch Jahre nach Kriegsende die Ankündigungen für »Heldengottesdienste«, nachdem die definitive Todesnachricht eingetroffen war. Diese Gottesdienste ermöglichten es den trauernden Angehörigen, zumindest den Teil des Begräbnisses, der sich in der Kirche abspielte, auch ohne Leichnam performativ nachzuvollziehen und sich vom Toten zu verabschieden.

In ihren Suchanfragen an den Volksbund beziehungsweise die Stadtverwaltungen erbaten die Angehörigen jedoch nicht nur Informationen, wo der Gefallene bestattet worden sei, sondern auch, wie er bestattet wurde.[475] Für die Hinterbliebenen waren die genauen Umstände des Begräbnisses wichtig, um es aus der Ferne nachvollziehen zu können. Ebenso hegten sie die Hoffnung, dass trotz der Brutalität des Kampfes und der Kriegswirren ihr Angehöriger ein ordentliches Grab bekommen hatte. Meist drückt sich dies in den Bitten nach Fotografien der Gräber beziehungsweise des Soldatenfriedhofes aus.[476] Nicht nur der VDK, auch die Stadtverwaltungen erkannten die Wichtigkeit dieser Bitten an und bemühten

---

474 PB am 19.10.2005 an den VDK. VDK-A Vorgangsregister Grabnachforschungen Zweiter Weltkrieg.
475 So BW aus K. am 02.06.1948 an die Rosenheimer Friedhofsverwaltung. StARo 061/4-1 Kriegssterbefallanzeigen und Überführungen.
476 Nachforschungen über Alfons M. In VDK-A Vorgangsregister Grabnachforschungen Zweiter Weltkrieg. Diverse Briefe an die Friedhofsverwaltung Rosenheim: StARo 061/4-1 Kriegssterbefallanzeigen und Überführungen.

sich, ihnen nachzukommen. So findet sich im Rosenheimer Friedhofsbuch zwischen den Seiten »Reihengräber/Soldaten« die Notiz: »Bei der Stadtverwaltung in Rosenheim traf dieser Tage ein Brief einer Mutter aus der Steiermark ein, deren Sohn bei einem Luftangriff in Rosenheim gefallen ist. Der Steiermärker liegt im Rosenheimer Friedhof begraben. Nun bat die Mutter um eine Fotografie vom Grabe ihres Sohnes. Da die Stadt hierzu keine Mittel besitzt, wird die Oeffentlichkeit aufgerufen. Vielleicht findet sich in unserer Stadt ein Fotograf, der dieser armen Mutter eine kleine Freude machen und das Grab fotografieren will. Die Grabstätte ist jederzeit beim Friedhofswärter oder im Standesamt zu erfragen. Dort kann man auch Auskunft geben über die Anschrift der Bittstellerin.«[477]

Das möglichst detaillierte Nachvollziehen des Begräbnisses sollte die Beerdigung als rituellen Abschied vom Verstorbenen ersetzen und die Angst vor der Bestattung in fremder Erde lindern. Für die Hinterbliebenen war es besonders tröstlich, wenn sie wussten, dass der Gefallene würdig begraben worden war[478]: »Trotz allen Leides und des Unglückes über unseren Verlust ist es ein guter Trost für uns, ihn auf einer solch würdigen Ruhestätte […] zu wissen. Wir danken den verantwortlichen Stellen aus tiefstem Herzen«[479], schrieb ein Elternpaar dem VDK-Landesverband Bayern. Der Volksbund präsentierte regelmäßig derartige Erfolgsgeschichten von dankbaren Angehörigen in seiner Mitgliederzeitschrift und betonte dabei, dass es genau diese »tägliche Kleinarbeit des Volksbundes«[480] sei, die »den Bearbeiter oft mit einem Gefühl tiefer Befriedigung nach Hause gehen« lasse.

---

477 StARo Friedhofsverwaltung 554/0047.
478 Vgl. Hierzu auch Aka (1993): STERBEBILDER, S. 195.
479 Peßler, Wilhelm: *Handbuch der Deutschen Volkskunde*, Potsdam 1938, S. 89. Ähnliche Berichte von Hinterbliebenen findet man in Spamer, Adolf: *Sitte und Brauch*. In: Peßler, Wilhelm (Hg.): *Handbuch der Deutschen Volkskunde*, Potsdam 1938, S. 131 und »Aus Büchern, Reden, Briefen«, in: *Mitteilungen und Berichte. Volksbund Dt. Kriegsgräberfürsorge e.V. Landesverband Bayern* (2/1960), S. 32.
480 So die Überschrift solcher »Erfolgsgeschichten« in: *Kriegsgräberfürsorge* 28 (1952), Nr. 3, S. 35.

Den konkreten Ort des Grabes zu ermitteln war der erste Schritt, den die Hinterbliebenen unternahmen, damit sie ihre Trauer ausdrücken und in eine Abfolge ritueller Handlungen, die Trauerarbeit, überführen konnten. Die anschließende Trauerarbeit der Angehörigen war besonders stark von ihrem Wunsch geprägt, den geografischen Raum zwischen sich und dem Grab zu überwinden.

5.2 Exhumierungen und Umbettungen

Nachdem die Grabstätte eindeutig bestimmt worden war, bot die Umbettung der sterblichen Überreste die scheinbar nächstliegende Lösung, um die Distanz zwischen dem Grab und der Heimat zu überwinden. Die Verwaltungsakten der Rosenheimer Friedhofsbehörde und die Briefe an den Volksbund jedoch zeigen, dass Umbettungen in der Realität kaum praktiziert wurden. Dies mag an dem Verwaltungsaufwand und den Kosten für die Exhumierung, Überführung und neuerliche Beerdigung am Heimatort liegen. Im Falle der an der Ostfront Gefallenen verhinderte die Kriegsgräberpolitik der Sowjetunion eine Überführung.

Auf dem Rosenheimer Friedhof waren insgesamt 526 Kriegstote beerdigt, neben deutschen und alliierten Soldaten auch Zivilisten, Fremdarbeiter, Unbekannte und Kinder. In den Nachkriegsjahren wurden nach und nach alle Angehörigen der Truppen der Alliierten von ihren Heimatstaaten exhumiert und in ihre Herkunftsländer überführt. Robert E. war der einzige Soldat aus Deutschland, dessen Familie eine Exhumierung veranlasste. Es war der »sehnlichste Wunsch« der Witwe, dem Hinterbliebenen diesen »letzten Liebesdienst erweisen zu dürfen«[481]. Nach einer ersten Anfrage im Herbst 1952 wurden bis ins Frühjahr 1953 Briefe zwischen Emma E. und der Stadt Rosenheim gewechselt, um die Formalitäten der Überführung zu klären. Im März 1953

---

481 Die Witwe von Robert E. am 27.11.1952 an die Stadtverwaltung Rosenheim. StARo 061/4-1 Kriegssterbefallanzeigen und Überführungen.

schließlich wendete sich die Witwe direkt an den Volksbund, der nach der Ermittlung der Grabstätte die Angehörigen weiterhin betreute und bei Überführungen die Familien mit seinem Umbettungsdienst unterstützte. Wegen des hohen und teilweise komplizierten administrativen Aufwandes war die kompetente Unterstützung durch den VDK wichtig für die Familien.[482] Der VDK übernahm an Stelle von Emma E. die Korrespondenz mit der Stadt Rosenheim. Im Vorfeld klärte er die administrativen Formalitäten, kümmerte sich um den »Transport als Express mit der Bahn«, und der Umbettungsdienst führte vor Ort die Exhumierung durch. Insgesamt beliefen sich die Kosten für die Witwe auf 50 Mark.[483]

In der umfangreichen Akte der Rosenheimer Friedhofsverwaltung zu den Kriegergräbern war dies der einzige Vorgang über eine Exhumierung eines deutschen Soldaten. Die mir vorliegenden Vorgänge des Volksbundes enthalten keine Anfragen an den Umbettungsdienst. Zwar waren die Grabnachforschungen immer mit einem konkreten Anliegen verbunden, das über die Gewissheit des Todes und der Grabstätte hinausging, aber nur im Ausnahmefall war es der Wunsch nach einer Umbettung. Meist stand hinter diesen Suchanfragen der Wunsch, selbst das Grab zu besuchen, um dort Abschied von dem Toten zu nehmen. Eine solche Reise zu einem Soldatenfriedhof war sehr viel einfacher zu unternehmen, als eine Umbettung zu organisieren.

---

482 So bezog sich der Stadtrat Rosenheim im Falle des Robert E. auf das »Gesetz über die Sorge für die Kriegsgräber« von 1952 und führte an, Kriegsgräber dürften nur verlegt werden, wenn »öffentliches Interesse« vorliege und »eine andere Ruhestätte für die sterblichen Überreste gesichert« sei. Stadtrat Rosenheim – Friehofsverwaltung an Emma E. (04.12.1952). StARo 061/4-1 Kriegssterbefallanzeigen und Überführungen.
483 VDK Umbettungsdienst am 06.03.1953 an die Rosenheimer Friedhofsverwaltung. StARo 061/4-1 Kriegssterbefallanzeigen und Überführungen.

5.3 Kollektive Reisen zu Soldatenfriedhöfen

»Versöhnung über den Gräbern« lautet bis heute das Motto des wichtigsten Veranstalters kollektiver Reisen zu Soldatenfriedhöfen. Der Volksbund Deutsche Kriegsgräberfürsorge nahm 1950 die regelmäßigen Gemeinschaftsfahrten zu Kriegsgräbern im Ausland wieder auf, »[…] um damit den besorgten Angehörigen erstmals die Möglichkeit zu [eröffnen], die Gräber ihrer Lieben zu besuchen und zu schmücken«[484]. Der VDK begreift bis heute seine Fürsorgepflicht also nicht nur in der Grabpflege, sondern auch in der Betreuung der Angehörigen. Mit den Kriegsgräberfahrten hatte der Volksbund die gesamte Verantwortung für die Kriegsgräber im In- und Ausland inne: Nachforschungen, Umbettungen, die Gestaltung und Pflege der Kriegsgräber sowie die Fahrten dorthin, die mit einem kollektiver Gedenkakt verbunden wurden. Darüber hinaus wurden Zeremonien zum Volkstrauertag für Deutsche im Ausland auf den Kriegsgräberstätten vom VDK organisiert und durchgeführt. Mit der Anmeldung für eine Kriegsgräberfahrt des Volksbundes mussten die Teilnehmer keine weiteren Vorbereitungen mehr treffen. Der VDK organisierte das Visum und eine Hotelunterkunft und stellte einen Reiseleiter, der »der Sprache des Gastlandes mächtig« war.[485]

In Kooperation mit der Bundesbahn konnte der Volksbund für diese individuellen Reisen und für Anreisen zu Einweihungen von Kriegsgräberstätten eine Fahrpreisermäßigung von 50 % für Kinder, Eltern, Ehegatten und Geschwister anbieten. Diese Ermäßigung galt für den Besuch von Gräbern von »Kriegsteilnehmern, die bei ihrem Tode der ehemaligen deutschen Wehrmacht oder ihrem Gefolge«[486] angehört hatten. Zivile Kriegsgräber waren da-

---

484 Merkblatt 8: Fahrpreisermäßigung + Kriegsgräberfahrten ins Ausland. In: VDK-A B.4 14.
485 Merkblatt 8: Fahrpreisermäßigung + Kriegsgräberfahrten ins Ausland. In: VDK-A B.4 14.
486 Antrag auf Fahrpreisermäßigung zum Besuch eines Kriegergrabes. In VDK-A Vorgangsregister Grabnachforschungen Zweiter Weltkrieg.

von ausgeschlossen. Durch diese vergünstigte Fahrt zum Kriegsgrab konnten die Hinterbliebenen am realen Grab Rituale und soziale Praktiken der Trauerarbeit vollziehen, sie konnten Abschied nehmen, sich von der ordentlichen Grabstätte überzeugen und das Grab schmücken.

Im März 1952 kündigte der VDK in seiner Mitgliederzeitschrift *Kriegsgräberfürsorge* zunächst 15 solcher Fahrten nach Frankreich und Italien an. Je nach Ziel, Entfernung und Dauer kosteten diese Fahrten zwischen 50 DM (Metz ab Kaiserslautern mit zwei Übernachtungen) und 377 DM (Sizilien ab München, 10 Tage inklusive Übernachtung).[487] Diese Reisen organisiert der Volksbund bis heute unter dem Leitspruch seiner gesamten Tätigkeit, »Versöhnung über den Gräbern«. Wer wird in dieser Formulierung jedoch mit wem – oder womit – versöhnt? Zweifellos evoziert diese Devise zuerst die Versöhnung der vormals verfeindeten Völker über den Gräbern ihrer toten Soldaten. Ob diesen versöhnenden Ansatz auch die Einwohner der Orte, in die diese Reisen führten, als solchen wahrnahmen, ist jedoch fraglich. Zwar wurden die Fahrten offiziell genehmigt, jedoch nahmen keine Repräsentanten der Orte oder Landesregierungen an den Gedenkakten des Volksbundes teil. 1952 musste das Hohe Kommissariat der Französischen Republik darauf aufmerksam machen, bei dem Besuch von deutschen Soldatenfriedhöfen in Frankreich mehr Sensibilität zu zeigen, da »[…] Besuche von Friedhöfen in Frankreich durch Deutsche unter der französischen Ortsbevölkerung eine gewisse Unruhe ausgelöst haben, weil sie an französischen Nationalfeiertagen stattfanden«.[488]

Auf diese diplomatische Beschwerde hin bat das Auswärtige Amt die jeweiligen Innenminister in den Ländern, dahingehend auf den Volksbund einzuwirken, keine Reisen nach Frankreich an Tagen wie dem 14. Juli zu veranstalten.[489] Diese Terminkoordination des VDK kann in Anbetracht seiner konservativen bis revanchistischen Ausrichtung kaum als Versehen, schon eher als

---
487 Kriegsgräberreisen 1952. In: *Kriegsgräberfürsorge* 28 (1952), Nr. 3, S. 34.
488 StARo 061-4/2: Gräberbesuch in Frankreich.
489 StARo 061-4/2: Gräberbesuch in Frankreich.

bewusste Provokation interpretiert werden. So war die Entscheidung, die Kriegsgräberfürsorge und das kollektive Totengedenken einem privaten Verein zu übertragen, für die Bundesregierung von großem Vorteil: Nicht die Regierung selbst musste die Verantwortung für missliche Terminkollisionen oder fragwürdige Inhalte des Gedenkens an deutsche Soldaten im Ausland übernehmen, sondern der VDK, der abgesehen von einer finanziellen Unterstützung durch den Staat autonom agierte.

Eine Versöhnung mit dem Schicksal der Toten und ihrem eigenen Verlust hingegen versprachen sich die Teilnehmer dieser Fahrten.[490] In den Berichten über die Kriegsgräberfahrten des VDK im Magazin *Kriegsgräberfürsorge* konstruierte der VDK das Bild der »Schicksalsgemeinschaft«, die sich schon auf der Hinreise schnell zusammenfand und »[…] aus gleichem Leid und gleichem Schicksal geboren war«[491]. Die Besuche an den Gräbern waren stark emotional aufgeladen: »Vom Schmerz überwältigt« ließen die Besucherinnen, »da und dort am Grabe in die Knie« gesunken, »ihren Tränen freien Lauf«, wie der Begleiter einer Fahrt nach Reims berichtete.[492] Das Foto einer Mutter illustriert einen Bericht über die Fahrt nach Frankreich: Schwarz gekleidet, mit Kopftuch, kniet sie am Grab ihres Sohnes, dessen einheitliches Holzkreuz sie mit einem Kranz und dem Sterbebildchen versehen hat, und drückt sich ein Taschentuch vor die Lippen. Die traditionellen Ausdrücke der Trauer, die das Foto zeigt, die Trauerkleidung, das Kranzniederlegen und die im Schmerz aufgegebene aufrechte Körperhaltung, sind Indizien, dass diese Besuche am Grab im Ausland tatsächlich als ritueller Abschied, gleichwertig einer Beerdigung, genutzt wurden.[493]

---

490 So das Fazit des Berichts über die Kriegsgräberfahrt nach St. André de l'Eure in *Kriegsgräberfürsorge* 28 (1952), Nr. 6, S. 69.
491 *Kriegsgräberfürsorge* 28 (1952), Nr. 6, S. 69.
492 Foto in: *Kriegsgräberfürsorge* 28 (1952), Nr. 9, S. 101.
493 »Wir waren in Reims und Champigneul!«, in: *Kriegsgräberfürsorge* 28 (1952), Nr. 9, S. 99.

5.4 Individuelle Reisen zu Soldatengräbern

Nur vereinzelt geben Briefe an den VDK Aufschluss darüber, ob Familien auch individuell Reisen zum Grab ihrer Angehörigen unternahmen. Oft berichten sie jedoch nur von Versuchen und dass die selbstständige Suche nach dem Grab erfolglos verlaufen sei und sie sich daher zur nächsten Fahrt des Volksbundes anmelden wollten: »Im Jahre 1980 haben wir uns, mit meinem Ehemann ins Reise gesetzt. Wir haben aber leider nicht Glück gehabt und haben den Grab nicht gefunden« [sic],[494] berichtet Eligia T. aus Katowice in einem Brief, mit dem sie sich und ihren Ehemann zu einer Reise nach Autun anmeldete, die sie als »Erfüllung [ihrer] langjährigen Träume«[495] bezeichnete, nachdem sie ihren Vater nie kennengelernt hatte.

Der Volksbund bewarb nicht nur die von ihm selbst organisierten Fahrten zu Kriegsgräberstätten, sondern forderte von Deutschen, auf privaten Reisen die Soldatengräber in der Nähe des Urlaubsortes zu besuchen: »Der Besuch deutscher Soldatenfriedhöfe am Reisewege sollte für jeden Deutschen, der ins Ausland reist, eine selbstverständliche Anstandspflicht sein.« Das Ziel der Volksbundarbeit war also nicht nur die Pflege der Gräber und die Betreuung der Angehörigen von Gefallenen. Vielmehr propagierte der VDK das ehrende Gefallenengedenken durch Besuche von Soldatenfriedhöfen als eine »Anstandspflicht«, die möglichst viele Deutsche erfüllen sollten.

Bis zum Fall der Mauer führte der VDK keine Fahrten zu Soldatengräbern im Osten durch, da die Staaten des Ostblocks keine Vereinbarung über die Kriegsgräberfürsorge mit dem VDK oder anderen westdeutschen Organisationen unterzeichneten. Oftmals war das Schicksal der Soldatengräber an der vormaligen Ostfront bis in die 1990er-Jahre unklar. Der Wunsch, am wirklichen Grab

---

494 Eligia T. am 07.04.1987 an den VDK. VDK-A Vorgangsregister Grabnachforschungen Zweiter Weltkrieg.
495 Eligia T. am 07.04.1987 an den VDK. VDK-A Vorgangsregister Grabnachforschungen Zweiter Weltkrieg.

Abschied zu nehmen, ließ aber auch über die Jahrzehnte nicht nach. So wandte sich die Familie von Matthias Z. im Jahr 2005 an den VDK mit der Bitte um Auskunft über die Grabstätte des Vaters in Rumänien, um dem Vater »[...] vielleicht mit einem Besuch die letzte Ehre [zu] erweisen und somit einen sehr wichtigen Teil der Familiengeschichte zu einem doch noch positiven Ende zu bringen«.[496]

5.5 Grabpflege aus der Ferne

Exhumierungen und Überführungen waren die Ausnahme und schon innerhalb der Bundesrepublik mit beträchtlichem administrativen und finanziellen Aufwand verbunden. Die meisten Soldaten blieben daher dort bestattet, wo sie verstorben waren. Auch Kriegsgräberreisen blieben aufgrund der hohen Kosten oftmals ein einmaliges Ereignis für die Angehörigen.

Zu wichtigen Feiertagen das Grab zu besuchen, es regelmäßig zu pflegen und zu schmücken, gehört zu den sozialen Praktiken der Trauer und Totenehrung. In diesen sozialen Praktiken der Trauer manifestiert sich die Verbundenheit mit dem Toten und das ehrende Andenken der Hinterbliebenen.[497] Auch dieses Ritual der Grabpflege musste an die neuen Umstände des Kriegstodes angepasst werden. Wo es den Angehörigen nicht möglich war, das Grab regelmäßig zu besuchen und selbst mit Blumen oder Kränzen zu schmücken, verrichteten sie diesen Dienst am Toten aus der Ferne, indem sie die Friedhofsverwaltungen, örtliche Gärtnereien oder den Volksbund mit der Pflege beauftragten.

Im regulären Jahreslauf wendeten sich die Hinterbliebenen direkt mit ihrer Anfrage an die Friedhofsverwaltung beziehungsweise den VDK und baten um Ausschmückung des Grabes an

---

496 Peter B. am 19.10.2005 an den VDK. VDK-A Registratur Grabnachforschungen Zweiter Weltkrieg.
497 Vgl. zur Geschichte der Grabpflege, die sich im 19. Jahrhundert gleichzeitig mit der Entwicklung des Friedhofes zum Ziergarten etabliert: Sörries, Reiner: *Ruhe sanft*, Kevelaer 2009, S. 136–137.

religiösen Feiertagen wie Ostern[498], Totensonntag[499], Allerheiligen[500] und Weihnachten. Ebenso wurden an den Geburts- und Sterbetagen aus der Ferne bestellte Kränze auf den Gräbern der Gefallenen niedergelegt[501]. Bei insgesamt mehr als 70 ausgewerteten Vorgängen aus dem Archiv des Volksbundes und des Stadtarchivs Rosenheim fällt jedoch auf, dass keines der Gräber am Volkstrauertag geschmückt wurde. Dies lässt auf eine vergleichsweise geringere Bedeutung des staatlichen Feiertages als Erinnerungsort im individuellen Gedächtnis schließen. Wichtiger waren traditionelle religiöse Feiertage sowie die individuellen Geburts- und Sterbetage. Die Menschen wollten sich nach dem Nationalsozialismus von kollektiven, staatlich verordneten Festen und Totenehrungen bewusst distanzieren, indem sie der Toten nach der Entindividualisierung des nationalsozialistischen Heldenkultes wieder als Individuen gedachten. Die Rückkehr zu politisch und ideologisch unbelasteten religiösen Ritualen bedeutet hierbei auch einen Rückzug ins Private. Zudem war der Volkstrauertag ein vergleichsweise junger Feiertag, noch nicht im Jahreslauf der Feiertage verwurzelt und zudem durch die propagandistische Nutzung im Heldenkult der Nationalsozialisten politisch belastet.

Dauerhaften Schmuck und andere Individualisierungen von Soldatengräbern billigte der VDK auf seinen Ehrenfriedhöfen jedoch

---

498 AR aus B. z. B. ließ das Grab ihres Mannes zu Ostern schmücken. AR am 1.4.53 an die Friedhofsverwaltung Rosenheim. StARo 061/4-1 Kriegssterbefallanzeigen und Überführungen.
499 Das Grab von Bruno R. wurde regelmäßig zum Totensonntag geschmückt. Friedhofsverwaltung Rosenheim (26.11.1951): Ausschmückung des Kriegergrabes Bruno R. am Totensonntag. StARo, 061-4/1Kriegssterbefallanzeigen und Überführungen.
500 Die Schwester von Hermann K. ließ über Jahrzehnte hinweg sein Grab in der Rosenheimer Kriegsgräberstätte über den VDK an Allerheiligen mit einem Kranz schmücken: EL an den VDK; VDK-A Vorgangsregister Grabnachforschungen Zweiter Weltkrieg.
501 Brief Maria-Luise G. am 02.09.2004 an den VDK. VDK-A Vorgangsregister Grabnachforschungen Zweiter Weltkrieg.

nicht. So bereitwillig die Stadtverwaltung Rosenheim den Bitten der Angehörigen um Grabschmuck nachkam, so streng achtete sie darauf, dass bestimmte Vorschriften des VDK bei der allgemeinen Gestaltung der Gräber eingehalten wurden. Auf die Anfrage von Mary S., wie der Kriegerfriedhof in Rosenheim aussehe und ob das Grab ihres Mannes mit einer Marmorplatte versehen werden könne, antwortete Albert Steinbeißer, der damalige Rechtsrat der Stadt Rosenheim: »Das Kriegergrab Wilhelm S. liegt im neuen Kriegerfriedhof. [...] Der Kriegerfriedhof ist eine geschlossene Gräberanlage innerhalb des allgemeinen städtischen Friedhofes. Die Erhaltung der Gräber obliegt der städtischen Kriegsgräberfürsorge. Die Bepflanzung der Gräber der Kriegsgefallenen ist, dem soldatischen Charakter der Anlage Rechnung tragend, einheitlich durchgeführt. Die Gräber werden weiter erhalten und bepflanzt. Eine über den Rahmen der schlichten Gleichförmigkeit hinausgehende Grabpflege durch die Hinterbliebenen nach ihrer Wahl ist nicht erlaubt. Die vorgeschriebenen Kriegerkreuze in Holz sind aufgestellt worden. Die Überführung der Leichen von Kriegsgefallenen ist möglich und bedarf eines besonderen Antrages.«[502]

Demnach durften die Gräber zwar an besonderen Feiertagen individuell geschmückt, jedoch nicht dauerhaft bepflanzt werden. Die standardisierten Formulierungen legen die Vermutung nahe, dass die Stadtverwaltung auf Standardantworten für die Hinterbliebenen zurückgriff. Tatsächlich finden sich in derselben Akte noch 20 weitere ähnliche Anfragen bezüglich eines individuellen Grabschmuckes, die allesamt mit dem Verweis auf den »soldatischen Charakter« dieses Friedhofsteiles abgelehnt wurden. Der Volksbund versuchte, die Hinterbliebenen weniger bürokratisch anzusprechen, sondern auf einer emotionalen Ebene zu erreichen. Die Geschichte »Vater hat ein richtiges Soldatengrab« in der Mitgliederzeitschrift erzählt vom ersten Besuch einer Familie am Grab des im Krieg gestorbenen Familienvaters. Neben Blumen-

---

502 Dr. Steinbeißer (11.09.1948): Antwort an Mary S. bzgl. Kriegergrab. StARo, 061-4/1 Kriegssterbefallanzeigen und Überführungen.

schmuck hat der 15-jährige Sohn eine lackierte Holztafel dabei, um sie am Grab aufzustellen. Sie ist mit der Inschrift versehen: »Hier liegt unser Papa Fritz Freese, geb. 30.04.1909, gef. Febr. 1945«[503]. Den Friedhof hatte sich die Witwe der Geschichte anders vorgestellt, bunter vielleicht, weniger einheitlich, »[...] und doch greift es ans Herz. Es ist [...] vielleicht eine Feierstätte, oder ein Stück gesegneter Landschaft, in die Gott selbst die toten Krieger gebettet hat. Dies hier ist Heimat, Heimat der Toten und ein Stück wirkliche deutsche Heimat.« Nach der Erkenntnis, wie passend die Einheitlichkeit der unbeschrifteten Kreuze sei, findet die Witwe bunte Blumen und auch die individuelle Tafel am Grab des Verstorbenen fehl am Platz: »Vater hat hier ein richtiges Soldatengrab; alle ruhen sie unter gleichen Grabzeichen, auch im Tode sind sie ja Kameraden. [...] Die Tafel nehmen wir wieder mit. Auf keinem Grab ist so eine Namenstafel. [...] Vater würde es selbst nicht leiden, wenn wir dieses Bild stören würden.« Mit dieser Geschichte sprach der Volksbund seine Leser, die vielleicht selbst ein Soldatengrab individuell schmücken wollten, auf einer emotionalen Ebene an, ohne den bürokratischen Ton einer Friedhofsverwaltung anschlagen zu müssen. Die Aussage jedoch bleibt dieselbe: Eine Individualisierung der Gräber über die persönliche Grabmarkierung hinaus war nicht erwünscht. Damit sollte eine Individualisierung der Toten unterbleiben, ihrer sollte weiterhin im Kollektiv gedacht werden.[504]

Im Gegensatz zu Exhumierungen und Kriegsgräberreisen war die Grabpflege aus der Ferne eine weitverbreitete und bezahlbare Praxis der individuellen Erinnerungskultur. Sie ermöglichte es den Angehörigen, ihrem ehrenden Gedenken an die Toten in gewohnter, nun leicht abgewandelter Form Ausdruck zu verleihen. Allerdings war mit dem bestellten Grabschmuck nur der formale, öffentlich sichtbare Teil des rituellen Grabschmückens vollzogen. Den rituellen Gang ans Grab, wo beim Herrichten der Bepflan-

---

503 Hier und im Folgenden: »Vater hat ein richtiges Soldatengrab«, in: *Kriegsgräberfürsorge* 28 (1952), Nr. 6, S. 62–63, hier S. 62.
504 Lurz, Meinhold: *Kriegerdenkmäler in Deutschland*, Heidelberg 1987.

zung oftmals Zwiesprache mit dem Toten gehalten wird, ersetzten in diesem Fall ein Brief und ein Dauerauftrag an den Volksbund. Der persönliche Bedarf nach einem Ort der Trauer blieb – und so erschufen sich die Hinterbliebenen in Ermangelung des echten Grabes vielfältige Ersatz-Erinnerungsorte.

5.6 Neue Orte für die ortlose Erinnerung

»Barbara Russer führt den Chefredakteur auf den Ingolstädter Friedhof, an ein Symbolgrab mit marterlartigem Holzkreuz vor grüner Thujahecke. Auf der Tafel stehen die Namen Josef Russer, Siegmund Russer, Hans Russer. Der Vater der Buben, Johann Russer, hat das Kreuz eigenhändig gefertigt, gestrichen und beschriftet.«[505] Im weiteren Verlauf dieses Artikels in der Mitgliederzeitschrift des Volksbundes erfährt man, dass die drei Söhne der Familie Russer alle im Krieg gefallen waren. Einer von ihnen ist in El Alamein bestattet. Drei tote Söhne, an drei verschiedenen Schauplätzen des Zweiten Weltkrieges begraben – hier wird deutlich, weshalb Reisen zu den Kriegsgräbern, sei es privat oder auf Initiative des VDK, für Hinterbliebene die Ausnahme und keineswegs die Regel waren.[506] Mit dem Symbolgrab für alle drei Söhne auf dem Friedhof ihrer Heimatstadt hatte sich das Ehepaar Russer einen Ersatzerinnerungsort geschaffen, den es in Ermangelung des realen Grabes zu Feiertagen schmücken konnte.

Neben der Funktion des Symbolgrabes fällt in dem Bericht über die Eheleute Russer die klassische Rollenverteilung im Totengedenken auf. Der Vater der drei Soldaten war für den handwerklichen Part zuständig, er fertigte das Kreuz. Ansprechpartnerin für

---

505 *Mitteilungen und Berichte. Volksbund Dt. Kriegsgräberfürsorge e. V. Landesverband Bayern.* (1/1962), S. 36–38/58–59, hier S. 37.
506 So schreibt Eleonore L., dass sie nach der Einweihung der Kriegsgräberstätte in Rosenheim 1961 erst wieder im Sommer 1970 das Grab ihres Bruders besuchen könne – in der Zwischenzeit ließ sie es an Allerheiligen durch den VDK schmücken. VDK-A Vorgangsregister Grabnachforschungen Zweiter Weltkrieg.

das regelmäßige Gedenken, die Trauerpraktiken im Alltag, war jedoch für die Zeitung die Mutter der Gefallenen. Sie war es auch, die schließlich auf Kosten des VDK die Reise nach El Alamein zum Kriegergrab ihres Sohnes antreten durfte. Vergleichbare Symbolgräber gab es auch auf den städtischen Friedhöfen in Penzberg und Rosenheim.[507] Vor allem die Familien von Soldaten, die im Osten gefallen oder verschollen waren, konstruierten solche Symbolgräber als Substitut für das ferne Grab, meist indem sie die Lebensdaten der Gefallenen in die Grabsteine des Familiengrabes gravieren ließen. Diese Symbolgräber waren deutlich als Soldatengräber kenntlich gemacht, sei es durch die Verwendung des Eisernen Kreuzes[508] anstelle eines christlichen Kreuzes vor dem Sterbedatum[509] oder durch das Anbringen einer Vignette mit dem Foto des Verstorbenen in Uniform.[510] Die meisten der Grabsteine, die auf dem Penzberger Friedhof dem Andenken an gefallene Soldaten gewidmet sind, verweisen mit Zusätzen wie »bei Stalingrad«[511], »gef. bei Kastban«[512], »gefallen im Osten«[513] auf den fernen Tod der Soldaten. Doch auch der Vermissten wurde am Familiengrab gedacht, so zum Beispiel Karl S., dessen Name auf den Grabstein der Familie St. aufgenommen wurde.

Mit dem Errichten von Symbolgräbern wurde der Verstorbene zumindest auf symbolischer Ebene nach Hause geholt, in die mythisch behaftete »Heimaterde« und den Schoß der Familie. Nicht nur als Erinnerungsort an den Verstorbenen waren diese

---

507 Heute sind die meisten dieser Gräber aufgelassen, Fotografien von 11 solchen Penzberger Symbolgräber finden sich in StAP Sammlung Georg Reis.
508 Vgl. zur Symbolik Reichel (2000): POLITIK, S. 169.
509 Mit der Ausnahme des Grabes von Max N. und der Familie St.: Diese verwendeten die »Lebensrunen«, die auch das nationalsozialistische Regime in seinen Symbolfundus aufnahm. Fotos in: StAP Sammlung Georg Reis.
510 So im Falle von Max R., Johann A., Max N. Fotos in: StAP Sammlung Georg Reis.
511 Josef H., StAP Sammlung Georg Reis.
512 Erich B., StAP Sammlung Georg Reis.
513 Max N., StAP Sammlung Georg Reis.

Symbolgräber den Hinterbliebenen wichtig. Sie begegneten damit auch ihrer eigenen Angst vor der Bestattung in fremder Erde, indem sie dem Toten eine würdige Erinnerungsstätte bereiteten.[514]

An die Stelle des Begräbnisses in der Heimat traten schon während des Krieges die Totenzettel beziehungsweise Sterbebildchen. Die Tradition, bei der Beerdigung zwei- bis vierseitige Sterbebilder an die Gäste auszuteilen, reicht bis ins 16. Jahrhundert zurück.[515] Ihnen kam neben der Erinnerung an den Toten die Funktion zu, die Hinterbliebenen zum Gebet für den Verstorbenen aufzurufen.[516]

Eine Gemeinsamkeit der Totenzettel bilden die detaillierten Angaben über die Bestattung des Toten und der Anruf »Ruhe sanft in fremder Erde!«. Dies war ein Novum der Textsorte Sterbebildchen, die üblicherweise direkt bei der Beerdigung ausgeteilt wurden. Als während des Krieges die Bestattung in der Heimaterde im Kreis der Angehörigen unmöglich war, wurde diese auf den Sterbezetteln gleichsam nachvollzogen. Der ferne Tod sollte »gezähmt« (Ariès) werden, indem die Familien sich öffentlich der »würdigen Grabstätte« versicherten.[517] Darüber hinaus fungierten diese Sterbebildchen als Ersatz für das ferne Grab: Konnte dem Gefallenen kein Grab in der Heimat gewidmet werden, so erfüllten zumindest die Totenzettel die Aufgabe eines Ersatz-Erinnerungsortes.

Totenzettel und Symbolgräber waren als neue Form der Erinnerungsorte anstelle des fernen Grabes weit verbreitet. Allerdings gibt es in den Quellen auch Hinweise auf weitere individuelle Substitute für das ferne Grab. So bewahrte Monika Russer das Soldbuch, das sie sechs Jahre nach dem Tod ihres Sohnes erreich-

---

514 Vgl. Eliade (1961): MYTHEN, S. 233f.
515 Für einen Überblick über die Geschichte der Sterbebilder vgl. die Einführung bei Aka (1993): STERBEBILDER, S. 9ff.
516 Zur Funktion der Sterbebilder vergleiche Aka (1993): STERBEBILDER, S. 10ff. und Leibbrand (1973): ARMESEELENKULT.
517 Aka (1993): STERBEBILDER, S. 195.

te, wie eine Reliquie auf.[518] Auch Familienchroniken mit einem »ehrenden Kapitel für die Gefallenen der Familie« erfüllten die Funktion als Erinnerungsort.[519] Seit dem Jahr 2010 existiert, initiiert vom Volksbund, die Homepage »Stern der Erinnerung«[520] als virtueller Erinnerungsort für die ortlose Erinnerung der Hinterbliebenen.[521]

5.7 Neue Praktiken der Erinnerungskultur

Sterbezettel, Familienchroniken, persönliche Reliquien waren Erinnerungsorte, die die Hinterbliebenen in Ermangelung eines realen Grabes kreierten, um ihrer Erinnerung einen konkreten Ort zuzuweisen. Vor allem Symbolgräber waren verbreitet, da es meist genügte, den schon bestehenden Familiengrabstein um neue Namen zu erweitern. Auch auf dem Städtischen Friedhof Rosenheim findet man heute noch solche Symbolgräber: Es sind die Grabsteine von Familien, die die Lebensdaten ihrer gefallenen und vermissten Söhne in den Familiengrabstein gravieren ließen, obwohl der Leichnam des Angehörigen nicht im selben Grab liegt. Die Namen der Gefallenen haben dabei durchgehend einen separaten Platz auf dem Grabstein, sie sind nicht in die durchgehende Auflistung der dort Bestatteten integriert.[522]

In den Einsendungen an den VDK wird allerdings sehr häufig auch von einer besonderen Praxis berichtet, die den Ersatzort und

---

518 *Mitteilungen und Berichte. Volksbund Dt. Kriegsgräberfürsorge e.V. Landesverband Bayern.* (1/1962), S. 36–38/58–59, hier S. 37.
519 H.B. am 02.03.2005 an den VDK. VDK-A Registratur Grabnachforschungen Zweiter Weltkrieg.
520 http://www.volksbund.de/helfen/aktionen/lichter-der-ewigkeit.html, zuletzt aufgerufen am 08.10.2013.
521 Vgl. zur aktuellen Forschung über den »Cyberhimmel als globalen Trauerort« die Zusammenfassung bei Sörries (2012): BEILEID S. 176–187, Zitat S. 177.
522 So bspw.: P.S. 25.09.1906 – verm. 1943; Obgfr. J.S. geb. 6.10.1914 verm. 18.1.1943 am Ladogasee. Einige der Gräber wurden in den 1960er-Jahren zum ersten Mal belegt, der Name der Gefallenen wurde auch darauf integriert.

die Ersatzhandlung vereint: das Schmücken eines fremden Kriegergrabes. Im November 1956 berichtete die Rosenheimer Lokalzeitung: »Manche Kriegermutter, die das Grab ihres Sohnes nicht kennt, schmückt dafür auf unserem Friedhof das Kreuz eines unbekannten Soldaten.«[523]

Aus Briefen an den Volksbund, in denen die Frauen von dieser Praxis berichten, kann man eine doppelte Intention dieses Rituals interpretieren. Nicht nur gab das fremde Grab der eigenen Erinnerung wieder einen Ort. Damit verbunden war auch die hoffnungsvolle Vorstellung, dass das ferne Grab des eigenen Sohnes, Mannes oder Bruders im Ausland ebenfalls gepflegt würde. Die katholische Kirche initiierte in den 1950er-Jahren unter dem Leitmotiv »Soldatenfriedhöfe im Geiste der Verbrüderung« ein Programm, in dem man eine Patenschaft für ein fremdes Kriegergrab übernehmen konnte. Eine italienische Mutter berichtete: »Ich wohne in der Nähe von Cassino. Meine beiden Söhne habe ich im letzten Kriege verloren, den einen an der Front, den anderen in einem Straflager in Deutschland. Auf Ihren Aufruf hin will ich die Pflege von zwei deutschen Soldatengräbern auf dem Monte Cairo bei Cassino übernehmen, denn die beiden dort ruhenden Toten haben daheim auch eine Mutter, die um sie weint, wie ich um die meinen. An das Grab meiner Kinder kann ich nicht gehen, um die Kreuze aufzurichten und die Blumen auf das Grab zu legen, die niemals fehlen sollten. Ich bin krank und ohne Mittel und kann meine Söhne nur noch im Gebete erreichen. Sorgt ihr dafür, dass im deutschen Land andere Mütter und Schwestern sich finden, die am Grabe meiner Kinder das Gleiche tun, was ich hier für die deutschen Gefallenen tun will.«[524]

Nachdem die Nationalsozialisten den Kirchen das Trostangebot während des Zweiten Weltkrieges absprechen wollten, konnten

---

523 Die Gräber mit dem Eisernen Kreuz. In: *Oberbayerisches Volksblatt* 17.11.1956.
524 Blumen auf die Gräber der Gefallenen! In: *Münchner Katholische Kirchenzeitung. Bistumsblatt der Erzdiözese München-Freising* 29.07.1951 (30), S. 371.

die Kirchen nun wieder ihrer Funktion als Seelsorgerinnen, Trösterinnen und Sinnstifterinnen offen nachgehen. Der Zuspruch aus der Bevölkerung beweist ebenfalls, dass sich die nationalsozialistischen Versuche, dem gewaltsamen Tod einen Sinn zu geben, bei der Bevölkerung nicht durchgesetzt hatten.

Totenklage und Trauer waren auch nach dem Zweiten Weltkrieg typischerweise weiblich konnotiert. So waren es die Mütter und Ehefrauen, von denen berichtet wurde, dass sie fremde Gräber schmückten, Symbolgräber besuchten und jahrelang auf Nachricht ihrer Söhne und Ehemänner warteten. Väter von Gefallenen werden in den Berichterstattungen nie erwähnt. Hingegen wurde die politische Dimension des Totengedenkens in einer männlichen Sprache beschrieben, indem beispielsweise die Versöhnung über den Gräbern als »Verbrüderung« zwischen den Ländern bezeichnet wurde. Der Raum der privaten Trauer wurde den Frauen zugeordnet, wohingegen die politische Sphäre eindeutig eine männliche war.

Die Erinnerungskultur der Nachkriegszeit und ihre mediale Verbreitung transportierte dadurch ein eindeutiges Rollenbild: Dem kriegerischen Mann, der sein Leben hingab, stand die trauernde Frau als passives Opfer des Krieges gegenüber. Diese Zuschreibungen sind nicht nur hinsichtlich der *gender roles* problematisch. Sie entsprechen auch nicht der Realität des Krieges, in dem nicht nur Kombattanten starben und Frauen zurückließen. Auch Männer wurden zu trauernden Hinterbliebenen, wenn ihre Ehefrauen im Krieg starben. Durch die Viktimisierung der Frauen in der Rolle der Trauernden wird eine Unschuld der Frauen im Krieg postuliert. In der Erinnerung geht es um verwaiste Mütter und verwitwete Frauen, während die Männer als Soldaten kämpften. Frauen jedoch, die ein aktiver Teil des nationalsozialistischen Systems waren und als Luftschutz- und Flakhelferinnen starben, fanden in der unmittelbaren Nachkriegszeit keinen Eingang in die Erinnerungskultur.[525]

---

525 Kramer (2011): VOLKSGENOSSINNEN, S. 338.

6. Geschichtspolitik mit dem fernen Grab

»In den vergangenen Wochen wurde immer wieder an das Wort ›Versöhnung über Gräbern‹ erinnert. Wirklich, dieses Wort ist im Westen keine Phrase mehr, davon konnten wir uns auf den Reisen in die westlichen Länder immer wieder überzeugen. Aber es bleibt ein tiefer Schmerz, wenn wir an die Gräber im Osten denken, die uns bis heute unerreichbar sind. Hier gilt das Wort ›Versöhnung über den Gräbern‹ leider noch nicht.«[526]

Diese Zusammenfassung der Bemühungen des Volksbundes um die Gräberpflege im Osten zeigt, dass der »eiserne Vorhang« die Grenze der Kriegsgräberfürsorge im Ausland markierte. Familien von an der Ostfront Gefallenen waren bis zum Mauerfall in besonderem Maße auf symbolische Repräsentationen und Ersatzerinnerungsorte angewiesen. So, wie die Hinterbliebenen sich bei den Kameraden ihrer Angehörigen nach den Details der Grabstätte erkundigten, um diese nachvollziehen zu können, befragte der VDK Heimkehrer über den Zustand der Kriegsgräber im Osten. Einzelne Mitarbeiter des Volksbundes hatten auf inoffiziellem Weg die Gelegenheit, in den Ostblock zu reisen und sich einzelne Kriegsgräberstätten anzusehen. Die Berichte über diese Kriegsgräber waren jedoch nicht besonders ermutigend für die Hinterbliebenen: »Der Kriegerfriedhof in Prijepolje ist sehr vernachlässigt. [...] Die kleinen Grabsteine sind durch Moos überzogen, die Schriften kaum noch zu entziffern [...] Die Grabeinfassungen (Natursteinbrocken) sind vorhanden, zum Teil etwas eingesunken. Die Grabstelle des Jägers K. ist ebenfalls in oben beschriebenem Zustand.«[527]

Der VDK verwies die Hinterbliebenen stets darauf, dass es aus politischen Gründen nicht in seinem Verantwortungsbereich liege, die Gräber im Osten zu pflegen: »Sie können uns glauben, dass wir schon längst Abhilfe geschaffen hätten, wenn dazu die Möglich-

---

526 Heimkehrer berichten über deutsche Gräber in Russland. In: *Kriegsgräberfürsorge* 29, November 1953 (11), S. 166–167.
527 VDK am 08.03.1951 an Peter K., in: VDK-A Registratur Grabnachforschungen Zweiter Weltkrieg.

keit vorhanden gewesen wäre«[528], schrieb ein Mitarbeiter des VDK 1951 an Peter K.

Reisen zu Kriegsgräbern, wie sie der VDK zu den Kriegsgräberstätten in Frankreich, Belgien und Italien organisierte, konnten in den Osten nur im Privaten unternommen werden. Gerda Szepansky zeichnet die Geschichte einer Mutter nach, die im Krieg ihren Sohn verlor und nach dem Krieg 20 Jahre lang sparte und Russisch lernte, um dessen Grab zu besuchen. Allerdings waren ihre Mühen vergeblich, denn auf dem Sammelfriedhof erinnerte nichts mehr an ihren Sohn.[529]

Im kollektiven Gedächtnis hatte die Erinnerung an die Soldaten, deren Gräber im Osten lagen, einen festen Platz. Auf der Rosenheimer Kriegsgräberstätte, die 1961 eingeweiht wurde, erinnert ein separater Gedenkstein in der gängigen Formel des VDK an sie. Die emotionale Dimension der Erinnerung an die fernen Toten fasste der Berichterstatter des Volksbundes nach der Einweihungsfeier in Worte:

»Karg und ernst wachsen aus den Grabfeldern schlichte Heidekrautbuschen und rauhe Steinkreuze empor – aber ›OHNE KREUZ; OHNE BLUME RUHT IM OSTEN DER BRUDER ...‹ lesen wir in ehernen Lettern auf dem Inschriftenstein. Möge jeder Besucher sich angerührt und betroffen fühlen von den weiteren Worten dieser Inschrift ›... IHN BIRGT UNSER HERZ‹.«[530]

Erinnerungsakteure wie die katholische Kirche und der VDK nutzten vor allem die Feldgräber in der Sowjetunion für ihre eigenen politischen und gesellschaftlichen Ziele. In der Nachkriegszeit sah die katholische Kirche von Vertriebenen und Kommunisten eine Gefahr der Radikalisierung ausgehen[531]: »War früher die große

---

528 VDK am 08.03.1951 an Peter K., in: VDK-A Registratur Grabnachforschungen Zweiter Weltkrieg.
529 »Reise zu einem Grab«, in: Szepansky (1986): FRAUENLEBEN, S. 296–302.
530 Gruber, Hans: Rosenheim gab 527 Kriegstoten Heimrecht in geweihter Erde. In: *Mitteilungen und Berichte*. Volksbund Dt. Kriegsgräberfürsorge e.V. Landesverband Bayern. (1/1961), S. 20–25.
531 Buscher, Frank: *The Great Fear*. In: *German History* 212 (2003).

Gegnerschaft braun, so ist sie heute rot«[532] formulierte ein Rosenheimer Seelsorger diese Furcht 1952.

Unter dem Titel »Den Toten und Todgeweihten«[533] druckte die *Münchner Katholische Kirchenzeitung* 1959 anlässlich des Allerseelenfestes den Bericht eines aus russischer Kriegsgefangenschaft heimgekehrten Priesters. In diesem schilderte er, wie er sich in der Kriegsgefangenschaft sicher war, dass am Allerseelentag eine Kerze für ihn brenne und jemand für ihn bete. Im November, der durch verschiedene Feiertage dem Totengedenken gewidmet ist, rief dieser Artikel dazu auf, »einiger in besonderer Weise [zu] gedenken, und das sind diejenigen, die in fremder Erde ruhen, die der Hass zu Grabe getragen hat, an deren Gräbern keine Mutter weinen und beten kann«. Eindringlich wurden die »vergessenen Gräber in fremder Erde, irgendwo am Waldesrand in Estland, auf einem kahlen Hügel in Borowitschi, in Karaganda oder am nördlichen Eismeer« geschildert, zu denen man im November innerlich »wallfahren« solle. Es gebe »Millionen von Gräbern, die nicht geschmückt sind, auf denen keine Lichter brennen, Gräber, die von Hass aufgeworfen und von der Ehrfurchtslosigkeit wieder eingeebnet wurden«. Hier wurde rhetorisch die Schuldfrage gänzlich umgangen, indem »Hass« und »Ehrfurchtslosigkeit« personifiziert und so die Täterschaft abstrahiert wurde. Nicht Deutschland begann einen Krieg, nicht Soldaten töteten Soldaten und Zivilisten, sondern der Hass ist in diesem Bild die Ursache für das Sterben im Krieg. Dem russischen Staat der Nachkriegszeit wird »Ehrfurchtslosigkeit« unterstellt, weil er deutsche Soldatengräber nicht pflegte und auch keine Betreuung durch den VDK zuließ. Dies impliziert den Wunsch, dass der frühere Feind die Gräber der toten deutschen Soldaten mit »Ehrfurcht« behandeln solle.

Der Umstand, dass sich der Bericht gleich den fernen Gräbern im Osten zuwendet, verdeutlicht die geschichtspolitische Richtung des Volksbundes: Die kommunistischen Länder des Ostblocks werden zu Feinden stilisiert, die selbst vor Soldatengräbern keine

---

[532] EAM SSB 487: Seelsorgsberichte Dekanat Rosenheim. Kastenau 1952.
[533] Hier und alle folgenden Zitate: Nogowski: Den Toten und den Todgeweihten. In: *Münchner Katholische Kirchenzeitung*, 05.11.1959.

Ehrfurcht hätten. Das verlassene Grab im Osten fungiert in dieser Argumentation als Beleg für die Unmenschlichkeit der politischen Führung in Russland. Mit den »Todgeweihten« meint der Artikel die Kriegsgefangenen in den russischen Lagern, für die die Leser der *MKKZ* beten und sich ihrer erinnern sollten: »Wir denken also nicht nur an die Toten, deren Leiber in fremder Erde schon vermodert sind, sondern auch an die Totgeglaubten und Totgesagten und fragen sie, was sie uns zu sagen haben.« Dieser Artikel mit seinem Aufruf, auch die Kriegsgefangenen nicht zu vergessen, hat neben dieser direkten Aufforderung an die Einzelnen auch eine politische Konnotation: Man solle die Kriegsgefangenen in Russland nicht ihrem Schicksal überlassen, sondern sich weiterhin für ihre Freilassung einsetzen.

Die *Münchner Katholische Kirchenzeitung* wendete sich jedoch auch direkt gegen den Kommunismus und funktionalisierte hierfür das Grab im Osten als geschichtspolitisches Narrativ, beispielsweise bei der Schilderung eines Begräbnisses in einem Kriegsgefangenenlager in Russland: »Eben hatten wir einen toten Kameraden neben dem russischen Friedhof in die Erde gesenkt. Ein Kamerad aus Hamburg, ehedem gläubiger Kommunist, bis ihn die russische Kriegsgefangenschaft von den Lehren eines Karl Marx geheilt hatte, blickte über den entsetzlich heruntergekommenen russischen Friedhof hinweg und flüsterte vor sich hin: ›Wer die Toten vernachlässigt, vernachlässigt auch die Lebenden.‹ – Immer ist mir dieses Wort im Gedächtnis geblieben.«[534]

Sowohl der Volksbund als auch die katholische Kirche, beides konservativ geprägte Organisationen, nutzten das Gedenken an die im Osten gefallenen Soldaten zur Kritik am Kommunismus – und damit auch zur positiven Abgrenzung der BRD gegenüber der DDR.

---

534 Nogowski (1959): Den Toten und Todgeweihten. Die Bitte eines Heimkehrers. In: *Münchner Katholische Kirchenzeitung. Bistumsblatt der Erzdiözese München-Freising* 43, 05.11.1959 (45), S. 565.

7. Totengedenken in der »neuen Heimat«

Der Zweite Weltkrieg bedeutete auch eine Massenmigration.[535] Flüchtlinge, staatenlose Ausländer, Displaced Persons, Evakuierte, Heimatvertriebene, befreite KZ-Insassen – sie alle befanden sich nach Ende des Zweiten Weltkrieges auf dem Gebiet der beiden späteren deutschen Staaten.[536] Sei es auf der Suche nach neuer Heimat oder als Durchgangsstation, immer jedoch waren sie fern ihrer Heimat. Mit der Heimat hatten sie auch die Gräber ihrer Angehörigen hinter sich gelassen[537]. Vor allem für die aus den ehemaligen »Ostgebieten« des Deutschen Reiches Vertriebenen und Geflüchteten gestaltete es sich mit der Neuordnung Europas und der Teilung Deutschlands nach dem Zweiten Weltkrieg schwierig, die Gräber ihrer Toten zu besuchen und zu schmücken.[538]

Diese Erfahrung von Flucht und Vertreibung wirkte sich auch auf die Rituale des Totengedenkens der Heimatvertriebenen aus.

---

535 Vgl. Piskorski, Jan M.: *Die Verjagten*, München 2013; Sienkiewicz, Witold: *Zwangsumsiedlung, Flucht und Vertreibung 1939–1959*, Bonn 2009.

536 Neben der Menge an Zeitzeugenberichten zur Flucht und Vertreibung vgl. zur zwangsweisen Massenmigration im 20. Jahrhundert v. a.: Ahonen, Pertti: *People on the Move*, Oxford [u. a.] 2008; Piskorski (2013): VERJAGT, und Sienkiewicz (2009): ZWANGSUMSIEDLUNG. Zu den Heimatvertriebenen in Bayern: Neupert, Jutta: *Vom Heimatvertriebenen zum Neubürger*. In: Benz, Wolfgang (Hg.): *Neuanfang in Bayern*, München 1988; als statistische Analyse der Heimatvertriebenen in Bayern: Piegsa, Bernhard: *Die Umsiedlung der Heimatvertriebenen und der Freistaat Bayern*, München 2009.

537 Zu den Toten der Vertriebenen vgl. Nawratil, Heinz: *Die deutschen Nachkriegsverluste unter Vertriebenen, Gefangenen und Verschleppten*, München [u. a.] 1986.

538 Zur Begrifflichkeit vgl. Kornrumpf, Martin: *In Bayern angekommen*, München 1979, S. 75–77: Im Sprachgebrauch der OMGUS waren »refugees« (Evakuierte) diejenigen, die »freiwillig nach Kriegsbeginn ihren ständigen Wohnsitz verlassen haben«. Entscheidend war, dass sie bereits vor Kriegsende in Bayern angekommen waren. Im Gegensatz zu den »expellees« waren die refugees »repatriable«. Bei den Expellees wiederum wurde unterschieden zwischen »Flüchtlingen«, die vor, und »Vertriebenen«, die nach dem Potsdamer Abkommen in Bayern aufgenommen wurden.

Nach innen stärkte das gemeinsame Gedenken in heimatlichen Ritualen die Identität der Gemeinschaft. Nach außen erfüllten die Beisetzungen von Vertriebenen, über das individuelle Gedenken hinaus, geschichtspolitische Funktionen. Die Umstände, unter denen die Neubürger ihre Angehörigen in der neuen Heimat bestatteten, geben dabei Aufschluss über das Verhältnis zwischen den Aufnahmegemeinschaften und den Vertriebenen.

Exemplarisch lässt sich dies an den Sudetendeutschen aufzeigen, die in Bayern den größten Anteil an neuen Bürgern stellten.[539] Die Sudetendeutschen begriffen sich selbst als Gemeinschaft, die sich in erster Linie über den Verlust der Heimat und die als traumatisch empfundene Erfahrung der Vertreibung als Schicksalsgemeinschaft identifizierte. In der neuen Heimat fanden sie sich in Landsmannschaften oder Gemeinden, wie der »Eghalanda Gmoi«, zusammen, um ihre Traditionen und damit die Heimatverbundenheit zu pflegen.

Elf Jahre nach der Vertreibung zeichnete die *Egerer Zeitung* 1956 ein ernüchterndes Bild von den deutschen Friedhöfen im Sudetenland: »[...] die einst so gepflegten Gottesäcker blieben verödet und verwüstet liegen. Heute sind die Friedhofswege überwuchert von Gras, um geborstene Gedenk- und Grabsteine schlingt Unkraut seine hochfahrenden Ranken und wir haben Kunde davon, dass mancherorts auf Friedhöfen sogar Sportplätze errichtet wurden.«[540] Die Betroffenen empfanden es als traumatisch, kein Grab als Erinnerungsort zu haben und zu wissen, dass die zurückgelassenen Friedhöfe bestenfalls verwilderten.[541] Josef Hanika untersuchte in den 1950er-Jahren die Auswirkungen des Heimatverlustes auf die Totenehrung und stellte fest, dass der Totenkult »mit elementarer Wucht« wieder aufbrach, nachdem ein »Ort des Bleibens« gefunden war und die »zerstreuten Heimatgenossen wieder Verbindung

---

539 Piegsa (2009): UMSIEDLUNG.
540 Die Toten in der Heimat mahnen. In: *Unser Sudetenland* November 1956 (13), S. 2.
541 Fendl (2006): ORTE, S. 82.

miteinander aufgenommen hatten«.[542] Die Rituale der Vertriebenen wurden individuell, kollektiv und politisch funktionalisiert.

7.1 Neue Rituale und private Praktiken

»In der Vereinzelung der ersten Zeit der Heimatlosigkeit ziehen sich die Familien zum Allerseelen-Gedenken in ihre Notunterkünfte zurück. Hat man das Bild eines verstorbenen Angehörigen gerettet, so stellt man es auf und zündet einen Kerzenstummel davor an.«[543] Die Befragung Josef Hanikas unter Vertriebenen aus den 1950er-Jahren ergab, dass die Heimatvertriebenen bereits auf der Flucht und anschließend in den ersten Notunterkünften in Ermangelung der Gräber als Erinnerungsorte neue Formen fanden, um ihrer Toten zu gedenken. Bereits in den Flüchtlingslagern entwickelte sich ein neues »Flüchtlingsbrauchtum«, wie auch die Praxis zeigt, eine Kerze vor dem Foto des Verstorbenen zu entzünden, wenn man das Grab nicht besuchen konnte.

Oftmals standen die Stadtgemeinden den Vertriebenen, Evakuierten und Displaced Persons wenig positiv gegenüber. So befürchtete zum Beispiel die katholische Kirche eine Radikalisierung durch die Vertriebenen.[544] Die Seelsorger sahen die Evakuierten als Grund für eine »lockere Moral« an. Von den Displaced Persons befürchtete man, dass sie durch Plünderungen Rache an den Deutschen für den Zweiten Weltkrieg und die Schoah nehmen würden. Angesichts dieser feindlichen Haltung der Aufnahmegesellschaften fanden sich die Vertriebenen in der neuen Heimat schnell zusammen und identifizierten sich als »Schicksalsgemeinschaft«. Für diese Vergemeinschaftung war das gemeinsame rituelle Totengedenken zentral. Es fand innerhalb der Gruppe der Sudetendeutschen statt, indem gemeinsam der Toten gedacht wurde, die man in der Heimat zurückgelassen hatte. Vor allem an den

---

542 Hanika, Josef: *Heimatverlust und Totenehrung*. In: Bayerisches Jahrbuch für Volkskunde 1955, Regensburg 1955, S. 129.
543 Hanika (1955): Heimatverlust, S. 130.
544 Vgl. hierzu die Studie von Buscher (2003): Fear.

Feiertagen, die im Kirchenjahr dem Andenken an die Toten gewidmet sind, offenbarte sich das Bedürfnis nach den Traditionen, in der sich auch die Sehnsucht nach der »alten Heimat« ausdrückte: »Daheim, da sind wir hinausgegangen an Allerheiligen und an Allerseelen auf die Friedhöfe. Wir haben die Gräber derer geschmückt, die uns teuer waren. Wir haben Lichter an ihre letzten Ruhestätten gestellt, und es war ein strahlender, warmer Glanz über den Gottesäckern. Es war eine herzliche Trauer im Innern derer, die da standen im stillen Gebet. Heute können wir nur über Weiten hinweg Zwiesprache halten mit unseren Toten. Sie ruhen zwar in der Heimaterde, aber nur noch wenige sind da, die sie ihnen leicht machen.«[545]

Josef Hanika konstatierte, dass vor allem im November, an Allerseelen, das traumatische Erlebnis der Vertreibung aus der Heimat wieder ins Bewusstsein komme, falls man nicht die Möglichkeit habe, an die Gräber der Familienmitglieder zu gehen.[546]

In Ermangelung eines eigenen Grabes suchten sich die Flüchtlinge Ersatz-Erinnerungsorte, die sie sich aneigneten und symbolisch und emotional aufluden. Der Erinnerung wurde ein neuer Ort zugewiesen, indem Hinterbliebene beispielsweise Feldkreuze oder verlassene Gräber mit Blumen und Kerzen schmückten und dort ihrer Toten gedachten.[547] Im Totengedenken wurden so die

---

545 Die Toten in der Heimat mahnen. In: *Unser Sudetenland* November 1956 (13), S. 2.
546 »[...] am schmerzlichsten bewusst wurde die unerfüllbare Verpflichtung der Toten der Heimat gegenüber am ersten Allerseelentag in der Ferne. Die Gräber der Anverwandten sind in der Heimat zurückgeblieben. Man kann sie nun, wie es Sitte und Brauch erfordern, nicht schmücken, ein Herzensbedürfnis und eine Pflicht bleiben unerfüllt. Und noch quälender ist der Gedanke an jene Angehörigen und Freunde, deren sterbliche Hülle eine sehr unwürdige Behandlung erfahren hat.« Hanika (1955): HEIMATVERLUST, S. 129.
547 »Da und dort sucht man eine stellvertretende Erfüllung des Brauches, indem man Blumen und Kerzen zu einem einsamen Feldkreuz stellt, oder man schmückt auf dem Friedhof des Aufnahmeortes das verlassene Grab eines Unbekannten. Auf dem Wiener Zentralfriedhof betrachtete man nach einem Zeitungsbericht eine sudetendeutsche Frau, die eine Reihe von Gräbern unbekannter Volksdeutscher, meist Seuchenopfer der Nachkriegszeit,

sudetendeutsche Herkunft und die Verbundenheit mit der Heimat als wichtiges Merkmal der persönlichen Identität wie auch der Gruppenidentität weiterhin kultiviert.

Die Verbundenheit mit dem Sudetenland findet ihren Ausdruck besonders in den Todesanzeigen und Nachrufen in Heimatzeitungen. Hier wird die Lebensgeschichte der Verstorbenen oft als eine scheinbar bruchlose Erfolgsgeschichte seit und vor allem trotz der Vertreibung geschildert und, laut Elisabeth Fendl, »die Opferrolle der Vertriebenen meist überdeutlich herausgestellt«.[548] So betonten die Verfasser von Nachrufen auch in den 1980er-Jahren noch das »Deutschtum« des Sudetenlandes.[549] In all diesen Texten wiederholen sich Versatzstücke, die den Wunsch der Verstorbenen, ihre Heimat noch einmal wiederzusehen, ausdrückten. Daraus spricht die Heimatverbundenheit der Verstorbenen und ihrer Angehörigen. Gleichzeitig offenbaren diese Sprechmuster, dass die Vertriebenen ihr Schicksal bis zuletzt nicht als definitiv ansahen, die Rückkehr in die Heimat die beständige Hoffnung blieb.

7.2 Begräbnisse in der neuen Heimat – »Heimatlicher als in der Heimat selbst«?

Doch nicht nur für den Einzelnen, der sein Heimweh durch das Festhalten an heimatlichen Traditionen zu lindern suchte, war das Totengedenken wichtig.[550] Nach der Vereinzelung durch die massenhafte Zwangswanderung suchten die Sudetendeutschen sich gegenseitig und formierten in den Städten, die ihnen zur neuen Heimat wurden, Heimatverbände wie die Eghalanda Gmoi, die

---

    herrichtete, mit Blumen schmückte, und dann im Gebet ihrer eigenen Toten gedachte [...]« Hanika (1955): HEIMATVERLUST, S. 130.
548 Fendl (2006): ORTE, S. 108.
549 Vgl. *Egerer Zeitung* 37. Jg, Mai 1986 (5), S. 94.
550 Vgl. zum »zähen Festhalten an Traditionen« Hanika (1955): HEIMATVERLUST, S. 135; zum »Heimweh« und der Bedeutung der Traditionen Greverus, Ina-Maria: *Auf der Suche nach Heimat*, München 1976, S. 121.

Sudetendeutsche Landsmannschaft[551] oder die Seliger-Gemeinde[552]. Das stärkste Element der Identifikation als Gruppe war der Bezug auf die gemeinsame Heimat und das erlittene Schicksal der Vertreibung nach Kriegsende. Die Rituale des Totengedenkens waren nicht nur ein passiver Bezug auf heimatliche Traditionen, sondern sollten »bewahrend und neu schöpfend das Verlustmoment überbrücken«[553].

Je länger die Vertriebenen in den Aufnahmegemeinden lebten, desto öfter trugen sie ein Mitglied ihrer Gemeinschaft zu Grabe. Diese Flüchtlingsbegräbnisse waren regelmäßig Anlässe, zu denen sich die Vertriebenen trafen. Fendl geht davon aus, dass solche Beerdigungen besser besucht waren als die der Einheimischen, da oft von weit her angereiste Nachbarn und Freunde sowie Vertriebene ohne konkreten Bezug zu der Person anwesend waren.[554] Ausschlaggebend war dabei nicht zuvorderst das genaue Herkunftsgebiet der Personen, die sich bei diesen Begräbnissen trafen. Oft waren dies vielmehr »Orts-, Transport- und Lagergemeinschaften« (Fendl), die sich gegenseitig den Besuch der Beerdigungen versprachen.[555]

Anhand der Beschreibung solcher Flüchtlingsbegräbnisse in den Heimatzeitungen lassen sich neue Rituale ausmachen, mit denen die Sudetendeutschen die Erinnerung an ihre Heimat und das gemeinsame Schicksal beschworen. Traditionen wie Lieder und Trachten aus dem Sudetenland, die zuvor keine expliziten Elemente des Totengedenkens waren, wurden in der neuen Heimat zentrale Elemente von Flüchtlingsbegräbnissen.[556] So führten beispielsweise

---

551 Vgl. zur Sudetendeutschen Landsmannschaft Herde, Georg: *Die Sudetendeutsche Landsmannschaft*, Köln 1987.
552 Die Seliger-Gemeinde tritt im Gegensatz zur Landsmannschaft deutlich nicht revanchistisch auf, sie formierte sich als »sozialdemokratische Gesinnungsgemeinschaft«; *Rückschau auf 50 Jahre Seliger-Gemeinde: Gesinnungsgemeinschaft sudetendeutscher Sozialdemokraten*, München 2001.
553 Greverus (1976): Heimat, S. 121.
554 Fendl (2006): Orte, S. 86.
555 Fendl (2006): Orte, S. 86.
556 Hanika (1955): Heimatverlust.

sudetendeutsche Priester, sogenannte »Heimatpriester«[557], die Begräbniszeremonie aus, die Trauergemeinde sang Heimatlieder wie das »Feieromd-Lied«[558], und am Grab standen Abordnungen der Heimatvereine in der jeweiligen Tracht des Herkunftsortes des Verstorbenen[559].

Zahlreiche »alte Freunde und Bekannte aus der Sudetenheimat, vornehmlich des Egerlandes«[560], insgesamt mehrere Hundert Gäste, gaben im Januar 1952 dem letzten deutschen Bürgermeister der Stadt Eger, Dr. Emil Janka, das letzte Geleit auf dem Rosenheimer Friedhof. Der Nachruf auf Janka beschwor die Schicksalsgemeinschaft, die sein Vermächtnis, den »Kampf um die Rückgewinnung der Heimat«, fortführen solle. Im Falle Jankas zeigt sich auch die Integration der Sudetendeutschen in ihre neue Heimat, da auch der Rosenheimer Oberbürgermeister Hermann Überreiter dem Toten in seiner Grabrede »Worte kollegialen Gedenkens widmete, aus denen Verehrung und Hochachtung klangen«[561]. Neben dem genannten »Feieromd-Lied« als Heimatlied wurde bei der Beisetzung ebenfalls das »Lied vom guten Kameraden« gesungen, das »auch harte Männer zu Tränen rührte«[562], wie die *Egerer Zeitung* schrieb. Dabei stand eine Abordnung der Eghalanda Gmoi aus Bad Aibling in Egerländer Tracht am Grab.[563] Obwohl Janka nicht als Kombattant am Zweiten Weltkrieg teilnahm, wird sein Begräbnis durch die Rhetorik und das »Kameraden-Lied« militärisch inszeniert. Sein Tod wird damit in den Kontext des Krieges gestellt, obschon dieser nicht die Ursache für den Tod Jankas war.

Ein weiteres Element der »Flüchtlingsbegräbnisse« zeigte sich in seiner symbolischen Bedeutung schon in den Soldatenbräuchen im Ersten Weltkrieg: die Heimaterde. Im Falle der vertriebenen

---

557 Fendl (2006): ORTE, S. 90–91.
558 Fendl (2006): ORTE, S. 91–94.
559 Fendl (2006): ORTE, S. 101–104.
560 HB: Sein Leben und Werk. In: *Egerer Zeitung*. 1952 07.02.1952 (2), S. 2–3, S. 3.
561 HB: Sein Leben und Werk. In: *Egerer Zeitung*. 1952 07.02.1952 (2), S. 2–3, S. 3.
562 HB: Sein Leben und Werk. In: *Egerer Zeitung*. 1952 07.02.1952 (2), S. 2–3, S. 3.
563 HB: Sein Leben und Werk. In: *Egerer Zeitung*. 1952 07.02.1952 (2), S. 2–3, S. 3.

Sudetendeutschen warfen Freunde oder Angehörige den Verstorbenen eine Handvoll Erde aus der Heimat als symbolische Stellvertreterin für das wirkliche Begräbnis in der Heimat ins Grab. Dem ehemaligen Bürgermeister Janka beispielsweise wurde Erde aus dem Egerer Stadtwald ins Grab beigegeben, von einem Freund, der dabei die Wertschätzung gegenüber dem Verstorbenen zum Ausdruck brachte und den Schwur ablegte, seine Gebeine in die Heimat zu überführen, sobald man zurückkehren werde.[564] Die Erde muss meist schon beim Verlassen der Heimat mitgenommen worden sein, sie aus der CSSR beziehungsweise Polen zu besorgen war sehr kompliziert und gelang nur selten. Symbolisch wurde so die alte Heimat mit in die neue gebracht und die Verbundenheit zur Heimat gezeigt. Heimaterde diente nicht nur als Grabbeigabe, sondern auch als besonderes Hochzeitsgeschenk oder wurde beim Bau eines neuen Hauses unter der Schwelle der Haustür eingegraben.[565] Sie sollte ein »Unterpfand der Rückkehr in die Heimat, ein Dokument des Anrechtes auf sie sein; sie [sollte], dem fremden Boden beigemengt, die Fremde zur Heimat werden lassen, die neue Heimat an die alte binden, den Segen der alten Heimat auf die neue übertragen«[566].

Elisabeth Fendl bezeichnete die Totenehrungen in den neuen Orten angesichts der vielen heimatbezogenen neuen Traditionen als »heimatlicher als in der Heimat selbst«[567]. Zu erklären ist es aus der traumatischen Erfahrung von Flucht beziehungsweise Vertreibung aus dem Sudetenland, bei der alles bis auf ein zulässiges Gepäck von 50 Kilo zurückgelassen werden musste. Was an materiellen Werten verloren war, sollte durch das Festhalten an immateriellen Werten wie heimatlichen Traditionen ausgeglichen werden.

---

564 *Der Egerländer*, III/1, Januar 1952, S. 6.
565 Zur Bedeutung der Heimaterde und den Möglichkeiten, sie zu beschaffen vgl. Fendl (2006): ORTE, S. 95–101.
566 Hanika (1955): HEIMATVERLUST, S. 136.
567 Fendl (2006): ORTE, S. 116.

7.3 Die Heimatvertriebenen und die Aufnahmegemeinschaften

Abhängig von den lokalen Gegebenheiten, ob ein städtischer Friedhof oder lediglich ein an die Ortskirche angrenzender Kirchhof vorhanden war, bestimmten die Stadtverwaltung oder die katholische Kirche die Rahmenbedingungen des Totengedenkens der Vertriebenen. Angesichts der lokalen Bedingungen, unter denen diese Begräbnisse stattfanden, erkennt man auch hier im Totengedenken, auf welch negative Einstellung die Flüchtlinge und Vertriebenen in ihren neuen Aufenthaltsorten trafen.

Die Haltung der katholischen Kirche gegenüber den Vertriebenen kann mit Blick auf die Seelsorgsberichte aus den Nachkriegsjahren nicht anders als feindselig bezeichnet werden. Folgt man der These Frank Buschers, so lag dieser Feindseligkeit die Angst der Kleriker vor einer politischen und antireligiösen Radikalisierung durch die Vertriebenen zugrunde.[568] Gegen diese »Radikalisierung« mit den Mitteln der Seelsorge zu kämpfen war Anliegen der katholischen Pfarrer. Sie befürchteten vor allem eine zunehmende Areligiösität der Stadtgemeinschaft durch die Neubürger.[569] Vergleicht man jedoch die Zahlen für Bayern, so zeigt sich im Jahr 1950, dass der Anteil der Katholiken an der Gesamtbevölkerung vor dem Zweiten Weltkrieg bei 73 % lag, 1950 bei 70 %. Von den Vertriebenen waren 70 % Katholiken. Sie bewirkten in Bayern also keine signifikante Veränderung in der konfessionellen Struktur der Bevölkerung.[570] Die Seelsorgsberichte offenbaren jedoch nicht nur die ängstlich-abwehrende Haltung der Kirche, sondern sprachen auch von der »Schwierigkeit der Eingliederung der Flüchtlinge in

---

568 Buscher, Frank (2003): FEAR.
569 So beklagten sich die Seelsorger vor allem über die »Lauheit« der Vertriebenen in Glaubensfragen – wohl mit der Befürchtung es könne auf die restliche Gemeinde abfärben. EAM SSB 778: Seelsorgsberichte Dekanat Rosenheim. Generalbericht 1951. EAM SSB 708: Seelsorgsberichte Dekanat Werdenfels. Mittenwald 1954/1955.
570 Vgl. die Statistik bei Piegsa (2009): UMSIEDLUNG, S. 215.

das gemeindliche und pfarrliche Leben«[571], wie ein Seelsorger noch 1947 schrieb. Im Laufe der folgenden Jahre schien sich die Situation zu entschärfen, wie der Bericht über die Jahre 1958 bis 1960 vor allem mit der Betonung auf das Zusammenleben in der Stadtgemeinschaft festhielt.[572]

Diese Einstellung der katholischen Kirche gegenüber den Vertriebenen und Flüchtlingen muss man bedenken, wenn man von den Bedingungen liest, unter denen die Neubürger ihre Toten bestatten mussten. *Der Lichtblick*, eine Zeitschrift für Vertriebene, berichtete 1948 aus Trostberg: »Dort starb, kurz nach seinem Eintreffen mit dem Massentransport, ein älterer Aussiedler aus dem Sudetenland, wie so viele seiner Leidensgenossen, teils an den ausgestandenen Leiden und Entbehrungen, teils weil ihm der Verlust der geliebten Heimat das Herz gebrochen hatte. Seine Angehörigen wollten ihre geringen Mittel daran wenden, ihm wenigstens ein anständiges Begräbnis zu bereiten – aber siehe da: die fromme, christliche Gemeinde verweigerte es. Nun versuchten die Leidtragenden, ihrem Toten zumindest einen Grabstein zu setzen, den sie inzwischen hatten anfertigen lassen, aber auch das wurde nicht gestattet. Für Flüchtlinge, so wurde die Tochter des Verstorbenen kurz beschieden, gebe es nur Reihengräber mit einfachen Holzkreuzen, die zu allem Überfluss mit dem ominösen ›Flü‹ gekennzeichnet sind. Nebenbei – diese Gräber sind so pietätvoll angeordnet, dass sie zur Hälfte unter dem Gehweg liegen.«[573]

Solche Berichte zeugen von einer Exklusion der Flüchtlinge aus der Stadtgemeinschaft bis über den Tod hinaus. Der Artikel schließt mit der fatalistisch anmutenden Frage, was denn die Lebenden von den Trostbergern zu erwarten hätten, wenn man schon die Toten so schlecht behandle. Vor diesem Hintergrund kann der

---

571 EAM SSB 778: Seelsorgsberichte Dekanat Rosenheim. Generalbericht 1947.
572 EAM SSB 778: Seelsorgsberichte Dekanat Rosenheim. Generalbericht 1958–1960.
573 Als Flüchtlinge noch im Tode geächtet. In: *Der Lichtblick. Monatsschrift für Flüchtlinge, Ausgewiesene, Heimatlose und deren Freunde.* 3 Mai 1948 (1).

Aspekt der Vergemeinschaftung als eine Art Flucht in die Tradition gesehen werden. Wo den neuen Bürgern der Stadt ein würdiges Begräbnis beziehungsweise eine würdige letzte Ruhestätte verwehrt blieben und sie auch im Tod noch ausgegrenzt und geächtet wurden, erscheint es naheliegend, dass sie sich auf diese Identität als Flüchtlinge zurückzogen. Karin Pohl bezeichnete ein solches Festhalten am Brauchtum als einen »kulturellen Rettungsanker«[574], als eine »bewusste Distinktion der Vertriebenen gegenüber der Aufnahmegesellschaft«[575].

7.4 Geschichtspolitik der Heimatvertriebenen

Ein wichtiges Moment im Totengedenken der Heimatvertriebenen ist jedoch, wie das Motiv der fernen Heimat beziehungsweise der zurückgelassenen Toten als Vehikel für die Formulierung politischer Forderungen genutzt wurde. Das Begräbnis des letzten deutschen Bürgermeisters von Eger ist hierfür beispielhaft. Die »vielen Hundert« Teilnehmer an der Beerdigung Dr. Emil Jankas auf dem Städtischen Friedhof Rosenheim zu Beginn des Jahres 1952 sowie die offiziellen Vertreter der Städte Rosenheim und Regensburg verdeutlichen, dass dieses Begräbnis keinesfalls als eine private Zeremonie der Familie Janka angesehen werden darf. Vielmehr war es eine öffentliche Veranstaltung, eine »Kundgebung der Schicksalsgemeinschaft«[576]. So war der Nachruf des Erzdechanten Doppl am Grab Jankas stark politisch geprägt.[577]

Doppl überhöhte den natürlichen Tod Jankas rhetorisch und militarisierte ihn, indem er betonte, dass Janka »auf dem friedlichen Feld der Heimatarbeit« fiel, ja sogar den »Opfertod im Dienste der Heimat« starb. Die Würdigung seiner Verdienste um die Stadt

---

574 Pohl, Karin: *Zwischen Integration und Isolation,* München 2009, S. 122.
575 Pohl (2009): Vertriebenenpolitik, S. 122f.
576 Hanika (1955): Heimatverlust, S. 134.
577 Hier und im Folgenden: HB: Sein Leben und Werk. In: *Egerer Zeitung.* 1952 07.02.1952 (2), S. 2–3.

Eger und die Gemeinschaft der Sudetendeutschen[578] schließt mit der Hoffnung auf Heimkehr, die Doppl nicht im konjunktivischen Potenzialis, sondern als Realis im Futur ausdrückte: »[...] wenn uns Gott in Seiner Macht und Güte die Heimkehr gewährt und uns unsere schöne Stadt Eger wieder schenkt, wenn die Stadt Eger ihr Gedenkbuch wieder aufschlägt, dann soll auf den ersten Seiten mit goldenen Buchstaben geschrieben stehen: Dr. Janka hat sich um Stadt und Land Eger verdient gemacht.«

Verdient gemacht hatte sich Janka nach seiner Zeit als Bürgermeister von Eger als Gründer und Redakteur der Heimatzeitung, die zum politischen Kampfmittel stilisiert wurde. Sein »Opfertod« sollte als Mahnung für die Jugend sinnfällig werden, weiterhin um das Sudetenland zu kämpfen. »Die *Egerer Zeitung* muss bleiben. Sie soll das Band der Zusammengehörigkeit noch fester um uns schlingen. Sie soll wecken und mahnen, wenn wir müde werden wollen. Sie soll kämpfen für unsere gerechte Sache, für die Rückgewinnung unserer schönen Heimatstadt Eger und des Egerlandes und des Sudetenlandes.« Janka selbst wurde im Folgenden von Doppl als »deutscher Mann, dem Volk und Heimat über alles gingen« bezeichnet.

Bezeichnenderweise wurde in den Grabreden weniger die bloße Hoffnung auf Heimkehr als vielmehr die feste Überzeugung ausgedrückt, dass man dereinst in die Heimat zurückkehren werde. So formulierte der ehemalige Bürgermeister Haas (Eger), als er eine Handvoll Heimaterde in das Grab Jankas streute: »Dr. Janka, wir halten dir die Treue! Wir lassen dich nicht hier liegen! Wenn wir wieder in unsere Heimat zurückkehren, holen wir auch dich heim, und die Stadt Eger wird dir dann ein Ehrengrab bestellen.« Der »Kampf um die Rückgewinnung der Heimat« war also das zentrale Motiv der Grabreden, und auch das Leben und Wirken des Verstorbenen wurden als Hinwirken auf diese Rückgewinnung hin erzählt. In den Heimatzeitungen wurde ebenfalls regelmäßig das

---

578 Der Dienst für die Heimat war dabei die Gründung der *Egerer Zeitung* und die Pflege der »Heimatkartei«.

Andenken an die Toten mit dem Kampf um die Heimat verknüpft. Wie dem Soldatentod während des Krieges eine Sinnhaftigkeit als Sterben für ein höheres Gut eingeschrieben wurde, so zog der Autor der Zeitschrift *Unser Sudetenland* in diesem Fall die Toten in der Heimat als mahnende Verpflichtung zum Kampf um diese heran: »Aber es hieße den Sinn dieses Lebens verkennen, wollten wir in dem großen Sterben unserer Brüder und Schwestern das Walten eines sinnlosen Zufalls erblicken. Denn sie alle, die ungezählten Toten, haben ihr Leben letztlich nur der Heimat geopfert, ihrer Heimat, an der sie mit Leib und Seele hingen und die auch die unsere ist. Eben dies aber, diese Hingabe ihres Lebens für die Heimat, legt uns Überlebende eine große Verantwortung auf, die niemand von unseren Schultern nehmen kann: nämlich ihr Vermächtnis zu erfüllen und unsren Kindern wieder zu übergeben, was wir einst von unseren Ahnen übernommen haben – den Boden unserer unvergesslichen Heimat.«[579]

---

579 Der Monat der Toten. In: *Unser Sudetenland* November 1957 (25), S. 2.

8. Zwischenfazit

»Wir gedenken heute vor allem der Geopferten. Wir gedenken ihrer in Dankbarkeit und Ehrfurcht. In Ehrfurcht und Treue. Viele ruhen in deutschem Boden, viele in fremder Erde. In dreiundfünfzig Ländern sind Gräber von Deutschen, aber auch ihre Gräber sind nicht vergessen. Wir ehren die Toten, und wir ehren uns selbst, wenn wir die Stätte heilig halten, an der sie ruhen.«[580]

In den Worten Konrad Adenauers bei der zentralen Feier zum Volkstrauertag im Bundestag 1954 zeigt sich, welche große Bedeutung dem fernen Tod mit seinen Variationen des »fernen Grabes« und der »fremden Erde« zukam. Diejenigen, die fern der Heimat starben und ihr Grab fanden, hatten im Totengedenken nach dem Zweiten Weltkrieg eine herausgehobene Position inne. Im privaten wie im öffentlichen Raum veränderten das Sterben und die Bestattung fern der Heimat und fern der Erinnerungsgemeinschaft die Übergangsriten, welche ursprünglich die Anwesenheit des Leichnams voraussetzten. Verschiedene Gedenkakteure kultivierten den fernen Tod als ein Narrativ der Erinnerung, das sie sich für ihre Ziele und politischen Forderungen aneigneten und nutzbar machten.

Bei der Kommunikation im Krieg ist der ferne Tod durchweg implizit, denn die Soldaten starben an der Front, während die Familien in der Heimat warteten. Bereits wenn Vorgesetzte, Militärpfarrer oder Feldärzte die Familien vom Kriegstod ihrer Angehörigen benachrichtigten, thematisierten sie den fernen Tod. Die Familien zu Hause konnten sich weder vom Tod noch vom Begräbnis selbst überzeugen. Auch konnten sie sich nicht am konkreten Bestattungsort ihres Sohnes, Vaters, Bruders oder Ehemanns rituell verabschieden. Umso mehr waren sie daher auf symbolische Repräsentationen des Todes angewiesen, deren erste die Gefallenenmeldung war. Die Vorgesetzten, Kameraden, Militärpfarrer und Ärzte schilderten bisweilen sehr ausführlich den Moment des

---

580 Soltau (1995): WIR GEDENKEN.

Todes oder die letzten Stunden des Verstorbenen. In den allermeisten Fällen verschwiegen sie dabei die brutale Gewalt des Sterbens im Krieg zugunsten heroisierender und beschönigender Berichte von einem schnellen Tod. Besonders ausführlich wurden in diesen Benachrichtigungen auch die Bestattungen der Soldaten hinter der Front »unter militärischen Ehren« oder manchmal gar »in Beisein eines Pfarrers« thematisiert. Das Wissen um einen schnellen Tod und ein würdiges Begräbnis, das nicht zuletzt die Möglichkeit impliziert, überhaupt einen Leichnam geborgen zu haben, sollte den Familien ein, wenn auch geringer, Trost sein. Auch wollte das Regime damit vermeiden, dass die Stimmung an der »Heimatfront« sich gegen den Krieg wendete. Oftmals wurden den Briefen bereits Fotos des Feldgrabes beigefügt oder die spätere Nachsendung einer Aufnahme versprochen. Wie wichtig den Hinterbliebenen das Wissen um eine ordentliche Beerdigung war, zeigen ihre Korrespondenzen mit dem Volksbund und den Friedhofsverwaltungen. Es scheint den Angehörigen ein großer Trost gewesen zu sein, wenn sie wussten, dass der Gefallene geborgen und bestattet werden konnte. In vielen Briefen findet sich auch die Bitte um detaillierte Beschreibungen der Beerdigungszeremonie – es scheint, als ob die Hinterbliebenen zu Hause die Bestattung gleichsam in der Ferne und zeitversetzt nachvollziehen wollten. Auch war es den Familien der Gefallenen im Krieg wichtig, das würdige Begräbnis zu kommunizieren. So findet sich in vielen Todesanzeigen nicht nur der Ausruf »Ruhe sanft in fremder Erde!«, sondern auch variantenreich der Hinweis auf die Bestattung des Soldaten. Übergangsrituale wie das Aufbahren der Leiche und der rituelle Abschied bei der Beerdigung waren den Hinterbliebenen während des Krieges nicht möglich. An ihre Stelle traten Ersatzhandlungen wie »Heldengottesdienste« oder detaillierte Sterbebildchen für gefallene Soldaten. Die Rituale des Abschiednehmens sollten die Ablösung vom Verstorbenen und damit das Weiterleben erleichtern. Zur »gelungenen Trauerarbeit« gehören auch die Strukturierung der Trauerzeit und das Sublimieren der Trauer in Formen ritueller Erinnerung. Die Struktur der Trauerzeit durch Seelengottesdienste sieben, 30 und 365 Tage nach dem Tod war schon durch die langen

Kommunikationswege gestört. Während des NS-Regimes sollten zudem die Kirchen nicht mehr als Ort des Trostes fungieren.

Erinnerung braucht Orte. Im privaten Totengedenken ist es das Grab, das man am Allerheiligentag[581] besucht, das regelmäßig gepflegt und an Feiertagen besonders geschmückt wird. Erst mit dem konkreten Ort können die Trauernden die Rituale des Abschiedes ausführen, welche Psychologen als die Voraussetzung einer »gelungenen Trauerarbeit« verstehen. Mit dem fernen Tod fehlte allerdings das Grab als ein solcher Erinnerungsort, doch schufen sich die Hinterbliebenen vielerlei Ersatz-Erinnerungsorte, die das Gedenken an die Toten wachhalten und der Erinnerung einen konkreten Ort geben sollten. Dazu zählen Symbolgräber ebenso wie Sterbebildchen oder die Aneignung von Denkmälern für Trauerpraktiken. Mit diesen Praktiken des Gedenkens konnten die Trauernden den Raum zwischen sich und dem realen Grab zumindest symbolisch überwinden. Eine reale Überbrückung des Raumes gelang durch Kriegsgräberreisen, die der Volksbund organisierte, sowie Exhumierungen und Überführungen von Leichnamen an den Heimatort der Hinterbliebenen. Da es sich die meisten Angehörigen nicht leisten konnten, den Leichnam exhumieren zu lassen oder regelmäßig kostspielige Fahrten zum fernen Grab zu unternehmen, kam den Ersatzerinnerungsorten eine besondere Bedeutung für die Praktiken des individuellen Gedenkens und Trauerns zu.

Neben den Hinterbliebenen deutscher Soldaten wurden die Gedenkpraktiken der Heimatvertriebenen analysiert, die ebenfalls mit dem fernen Tod konfrontiert waren und ihn zum zentralen Motiv ihres Totengedenkens in der neuen Heimat machten. Tage des Totengedenkens wurden ebenso zu großen Zusammenkünften der Vertriebenen wie die Begräbnisse von Flüchtlingen in den Aufnahmeorten. In beiden Fällen können neue Rituale des Gedenkens ausgemacht werden, die sich alle durch ihren Heimatbezug

---

581 In Oberbayern war zu dieser Zeit der Brauch noch weiter verbreitet, der eigenen Toten am Allerseelentag (2. November) zu gedenken, dies variierte jedoch von Familie zu Familie.

auszeichnen: Heimattracht und -fahnen am Grab, das Singen von Heimatliedern, Zeremonien von Heimatpfarrern sowie besonders der Brauch der Heimaterde als Grabbeigabe. Diese heimatbezogenen Rituale dienten der Stärkung der Gruppenidentität als Schicksalsgemeinschaft, der die Aufnahmegemeinschaften feindselig gegenüberstanden. In ihren Gedenkritualen grenzten sie sich so nach außen ab und stärkten nach innen das Zusammengehörigkeitsgefühl.

Man kann darin auch die Trauer um die verlorene Heimat erkennen. Die Rituale, die in der Trauerarbeit die Ablösung vom geliebten Objekt symbolisieren sollen, offenbarten im Falle der Vertriebenen vielmehr deren Verhaftung daran. Darüber hinaus wurde hier rituell vollzogen, was die Rhetorik des kollektiven Gedenkens der Heimatvertriebenen explizit formulierte: der Bezug auf die Heimat, gepaart mit einem Anspruch auf die Rückkehr. Solch revanchistische Tendenzen zeigten sich sowohl in Grabreden, Nachrufen als auch in Denkmalinschriften und -motiven.

Doch auch andere Gruppen nutzten das Totengedenken, um darin ihre tagespolitischen Forderungen zu begründen. Die Geschichten in der Mitgliederzeitschrift des Volksbundes beispielsweise transportierten mit dem Motiv der trauernden Witwe oder Mutter, die fremde Gräber in Ermangelung des eigenen schmückte, klassische Rollenbilder: Der Mann wurde als heroischer Kämpfer stilisiert, während die Frau in der Rolle der Trauernden verharrte. Darüber hinaus wirkte der Volksbund mit seinem Engagement sowohl im privaten als auch im öffentlichen Bereich auf ein ehrendes Gedenken an deutsche Soldaten hin, ohne dabei jedoch ihre Täterschaft zu thematisieren. Es dauerte bis in die 1970er-Jahre, bis auch die Opfer der Deutschen, nicht nur die deutschen Opfer, in der Redevorlage des Volksbundes für die Gedenkstunde im Bundestag erwähnt wurden.[582] Das ferne Grab zu pflegen ist auch heute noch eine der Hauptaufgaben des Volksbundes. In der unmittelbaren Nachkriegszeit nutzte der VDK die Berichterstattung über solche

---

582 Kaiser (2010): VOLKSTRAUERTAG, S. 280–291.

Grabpflege-Aktionen dafür, ein dezidiert ehrendes Gedenken an die deutschen Soldaten zu postulieren.

Das »Grab im Osten« wurde neben Volksbund und Kirchen auch von politischen Akteuren als Narrativ genutzt, um sich in Zeiten des Kalten Krieges vom kommunistischen Feind im Osten abzugrenzen. Im Westen funktioniere die Grabpflege im Sinne einer Völkerverständigung über den Gräbern. Die Sowjetstaaten hingegen wurden als unmenschlich dargestellt. Auch in den Medien der katholischen Kirche wurde das ferne Grab oft thematisiert. Meist war es eingebettet in ein allgemeines Narrativ der Sinnstiftung des scheinbar sinnlosen Sterbens im Krieg. An anderen Stellen jedoch instrumentalisierte auch die katholische Kirche das Grab im Osten, um die Angst vor dem Kommunismus zu schüren.

Auf die bis dahin unvorstellbare Dimension massenhaften Sterbens reagierte die Gesellschaft der Überlebenden, indem sie individuelle und kollektive Rituale des Totengedenkens abwandelte. Allen diesen neuen, veränderten Ritualen des Totengedenkens nach dem Zweiten Weltkrieg war eines gemein: Diese symbolischen Repräsentationen veränderten sich mit dem Massensterben des Zweiten Weltkrieges in ihren Formen. Die Funktion jedoch blieb gleich: Der Tod sollte vorstellbar gemacht und ins Leben integriert werden, das Weiterleben sollte durch die rituelle Ablösung vom geliebten Objekt ermöglicht werden. Im kollektiven Gedenken wurden die neuen Rituale mit politischer Rhetorik unterlegt und als Argumente für eigene Ansprüche und Forderungen genutzt.

V. Die Toten des Zweiten Weltkrieges in lokalen Erinnerungskulturen

1. Die Penzberger Mordnacht – Ein lokaler Erinnerungsort

Die Penzberger Mordnacht wurde zu einem Erinnerungsort[583] für die Penzberger Stadtgemeinschaft und darüber hinaus für ein bestimmtes Milieu.[584] Bis heute fungiert dieser Erinnerungsort identitätsstiftend für die gesamte Stadtgemeinschaft und ist das dominierende Narrativ der Erinnerung an den Zweiten Weltkrieg. In Anlehnung an Peter Reichels Konzept vom »Gedächtnis der Stadt«[585] werden mehrere Dimensionen und Handlungsfelder des kollektiven Gedächtnisses in Penzberg untersucht.[586] Unterschiedliche Akteure kommentierten den Prozess, sie stritten über die Motivation der 16 Ermordeten und gestalteten die materielle Er-

---

583 »Erinnerungsort« wird hier mit der Definition von Pierre Nora über die reine physische Konstruiertheit hinaus verstanden, s. Nora (1994): LIEUX.
584 Mit Rohe, Karl: *Wahlen und Wählertraditionen in Deutschland*, Frankfurt a. M. 1992, S. 19, wird das Konzept »Milieu« im Folgenden als »institutionalisierte Deutungskultur« verwendet.
585 Reichel (1997): HAMBURG.
586 Laut Reichel sind dies die »politisch-justitielle, also die normative und moralische Auseinandersetzung mit dem geschichtlichen Erbe [...] Die künstlerische, also materiale und expressive Erinnerungsgeste [...] die individuell trauernde oder gemeinschaftlich gedenkende Hinwendung zur Vergangenheit [und die] die wissenschaftliche Rekonstruktion und Deutung [der Vergangenheit]«: Reichel (1997): HAMBURG, S. 10.

scheinung der Erinnerung. In Gedenkreden funktionalisierten die Akteure die Opfer geschichtspolitisch, und mit Ritualen sicherten sie die zeitliche Kontinuität der Erinnerung an die Mordnacht. Am Übergang vom kommunikativen zum kulturellen Gedächtnis, während des *floating gap*[587], gestalteten sie mit pädagogischen und wissenschaftlichen Projekten das kulturelle Gedächtnis der Stadt.

In einer dichten Untersuchung der Aushandlungsprozesse um das kollektive Gedenken bis zum fünften Jahrestag der Mordnacht sollen die Vergangenheitskonstruktionen untersucht und davon ausgehend herausgearbeitet werden, welche Lesart der Ereignisse des 28. April 1945 zum dominierenden Erinnerungsnarrativ der Stadt avancierte.[588] Das kollektive Gedenken wird ab 1950 zu besonderen Anlässen auf eine Veränderung im Sprechen über die Toten, den Nationalsozialismus und den Zweiten Weltkrieg untersucht. Die Analyse rekurriert dabei immer wieder auf den vorherrschenden Erinnerungsdiskurs auf nationaler Ebene, um Unterschiede im »nationalen« und lokalen Gedächtnis sowie die Spezifika des lokalen Gedächtnisses herauszuarbeiten.

1.1 Chronologie und Aufarbeitung

Der Krieg ist zu Ende. Die Freiheitsaktion Bayern (FAB) hat die Regierungsgewalt übernommen. Die Städte sollen friedlich den vorrückenden amerikanischen Truppen übergeben werden. Es soll vermieden werden, dass die von den Nationalsozialisten proklamierte Politik der »verbrannten Erde«[589] durchgesetzt würde.[590]

---

587 Erll (2005): Kollektives Gedächtnis, S. 28. Zum Bedeutungswandel eines Ereignisses für verschiedene Generationen vgl. Wolf, Jürgen; Burkart, Günter: *Einleitung*. In: Burkart, Günter und Wolf, Jürgen (Hg.): *Lebenszeiten*, Opladen 2002.
588 Bauerkämper (2012): Gedächtnis, S. 18.
589 Adolf Hitlers »Nero-Befehl« vom 19.03.1945 besagte, dass »alle militärischen, Verkehrs-, Nachrichten-, Industrie- und Versorgungsanlagen sowie Sachwerte« zu vernichten seien. Zitiert nach: Sander, Ulrich: *Mörderisches Finale*, Köln 2008, S. 8.
590 Der Wortlaut des Aufrufes der Freiheitsaktion Bayern findet sich in: Baumgärtl, H; Kläger, M; Leiling, O.H: *So war das damals 1945 mit der Freiheits-*

Es war die Nacht vom 27. auf den 28. April 1945, als Hans Rummer diese Radiobotschaft der Freiheitsaktion Bayern (FAB) hörte – und handelte.[591] Um zu verhindern, dass die Nationalsozialisten mit dem Bergwerk die Lebensgrundlage der jungen Stadt Penzberg sprengen, begab sich Rummer frühmorgens mit fünf weiteren Mitstreitern zum Bergwerk. Tatsächlich erreichte er in Verhandlungen, dass die Anlagen nicht gesprengt wurden. Nach der Stilllegung des Bergwerkes gingen Rummer und seine Kollegen zum Rathaus, wo sie den NSDAP-Bürgermeister überredeten, sein Amt niederzulegen und die Stadt zu verlassen. Rummer erklärte Penzberg für von den Nationalsozialisten befreit, die Freiheitsaktion habe nun die Macht übernommen. Um neun Uhr vormittags am 28. April 1945 war Penzberg im Ausnahmezustand. Zwei Stunden später wurden Rummer sowie Ludwig März, Rupert Höck, Johann Dreher, Paul Badlehner und Paul Schwertl auf Befehl von Oberstleutnant Ohm (Penzberg) verhaftet. Der Münchner Gauleiter Giesler hatte die Exekution der Verhafteten angeordnet und die Werwolfeinheit »Hans« nach Penzberg geschickt, die als »fliegendes Standgericht des Führers« gegen 18 Uhr die Verhafteten erschoss.[592] Die Werwolfeinheit erstellte außerdem eine Liste mit den Namen weiterer mutmaßlicher Verschwörer, auf die eine regelrechte Jagd veranstaltet wurde. Acht weitere Frauen und Männer wurden Opfer der Werwolfeinheit: Agathe und Franz Fleißner, Therese und Johann Zenk, Franz Biersack, Gottlieb Gelohlawek, Johann Summerdinger und Albert Grauvogel wurden am Abend des 28. April erhängt.[593] Am Morgen des 29. April verließen die Nationalso-

---

aktion Bayern, München 1970, S. 17–18. Zur FAB vgl. die Monografie von Veronika Diem: Diem, Veronika: *Die Freiheitsaktion Bayern*, Kallmünz 2013.
591 Die Darstellung der Ereignisse des 28.04.1948 folgt: Tenfelde (1981): Provinz, S. 369–382; Luberger (1969): Penzberg, S. 152–157; Rüter-Ehlermann, Adelheid; Rüter, C.F (Hg.): *Justiz und NS-Verbrechen. Sammlung deutscher Strafurteile wegen nationalsozialistischer Tötungsverbrechen 1945–1966* (III.), Amsterdam 1969; Luberger (1985): Penzberg, S. 192–196.
592 Luberger (1985): Penzberg, S. 194.
593 Luberger (1985): Penzberg, S. 194.

zialisten Penzberg, 30 Stunden später trafen die amerikanischen Soldaten ein. Der Krieg war zu Ende.

1948 fand der erste Prozess statt, der die Mordnacht juristisch aufarbeiten sollte. Das endgültige Urteil wurde nach mehreren Revisionsprozessen 1956 gesprochen. Unmittelbar nach Kriegsende sorgte die Stadtverwaltung für ein würdiges Begräbnis der Ermordeten in Ehrengräbern auf dem Städtischen Friedhof.[594] Seit 1946 werden in Penzberg jährlich am 28. April Gedenkfeierlichkeiten veranstaltet. 1948 wurde das Denkmal »An der Freiheit« eingeweiht, das am Ort der Erschießung zur Erinnerung an die Opfer errichtet wurde. Außerdem bemühte die Stadt Penzberg sich um eine finanzielle Entschädigung der Hinterbliebenen.[595]

Begrifflichkeiten

Der Ausdruck »Penzberger Mordnacht« ist ein zeitgenössischer Begriff. Bereits kurz nach Kriegsende fand er Eingang in den allgemeinen Sprachgebrauch, um die Hinrichtung durch ein »fliegendes Standgericht« unabhängig von der juristischen Bewertung der Vorfälle als Verbrechen, als Mord, zu bezeichnen. Dabei klingt nicht zufällig die »Sendlinger Mordweihnacht« an. Die begriffliche Nähe zu dem großen oberbayerischen Narrativ des blutig niedergeschlagenen Aufstandes gegen die Unterdrücker rückt die beiden Geschehnisse semantisch zusammen. So erscheint die Penzberger Mordnacht als Weiterführung des Aufstandes gegen eine als unrechtmäßig empfundene Fremdherrschaft im 20. Jahrhundert.

---

594 Die Stadtratsprotokolle, die hierüber Aufschluss geben könnten, sind nicht überliefert. In den ersten Protokollbüchern des Jahres 1946 wird bereits von den Ehrengräbern auf dem Friedhof gesprochen.
595 Anny Rummer, die Witwe von Hans Rummer, spendete in den 1950er-Jahren die ihr zustehende Summe einer Penzberger Schule, da sie sich nicht »den Tod ihres Mannes bezahlen lassen« wollte. Fügener, Katrin Ina C.: *Hans Rummer* (1880–1945), Penzberg 2005a, S. 52. Allgemein zur Politik der Entschädigung von NS-Opfern s. Goschler, Constantin: *Schuld und Schulden*, Göttingen 2005.

Die 16 getöteten Personen (davon 15 Penzberger Bürger) werden auch in der Analysesprache als »Opfer« bezeichnet. Gleichzeitig ist dies eine Analysekategorie: Es wird untersucht, ob die Toten als viktime oder sakrifzielle Opfer bezeichnet wurden und welchen Zweck die Sprecher damit verfolgten.

1.2 Der Penzberger Mordprozess

Drei Jahre nach der Mordnacht eröffnete Landgerichtsdirektor Strasser am 14. Juni 1948 den ersten Prozess gegen die 16 Männer, denen der »Massenmord« zur Last gelegt wurde.[596] Er endete mit sieben Freisprüchen und zwei Todesurteilen. Die übrigen Angeklagten wurden zu Strafen von zwischen zwei Jahren Gefängnis und lebenslänglich Zuchthaus verurteilt. Diesem Verfahren, das in Penzberg stattfand, folgten insgesamt sechs weitere Prozesse. Der erste Urteilsspruch wurde von der Verteidigung angefochten und im weiteren Verfahren revidiert. 1956 sprach das Schwurgericht München II den ehemaligen Oberstleutnant Ohm, der die 16 Opfer verhaftet und dem Werwolfkommando übergeben hatte, endgültig frei.[597]

---

[596] Vgl. allgemein zur politisch-justiziellen Aufarbeitung der NS-Verbrechen in Westdeutschland: Reichel (2003): Vergangenheitsbewältigung. Der Prozess nach der Penzberger Mordnacht wurde bisher noch nicht neutral oder korrekt dargestellt. Eine belletristische Bearbeitung lieferte Becker-Trier, Heinz: *Es war Mord, meine Herren Richter!* 1958. Ulrich Sander, Bundessprecher der VVN/BdA, widmete dem Prozess zur Mordnacht zwar ein Kapitel, das jedoch nicht wissenschaftlich fundiert ist und inhaltlich z. T. Fehler aufweist (unter anderem schreibt er, das erste Denkmal für die Opfer sei erst 2005 errichtet worden; S. 126): Sander (2008): Finale. Zum Prozess: S. 123ff.

[597] Eine Zusammenfassung der Prozessergebnisse von 1948 bis 1956 gibt Luberger (1985): Penzberg, S. 196.

1.2.1 Der Tatort als Gerichtsort?

»Es gibt doch kein überzeugenderes Moment als das, den Verbrecher dort zu richten, wo er seine Untat vollbrachte! Hier, in Penzberg, leben die Waisen und Witwen der sinnlos Gehenkten; von hier aus soll auch die Sühne sein [...]«.[598] Mit diesem Verweis auf den historischen Ort des Verbrechens begründete der Penzberger Journalist Georg Lorenz den Wunsch der Bevölkerung, dass der Prozess gegen die Täter des 28. April 1945 am Ort des Verbrechens stattfinden sollte. Diese Einstellung vertrat auch der Penzberger Stadtrat. Ab 1946 bemühte er sich aktiv darum, die juristische Aufarbeitung der Mordnacht am Ort des Geschehens, in Penzberg, umzusetzen. Einstimmig beschloss der Stadtrat, »zur Deckung der entstehenden Kosten anlässlich des in Penzberg stattfindenden Mordprozesses den Betrag von RM 650.--«[599] aufzuwenden. Diesen Betrag brachte der Stadtrat als eine Art erste »Entschädigungsleistung« aus »der Arbeitsenthebungsabgabe der ehemaligen Mitglieder der NSDAP«[600] auf. Dieser Beschluss offenbart, dass der Stadtrat bereits zwei Jahre vor Prozessbeginn und Anklageerhebung die Formulierung »Mordprozess« verwendete und in der Öffentlichkeit verbreitete.

Ein Plakat kündigte Wochen vor dem ersten Verhandlungstag bereits den »Mordprozess« an. Um den erwarteten Zuschauerstrom zu kontrollieren und allen Bürgern die Teilnahme am Verfahren zu ermöglichen, verkaufte die Stadtverwaltung für 50 Pfennig das Stück Platzkarten. Es ist zu vermuten, dass Bürgermeister Prandl Tumulte im Gericht befürchtete, denn auf demselben Plakat forderte er das Prozesspublikum auf, keine Demonstrationen zu veranstalten und sich während der Verhandlung »würdig zu benehmen«, damit die Verhandlung nicht abgebrochen und verlegt werden müsse.[601]

---

598 Lorenz: Unser Glaube an Deutschland. In: *Hochlandbote. Sonderausgabe zum Penzberger Mordprozess* 31.07.1948 (Sondernummer 5).
599 Stadtrat Penzberg: Beratung am 25.05.1946, StAP Stadtratsprotokolle 1946.
600 Stadtrat Penzberg: Beratung am 25.05.1946, StAP Stadtratsprotokolle 1946.
601 Im Wortlaut forderte Prandl »[d]ie Teilnehmer an der Verhandlung, wie

Es können mehrere Gründe angenommen werden, weshalb die Penzberger Stadtgemeinschaft, sowohl ihre politischen Vertreter als auch die Sprecher der veröffentlichten Meinung, Wert darauf legte, dass der Prozess am Tatort stattfinden sollte: Nicht nur die Hinterbliebenen, die ganze Stadt als Kollektiv identifizierte sich mit den Getöteten als Opfern des Naziterrors. Das Erlebnis der extremen Gewalt während der Penzberger Mordnacht ist mit Angela Kühner als »kollektives Trauma«[602] zu bezeichnen.[603] Der Ge-

---

überhaupt alle Bewohner [...] dringendst auf [...] sich im Verhandlungsraum würdig zu benehmen, vor dem Verhandlungshause keine Ansammlungen zu bilden, kurz, sich allem zu enthalten, das Anlass dazu geben könnte, die Verhandlung abzubrechen, um sie an einem anderen Ort durchzuführen.« Anschlag: Ankündigung des Verhandlungsbeginns am 14.06.1948 (1948), StAP 063 Denkmal rassisch, politisch und religiös Verfolgte.

602 Kühner, Angela: *Kollektive Traumata*, Gießen 2007, S. 35–36. Kühner stellt verschiedene Definitionen vor, deren kleinster gemeinsamer Nenner ist: »Trauma ist vor allem dadurch definiert, dass man retrospektiv feststellen kann, dass ein schlimmes Ereignis für die psychischen Verarbeitungsmöglichkeiten eines Menschen eine Überforderung darstellte. Man kann die Überforderung in der Situation erahnen, ein Trauma definiert sich jedoch erst dadurch, dass etwas zurückbleibt.«

603 Das Konzept des Traumas wurde in der Geschichtswissenschaft bisher wenig verwendet. Siehe hierzu die Beiträge: Goltermann (2008): DISASTER, Goltermann, Svenja: *On Silence, Madness, and Lassitude:* In: Ben-Ze'ev, Efrat; Ginio, Ruth und Winter, Jay (Hg.): *Shadows of War*, Cambridge 2010, und Goltermann, Svenja: *Zwischen den Zeiten*. In: Juterczenka, Sünne (Hg.): *Figurationen der Heimkehr*, Göttingen 2011, die auf den Arbeiten zu Goltermanns Habilitationsschrift beruhen. Goltermann (2009): ÜBERLEBENDE analysiert psychiatrische Krankenakten und kommt zu dem Schluss, dass die Gewalterfahrung im Krieg zu einer Traumatisierung der Soldaten führte – gleichzeitig, so Goltermann, nutzten die Soldaten das Konzept des Traumas auch, um über diese Gewalterfahrungen zu sprechen und sich selbst zu Opfern zu stilisieren.

Ohne die theoretische und systematische Basis, wie sie Kühner erarbeitete, verwendete Bernhard Giesen das Konzept des individuellen Traumas, legte es gleichsam als Schablone über die Deutschen als Kollektiv von Tätern und entwickelte seine umstrittene These des »Täter-Traumas«, dass auf einem Erlebnis »der existenziellen Allmacht, das heißt der Herrschaft über Leben und Tod« beruhe: Giesen (2004): TÄTERTRAUMA, S. 21.

waltexzess erinnerte die Bevölkerung an die eigene Sterblichkeit und hinterließ eine »schwer löschliche Spur«, die die psychischen Verarbeitungsmöglichkeiten der Überlebenden überforderte: »Im Zentrum des Traumas steht – sogar in der offiziellen Klassifikation psychischer Störungen – die Auseinandersetzung mit dem Tod, dem eigenen oder dem von nahen Menschen. Während bei der Traumadiagnose nach dem Diagnostisch-Statistischen Manual (DSM IV) jedwede Art von auch indirekter Konfrontation mit dem Tod gemeint sein kann, wurden Menschen im Kontext kollektiver Traumata meist nicht nur mit der Möglichkeit des eigenen oder fremden Todes konfrontiert, sondern haben das Sterben von vielen anderen miterlebt. Dies ist von immenser Bedeutung für den Kontakt mit Lebenden in der Phase nach dem traumatisierenden Ereignis, also etwa während der therapeutischen Traumabearbeitung.«[604]

Im Sinne Kühners sind auch die Überlebenden einer Gewalttat Opfer, nicht nur die Toten. Die kollektive Trauer ist demzufolge eine Möglichkeit, das Trauma zu verarbeiten.[605] Tatsächlich war es für viele Penzberger lediglich eine glückliche Fügung, Zufall oder eine rechtzeitige Warnung, die sie vor dem gleichen Schicksal bewahrte wie die 16 Hingerichteten. Dieses Trauma verlangte nach einer Einordnung, nach einer Form des Sprechens über das Erlebte. Ist ein Verbrechen Auslöser des Traumas, so kann diese Form die juristische Aufarbeitung des Verbrechens sein: Die

---

Alice Förster und Birgit Beck plädieren dafür, dass Historikerinnen und Psychiaterinnen gemeinsam, unter Verwendung des Konzeptes der Posttraumatischen Belastungsstörung, zum besseren Verständnis der Nachkriegsgesellschaft beitragen können. Im Gegensatz zu Svenja Goltermann beziehen sie das PTSD nicht nur auf Soldaten, sondern sehen die gesamte Gesellschaft als durch die unterschiedlichen Kriegserfahrungen traumatisiert an: Förster, Alice; Beck, Birgit: *Post-Traumatic Stress Disorder and World War II*. In: Bessel, Richard und Schumann, Dirk (Hg.): *Life after Death*, Washington/Cambridge 2003, S. 15–36.

604 Kühner (2007): TRAUMATA, S. 56.
605 Winter, Jay: *Die Generation der Erinnerung*. In: *WerkstattGeschichte* 30 (2001), S. 192.

juristische Aufarbeitung der Penzberger Mordnacht vor Ort sollte der Bevölkerung also helfen, das Trauma auch emotional zu verarbeiten.

An diese Annahme schließt sich die zweite Vermutung an: Um es möglichst vielen Penzbergern zu ermöglichen, durch die Teilnahme am Prozess das Trauma zu verarbeiten und die Wiederherstellung eines Rechtszustandes zu erleben, sollte der Prozess nicht in München, sondern vor Ort stattfinden. Sowohl finanziell als auch logistisch war diese Lösung mit ungleich höherem Aufwand verbunden als ein Prozess in München. Justizbeamte mussten nach Penzberg anfahren, die Angeklagten mussten untergebracht und die Sicherheit im Gerichtssaal gewährleistet werden. Lokaltermine oder Ortsbegehungen, wie sie in einem der Folgeprozesse stattfanden und die für eine Durchführung in Penzberg sprechen würden, gab es in diesem ersten Prozess nicht.

Die dritte Erklärung für das Engagement des Penzberger Stadtrates liegt in der Atmosphäre des authentischen Geschichtsortes begründet. Penzberg als Tatort sollte dem Richter und dem Staatsanwalt die Grausamkeit des Verbrechens und seine Auswirkungen auf die Stadt vor Augen führen. Erst mit einer Verurteilung am historischen Ort, so vermitteln es die Berichte aus dem Gerichtssaal, wäre für die Penzberger die Mordnacht vergolten.

Es lassen sich zusammenfassend also drei Gründe ausmachen, weshalb der Stadtrat von Penzberg wollte, dass der Prozess 1948 in Penzberg stattfand: Erstens als Maßnahme für die gesamte Stadt, um das kollektive Trauma der Mordnacht zu verarbeiten, indem vor Ort das 1945 gebrochene Recht wiederhergestellt würde. Zweitens sollten möglichst viele Penzberger Bürger an der Verhandlung teilnehmen können. Drittens versprachen sich die Akteure eine emotionale Beeinflussung des Richters durch die Atmosphäre des historischen Ortes.

1.2.2 Urteil, Revisionen und weitere Prozesse

Die 1. Strafkammer des Landgerichts München II erhob gegen 16 Personen Anklage wegen Mordes, versuchten Mordes, Totschlags und Beihilfe zum Mord.[606] Landgerichtsdirektor Strasser eröffnete am 14. Juni 1948 den Penzberger Mordprozess im Kameradschaftshaus.[607] Die Verhandlung endete am 7. August 1948 mit neun Verurteilungen und sieben Freisprüchen. Hans Zöberlein, der die Werwolf-Kompanie »Hans« befehligt hatte, und Hans Bauernfeind, der als Oberstleutnant dem »Fliegenden Standgericht des Führers« vorgesessen hatte, wurden beide wegen mehrfachen Mordes zum Tode verurteilt.[608] Die übrigen Angeklagten erhielten Haftstrafen zwischen zwei Jahren Gefängnis und lebenslänglich Zuchthaus.[609]

Für die Penzberger Bevölkerung war dieses Ergebnis unverhältnismäßig, wie der Lokalreporter Georg Lorenz befand: »[…] selbst das einfachste Penzberger Mütterlein ist der begreiflichen Ansicht, dass etwas nicht stimmt, wenn sechzehn Gehenkten zwei Sühnende gegenüberstehen«.[610] Weiter bezeichnete er den Ausgang des Gerichtsverfahrens als Gefahr für die Demokratie. Mit der abschließenden, polemischen Frage »In dubio pro Nazi?«[611] unterstellte Lorenz dem Richter eine mentale Nähe zum Nationalsozialismus.

Die Anwälte der Verteidigung legten Revision gegen die Urteilssprüche ein. In den Begründungen der Revisionsanträge nahmen sie Bezug auf die Atmosphäre des historischen Ortes als Ort des Verfahrens und argumentierten, dass sich die »[…] in Penzberg

---

606 Rüter-Ehlermann, Rüter (1969): JUSTIZ, S. 77–78.
607 Die Angeklagten werden vernommen. In: *Hochlandbote. Sonderausgabe zum Penzberger Mordprozess* 21.06.1948 (Sondernummer 1).
608 Rüter-Ehlermann, Rüter (1969): JUSTIZ, S. 67.
609 Rüter-Ehlermann, Rüter (1969): JUSTIZ, S. 67–68.
610 Lorenz: In dubio pro Nazi? In: *Hochlandbote. Sonderausgabe zum Penzberger Mordprozess* 07.08.1948 (Sondernummer 6).
611 Lorenz: In dubio pro Nazi? In: *Hochlandbote. Sonderausgabe zum Penzberger Mordprozess* 07.08.1948 (Sondernummer 6).

gegen die Angeklagten herrschende Stimmung« nachteilig auf die »Sachlichkeit der Zeugen«[612] ausgewirkt hätte. Neben dieser verfahrensrechtlichen Rüge führten die Verteidiger die »Beschränkung der Verteidigung«, suggestive Zeugenbefragungen sowie sachrechtliche Rügen, vor allem die Frage des Staatsnotstandes, an.[613] Diese Argumente erkannte das Oberlandesgericht München nicht als Gründe an, einer Revision stattzugeben. Einzig die widersprüchliche Urteilsbegründung war ausschlaggebend für das Oberlandesgericht, eine Revision zu bewilligen.[614] Mit dieser Begründung hob das Oberlandesgericht München im Dezember 1949 die Urteile auf, die 1948 in Penzberg gefällt worden waren. Da das Grundgesetz in der Zwischenzeit die Todesstrafe abgeschafft hatte, wandelte das Oberlandesgericht die ursprüngliche Todesstrafe gegen Zöberlein in eine lebenslange Zuchthausstrafe um.[615] Die übrigen Urteile von Penzberg hob das Oberlandesgericht München auf und verwies »die Sache zur neuerlichen Verhandlung und Entscheidung an die Vorinstanz und zwar an das Schwurgericht beim Landgericht Augsburg«[616] zurück.

Auf diese erste Revision folgten insgesamt noch fünf weitere Prozesse vor dem Schwurgericht beim Landgericht Augsburg. Das Gericht setzte 1950 alle verbliebenen Strafen herab und sprach Hans Bauernfeind endgültig frei, der wie Zöberlein 1948 wegen Mordes zum Tode verurteilt worden war. Auf den Revisionsantrag der Oberstaatsanwaltschaft München hin hob der Bundesge-

---

612 So lautet die erste verfahrensrechtliche Rüge, die als Grund für die beantragte Revision gegen das Urteil gegen Ohm angeführt wird: Rüter-Ehlermann, Rüter (1969): JUSTIZ, S. 102.
613 Rüter-Ehlermann, Rüter (1969): JUSTIZ, S. 102–128.
614 »[Es] muss aber auch die klare Darstellung dessen verlangt werden, was sich nach der Überzeugung des Gerichts ereignet hat. Darüber hinaus muss sich aus den Urteilsgründen auch bestimmt entnehmen lassen, in welchen Tatsachen das Gericht die gesetzlichen Merkmale der Tat erblickt. (Löwe Erg. Bd. zur 19. Aufl. zu §267 StPO). Diesen Erfordernissen genügt das angefochtene Urteil nicht.« In: Rüter-Ehlermann, Rüter (1969): JUSTIZ, S. 109.
615 Rüter-Ehlermann, Rüter (1969): JUSTIZ, S. 100.
616 Rüter-Ehlermann, Rüter (1969): JUSTIZ, S. 100.

richtshof dieses Urteil auf, sodass das Verfahren 1953 neu aufgerollt wurde. 1954 verurteilte das Gericht Ohm, der die Vorgänge in Penzberg mit Gauleiter Giesler in München besprochen und vor Ort die Festnahmen angeordnet hatte, zu einer Gefängnisstrafe von 4½ Jahren. Das Gericht sah die Zeit mit der Untersuchungshaft als abgegolten an. Schließlich sprach das Schwurgericht München II Ohm am 2. Februar 1956 in der letzten Verhandlung über die Penzberger Mordnacht frei.[617]

1.2.3 Reaktionen in Penzberg

Bereits der erste Prozess, der mit zwei Todesurteilen endete und sieben der Angeklagten freisprach, sorgte für Unmut in Penzberg.

Der *Hochlandbote* veröffentlichte wöchentliche Sonderausgaben, die sich ausschließlich und detailliert dem Geschehen im Gerichtssaal widmeten.[618] In meist neutralen Berichten schilderte Georg Lorenz die Zeugenaussagen, Vernehmungen und Plädoyers. Seine Kommentare, abgedruckt auf der Titelseite, zeigten jedoch Lorenz' Identifikation mit den Opfern und Hinterbliebenen sowie seine Erwartung an das Gericht, das Verbrechen vom 28. April 1945 zu sühnen.[619] Obwohl er den Leitspruch »Auge um Auge« als juristische Methode der Nationalsozialisten scharf verurteilte und ablehnte, hätte der Reporter aus Penzberg wohl doch eine solche

---

617 Die genannten Urteile sind veröffentlicht bei Rüter-Ehlermann, Rüter (1969): Justiz, lfd. Nr. 208, 287, 426, 427 und 447. Vgl. zur Übersicht über die Prozesse von 1948 bis 1956 auch Luberger (1985): Penzberg, S. 196.
618 Diese Berichte sind zusammengefasst in dem Band Lorenz, Georg (Hg.): *Die Penzberger Mordnacht vom 28. April 1945 vor dem Richter. Zusammengestellt nach den Presseberichten des Hochlandboten*, Garmisch-Partenkirchen 1948, S. 38.
619 »Sie sind nicht rachsüchtig und nicht blutrünstig, die Männer und Frauen von Penzberg, aber sie verlangen die gerechte Sühne für die bestialische Tat. In mustergültiger Disziplin sitzen sie da und verfolgen jede Phase dieses großen Prozesses. Bergleute sind es zumeist, die ihre Kameraden verloren haben, und die vielfach nur ein Wunder davor bewahrte, das gleiche Schicksal zu erleiden wie die Opfer.« Lorenz (1948): Richter, S.16.

Herangehensweise an den Prozess begrüßt. So führte er nach dem Ende des Prozesses aus, dass er das »unbehagliche Gefühl«[620] gehabt hätte, »als ob hier wirklich nur der hundertprozentig Überführte verurteilt werden sollte«[621]. Aus diesem Kommentar erschließt sich die Mentalität des Berichterstatters, dass das kollektive Wissen um die Schuld den Ausschlag zur Urteilsfindung geben sollte, nicht die Beweise oder die Paragrafen. Dass »sechzehn Gehenkten zwei Sühnende gegenüberstehen«[622], wertete Lorenz als grobes Missverhältnis, vor allem da seiner Meinung nach noch mehr Mitschuldige erst gar nicht vor Gericht gestanden hätten. Seine Kritik wollte Georg Lorenz dabei nicht als »Kritik am Richter als vielmehr eine solche am Gesetz« verstanden wissen. Den Ausgang des Mordprozesses, der die Erwartungen der Penzberger Bevölkerung nicht erfüllte, wertete er als eine »permanente Gefahr« für die Demokratie.[623] Die Berichterstattung in der Lokalpresse setzte also den Schmerz über das persönliche Schicksal und den individuellen Verlust als absoluten Parameter, an dem sich das Urteil zu orientieren habe. Eine Differenzierung, dass es neben dem individuellen Schmerz auch demokratische und juristische Grundsätze zu beachten gilt, die nicht einem eventuellen Bedürfnis nach Vergeltung entsprachen, fand nicht statt.

Die Lokalzeitung veröffentlichte diesen Kommentar zum Urteilsspruch auf der Titelseite. Es kann nicht eindeutig festgestellt werden, inwieweit der Autor damit die öffentliche Meinung in Penzberg wiedergab. In einem gewissen Maße mag die Bevölkerung enttäuscht über den Ausgang der Verhandlung gewesen

---

620 Lorenz: In dubio pro Nazi? In: *Hochlandbote. Sonderausgabe zum Penzberger Mordprozess* 07.08.1948 (Sondernummer 6).
621 Lorenz: In dubio pro Nazi? In: *Hochlandbote. Sonderausgabe zum Penzberger Mordprozess* 07.08.1948 (Sondernummer 6).
622 Lorenz: In dubio pro Nazi? In: *Hochlandbote. Sonderausgabe zum Penzberger Mordprozess* 07.08.1948 (Sondernummer 6).
623 »Eine Demokratie, deren Paragraphen so freisprechend ausgelegt werden können, wie es in Penzberg geschah, eine solche Demokratie schwebt in permanenter Gefahr.« Lorenz: In dubio pro Nazi? In: *Hochlandbote. Sonderausgabe zum Penzberger Mordprozess* 07.08.1948 (Sondernummer 6).

sein.[624] Mit Sicherheit kann man jedoch sagen, dass in diesem Fall die veröffentlichte Meinung die Penzberger Bürger beeinflusste und die Möglichkeit hatte, sie sogar zu radikalisieren.

Dies war die Sicht der lokalen Presse, eines Reporters, der selbst die Auswirkungen der Mordnacht auf die Bevölkerung und die Stadt miterlebt hatte und dem Prozess und seinen Angeklagten daher nicht neutral gegenüberstand. Die überregionale Presse nahm den Penzberger Prozess scheinbar nicht ernst: Als einen »Schauprozess« beurteilte die *Süddeutsche Zeitung* das Verfahren in Penzberg.[625]

Die Angeklagten selbst und ihr Umfeld beurteilten das Gerichtsverfahren in Penzberg anders als die Lokalpresse und die Hinterbliebenen der Opfer. Der ehemalige Hauptmann Bentrott schrieb während des laufenden Verfahrens aus dem Gefängnis einen Brief an seine Schwester, der geöffnet und vor Gericht verlesen wurde. In diesem Brief bezeichnete er das Gericht als »feige« und den Prozess als »Marionettentheater, das sich von Hintermännern leiten lasse«[626]. Auf Nachfragen des Staatsanwaltes erklärte Bentrott vor Gericht, mit den »Hintermännern« meine er den Justizminister Wilhelm Hoegner (SPD).[627]

Während der Verhandlung ging ein Brief beim Gericht ein, der mit »Werwolf« unterzeichnet war und den Vorsitzenden und die Belastungszeugen warnte, die Todesstrafe zu verhängen: »[...] Wir leben und stehen trotz allem bereit, wir werden rächen in Bälde, unterschätzt uns nicht!«[628] Heute lässt sich nicht mehr ermitteln,

---

624 Hierfür sprechen die gut besuchten Protestkundgebungen gegen die Urteile: Stadtrat Penzberg: Plakat: Ankündigung einer Protestversammlung am 23.04.1950, StAP 063/3 Denkmal rassisch, politisch oder religiös Verfolgte.
625 Zitiert nach Lorenz: Ein Schauprozess? In: *Hochlandbote. Sonderausgabe zum Penzberger Mordprozess* 05.07.1948 (Sondernummer 3).
626 Lorenz: Eine Ungezogenheit. In: *Hochlandbote. Sonderausgabe zum Penzberger Mordprozess* 21.06.1948 (Sondernummer 1).
627 Lorenz: Eine Ungezogenheit. In: *Hochlandbote. Sonderausgabe zum Penzberger Mordprozess* 21.06.1948 (Sondernummer 1).
628 *Der Werwolf droht. Anonymer Brief an den Richter.* (1948). In: Lorenz (1948): RICHTER, S. 38.

ob dies eine authentische Drohung des »Werwolfs« war, ob Nazi-Sympathisanten diesen Brief verfasst hatten oder ob ihre politischen Gegner diesen Drohbrief fingiert hatten. Der Angeklagte Zöberlein gab jedoch auch drei Jahre nach Kriegsende noch seine mentale Verbundenheit mit den Anhängern des Nazi-Regimes zu erkennen, als er vor Gericht erklärte, er könne sich nur vorstellen, dass der Brief eine »Agitation der KPD« sei, da er »seine Kameraden ›nicht für so dumm halte‹«.[629] Hier impliziert er einen weiterhin existierenden Verbund und Zusammenhalt der Kameraden aus dem »Dritten Reich«, die er jedoch nicht mit der Drohung gegen das Gericht in Verbindung bringen wollte.

Der zweite Urteilsspruch, der 1950 fast zeitgleich auf den fünften Jahrestag der Mordnacht fiel, rief Empörung auf höchster kommunalpolitischer Ebene hervor: Nachdem das Schwurgericht Augsburg in der Revisionsverhandlung von 1950 alle Strafen herabgesetzt und den Angeklagten Hans Bauernfeind freigesprochen hatte, richtete der Penzberger Stadtrat ein Protestschreiben an das Bayerische Justizministerium, an den Bundespräsidenten sowie an alle Fraktionen des Bundestages und des Landtages.[630]

Die Empörung der Stadtgemeinschaft gegen ein in ihrem Verständnis zu mildes Urteil verschärfte sich zur allgemeinen Kritik am Justiz-System der Nachkriegszeit. Bürgermeister Prandl bezeichnete das Urteil, und damit gleichzeitig das Justiz-System, als für »aufrechte Demokraten« mit einigermaßen rechtlichem Denken nicht hinnehmbar. Über Plakate und Zeitungsannoncen rief er daher zum kollektiven Protest gegen die bayerische Justiz auf.[631]

---

629 *Der Werwolf droht. Anonymer Brief an den Richter.* (1948). In: Lorenz (1948): RICHTER, S. 38.
630 Luberger (1985): PENZBERG, S. 196.
631 »Am 28. April 1945 wurden 15 Frauen und Männer unserer Stadt von verblendeter, vertierter Soldateska und Werwolf auf das scheußlichste gemordet. 5 Jahre haben wir auf ein gerechtes Urteil gewartet. Das Schwurgericht Augsburg hat nun, nachdem der Prozess gegen den Teil der Beschuldigten, der habhaft gemacht werden konnte, sich über Jahre hinschleppte, ein Urteil gefällt, über das sich jeder nur einigermaßen rechtlich Denkende nicht nur entrüsten muss, sondern dass dieses Urteil ein Fanal ist für jeden aufrechten

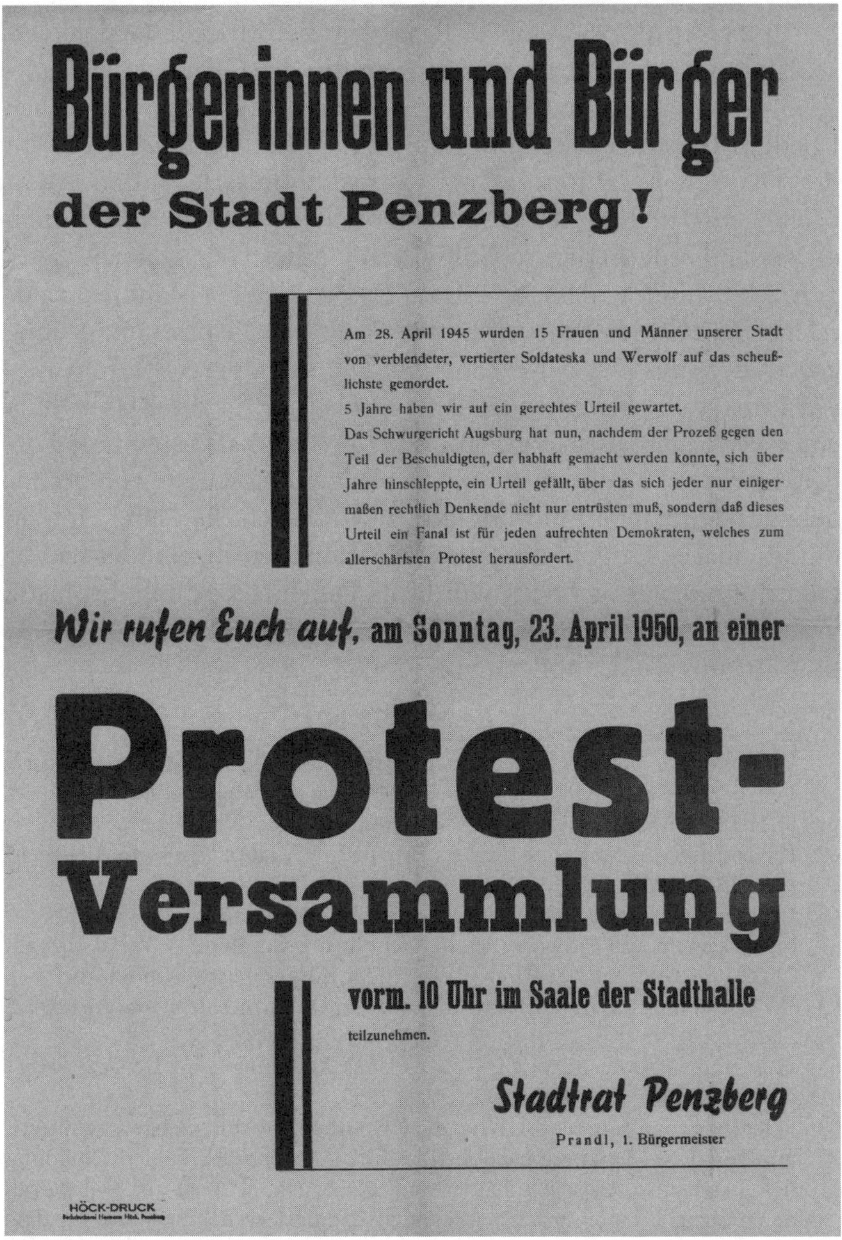

Abb. 1: Aufruf zur Protestversammlung, 1950, Penzberg.
StAP EAP 063 Penzberger Mordnacht Nr. 3

Am 28. April 1950 fand in Penzberg die offizielle Gedenkveranstaltung an die Mordnacht statt, an der der Großteil der Stadtbevölkerung teilnahm.[632] Bei der Zeremonie auf dem Städtischen Friedhof sprachen neben Bürgermeister Prandl auch der Präsident des Deutschen Städtetages und Staatskommissar Philipp Auerbach. Ernst Reuter, der Oberbürgermeister West-Berlins[633], hielt die Gedenkrede an den geschmückten Gräbern der Opfer.[634]

Am Nachmittag desselben Tages fanden sich am Mahnmal zahlreiche Penzberger Bürger zu einer weiteren Protestkundgebung gegen die Augsburger Revision ein. Die Lokalpresse wertete diesen Protest als »flammendes Bekenntnis [...] für die Reinhaltung eines Vermächtnisses [= der Toten; IL]«[635] und als »spontane Forderung nach Gerechtigkeit«. Die Lokalzeitung wusste von besonders ausgeprägter Empörung der Bewohner zu berichten, die im unmittelbaren Umfeld des Jahrestages von dem abgemilderten Urteil erfuhren.[636] Das Urteil wurde als Fehlentscheidung der Justiz und als Nährboden dafür bezeichnet, dass Neonazismus und Antisemitismus wieder aufkämen.

Demokraten, welches zum allerschärfsten Protest herausfordert.« Stadtrat Penzberg: Plakat: Ankündigung einer Protestversammlung am 23.04.1950, StAP 063/3 Denkmal rassisch, politisch oder religiös Verfolgte.

632 Ihr Tod soll uns Mahnung sein! In: *Penzberger Nachrichten- und Anzeigenblatt* 29.04.1950.

633 Ernst Reuter wurde 1948 zum Oberbürgermeister gewählt, das Amt übte er bis zu seinem Tod 1953 aus. Seit der Einführung der Berliner Verfassung am 01.09.1950 führte er den Titel »Regierender Bürgermeister von Berlin«.

634 Ihr Tod soll uns Mahnung sein! In: *Penzberger Nachrichten- und Anzeigenblatt* 29.04.1950.

635 Hier und im Folgenden: Ihr Tod soll uns Mahnung sein! In: *Penzberger Nachrichten- und Anzeigenblatt* 29.04.1950.

636 »Der hier angelegte Maßstab hat die Öffentlichkeit aufs Tiefste erschüttert, und gerade in Penzberg kam gestern die offensichtliche Fehlentscheidung der Justiz umso einschneidender zum Ausbruch, als man am Reihengrab der grausig Hingemordeten gestanden hat und vernehmen musste, dass Mordbuben und Kriegsverbrecher frei herumlaufen können, dass Neonazismus und Antisemitismus erneut Boden gewinnen möchten ...« Ihr Tod soll uns Mahnung sein! In: *Penzberger Nachrichten- und Anzeigenblatt* 29.04.1950.

So beeinflussten der authentische Ort und der Erinnerungsort Penzberger Mordnacht die Erinnerungsakteure auf einer emotionalen Ebene und machten eine neutrale Wertung des Urteilsspruches unmöglich. Nach dem traumatisierenden Ereignis im April 1945 hatten sich die Penzberger zwar keine »Auge-um-Auge«-Justiz erhofft, wie es die Presse überspitzt suggerierte. Die kollektive Empörung über die Urteile zeugt jedoch davon, dass die Stadtgemeinschaft sich von der kollektiven Anteilnahme am Prozess eine Möglichkeit erhofft hatte, das traumatisierende Ereignis zu verarbeiten. Indem die Mordnacht angemessen juristisch verfolgt und bestraft würde, sollte symbolisch gezeigt werden, dass am 28. April 1945 Unrecht geschehen war. Die entsprechende Aufarbeitung und Strafe sollte nun das Recht wiederherstellen.

Gleichzeitig darf es kein Argument gegen eine wie auch immer geartete Verurteilung oder einen Freispruch sein, dass die Hinterbliebenen am Ort des Geschehens weiterhin leiden und ihr Leid durch solch milde Urteile noch verstärkt wird.

1.3 » Wir wollen an diesem Tag nur der Toten gedenken!« Etablierung eines Gedenknarrativs

Bereits bei der ersten Gedenkfeier zu Ehren der getöteten Penzberger am 28. April 1946 zeichneten sich die potenziellen Konfliktlinien im kollektiven Gedenken Penzbergs ab. Der genaue Ablauf der Totenehrung am 28. April 1946 ist nicht detailliert überliefert. Aus einer unmittelbar darauf folgenden Diskussion im Stadtrat lässt sich jedoch rekonstruieren, dass die Kommunistische Partei Penzbergs (KP) versuchte, sich des offiziellen, von der Stadt gestalteten Gedenkens zu bemächtigen: Sie lieferte einen unangemeldeten Redebeitrag, der die Toten für die Parteiideologie der KP als Antifaschisten vereinnahmte. In einer der folgenden Stadtratssitzungen zeigten sich die unterschiedlichen Interpretationen, wofür die Opfer der Mordnacht gestorben seien und wer das Andenken an die Toten gestalten sollte.

Als unmittelbare Folge des Eklats bei der Gedenkfeier stellte am 23. Mai die Sozialistische Partei (SP) im Stadtrat den Antrag, dass die Stadtverwaltung die künftigen Totenehrungen am 28. April auf überparteilicher Basis durchführen solle.[637] Die SP begründete ihren Antrag damit, dass die Toten »ihr Leben nicht für die Interessen einer ihrer Parteien« gaben, wie es die KP behauptete, sondern sich für »die Erhaltung unserer Stadt«[638] geopfert hätten. In der Argumentation der SP war also das Motiv der Opfer, der Schutz der Stadt, ausschlaggebend dafür, dass auch die Stadt als Kollektiv ihrer gedenken sollte. Weiter warnte die SP davor, dass »die Größe des Opfers durch eine einseitige parteipolitische Propaganda herabgesetzt«[639] würde.

An diesem Vorschlag der SP-Fraktion entzündete sich eine engagierte Diskussion, in der die KP ihren Standpunkt offenbarte, die Opfer der Mordnacht seien »ihre Toten« (Stadtrat Werthmann/KP), die sie selbst ehren wollten. Die KP begründete ihr Anliegen mit dem Argument, dass die Toten »nicht für die Stadt, sondern aus politischen Gründen und als Antifaschisten ihr Leben opferten [...]«[640]. Als institutionelle Vertretung der Antifaschisten könne und wolle die KP nicht auf die Ehrung der Toten verzichten, so Werthmann.[641] Der Erste Bürgermeister schließlich wollte nicht mehr an Totenehrungen teilnehmen, solange nicht eindeutig geregelt wäre, dass diese durch eine überparteiliche Stelle organi-

---

637 Antrag der SP Penzberg auf Übernahme bzw. Leitung der künftigen Totenehrung für die 16 Ermordeten durch die Stadt, in: Stadtrat Penzberg: Niederschrift über die öffentliche Stadtratssitzung am 23. Mai 1946, StAP Stadtratsprotokolle 1946.
638 Stadtrat Penzberg: Niederschrift über die öffentliche Stadtratssitzung am 23. Mai 1946, StAP Stadtratsprotokolle 1946.
639 Stadtrat Penzberg: Niederschrift über die öffentliche Stadtratssitzung am 23. Mai 1946, StAP Stadtratsprotokolle 1946.
640 Wortmeldung Stadtrat Werthmann, Stadtrat Penzberg: Niederschrift über die öffentliche Stadtratssitzung am 23. Mai 1946, StAP Stadtratsprotokolle 1946.
641 Stadtrat Penzberg: Niederschrift über die öffentliche Stadtratssitzung am 23. Mai 1946, StAP Stadtratsprotokolle 1946.

siert würden. Mit dem Verweis auf den 9. November 1923 warnte er eindringlich davor, dass nun der 28. April zum »Parteifeiertag« avanciere: »Wir wollen an diesem Tag nur der Toten gedenken, die ihr Höchstes gaben für die Niederwerfung des Faschismus und dabei darf eine Partei nicht zum Ausbruch kommen und für sich propagandistische Mittel anwenden.«

Diese Argumente wiederholten die beiden Parteien ergebnislos, bis sich die Stadträtin Anny Rummer, die Witwe des erschossenen Hans Rummer, mit Blick auf die Würde der Opfer eine rasche Einigung erbat. Es folgten verschiedene Kompromissvorschläge, bis der Stadtrat schließlich einstimmig beschloss, dass die Stadt die Gedenkfeiern am Jahrestag leiten und deren Programm gestalten solle, wobei einzelne Parteien herzlich zur Mitarbeit und Mitgestaltung aufgefordert seien. Ferner bestimmte er, dass Redebeiträge in Stichpunkten dem Stadtrat vorgelegt werden sollten. Mit diesem Beschluss war der 28. April als zentraler Gedenktag im Kalender der Stadt Penzberg verankert, die Stadt selbst kümmert sich seitdem jährlich um dessen Gestaltung, und alle fünf Jahre findet ein größerer Festakt statt.[642]

Dieser Streit über die Deutungshoheit der Motivation der Opfer zeigt, dass den Akteuren der Stadtpolitik bereits 1946 die geschichtspolitische Implikation des Totengedenkens bewusst war. Während die Kommunistische Partei darauf drängte, die Toten durch ein antifaschistisches Widerstandsnarrativ zu vereinnahmen, sah der Rest des Stadtrates hier die Gefahr eines neuerlichen »Parteifeiertages« und dadurch die Spaltung der Stadtgemeinschaft. Im Totengedenken sollten keine parteipolitischen Forderungen transportiert, sondern der Zusammenhalt der Stadtgemeinschaft gestärkt werden. Die Folge der Auseinandersetzung über die Motive der Getöteten war schließlich, dass sich alle Fraktionen einig für das offizielle Denkmal der Stadt aussprachen. Am 28. April sollte in Zukunft die Stadt einen offiziellen Gedenkakt

---

642 Zur Bedeutung von Jahrestagen für das kollektive Gedächtnis vgl. Assmann, Aleida: *Jahrestage*. In: Münch, Paul (Hg.): *Jubiläum, Jubiläum*, Essen 2005.

an den Ehrengräbern im Städtischen Friedhof organisieren. Die KP, später dann die SPD, veranstaltete am selben Tag politische Protestkundgebungen am Mahnmal. Seit den 1950er-Jahren verband ein Trauermarsch diese beiden Veranstaltungen gleichsam als eine performative Klammer.

1.4 Das Denkmal »An der Freiheit«

In Penzberg formte der authentische Geschichtsort die Erinnerung. Es wurde nicht des Kriegserlebnisses der Frontsoldaten gedacht, das die zivile Bevölkerung nicht teilt. Über Jahrzehnte hinweg, bis heute, ist die Penzberger Mordnacht das zentrale Narrativ der Stadtgeschichte. Für das Selbstverständnis der Stadtgemeinschaft bedeutete dies ein positives Identifikationsangebot. Bereits kurz nach Kriegsende begannen die Penzberger Stadtpolitiker als Akteure der Erinnerungskultur, die Erinnerung an die 16 Toten zu pflegen. Im Lauf dieses Prozesses kam es zu Konflikten zwischen unterschiedlichen Akteuren. Gleichzeitig formten sich Gedenkallianzen, die weit über den regionalen Bezug hinausreichten.

Bis auf eine Ausnahme aus dem Nachbarort waren die Opfer der Mordnacht allesamt Bürger aus Penzberg. An der Tat selbst wiederum waren ebenfalls Mitbürger beteiligt. Die Stadtgemeinschaft stand also vor der Herausforderung, diese exzessive Entladung nationalsozialistischer Gewalt in der eigenen Stadt, gegen Bekannte, Nachbarn, Freunde, zu verarbeiten und dabei der Tat sowie der Toten zu gedenken.[643] Das Denkmal »An der Freiheit«, eingeweiht im Oktober 1948, stellt die materielle Dimension einer Erinnerungskultur dar, die sich auf konkrete Ereignisse vor Ort und innerhalb der Stadtgemeinschaft richtet.

---

643 Der Schwierigkeit, der Opfer und der Täter (in seinem Falle: der Schoah) gleichermaßen zu gedenken, geht Reinhart Koselleck nach in: Koselleck, Reinhart: *Formen und Traditionen des negativen Gedächtnisses*. In: Knigge, Volkhard und Frei, Norbert (Hg.): *Verbrechen erinnern*, München 2002.

1.4.1 Entstehungsgeschichte

Trägerin des Denkmals ist die Stadt Penzberg. Über die Formulierung erster Ideen, Intentionen, konkrete Akteure und eventuelle Diskussionen kann nur spekuliert werden, da die Stadtratsprotokolle für die Nachkriegszeit erst ab dem Frühjahr 1946 überliefert sind. In diesen Protokollen ist bereits festgehalten, dass die Stadträte über den Fortgang der Arbeiten am Denkmal berichten.[644] Da sich der Penzberger Stadtrat jeweils einstimmig verpflichtete, die Beerdigungskosten und folgende Grabpflege für die getöteten Mitbürger zu übernehmen[645] sowie die Gedenkfeiern am 28. April zu organisieren[646], kann man davon ausgehen, dass die Idee eines Denkmales auf breite Zustimmung traf.

Während in Rosenheim etwa zur gleichen Zeit öffentlich die Stadtspitze, Vertreter der Pax-Christi-Bewegung und einzelne Bürger diskutierten, ob nicht andere Nöte der Zeit Vorrang vor einem Denkmal hätten, war das Penzberger Denkmal bereits in Bau. Finanziell waren beide Gemeinden in der unmittelbaren Nachkriegszeit nicht gut gestellt. Die unterschiedliche Haltung zu dem jeweiligen Denkmalprojekt lässt sich aus den Objekten des Gedenkens erklären. Während die Rosenheimer Initiative ein Mahnmal für alle Kriegsopfer plante, das abstrakt zum Frieden mahnen sollte, wollten die Penzberger ihre Mitbürger erinnern und ehren, die vor der eigenen Haustüre Opfer eines Gewaltexzesses geworden waren. Im Falle Penzbergs richtete sich die Erinnerung auf ein konkretes Ereignis, das sich in der Stadt ereignete und die gesamte Stadtgemeinschaft traumatisierte. Der persönliche Bezug der Überlebenden zu den 16 Opfern dürfte in einer kleinen Stadt wie Penzberg darüber hinaus enger gewesen sein als die

---

644 Stadtrat Penzberg: Niederschrift über die öffentliche Stadtratssitzung am 21.02.1946, StAP Stadtratsprotokolle 1946.
645 Stadtrat Penzberg: Beratung am 07.02.1946, StAP Stadtratsprotokolle 1946.
646 Im Mai 1946 nimmt der Stadtrat einstimmig einen entsprechenden Antrag der SP an: Stadtrat Penzberg: Beratung am 23. Mai 1946, StAP Stadtratsprotokolle 1946.

Verbindung der Rosenheimer Bürger zu den Bestatteten. Im Gegensatz zu Rosenheim artikulierten sich in der Penzberger Presse keine Leserbriefe oder Kommentare als kritische Stimmen gegen den Denkmalbau. Es war ein kollektives Bedürfnis der Penzberger Stadtgemeinschaft, den Getöteten ein Denkmal zu setzen, um an sie zu erinnern und gleichzeitig im Erinnern und Gedenken das erlebte Trauma zu verarbeiten.

Bereits wenige Wochen nach Kriegsende beteiligte sich die Bevölkerung Penzbergs zahlreich an einer Haussammlung für die Hinterbliebenen und an einer weiteren Spendensammlung zur Errichtung des Denkmals. Vor Ort sind als Unterstützer der Denkmalinitiative darüber hinaus die Stadtsparkasse, die Industriegewerkschaft Bergbau, die Ortsgruppe der Vereinigung der politisch Verfolgten sowie einige örtliche Unternehmen zu nennen. Vor allem die Witwe des ermordeten Franz Biersack förderte den Denkmalbau großzügig.[647] Diese Bereitschaft, selbst in Notzeiten von dem Wenigen, das man zur Verfügung hatte, etwas abzugeben, zeigt, wie wichtig auch der Bevölkerung die Erinnerung an die getöteten Mitbürger war: Jeder wollte seinen Beitrag leisten, um das Andenken an die Opfer der Mordnacht zu ehren. Diese Hilfsbereitschaft gründete zum einen auf der Solidarität innerhalb der Stadtgemeinschaft, zum anderen auf der Identifikation mit den Opfern.

Neben dem Verbund innerhalb der Stadtgemeinschaft gibt es jedoch noch eine weitere Motivation für einzelne Akteure, diese lokale Gedenkinitiative zu unterstützen. Überregionale Förderer des Denkmalbaus waren umliegende Ortsvereine der SPD, der KPD, der Vereinigung der Verfolgten des Naziregimes (VVN), des Bayerischen Gewerkschaftsbundes und der Industriegewerkschaft Bergbau (Bochum). Diese finanzielle Beteiligung an einem lokalen Erinnerungsprojekt spricht für eine Solidarität, die auf die Bindekraft sowohl des Arbeitermilieus wie auch des politischen Umfelds des Antifaschismus zurückgeht. Staatskommissar Philipp Auer-

---

647 Eine Übersicht über alle Einnahmen für den Denkmalbau findet sich hier: Komitee für den Denkmalbau in Penzberg: Übersicht über Spenden für den Denkmalbau, StAP 063 Denkmal rassisch, politisch oder religiös Verfolgte.

bach bezeichnete es als eine »Ehrenpflicht«, das Denkmal für die »so grauenhaft ums Leben gekommenen Kameraden«[648] zu unterstützen – das antifaschistische Engagement war ausschlaggebend für die Solidarisierung Auerbachs mit Penzberg.

Auerbachs emphatische Worte illustrierten seine ideelle Verbundenheit mit Penzberg, die sich in der finanziellen Unterstützung des Denkmales zeigte. Die Penzberger Mordnacht war als Erinnerungsort also sowohl regional als auch politisch und innerhalb des Arbeitermilieus anschlussfähig, da sich unterschiedliche Gruppen über das Gedenken an die Ermordeten als Erinnerungsgemeinschaft identifizieren konnten.

1.4.2 Die Grundsteinlegung

Am 27. April 1947, einen Tag bevor sich die Mordnacht zum zweiten Mal jährte, legte Staatskommissar Philipp Auerbach im Beisein des Stellvertretenden Ministerpräsidenten Wilhelm Hoegner (SPD) den Grundstein für das Denkmal. Damit erwies auch die Bayerische Staatsregierung den Penzberger Opfern und deren Angehörigen ihren Respekt. Beide Vertreter des Freistaates identifizierten sich aufgrund ihrer politischen Haltung, als Sozialdemokrat beziehungsweise Antifaschist, mit der trauernden Stadtgemeinschaft. Bei der Grundsteinlegung waren viele Penzberger Bürger anwesend, unter ihnen auch die Angehörigen der Ermordeten, dazu Repräsentanten der Vereine, Gewerkschaften sowie der »antifaschistischen Parteien«.[649] In der Begrüßungsrede erinnerte Franz Petric als Vorsitzender des Denkmalkomitees an alle Opfer des Zweiten Weltkrieges, explizit die Kriegsversehrten, Gefangenen, Ausgebombten und Flüchtlinge. Diese Erinnerung gipfelte in

---

648 Staatskommissar für rassisch, politisch und religiös Verfolgte (21.07.1948): Unterstützung des Denkmalbaus in Penzberg, StAP 063 Denkmal rassisch, politisch und religiös Verfolgte.
649 Alle folgenden Zitate und Praphrasierungen beziehen sich auf o. A.: Grundstein zum Denkmal für die Penzberger Opfer gelegt. In: StAP 063 Denkmal rassisch, politisch und religiös Verfolgte.

einem Gedenkimperativ: »Niemals wollen wir vergessen, wie in unserer Bergmannsstadt sechzehn aufrechte Antifaschisten, darunter zwei Frauen, durch faschistische Henker hingemordet wurden.« In dieser Rede wird deutlich, dass die Stadt Penzberg die Opfer *pars pro toto* nutzt, um sich selbst als Opfer des »Hitlerwahnsinns« zu stilisieren.[650]

In der anschließenden Rede bezog sich Staatskommissar Philipp Auerbach auf die aktuelle Tagespolitik des Bayerischen Staatsministers für Entnazifizierung, Alfred Loritz. Dessen Weihnachtsamnestie verurteilte er als »Gefühlsduselei mit Mitläufern«. Gleichzeitig warnte er davor, dass der Antisemitismus in Bayern wieder aufkäme. Als logischen Schluss forderte er deshalb dazu auf, hier in Penzberg, das zum »Wallfahrtsort« geworden sei, zu geloben, »dass die Männer und Frauen von Penzberg damals nicht umsonst gestorben seien«.

Verglichen mit den Beiträgen seiner Vorredner blieb Wilhelm Hoegner in seinem Beitrag geschichtspolitisch neutral. Hoegner versprach den Anwesenden, er werde Mittel und Wege finden, eine rasche Strafverfolgung gegen die Schuldigen einzuleiten. Die gemeinsame Losung müsse heißen: »Einigkeit gegen die Tyrannei!«, das sei die »Mahnung der Ermordeten von Penzberg«.

Kollektives Gedenken richtet sich niemals ausschließlich auf die Vergangenheit, wie diese drei Redebeiträge beweisen. Zwar sollten die vergangenen Ereignisse in der Erinnerung lebendig gehalten werden, jedoch sollte dies zu einem Zweck geschehen, der auf die Gestaltung der Zukunft gerichtet sei. Die Aufforderung, »niemals zu vergessen«, bezog sich in der Rede von Franz Petric auf das Opfer der »aufrechten Antifaschisten« aus Penzberg. Die Stadtgemeinschaft wurde aufgefordert, ihrer »Antifaschisten« zu gedenken, womit sie ein positives Identifikationsangebot erhielt. Der Gedenkimperativ von Philipp Auerbach ging einen Schritt

---

650 Vgl. zur Rhetorik der Viktimisierung in der unmittelbaren Nachkriegszeit Moeller, Robert G.: *The Politics of the Past in the 1950s*. In: Niven, Bill (Hg.): *Germans as Victims*, Basingstoke 2006.

weiter. Nicht nur sollten die 16 Penzberger [651] nicht vergessen werden. Ihrem Sterben solle ein Sinn eingeschrieben werden, sie sollten »nicht umsonst gestorben« sein. Diese Aufforderung war an die Staatsregierung gerichtet, bei der Einweihungsfeier vertreten von Vize-Ministerpräsident Hoegner, die bei der Entnazifizierung für Auerbachs Empfinden zu nachsichtig mit ehemaligen Nationalsozialisten und deren Verbrechen umginge. Auerbach schuf einen Zusammenhang zwischen dem Tod der 16 Penzberger und der aktuellen Politik der Bayerischen Staatsregierung. Indem der Staatskommissar für rassisch, religiös und politisch Verfolgte das Gedenken an die Mordnacht für seine politischen Ziele funktionalisierte, wurde das Gedenken an die Penzberger Mordnacht bereits an ihrem zweiten Jahrestag von überregionalen Akteuren als Podium der Geschichtspolitik genutzt.[652]

1.4.3 Der gegeißelte Bergmann

An dem Ort, an dem im April 1945 ein Werwolf-Kommando sieben Bürger der Stadt erschossen hatte, wurde im Oktober 1948 das Mahnmal zur Erinnerung an die Penzberger Mordnacht eingeweiht. Das Gedenken der Stadt konkretisierte und materialisierte sich in Form eines Denkmales am authentischen Geschichtsort. Der Münchner Architekt August Simbeck und der Tölzer Bildhauer Nikolaus Röslmeier gestalteten das Mahnmal im Auftrag der Stadt Penzberg[653]: Am Rand eines kleinen Waldstückes, gegenüber

---

651 Insgesamt starben 16 Personen, 15 davon aus Penzberg, eine Person stammte aus dem Nachbarort. Je nach Sprecherposition wird unterschiedlich von 16 bzw. 15 Penzbergern gesprochen. Im Folgenden beziehe ich mich der besseren Lesbarkeit halber auf »16 Opfer« bzw. »16 Penzberger«.
652 Diese Analyse folgt Harald Schmids Definition von Geschichtspolitik als »jener Bereich des Handelns, in dem individuelle und kollektive Akteure innerhalb eines politischen Systems intentional und/oder funktional mit Geschichte umgehen«: Schmid (2001): TAG DER SCHULD, S. 51.
653 Stadtrat Penzberg/Denkmalsausschuss (27.04.1947): Der Wortlaut der Penzberger Urkunde, StAP 063 Denkmal rassisch, politisch und religiös Verfolgte. Leider liegen keine Stadtratsprotokolle, Niederschriften des Ausschusses

der Siedlung »An der Freiheit« gelegen, erinnert eine überlebensgroße, halb nackte Männerfigur auf einem Sockel an die Opfer des Werwolf-Kommandos. Das Denkmal steht auf einer umzäunten begrünten Fläche, umgeben von Bäumen und einer kleinen Hecke. Diesen Raum betritt man durch eine niedrige Tür, die, in der gleichen Funktion wie ein Kirchenportal oder Friedhofstor, den Übergang vom profanen, alltäglichen Raum zum sakral anmutenden Raum des Totengedenkens markiert.[654]

An dieser Tür weist eine Gedenkplakette die Besucher auf die Intention des Denkmales und die Besonderheit des Ortes hin: »Gedenkstätte für die Opfer der Penzberger Mordnacht vom 28. April 1945. An diesem Platz wurden sieben Männer erschossen, die dem NS-Regime Widerstand geleistet haben. Noch in der gleichen Nacht haben die Nazis weitere sieben Männer und zwei Frauen im Stadtgebiet erhängt beziehungsweise erschossen. Diese Bürger und Bürgerinnen starben für ihre geliebte Heimat. Die hier errichtete Gedenkstätte soll mahnend an diese Schreckenszeit des Nationalsozialismus erinnern.«

In dieser Inschrift manifestiert sich die Begrifflichkeit der Penzberger Mordnacht. Als Nächstes wird auf die Widerständigkeit der Getöteten verwiesen. Tatsächlich wollten diese dem propagierten »Endkampf« und der nationalsozialistischen Strategie der »verbrannten Erde« zuvorkommen, indem sie das Bergwerk vor der Sprengung bewahrten und die Stadt nach dem Abtreten des nationalsozialistischen Bürgermeisters friedlich den Amerikanern übergaben. Sie handelten jedoch so in dem Glauben, der Krieg wäre zu Ende und die Nationalsozialisten nicht mehr an der Macht. Der Text verweist auch auf die Opfer, die die Bildsprache des Denkmales ausgrenzt: die beiden Frauen.

Nach der Funktionalisierung der Toten »für die Freiheit« beziehungsweise als Widerstandskämpfer präsentiert die nächste Zeile

---

oder Zeitungsberichte über die Vergabe des Auftrages oder die Entscheidung für dieses Motiv vor.
654 Vgl. zum Gefallenenkult als »säkularisierte Religion« Mosse (1993): GEFALLEN, S. 45 und S. 112–113.

ein neues Motiv, die »geliebte Heimat«. In keinem anderen Zusammenhang findet sich die »Heimat« als Motiv der Penzberger Widerständler. Der Stadtrat würdigte damit, dass Rummer und seine Mitstreiter die wirtschaftliche Lebensgrundlage der Stadt sicherten und dafür eintraten, dass Penzberg nicht verteidigt würde.[655] Der Begriff »Heimat«[656] wurde in diesem Fall nicht als nationalpolitisch-ideologischer Begriff verwendet[657], sondern meint konkret Penzberg als »Heimatstadt«[658], die in diesem Kontext als unschuldiges Opfer dargestellt wird.[659] Darüber hinaus kann das Arbeitermilieu der Stadt Penzberg, mit dem sich die Bewohner identifizierten, als die soziale Heimat, die »seelische Heimat«[660] verstanden werden.[661] So meint »Heimat« nicht nur den geografischen Raum, sondern ebenfalls den Sozialraum des Arbeitermilieus. Mit dem Bezug auf die Heimat wird hier die Erinnerung im geografischen und sozialen Raum verankert[662]: Die Toten sind für die Heimat gestorben, daher ist es die Verpflichtung der Heimat, die hier konkret die Stadtgemeinschaft meint, ihr Andenken ehrend zu wahren. Die Erinnerung an die »Schreckenszeit des Nationalsozialismus« beinhaltet als explizit mahnende Erinnerung den Gedenkimperativ des »Nie wieder!«.

---

655 Stadtrat Penzberg: Beratung am 23. Mai 1946, StAP Stadtratsprotokolle 1946.
656 Ein ausführlicher Forschungsüberblick zum Heimat-Begriff findet sich bei Eigler, Friederike; Kugele, Jens: *Introduction*. In: Eigler, Friederike und Kugele, Jens (Hg.): *Heimat*, Berlin 2012, S. 2–4.
657 Bastian, Andrea: *Der Heimat-Begriff*, Tübingen 1995, S. 123–125.
658 Zur unterschiedlichen Verwendung und Funktionalisierung des Heimat-Begriffs s. Bastian (1995): HEIMAT, v. a. das Kapitel »Der Heimat-Begriff in der Politik«, S. 117–146.
659 Vgl. zum Erinnerungsnarrativ, die Heimat als unschuldiges Opfer zu erinnern: Confino, Alon: *Germany as a Culture of Remembrance*, Chapel Hill 2006, S. 81–92.
660 Der Arbeiterschriftsteller Ernst Preczang bezeichnete die Arbeiterbewegung um 1888 als eine »seelische Heimat« für Zehntausende, für die sie zum »lebendig-freudevollen Daseinsinhalt« geworden sei. (Zit. nach Bastian (1995): HEIMAT, S. 126.)
661 Zum Heimat-Begriff der Arbeiterbewegung im 19. Jahrhundert s. Bastian (1995): HEIMAT, S. 125–127.
662 Vgl. zur Verbindung von Heimat als »Schnittstelle von Erinnerung und Raum« Eigler und Kugele (2012): INTRODUCTION: HEIMAT.

Abb. 2: Das Denkmal »An der Freiheit«, Penzberg.
Foto: Klaus G. Förg

Das Mahnmal selbst zeigt auf einem Sockel einen überlebensgroßen Mann mit nacktem Oberkörper. Seine Arme sind über dem Kopf angewinkelt, die Hände hinter dem Kopf an eine Säule gefesselt, der Blick geht nach rechts unten. Die Bekleidung des Unterkörpers ist vage, die Drapierung an der Hüfte erinnert an einen Lendenschurz, der aber erst an den Fußknöcheln endet. Gleichzeitig kann man darin eine Hose erkennen, die sich über eben nicht nackten Füßen, sondern derben Schuhen in Falten legt. Die Statur des abgebildeten Mannes ist muskulös-kräftig, obgleich sich durch die über den Kopf gehobenen Arme deutlich der Rippenbogen und einzelne Rippen abzeichnen. Auf der Vorderseite des Sockels ist das Datum »28. April 1945« appliziert, auf seiner linken Seite die Namen der Getöteten und auf der rechten die Losung »Ihr Tod soll uns mahnen«.

In seiner Bildsprache stellt dieses Denkmal eine Besonderheit unter den Denkmälern dar, die nach 1945 in Westdeutschland als Erinnerung an den Zweiten Weltkrieg und seine Opfer errichtet wurden. Statt auf das Kriegserlebnis verweisen die westdeutschen Denkmäler auf die Folgen des Krieges und zeigten trauernde Männer und Frauen, die die Toten beklagten.[663] Das Penzberger Denkmal jedoch zeigt konkret ein Kriegsereignis. Die Opfer werden nicht in abstrakten, meist christlichen, Formen erinnert, sondern das Denkmal verweist explizit auf die physische Gewalt, die ihnen angetan wurde. Auch dass dieses Monument einer einzelnen, relativ kleinen Opfergruppe gewidmet wurde, stellt eine Besonderheit dar.[664]

Die Schwierigkeit, dass das Denkmal, das die Opfer zeigt, gleichzeitig die Täter verschweigt[665], erkannten die Initiatoren des

---

663 Vgl. Mosse (1993): GEFALLEN, S. 258–262.
664 Erst gegen Ende des 20. Jahrhunderts wurde der nivellierende Gestus integrativer Denkmäler aufgebrochen, und es bildeten sich Initiativen, die Denkmäler für einzelne Opfergruppen, beispielsweise Homosexuelle, Sinti und Roma oder Luftkriegsopfer, forderten.
665 Reinhart Koselleck formulierte diese Schwierigkeit im Umfeld der Debatte über ein zentrales Holocaust-Denkmal in Deutschland: »[...] wir sind politisch verantwortlich, und deswegen müssen wir Taten und Täter mitbedenken

Mahnmales nicht. Als Täter werden überindividuell und entpersonalisiert »die Nazis« genannt. Dass einzelne Täter und Erfüllungsgehilfen des »fliegenden Standgerichtes« aus Penzberg stammten, Penzberg also nicht nur eine Stadt antifaschistischer Opfer war, bleibt in dieser Formulierung ausgeblendet. Reinhart Koselleck bezeichnet die Entscheidung, was ein Denkmal zeigt und was es damit zugleich verschweigt, als einen »primär politischen Akt«[666]. Denkmäler sind damit Ausdruck der politischen Geschichte. Problematisch wird es laut Koselleck, wenn »die sichtbare Legitimation, wofür gestorben worden sei, [...] die Begründung, warum gestorben worden ist«[667], verschlucke.

Die Gleichzeitigkeit von Zeigen und Verstecken, Legitimieren und Verschweigen, soll hier genauer untersucht werden. Im Zentrum des Gedenkens stehen beim Penzberger Denkmal eindeutig die Opfer, daran besteht mit der Plastik eines halb entblößten, gefesselten Menschen kein Zweifel. Der halb nackte, kräftige junge Mann symbolisiert aber nicht mehr, wie noch im Ersten Weltkrieg, eine »aggressive Männlichkeit«[668], sondern verweist in seiner Bildsprache auf eine konkrete Figur der westlichen Kultur. Der angedeutete Lendenschurz, der gesenkte Blick, die an eine Säule gefesselten Hände zitieren unübersehbar den gegeißelten Heiland[669] der Wieskirche in Steingaden (Lkr. Weilheim), eine der berühmtesten katholischen Ikonen in Bayern.[670] Mit Jesus Christus zitiert der Bildhauer hier das wohl bekannteste, sich selbst für die Gemeinschaft hingebende Opfer in der abendländischen Kultur. Als ein solches aktives Opfer, in dem das eigene Leben bewusst und für einen höheren Zweck aufgegeben wird, versteht man in Penzberg

---

und nicht nur der Opfer gedenken. Das zu formulieren ist schwierig ...« Koselleck (2002): NEGATIVES GEDÄCHTNIS, S. 27
666 Koselleck (1998): IKONOLOGIE, S. 8.
667 Koselleck (1998): IKONOLOGIE, S. 8.
668 Mosse (1993): GEFALLEN, S. 133, über die Kriegerdenkmäler des Ersten Weltkrieges in Deutschland und Italien.
669 Abbildung des gegeißelten Heilands in: Schnell, Hugo: *Die Wies*, München, Zürich 1979, S. 2 und S. 108.
670 Schnell (1979): WIESKIRCHE.

auch den Tod der 16 Mitbürger am 28. April 1945.[671] Indem auf Hüfthöhe der Lendenschurz angedeutet wird, den man auf Höhe der Füße aber eindeutig als Hose erkennt, und die Figur zudem feste Schuhe trägt, wird die Heilands-Ikonografie mit der Arbeitskleidung der Bergleute vermischt: zum gegeißelten Bergmann.

Auch ohne eine semantische Unterscheidung wird das Opfernarrativ hier benutzt, damit sich die Erinnerungsgemeinschaft auf ein positives Identifikationsangebot beziehen kann. Indem die Toten als Widerstandskämpfer, also aktive Opfer erinnert werden, wird diese Distanz noch verstärkt. Diese kollektive Identifikation als Opfer hilft der Stadtgemeinschaft, sich vom Nationalsozialismus zu distanzieren.

So wird auch der Übergang zum neuen politischen System erleichtert: Eine Stadt, die keine NS-Vergangenheit in den eigenen Reihen aufzuarbeiten hat, kann sich viel schneller an die Demokratie gewöhnen. In der unmittelbaren Nachkriegszeit hatte das Opfernarrativ für die Stadt Penzberg also die Funktion, sich über das kollektive Gedenken vom Nationalsozialismus zu distanzieren und mit einem positiven Stadt-Image den Übergang von der Diktatur zur Demokratie zu vereinfachen.

Unabhängig von der Auswirkung auf die Erinnerungskultur muss jedoch auch der Realitätsgehalt dieses aktiven Opferbegriffes als »Verzicht auf eine Sache [...] bis zur freiwilligen Hingabe des eigenen Lebens«[672] geklärt werden. Zweifelsfrei handelten Hans Rummer und seine Mitstreiter freiwillig, als sie das Bergwerk vor der Schließung bewahrten und den nationalsozialistischen Bürgermeister dazu bewegen konnten, seinen Posten aufzugeben und die Stadt zu verlassen. Allerdings handelte Rummer so, weil er nach

---

671 Während das *Opfer* etymologisch mit seinen lateinischen Wurzeln in *operare* und *offrire* einen aktiven Charakter hinsichtlich Handlung und Hingabe hatte, wandelte sich die Semantik des Begriffes im 20. Jahrhundert zu einem passiven Opferbegriff, der das unverschuldete Erleiden eines Unrechtes bezeichnete. Vgl. zur Wandlung in der Semantik im »passive turn« Fischer, Karsten; Münkler, Herfried (2000), S. 346–348.
672 Fischer, Karsten; Münkler, Herfried (2000), S. 345.

dem Radioaufruf der Freiheitsaktion Bayern (FAB) zunächst davon ausgehen musste, dass der Krieg und damit die nationalsozialistische Herrschaft zu Ende seien.[673] Damit kann das Narrativ vom aktiven Widerstand gegen Hitler nicht aufrechterhalten werden. Im dem Glauben, die Nazis seien nicht mehr an der Macht, konnte Rummer auch die Konsequenzen seines Handelns nicht vorhersehen. Seine Initiative kostete ihn und 15 weitere Menschen das Leben – in wieweit er sich jedoch in vollem Bewusstsein der Lebensgefahr für Penzberg »opferte«, muss unklar bleiben. Auf die weiteren Opfer fand jedoch eine regelrechte Jagd statt. Diejenigen, die gefasst und hingerichtet wurden, können nicht als »aktive« Opfer bezeichnet werden. Sie setzten ihr Leben nicht freiwillig ein, um ein höheres Ziel zu erreichen, sondern wurden zu Unrecht verhaftet und getötet.

Der Opferbegriff ist auf die Gruppe der in Penzberg Getöteten also kritisch anzuwenden und durchaus ambivalent. Der Teil der Gruppe, der im Rathaus verhaftet und später erschossen wurde, handelte aus eigener Initiative. Bei den übrigen neun Personen muss man jedoch vom passiven Erleiden eines Unrechts sprechen. Indem das Denkmal den »gegeißelten Heiland« zitiert, blendet es darüber hinaus auf der symbolischen Ebene aus, dass hier auch zweier Frauen gedacht wird, die von den Nationalsozialisten erhängt wurden. Die Erinnerung bezieht sich auf den männlichen Opfermut, die männliche Initiative und lässt die getöteten Frauen außen vor. Heroisches Sterben ist Männersache. Für die Frauen bleibt die Trauer reserviert.[674]

Denkmalpflege ist ein Akt der »Selbstvergewisserung«[675], so Gerhard Vinken. Mit dem analysierten Denkmal »An der Freiheit« wollte sich die Stadtgemeinschaft ihres eigenen Opferstatus vergewissern, und zwar in doppelter semantischer Hinsicht: Als aktives

---

673 Winter, Jay: *Remembering War*, New Haven 2006, S. 17–18.
674 Vgl. zur weiblichen Konnotierung von Trauer auch Seifert, Ruth: *Im Tod und im Schmerz sind nicht alle gleich*. In: Martus, Steffen; Münkler, Marina und Röcke, Werner (Hg.): *Schlachtfelder*, Berlin 2003.
675 Vinken (2011): SINNSTIFTUNG, S. 76.

Opfer *für* die Freiheit und als passives Opfer *des* Nationalsozialismus. Während die Opfer namentlich genannt werden, bleiben die Täter in der Formulierung »Opfer des Nationalsozialismus« bewusst abstrakt. Dadurch vermied es die Stadtgemeinschaft, sich mit nationalsozialistischen Tätern aus dem eigenen Ort auseinanderzusetzen. Die Ambivalenz, dass die Stadt gleichzeitig Opfer des und Täter im nationalsozialistischen System hervorgebracht hatte, löst das Denkmal nicht auf, es negiert sie vielmehr. Die Akteure der offiziellen Erinnerung löschen die Täter aus dem Gedächtnis der Stadt. Dieser Selbstverortung ist eine kollektive Gegnerschaft gegenüber dem Nationalsozialismus implizit, die der Stadt Penzberg nach Kriegsende den Übergang zur Demokratie erleichterte, indem sie sich über ihre Erinnerungskultur im öffentlichen Raum als antifaschistische Stadt präsentierte.

1.4.4 Die Einweihungsfeier (1948)

Die Analyse der Denkmalseinweihungen, ihrer Reden und Rituale, gibt eine detailliertere Auskunft über die Intention der Denkmalstifter sowie die ideologische Aufladung des Denkmales, die über die Jahrzehnte oft verloren geht.[676] So soll neben den Auseinandersetzungen um das jährliche Gedenken auch die Einweihungsfeier des Penzberger Denkmales auf die Intention der Akteure hin untersucht werden.

»An der Freiheit« wird am konkreten historischen Ort der traumatischen Kriegserfahrung einer Stadtgemeinschaft gedacht. Die Penzberger Mordnacht ist jedoch nicht nur das zentrale Erinnerungsnarrativ des Gedächtnisses der Stadt Penzberg. Der Erinnerungsort Penzberger Mordnacht entfaltete seit Kriegsende eine überregionale Reichweite, wie bereits die Feierlichkeiten zur Einweihung des Denkmals im Jahr 1948 zeigten. Die eigene Heimat und Nachbarschaft als konkreter Erfahrungsraum trugen zudem dazu bei, dass sich das Kriegstotengedenken in Penzberg

---

676 Probst, Volker G.: *Bilder vom Tode*, Hamburg 1986, S. 60.

signifikant vom kollektiven Gedenken der Stadtgemeinschaft in Rosenheim unterschied. Bereits die Einweihungsfeier grenzte sich deutlich vom Gefallenengedenken ab und legte somit den Grundstein für die weiteren Jahrzehnte.

Im Sommer 1948 kündigte das Denkmalkomitee die Einweihung des Mahnmales am 10. Oktober 1948 mit beträchtlichem Aufwand über Plakate[677] und Kinowerbungen in der weiteren Umgebung Penzbergs an. Die Bürgermeister benachbarter Gemeinden wie Murnau und Weilheim unterstützten die Vorbereitungen, indem sie die kostenlose Vorführung des Werbefilmes in ihren Kinos ermöglichten.[678] Die regionale Nachbarschaft war die Grundlage für die Identifikation und Solidarität der Städte untereinander. An der Schnittstelle zwischen lokaler Identifikation und der Identifikation mit einer vorgestellten Gemeinschaft von (Berg-)Arbeitern liegt das Engagement der Gemeinde Hausham. Etwa 30 Kilometer östlich von Penzberg gelegen, unterschied sich auch Hausham, als Standort des Pechkohleabbaus, von den umliegenden Gemeinden, deren wichtigste Wirtschaftszweige bis heute Landwirtschaft und Fremdenverkehr sind. Die Haushamer unterstützten nicht nur die Bewerbung der Einweihung, sondern gestalteten auch die Feierlichkeiten mit: Der Volkschor Hausham veranstaltete am Abend der Einweihung ein großes Festkonzert in der Stadthalle Penzberg mit Arien und Chören aus deutschen Opern und Operetten.[679] Mit den Einnahmen aus dem Konzert wiederum sollten Rechnungen des Denkmalbaus beglichen werden. Die aktive Gestaltung der

---

677 Komitee für den Denkmalbau in Penzberg: Versandliste für Plakate zur Denkmalsenthüllung, StAP 063 Denkmal rassisch, politisch oder religiös Verfolgte.

678 Marktgemeinderat Murnau (13.08.1948): Reproduktion des Werbefilmes zur Denkmalsenthüllung, StAP 063 Denkmal rassisch, politisch oder religiös Verfolgte; Stadtrat Weilheim (15.09.1948): Kinowerbung für die Denkmalsenthüllung in Penzberg, StAP 063 Denkmal rassisch, politisch und religiös Verfolgte.

679 Volkschor Hausham (Oktober 1948): Ankündigung des Festkonzertes anlässlich der Denkmalsenthüllung am 10.10.1948, StAP 063 Denkmal rassisch, politisch und religiös Verfolgte.

Einweihungsfeier durch einen ortsfernen Akteur kann als Ausdruck besonderer Verbundenheit der Städte gesehen werden. Nicht die unmittelbare geografische Nähe war hierfür ausschlaggebend, sondern das Milieu des Bergbaues, über das sich beide Städte identifizierten.

In der Planungsphase erhielt die Stadt Penzberg großzügige Zuwendungen vom Bayerischen Gewerkschaftsbund[680], dem Staatskommissariat für rassisch, religiös und politisch Verfolgte[681] sowie einzelne, kleinere Spenden der SPD-Ortsvereine der näheren Umgebung.[682] Der Bittbrief des Penzberger Bürgermeisters an den Vorstand des Deutschen Bergarbeiterverbandes und dessen Antwort zeigen die überregionale Bedeutung des Gedenkens an die toten Penzberger, und zwar innerhalb des Arbeitermilieus.[683] In diesem Kontext wird nicht die politische Überzeugung der Toten herausgestellt, sondern ihre Zugehörigkeit zur Arbeiterklasse. Aus Sicht des Penzberger Bürgermeisters war die Strategie naheliegend, den Gewerkschaftschef auf seine Verantwortung für die Bergarbeiter anzusprechen, musste er das Denkmal doch in knappen Nachkriegsjahren finanzieren. Interessanter noch ist die Antwort: Der Deutsche Bergarbeiterverband richtete aus Bochum aus, dass er den Bau des Denkmales in Penzberg mit 2500 Mark unterstützen werde. Nicht nur die unmittelbare geografische Nachbarschaft trug also zu solchen Gedenkallianzen bei, die sich in der finanziellen, logistischen und ideellen Unterstützung des Projektes manifestieren. Eine solche ideelle Unterstützung ist beispielsweise das Engagement des Staatskommissars Philipp Auerbach, der nicht nur einen finanziellen Beitrag zur Errichtung

---

680 Bayerischer Gewerkschaftsbund (25.09.1948): Errichtung eines Denkmals für die Opfer des 28.4.45 in Penzberg, StAP 063.
681 Staatskommissar für rassisch (21.07.1948): Unterstützung des Denkmalbaus in Penzberg, StAP 063.
682 Für eine Übersicht über die Finanzierung des Denkmales: Komitee für den Denkmalbau in Penzberg: Übersicht über Spenden für den Denkmalbau, StAP 063.
683 Bürgermeister der Stadt Penzberg (27.06.1949): Brief an den Deutschen Bergarbeiterveband, StAP 063.

des Mahnmales leistete. Er begleitete das Projekt interessiert, trat mehrmals als Redner in Penzberg auf und wirkte in München als Fürsprecher des Projektes auf Landesebene.

Das Identifikationspotenzial des Gedenkens an die toten Penzberger hatte innerhalb des Arbeitermilieus eine Anziehungskraft über die oberbayerische Provinz hinaus: »Tausende aus nah und fern [hatten] sich eingefunden«[684], um bereits vormittags an der Gedenkfeier an den Ehrengräbern der Getöteten teilzunehmen, wie der *Hochlandbote* am 12. Oktober 1948 berichtete. Bürgermeister Prandl folgerte aus dem Opfertod der 16 Mitbürger »die Verpflichtung zu tiefster Dankbarkeit«[685]. Mit seinem Verweis darauf, »dass es bisher nicht gelungen sei, die furchtbare Tat zu sühnen«, schlug er den Bogen zur Gegenwart und zum politischen Alltag, der in seinen Augen mangelhaften juristischen Aufarbeitung der Mordnacht, und kritisierte damit das Justiz-System der Nachkriegszeit. Aufgrund mangelnder weiterer Quellen kann die Rekonstruktion der Feier nur nach Berichten aus dem *Hochlandboten* erfolgen, der auch über die Denkmalseinweihung am Nachmittag desselben Tages berichtete, dass sich »Tausende« dazu »an der blutigen Richtstätte« eingefunden hätten.[686] Der Grund für diese hohe Resonanz am Gedenktag liegt in der Primärerfahrung begründet: Zeitlich und auch räumlich nahe, verband die Primärerfahrung die gesamte Stadtgemeinschaft. Im Gegensatz zur Fronterfahrung, die für Zivilisten räumlich und mental weit entfernt war und dadurch abstrakt bleiben musste, stellte die Mordnacht für die Stadtgemeinschaft einen konkreten gemeinsamen Bezugspunkt mit Verbindung zum eigenen Leben dar. Die Stadtgemeinschaft hatte die Mordnacht gemeinsam erlebt und erinnerte sie nun gemeinschaftlich. Anders als beim »fernen Tod« an der Front bedurfte es in diesem Fall keiner symbolischen Repräsentation als Bindeglied zwischen dem Ereignis und der Erinnerungsgemeinschaft.

---

684 Das Penzberger Mahnmal wurde enthüllt. In: *Hochlandbote* 12.10.1948.
685 Das Penzberger Mahnmal wurde enthüllt. In: *Hochlandbote* 12.10.1948.
686 Das Penzberger Mahnmal wurde enthüllt. In: *Hochlandbote* 12.10.1948.

Wie weit über Penzberg hinaus das Gedenken an die Opfer der Mordnacht wirkte, belegt die Rednerliste der Zeremonie. Vertreter der Staatsregierung, des Bayerischen Gewerkschaftsbundes, der Militärregierung und der Vereinigung der Verfolgten des Naziregimes sprachen, bevor Philipp Auerbach das Denkmal enthüllte. Entsprechend ihres jeweiligen Hintergrundes und ihrer Intention fokussierten sich die Redner auf unterschiedliche Themen. So betonte der Bayerische Innenminister Willi Ankermüller (CSU), »dass es das Verdienst der Opfer sei, wenn Penzberg heute nicht Ruinenstadt geworden ist«[687]. Seine Warnung vor einer neuerlichen Gewaltherrschaft über Deutschland war in seiner Biografie begründet: Ankermüller war 1933 von den Nationalsozialisten in »Schutzhaft« genommen und im KZ Dachau inhaftiert worden und hatte nach seiner Einberufung 1939 den Zweiten Weltkrieg als Soldat erlebt.[688] Gustav Schiefer wiederum, Vizepräsident des Bayerischen Gewerkschaftsbundes und damit Vertreter der Arbeiter, versicherte den Angehörigen der 16 Opfer die finanzielle Hilfe und Unterstützung durch den Gewerkschaftsbund. Ebenso wie Schiefer interpretierte auch Zivilgouverneur Schoening (Militärregierung Weilheim) den Tod der Penzberger als »Opfer für die Freiheit«[689]. Staatskommissar Philipp Auerbach mahnte, auch der »Millionen Toten der Konzentrationslager« zu gedenken. Er forderte eine »gerechte Sühne« und eine »gerechte Wiedergutmachung« durch die Allgemeinheit: »Erste Pflicht sei es, für die Opfer des Kampfes gegen Hitler zu sorgen«[690].

»Opfer des Faschismus«, »Opfer für die Freiheit« und »Arbeiter« – diese Zuschreibungen boten für die Akteure der Erinnerungskultur nach 1945 das größte Identifikationspotential. Abhängig vom jeweiligen politischen Hintergrund verstärkten die Redner bei der Denkmalseinweihung eine dieser Zuschreibungen und funktionalisierten die Toten damit für ihre Ziele.

---

687 Das Penzberger Mahnmal wurde enthüllt. In: *Hochlandbote* 12.10.1948.
688 Kurzbiografie: Balcar, Jaromír; Schlemmer, Thomas: *An der Spitze der CSU*, München 2007, S. 589.
689 Das Penzberger Mahnmal wurde enthüllt. In: *Hochlandbote* 12.10.1948.
690 Das Penzberger Mahnmal wurde enthüllt. In: *Hochlandbote* 12.10.1948.

Gewerkschafter und Besucher aus anderen Bergbaustädten identifizierten sich mit dem Aspekt »Arbeiter«. Als Vertreter der Verfolgten des Naziregimes, und selbst Opfer dieser Verfolgung, betonte Philipp Auerbach die Identität der Getöteten als »Opfer des Faschismus« und weitete das Gedenken allgemein auf die Opfer des Faschismus aus. Der Innenminister, der von Amts wegen um die innere Sicherheit des Freistaates besorgt sein musste und die Auswirkungen der NS-Diktatur in »Schutzhaft« im KZ und als Kriegsteilnehmer selbst erlebt hatte, warnte – ebenso wie der Repräsentant der VVN – vor einer neuerlichen Gewaltherrschaft.

Die Penzberger Mordnacht ist also kein ausschließlich lokaler Erinnerungsort mit geringem Identifikationspotenzial über die Stadtgrenzen hinaus. Vielmehr realisiert sich am Erinnerungsort Penzberger Mordnacht, am historisch konkreten Ort, in der Erinnerungsgemeinschaft, eine Gemeinschaft von Arbeitern, Opfern des Faschismus und Antifaschisten. Weder die vorgestellte Gemeinschaft der Nation[691] noch die rein lokale Gemeinschaft der Stadt, sondern die Gemeinschaft der Arbeiter und Antifaschisten konstituierte diese Erinnerungsgemeinschaft.

1.4.5 Gedenken als Protest (1950)

»Die Wunden sind kaum vernarbt, die persönlichen Opfer noch zu frisch, als dass man froh werden könnte.«[692] So beschreibt der Autor der *Penzberger Lokalzeitung* am 29. April 1950 die Stimmung in Penzberg, fünf Jahre nach der Mordnacht. Doch so gehe es nur dem einen Teil der Penzberger Bevölkerung, fährt der Artikel fort. Der andere Teil habe sich mit »zäher Verbissenheit« in den Wiederaufbau gestürzt, der dank des Opfers der 16 Penzberger kein Wiederaufbau aus Ruinen sein musste.[693] Im Folgenden räso-

---

691 Anderson (2006): IMAGINED COMMUNITIES.
692 O. A.: Fünf Jahre schon – oder erst …? In: *Penzberger Nachrichten- und Anzeigenblatt* 29.04.1950, S. 1.
693 O. A.: Fünf Jahre schon – oder erst …? In: *Penzberger Nachrichten- und Anzeigenblatt* 29.04.1950, S. 1.

niert der Autor über die Unterschiede der Jahre 1945 und 1950, um schließlich die Leser zum Erinnern aufzurufen: »Aber wir dürfen trotzdem nicht vergessen, was war und warum es so kam. Nicht – oder nicht allein – durch unsere Schuld.«[694]

»Was war«, bleibt im folgenden Artikel ebenso vage wie die Frage, »warum es so kam«. Ist allgemein der Nationalsozialismus gemeint? Der Zweite Weltkrieg? Oder lediglich die Ereignisse des 28. April 1945 in Penzberg? Warum »es so kam«, wird auch nicht thematisiert – lediglich die eigene Schuld der Penzberger Bürger daran wird verneint. Hier wird eine Haltung geformt, die noch Jahrzehnte charakteristisch sein würde für das Gedenken an die Penzberger Mordnacht und damit für die Aushandlungen über Penzbergs Geschichte im Nationalsozialismus: Es ist nicht unsere Schuld. Vielmehr identifizierte sich die Erinnerungsgemeinschaft mit den Opfern der Mordnacht und wies so kollektiv eine Mittäterschaft im nationalsozialistischen System von sich.

Am fünften Jahrestag der Penzberger Mordnacht blieben alle Geschäfte bis 13.30 Uhr geschlossen, sodass auch die werktätige Bevölkerung an dem umfangreichen Programm anlässlich des Jahrestages teilnehmen konnte, das morgens mit einer Trauermesse für die Verstorbenen in der Penzberger Notkirche begann.[695]

Ernst Reuter, prominenter Sozialdemokrat, der Oberbürgermeister West-Berlins, Exponent des Ost-West-Konflikts und Verfolgter des NS-Regimes, hielt die Gedenkrede während der Trauerfeier an den Ehrengräbern: »Aus dem traurigen Geschehen jener Zeit heraus muss nun das gemeinsame Gelöbnis entstehen, dass niemals wieder die Zeit kommen möge, in der Deutsche von Deutschen hingemordet werden. Wir müssen mit aller Kraft dem Bösen widerstehen, damit wieder gegenseitige Achtung, Recht und wirkliche Demokratie in unserem Volke wohnen können. Ganz Deutschland fühlt sich heute verbunden mit dem Sterben

---

694 O.A.: Fünf Jahre schon – oder erst …? In: Penzberger *Nachrichten- und Anzeigenblatt* 29.04.1950, S. 1.
695 Stadt Penzberg (1950): Plakat: Bekanntmachung der Trauerfeier am 28.04.1950, StAP 063 Penzberger Mordnacht (3).

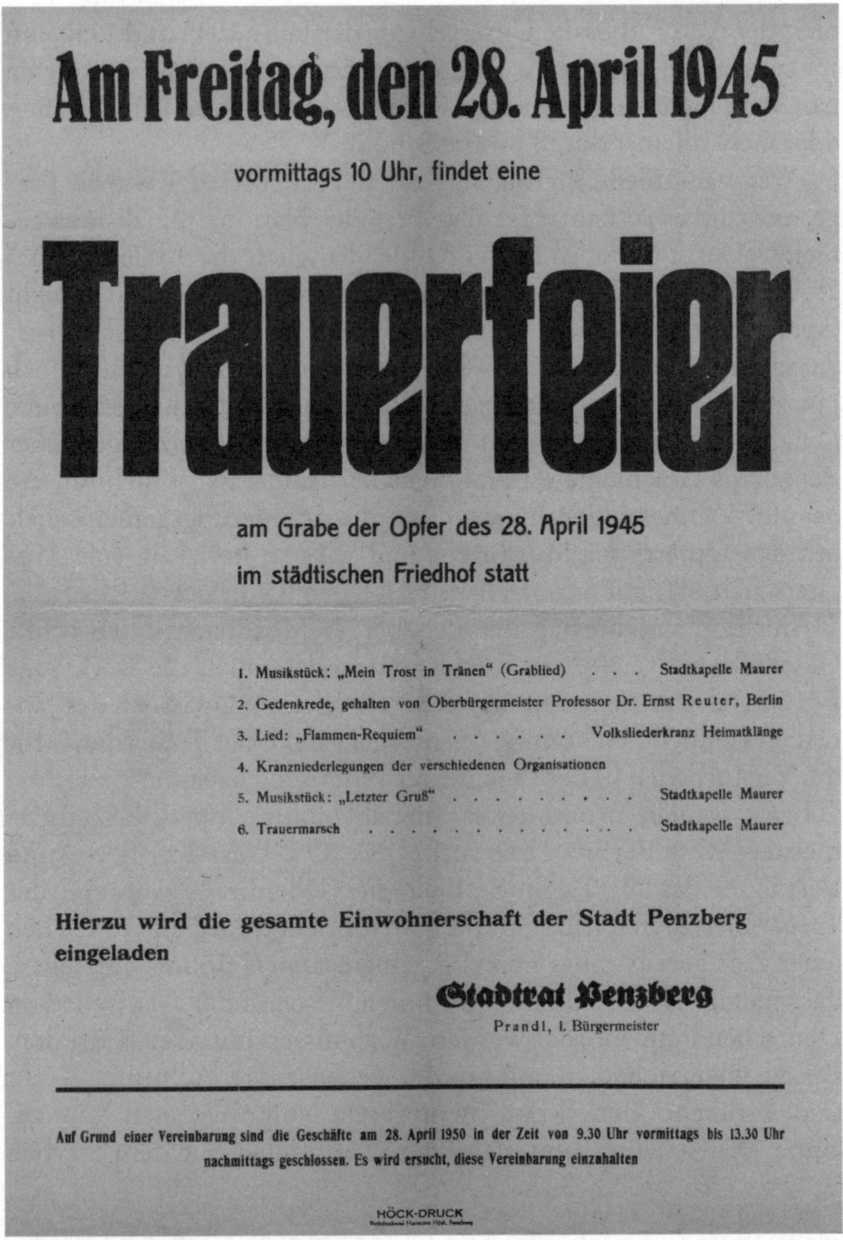

Am Freitag, den 28. April 1945

vormittags 10 Uhr, findet eine

Trauerfeier

am Grabe der Opfer des 28. April 1945
im städtischen Friedhof statt

1. Musikstück: „Mein Trost in Tränen" (Grablied) . . . Stadtkapelle Maurer
2. Gedenkrede, gehalten von Oberbürgermeister Professor Dr. Ernst Reuter, Berlin
3. Lied: „Flammen-Requiem" . . . . . . Volksliederkranz Heimatklänge
4. Kranzniederlegungen der verschiedenen Organisationen
5. Musikstück: „Letzter Gruß" . . . . Stadtkapelle Maurer
6. Trauermarsch . . . . Stadtkapelle Maurer

Hierzu wird die gesamte Einwohnerschaft der Stadt Penzberg eingeladen

Stadtrat Penzberg
Prandl, 1. Bürgermeister

Auf Grund einer Vereinbarung sind die Geschäfte am 28. April 1950 in der Zeit von 9.30 Uhr vormittags bis 13.30 Uhr nachmittags geschlossen. Es wird ersucht, diese Vereinbarung einzahalten

HÖCK-DRUCK

Abb. 3: Ankündigung der Trauerfeier am 28. April 1950, Druckfehler im Original. StAP EAP 063 Penzberger Mordnacht Nr. 1 jener deutschen Männer und Frauen, die dem Wahnsinn einer barbarischen Zeit zum Opfer fielen. Den Hinterbliebenen verbleibt der Trost, dass das Opfer ihrer Lieben nicht umsonst gewesen ist.«[696]

Der politische Totenkult kennt kein sinnloses Sterben. Wichtigstes Ziel und oberstes Anliegen des politischen Totenkults ist es, den gewaltsamen Tod zu transzendieren, ihm einen Sinn zu geben.[697] Reuter gibt dem Sterben der 16 Penzberger eine Sinnhaftigkeit, die in dem auf die Zukunft gerichteten Gelöbnis liegt, »dass niemals wieder [...] Deutsche von Deutschen hingemordet werden«.

Reuter, im innerdeutschen Ost-West-Konflikt ein dezidierter Antikommunist, betrieb mit dieser Rede in Penzberg Geschichtspolitik, die sich auf die Gegenwart und die Zukunft der beiden deutschen Staaten richtete. »Gegenseitige Achtung, Recht und wirkliche Demokratie« können ebenso wie die Formulierung »ganz Deutschland« als Anspielung auf die Teilung Deutschlands interpretiert werden. Angesichts seines Hintergrundes liegt die Interpretation nahe, dass das »Böse«, dem »mit aller Kraft« widerstanden werden müsse, in Reuters Rede den Kommunismus bezeichnet, der in dieser Argumentation der Grund dafür ist, dass es an »Achtung, Recht und wirklicher Demokratie« mangele.[698] Der Oberbürgermeister Westberlins sprach also nicht nur den Hinterbliebenen sein Beileid aus und tröstete sie damit, dass der Tod der 16 Penzberger nicht umsonst gewesen sei. Ernst Reuter funktionalisierte das Totengedenken in Penzberg für seine Politik in der innerdeutschen Auseinandersetzung. Mit dem »Wahnsinn einer barbarischen Zeit« wird der Nationalsozialismus personifiziert und als Ausgeburt einer »barbarischen Zeit« vom konkreten Handeln einzelner Menschen auch aus Penzberg losgelöst. Diese Abstraktion des Nationalsozialismus als »Wahn-

---

696 Gedenkrede Ernst Reuters am 28.04.1950 zitiert nach: O. A.: Fünf Jahre schon – oder erst ...? In: *Penzberger Nachrichten- und Anzeigenblatt* 29.04.1950, S. 1.
697 Koselleck (1998): IKONOLOGIE, S.6.
698 Barclay, David E.: *Schaut auf diese Stadt*, Berlin 2000, S. 326–332.

sinn« ermöglichte es der Erinnerungsgemeinschaft in Penzberg, sich selbst vom Nationalsozialismus zu distanzieren und sich mit den Toten als kollektives Opfer des Nationalsozialismus zu begreifen.

Nach der Trauerfeier auf dem Friedhof fand am selben Tag am Mahnmal eine große Protestkundgebung statt, die sich gegen die Urteile des Augsburger Schwurgerichtes richtete.[699] Auch dieses Gedenken, das sich 1950 als Protest manifestierte, bestimmten überregionale Akteure wie Philipp Auerbach, der Stellvertreter der KPD-Landesleitung Karl Feuerer, der bereits genannte Ernst Reuter sowie der Gewerkschaftsvorsitzende Max Wönner mit. All diese Akteure stammten aus dem Lager der Arbeiterbewegung und lebten deshalb während des Nationalsozialismus unter permanenter Bedrohung und Verfolgung. Nach dem Zweiten Weltkrieg erhoben diese Akteure deutlich ihre Stimme, um gegen neu aufkommenden Faschismus und für eine gründliche Entnazifizierung zu kämpfen. Karl Feuerer (KPD) warnte in seiner Ansprache am Mahnmal vor einem allzu leichtfertigen Reinwaschen alter Nationalsozialisten und einem »Kurs wie 1933«, dem gegenüber sich »das Volk ablehnend und verachtend wie auch dem Schandurteil von Augsburg gegenüber« verhalten würde.[700] Feuerers Argumentation stellte die Urteile im Augsburger Prozess in eine Kontinuitätslinie mit der nationalsozialistischen Machtübernahme und Politik. Bei dieser Protestkundgebung am Mahnmal legten die Ortsgruppen der VVN sowie der Kommunistischen Partei Kränze nieder. Die Toten wurden also für den Antifaschismus beziehungsweise für die Ziele der Kommunistischen Partei vereinnahmt und ihre Widerständigkeit betont, während die Feier am Friedhof den Einsatz der Toten für die Stadt betonte. Je nach Intention der Sprecher wurden die Toten für die aktuelle Politik funktionalisiert, sei es gegen die Teilung Deutschlands und den

---

699 Zu dieser Protestkundgebung vgl. hier und im Folgenden: Ihr Tod soll uns Mahnung sein! In: *Penzberger Nachrichten- und Anzeigenblatt* 29.04.1950.
700 Ihr Tod soll uns Mahnung sein! In: *Penzberger Nachrichten- und Anzeigenblatt* 29.04.1950, S. 2.

Kommunismus als »das Böse« oder sei es im Protest gegen die »Mitläuferfabrik« (Niethammer) der Entnazifizierung und die westdeutsche Nachkriegsjustiz, wie es die KPD tat.

1.5 Im Übergang zum kulturellen Gedächtnis: 1970 bis heute

In den ersten Jahrzehnten nach Kriegsende wurde die Erinnerung an die Penzberger Mordnacht vor allem kommunikativ tradiert, die Akteure und Teilnehmer des kollektiven Gedenkens waren zum überwiegenden Teil Zeitzeugen aus der Erlebensgeneration. Gegen Ende der 1980er-Jahre mahnten Historiker einen bevorstehenden »Abschied von den Zeitzeugen« an. Mit einem Generationenwechsel geht auch eine Verschiebung der Bedeutung eines bestimmten Ereignisses einher.[701] Es war also auch in Penzberg den Akteuren, die selbst noch aus der Erlebensgeneration stammten, ein wichtiges Anliegen, diese Bedeutung über den *floating gap*[702] hinaus im kulturellen Gedächtnis zu erhalten.[703] Das kulturelle Gedächtnis ist die Vielzahl der Medien, in denen die Erzählungen des kommunikativen Gedächtnisses gespeichert wurden. In Penzberg gestalteten die Akteure diesen Übergang sehr bewusst und überführten die kommunikative Erinnerung an die Mordnacht in vielfältige Speichermedien des kulturellen Gedächtnisses, die zueinander in Bezug gesetzt wurden.

---

701 Wolf und Burkart (2002): EINLEITUNG, S. 12–13. Zu den unterschiedlichen Generationen als Erinnerungsgemeinschaften vgl. Reulecke, Jürgen: *Generationseinheiten als Erinnerungsgemeinschaften*. In: Giebeler, Karl (Hg.): *Erinnern und Gedenken*, Berlin 2007.
702 Mit »floating gap« wird der fließende Übergang zwischen dem kommunikativen Gedächtnis, das drei Generationen umfasst, und dem kulturellen Gedächtnis benannt. Erll (2005): KOLLEKTIVES GEDÄCHTNIS, S. 28. Vgl. auch Niethammer, Lutz: *Diesseits des floating gap*. In: Platt, Kristin und Dhabag, Mihran (Hg.): *Generation und Gedächtnis*, Opladen 1995.
703 Erll (2005): KOLLEKTIVES GEDÄCHTNIS, S. 28.

1.5.1 Die »Proletarische Provinz« als wissenschaftlicher Forschungsgegenstand

»Der Ruhm der Stadt gründet im Freiheitsmut ihrer Einwohner.«[704] Mit dieser Aussage beginnt Klaus Tenfeldes Habilitationsschrift, die 1982 im Rahmen des Projektes »Bayern im Nationalsozialismus« am Münchner Institut für Zeitgeschichte erstmals erschien. Erklärtes Ziel der Arbeit war es, »die Eigenart ihrer [= der Stadt Penzberg; IL] Bürger zu verstehen, ihre Verhaltensformen, Denkweisen und Werte aufzuzeigen und Schlüssel für die besondere Entwicklung der Stadt bis hin zu den Morden vom 28. April 1945 aufzufinden«.[705]

Die Penzberger Mordnacht war der Fluchtpunkt der Analyse und sollte aus dem besonderen Charakter der Stadt und ihrer Bewohner über eine Traditionslinie widerständigen Verhaltens über 150 Jahre hinweg erklärt werden. Mit den Methoden der Sozialgeschichte analysiert Tenfelde die »Entstehung industriegesellschaftlicher Lebensformen in einem engbegrenzten, kleinstädtischen Rahmen inmitten einer nahezu unverändert ländlichen Umgebung«, deren Auswirkungen auf Wohnung, Arbeit und Alltag in der Kleinstadt sowie Vereinswesen und Kommunalpolitik. In der Einleitung wird festgestellt, dass die Penzberger Stadtgemeinschaft von einem besonderen Schlag sei, ein »verruchtes Kommunistennest« – eine wenig objektive Einschätzung, die aus Gesprächen mit Penzbergern resultiert und deren Eigenwahrnehmung widerspiegelt. Für die Frühzeit der Weimarer Republik konstatiert Tenfelde, dass sich »eine erwerbs- und wohnungsstrukturell ungemein begünstigte Protestbereitschaft eingegraben und in sehr konkreten Aktionen formal verfestigt hatte«[706].

Der aufkommende Nationalsozialismus sei laut Tenfelde in Penzberg ein »Oberflächenphänomen [geblieben], [...] unter dessen Decke die Arbeiterseele lebte und sich regte wie ehedem«[707].

---

704 Tenfelde (1981): Provinz, S. 1.
705 Tenfelde (1981): Provinz, S. 1.
706 Tenfelde (1981): Provinz, S. 145.
707 Tenfelde (1981): Provinz, S. 255 und S. 370.

Diese These entspricht den Berichten, dass für NSDAP-Veranstaltungen in Penzberg tatsächlich Nationalsozialisten aus Bad Tölz in die Kleinstadt gefahren wurden, da die Penzberger Ortsgruppe der NSDAP nicht genügend Mitglieder für große Veranstaltungen hatte. Im kollektiven Gedächtnis Penzbergs wurde dies zu einem regelrechten Import von Nationalsozialisten stilisiert, die es in Penzberg sonst nicht gegeben hätte.[708] Tatsächlich gingen die Behörden 1929 davon aus, dass es in Penzberg ca. 12 bis 14 NSDAP-Mitglieder gebe[709], und von einer NSDAP-Kundgebung im Juni 1929 wird berichtet, dass »[...] ca. 180 Mann der SA-Abteilung der Partei (NSDAP) auf 3 Lastkraftwagen – zwei hievon mit Anhänger – angeblich aus Bad Tölz von einer Sonnwendfeier angefahren [kamen]«[710].

Im November 1945 bezifferte der Penzberger Bürgermeister die Parteimitglieder unter der einheimischen Bevölkerung mit 515.[711]

Tenfelde bezieht sich vor allem auf die Sozialstruktur der NSDAP und soziale Praktiken Einzelner, um die Distanz der Penzberger zum Nationalsozialismus zu belegen. Jedoch stimmten auch in Penzberg im August 1934 83,7% der stimmberechtigten Bevölkerung in der »Volksabstimmung über das Staatsoberhaupt des Deutschen Reiches«[712] für Adolf Hitler. Das Ergebnis der Wahl in Penzberg blieb damit nur minimal unter dem reichsweiten Ergebnis von 89,3%.[713]

---

708 Vgl. hierzu auch die Statistik zur Zusammensetzung der NSDAP-Ortsgruppe Penzberg bei Tenfelde (1981): PROVINZ, S. 199.
709 Bezirksamt Weilheim (21.06.1929): Versammlung der NSDAP in Penzberg am Sonntag, 23. Juni 1929, StAM LRA 3886.
710 Gendarmerie Penzberg (24.06.1929): Nationalsozialistische Versammlung in Penzberg und Sindelsdorf, StAM LRA 3886.
711 Bürgermeister der Stadt Penzberg (28.11.1945): Zahlenmäßige Feststellung der ehemaligen Parteimitglieder, StAM LRA 117250.
712 Winkler, Albert: NS-Chronik Penzberg, S. 101.
713 Otmar Jung: *Plebiszit und Diktatur: die Volksabstimmungen der Nationalsozialisten. Die Fälle »Austritt aus dem Völkerbund« (1933), »Staatsoberhaupt« (1934) und »Anschluß Österreichs« (1938)* (=Beiträge zur Rechtsgeschichte des 20. Jahrhunderts; Bd. 13), Tübingen 1995.

Die von Albert Winkler 1933 angelegte und bis 1944 fortgeführte Chronik »Ortsgeschichte Penzberg«, die am 1. Januar 1933 beginnt und vornehmlich eine Chronik des Nationalsozialismus in Penzberg ist, zeigt jedoch ein anderes Bild. Gerade an den politischen Feiertagen im nationalsozialistischen Kalender dominierte die NSDAP mit ihren Untergliederungen das Stadtbild. Fotos vom Aufmarsch zum 1. Mai 1934 zeigen einen zahlenmäßig stattlichen Zug der SS Penzberg[714], der NSDAP[715] und der SA[716]. Die lokalen Repräsentanten der NSDAP sind mit Kreuzchen markiert und benannt. Vor allem Fotos der Gruppierungen von HJ und Jungvolk machen einen großen Anteil in der Chronik aus.[717] Ein nicht genauer datiertes Foto aus dem Jahr 1935 zeigt den Blick in den Saal bei einer Kundgebung: Der Saal ist brechend voll mit Kindern, von der Balustrade hängt ein Banner mit der Aufschrift »Wir sind zum Sterben für Deutschland geboren« – für viele der anwesenden Jungen sollte dieser Schwur eine bittere Prophezeiung sein.

Abb. 4: »Wir sind zum Sterben für Deutschland geboren«.
Winkler, Albert: NS-Chronik Penzberg, Band 1935–1936

Hier zeigt sich eine Schwachstelle der Analyse von Klaus Tenfelde: Während er die Sozialstruktur der NSDAP und der KPD in den 1920ern analysiert und die sozialen Praktiken der Arbeiter als Beleg für die antinationalsozialistische Haltung heranzieht, lässt er die Beeinflussung der Jugend durch die Nationalsozialisten außen vor. Ebenso bleiben die sozialen Praktiken der Generation unbeachtet, die den Nationalsozialismus von Beginn an als Erwachsene erlebte und die Todesanzeigen ihrer gefallenen Söhne mit markigen nationalsozialistischen Propaganda-Gedichten, Formeln wie »Seine Ehre hieß Treue«[718] und Illustrationen von Stahlhelmen und Ehrendolchen[719] verzierte.

Auch die »Werwolfmentalität«[720] sei nicht originär aus Penzberg, schließt Tenfelde. Die lokalen Täter der Mordnacht werden in seiner Lokalstudie nicht erwähnt, sodass es scheint, die »Werwolfmentalität« und damit die nationalsozialistische Gewalt sei ebenso importiert worden wie die einzelnen Nazis für Großkundgebungen in Penzberg. Dass der Nationalsozialismus auch in einer Stadt, die geprägt war von Bergbau und verspäteter, kleinstädtischer Industrialisierung, bei Einzelnen auf Zustimmung traf, läuft den Thesen der »Proletarischen Provinz« entgegen und wird lediglich als »Oberflächenphänomen« kategorisiert.[721] Der Einsatz von Zwangsarbeitern im Penzberger Bergwerk wird dargestellt, aber nicht kritisch hinterfragt. Vielmehr interessiert die Solidarität unter den Kumpeln. Dass einer der Getöteten die französischen Kriegsgefangenen und Zwangsarbeiter beaufsichtigte, findet

---

714 Winkler, Albert: NS-Chronik Penzberg, 01.01.1933–25.04.1935, hier: 01.05.1934 (S. 80).
715 Winkler, S. 89.
716 Winkler, S. 89.
717 So z. B. Winkler, S. 85.
718 Todesanzeige für Willy R., Todesanzeige für Franz S., beide in: StAP Sammlung Georg Reis.
719 So z. B. die jeweiligen Todesanzeigen für Alfred T., Franz H., Josef S., Paul P., alle in: StAP Sammlung Georg Reis.
720 Tenfelde (1981): PROVINZ, S. 381.
721 Tenfelde (1981): PROVINZ, S. 362.

keinen Eingang in Tenfeldes Arbeit, ebenso wenig wie der Autor das Penzberger Bergwerk 2005 in dem detaillierten Sammelwerk über die »Zwangsarbeit im Bergwerk« erwähnt.[722]

Die »Proletarische Provinz« erzählt eine Geschichte von lokalem Widerstand gegen das NS-Regime. Mit Methoden der Sozialgeschichte sowie einer Analyse der Kommunikationsformen und sozialen Praktiken in Penzberg erforscht der Autor die Gründe für die »besondere Mentalität Penzbergs«. Diese »besondere Mentalität« führt schließlich zum »Morgenrot in der Wüstenei des Nationalsozialismus«[723] – also dem aktiven Widerstand Einzelner gegen eine bevorstehende Zerstörung des Bergwerkes. Der Autor der »Proletarischen Provinz« fokussiert sich dabei auf ein Widerstandsnarrativ, das die Stadt Penzberg seit ihrer Gründung auszeichne und in der Mordnacht kulminiert sei: Das kleine Nest in Oberbayern, das – im Gegensatz zum restlichen Deutschland – nicht dem Nationalsozialismus anheimgefallen sei und bis zum Ende des Nazi-Regimes Widerstand geleistet habe. Nach einem frühen Präventivschlag gegen die Penzberger Sozialdemokraten und Kommunisten[724] regte sich bis zum April 1945 kein Widerstand mehr in der Stadt, der über Straßenscharmützel zwischen SA-Männern und Sozialisten hinausging. Das als Widerstand bezeichnete Handeln Rummers – so viel Mut es erforderte und sosehr es auf einer grundsätzlichen Ablehnung des Nationalsozialismus gründete – erfolgte erst, als er nach dem Radioaufruf der Freiheitsaktion Bayern annehmen musste, dass der Krieg beendet sei.

Klaus Tenfelde ist als Autor der bisher einzigen wissenschaftlichen Untersuchung zur Penzberger Mordnacht nicht nur Wis-

---

722 Seidel, Hans; Tenfelde, Klaus: *Zwangsarbeit im Bergwerk. Der Arbeitseinsatz im Kohlenbergbau des Deutschen Reiches und der besetzten Gebiet im Ersten und Zweiten Weltkrieg*, Essen 2005.
723 Tenfelde (1981): Provinz, S. 369.
724 Im Frühjahr 1933 hatten die Nationalsozialisten alle Penzberger Kommunisten und Sozialdemokraten verhaftet und sie im KZ Dachau interniert: DaA 32592/44 Liste von Penzberger Sozialdemokraten, die am 28. Juni 1933 ins KZ Dachau eingeliefert wurden; zur Person Hans Rummer: DaA NARA Alph. Reg. Nr. 101, S. 138–139.

senschaftler, sondern auch aktiver Akteur der Erinnerungskultur. Mitten im *floating gap* schuf Tenfelde als Erster ein wissenschaftliches Werk, das die Penzberger Mordnacht in das kulturelle Gedächtnis überführte. Mit seiner Erzählung von der widerständigen Mentalität der Stadtbevölkerung schuf er ein positives Identifikationsangebot für die Stadt. Dass Tenfelde sich hier als Akteur in die Gestaltung des kulturellen Gedächtnisses mit einem weiteren positiven Narrativ der Mordnacht betätigt, liegt doppelt in seiner Biografie begründet: Klaus Tenfelde, der in den 1980er-Jahren selbst in Penzberg lebte, saß seit 1982 im Penzberger Stadtrat (SPD). Zweitens wirkte auch in diesem Fall die Bindekraft des Milieus, denn Tenfelde war im Umfeld des Bergbaus im Ruhrgebiet sozialisiert worden und hatte den Beruf des Bergmannes erlernt. Sowohl der lokale Bezug als auch die Identifikation mit dem Arbeitermilieu führten zu einer unübersehbaren Sympathie des Autors für seinen Forschungsgegenstand. Neben der Biografie des Verfassers muss dabei auch der Kontext der Forschungsarbeit bedacht werden. Die Regionalstudie entstand im Forschungsverbund »Bayern im Nationalsozialismus« am Münchner Institut für Zeitgeschichte und bildete den Beitrag zum Widerstand. Damit war das Leitthema der Studie vorgegeben. Dass man die Bedeutung der Penzberger Mordnacht als Widerstandsphänomen auch niedriger ansetzen kann, zeigt Veronika Diem in ihrer 2013 erschienenen Dissertation über die Freiheitsaktion Bayern (FAB): Eingeordnet in den Kontext des bayernweiten Umsturzversuches der Freiheitsaktion kurz vor Kriegsende, ist die Penzberger Mordnacht lediglich eines von über 20 Beispielen für »eskalierte Folgeaktionen«[725] nach dem Aufruf der FAB am 28. April 1945.

Im *floating gap* entstanden jedoch nicht nur neue Medien und Speicher des Gedenkens, wie die analysierte Monografie. Weiterhin gedachte die Penzberger Stadtgemeinschaft jährlich am 28. April der Opfer der Mordnacht. Dabei wurden Rituale fort-

---

725 Diem (2013): FREIHEITSAKTION BAYERN, S. 301–302.

geführt, die schon 1948 Bestandteil des kollektiven Gedenkens waren, gleichzeitig war das kollektive Gedenken ab ca. 1980 vom Übergang von der Erlebnisgeneration zu einer Erinnerungsgemeinschaft geprägt, die das erinnerte Ereignis nicht mehr selbst erlebt hatte. Wie veränderte dieser Generationswechsel auf der Akteursebene das kollektive Gedenken? Wer bestimmte in dieser Zeit, welches Narrativ in das kulturelle Gedächtnis eingehen sollte? Dazu war die Penzberger Mordnacht als Erinnerungsort weiterhin anschlussfähig, um von Akteuren geschichtspolitisch funktionalisiert zu werden. Beispielhaft für die kollektiven Praktiken und die Gestaltung des kulturellen Gedächtnisses im »Erinnerungsboom« der 1990er-Jahre analysiert das folgende Kapitel die Vielfalt des Gedenkens im Jahr 1995.

1.5.2 Ein »Tag gegen Fanatismus und Fremdenhass, für Toleranz und Frieden« (1995)

Die fünfzigste Wiederkehr des Kriegsendes bildete 1995 weltweit einen Höhepunkt des »Erinnerungsbooms« der 1980er und 1990er-Jahre. Auch in Penzberg gedachte man des Kriegsendes. Der Schwerpunkt lag dabei auf dem Gedenken an die Penzberger Mordnacht, die sich ebenfalls zum fünfzigsten Mal jährte.

Die Gedenkfeierlichkeiten und das begleitende Programm waren 1995 in Penzberg vielfältig und reichten von der Trauerfeier am Friedhof über eine Sonderausstellung im Stadtmuseum bis hin zu Schulprojekten. In Anbetracht des nahenden Abschiedes von den Zeitzeugen etablierten sich neben den traditionellen Gedenkritualen auch neue Praktiken und Veranstaltungen, die darauf hinwirkten, die Erinnerung an eine neue Generation weiter zu geben und sie dadurch lebendig zu erhalten.

Gedenkfeierlichkeiten der Stadt

»Als einen Tag gegen Fanatismus und Fremdenhass, für Toleranz und Frieden«[726] kündigte der *Penzberger Merkur* am 28. April 1995 den 50. Jahrestag der Penzberger Mordnacht an. Das Gedenken fand an den historischen Orten der Ereignisse vom April 1945 statt und begann mit einer Gedenksitzung im Rathaus – dem Ort, wo Rummer und seine Mitstreiter verhaftet worden waren. Pathetisch klang die Wortwahl des Penzberger Bürgermeisters Kurt Wessner, der die Mordnacht als »Wahnsinnstat« und »letzte, schreckliche Konsequenz einer zwölfjährigen Unrechtsherrschaft«[727] bezeichnete. Sehr überlegt und sensibel klingt sie jedoch nicht, deutet sie doch die Ermordung 16 Penzberger Bürger als »letzte Konsequenz« des Nationalsozialismus und lässt dabei den Zweiten Weltkrieg ebenso außen vor wie Terror, Verfolgung und Vernichtung, die – wenn man im Sprachgebrauch Wessners bleiben möchte – in der Schoah ihre »letzte Konsequenz« fanden. Tatsächlich war die Mordnacht für die Stadtgemeinschaft in Penzberg die erste und gleichzeitig letzte Konfrontation mit nationalsozialistischer Gewalt. Wessners Sprachwahl blendet aus, dass einzelne Penzberger auch Täter oder Erfüllungsgehilfen der Nationalsozialisten waren, wenn sie auch nie dafür verurteilt wurden. Der Nationalsozialismus bleibt dadurch als »Unrechtsregime« unpersönlich und überindividuell. So sehr die Opfer individualisiert und als Teil der Stadtgemeinschaft im städtischen Gedenken vereinnahmt werden, so anonym bleiben die Täter.

In seiner Rede an den Ehrengräbern im Städtischen Friedhof bezeichnete Bürgermeister Kurt Wessner die Getöteten als »Patrioten [...], die für eine bessere Zukunft eingetreten waren«[728], und hob damit die Bedeutung der 16 Penzberger auf eine überregionale Ebene. Diese überregionale Ebene und die Wichtigkeit der Toten in einem überregionalen Gedenken repräsentierte auch Michaela Geiger

---

726 Penzberg gedenkt der Opfer. In: Penzberger *Merkur* 28.04.1995 (98).
727 Penzberg gedenkt der Opfer. In: Penzberger *Merkur* 28.04.1995 (98).
728 Mordnacht vor fünfzig Jahren: Penzberger gedachten der Opfer. In: *Penzberger Merkur* 29./30.04.1995 (99).

(CSU), Parlamentarische Staatssekretärin im Verteidigungsministerium, die das Sterben der Penzberger als den Beweis für die Existenz eines »besseren Deutschland«[729] interpretierte. Ganz im Tenor des Erinnerungsbooms mahnte sie dazu, die Geschehnisse als eine »Mahnung gegen Faschismus und Radikalismus« nicht zu vergessen.

Die Warnung vor Faschismus und Radikalismus war in der Bundesrepublik zu diesem Zeitpunkt von erschreckender politischer Aktualität.[730] Im Zuge der sogenannten »Asyldebatte« 1989 verzeichneten rechtsradikale Parteien wie die Republikaner zunehmende Erfolge bei Kommunalwahlen, aber auch bei der Europawahl 1989 (über 7%). Seit dem Sommer 1991 kam es zu einer Unzahl rassistisch motivierter gewalttätiger Übergriffe in der BRD.[731] Die Ausschreitungen von Rostock-Lichtenhagen im Sommer 1992 waren in diesem Jahr einer von 207 rassistischen Übergriffe allein in Mecklenburg-Vorpommern und stellen bis heute die massivsten rassistisch motivierten Angriffe der deutschen Nachkriegsgeschichte dar. Vier Tage lang bejubelten dort Menschenmassen gewalttätige Neonazis, die das Asylbewerberheim auf dem Höhepunkt der Übergriffe in Brand steckten. Das Signal war deutlich: Rechtsextre-

---

729 Mordnacht vor fünfzig Jahren: Penzberger gedachten der Opfer. In: *Penzberger Merkur* 29./30.04.1995 (99).
730 Noch erschreckender ist, wie aktuell genau diese in den folgenden Zeilen dargestellten politischen Radikalisierungen heute sind. 25 Jahre nach diesem Aufruf gegen Rassismus und für Toleranz, wieder in einem runden Jubiläumsjahr des Kriegsendes, befindet sich die Bundesrepublik Deutschland wiederum in einer Debatte um die Flüchtlingspolitik. Während diese Fußnote verfasst wird, belagert immer noch ein randalierender Mob eine Notunterkunft für Geflüchtete in Heidenau, die Bilder der tagelangen Randale von Neonazis, die sich heute »besorgte Bürger« nennen, erinnern auf gespenstische Art und Weise an die Ausschreitungen von Rostock-Lichtenhagen. Ob eine Kenntnis der Geschichte tatsächlich vor deren Wiederholung schützt, scheint fraglich. Die Grenzen aktiver Erinnerungskultur sind jedoch deutlich: Sie vermag es nicht, rechtsradikales Gedankengut vollständig zu bannen.
731 Hermann Langer: *Flächenbrand von rechts*, Rostock 1993, S. 59–74, listet auf 25 Seiten eine Auswahl von Überfällen in Mecklenburg-Vorpommern bis Ende 1992 auf.

mismus und Rassismus sind kein Problem aus Geschichtsbüchern, sondern eine bundesdeutsche Realität. Die Ausschreitungen von Rostock-Lichtenhagen und der alltägliche Rassismus waren der Hintergrund des Nachdrucks, mit dem Michaela Geiger in ihrer Rede vor »Faschismus und Radikalismus« warnte.

Bereits seit den ersten Gedenkfeiern hatte sich in Penzberg eine räumliche Trennung der Akteure des Gedenkens etabliert. Als zentraler Ort war der Friedhof dem offiziellen Gedenken durch die Stadt vorbehalten. Am Mahnmal, an der Peripherie Penzbergs gelegen, fanden seit 1950 Kundgebungen der Kommunistischen Partei, der Vereinigung der Verfolgten des Naziregimes (VVN) und der SPD statt. Obwohl dadurch zwei geografisch getrennte Erinnerungsräume konstruiert wurden, kam es zu keiner Spaltung der Erinnerungsgemeinschaft, wie die Fotos und Berichte aus dem Jahr 1995 zeigen.

Im ritualisierten Schweigemarsch verbanden die Teilnehmer der Gedenkfeierlichkeiten den Friedhof mit dem Denkmal, an dem eine Mahnkundgebung folgte. Der Schweigemarsch führte repräsentativ einmal durch die ganze Stadt. Während beide Erinnerungsräume, Friedhof und Mahnmal, an der Peripherie der Stadt gelegen sind, führte dieser Schweigemarsch das Gedenken in die Stadtmitte und damit in das Zentrum der Wahrnehmung. Der Schweigemarsch, dessen Inszenierung auf die Prozessionen zu religiösen Feiertagen verweist, verlieh dem Gedenken einen sakralen Charakter. Wie ein Priester die Prozession anführt, ging Penzbergs Bürgermeister vorneweg. Der gesamte Marsch formierte sich hinter einer Reliquie: Der Bürgermeister trug die »Blutfahne« voran: Die Fahne der Penzberger SPD, in deren linke obere Ecke die Augenbinde der 1945 Hingerichteten eingenäht war.[732]

Vor dem Rathaus hielt der Zug inne – damit war die Erinnerung im Stadtzentrum und am historischen Ort (der Verhaftung) angekommen. Der weitere Weg des Zuges vollzieht den Weg der

---

732 Heute findet man diese Fahne in der Dauerausstellung des Penzberger Stadtmuseums.

*Abb. 5: Der Schweigemarsch hält vor dem Rathaus, Penzberg 1990.
StAP EAP 063 Penzberger Mordnacht Nr. 2*

Verhafteten zu ihrer Richtstätte nach. Im kollektiven Opfergang erweist die Erinnerungsgemeinschaft den Toten ihre Reverenz. Zusammengefasst leistet das Ritual Folgendes: Es verbindet die Erinnerungsräume, weist der Mordnacht durch diese Aufführung einen zentralen Platz im Gedächtnis der Stadt zu, ehrt in diesem Re-Enactment die Toten und hebt das Gedenken von einer profanen auf eine sakrale Ebene.[733]

Am Mahnmal angelangt, brachte Herta Däubler-Gmelin (SPD) neben der Mahnung gegen Radikalismus und Rassismus das zweite Leitmotiv der Gedenkfeierlichkeiten im »Supergedenkjahr« 1995 ins Spiel: Die Mahnung zur Erinnerung, die nun vor allem der jungen Generation vermittelt werden müsse. In ihrer Ansprache

---

733 Vgl. zur Analyse des Schweigemarsches analog zu Prozessionen Behrenbeck (1996): HELDEN, S. 198–313.

positionierte sie sich deutlich in der »Schlussstrichdebatte«[734], die seit den 1980ern im bundesrepublikanischen Geschichtsdiskurs die Leitfrage war[735], und erteilte allen »Leugnern und Verdrängern«, wie sie die Befürworter eines solchen »Schlussstriches« unter die Beschäftigung mit und Verarbeitung des Nationalsozialismus und der Schoah bezeichnete, eine scharfe Absage. Anschließend schlug Däubler-Gmelin den Bogen zur Gegenwart: Wer sich nicht erinnere, könnte dazu verdammt sein, noch einmal alles durchleben zu müssen.[736] Damit rückte sie die Pädagogisierung der Geschichte[737] als Aufgabe der Akteure von Erinnerungskultur und Geschichtspolitik ins Zentrum des Gedenkens.

Begleitprogramm

Die große Zahl an begleitenden Projekten zeigt, dass sich die Akteure in Penzberg 1995 bewusst waren, dass die kommunikativ tradierte Erinnerung an den Nationalsozialismus, den Krieg und die Penzberger Mordnacht nun in Form von *oral-history*-Projekten und Ausstellungen fixiert werden müsse, damit der Übergang vom kommunikativen in das kulturelle Gedächtnis der Stadt geschafft werde.

»Unter die Ereignisse von damals darf kein Schlussstrich gezogen werden«[738], so mahnte Bürgermeister Wessner vier Tage vor den Gedenkfeiern 1995 bei der Eröffnung der Sonderausstellung im Penzberger Stadtmuseum, die sich ebenfalls der Mordnacht widmete. Die Intention des Ausstellungsmachers und Museumsleiters Helmut Krajicek sei dabei nicht gewesen, »neue historische

---

734 Auch diese Debatte ist 2015 noch aktuell, wie eine Umfrage anlässlich des 70. Jahrestages der Befreiung von Auschwitz zeigte.
735 Vgl. zum »Historikerstreit« und der »Schlussstrichdebatte« das zeitgenössische Sammelwerk Ueberschär, Ellen (Hg.): *Soldaten und andere Opfer?*, Rehberg-Loccum 2007.
736 Mordnacht vor fünfzig Jahren: Penzberger gedachten der Opfer. In: *Penzberger Merkur* 29./30.04.1995 (99).
737 Meseth, Wolfgang: *Aus der Geschichte lernen*, Frankfurt a. M. 2005.
738 Ausstellung erzählt von Opfern. In: *Penzberger Merkur* 27.04.1995 (97), S. 3.

Erkenntnisse aus dem Hut zu zaubern«. Vielmehr wollte er die Besucher in ihrer eigenen Lebenswelt abholen, indem er die Biografien und die Lebenswelt zweier Opfer der Mordnacht nachzeichnete. Auch in dieser Ausstellung, fünfzig Jahre nach der Mordnacht, gab es keine Auseinandersetzung mit der Ambivalenz der Stadt, die auch Erfüllungsgehilfen der Mordnacht hervorgebracht hatte.

Gleichzeitig bemühte sich der Kurator, die Pädagogisierung der Geschichte, also deren Vermittlung vor allem an eine junge Generation, die Enkelkinder der Erlebensgeneration, nicht als Frontalunterricht zu gestalten. Mit einem Kunstwettbewerb unter dem Motto »28. April 1945 – 50 Jahre danach« wandte sich Krajicek an alle Penzberger Schulen und integrierte die eingereichten Arbeiten der Schüler in die Ausstellung. Die Aufgabenstellung dieses museumspädagogischen Projektes, nämlich selbst kreativ zu werden, regte die Schüler zu einer eingehenden Beschäftigung mit dem Thema Kriegsende und Mordnacht an. Die Akteure des Gedächtnisses der Stadt appellierten also nicht nur an die von ihnen als so wichtig empfundene junge Generation, sondern banden sie durch Projekte wie diesen Kunstwettbewerb in den Prozess von Erinnerungskultur mit ein.

Im Rahmen eines von der Fachschaft Geschichte organisierten Studientages für die Oberstufe hatten die Schüler des Penzberger Gymnasiums die Gelegenheit, sich mit Zeitzeugen über deren Erinnerungen an die Mordnacht vor fünfzig Jahren auszutauschen. Dieser Studientag vermittelte die Ereignisgeschichte des Kriegsendes auf drei Ebenen: Zunächst präsentierten Geschichtslehrer die überregionale Ereignisgeschichte des Kriegsendes in Bayern. Auf der lokalen Ebene zeigten sie, wie sich das Kriegsende in Penzberg und Bad Tölz darstellte. Die Zeitzeugen Maria Wallertshauser und Kurt Wessner ließen die Schüler an ihren Erinnerungen an die Mordnacht teilhaben. Folgt man dem *Penzberger Merkur*, so beeindruckte der Zeitzeugenbericht der Maria Wallertshauser, die bei Kriegsende 24 Jahre alt war, die Schülerinnen am meisten.[739]

---

739 Nazi-Terror bedrückt Jugend. In: *Penzberger Merkur* 28.04.1995 (98), S. 3.

1.5.3 Gedenken im »Erinnerungsboom«

»Rund 500 Penzberger haben gestern Abend am Friedhof und am Denkmal ›An der Freiheit‹ der Mordopfer vom 28. April gedacht«[740], berichtete die lokale Zeitung vom offiziellen Gedenkakt 1995 in Penzberg – das Erinnerungsnarrativ der Penzberger Mordnacht hatte über die Jahrzehnte nicht an Bindungskraft verloren, immer noch identifizierten sich die Bewohner der Stadt mit dem tragischen Schicksal der Opfer.

50 Jahre nach dem Kriegsende und der Mordnacht hat sich die Funktion des kollektiven Gedenkens der Stadt jedoch gewandelt. Die Kämpfe um die Deutungshoheit über die Motivation der Toten waren beigelegt, die Stadtgemeinschaft gedachte ihrer im Konsens. War die offizielle Gedenkfeier der Stadt Penzberg räumlich von der Mahnkundgebung der SPD getrennt, so verband die beiden Veranstaltungen doch der gemeinsame Schweigemarsch vom Friedhof zum Denkmal. Inhaltlich waren sich die Akteure beider Gedenkfeiern einig und mahnten im 1995 ubiquitären Gedenkimperativ, dass man die Geschichte nicht vergessen dürfe, wenn man aus ihr lernen wolle.

Diese Mahnung zur Erinnerung fügt sich ein in ein Konzept der »Pädagogisierung der Erinnerung«[741] während des *floating gap*: 50 Jahre nach dem Krieg standen die Erinnerungsgemeinschaften am Übergang von der kommunikativ tradierten Erinnerung zum kulturellen Gedächtnis, das diese Erinnerungen in unterschiedlichen Medien speichert. Anstelle von Zeitzeugen übernahmen nun Medien als Speicher des Gedächtnisses die Erzählerrolle. Die Akteure des Gedächtnisses, Politiker, Wissenschaftler und Kulturschaffende, entschieden, was Eingang in das kulturelle Gedächtnis fand. Seit 1948 fungiert das Denkmal »An der Freiheit« als ein solcher Speicher, ebenfalls die Stadtchroniken und die »Proletarische Provinz« Klaus Tenfeldes. Die Ausstellung im

---

740 Mordnacht vor fünfzig Jahren: Penzberger gedachten der Opfer. In: *Penzberger Merkur* 29./30.04.1995 (99).
741 Meseth (2005): Lernen, S. 13, S. 159.

Stadtmuseum und der Studientag am Gymnasium vermittelten nach der Erlebensgeneration nun einer jüngeren Generation die Geschichte, um dem Vergessen vorzubeugen.

Auch 1995 legten die Akteure Wert darauf, dass im Gedenken an die Mordnacht ein Opfernarrativ vermittelt wird – auch wenn sie in der eigenen Familie erlebt haben, dass nicht alle Penzberger ausschließlich Opfer waren. So schilderte der Bürgermeister in seinem Zeitzeugenbericht vor den Schülern zwar »die Betroffenheit der Familie, als sich herausstellte, dass der eigene Onkel den Schergen Hinweise gegeben hatte«[742]. Darüber hinaus öffentlich thematisiert wurde dies jedoch nicht. Größeren Wert legt die Berichterstattung der Lokalzeitung jedoch darauf, dass die Erzählungen der Maria Wallertshauser, deren Vater zu den Opfern der Mordnacht zählte, die Schüler am tiefsten beeindruckte.[743]

Die Täterschaft in einem nationalsozialistischen Gewaltausbruch wird also auch 1995 noch im Erinnern externalisiert. Dies korrespondiert mit der Beobachtung, dass auch 1995 anlässlich des Kriegsendes nicht der toten Penzberger Soldaten gedacht wurde: Im Fokus des kollektiven Gedenkens stand die Primärerfahrung, die die Stadtgemeinschaft teilt und die sich vor Ort zugetragen hat. Das Kriegsende als ein Ende des Zweiten Weltkrieges an der Front wurde nicht erinnert.

Die Erinnerungsgemeinschaft konstituiert sich in Penzberg über die Identifikation mit den Opfern, eine kritische Auseinandersetzung damit, dass einzelne Mittäter und Mitverantwortliche der Mordnacht aus Penzberg stammten und auch nach 1945 weiterhin im Ort lebten, findet nicht statt. Der kollektive Bezug auf ein Opfernarrativ hat nicht nur für die Stadtgemeinschaft, sondern auch für die Einzelnen, die über die Familienzugehörigkeit in die Nähe der Täterrolle gestellt wurden, eine kathartische Funktion, indem die Täter des Verbrechens abstrahiert und verdrängt werden. Dabei fällt es schwer, die Frage zu beantworten, ob es sich

---

742 Nazi-Terror bedrückt Jugend. In: *Penzberger Merkur* 28.04.1995 (98), S. 3.
743 Nazi-Terror bedrückt Jugend. In: *Penzberger Merkur* 28.04.1995 (98), S. 3.

um eine reine Schuldabwehr handelt, mit der Penzberg eine positive, antifaschistische Stadtgeschichte konstruieren möchte, oder ob der Umgang mit den Tätern hier schlichtweg einem Pragmatismus im Zusammenleben innerhalb einer verhältnismäßig kleinen Stadtgemeinschaft geschuldet ist. Maria Wallertshauser, deren Vater 1945 vom »Werwolf«-Kommando getötet wurde, wird in einem Zeitzeugenbericht der Lokalzeitung mit den folgenden Worten zitiert: »Die [= die Täter; IL] hat man schon kennt, die meisten sind aber tot. Wir sollten ihnen jetzt ihren Frieden lassen.«[744]

1.6 Der Ort der Gefallenen im Gedächtnis der Stadt Penzberg

Auch aus Penzberg sind zwischen 1939 und 1945 Männer in den Krieg gezogen und darin umgekommen. Rein zahlenmäßig sind die über 400 Gefallenen in dieser Stadt stärker repräsentiert als die Opfer des Nationalsozialismus. Das Gedächtnis der Stadt blendet jedoch die gefallenen Soldaten aus: Während die Penzberger Mordnacht und ihre Opfer zentral sind für das Selbstverständnis der Stadt, gibt es in Penzberg, anders als in den meisten anderen deutschen Städten, kein weiteres Denkmal für die Gefallenen oder allgemein die Kriegstoten.

1.6.1 Eine Leerstelle im kollektiven Gedächtnis Penzbergs

Nach dem Ersten Weltkrieg gedachten die Penzberger ihrer Gefallenen an einer Mariensäule neben der katholischen Kirche. Diese Mariensäule erkoren sich die Nationalsozialisten als Erinnerungsort für das Totengedenken am 9. November und am »Heldengedenktag« aus.

---

744 Schörner: Nacht voller Hass: Kurz vor dem Ende wüteten Nazi-Schergen in Penzberg. In: *Penzberger Merkur* 28.04.1995 (98).

Abb. 6: Bergleute im Paradehabit an der Mariensäule, Penzberg 8. November 1933. Winkler, Albert: NS-Chronik Penzberg 1933–1935

Nach dem Zweiten Weltkrieg fanden die über 400 Penzberger Soldaten, die im Krieg gefallen waren, keinen Eingang in das kollektive Gedächtnis der Stadt. Dies lag nicht an der mangelnden Erinnerungsbereitschaft der einzelnen Bürger. So ist aus dem Jahr 1951 die Eingabe des Jugendforums der CSU an den Stadtrat überliefert, in dem das Jugendforum die Errichtung eines Gefallenendenkmales anregte.[745] Obwohl sich der Stadtrat einig war, »dass hier etwas geschehen müsse«, wurde in den nächsten Jahren kein

---

745 Eingabe des Jugendforums zur Aufstellung eines Ehrenmales für die Gefallenen. In: Stadtrat Penzberg: Sitzung am 18. Mai 1951, StAP Stadtratsprotokolle 1951.

solches Ehrenmal für die Gefallenen gebaut. In dieser Stadtratssitzung von 1951 gingen die Vorstellungen dahin, dass ein solches neues Denkmal im Zuge des Neubaus des Kirchturmes der bei einem Bombenangriff 1945 vollständig zerstörten Kirche errichtet werden solle.[746]

Die Wahl des zukünftigen Erinnerungsortes verweist nicht allein auf die Tradition, in der Nähe der Kirche und damit im Stadtzentrum der Gefallenen zu gedenken. In geografischer Nähe zu der im Luftkrieg zerstörten Kirche sollte eine gedankliche Verbindungslinie zwischen den an der Front gestorbenen Soldaten und den Kriegsopfern an der »Heimatfront« gezogen werden. Der Kirchenneubau an derselben Stelle ließe gleichzeitig das Gedenken an die Gefallenen in die Gegenwart und auf den Wiederaufbau verweisen. Der Plan wurde jedoch nie realisiert. Nach dieser Stadtratssitzung lassen sich in den Protokollen keine Hinweise mehr darauf finden, weshalb zwar die neue Kirche, jedoch kein Denkmal gebaut wurde.

Die Recherchen für diese Dissertation förderten im Frühjahr 2012 im Stadtarchiv Penzberg Pappmaché-Tafeln im DIN-0-Format zutage, die – in der Ausführung deutlich an die analogen Tafeln aus dem Ersten Weltkrieg angelehnt – an die »gefallenen Soldaten der Gemeinde« erinnerten und in der katholischen Kirche aufgehängt worden waren. Nach Aussage der Archivarin Bettina Wutz wanderten sie wohl recht bald vom Kircheninnenraum auf den Dachboden, wo sie per Zufall aufgefunden und anschließend ins Stadtarchiv verbracht wurden. Nur in der Kirche erhielten also auch die Gefallenen einen Platz im kollektiven Gedächtnis – wenn auch nicht für lange.

---

746 »[Der] Bürgermeister erklärt, dass der Platz für das Denkmal in unmittelbarer Nähe des neu zu erbauenden Kirchturmes der beste und günstigste sei. Es sind auch schon Stimmen laut geworden, die einen Platz am Schlossbichl vorgesehen hatten, aber ein solcher sei entschieden zu abgelegen und könne dieser auch nicht unter der erforderlichen Kontrolle gehalten werden.« In: Stadtrat Penzberg: Sitzung am 18. Mai 1951, StAP Stadtratsprotokolle 1951. Zu den Luftangriffen auf Penzberg: Die vergessenen Luftangriffe. In: *Münchner Merkur* 22.05.2004.

Das kollektive Gedächtnis materialisiert sich nicht nur in Denkmälern, es wird in Gedenktagen und mit Ritualen regelmäßig aufgeführt und so im Einzelnen verankert. So wird seit 1952 am Volkstrauertag auf Bundes-, Landes- und lokaler Ebene der gefallenen Soldaten gedacht.[747] Es gibt keine Hinweise darauf, dass der Volkstrauertag in Penzberg große Bedeutung hätte. Der Volkstrauertag ist eine Veranstaltung des Volksbundes Deutsche Kriegsgräberfürsorge – der jedoch immerhin Nachhall in der Bevölkerung findet. Dieses offensichtliche Missverhältnis zwischen der realen Zahl der toten Soldaten und dem nicht stattfindenden Gedenken an sie führte in Penzberg zu keinem überlieferten Konflikt um das Totengedenken. Nach der Eingabe des Jugendforums von 1951 gab es keine weiteren Initiativen außerhalb der Stadtverwaltung, die sich auf den Bau eines Gefallenendenkmales richteten.

1.6.2 »Negatives Gedächtnis« und »Verdrängung« als Analysekategorien

Welchen Schluss lässt diese scheinbar blinde Stelle im kollektiven Gedenken zu? Will man dies benennen, so bietet sich zunächst Freuds Konzept der »Verdrängung«[748] an. Für die Historisierung des Nicht-Gedenkens in Penzberg erscheint mir dieser Begriff jedoch zunächst in seinem wissenschaftlichen Kontext zu stark, da er eine (sozial-)psychologische Analyse impliziert. Für die Beschreibung dessen, was eben nicht Eingang in das kollektive Gedächtnis findet, prägt Reinhart Koselleck die Analysekategorie des »negativen Gedächtnisses«: »Von einem negativen Gedächtnis zu sprechen [...] ist doppeldeutig, denn entweder meint das Negative im Gedächtnis, dass der Inhalt, der darin gespeichert wird, abstößt, unwillkommen ist, verächtlich und verachtenswert, oder das Negative bedeutet uns, dass das Gedächtnis sich der Erinnerung sperrt, sich weigert, das Negative überhaupt zur Kenntnis zu

---

747 Zur Geschichte des Volkstrauertages vgl. Kaiser (2010): VOLKSTRAUERTAG.
748 Freud, Sigmund: *Widerstand und Verdrängung*. In: Freud (Hg.): *Gesammelte Schriften: Band 7*.

nehmen: also verdrängt und so der Vergangenheit überantwortet und der Vergessenheit ausliefert.«[749]

Im Falle Penzbergs ist mit dem »negativen Gedächtnis« die Erinnerung an die toten Soldaten zu beschreiben, die nicht Teil des kollektiven Gedächtnisses sind. Es liegt nahe, dass Penzberg mit der Erinnerung an die Soldaten auch das verdrängen wollte, worauf sie verweisen: den nationalsozialistischen Vernichtungskrieg beziehungsweise den Nationalsozialismus selbst, von dem sich die Stadt Penzberg mit dem Erinnerungsort der Penzberger Mordnacht so stark abgrenzt. Um mit Koselleck zu sprechen, weigert sich das kollektive Gedächtnis Penzbergs also deshalb, sich der toten Soldaten zu erinnern, weil sie auf etwas Negatives verweisen.

In Anlehnung an Freud kann man behaupten, dass die Akteure des Gedenkens in Penzberg unbewusst die Erinnerung an die im nationalsozialistischen Vernichtungskrieg ums Leben gekommenen Soldaten verdrängten, aus dem kollektive Gedächtnis ausschlossen, um sich auf ein positives Stadtimage konzentrieren und weiterhin die Distanz zwischen dem Stadtkollektiv Penzberg und dem Nazi-Regime postulieren zu können. Denkt man die psychoanalytische Theorie zu Ende, so muss man notwendigerweise von der Konsequenz des Verdrängens sprechen: der Zwangsneurose. Nun wäre es reichlich weit hergeholt, das jährliche Gedenken an die Mordnacht und das gleichzeitige Nicht-Gedenken an die Gefallenen als kollektive Zwangsneurose zu klassifizieren. Jedoch ist es auffällig und in dieser Konsequenz auch selten, dass sich das kollektive Gedenken in Penzberg auch noch im 21. Jahrhundert derart vehement gegen die Erinnerung an die toten Soldaten des Zweiten Weltkrieges sträubt. Wenn man auch über den Grund für das negative Gedächtnis in Penzberg lediglich spekulieren kann, so ist die Folge doch unübersehbar: Eine Auseinandersetzung mit dem Nationalsozialismus findet in Penzberg bis heute lediglich aus großer Distanz statt: Die Nazis, das waren die anderen. Die Penzberger Stadtgemeinschaft konstruiert ihre

---

749 Koselleck (2002): NEGATIVES GEDÄCHTNIS, S. 21.

Identität in der Nachkriegszeit über das Opfernarrativ der Mordnacht und damit als Widerstands-Identität. Damit waren sie jedoch kein lokaler Einzelfall. Laut Barbara Heimannsberg trug das »kollektive Schweigen«[750] in der Nachkriegszeit dazu bei, dass in Westdeutschland nationale Identität abseits von Schuld und Verantwortung konstruiert wurde.[751]

Die Ausgrenzung der Penzberger Gefallenen aus dem Gedächtnis der Stadt kann mit Aleida Assmann als ein »konstruktives Vergessen im Dienste eines hoffnungsvollen Neubeginns«[752] bezeichnet werden. Diese Form des Vergessens findet laut Assmann vor allem »an der Schwelle eines politischen Systemwandels«[753] statt und erleichtert den Neubeginn, indem es einem kollektiven »Bedürfnis nach schneller und effektiver Anpassung an einen neuen Zustand«[754] entgegenkommt. Funktionalistisch betrachtet, schuf dieses Vergessen die Voraussetzung für eine schnellere, effektivere Entnazifizierung und Re-Demokratisierung Penzbergs. Dieses kollektive Beschweigen und Vergessen birgt jedoch Konfliktpotenzial und steht einer wirklichen Aufarbeitung der Vergangenheit im Weg.[755]

---

[750] So der Titel ihres Sammelbandes: Heimannsberg, Barbara; Schmidt, Christoph J.: *Das kollektive Schweigen*, Köln 1992. Während sich die einzelnen Beiträge vor allem mit individuellen Biografien befassen, zielt der einleitende Beitrag auf die Wechselwirkung von kollektiver Erinnerungsarbeit und nationaler Identität ab.

[751] Heimannsberg, Barbara: *Kollektive Erinnerungsarbeit und nationale Identität*. In: Heimannsberg, Barbara und Schmidt, Christoph J. (Hg.): *Das kollektive Schweigen*, Köln 1992, S. 17.

[752] Assmann, Aleida: *Formen des Vergessens*. In: Diasio, Nicoletta und Wieland, Klaus (Hg.): *Die sozio-kulturelle (De-)Konstruktion des Vergessens*, Bielefeld 2012, S. 42.

[753] Assmann (2012): Vergessen, S. 42.

[754] Assmann (2012): Vergessen, S. 43.

[755] Zu einer »Sozialgeschichte des Schweigens« vgl. den Sammelband: Ben-Ze'ev, Efrat; Ginio, Ruth; Winter, Jay: *Shadows of War*, Cambridge 2010, der eine internationale Perspektive des Schweigens und Verdrängens schuldbehafteter Vergangenheit eröffnet. Programmatisch zu einer »Soziologie der Verdrängung« vgl. Zerubavel, Eviatar: *The Social Sound of Silence*. In: Ben-Ze'ev, Efrat; Ginio, Ruth und Winter, Jay (Hg.): *Shadows of War*, Cambridge 2010;

Laut Reinhart Koselleck bieten weder Pazifismus noch Denkmalsturz einen Ausweg aus der ambivalenten Lage, dass man in Deutschland nicht nur der Opfer, sondern auch der Taten und der Täter des Nationalsozialismus und des Zweiten Weltkrieges gedenken müsse.[756] Dass zu diesen Tätern und Täterinnen auf individueller Ebene auch die eigenen Vorfahren gehören können, stellte Koselleck als die besondere Herausforderung an die Erinnerungsgemeinschaften fest.[757] Aber: »Wir müssen mit dieser Negativität umzugehen lernen und nicht nur positive Helden, etwa des Widerstandes, postulieren.«[758] Denn ein Lerneffekt aus der Geschichte, wie er seit dem »Erinnerungsboom« postuliert wird, bleibt aus, wenn die Geschichte einseitig erinnert wird.

1.6.3 Gedächtnis der Stadt – Gedächtnis der Familie

Die Frage, was dieses einseitige Gedenken der Stadtgemeinschaft und die Verdrängung der Gefallenen aus dem Gedächtnis der Stadt für die Hinterbliebenen bedeutete, kann nicht definitiv beantwortet werden. Die Ausgrenzung der toten Soldaten aus dem kollektiven Gedächtnis führte nicht zu Protesten der Angehörigen, deren Gedenken nun keinen öffentlichen Raum fand. Dies kann daran liegen, dass die offiziellen Gedenkfeierlichkeiten und Denkmalprojekte der Gemeinden mehr die Funktion einer politischen Repräsentation erfüllen, als wirklichen Bedürfnissen der Angehörigen entgegenzukommen.[759] Bereits zu Beginn der 1950er kritisierte beispielsweise die Rosenheimer Lokalzeitung, dass »die Allgemeinheit nur sehr spärlich [am Volkstrauertag] vertreten« gewesen sei. Aus diesem niedrigen Grad der Beteiligung der Hinterbliebenen am kollektiven

---

zum Phänomen des Schweigens als Objekt der Wissenschaft s. Winter, Jay: *Thinking about Silence*. In: Ben-Ze'ev, Efrat; Ginio, Ruth und Winter, Jay (Hg.): *Shadows of War*, Cambridge 2010.
756 Koselleck (2002): NEGATIVES GEDÄCHTNIS, S. 29.
757 Koselleck (2002): NEGATIVES GEDÄCHTNIS, S. 29.
758 Koselleck (2002): NEGATIVES GEDÄCHTNIS, S. 29.
759 S. hierzu das Kapitel V. 2.6 in dieser Arbeit.

Gedenken lässt sich eine geringe Bedeutung des Volkstrauertages als individueller Erinnerungsort ableiten. Auch für Penzberg ist belegt, dass die Hinterbliebenen selbst keineswegs die Erinnerung an die Gefallenen aus ihrem individuellen Gedächtnis verdrängten: Nach dem Zweiten Weltkrieg ergänzten sie die Familiengräber um die Lebensdaten der Soldaten[760]; Familien schickten Suchanfragen an den Volksbund Deutsche Kriegsgräberfürsorge und beteiligten sich an dessen Fahrten zu den Soldatengräbern im Ausland; und der Kriegsteilnehmer Georg Reis schuf mit seiner Sammlung von Todesanzeigen, Sterbezetteln und Nachrufen auf Penzberger Soldaten einen individuellen Erinnerungsort, in dem er die Erinnerung an die Gefallenen bewahrte.[761]

Ein geringer Grad an individueller Beteiligung der Bevölkerung am Volkstrauertag oder mangelnder Protest, weil das Gedenken an die toten Soldaten keinen Raum findet, bedeutet nicht, dass das Kriegstotengedenken für die Hinterbliebenen selbst keine Rolle spielte. Vielmehr gibt es Aufschluss über das Verhältnis zwischen dem Individuellen und dem kollektiven Gedächtnis an den Zweiten Weltkrieg und dessen Tote: Das kollektive Gedenken war als soziale Praktik für die individuelle Bewältigung des Verlustes nicht verbreitet.

1.7 Funktionen des Erinnerungsortes »Penzberger Mordnacht«

Der Erinnerungsort Penzberger Mordnacht ist offen für unterschiedliche ideologische und parteipolitische Funktionalisierungen des Totengedenkens. Er ist sowohl für lokale wie überregionale Akteure anschlussfähig zur Geschichtspolitik.

Auf der physischen Ebene der Erinnerungsräume fällt auf, dass die Gräber auf dem Städtischen Friedhof als »Ort der Trauer«[762]

---

760 S. Fotos in StAP Privatsammlung Georg Reis; ausführlicher zu den Ersatzgräbern s. den Abschnitt hierzu im Kapitel »Der ferne Tod«.
761 Inzwischen ist diese Sammlung in das Stadtarchiv Penzberg übergegangen: StAP Privatsammlung Georg Reis.
762 Sörries (2012): BEILEID, S. 53. Vgl. auch Vovelle (1994): FRIEDHOF.

fungieren, als Ort, an dem sich Trauer »räumlich oder gedanklich manifestiert«[763]. Das Mahnmal »An der Freiheit« hingegen verweist an der Exekutionsstätte geografisch und symbolisch auf das aktive Opfer der Toten im Widerstand gegen den Nationalsozialismus. Im Geiste dieses Widerstandes kam der Protest gegen die Urteile des Schwurgerichtes Augsburg an diesem Mahnmal zum Ausdruck. Der Friedhof fungierte als ein Raum der Trauer, der Raum des Denkmales hingegen als Raum des Mahnens und des Protestes. Gleichzeitig ist die räumliche Differenzierung auch dem Umstand geschuldet, dass die Feier am Friedhof die offizielle Feier der Stadt Penzberg war. Der Protest am Denkmal wurde von den Gruppen der Vereinigung der Verfolgten des Nationalsozialismus und der KPD organisiert, denen der Stadtrat 1946 das Recht auf eine separate Feier zugestanden hatte.

Das Beispiel Penzberg zeigt, wie sich der konkrete historische Ort auf die Erinnerung auswirkt. Der 28. April war in der unmittelbaren Nachkriegszeit ein symbolischer Tag, der die Erinnerung an ein traumatisches Ereignis in der eigenen Stadt wachrief, das die meisten Bürger, und somit Mitglieder der Erinnerungsgemeinschaft, miterlebt hatten. Ein Bericht über das Gedenken und den Protest am fünften Jahrestag verweist auf den besonderen Eindruck, den die Nachricht von der Augsburger Revision der Urteile auf die Penzberger machte.[764] Folgerichtig wird dem Sterben der 16 Opfer der Sinn eingeschrieben, den widerständischen, antifaschistischen Geist der Stadt aufrechtzuerhalten.

In den ersten Jahrzehnten unmittelbar nach Kriegsende stand die Erinnerung an die Penzberger Mordnacht im Zeichen von unterschiedlichen Aushandlungsprozessen. Nicht nur wurden die Toten in den offiziellen Gedenkfeiern von unterschiedlichen Akteuren für deren jeweilige politische Zwecke funktionalisiert. In den ersten Jahren nach Kriegsende diskutierten die Gedenkakteure, »wessen« Tote die 16 Opfer der Mordnacht seien. Innerhalb

---

763 Sörries (2012): BEILEID, S. 53.
764 Ihr Tod soll uns Mahnung sein! In: *Penzberger Nachrichten- und Anzeigenblatt* 29.04.1950, S. 2.

des Stadtrates verliefen die Konfliktlinien zwischen den Parteien des linken Spektrums: Die KP beanspruchte die Opfer als »ihre Toten« mit dem Argument, sie seien aufgrund ihrer antifaschistischen Überzeugung gestorben. Der Rest des Stadtrates jedoch wollte nicht so weit gehen, ihnen postum parteipolitische Interessen zu unterstellen, und betonte das Eintreten Rummers und seiner Kollegen für die gesamte Stadtgemeinschaft, nicht für eine Ideologie oder Partei.

Der Stadtrat ist der wichtigste Akteur des kollektiven öffentlichen Gedenkens in Penzberg. Konflikte mit der Kommunistischen Partei, die die Toten für sich reklamierte, wurden bereits 1946 mit dem Verweis beigelegt, dass die KP am 28. April zusätzlich zur offiziellen Gedenkfeier der Stadt eine separate Feier veranstalten dürfe. Der Stadtrat war es auch, der darüber entschied, welcher Toten das Stadtkollektiv gedenken sollte. Der Fokus lag dabei klar und über Jahre hinweg auf den Opfern der Mordnacht. Eingaben wie die des Jugendforums, das in den 1950er-Jahren ein Denkmal für die Gefallenen der Stadt anregte, wurden im Stadtrat zwar vorgestellt und diskutiert, am Ende aber nicht realisiert.[765] Auch die Vereinigung der Verfolgten des Naziregimes wandte sich an den Stadtrat mit der Bitte, den »Platz der Opfer des Antifaschismus« herzurichten und am Tag der Opfer des Krieges, also am ersten Wochenende im September, zu schmücken.[766] Jährlich gingen Hinweise der VVN auf den heruntergekommenen Zustand des Platzes beim Stadtrat ein, dieser nahm sie zur Kenntnis und lehnte eine bauliche und ästhetische Aufwertung des Platzes mit dem Verweis auf die Unterhaltskosten des Denkmales und der Ehrengräber ab.

Hier wird besonders deutlich, dass die Lokalpolitiker es als wichtiger für die Stadtgemeinschaft ansahen, ihrer »eigenen« Toten zu gedenken, die sich laut dem vorherrschenden Gedenknarrativ für die Stadt geopfert hatten. Andere Opfer des Nationalsozialis-

---

765 Stadtrat Penzberg: Sitzung am 18. Mai 1951, StAP Stadtratsprotokolle 1951.
766 Stadtrat Penzberg: Beratung am 7. März 1946, StAP Stadtratsprotokolle 1946.

mus sind für das kollektive Gedächtnis Penzbergs zu wenig mit der Stadtgemeinschaft verbunden, als dass sie die gleiche Aufmerksamkeit bekämen.

Die Penzberger Soldaten, die im Zweiten Weltkrieg starben, fanden zunächst keinen Eingang in das Gedächtnis der Stadt. Hier waren es die Kirchen, die auch in den ersten Jahrzehnten nach Kriegsende Trauergottesdienste am Volkstrauertag feierten und Erinnerungstafeln mit den Namen und Fotos der Gefallenen aufhängten. Allerdings verschwanden diese Gedenktafeln recht schnell aus dem sakralen Raum der Kirche auf den Dachboden. Erst 1970 errichtete die Stadtverwaltung »allen Opfern von Krieg und Gewaltherrschaft« ein Denkmal.

Am Ort der Exekution verweist das Mahnmal »An der Freiheit« auf den Widerstandscharakter der Getöteten und materialisiert ein aktives Opfernarrativ. Die Bildsprache weicht von den klassischen Kriegerdenkmälern klar ab – hier wurde nicht gefallener Soldaten gedacht, sondern der Opfer des Nationalsozialismus. Dieses Opfer wird bildlich stark ausgedrückt, während der Großteil der westdeutschen Denkmäler weder das Kriegserlebnis noch die Kriegsfolgen zeigt, sondern in einer abstrakten christlichen Symbolik zum Frieden mahnt. Im ritualisierten Gedenken und Trauern, der »gemeinschaftlichen Hinwendung zur Vergangenheit«, wird das Penzberger Denkmal regelmäßig funktionalisiert und ist Bestandteil der Rituale. Diese unterscheiden sich in Penzberg deutlich von nationalen Gedenktagen wie dem Volkstrauertag: Das Gedenken in Penzberg ist weder in der Sprache noch in der Performanz oder der musikalischen Inszenierung militärisch, wie dies beim Volkstrauertag der Fall ist.[767] Die Gedenkfeiern, die die Stadt organisiert und die Ortsverbände von SPD, KP und VVN mitgestalten, sind in der unmittelbaren Nachkriegszeit immer verbunden mit politischen Appellen und Mahnungen gegen wiederaufkommenden Faschismus oder Militarismus. Die Gedenkakteure gehören der

---

[767] Also: Teilnahme von Veteranenverbänden, Abordnungen der Bundeswehr, das Singen des Liedes vom »Guten Kameraden«, das zum Traditionsbestand der Bundeswehr gehört.

Erlebnisgeneration an und legen daher so viel Emphase in den Gedenkimperativ »Nie wieder!«. In den späten 1940er-Jahren wurde die Tradition begründet, dass zunächst eine Trauerfeier an den Gräbern stattfindet, bevor sich ein Schweigemarsch Richtung Denkmal in Bewegung setzt, wo anschließend eine Mahnkundgebung stattfindet.

Das kollektive Gedenken an die Opfer der Mordnacht hat jedoch nicht nur die Funktion, dass sich die Stadtgemeinschaft als Opfer und als Widerstandskämpfer identifiziert und so ein positives Image konstruiert. Mit Angela Kühner kann die Stadtgemeinschaft, die die Mordnacht miterlebte, als unmittelbar kollektiv traumatisiert bezeichnet werden.[768] Das gemeinschaftliche, rituelle Totengedenken fungiert in diesem Kontext als eine Möglichkeit der Traumabewältigung der Stadtgemeinschaft. Ein kollektives Gedenken, das sich auf den »traumatischen Jahrestag«[769] bezog, hatte für die Stadt Penzberg eine komplexe Funktion, solange noch Zeitzeugen der Mordnacht lebten: Der Rekurs auf den 28. April modellierte das Trauma, indem die Trauer kanalisiert wurde.[770] Durch die Fixierung auf einen bestimmten Tag wurde darüber hinaus die Erinnerung stabilisiert und für kommende Generationen »als Identitätsangebot beziehungsweise als zukunftsgerich-

---

[768] »Im Zentrum des Traumas steht – sogar in der offiziellen Klassifikation psychischer Störungen – die Auseinandersetzung mit dem Tod, dem eigenen oder dem von nahen Menschen. Während bei der Traumadiagnose nach dem Diagnostisch-Statistischen Manual (DSM IV) jedwede Art von auch indirekter Konfrontation mit dem Tod gemeint sein kann, wurden Menschen im Kontext kollektiver Traumata meist nicht nur mit der Möglichkeit des eigenen oder fremden Todes konfrontiert, sondern haben das Sterben von vielen anderen miterlebt.« Kühner (2007): TRAUMATA, S. 56. Hinsichtlich des Gedenkens an die Schoah bezeichnet Kühner das kollektive Totengedenken als eine Strategie der »Rehabilitation der Überlebenden«, ebd. S. 73.
[769] Assmann (2005): JAHRESTAGE, S. 305.
[770] Assmann (2005): JAHRESTAGE, S. 308: »In der Folge traumatischer Ereignisse haben Jahrestage eine komplexe Funktion: Sie modellieren das Trauma, indem sie Trauer kanalisieren.«

tete Handlungsverpflichtung«⁷⁷¹ etabliert. Die Rituale, welche die Stadtgemeinschaft am Denkmal jährlich wiederholte, dienten dabei nicht nur dazu, die Opfer der Mordnacht nicht zu vergessen. In der unmittelbaren Nachkriegszeit fungierten der Schweigemarsch, das Gedenken an die Opfer und die Protestkundgebungen als *rites de passage*, die den Übergang von der Diktatur zur Demokratie, von der Kriegsgesellschaft zur Zivilgesellschaft begleiteten und ihn strukturieren und erleichtern sollten. Indem sich die Penzberger daran erinnerten, dass sich einzelne Mitglieder der Stadtgemeinschaft gegen die Nationalsozialisten gestellt hatten, besannen sie sich auf politische und gesellschaftliche Werte, von denen die Stadtpolitik und das gemeinschaftliche Leben vor 1933 geprägt waren.

Im Übergang vom kommunikativen zum kulturellen Gedächtnis bewirkte dieser Jahrestag, dass das Erinnerungsnarrativ bedeutsam blieb, während sich die Dynamik des Gedenkens grundsätzlich veränderte. Die Erinnerung kann so, laut Aleida Assmann, »über Jahrhunderte hinweg reaktiviert und erneuert werden«⁷⁷².

1.8 Zwischenfazit: Erinnern am historischen Ort

Das Kapitel untersuchte unterschiedliche Ausdrucksformen des Gedächtnisses der Stadt Penzberg: die juristische Aufarbeitung der Mordnacht; das Denkmal, das an die Opfer erinnert; die Rekonstruktion und Interpretation der Ereignisse in Form von wissenschaftlichen Darstellungen, Ausstellungen und pädagogischen Konzepten; schließlich die Rituale und die Rhetorik des gemeinschaftlichen Gedenkens am 28. April. Die Analyse ging chronologisch vor. Das Gedenken der Erlebensgeneration (1946 bis 1980) war zunächst geprägt von Auseinandersetzungen der Erinnerungsakteure über die Intention der Opfer und die angemessene Form

---

771 Assmann (2005): JAHRESTAGE, S. 308.
772 Assmann (2005): JAHRESTAGE, S. 308.

des Gedenkens. Relativ bald, in den 1950er-Jahren, kristallisierten sich die bis heute beibehaltenen Rituale des Gedenkens heraus: Auf die offizielle Trauerfeier der Stadt an den Gräbern der Getöteten folgt eine Mahnkundgebung der SPD am Denkmal. Ein Schweigemarsch durch die Stadt verbindet die beiden Erinnerungsräume, verdeutlicht die zentrale Stellung des Narrativs für die Stadt und vollzieht den Opfergang der Toten im Ritual nach.

Während die Erinnerung im kommunikativen Gedächtnis durch die Zeitzeuginnen und Zeitzeugen noch lebendig war, etablierte sich in Penzberg ein Opfernarrativ, das den Erinnerungsort fortan bestimmte. Die Toten werden dabei einerseits als aktives Opfer für die Freiheit, andererseits als passives Opfer des Faschismus erinnert. Diese Ambiguität von aktivem und passivem Opfer wird bis heute in der Erinnerung nicht aufgelöst. Das positive Narrativ vom Widerstand gegen das NS-Regime trägt nach innen zur Selbstvergewisserung und Identitätsstiftung der Penzberger Stadtgemeinschaft bei. Nach außen konstruiert dieses Opfernarrativ ein positives Image von Widerstand und Antifaschismus. Die Innenbeziehungsweise Außensicht auf dieses Narrativ lässt sich anhand zweier wissenschaftlicher Arbeiten zeigen: Die »Proletarische Provinz« von Klaus Tenfelde verfocht 1982 weiterhin dieses aktive Opfernarrativ der widerständigen Penzberger. Veronika Diem, die 2013 ihre Dissertation über die Freiheitsaktion Bayern vorlegte, listet die Penzberger Mordnacht als eine von über 20 »eskalierten Folgeaktionen« nach dem Radioaufruf der FAB auf.

Die Analyse konnte zeigen, dass dieses Opfernarrativ zu einer Schieflage im kollektiven Gedächtnis führt, denn die gefallenen Soldaten aus Penzberg finden keinen Eingang in das öffentliche Gedenken. Mit Bezug auf Thesen von Sigmund Freud (Verdrängung) und Reinhart Koselleck (negatives Gedächtnis) wurde gezeigt, wie die Penzberger Gedenkakteure die Erinnerung an die Gefallenen aus dem kollektiven Gedächtnis der Stadt ausschlossen. Damit konzentrierten sie sich auf ein positives Stadtimage und negierten jegliche Beteiligung einzelner Penzberger am nationalsozialistischen Vernichtungskrieg und innenpolitischen Terror. In den unmittelbaren Nachkriegsjahren erleichterte diese absolute Distanzierung vom Nationalsozialismus der Stadtgemeinschaft den Übergang zur Demokratie. Da diese totale Distanz zum NS-Regime jedoch lediglich eine postulierte ist, muss man das Verleugnen von Nazi-Sympathisanten und Tätern aus Penzberg kritisch sehen: Die Stadt vermeidet damit, alle Aspekte der nationalsozialistischen Vergangenheit aufzuarbeiten. Gleichzeitig gibt dieses völlige Fehlen der Gefallenenerinnerung Aufschluss über das Verhältnis zwischen kollektivem und individuellem Gedenken: Deutlich mehr Familien waren vom Kriegstod an der Front betroffen als von der Penzberger Mordnacht (400 Gefallene/16 Opfer). Konflikte über das einseitige kollektive Gedenken sind jedoch keine überliefert, was darauf schließen lässt, dass offizielle Formen des Gedenkens wie Kriegerdenkmäler und der Volkstrauertag keine große Relevanz für die Hinterbliebenen von Gefallenen hatten. Vielmehr schufen die Hinterbliebenen sich Ersatz-Erinnerungsorte für das ferne Grab im Osten und gedachten außerhalb des Stadtkollektivs ihrer toten Familienangehörigen.

Schließlich wird in Penzberg am authentischen Geschichtsort eines traumatischen Ereignisses gedacht, was sich auf die Form des Erinnerns auswirkt: Das Gedenken an die Mordnacht hat eine viel höhere Relevanz für die Stadtgemeinschaft als beispielsweise der Volkstrauertag. Die geografische Nähe des Erlebnisraumes schafft ein hohes Identifikationspotential für die Erinnerungsgemeinschaft mit dem Erinnerungsort. Der Sozialraum, in dem das Gedenken stattfindet, kann in Penzberg als Arbeitermilieu definiert werden. Durch die mehrschichtige Identität der Opfer als Penzberger, als Arbeiter und als Opfer des Faschismus erhält der Erinnerungsort eine Strahlkraft über die Ortsgrenzen hinaus. Vertreter der Arbeiterbewegung und der Verfolgten des Faschismus identifizierten sich mit dem Erinnerungsort und funktionalisierten das Gedenken für ihre politischen Anliegen. Je nach Intention der Sprecher wurden die Toten als geschichtspolitischer Bezugspunkt für die aktuelle Politik funktionalisiert: sei es gegen die Teilung Deutschlands und den Kommunismus (Ernst Reuter) oder im Protest gegen die Entnazifizierung (KPD) und die deutsche Nachkriegs-Justiz (Philipp Auerbach/Wilhelm Hoegner).

2. »Diese Toten gehören alle zu uns« – Rosenheim gedenkt der Kriegstoten

2.1 Die erste Denkmalinitiative (1949)

Im Mai 1949 gründeten Geistliche beider Konfessionen und Bürger Rosenheims den »Ausschuss zur Errichtung eines Kriegsopfermales für die Stadt Rosenheim«[773], der mit seinem Anliegen einem »ideellen und ethischen Bedürfnis der Bevölkerung Rosenheims [nachkommen]«[774] wollte. Wortführer der Initiative war Stadtpfarrvikar Georg Lipp, der als katholischer Feldgeistlicher am Zweiten Weltkrieg teilgenommen hatte. Als zentraler Akteur des Totengedenkens in Rosenheim veranschaulicht die Person Georg Lipps, dass die Grenzen zwischen der Herkunft und den Intentionen der Akteure selten scharf gezogen werden können. Er vertrat nicht nur die katholische Kirche, sondern als ehemaliger Feldgeistlicher war er auch ein Kriegsveteran. In den 1950er-Jahren wurde er Mitglied des Kameradenkreises der Gebirgstruppe und ein wichtiger Akteur des militärischen, kameradschaftlichen Gedenkens der Veteranen der Gebirgstruppe. Der ersten Initiative war kein Erfolg beschieden, so viel kann hier vorweggenommen werden. Die Personen und Gruppen die sich in diesem ersten Aushandlungsprozess positionierten, bestimmten auch nach dem Scheitern des Vorstoßes die Erinnerungskultur der Stadt aktiv mit. Die Fragen nach dem sozialen und politischen Umfeld der Initiative, den Motiven der Akteure, dem Sprechen über den Krieg in der unmittelbaren Nachkriegszeit sowie Wechselbeziehungen unterschiedlicher politischer und sozialer Gruppen, sind demnach als die erweiterte Entstehungsgeschichte des Denkmals von 1961 zu sehen.

---

773 Lipp (27.05.1949): Niederschrift über die Konstituierung eines Ausschusses zur Errichtung eines Kriegsopfermals für die Stadt Rosenheim, StARo VI D 2 Nr. 18.
774 So heißt es in einem Spendenaufruf des Ausschusses: Ausschuss zur Errichtung eines Kriegsopfermales (22.08.1949): Spendenaufruf, StARo VI D 2 Nr. 18.

2.1.1 Motive und Ziele der ersten Gedenkinitiative

Als »menschliche Pflicht« der Stadt Rosenheim gegenüber ihren Kriegsopfern empfand die Initiative die Errichtung eines Kriegsopfer-Denkmals.[775] »So, wie jede Familie ihren Dahingeschiedenen ein Grabmal setzt, soll den Opfern des vergangenen Krieges ein Mal gesetzt werden«, begründete der Ausschuss in einem Schreiben an den Stadtrat die Motive für den Denkmalbau und bat ihn um finanzielle Unterstützung.[776] Dieser Vergleich zeichnet die Stadt als Familie, die sich um das Andenken ihrer Verstorbenen sorge. Damit verwies Lipp darauf, dass Trauer immer innerhalb eines sozialen Netzwerkes, meist der Familie, stattfindet. Nachdem der Krieg diese sozialen Netzwerke auseinandergerissen hatte, trat die Stadtgemeinschaft an deren Stelle. Die Stadt ist, wie die Familie, eine Trauergemeinschaft und das Denkmal ihr materieller Ausdruck des Gedenkens.[777] Mit dem Verständnis der Stadtgemeinschaft als Familie betonte der Ausschuss die integrative Wirkung eines solchen Denkmals, an dem sich die kommunale Gemeinschaft im Gedenken und Trauern auch als emotionale Gemeinschaft[778] konstituiere.

Kriegsopfermale sind der Stein gewordene Ausdruck für die Suche nach dem Sinn des Sterbens im Krieg.[779] Der Zweite Weltkrieg jedoch war in Westdeutschland nicht anschlussfähig für ein sinnstiftendes Gedenknarrativ. Gleichzeitig wollten die Kommunen ihrer Toten gedenken. Dieses »Gedenkdilemma«[780] wollte die Rosenheimer Initiative lösen, indem sie eine explizite Abkehr von

---

775 Ausschuss zur Errichtung eines Kriegsopfermales (22.08.1949): Spendenaufruf, StARo VI D 2 Nr. 18.
776 Ausschuss zur Errichtung eines Kriegsopfermales (22.08.1949): Spendenaufruf, StARo VI D 2 Nr. 18.
777 Vgl. zu den sozialen Netzwerken des Trauerns und Gedenkens Winter (1995): Sites, S. 29.
778 Rosenwein, Barbara H.: *Emotional Communities in the Early Middle Ages* 2006.
779 Winter (1995): Sites, S. 78.
780 Koselleck (1994): Einleitung.

kriegsverherrlichenden, militaristischen Denkmälern forderte. Genauer erläuterte sie dieses Programm nicht, allerdings kann man davon ausgehen, dass der Ausschuss damit sowohl die Form als auch die Widmung des Denkmals meinte. Bereits die nach dem Krieg von 1870/71 errichtete Erinnerungsstätte für die Kombattanten war weder in Form noch Aussage martialisch: Eine klassische Pietà-Skulptur vor einer Tafel mit den Namen der Heimgekehrten verwies an der Loreto-Kapelle auf die Trauer um die Toten und die Dankbarkeit um die Heimkehrer.[781] Zentral in der Stadt, an der Südseite des Rathauses, wurde 1907 ein Kriegsopfermal für die Gefallenen der Kriege von 1866 und 1870/71 enthüllt, das einen Soldaten der bayerischen Arme in Uniform mit Raupenhelm, Flagge und gezücktem Schwert zeigt.[782]

Wenige Meter von dem Denkmal von 1870/71 an der Loreto-Kapelle entfernt errichtete die Stadt 1923 ein steinernes Rondell zum Gedenken an die Gefallenen des Ersten Weltkrieges[783], die »für das Vaterland den Heldentod fanden«, wie die Inschrift besagte. Hier überhöhte die Inschrift den Soldatentod im Gefecht und schrieb ihm mit dem Vaterland einen Sinn ein. Mit markigen Worten er-

---

[781] Volker Probst untersuchte das Pietà-Motiv, allerdings im Hinblick auf die Weimarer Republik: Probst (1986): KRIEGERDENKMAL.
[782] Als zeitgenössische Fotografie: »Nicht in äußeren Formen erstarren«. In: *Oberbayerisches Volksblatt* 15.11.1965 (264); Abbildungen bspw. in: Das älteste Kriegsopfermal Rosenheims. In: *Oberbayerisches Volksblatt* 03.04.1981 (78); Das Kriegsopfermal wandert vom Innspitz in die Herbststraße. In: *Oberbayerisches Volksblatt* 31.05.2007 (123). Das Denkmal wurde 1961 abgebaut, da die Straße, an der es stand, ausgebaut wurde: Verkehr stößt den Krieger vom Postament. In: *Oberbayerisches Volksblatt* 03.05.1961 (100); Kriegsopfermal 1870/71. In: *Oberbayerisches Volksblatt* 06.05.1961. Zunächst wurde es im Bauhof eingelagert und schließlich dezentral am Zusammenfluss von Inn und Mangfall (Innspitz) wieder aufgestellt. 2007 wurde es wieder in die Innenstadt transportiert, da es am Innspitz nicht in das Konzept der für 2010 geplanten Landesgartenschau passte: Altes Kriegsopfermal wieder auf Wanderschaft. In: *Oberbayerisches Volksblatt* 19.07.2007; Das Kriegsopfermal wandert vom Innspitz in die Herbststraße. In: *Oberbayerisches Volksblatt*. 31.05.2007 (123).
[783] Der Sinn des Opfertodes! In: *Rosenheimer Anzeiger* (Nr. 69) 08.09.1923, S. 1.

klärte der Autor des *Rosenheimer Anzeigers* am Tag vor der Einweihungsfeier im September 1923 den »Sinn des Opfertodes«[784]. Der Autor reproduzierte die Argumente der Rechten in der Weimarer Republik, beispielsweise wenn er darauf verwies, dass die Gefallenen nicht schuld daran wären, »dass all das Furchtbare, Lähmende oder Zermalmende über das deutsche Volk gekommen« sei. Auch alle Schlagworte und die Argumentation des späteren nationalsozialistischen Heldenkultes finden sich in dem Artikel: Die Gefallenen seien den »Heldentod« für eine »heilige Sache«, also »das Vaterland und die Sicherheit der Volksgemeinschaft«, gestorben. Die Überlebenden verpflichte dieses Opfer dazu, sich um die Hinterbliebenen zu kümmern und zum Zeitpunkt eines neuen Krieges selbst pflichtbewusst zu kämpfen.[785] Im selben Duktus, in dem später die nationalsozialistischen Heldenfeiern abgehalten wurden, heroisierte der Autor den Soldatentod, um die »Volksgemeinschaft« zu beschwören, die Bürger auf ihre Pflicht gegenüber dem Vaterland zu einzuschwören und – schon 1923 – auf einen neuen Krieg vorzubereiten.

Von einem solchen heroisierenden Gefallenengedenken distanzierte sich der Ausschuss ausdrücklich: Ganz im Gegenteil sollte das Denkmal auch den zivilen Opfern gewidmet sein. Im Versuch, dem Kriegstod einen Sinn einzuschreiben, sollte das geplante Monument die Überlebenden zum Frieden verpflichten: »Den

---

784 So der Titel des Aufmachers am 8. September 1923: Der Sinn des Opfertodes! In: *Rosenheimer Anzeiger* (Nr. 69) 08.09.1923, S. 1.
785 »Die Aufopferung des tröstlichsten und ›wertbeständigsten‹ irdischen Besitzes, des warmpulsenden Lebens, für die Freiheit des Vaterlandes und die Sicherheit der Volksgemeinschaft war und ist eine heilige Sache. Ja und tausendmal ja, trotz Revolution und Hunger! Und die Stunde ist nicht mehr ferne, wo auch der letzte pflichtvergessene Deutsche sich aufs neue zu der Wahrheit des Wortes bekennen wird: Dulce et dec… Diese Erkenntnis wird das ganze deutsche Volk in dem Augenblick erfüllen, an dem die himmelschreiende Not auf den Gipfelpunkt gestiegen, wenn jene heilige Stunde angebrochen ist, wo auch der Friedlichste ›hinaufgreift nach den ewigen Sternen, wo unveräußerlich und wahr die heiligen Rechte hangen‹.« Der Sinn des Opfertodes! In: *Rosenheimer Anzeiger* (Nr. 69) 08.09.1923, S. 1.

Toten zum Gedächtnis, den Lebenden Mahnung zum Frieden.«[786] In diesem Leitmotiv, ebenso wie in der Widmung, blieben die Toten, die erinnert und betrauert wurden, unspezifisch. So konnte das Denkmal nicht nur den Schmerz über das massenhafte Sterben im Krieg lindern, sondern auch als Raum wirken, der offen war für die unterschiedlichen persönlichen Kriegs- und Verlusterfahrungen.

2.1.1.1 Erinnerte Opfer

Der Ausschuss wollte explizit allen Kriegstoten ein Denkmal setzen, »seien es die Gefallenen, seien es die durch den Luftkrieg Umgekommenen, seien es die Opfer der heimatvertriebenen Neubürger.«[787] Diese Aussage offenbart das Verständnis von erinnerungswürdigen Kriegsopfern: Soldaten, zivile Opfer des Luftkrieges und aus der sudetendeutschen Heimat vertriebene Neubürger. Auch den »nichtdeutschen und politischen Kriegsopfern«[788] – Zwangsarbeitern, KZ-Häftlingen, Kriegsgefangenen und fremden Soldaten[789] – sollte dieses Monument gewidmet werden. In Anbetracht der Krie-

---

786 Ausschuss zur Errichtung eines Kriegsopfermales (22.08.1949): Spendenaufruf, StARo VI D 2 Nr. 18.
787 Ausschuss zur Errichtung eines Kriegsopfermales (22.08.1949): Spendenaufruf, StARo VI D 2 Nr. 18.
788 Den Toten zum Gedächtnis, den Lebenden Mahnung zum Frieden. In: *Oberbayerisches Volksblatt* 1949 (Nr. 100).
789 Siehe hierfür die diversen Auflistungen von in Rosenheim gestorbenen fremden Soldaten, Zwangsarbeitern und Kriegsgefangenen: Friedhofsverwaltung Rosenheim: Beisetzungen von Zivilarbeitern aus ehemaligen Kriegsgebieten, StARo 061-4/2; Friedhofsverwaltung Rosenheim: Kriegsgefangene und ausländische Arbeitskräfte im Friedhof Rosenheim, StARo 061-4/2; Stadtverwaltung Rosenheim: Beisetzung von britischen Staatsangehörigen auf dem Städt. Friedhof Rosenheim, StARo I A 1 Nr. 112; Stadtverwaltung Rosenheim (05.12.1947): Französische Kriegergräber auf dem Friedhof Rosenheim, StARo 061-4/1; Stadtverwaltung Rosenheim: Liste der im Stadtkreis Rosenheim verstorbenen Ausländer, Staatenlosen und Juden ab 1. Januar 1938, 061-4/2; Stadtverwaltung Rosenheim (05.11.1947): Aufstellung aller in Rosenheim Stadt verstorbenen und hier auf den Friedhöfen beerdigten Italiener, 061-4/1.

gerdenkmäler, die lediglich den Tod der Soldaten und den Schmerz ihrer Angehörigen thematisierten, war dies eine weitgefasste und integrative Definition von Kriegstoten.

Mit dem Bemühen um ein integratives Verständnis von Kriegsopfern ging gleichzeitig eine Nivellierung der Toten einher. Indem pauschal »alle Toten« erinnert werden sollten, war zwar jede Opfergruppe einbezogen. Jedoch wurden damit die unterschiedlichen Formen der Gewalterfahrung gleichgesetzt. Dies ist insofern kritisch zu bewerten, als die Gewalterfahrung des Frontsoldaten nicht mit der eines KZ-Häftlings verglichen werden kann. Deutsche Soldaten wurden in der Erinnerungskultur zu Opfern des Nationalsozialismus und des Krieges, in dem Einzelne auch als Täter agiert hatten. Eine Auseinandersetzung mit dieser ambivalenten Identität von Deutschen als Täter und Opfer fand 1948 nicht statt.[790]

---

[790] Bernhard Giesen nennt dies eine »Koalition des Schweigens«: Giesen (2004): TÄTERTRAUMA, S. 31; vgl. zum Versuch der Deutschen, sich in der Erinnerung als Opfer des Krieges zu stilisieren, ohne die eigene Täterschaft zu thematisieren, u. a. Zimmermann (2002): TÄTER/OPFER: »In Deutschland nach 1945, meist als das ›Land der Täter‹ bezeichnet, stehen nicht nur die Täter und das Kollektiv der Tätergeneration, sondern auch ihre Erben unter dem Druck der Erinnerung an eine historische Täterschaft. Als Ausweg aus diesem psychologischen und moralischen Druck versucht man selbst, in die Rolle des Opfers zu schlüpfen. Über den Versuch hinaus, die ›eigene‹ Täterrolle durch die Darstellung der ehemaligen Opfer – also ›der Juden‹ oder ›der Israelis‹ – als Täter zu relativieren, bemüht man sich aktiv um eine Opferrolle: Einerseits wurde bis in die 1970er-Jahre versucht, ›die Deutschen‹ generell als ›Opfer des Nationalsozialismus‹ darzustellen. [...] Andererseits versuchte man die Endphase des Krieges als deutsche Opfergeschichte zu interpretieren.« Zur Schwierigkeit, auch der Täter und Taten zu gedenken und nicht in einer selbstviktimisierenden Haltung zu verharren: Koselleck (2002): NEGATIVES GEDÄCHTNIS; zu dieser Tendenz, als Täter die Opferrolle einzunehmen: Jureit, Ulrike; Schneider, Christian: *Gefühlte Opfer*, Stuttgart 2010; Giesen spricht von einem »Tätertrauma«, das aus dem Erlebnis der »existenziellen Allmacht, das heißt der Herrschaft über Leben und Tod« resultiert, die zum Tätertrauma wird, wenn sie mit der Realität konfrontiert wird: Giesen (2004): TÄTERTRAUMA, S. 21. Zum Nicht-Sprechen über die Judenvernichtung vgl. die psychoanalytische Arbeit von Rothe (2009): (NICHT-)SPRECHEN.

2.1.1.2 Der erste Entwurf eines Denkmals für Rosenheim

Der Bildhauer Joachim Berthold fertigte 1949 den Entwurf für das Denkmal-Ensemble an.[791] Ein acht Meter hohes Metallkreuz sollte schon von Weitem auf die »Bedeutung der Stätte [...] aufmerksam«[792] machen. Beim Nähertreten sollten die Betrachter die zweite Plastik wahrnehmen: eine sitzende, in Trauer versunkene Mutter. An dieser Skulptur sollte in Bronzebuchstaben die Widmung »Den Opfern« den Sinn des Gedenkens verdeutlichen. Steinstufen sollten an dem Kreuz vorbei zu einer Mauer führen, an der das Leitmotiv des Mahnmales angebracht werden sollte: »Den Toten zum Gedächtnis, den Lebenden Mahnung zum Frieden«. Der Entwurf sah an beiden Enden der Abschlussmauer Bronzeschalen vor, in denen an Gedenktagen Feuer als »Symbol der Ewigkeit« brennen sollte.[793]

Bertholds Entwurf vereinte mit der trauernden Mutter und dem Kreuz zwei der in Westdeutschland nach 1945 am weitesten verbreiteten Symbole.[794] Militaristische Denkmäler wurden in Deutschland bereits seit 1918 kaum mehr errichtet.[795] Seit Mai

---

791 In dem Vorgang zur ersten Denkmal-Initiative im Stadtarchiv Rosenheim ist dieser Entwurf nicht überliefert.
792 Berthold (1949): Erläuterung des Entwurfes eines Kriegsopferdenkmals, StARo VI D 2 Nr. 18.
793 Schilderung des Entwurfes nach Berthold (1949): Erläuterung des Entwurfes eines Kriegsopferdenkmals, StARo VI D 2 Nr. 18.
794 Zur Trauer in der Ikonografie der Denkmäler nach 1945 vgl. Mosse (1993): GEFALLEN, S. 259; zur religiösen Symbolik von Kriegerdenkmälern vgl. Stadtverwaltung Rosenheim (18.09.1951): Liste von Kriegsopfern der ehem. deutschen Wehrmacht die in dem Rosenheimer Friedhof beerdigt wurden, 061-4/2, S. 90–93; allgemein zu der Bildsprache deutscher Denkmäler die nach 1945 an den Zweiten Weltkrieg erinnerten: Lurz (1987): KRIEGERDENKMÄLER.
795 Vgl. zur Ikonografie der Kriegerdenkmäler nach dem Ersten Weltkrieg Stadtverwaltung Rosenheim (18.09.1951): Liste von Kriegsopfern der ehem. deutschen Wehrmacht die in dem Rosenheimer Friedhof beerdigt wurden, 061-4/2, S. 78–116; zum »elementaren Wandel der Denkmalwertung« nach 1918 in Deutschland vgl. Stadtverwaltung Rosenheim: Kriegsschäden, StARo 060-2/1–2, S. 12.

1946 untersagte zudem die Direktive Nr. 30 der Militärregierung, kriegsverherrlichende oder militaristische Denkmäler zu errichten.[796] Nach dem Ersten Weltkrieg hatten die Kriegerdenkmäler in Deutschland noch den Mythos des Kriegserlebnisses in Symbolen von Jugend, Männlichkeit, Kameradschaft und Opfermut glorifiziert und die Kriegsrealität ausgeblendet.[797] Nun thematisierte die Ikonografie vor allem die Folgen des Krieges[798] und zeigte trauernde Hinterbliebene[799]. Auf diese Weise wurde das Kriegserlebnis in den Denkmälern nach dem Zweiten Weltkrieg ausgeblendet. Stattdessen symbolisierte das Kreuz die Hoffnung auf die Wiederauferstehung der Soldaten und verwies auf die Sinnhaftigkeit des altruistischen Opfertodes.[800] Religiöse Symbole wurden von den Akteuren auch deshalb bevorzugt, da sie auf eine apolitische Tradition verwiesen.[801]

2.1.2 Öffentliche Reaktionen auf die Gedenkinitiative

Nachdem ein Zeitungsartikel über den Denkmal-Ausschuss berichtet hatte, begann in Rosenheim eine öffentliche Diskussion über Nutzen und Notwendigkeit eines neuen Kriegsopfermales. Über die politische Ebene hinaus beteiligten sich auch Bürger mit Leserbriefen in der Lokalzeitung und direkten Zuschriften an den Stadtrat oder den Oberbürgermeister an der Debatte.

---

796 Kontrollrat 13.05.1946: Direktive Nr. 30: Beseitigung deutscher Denkmäler und Museen militärischen und nationalsozialistischen Charakters. In: R. Hemken (Hg.): Sammlung der vom Alliierten Kontrollrat und der Amerikanischen Militärregierung erlassenen Proklamationen, Gesetze, Verordnungen, Befehle und Direktive. Stuttgart.
797 S. Mosse (1993): GEFALLEN, S. 127.
798 S. Mosse (1993): GEFALLEN, S. 262.
799 S. Mosse (1993): GEFALLEN, S. 259.
800 S. Mosse (1993): GEFALLEN, S. 261.
801 Die Verwendung religiöser Symbole auch in säkularen Kriegerdenkmälern war in Deutschland bereits nach dem Ersten Weltkrieg weit verbreitet – im Gegensatz zum laizistischen Frankreich, wo sich deutlich seltener religiöse Kunst außerhalb des sakralen Raumes findet: Winter (1995): SITES, S. 90–98.

2.1.2.1 Unterstützer

Unterschiedliche politische Gruppierungen fühlten sich von der Initiative in ihrem Verständnis als Opfer des Krieges angesprochen und baten Oberbürgermeister Überreiter, den Bau mit Mitteln der Stadt zu finanzieren.

So betonte beispielsweise der Vorsitzende der Arbeitsgemeinschaft der Heimatvertriebenen nur die Opfer der Heimatvertriebenen[802], deren Würdigung er begrüßte. Auch die Absicht, dass das Mahnmal »allen die unzähligen Opfer dieses Krieges vor Augen halten«[803] sollte, führte er an und bat den Oberbürgermeister darum, den Plan vorbehaltlos zu unterstützen. Ebenso wie die Arbeitsgemeinschaft der Heimatvertriebenen artikulierten die Vorsitzenden der Pax-Christi-Gruppe[804], des Kreisverbandes Rosenheim des Verbandes der Kriegsbeschädigten, Sozialrentner und Hinterbliebenen (VdK)[805] und des Ortsverbandes der Vereinigung der Verfolgten des Naziregimes (VVN)[806] öffentlich ihre Zustimmung zu dem Vorhaben und baten den Stadtrat, die Errichtung des Mahnmales mit »allen ihm zur Verfügung stehenden Mitteln [zu] unterstützen«[807].

Keine institutionalisierte Opfergruppe fühlte sich von dem Gedenknarrativ ausgeschlossen.[808] Wie es um die Haltung der überle-

---

802 Arbeitsgemeinschaft der Heimatvertriebenen Rosenheim (14.07.1949): Brief an den OB der Stadt Rosenheim, StARo VI D 2 Nr. 18.
803 Arbeitsgemeinschaft der Heimatvertriebenen Rosenheim (14.07.1949): Brief an den OB der Stadt Rosenheim, StARo VI D 2 Nr. 18.
804 Das Engagement der Pax-Christi-Gruppe für die Denkmalinitiative ist vor dem Hintergrund zu sehen, dass diese Gruppe der katholischen Kirche nahe stand. Es ist zu vermuten, dass Mitglieder des Denkmal-Ausschusses auch in der Pax-Christi-Bewegung aktiv waren.
805 Verband der Kriegsbeschädigten (28.06.1949): Errichtung eines Kriegsopfermals, StARo VI D 2 Nr. 18.
806 Vereinigung der Verfolgten des Naziregimes (04.07.1949): Schreiben an den Oberbürgermeister der Stadt Rosenheim, StARo VI D 2 Nr. 18.
807 Verband der Kriegsbeschädigten (28.06.1949): Errichtung eines Kriegsopfermals, StARo VI D 2 Nr. 18.
808 In dem Akt zur ersten Denkmalinitiative Rosenheim sind lediglich positive

benden Opfer von Verfolgung aus rassischen, religiösen und politischen Gründen und deren Hinterbliebenen bestellt war, die sich nicht in Verbänden zusammengeschlossen hatten, ist nicht überliefert. Falls sie sich als Opfer des Krieges und Verfolgte des Nazi-Regimes von dem Denkmal nicht repräsentiert fühlten, so haben sie es nicht öffentlich geäußert. Das mahnende Leitmotiv sowie das integrative Opferverständnis machten das Vorhaben anschlussfähig für verschiedene Akteure, sodass sich eine breite Gedenk-Allianz bildete.

2.1.2.2 »Mumpitz der Menschheit von gestern«

Zuschriften von Privatleuten an die Lokalzeitung und den Stadtrat belegen, dass die Denkmalinitiative keinesfalls für alle Rosenheimer sprach, wenn sie behauptete, mit der Errichtung eines Denkmals »einem ideellen und ethischen Bedürfnis der Bevölkerung Rosenheims«[809] nachzukommen. Einzelne Bürger bezeichneten das Vorhaben in Briefen an den Oberbürgermeister als »Mumpitz« der »Menschheit von gestern«[810]. Sie forderten, die »Sorge für die Lebendigen«[811] über das Gedenken an die Kriegstoten zu stellen. Aus diesen Meinungsäußerungen spricht kein kollektives Bedürfnis nach einem Kriegsopfermal. Sie verlangten vielmehr, dass die Stadtverwaltung ihre praktische Verantwortung für die Hinterbliebenen, Kriegsbeschädigten und Ausgebombten wahrnehmen sollte, bevor sie die Kriegstoten mit einem neuen Denkmal ehrte.

2.1.2.3 »Allein der Gedanke ist verfrüht«

Im Juni 1949 diskutierte der Kulturausschuss des Stadtrates das Thema »Kriegsopfermal«. Während einzelne Stadträte das bereits

---

Schreiben von Opfergruppen und sonstigen Verbänden überliefert.
809 Ausschuss zur Errichtung eines Kriegsopfermales (22.08.1949): Spendenaufruf, StARo VI D 2 Nr. 18.
810 Brief v. privat an den OB betreffs Kriegsopfermal (1949, StARo VI D 2 Nr. 18.
811 Brief v. privat an den OB betreffs Kriegsopfermal (1949, StARo VI D 2 Nr. 18.

bestehende Kriegsopfermal als »unwürdig« empfanden und für eine Neuerrichtung plädierten, erschienen den meisten Mitgliedern des Kulturausschusses allein die Kosten von über 30.000 Mark als zu hoch, um den Plan zu realisieren. Der Kulturausschuss einigte sich darauf, das Angebot der Initiative zur Kenntnis zu nehmen. Allein der Gedanke an ein neu zu errichtendes Denkmal sei jedoch noch verfrüht. Mit dieser Einschätzung legte der Kulturausschuss die Anfrage anschließend dem Stadtrat zum Beschluss vor.[812]

Angesichts der ablehnenden Haltung in der Bevölkerung und der vordringlichen Probleme[813] entschied der Stadtrat gegen eine Unterstützung des privaten Denkmalausschusses. Das Plenum lehnte das Projekt mit dem Argument ab, »dass die heutige Zeit noch nicht reif genug sei, an die Errichtung eines solchen Mahnmales zu denken«[814]. Jetzt ginge es zuerst darum, die Not der Nachkriegszeit zu lindern und sich um Kriegsversehrte, Heimkehrer, Hinterbliebene und Ausgebombte zu kümmern.[815] Weder wollte der Stadtrat eines seiner Mitglieder in den privaten Denkmal-Ausschuss entsenden, noch das Vorhaben bezuschussen.[816]

---

[812] Auszug aus dem Niederschriftenbuche des Kulturausschusses vom 14. Juni 1949 (14.06.1949), StARo VI D 2 Nr. 18.

[813] Zum Beispiel die Integration der Flüchtlinge, die 1946 15 % der Gesamtbevölkerung ausmachten, oder der Wiederaufbau der im Krieg zerstörten Häuser – von 534 zerstörten Häusern (106 davon komplett zerstört) waren 1947 über 100 noch nicht wieder instand gesetzt: Stadtverwaltung Rosenheim (1947): Kriegsschäden und Bevölkerungsstatistik, StARo 061»Bevölkerungsstatistik«, Nr.216. Allgemein zu Kriegsschäden in Rosenheim: Stadtverwaltung Rosenheim: Kriegsschäden, StARo 060-2/1-2.

[814] Zudem bereitete die Organisationsform dem Stadtrat Schwierigkeiten, da er keinen offiziellen Vertreter in eine private Vereinigung entsenden wollte. Kein Stadtratsvertreter im Ausschuss für ein Kriegsopfermal. In: *Oberbayerisches Volksblatt* 21.07.1949 (Nr. 85).

[815] Stadtrat Rosenheim (20.07.1949): Auszug aus dem Niederschriften-Buche des Stadtrates Rosenheim, StARo VI D 2 Nr. 18.

[816] Stadtrat Rosenheim (20.07.1949): Auszug aus dem Niederschriften-Buche des Stadtrates Rosenheim, StARo VI D 2 Nr. 18.

2.1.2.4 »Lebende Mahnmale«?

In der Diskussion wurde auch ein Argument angeführt, das schon nach dem Ersten Weltkrieg in ländlichen Gegenden gegen die Errichtung von Kriegerdenkmälern sprechen sollte. So hieß es, die körperlich Kriegsversehrten in den Straßen seien ein »lebendes Mahnmal an die Schrecken des Krieges«[817] und damit eine bessere Warnung vor einem neuen Krieg als ein Denkmal.[818] Die Zuschriften an den Stadtrat zeigten jedoch, dass diese Kriegsversehrten sich nicht mit dieser Zuschreibung als »lebendes Mahnmal« identifizierten. So äußerte ein Kriegsinvalider seine Vermutung, dass der vertagte Denkmalbau wohl keineswegs eine Erhöhung seiner Rente zur Folge haben werde.[819] Er begrüßte die Denkmal-Initiative, da das »treue Gedächtnis« an die Toten eine »rein menschliche Pflicht« sei. Dass man dieser Pflicht nicht nachkomme, der Gefallenen und Kriegsopfer in Deutschland nicht gedenke, sondern »schamhaft darüber weggehe«, empfand der Verfasser des Leserbriefes als beschämend.[820] Obwohl unmittelbar von dem Argument betroffen, dass die Versorgung der Kriegsbeschädigten wichtiger sei als symbolische Politik, wollte der Verfasser seinen Einsatz im Krieg nicht nur finanziell, sondern auch symbolisch gewürdigt sehen. Dieses Bedürfnis von Veteranen und Versehrten lässt darauf schließen, dass ihnen in der Nachkriegszeit ein Raum fehlte, in dem ihr persönlicher Einsatz und ihr Opfer anerkannt wurden.

---

817 Kein Stadtratsvertreter im Ausschuss für ein Kriegsopfermal. In: *Oberbayerisches Volksblatt* 21.07.1949 (Nr. 85).
818 Zu diesem Diskurs der Kriegsversehrten des Ersten Weltkrieges als »lebende Denkmäler« s. Ziemann, Benjamin: *Front und Heimat*, Essen 1997, S. 438.
819 A. F.: Leserbrief zum Thema »Kriegsopfermal«. In: *Oberbayerisches Volksblatt* 28.07.1949 (88).
820 A. F.: Leserbrief zum Thema »Kriegsopfermal«. In: *Oberbayerisches Volksblatt* 28.07.1949 (88).

2.2 Kriegstotengedenken bis zur Errichtung des Ehrenfriedhofes (1949–1961)

Die erste Denkmalinitiative in Rosenheim scheiterte. Nachdem der Stadtrat eine finanzielle und personelle Unterstützung des Projektes abgelehnt hatte, gründete Oberbürgermeister Überreiter einen Förderverein, der Mittel für ein Opfer- und Friedensmal sammeln und damit das initiierte Projekt weiterführen sollte.[821] Diese Organisationsform vereinte die Gründungsmitglieder der ersten Denkmalinitiative und Vertreter der Stadt, sodass die öffentliche Hand das Projekt nun von Beginn an mittrug. Bis Rosenheim 1961 mit der Kriegsgräberstätte auf dem Städtischen Friedhof einen zentralen Ort des kollektiven Kriegstotengedenkens erhielt, manifestierte sich das kollektive Gedächtnis an unterschiedlichen Orten wie dem Friedhof, Gedenktafeln und dem alten Gefallenendenkmal.

2.2.1 Gedenktafeln in Schulen und Kirchen

Im öffentlichen Raum der Stadt Rosenheim gibt es an unterschiedlichen Stellen Gedenktafeln, die je nach Aufstellungsort auf die Kriegstoten einer bestimmten Gruppe verweisen. So wurde im Humanistischen Gymnasium eine Gedenktafel für die gefallenen Schüler und Lehrer angebracht, und einzelne Pfarreien gaben Tafeln mit den Namen der Kriegstoten aus ihrer Gemeinde in Auftrag.[822] Diese Tafeln waren selektive Erinnerungsstätten, sie verwiesen lediglich auf die Toten einer bestimmten sozialen, kulturellen oder auch nur geografisch zusammengehaltenen Gruppe. Als übergreifende Orte für das kollektive Erinnern der ganzen Stadt waren sie daher nicht geeignet.

---

821 Verein zur Errichtung eines Opfer- und Friedensmales. In: *Rosenheimer Anzeiger* 01.12.1949 (142).
822 Aufgrund der Überlieferungslage wird hier ausschließlich auf die Gedenktafel in der Christkönig-Kirche eingegangen. Die Entstehungsgeschichten der weiteren Gedenktafeln in der Stadt konnten nicht nachvollzogen werden.

Georg Lipp errichtete zwei Jahre nachdem er die erste Initiative angeregt hatte, in der Pfarrkirche Christkönig eine Gedenktafel mit den Namen der Kriegsopfer aus der Pfarrgemeinde.[823] Die Stadtverwaltung unterstützte das Unternehmen mit 800 DM.[824] Seit 1950 erinnert eine schlichte Tafel im Kirchenraum an die Kriegstoten der Pfarrei Christkönig, sowohl die »Gefallenen und Opfer der Heimat der Pfarrei«, wie das *Rosenheimer Tagblatt* schrieb.[825] Sie wurde während eines Gottesdienstes feierlich eingeweiht.

Als Seelsorger einer relativ großen Gemeinde war Lipp Ansprechpartner für viele Menschen und wusste, wie die Hinterbliebenen mit dem Kriegstod umgingen. Als ehemaliger Kriegsteilnehmer kannte er das Bedürfnis nach einem Ort der persönlichen Trauer und der symbolischen Ehrung der Kriegstoten aus eigener Erfahrung. In seinem Schreiben an den Stadtrat betonte er, dass der Bau von Kriegerdenkmälern nicht nur eine rein politische Angelegenheit sei. Ebenso wichtig sei das Bedürfnis der Hinterbliebenen, ihren persönlichen Verlust auszudrücken und Anerkennung für ihr Opfer zu erfahren.[826] Eine »Herzenssache« der Hinterbliebenen nannte er die Errichtung des Erinnerungsortes. Nun hätten auch diejenigen, die sich keine Reisen zu den Kriegsgräbern im Ausland leisten könnten, einen konkreten Ort, um ihrer Hinterbliebenen zu gedenken und für sie zu beten.[827]

---

823 Kath. Stadtpfarramt Christkönig (13.02.1951): Dank für Zuschuss zur Errichtung einer Kriegergedächtnisstätte, StARo VI D 2 Nr. 18.
824 Auszug aus dem Sitzungsprotokoll des Stadtrates Rosenheim (17.01.1951): Kriegergedächtnisstätte in der Christkönigkirche, StARo VI D 2 Nr. 18.
825 Einweihung eines Kriegsopfermals. In: *Rosenheimer Tagblatt Wendelstein* 1950 (136), S. 3.
826 Zu dieser Lesart der Kriegerdenkmäler, dass der Ausdruck individuellen Verlustes ebenso wichtig ist wie die politische und ästhetische Aussage, Form und Funktionalisierung vgl. Winter (1995): SITES, S. 79.
827 Kath. Stadtpfarramt Christkönig (13.02.1951): Dank für Zuschuss zur Errichtung einer Kriegergedächtnisstätte, StARo VI D 2 Nr. 18. Dieses Anliegen der Familien von Gefallenen, den fernen Tod durch Reisen zu Kriegsgräbern oder einen Ersatzerinnerungsort an ihrem Wohnort betrauern zu können, spricht auch aus unzähligen Zuschriften von Angehörigen an den Volksbund und die kommunalen Friedhofsverwaltungen, s. Kapitel III.3

Der Geistliche Georg Lipp nahm in diesem Fall nicht nur seine Verantwortung als Seelsorger wahr, indem er für die Hinterbliebenen einen Ort der Trauer, des Betens und des Abschiednehmens schuf. Gleichzeitig nahm er die Tafel in der Christkönig-Kirche zum Anlass, um gegenüber der Stadtverwaltung als Sprecher der Hinterbliebenen und der Kriegsteilnehmer aufzutreten. In dieser Funktion führte er das individuelle Bedürfnis nach einem Erinnerungsort an, um das Projekt eines neuen Denkmals für die Rosenheimer Kriegsopfer bei der Stadtverwaltung präsent zu halten.

2.2.2 Allerheiligen auf dem Friedhof

Nach Kriegsende dauerte es acht Jahre, bis die Regierung der Bundesrepublik den Volkstrauertag 1953 wieder als bundesweiten Feiertag gesetzlich verankerte. In der Zwischenzeit übernahmen die Kirchen die Aufgabe, das Andenken an die Kriegstoten wachzuhalten. Bereits während des Krieges hatten die Angehörigen von Gefallenen die »Heldengottesdienste« regelmäßiger frequentiert als die kultischen Gefallenenfeiern der Nationalsozialisten. Das Jahr 1945 markierte in dieser Hinsicht keinen Übergang oder Bruch im Gefallenengedenken.[828] Von 1945 bis 1953 waren die kirchlichen Feiertage Allerheiligen und Allerseelen die wichtigsten Tage des Totengedenkens, an denen auch der Kriegstoten gedacht wurde.[829] Auf lokaler Ebene fanden sich die Gemeinden zum kollektiven Totengedenken an Allerheiligen zusammen. Nach den Gottesdiensten in den Pfarreien zogen Prozessionen aus Gläubigen und Geistlichkeit zum Fried-

---

828 S. Kapitel III.3.
829 So schrieb das katholische *Rosenheimer Tagblatt Wendelstein* 1949: »In diesen Tagen des Totengedenkens gedenken wir besonders der Gefallenen.« Die katholische Kirche nutzte den Totengedenktag, um in Predigten und Veröffentlichungen in den Kirchenzeitungen an all die Kriegstoten zu erinnern und zu mahnen, dass ihr Opfer nur dann sinnlos gewesen sei, wenn die Menschen der Gegenwart es nicht als Verpflichtung zu einer neuerlichen Hinwendung zu Gott und zur Kirche wahrnehmen würden: Lippl: Licht über Gräbern. In: *Münchner Katholische Kirchenzeitung. Bistumsblatt der Erzdiözese München-Freising* 38 04.11.1945 (8), S. 1–2.

hof, wo die Gräber eingesegnet wurden und man gemeinsam für die Toten betete.[830] Angehörige schmückten die Gräber der Gefallenen, sofern diese in Rosenheim bestattet worden waren.[831] Deutlich ausführlicher als über den Grabschmuck für die in ihrer Heimatstadt bestatteten Gefallenen berichteten die Lokalzeitungen in der unmittelbaren Nachkriegszeit über die fernen Gräber.[832] Dies entsprach dem Schicksal der meisten Familien, die kein Grab schmücken konnten, was an einem Tag wie Allerheiligen umso schmerzlicher ins Bewusstsein rückte. Um die Gräber der ortsfremden Toten, die in Rosenheim bestattet worden waren, kümmerte sich die Stadtgärtnerei und schmückte sie zum Totentag.[833] Sofern die Angehörigen Kenntnis über deren Grablage in Rosenheim hatten, wendeten sie sich entweder direkt oder über den Volksbund an die Friedhofsverwaltung und baten darum, dass das Grab zu Allerheiligen geschmückt werde.[834]

---

830 Allerheiligen auf dem Friedhof. In: *Oberbayerisches Volksblatt* 02.11.1945, S. 3.
831 Allerheiligen auf dem Friedhof. In: *Oberbayerisches Volksblatt* 02.11.1945, S. 3; Brandl: Allerheiligen, Allerseelen. In: *Oberbayerisches Volksblatt* 31.10.1946, S. 5; Wo die Rosenheimer ihrer Gefallenen gedenken. In: *Oberbayerisches Volksblatt* 31.10.1953, S. 3; Dr. Adlmaier: In Memoriam! In: *Rosenheimer Tagblatt Wendelstein* 31.10.1949 (14).
832 Den Gefallenen. In: *Rosenheimer Tagblatt Wendelstein* 30.10.1949: »In diesen Tagen des Totengedenkens gedenken wir besonders der Gefallenen. Die liebende Phantaise [sic] deiner bejahrten Mutter wandert hinaus und schmückt das Grab ihres einziges Sohnes an der Wolga, im Glutsand Nordafrikas, die verzehrende Liebe der Gattin umschwärmt die Ruhestätte des Gatten im kalten Norden vor Murmansk – Ströme der Liebe und des Gedenkens fließen hinaus zu euch, ihr toten Kameraden, die wir, die Heimkehrer, neben uns sterben sahen.«; »Die verlassenen und öden Gräber unserer Gefallenen sind darum des aufrichtigen Herzensinteresses unseres gläubigen Volkes sicher.« Die nicht mehr heimkehren … In: *Münchner Katholische Kirchenzeitung. Bistumsblatt der Erzdiözese München-Freising.* 42 06.11.1949 (45), S. 473–474; Sizilien ehrt deutsche Gefallene. In: *Oberbayerisches Volksblatt* 31.10.1951, S. 5; Dr. Adlmaier: In Memoriam! In: *Rosenheimer Tagblatt Wendelstein* 31.10.1949 (14).
833 Allerheiligen auf dem Friedhof. In: *Oberbayerisches Volksblatt* 02.11.1945, S. 3; Wo Freund und Feind in Frieden ruhen. In: *Oberbayerisches Volksblatt* 31.10.1951.
834 Schulz (26.10.1947): Anfrage Grabpflege Helmuth S., StARo 061-4/1; R. (07.11.1951): Ruhestätte Bruno R., StARo 061-4/1; Friedhofsverwaltung

2.2.3 Volkstrauertag am Gefallenendenkmal

Seit der bundesweiten Einführung 1952 beging man auch in Rosenheim wieder alljährlich im November den Volkstrauertag. Die offizielle Feier der Stadt Rosenheim teilte sich in zwei Veranstaltungen: Zuerst wurde, an jährlich wechselnden Orten, eine Feierstunde mit Ansprachen, Liedvorträgen und Gebeten abgehalten. Anschließend setzte sich ein Trauermarsch in Richtung des Gefallenendenkmals von 1923 in Bewegung, wo zur Begleitung des »Kameradenliedes« die Kränze niedergelegt wurden.[835] Das Gefallenendenkmal verband als Artefakt das Totengedenken der Nationalsozialisten mit den Zeremonien in der Nachkriegszeit, und das nicht nur in räumlicher, sondern auch performativer Hinsicht, denn an demselben Denkmal hatten die Nationalsozialisten im Frühjahr den »Heldengedenktag« mit Märschen und einer Kranzniederlegung gefeiert.[836]

Wenngleich die Intention des Volkstrauertages nicht mehr die heroische Verklärung der Gefallenen war, sondern aller Kriegsopfer gedacht werden sollte, war doch weiterhin das Gefallenendenkmal an der Loretokirche, das den »Helden« des »Vaterlandes« gewidmet war, der Ort des kollektiven Gedenkens in Rosenheim. In

---

Rosenheim (26.11.1951): Ausschmückung des Kriegergrabes Bruno R. am Totensonntag, StARo 061-4/1.
835 Vgl. Der Volkstrauertag in Rosenheim. In: *Oberbayerisches Volksblatt* 14.11.1953 (156), S. 4; Der Volkstrauertag in Rosenheim. In: *Oberbayerisches Volksblatt* 16.11.1953, S. 4; Tag der Opfer des Krieges. In: *Oberbayerisches Volksblatt* 15.11.1954 (263), S. 4; Die Toten mahnen zum Frieden. In: *Oberbayerisches Volksblatt* 14.11.1955 (262); Den Toten zum Gedächtnis – den Lebenden zur Mahnung. In: *Oberbayerisches Volksblatt* 19.11.1956 (267); Zum Gedächtnis der Gefallenen. In: *Oberbayerisches Volksblatt* 18.11.1957; Aus der Vergangenheit die Nutzanwendung ziehen. In: *Oberbayerisches Volksblatt* 17.11.1958; Gedächtnis und Gelöbnis zugleich. In: *Oberbayerisches Volksblatt* 16.11.1959 (264); Frieden ist das Vermächtnis der Toten. In: *Oberbayerisches Volksblatt* 14.11.1960.
836 Wehrmachtstandortbereichführer Rosenheim: Ablauf des Heldengedenktages 1944 in Rosenheim, StARo I A 01 082; Heldengedenktag 1945 in Rosenheim. In: *Rosenheimer Anzeiger* 12.03.1945 (60).

der Denkmals-Debatte von 1949 waren sich alle Akteure einig gewesen, dass ein neues Denkmal keineswegs in der althergebrachten militaristischen oder heroisierenden Form gebaut werden dürfe. Gleichzeitig übernahmen die Rosenheimer Akteure Elemente der Performanz des Volkstrauertages von den Heldenfeiern der Nationalsozialisten, wie den Ort der Kranzniederlegung und das begleitende »Kameradenlied«. Diese Kontinuität der rituellen Handlungen thematisierten die Rosenheimer Akteure nicht.

Das kollektive Gedenken am Volkstrauertag war vor der Errichtung eines neuen Mahnmales in Rosenheim also eine ambivalente Veranstaltung. Während die Redner zum Frieden mahnten und um alle Kriegsopfer trauerten[837], taten sie dies in den Formen und an dem Ort der nationalsozialistischen Heldenfeiern.

2.3 Die Kriegsgräberstätte auf dem Städtischen Friedhof

2.3.1 Ein neuer Anlauf

Mit der Gründung des »Verein[es] zur Förderung und Errichtung eines Kriegsopfermales in Rosenheim« durch den Oberbürgermeister[838] war der Denkmalbau ein offizielles Projekt der Stadtverwaltung geworden. Der neue Förderverein setzte sich nicht nur aus den ursprünglichen Akteuren zusammen, er behielt auch das ursprüngliche Gestaltungskonzept bei.[839] So betonte er in einem

---

837 Die Toten mahnen zum Frieden. In: *Oberbayerisches Volksblatt* 14.11.1955 (262); Den Toten zum Gedächtnis – den Lebenden zur Mahnung. In: *Oberbayerisches Volksblatt* 19.11.1956 (267); Zum Gedächtnis der Gefallenen. In: *Oberbayerisches Volksblatt* 18.11.1957; Aus der Vergangenheit die Nutzanwendung ziehen. In: *Oberbayerisches Volksblatt* 17.11.1958; Gedächtnis und Gelöbnis zugleich. In: *Oberbayerisches Volksblatt* 16.11.1959 (264); Frieden ist das Vermächtnis der Toten. In: *Oberbayerisches Volksblatt* 14.11.1960.
838 Stadtverwaltung Rosenheim (15.02.1950): Rückbericht an die Regierung von Oberbayern, StARo VI D 2 Nr. 18.
839 Stadtverwaltung Rosenheim (15.02.1950): Rückbericht an die Regierung von Oberbayern, StARo VI D 2 Nr. 18.

Bericht an die Regierung von Oberbayern im Jahr 1950, dass das Denkmal »weit mehr als ein bloßes Erinnerungszeichen sein« solle, es solle »sich bewusst von althergebrachten Kriegerdenkmälern unterscheiden«[840].

In den folgenden Jahren stagnierte das Projekt.[841] Wiederholt appellierte der Krieger- und Veteranenverein Rosenheim öffentlich an die Stadtverwaltung, dass es Zeit sei, den Gefallenen des Zweiten Weltkrieges ein Denkmal zu widmen.[842] Obwohl der Verein sich nicht an der Finanzierung beteiligte, war die Rosenheimer Veteranenvereinigung ein sehr präsenter Akteur, der sich ausdauernd darum bemühte, die Anerkennung der Gefallenen im öffentliche Raum voranzutreiben. Erst 1956 wieder mahnte die CSU-Fraktion an, die Kriegsgräber im Städtischen Friedhof neu zu gestalten und besser zu pflegen. Auf diesen Impuls hin empfahl der Stadtkämmerer, einen separaten Ehrenfriedhof anzulegen. Er hätte bereits einen entsprechenden Haushaltsposten eingestellt, darüber hinaus seien Zuschüsse der Landesregierung zur Finanzierung zu erwarten.[843] Angesichts dieser günstigen Finanzierungsmöglichkeiten beschloss der Stadtrat, einen neuen Kriegerfriedhof auf dem Grund des Städtischen Friedhofes anlegen zu lassen. Nachdem es seit 1948 gelungen war, die vordringlichsten Nöte der Nachkriegszeit in Rosenheim zu lindern[844], und die Stadt inzwischen wieder ein prosperierendes Zentrum Südostbayerns war, schien der Zeit-

---

840 Stadtverwaltung Rosenheim (15.02.1950): Rückbericht an die Regierung von Oberbayern, StARo VI D 2 Nr. 18.
841 Weder in den Stadtratsprotokollen noch in der lokalen Berichterstattung findet es Erwähnung.
842 Rosenheim hat noch kein Kriegsopfermal. In: *Oberbayerisches Volksblatt* 15.04.1958 (86); Kriegsopfermal. In: *Oberbayerisches Volksblatt* 09.01.1959 (6); Gegen jede Verzögerung. In: *Oberbayerisches Volksblatt* 12.04.1960 (86).
843 Kriegergräber. In: *Oberbayerisches Volksblatt* 25.07.1956 (169).
844 So wurde beispielsweise die Wohnungsnot, 1948 noch eklatant, behoben, neue Siedlungen wurden errichtet: Seelsorgsberichte Dekanat Rosenheim. Kastenau 1961/63 SSB 487; Mair (2001): ROSENHEIM 1950ER. Die Heimatvertriebenen trugen maßgeblich zum wirtschaftlichen Aufschwung Rosenheims bei, so Brandau (1996): AUFBAULEISTUNG und Kaiser (1996): ROSENHEIM.

punkt günstig. Die Ankündigung der ersten Initiative hatte 1948 eine öffentliche Debatte angeregt, sowohl Unterstützer als auch Gegner des Projektes meldeten sich zu Wort. Acht Jahre später gab es keine Diskussion.[845] 1959 kooperierte die Stadt Rosenheim mit zwei erfahrenen und finanzkräftigen Partnern, um den neuen Ehrenfriedhof zu verwirklichen. Der Freistaat Bayern unterstützte die neue Kriegsgräberstätte finanziell, der Landesverband des Volksbundes übernahm als Bauherr den Entwurf des Monuments und organisierte die Umbettungen der Toten. Für die Kosten der Umbettungen und der Planierungsarbeiten kam die Stadt Rosenheim auf.[846] Im Herbst 1959 begannen die Bauarbeiten auf dem Städtischen Friedhof: 283 Kriegstote wurden innerhalb des Rosenheimer Friedhofes umgebettet. Weitere 243 Gefallene, die in umliegenden Gemeinden bestattet waren, überführte der Volksbund nach Rosenheim.[847] Im Mai 1961 übergab der VDK in einer Zeremonie die Kriegsgräberstätte in die Verantwortung der Stadt Rosenheim.

2.3.2 »Weit mehr als ein bloßes Erinnerungszeichen« – Die Anlage

»Weit mehr als ein bloßes Erinnerungszeichen« sollte das neue Kriegsopfermal in Rosenheim sein, es sollte »an den Frieden mahnen und sich bewusst von den althergebrachten Kriegerdenkmälern unterscheiden«.[848] Letzteres war der immer noch gültigen Anordnung der Militärregierung von 1946 geschuldet, die jeglichen

---

845 Eine würdige Stätte für die toten Krieger. In: *Oberbayerisches Volksblatt* 02.02.1960 (2).
846 Gruber: Rosenheim gab 527 Kriegstoten Heimrecht in geweihter Erde. In: *Mitteilungen und Berichte. Volksbund Dt. Kriegsgräberfürsorge e.V. Landesverband Bayern* (1/1961), S. 20–25, S. 23.
847 Gruber: Rosenheim gab 527 Kriegstoten Heimrecht in geweihter Erde. In: *Mitteilungen und Berichte. Volksbund Dt. Kriegsgräberfürsorge e.V. Landesverband Bayern* (1/1961), S. 20–25, S. 23.
848 Dies war die Intention der Vertreter der Stadt Rosenheim: Stadtverwaltung Rosenheim (15.02.1950): Rückbericht an die Regierung von Oberbayern, StARo VI D 2 Nr. 18.

Militarismus und Verherrlichung von Krieg und Nationalsozialismus an Denkmälern verbot.[849] Doch nicht nur diesem Anspruch musste das neue Denkmal genügen. Mit dem Zweiten Weltkrieg hatte sich die Zusammensetzung der Rosenheimer Stadtgemeinschaft deutlich verändert. 1954 waren 20% der Gesamtbevölkerung Geflohene und Vertriebene, die zum Teil eine neue Konfession, auf jeden Fall aber unterschiedliche Kriegserfahrungen mit nach Rosenheim gebracht hatten.[850] So, wie die Stadtverwaltung die Neubürger integrieren musste, so sollte das Mahnmal deren Kriegserfahrungen ausdrücken. Max Ramer, ein Entwurfsarchitekt des Volksbundes, gestaltete die Rosenheimer Kriegsgräberstätte im klassischen Stil einer VDK-Anlage als Gräberfeld.[851] In den Jahren von 1959 bis 1961 entstand die Anlage auf der Erweiterungsfläche des Städtischen Friedhofes.[852]

Abb. 7: Die Kriegsgräberstätte auf dem Städtischen Friedhof Rosenheim. Foto: Klaus G. Förg

Von der Aussegnungshalle über eine Wiese kommend gelangt man zum Ehrenfriedhof für die Kriegstoten. Das Gräberfeld ist trapezförmig angelegt, 80 Zentimeter abgesenkt, durch eine niedrige Mauer begrenzt und von einer Hecke umsäumt. Fünf Stufen markieren den Übergang zu einem Raum besonderer Andacht.[853] Links von den Stufen befindet sich auf dem Mäuerchen ein Stahlhelm aus Stein, der auf Eichenlaub liegt.

Diese Reminiszenz an die Symbolwelt des deutschen Heeres verweist zunächst auf den Tod der Soldaten. Durch seine Position, am Eingang der Anlage, wirkt der Stahlhelm allerdings eher als Metapher dafür, dass beim Betreten dieses Ehrenmals alle militärischen Insignien abgelegt werden, da hier nicht nur Gefallener gedacht wird, sondern *aller* Kriegsopfer. Vor dem Gräberfeld versucht die Inschrift einer Stele, dem Kriegstod einen Sinn zu geben: »Aus der Nacht unserer Gräber erwachse als Sinn des Opfers der Friede«. In den sieben Reihen des dahinterliegenden Gräberfeldes sind insgesamt 527 Kriegstote bestattet. Neben deutschen Soldaten sind darunter zivile Opfer des Luftkrieges, ebenso wie ortsfremde Gefallene, Fremd- und Zwangsarbeiter.[854] Auf den quadratischen,

---

849 Kontrollrat 13.05.1946: Direktive Nr. 30: Beseitigung deutscher Denkmäler und Museen militärischen und nationalsozialistischen Charakters. In: R. Hemken (Hg.): Sammlung der vom Alliierten Kontrollrat und der amerikanischen Militärregierung erlassenen Proklamationen, Gesetze, Verordnungen, Befehle und Direktiven. Stuttgart.
850 Zweimal erklang das Lied vom guten Kameraden. In: *Oberbayerisches Volksblatt* 20.11.2967, S. 9. StARo VI B 1 Nr. 42 – Flüchtlingsstatistk.
851 Die Skizzen finden sich im Rosenheimer Stadtarchiv: Ramer (25.05.1959): Pläne für den Heldenfriedhof Rosenheim, StARo 061-4/2. Zur Gestaltung deutscher Soldatenfriedhöfe durch den Volksbund nach dem Ersten Weltkrieg s. Mosse (1993): GEFALLEN, S. 106–111.
852 Ramer (25.05.1959): Pläne für den Heldenfriedhof Rosenheim, StARo 061-4/2.
853 Zum Kriegsopfermal als »sakralem Raum« s. Mosse (1993): GEFALLEN, S. 125.
854 Die alliierten Soldaten, die während des Krieges in Rosenheim verstorben sind und auf dem Friedhof in der Kriegsgefangenenabteilung bestattet wurden, waren bis 1950 bereits alle von ihren Heimatstaaten exhumiert und in das jeweilige Herkunftsland überführt worden. (Kapitel IV. 1.)

Abb. 8: Detailaufnahme des Stahlhelms am Eingang der Kriegsgräberstätte Rosenheim. Foto: Klaus G. Förg

im Boden eingelassenen Steinkreuzen sind jeweils der Name und die Lebensdaten des Toten eingraviert.

Über diesem Gräberfeld stehen drei Hochkreuze, deren höchstes 4,10 Meter misst. Hinter den Kreuzen schließt eine Hecke aus Blutbuchen das Ensemble ab. Wendet man sich nun um, um die Stätte wieder zu verlassen, verweist auf der Rückseite der Stele am Eingang eine Inschrift an die abwesenden, fernen Toten: »Ohne Kreuz/ohne Blume/ruht im Osten der Bruder/Ihn birgt unser Herz«.

Mit den im Boden eingelassenen Kreuzen wird jedes Toten einzeln gedacht – ein Zeichen, dass das einzelne Leben eben doch zähle und individuell erinnernswert sei und nicht in der »Volksgemeinschaft« aufgehe. Diese Form der individuellen Kennzeichnung von

Gräbern kam in den Gedenkstätten des Volksbundes erst seit 1959, nach dem Tod des Architekten Robert Tischler, zum Tragen. Zuvor erinnerten auch nach 1945 Heldenhaine mit Symbolkreuzen an das Kollektiv der Gefallenen. Erst auf den Druck der Angehörigen, die sich ein individuell gekennzeichnetes Grab wünschten, und angesichts der drohenden Unglaubwürdigkeit einer Mahnung zum Frieden, die in den gleichen Formen wie im Nationalsozialismus artikuliert wurde, ließ sich der Volksbund von einer neuen Form der Kriegsgräberstätte überzeugen.[855]

Trotz der personalisierten Namenskreuze wohnte jedoch auch diesem Totengedenken ein überindividueller Aspekt inne, auf dem der Volksbund beharrte. Es war den Angehörigen ein wichtiges Anliegen, die Gräber nicht nur zu Feiertagen mit Blumen oder Kränzen zu schmücken, sondern ihnen eine persönliche, unverkennbare Note zu verleihen und sie damit aus dem militärisch gleichförmigen Kollektiv abzusetzen.[856] Eine Individualisierung der Grabsteine, wie etwa dauerhafte Bepflanzungen oder eine eigene Grabplatte, war den Hinterbliebenen jedoch untersagt. Die Friedhofsverwaltung führte als Argument an, dass »[...] eine individuelle Grabplatte das Gesamtbild des Kriegerfriedhofes stark beeinträchtig[en]«[857] würde. Zwar drückten die individuellen Grabsteine die Bedeutung des einzelnen Menschenlebens aus – individualisiert sollten sie jedoch nicht werden. Gleichzeitig lässt

---

855 Vgl. Lurz (1987): KRIEGERDENKMÄLER/6, S. 159.
856 Dies belegen zahlreiche Briefe von Angehörigen an den VDK und die Friedhofsverwaltung Rosenheim. Ablehnend schreibt die Rosenheimer Friedhofsverwaltung beispielsweise an Mary S.: »Leider kann Ihrer Bitte, eine mit dem Namen des Gefallenen versehene Platte in ungefähr der Größe von 35x30 cm in schwarzem Marmor oder Granit auf das Grab zu legen, nicht entsprochen werden. Auf den Gräbern des Kriegerfriedhofes ist jede Anbringung von Gedenktafeln etc. untersagt. Durch eine derartige Möglichkeit würde das Gesamtbild des Kriegerfriedhofes stark beeinträchtigt werden.« Friedhofsverwaltung Rosenheim (20.12.1950): Antwort an Mary S., StARo 061-4/1.
857 Friedhofsverwaltung Rosenheim (20.12.1950): Antwort an Mary S., StARo 061-4/1.

sich mit dem »symbolischen Ausdruck der Kameradschaft«[858] eine Kontinuität zum Heldenkult der Nazis erkennen. Mit dem namentlich gekennzeichneten Grabstein, der die reale Grablage markierte, hatten die Hinterbliebenen zumindest einen konkreten Ort für ihre Erinnerung und ihre Trauer.

Für die Angehörigen, die den Krieg selbst erlebt und Familienmitglieder verloren hatten, war der Rosenheimer Ehrenfriedhof weit mehr als ein Monument symbolischer Politik und städtischer Identitätsstiftung. Er war auch ein Raum individueller Trauer und des persönlichen Abschiednehmens nach einer einschneidenden Verlusterfahrung. Dies zeigt vor allem die große Zahl der Hinterbliebenen, die 1961 zur Einweihung der Kriegsgräberstätte die oftmals weite Reise nach Rosenheim antraten und 16 Jahre nach Kriegsende zum ersten Mal am Grab ihrer Angehörigen standen.[859]

Die Rosenheimer Kriegsgräberstätte barg viele Leichname ortsfremder Kriegstoter. Die Gefallenen, die aus Rosenheim stammten, waren jedoch nicht hier, sondern vor allem an der Ostfront bestattet worden.[860] Ihren Angehörigen sollte der Findling mit dem Motto »Ohne Kreuz/ohne Blume/ruht im Osten der Bruder ...« Trost spenden und als symbolisches Grab dienen. Ein Rosenheimer, der während des Krieges in Gießen beerdigt worden war, wurde für die Anlage des Kriegerfriedhofes

---

858 Mosse (1993): GEFALLEN, S. 106.
859 Der Volksbund organisierte und subventionierte den Besuch der Angehörigen zur Einweihungsfeier. Dr. Steinbeißer (26.04.1961): Ablaufplan Einweihung der Kriegsgräberstätte Rosenheim, StARo 061-4/2 Einweihung des Kriegsopfermals.
860 Aufgrund des Ost-West-Konfliktes nach Kriegsende bestand kein Abkommen zwischen der Sowjetunion und der BRD hinsichtlich der Kriegsgräber, sodass die an der Ostfront bestatteten Soldaten nicht exhumiert und überführt werden konnten. Da der größte Anteil der Gefallenen, die ihren letzten Wohnsitz in Rosenheim hatten, an der Ostfront gefallen waren, kann man davon ausgehen, dass der Großteil der Rosenheimer Familien mit dem Phänomen des »fernen Grabes« konfrontiert war.

»heimgeholt«.[861] Stellvertretend für die vielen Rosenheimer Soldaten, die nicht identifiziert oder nicht überführt werden konnten, wurde mit dieser Rückführung eines Toten der Wunsch der Angehörigen berücksichtigt, am konkreten Grab trauern, beziehungsweise der Trauer zumindest einen konkreten Ort zuweisen zu können. Die Erinnerungsakteure betrieben nicht nur Symbolpolitik. Sie waren sich der Bedeutung des Ortes für die Angehörigen der Kriegstoten bewusst und gestalteten den Raum des Erinnerns und Gedenkens entsprechend.

Mit abstrakten Formen und Symbolen sollten die Nachkriegsdenkmäler offen sein für verschiedene Deutungsmöglichkeiten.[862] Symbolisch sind die drei Hochkreuze eine Absage an den Militarismus. Der einzige symbolische Verweis auf das Militär und das soldatische Sterben ist in diesem Ensemble der Stahlhelm, der am Eingang der Grabstätte jedoch am Boden abgelegt wurde.

2.4 Die Einweihungsfeier (1961)

Denkmäler sind Orte sozialer Praktiken.[863] Neben der Entstehungsgeschichte ist es die rituelle Nutzung durch Kollektive und die Aneignung Einzelner, in denen die Bedeutung der Monumente sichtbar wird, die Denkmäler zum Leben erwachen.

In Enthüllungs- und Einweihungsfeierlichkeiten verdichtete sich das Erinnerungsnarrativ, das die Akteure mit dem jeweiligen Denkmal transportieren wollten.[864] Unabhängig von einem bestimmten Feiertag kamen zu diesem Anlass Repräsentanten von Staat, Stadt, Kirche, Militär und Kriegsopfervereinigungen sowie Hinterbliebene zusammen und hielten Reden, führten kollektive

---

861 Gruber: Rosenheim gab 527 Kriegstoten Heimrecht in geweihter Erde. In: *Mitteilungen und Berichte. Volksbund Dt. Kriegsgräberfürsorge e.V. Landesverband Bayern* (1/1961), S. 20–25, S. 23.
862 Young (1997): Formen, S. 39–40.
863 Vgl. Young (1997): Formen, S. 43; Goebel (2007): Medieval memory, S. 5; Winter (1995): Sites, S. 50.
864 Probst (1986): Kriegerdenkmal; Stoffels (2011): Kriegerdenkmale.

Rituale auf. Die Gedenkrhetorik und die Performanz des Gedenkens stellen dar, welcher Opfer gedacht werden soll und wie der Kriegstod in ein höheres Sinnstiftungsangebot integriert wird. Sie verdeutlicht, welche Erzählmuster sich eine Erinnerungsgemeinschaft aneignet, um das traumatische Kriegserlebnis in eine geordnete Erzählung zu überführen und damit das Unaussprechliche sagbar zu machen.[865]

Die Sprache des Gedenkens wich nach 1945 signifikant von der Heldenrhetorik der Nationalsozialisten ab. Ohne einen expliziten sprachlichen Verweis zeigen Rituale, welche Traditionslinien die Gedenkakteure begründen oder festigen wollen. In den Ritualen lassen sich deutlicher Kontinuitätslinien und Brüche zum kollektiven Gedenken der Kriegsgemeinschaft ausmachen. Im Nachfolgenden werden zunächst die Reden der Geistlichen und des Stadtoberhauptes daraufhin untersucht, in welchen Sprachmustern über den Zweiten Weltkrieg und seine Folgen gesprochen wurde. Anschließend werden die Inszenierung der gesamten Zeremonie sowie die Aufführung der Rituale untersucht. Zusammenfassend wird die Funktion der Rituale für die Erinnerungsgemeinschaft im Jahr 1961 analysiert.

2.4.1 Ansprachen

In den Reden von Bürgermeister Steinbeißer, den beiden Geistlichen und dem Vertreter der Landesregierung ging es um die Entstehung und die Bedeutung des Denkmals. Die Redner versuchten jedoch auch, dem Sterben im Krieg einen Sinn zu geben, die Hinterbliebenen zu trösten und aus der Vergangenheit Lehren für die Zukunft abzuleiten.

---

865 Zu den Versuchen, sich die Vergangenheit anzueignen, darüber zu sprechen und sie in das Leben nach dem Krieg zu integrieren s. Mosse, George L.: *War Stories*, Berkeley 2001. Mosse stellt die These auf, dass einzelne Narrative es ermöglichten, dass die Deutschen den Zweiten Weltkrieg als Teil ihrer Geschichte annahmen. Indem sie sich gleichzeitig von ihm distanzierten, gelang der Übergang zur Demokratie: S. 3ff.

2.4.1.1 Erinnern als Opfer-Erzählung[866]

Als Vertreter der katholischen Kirche kam es Georg Lipp zu, den Hinterbliebenen Trost zu spenden, indem er den Tod der Kriegsopfer in einen höheren Sinnzusammenhang setzte und an das christliche Trostangebot des Jenseits erinnerte.

Symbolisch stünden die drei Kreuze für die Trias »Glaube, Liebe, Hoffnung«, so Lipp.[867] Der Glaube solle den Hinterbliebenen Trost spenden in der Hoffnung auf ein Wiedersehen mit den Toten und den Gedanken an die Toten erleichtern unter dem Motto »Wer an mich glaubt, der wird nicht verloren sein.«[868] Lipp drückte damit die Hoffnung auf das Leben nach dem Tod aus, und dass auch die Soldaten, die selbst im Krieg getötet hatten, auf dieses Leben nach dem Tod hoffen dürften. Dieses potenzielle Täter-Sein der Betrauerten wurde in keiner der Reden explizit erwähnt. Im ubiquitären Sprechen von dem kollektiven Leiden unter dem Krieg, das alle zu Opfern machte, wurden die individuellen Kriegserfahrungen und damit die verschiedenen Opfergruppen nivelliert. Damit wurden zwar Konflikte innerhalb der Stadtgemeinschaft entschärft, dies geschah jedoch um den Preis der Aufarbeitung der Vergangenheit.

In der Predigt von Georg Lipp kam dabei ein aktives Opferverständnis zum Tragen. Er sprach von »den großen Opfern, die beide Kriege von uns forderten«.[869] Die Trauergemeinschaft konstituierte sich in seiner Predigt nicht als eine viktime Gemeinschaft, wie es die Forschung über die Nachkriegsgesellschaft feststellte,

---

866 Vgl. zu den Rhetoriken der Viktimisierung: Moeller (2006): RHETORICS.
867 Gruber: Rosenheim gab 527 Kriegstoten Heimrecht in geweihter Erde. In: *Mitteilungen und Berichte. Volksbund Dt. Kriegsgräberfürsorge e.V. Landesverband Bayern* (1/1961), S. 20–25, S. 21.
868 Gruber: Rosenheim gab 527 Kriegstoten Heimrecht in geweihter Erde. In: *Mitteilungen und Berichte. Volksbund Dt. Kriegsgräberfürsorge e.V. Landesverband Bayern* (1/1961), S. 20–25, S. 21.
869 Gruber: Rosenheim gab 527 Kriegstoten Heimrecht in geweihter Erde. In: *Mitteilungen und Berichte. Volksbund Dt. Kriegsgräberfürsorge e.V. Landesverband Bayern* (1/1961), S. 20–25, S. 21.

sondern als eine sakrifizielle Gemeinschaft.[870] Aber *wofür* die Gemeinschaft dieses »höchste Opfer« dargebracht hatte, erläuterte er nicht. Mit dem Bibelzitat »Eine größere Liebe hat niemand, als der sein Leben gibt für seine Freunde« (Joh. 15,13)[871], mit dem Jesus vor der Kreuzigung seine Jünger zu trösten suchte, erhob Lipp den Kriegstod auf ein Niveau mit dem Opfertod von Jesus Christus und spendete den Angehörigen Trost. Aber auch dieser Trost erklärte nicht die Bedeutung des Opfers, wofür die Soldaten und Zivilisten gestorben waren.

Zwar schrieb Lipp dem Sterben im Krieg mit dem Opfer für die Gemeinschaft einen höheren Sinn ein. Gleichzeitig verhalf ihm dieses Sinnstiftungsangebot aber dazu, den Grund des Sterbens, nämlich die aktive Teilnahme als Kombattanten im nationalsozialistischen Vernichtungskrieg, zu verschleiern. Die Vagheit des Begriffes »Freunde« in dem zitierten Bibelspruch erlaubte es den Teilnehmern der Feier, diesen Begriff selbst zu füllen, beispielsweise mit abstrakten Kategorien wie »Heimat« oder »Vaterland«, oder aber mit konkreten Bezügen wie den »Kameraden« oder der »Familie«. Immer jedoch sind mit den »Freunden« Verbündete, Gleiche gemeint – während des Krieges waren das im nationalsozialistischen Bezugssystem das »großdeutsche Vaterland« und die »Volksgemeinschaft«. Dem aktiven Opfer für die »Freunde« ist eine Vorstellung implizit, dass die Freunde vor etwas geschützt,

---

870 Zur Verschiebung der Gedenk-Rhetoriken von heroischen zu postheroischen Gemeinschaften: Münkler, Herfried: *Heroische und postheroische Gesellschaften.* In: Spreen, Dierk und von Trotha, Trutz (Hg.): *Krieg und Zivilgesellschaft,* Berlin 2012. Zur Viktimisierung, in einem passiven Sinne, als Strategie der deutschen Nachkriegsgesellschaft: Hallama (2012): Passive Turn; Heer, Hannes: *Vom Verschwinden der Täter,* Berlin 2004; Jureit und Schneider (2010): Opfer; Niven, Bill: *Germans as Victims,* Basingstoke 2006; Moeller (2006): Rhetorics; Behrenbeck, Sabine: *Between Pain and Silence.* In: Bessel, Richard und Schumann, Dirk (Hg.): *Life after Death,* Washington/Cambridge 2003. Zum Trauma als Viktimisierungs-Strategie: Goltermann (2009): Überlebende.

871 Gruber: Rosenheim gab 527 Kriegstoten Heimrecht in geweihter Erde. In: *Mitteilungen und Berichte. Volksbund Dt. Kriegsgräberfürsorge e.V. Landesverband Bayern.* (1/1961), S. 20–25, S. 21.

verteidigt werden müssten. Der Tod der Soldaten wird losgelöst vom Krieg Hitlers, aber wiederum mit dem Eintreten für ein Kollektiv als sakrifizielles Opfer überhöht. Gleichzeitig wurden diejenigen Opfer, die deutsche Soldaten, beziehungsweise das Kollektiv der nationalsozialistischen »Volksgemeinschaft«, verursachten, nicht erwähnt.

Die Rhetorik des Gedenkens, ebenso wie die zuvor analysierte Performanz, blendet diejenigen Opfer aus, die ihr Leben nicht aktiv hingaben: Zivilistinnen und Zivilisten, Zwangsarbeiter, Fremdarbeiterinnen, Kriegsgefangene, alliierte Soldaten, die in den Konzentrationslagern ermordeten Menschen. Indem Lipp die passiven Opfer des Krieges verschwieg und das Sakrifizium der versammelten Erinnerungsgemeinschaft in den Vordergrund stellte, verschwieg er auch den Grund, weshalb Menschen ein Unrecht erlitten hatten und im Krieg gestorben waren. So verharrte die Gedenkgemeinschaft in einem Opferdiskurs, in dem sie sich selbst mit den Opfern identifizieren und von den Tätern schweigen konnte.

2.4.1.2 Erinnerung als städtische Identitätspolitik

Nicht nur einen Trost hinsichtlich der Vergangenheit, sondern eine Lehre für die Gegenwart und Zukunft zog Bürgermeister Steinbeißer aus dem Tod der Kriegsopfer: »Wir haben die Geißel zweier Kriege und die Tyrannei erlebt, wir glaubten, alle Opfer seien umsonst gewesen, aber jetzt wissen wir, dass wir dieses Inferno nur überdauerten, damit sich die Menschheit der ewigen Werte erinnert, damit sie sich bewusst wird, dass das größte Opfer die Hingabe des eigenen Lebens ist und dass aus diesem Opfer die Verpflichtung erwächst, für Frieden und Freiheit zu sorgen.«[872]

Die erste Deutung des Kriegstodes gleicht dem Narrativ, mit dem die katholische Kirche die Bevölkerung nach Kriegsende zu rechristianisieren versuchte, indem sie die Abkehr der Menschen

---

[872] Gruber: Rosenheim gab 527 Kriegstoten Heimrecht in geweihter Erde. In: *Mitteilungen und Berichte. Volksbund Dt. Kriegsgräberfürsorge e.V. Landesverband Bayern* (1/1961), S. 20–25, S. 22.

von Gott für den Kriegsausbruch verantwortlich machte. Geläutert durch die Katastrophe, sollten die Menschen sich nach dem Krieg nun wieder auf die Werte der Kirche besinnen.[873] Metaphern wie die »Geißel« und das »Inferno«, die den Krieg personifizieren, abstrahieren ihn von der Beteiligung konkreter Personen. Damit blendete Steinbeißer aus, dass es konkrete Akteure des Deutschen Reiches waren, die den Krieg geplant, ausgelöst und an der Front gekämpft hatten. Der Kriegstod wurde wiederum als aktiver Opfertod, als Hingabe des eigenen Lebens überhöht. Innerhalb eines sinnstiftenden Systems leitet Steinbeißer aus diesem »größte[n] Opfer« für die Gesellschaft der Überlebenden die Verpflichtung ab, »für Frieden und Freiheit zu sorgen«.

Aus dem Vergangenen eine Legitimation des Gegenwärtigen oder eine Handlungsanleitung für die Zukunft abzuleiten, das ist Geschichtspolitik.[874] »Frieden und Freiheit« waren die Schlagworte, mit denen bundesrepublikanische Politiker bis zum Mauerbau die Wiedervereinigung (»in Frieden und Freiheit«) der beiden deutschen Staaten propagierten.[875] Gleichzeitig legitimierte die Formel, Deutschland müsse nun »für Frieden und Freiheit sorgen«, auch die Wiederbewaffnung der Bundesrepublik.

Nach diesem Exkurs in die Bedeutung des Zweiten Weltkrieges für Deutschland kam Steinbeißer schnell zurück auf die lokale Ebene und erläuterte das Verhältnis der Stadtgemeinschaft zu den hier betrauerten Kriegstoten: »Diese Toten sind jetzt unsere Toten, wir nehmen sie auf und geben ihnen Heimrecht. Auch wenn sie aus fernen Ländern kamen, jetzt gehören sie zu uns.«[876]

---

873 Süß (2011): LUFTKRIEG, S. 518.
874 Nach der Definition von Edgar Wolfrum ist Geschichtspolitik »[...] erstens – ein Handlungs- und Politikfeld, auf dem verschiedene politische Akteure die Vergangenheit mit bestimmten Interessen befrachten und in der Öffentlichkeit um Zustimmung ringen«. Wolfrum (1999): GESCHICHTSPOLITIK, S. 58.
875 Döring-Manteuffel, Anselm: *Die Bundesrepublik Deutschland in der Ära Adenauer*, Darmstadt 1988, S. 22.
876 Gruber: Rosenheim gab 527 Kriegstoten Heimrecht in geweihter Erde. In: *Mitteilungen und Berichte. Volksbund Dt. Kriegsgräberfürsorge e.V. Landesverband Bayern* (1/1961), S. 20–25, S. 22.

Tote, die aus fernen Ländern kamen – das klingt nach Menschen, die auf der Durchreise zufällig in Rosenheim starben. Oberbürgermeister Steinbeißer integrierte mit dieser Formel die »fremden Toten« nicht nur in das Gedächtnis der Stadt, er vereinnahmte sie, um zu zeigen, dass die kommunale Gemeinschaft funktionierte: Sie stellte sich ihrer Verantwortung gegenüber den Kriegsopfern. Allerdings verschweigt auch dieses Narrativ, weshalb diese Toten »aus fernen Ländern kamen« und weshalb sie in Rosenheim gestorben sind: als Kriegsgefangene im Lazarett oder als Zwangsarbeiter, die während der Luftangriffe keinen Platz in den Luftschutzkellern erhielten, weil sie nicht zur »Volksgemeinschaft« gehörten.[877] Diese Information ist dem Gedenken an die Fremden implizit, wird aber nie artikuliert. Ausgesprochen wird hingegen, dass die Stadtgemeinschaft sich seit dem »Dritten Reich« gewandelt hat, und dies auch in ihrer Haltung gegenüber den fremden Toten. Auch diejenigen, die während des Krieges nicht zur »Volksgemeinschaft« zählten, gehörten jetzt, im Tod, zur Stadtgemeinschaft, die sich an ihren Gräbern versammelt hatte.

Mit umarmendem Gestus betonte Steinbeißer hier nicht nur die Zugehörigkeit auch der fremden Toten zur Stadtgemeinschaft, sondern konstruierte auch eine Gleichheit der Kriegsopfer. Diese vermeintliche Gleichheit der Opfer drückt auch die Anordnung der Kreuze und Gräber aus: Ob Zivilistin, unbekannter Soldat, deutscher Soldat oder Zwangsarbeiter – die Grabreihen sind gemischt, und jedes Grab ist mit dem gleichen Grabstein versehen, der nur die Lebensdaten nennt und keinen Hinweis auf den militärischen oder zivilen Status der Toten gibt. »Gleiches Opfer, gleiches Grab«, so formulierte es der Berichterstatter des Volksbundes in dessen Mitgliederzeitschrift.[878] Da hier Täter neben Opfern

---

877 Diem (2005): FREMDARBEIT untersuchte die Fremdarbeiter in Rosenheim.
878 Gruber: Rosenheim gab 527 Kriegstoten Heimrecht in geweihter Erde. In: *Mitteilungen und Berichte. Volksbund Dt. Kriegsgräberfürsorge e.V. Landesverband Bayern* (1/1961), S. 20–25, S. 23. Gruber listet akribisch die toten Soldaten, Luftschutzopfer, Zivilisten, Kinder und Luftschutzhelferinnen auf. Die toten Zwangsarbeiter verschweigt er.

lagen, impliziert diese Aussage, dass alle Kriegstoten Opfer seien. Auf fatale Weise wird die Unterscheidung zwischen aktiven Tätern und passiven Opfern aufgehoben.

Die Gegenwart fremder Toter auf dem Städtischen Friedhof weist über die Opfer-Identität der Stadt hinaus auf das Täter-Sein der Deutschen und damit auch einzelner Rosenheimer.[879] Indem er den Opfern, die die Deutschen selbst verursacht hatten, nun das »Heimrecht« anbot, verwischte Steinbeißer die Tatsache, dass diese Toten nicht durch ein unpersönliches Ereignis getötet wurden, sondern Deutschland für den Krieg verantwortlich war. Nach dem Zweiten Weltkrieg war es hinsichtlich der Deutschen oftmals schwer, eine eindeutige Grenze zwischen Opfern und Tätern zu ziehen, da viele Individuen und Kollektive sowohl Opfer des Krieges wurden, in welchem sie selbst jedoch auch Täter waren. Sich für eine der beiden Identitäten zu entscheiden, lag den politischen Akteuren der Nachkriegszeit näher, als sich dieser Ambivalenz zu stellen, und so wurde der Zweite Weltkrieg in einem kollektiven Opfernarrativ erinnert.[880] Diese Identifikation als Opfer des Krieges erlaubte es auch Rosenheim als Erinnerungsgemeinschaft, das traumatische Kriegserlebnis in eine geordnete, kollektive Erzählung zu überführen und sich nach außen als eine viktime Stadtgemeinschaft zu identifizieren, die sich um alle Kriegsopfer gleichermaßen kümmerte und dadurch ihre konfliktfreie Funktionsfähigkeit präsentierte.

Indem man die deutschen Opfer mit den von Deutschen verursachten Opfern gleichsetzte, glättete man potenzielle Konflikte, denen sich die disparaten kommunalen Gemeinschaften ausgesetzt sahen: Displaced Persons[881] und andere Verfolgte des Naziregimes

---

879 Gregor (2009): TRAUER UND STÄDTISCHE IDENTITÄTSPOLITIK, S. 132 legt diese Herausforderung des Totengedenkens am Beispiel der Stadt Nürnberg dar.
880 Moeller (2006): RHETORICS sieht diese Rhetorik der Viktimisierung als »zentralen Teil der bürgerlichen Kultur der frühen Bundesrepublik«, S. 33.
881 Sowohl die Rosenheimer Polizei als auch die Seelsorger der katholischen Kirche vermerkten nach Kriegsende eine kollektive Furcht der Rosenheimer vor den Displaced Persons, die im Stadtgebiet übergangsweise angesiedelt wurden und denen man unterstellte, sie würden sich an den Rosenheimern

trafen in den Städten auf (ehemalige) Nationalsozialisten, die Bewohner mussten sich den durch Luftangriffe ohnehin mangelhaften Wohnraum mit Vertriebenen und Evakuierten teilen, die noch dazu, meist aus Großstädten kommend, einen vollkommen anderen Lebensstil pflegten, als es die Einwohner der kleinen bayerischen Städte gewohnt waren. Opfer des Krieges zu sein – das war in vielen Städten der kleinste gemeinsame Nenner zwischen Hinterbliebenen deutscher Soldaten, Evakuierten, Heimatvertriebenen, Überlebenden der Schoah.[882] Das gemeinschaftliche Totengedenken eröffnete einer sehr heterogenen Stadtgemeinschaft ein verbindendes Identifikationsangebot, glättete die Ränder zwischen den unterschiedlichen Kriegserfahrungen einzelner Bevölkerungsgruppen und wirkte so identitätsstiftend in einer Zeit des Übergangs und der Neuorientierung.[883]

2.4.1.3 Umschreibungen für den Krieg

Gemeinsam ist allen Reden am 7. Mai 1961, dass der Krieg völlig losgelöst erscheint von Entscheidungen und Handlungen einzelner Menschen. Der, dessen Name nicht genannt werden soll – so geisterte der Krieg durch die Gedenkreden der Nachkriegszeit.

Er war »Geißel«, »Inferno«, »Menschheitskatastrophe« oder »Amoklauf des Hasses«[884]. Eine Geißel ist ein Werkzeug, mit dem Menschen andere Menschen foltern – im Kontext der Denkmälerenthüllung ist nur davon die Rede, dass man gemeinsam die Geißel des Krieges ertragen habe. Das Bild: Die Geißel geht auf die

---

für die Verbrechen der Nationalsozialisten rächen.
882 Zum Opferdiskurs als »kleinster gemeinsamer Nenner« disparater Stadtgemeinschaften s. Gregor (2009): TRAUER UND STÄDTISCHE IDENTITÄTSPOLITIK, S. 134.
883 Zur Funktion der Erinnerung als »Selbstvergewisserung der kommunalen Gemeinschaft im gemeinsamen Willen [...] [zur] Einbeziehung der ›Außenbürger‹« s. Seiderer (2009): WÜRZBURG, S. 148, der das kollektive Gedenken an die Bombardierung Würzburgs analysierte.
884 So der Rosenheimer Oberbürgermeister am Volkstrauertag 1960: Frieden ist das Vermächtnis der Toten. In: *Oberbayerisches Volksblatt*. 106 14.11.1960.

gesamte Stadtgemeinschaft hernieder; der, der sie schwingt, ist nicht im Bild. Eine Abstraktionsebene weiter geht die Bezeichnung als »Inferno«, also der Ort im Jenseits, der den (im Sinne der katholischen Kirche) »Sündern« und »Ungläubigen« reserviert ist: das Höllenfeuer. Im Gegensatz zu einem Folterwerkzeug muss das Inferno nicht von Menschenhand bedient werden, es stammt aus einer Vorstellungswelt, in der das Schicksal der Menschen von höherer Hand gelenkt wird. Die »Menschheitskatastrophe« schließlich macht die Menschen in ihrer Gesamtheit zum Opfer des Krieges. Auch in diesem Bild muss der Krieg etwas Größerem, Mächtigerem als einem Menschen entsprungen sein, um die ganze Menschheit in die Katastrophe zu stürzen. Versucht man schließlich, sich den »Amoklauf des Hasses« konkret vorzustellen, so scheitert man unweigerlich, da dieses Bild eine abstrakte Emotion mit einer konkreten Handlung verbindet.[885]

Solch eloquente Umschreibungen des Krieges tragen dem Umstand Rechnung, dass sich der Zweite Weltkrieg in seinem Ausmaß nicht mehr in bis dahin gültige und vorstellbare Kategorien einordnen ließ.[886] Ein noch stärkerer Ausdruck als »Weltkrieg« musste erfunden werden. Redner nutzten diese Gedenkidiome[887], um den Zweiten Weltkrieg in all seinen Ausprägungen und allen divergierenden individuellen Kriegserfahrungen in eine geordnete kollektive Erzählung zu überführen, die jeden in der Erinnerungsgemeinschaft ansprechen sollte.[888] Gewalterfahrung und Gewaltausübung, Schock, Fronterlebnis, Luftkrieg, Vertreibung – die Vielfältigkeit der Kriegserfahrungen in einer Erzählung zu verarbeiten, mit der sich alle Trauernden identifizieren konnten, schien unmöglich. Deshalb mussten die Redner eine Sprache finden, die alle Facetten des Krieges berücksichtigte und einen kleinsten gemeinsamen

---

[885] Vgl. zur Abwesenheit der Täter in der deutschen Erinnerungskultur nach 1945: Heer (2004): VERSCHWINDEN.
[886] Zur »Sprachlosigkeit angesichts des Krieges« s. Gregor (2009): TRAUER UND STÄDTISCHE IDENTITÄTSPOLITIK, S. 138.
[887] Gregor (2009): TRAUER UND STÄDTISCHE IDENTITÄTSPOLITIK, S. 135.
[888] Gregor (2009): TRAUER UND STÄDTISCHE IDENTITÄTSPOLITIK, S. 133.

Nenner der Kriegserfahrung bereitstellte, um mögliche Konflikte zu unterbinden. Die Frage nach den individuellen Kriegserfahrungen in einer disparaten Gesellschaft umgingen die Redner mit solchen abstrakten Vorstellungen des Krieges. Das Fronterlebnis sprach nur die ehemaligen Soldaten an und eignete sich damit nicht als integrative Erzählung des Krieges für eine heterogene Stadtgemeinschaft.[889] Unter einem »Amoklauf des Hasses« hingegen konnte sich niemand etwas Konkretes vorstellen – gleichzeitig konnte sich jeder sein eigenes Bild machen.

Die sprachliche Überhöhung des Schreckens ging einher mit einer Personifizierung des Krieges, der in den Trauerreden zum autonomen, von Menschen unabhängigen, handelnden Subjekt wurde. Mit dieser Abstraktion konnte sich eine Erinnerungsgemeinschaft von den Tätern des Krieges distanzieren und sich kollektiv als Leidtragende identifizieren. Diese Distanz schien in der Nachkriegszeit nötig, um überhaupt über den Zweiten Weltkrieg sprechen und gleichzeitig ein neues, funktionsfähiges demokratisches Gemeinwesen aufbauen zu können.[890] Gleichzeitig trugen diese Sprechmuster auch zu einer »Dissoziation und Isolierung der Zeit des Nationalsozialismus«[891] bei, wie die Psychologin Barbara Heimannsberg feststellte: Nach 1945 wollten die Deutschen eine nationale Identität konstruieren, ohne sich der Identität als Täter im Nationalsozialismus zu stellen.[892]

2.4.1.4 Versuche der Sinnstiftung

Gleichwohl musste auch diesem »Amoklauf des Hasses« ein Sinn eingeschrieben werden.[893] Die Fragen, wofür Millionen deutscher

---

889 Gregor (2009): TRAUER UND STÄDTISCHE IDENTITÄTSPOLITIK, S. 139.
890 S. auch Gregor (2009): TRAUER UND STÄDTISCHE IDENTITÄTSPOLITIK, S. 135, der für Nürnberg konstatierte, dass systematisch jegliche politische Lesart des Krieges vermieden wurde, damit die Erinnerungsgemeinschaften sich auf den kleinsten gemeinsamen Nenner, das Opfer-Sein, einigen konnten.
891 Heimannsberg (1992): ERINNERUNGSARBEIT, S. 17.
892 Heimannsberg (1992): ERINNERUNGSARBEIT, S. 17.
893 Programmatisch zur Sinnstiftung im politischen Totenkult in Deutschland

Soldaten gestorben waren, für welches höhere Gut sie zu Tätern wurden und Millionen Soldaten und Zivilisten töteten, waren zu komplex, um sie in kollektiven Gedenkveranstaltungen befriedigend zu beantworten und damit eine Basis für das Gedenken der Stadtgemeinschaft zu schaffen. Das Signum des politischen Totenkultes ist, dass der gewaltsame Tod die Existenz der Handlungseinheit legitimiert.[894] Die Handlungseinheit existierte in einer gründlich veränderten Form noch, allerdings nicht mehr als die »Volksgemeinschaft«, mit deren Fortbestehen die Nationalsozialisten den Heldentod gerechtfertigt hatten. Anstelle des Großdeutschen Reiches existierte 1961 die Bundesrepublik Deutschland – doch auch mit ihrer Gründung konnte der Zweite Weltkrieg nicht nachträglich legitimiert werden. Da die sinnstiftenden Bezüge entweder fehlten (der nationalsozialistische Staat) oder nicht mehr politisch akzeptabel waren (der Nationalsozialismus als Weltanschauung, die »Volksgemeinschaft«), dienten die Idiome des kollektiven Gedenkens nach Kriegsende nicht mehr als Legitimations-, sondern vielmehr als Kompensationsstrategie: Der Krieg, das Töten, der Verlust mussten eingeordnet werden, damit die Nachkriegsgesellschaft dieses Trauma überwinden und zu einer neuen Staatsform, einem Leben nach dem Weltkrieg übergehen konnte.[895]

Dietmar Süß legte beispielsweise dar, wie Vertreter der katholischen Kirche den Zweiten Weltkrieg damit erklärten, dass die Menschen sich von Gott abgewandt hätten. Nur mit einer erneuten Hinwendung zu Gott und zur Kirche könne die Menschheit einen neuerlichen Krieg vermeiden. Der Zweite Weltkrieg wurde zum Argument einer Rechristianisierungs-Strategie der Kirche.[896]

---

nach dem Zweiten Weltkrieg: Koselleck (1994): EINLEITUNG; Koselleck (1998): IKONOLOGIE; Koselleck und Jeismann (1994): POLITISCHER TOTENKULT; Assmann, Jan: *Die Lebenden und die Toten*. In: Assmann, Jan; Maciejewski, Franz und Michaels, Axel (Hg.): *Der Abschied von den Toten*, Göttingen 2005.
894 Koselleck (1994): EINLEITUNG, S. 11.
895 Koselleck (1994): EINLEITUNG, S. 20.
896 Süß (2011): LUFTKRIEG, S. 518.

Seelsorgsberichte aus Rosenheimer Pfarreien zeigen, dass diese Interpretation des Krieges als Strafe Gottes auch bei katholischen Pfarrern in der Provinz verbreitet war. Schon während des Krieges äußerten die Verfasser der Seelsorgsberichte ihre Sicht des Krieges als von Gott geschicktes kathartisches Element – das leider nicht wirkte: »Der Krieg macht die Leute nicht besser. Der Hunger auch nicht. Vielleicht muss die Vorsehung noch zur dritten Geißel greifen.«[897] Das Verhalten der Gemeindemitglieder nach dem Zweiten Weltkrieg jedoch enttäuschte die Hoffnungen der Geistlichkeit auf eine tatsächliche »innere Erneuerung«[898] durch den Krieg. 1948 konstatierte der Generalbericht des Dekanats Rosenheim, dass der Krieg die Aufmerksamkeit der Menschen nicht auf Heilsversprechungen im Jenseits, sondern viel eher auf den Genuss des Lebens im Diesseits gelenkt habe.[899] »Geistige Berufe«, der allgemeine »Vergnügungstaumel« der Rosenheimer sowie die »sittliche Gefahr des Bergsports«[900] waren die Konkurrenten der »inneren Erneuerung« und Rechristianisierung. Die Kinder, die in der unmittelbaren Nachkriegszeit groß wurden, schätzten die katholischen Seelsorger in Rosenheim schlichtweg als »heidnische Generation«[901] ein. 1951 schloss der Seelsorger der Pfarrei Christkönig seinen Bericht über das Jahr mit einer Hoffnung, die sich liest wie eine Drohung: »[…] hoffentlich muss Gott nicht noch

---

897 Seelsorgsberichte Dekanat Rosenheim. Christkönig SSB 1944 und 1945 (1944; 1945) EAM SSB 485.
898 Seelsorgsberichte Dekanat Rosenheim. Generalberichte 1946 (1946) EAM SSB 778.
899 Seelsorgsberichte Dekanat Rosenheim. Generalbericht 1948 (1948) EAM SSB 778.
900 Über diese »Übel der Zeit« beklagte sich der Seelsorger der Pfarrei Christkönig 1951: Seelsorgsberichte Dekanat Rosenheim. Christkönig (1951) EAM SSB 485.
901 Seelsorgsberichte Dekanat Rosenheim. Heilig Blut 1962–1963 (1963) SSB 484; siehe auch die Berichte Seelsorgsberichte Dekanat Rosenheim. Heilig Blut 1953 (1953) SSB 484; Seelsorgsberichte Dekanat Rosenheim. Christkönig 1961-1963 SSB 485; Seelsorgsberichte Dekanat Rosenheim. Heilig Blut 1950 (1950) EAM SSB 484.

einmal durch die Not zu ihnen sprechen.«[902] Die Sprecher der katholischen Kirche instrumentalisierten die traumatische Kriegserfahrung also als explizite Warnung vor einem Sittenverfall in der Nachkriegsgesellschaft. Gleichzeitig waren es die Kirchen, die abseits jeglicher Geschichtspolitik dem Massensterben ein Trostangebot entgegensetzen konnten.

Weniger apokalyptisch als die Vertreter der katholischen Kirche, und mit einem gänzlich anderen Impetus, instrumentalisierten die politischen Akteure den Zweiten Weltkrieg. Zur Einweihung des Denkmals konzentrierten sich die Akteure des nationalen wie des lokalen Gedenkens auf das Narrativ, dass der Krieg »zum Frieden mahnen« solle.[903] So folgerte auch der Rosenheimer Bürgermeister 1961 aus dem Opfer der Kriegstoten »[...] die Verpflichtung [...], für Frieden und Freiheit zu sorgen«.[904]

2.4.2 Riten der Einweihungsfeier

Bereits die Inszenierung der Enthüllung und Übergabe des Denkmals im Rahmen einer zeremoniellen Weihe ist eine rituelle Handlung, die sich durch »bestimmte Formen hochgradig formalen, ausdruckskontrollierten zeremonialen Verhaltens«[905] auszeichnet. Die Einweihungsfeier im Mai 1961 vereinte rituelle Handlungen[906] und Abläufe aus dem säkularen, dem religiösen und dem militärischen Bereich.

---

902 Seelsorgsberichte Dekanat Rosenheim. Christkönig (1951) EAM SSB 485.
903 Zu diesem Schluss kommen folgende Lokalstudien, die das kommunale Gedenken an den Luftkrieg untersuchten: Arnold (2007): AIR WAR, S. 146–148 (Magdeburg und Kassel); Thiessen (2007): EINGEBRANNT, S. 126ff. und Thiessen (2007): GEDENKEN, S. 143–152 (beide Hamburg); Seiderer (2009): WÜRZBURG, S. 157–161 (Würzburg).
904 Gruber: Rosenheim gab 527 Kriegstoten Heimrecht in geweihter Erde. In: *Mitteilungen und Berichte. Volksbund Dt. Kriegsgräberfürsorge e.V. Landesverband Bayern* (1/1961), S. 20–25, S. 22.
905 Hahn (1977): RITEN UND ZEREMONIEN, S. 51.
906 Damit sind sprachliche wie nichtsprachliche Äußerungen gemeint, also Lieder und Gebete ebenso wie Prozessionen oder Kranzniederlegungen, etc.

Für die spezifische Inszenierung[907] der Rituale waren als Gestalter der Einweihungsfeier Vertreter der Stadt (Bürgermeister Steinbeißer), der katholischen Kirche (Studienprofessor Georg Lipp) und des Volksbundes (die Landesgeschäftsführer Eugen Rehm und Werner Thallemer) sowie Oberstleutnant a. D. Preuß verantwortlich. Sowohl Bürgermeister Steinbeißer als auch Georg Lipp erfüllten eine doppelte Funktion. Sie vertraten nicht nur die Stadt beziehungsweise die Kirche, sondern hatten auch Ämter innerhalb des Volksbundes inne: Steinbeißer war Orts-, Lipp Kreisvorsitzender des Landesverbandes.[908] Alle Organisatoren kamen aus der gleichen Generation der Kriegsteilnehmer, sodass sie alle einen starken Bezug zum Tod der Soldaten hatten.[909] Die Vertreter der Opfergruppierungen, welche die erste Denkmalsinitiative 1948 allesamt befürwortet hatten, waren weder an den Vorbereitungen noch an der Zeremonie selbst beteiligt.[910] Auf der performativen Ebene offenbart die Inszenierung der Einweihungsfeier, welche Funktionen die Akteure ihr zugedacht hatten.

---

907 Mit Inszenierung ist »ein besonderer Modus der Herstellung von Aufführungen« gemeint; Fischer-Lichte (2003): PERFORMANCE, INSZENIERUNG, RITUAL, S. 36.
908 Volksbund deutsche Kriegsgräberfürsorge/Landesverband Bayern (07.03. 1961): Protokoll der Vorbesprechung zur Einweihung der Kriegsgräberstätte Rosenheim, 061-4/2 Einweihung des Kriegsopfermals.
909 Steinbeißer (*1910) absolvierte seinen Kriegsdienst bei verschiedenen Luftwaffeneinheiten. Von 1940 bis 1943 war der promovierte Jurist als Kriegsrichter an verschiedenen Feldgerichten der Luftwaffe tätig: http://www.stadtarchiv.de/index.php?id=566. Lipp (*1904) war seit 1938 Wehrmachtpfarrer der »Division Edelweiß« der Gebirgstruppe und begleitete diese als Seelsorger auf den Feldzügen nach Polen und Griechenland. Nach dem Krieg erhielt er keine Gemeindepfarrstelle, daher ging er in den Schuldienst und wurde Gymnasialprofessor in Rosenheim: Banse: *Im Schatten des militärischen Erfolgs* (2002).
910 Dies waren die Vereinigung der Heimatvertriebenen, die Vereinigung der Verfolgten des Naziregimes sowie die Pax-Christi-Gruppe. Aus der Überlieferung geht nicht hervor, ob diese Gruppen mit einer Kranzniederlegung aktiv an der Feier partizipierten: Gottes Segen für den neuen Soldatenfriedhof. In: *Oberbayerisches Volksblatt* 08.05.1961; Gruber: Rosenheim gab 527 Kriegstoten Heimrecht in geweihter Erde. In: *Mitteilungen und Berichte. Volksbund Dt. Kriegsgräberfürsorge e.V. Landesverband Bayern* (1/1961), S. 20–25.

2.4.2.1 Gestaltung des Raumes

Einen Kilometer außerhalb des Friedhofes begann das offizielle Zeremoniell: In der Herbststraße formierte sich ein Zug, bestehend aus dem Musikkorps des Bundesgrenzschutzes, Abordnungen von Bundeswehr und Bundesgrenzschutz (BGS), Schützenkompanien und Kriegervereinen. Auf die Musiker folgten jeweils drei Bundeswehrsoldaten und drei BGS-Männer, die Fahnen der alten bayerischen Armee trugen. Im Trauerschritt marschierte der

Abb. 9a: Einmarsch der Abordnungen bei der Einweihungsfeier. StARo NL DIE 1961-687 Heldenfriedhof-Einweihung mit Feldmesse

Zug zum Friedhof, wo sich Ehrenposten der Bundeswehr neben der Gedenkstele aufstellten.

Die Fahnen wurden direkt an den Hochkreuzen platziert. Unter dem Mittelkreuz war ein Altar aufgebaut, neben dem Verbindungsstudenten in Wichs und mit Fahnen Position bezogen. Die übrigen Ehrenkompanien der Gebirgsschützen und Kriegervereine stellten sich außerhalb des Gräberfeldes auf der Wiese auf. Dadurch konnten die Angehörigen unmittelbar an dem jeweiligen Grab ihres Verstorbenen an der Zeremonie teilnehmen.[911]

Abb. 9b: Zwei ehemalige Militärpfarrer weihen die neue Kriegsgräberstätte im Rahmen einer Feldmesse. StARo NL DIE 1961-687 Heldenfriedhof-Einweihung mit Feldmesse

Abb. 9c: Angehörige bei der Einweihung der Kriegsgräberstätte in Rosenheim 1961. StARo NL DIE 1961-687 Heldenfriedhof-Einweihung mit Feldmesse

Die Marschfolge bei Prozessionen und die Aufstellung am Ort einer Feier offenbaren den Charakter der Zeremonie.[912] Die Einweihungsfeier in Rosenheim war demnach geprägt von Abordnungen von BGS, Bundeswehr, Studentenverbindungen und Veteranenvereinen. Über deren reine physische Präsenz hinausgehend erwirkte dies insgesamt eine militärische Inszenierung der Gedenkfeier.

An den Gräbern selbst standen die Angehörigen, insgesamt 350, wie die Zeitschrift des Volksbundes berichtete.[913] Die Hinterbliebenen waren nicht nur Gäste und Zuhörer der Trauerreden, sondern handelnde Subjekte in der Aufführung der Einweihungszeremonie.

---

911 Dr. Steinbeißer (26.04.1961): Ablaufplan Einweihung der Kriegsgräberstätte Rosenheim, StARo 061-4/2 Einweihung des Kriegsopfermals.
912 So die These von Jay Winter: Winter (1995): SITES, S. 96.
913 Gruber: Rosenheim gab 527 Kriegstoten Heimrecht in geweihter Erde. In: *Mitteilungen und Berichte. Volksbund Dt. Kriegsgräberfürsorge e.V. Landesverband Bayern* (1/1961), S. 20–25, S. 21.

Soziale Praktiken[914] gehören zum rituellen Ablauf der Trauerarbeit und repräsentierten die Trauer der Hinterbliebenen. Diese drücken ihre Trauer durch das Tragen spezieller Kleidung, ihre Körperhaltung und Handlungen[915] aus. Fotos der Einweihungszeremonie zeigen, dass die zivilen Teilnehmer alle festliche, dunkle Kleidung als Zeichen der Trauer trugen. Es gehörte zu den allgemein bekannten Verhaltensroutinen im sakralen Raum beziehungsweise bei Anlässen des Totengedenkens, dass die Frauen ihre Köpfe mit Hüten bedeckten, während die Männer ihre Hüte auf dem Friedhof abgenommen hatten.[916] Erst die soziale Praktik der Angehörigen, durch Verhaltensroutinen ihre Trauer zu zeigen, sich das Monument für ihre eigene Trauer also anzueignen, macht das Denkmal zu einem Ort der Trauer.[917] Die Hinterbliebenen verliehen der Zeremonie den Charakter einer Trauerfeier. Durch ihre Rezeption der Reden entstand der soziale Raum, ihre Partizipation an den Ritualen erwirkte deren Bedeutung.

---

914 Andreas Reckwitz definiert soziale Praktiken als »… know-how-abhängige und von einem praktischen ›Verstehen‹ zusammengehaltene Verhaltensroutinen, deren Wissen einerseits in den Körpern der handelnden Subjekte ›inkorporiert‹ ist, die andererseits regelmäßig die Form von routinisierten Beziehungen zwischen Subjekten und von ihnen ›verwendeten‹ materialen Artefakten annehmen.« Reckwitz, Andreas (2003): *Grundelemente einer Theorie sozialer Praktiken. Eine sozialtheoretische Perspektive.* In: *Zeitschrift für Soziologie* 32 (4), S. 282–301. In diesem Falle meint das Know-how, dass es keiner bewussten Überlegung von Seiten der Angehörigen bedarf, um am Grab »Trauer zu tragen«.
915 Vgl. zur Analyse der körperlichen Ausdrucksformen von Trauer Ecker, Gisela: *Trauer zeigen*. In: Ecker, Gisela (Hg.): *Trauer tragen – Trauer zeigen*, München 1999.
916 Eine Ausnahme zu dieser Verhaltensnorm stellen dabei die Kopfbedeckungen dar, die Bestandteil einer Uniform oder Tracht sind.
917 Zum Aneignungskonzept vgl. Deinet, Ulrich; Reutlinger, Christian: *Einführung*. In: Deinet, Ulrich und Reutlinger, Christian (Hg.): *»Aneignung« als Bildungskonzept der Sozialpädagogik*, Wiesbaden 2004, S. 7: »Vielen Teilnehmer/innen erschien das Aneignungskonzept als Möglichkeit, eine Verbindung zwischen Subjekt und Sozialraum herzustellen und damit die rein physische Definition von Räumen (als Ausdehnung auf der Erdoberfläche) zu überwinden: Aneignung steht als Begriff für die subjektive aktive Gestaltung und Veränderung von Räumen und Territorien.«
Natürlich trug die Verortung der Zeremonie im Friedhof, der traditionell ein Ort der Trauer ist, zur individuellen Aneignung bei: Vovelle (1994): FRIEDHOF.

2.4.2.2 Religiöse Rituale

Bereits die Semantik der Bezeichnung »Einweihung« verweist auf den sakralen Charakter der Zeremonie. Hier erteilt ein christlicher Pfarrer dem Friedhof die Weihe.[918] Rituale des Totengedenkens müssen nicht zwangsläufig religiöse Zeremonien sein, doch finden die meisten Bestattungen im religiösen Rahmen statt.[919]

Die Einweihungsfeier wurde als Feldmesse von den beiden ehemaligen Wehrmachtpfarrern[920] Georg Lipp, als katholische Pfarrer, und Heinrich Albert, ein evangelischer Geistlicher, zelebriert. Solche Feldmessen feierten Soldaten seit dem 19. Jahrhundert in Garnisonskirchen. Im Ersten und Zweiten Weltkrieg wurden sie fester Bestandteil von Feierlichkeiten der Truppe während eines Krieges. Klassische Elemente der Feldmesse findet man auch in der Anordnung in Rosenheim, beispielsweise den transportablen Altar, um den herum die Truppenangehörigen standen. Die Feldmesse verband die Gegenwart und die Vergangenheit. Georg Lipp und Heinrich Albert, die beide als Divisionspfarrer selbst in der Etappe und an der Front Feldmessen zelebriert hatten[921], waren in dieser Anordnung ein authentisches Element der reproduzierten Vergangenheit.[922] Indem sie Vergangenheit und Gegenwart in sich vereinten,

---

918 Die Einweihungszeremonie wurde ökumenisch gestaltet von dem katholischen Geistlichen Georg Lipp und dem evangelischen Militäroberpfarrer Heinrich Albert (ehemaliger Divisionspfarrer der 2. Gebirgsdivision).
919 Vgl. dazu auch die Dissertation von Jane Redlin, die die dezidert säkularen Totenfeste der DDR aus ethnologischer Sicht analysierte: Redlin (2009): Säkulare Totenrituale. Alois Hahn wies bereits 1977 darauf hin, dass »Totenzeremonien«[...]sehr wohl säkulare Riten sein [können]«: Hahn (1977): Riten und Zeremonien, S. 71.
920 Gottes Segen für den neuen Soldatenfriedhof. In: *Oberbayerisches Volksblatt* 08.05.1961
921 Sie betreuten gemeinsam die Division »Edelweiß« der Gebirgstruppe, die sie auf den Feldzügen u. a. gegen Polen und in Griechenland begleiteten: Banse: Im Schatten des militärischen Erfolgs.
922 Zum Konzept »Performing the Past« vgl. Winter, Jay: *Introduction*. In: Tilmans, Karin; van Vree, Frank und Winter, Jay (Hg.): *Performing the Past*, Amsterdam 2010.

waren sie das Bindeglied zwischen den Zeiten. Sie verkörperten die Tradition zwischen den Soldaten des Zweiten Weltkrieges und dem im Mai 1961 versammelten Erinnerungskollektiv. Die Geistlichen verbanden Vergangenheit und Gegenwart, Soldaten und Hinterbliebene, sie transportierten als Divisionspfarrer ein militärisches Gedenknarrativ und schrieben dem Gedenken dadurch Bedeutung ein. Darüber hinaus hielten sie als Agenten des Gedenkens das Kollektiv zusammen und waren das Bindeglied zwischen dem statischen Denkmal und dem dynamischen Prozess des Erinnerns.[923] Durch ihre gemeinsame Vergangenheit als Militärpfarrer und die Inszenierung des Gottesdienstes als Feldmesse waren also auch die religiösen Elemente des Zeremoniells militärisch inszeniert.

Auch die musikalische Begleitung des Gottesdienstes stammte aus dem Traditionsbestand des Militärs.[924] Während Georg Lipp die Gräberreihen abschritt und einsegnete, spielte das Musikkorps des BGS den Choral »Ich bete an die Macht der Liebe«, der die Liebe zwischen Gott und den Menschen besingt. Gerhard Tersteegen (1697–1760), ein pietistischer Mystiker und Kirchenlieddichter, verfasste den Text.[925] Friedrich Wilhelm III. bestimmte den Choral zum Nachtgebet seiner Soldaten und überführte ihn damit in das traditionelle Liedgut des preußischen Militärs. Bis heute ist das Lied Bestandteil des Großen Zapfenstreiches.[926] Dieser Choral erweiterte das religiöse Ritual des Gottesdienstes um ein

---

923 Jay Winter analysierte den dynamischen Prozess zwischen den unterschiedlichen Gruppen, die das Gedenkkollektiv formen, als »fictive kinship«, vgl. Winter (1999): KINSHIP und Winter (2006): REMEMBERING, S. 140.
924 Gottes Segen für den neuen Soldatenfriedhof. In: *Oberbayerisches Volksblatt* 08.05.1961.
925 Vgl. zu Tersteegen Reschika, Richard: *Ich will ins Meer der Liebe mich versenken. Die Mystik Gerhard Tersteegens für heute*, München 2013.
926 Zur Geschichte des Chorales und seiner Bedeutung in allgemeinen Trauerzeremonien bzw. militärischen Feiern vgl. Russi, Florian: *Im Zeichen der Trauer*, Weimar 2006, S. 40. Zu Tersteegens pietistischen Kirchenliedern s. Ludewig, Hansgünter: *Gebet und Gotteserfahrung bei Gerhard Tersteegen*, Göttingen 1984; Reschika (2013): TERSTEEGENS MYSTIK. Zum großen Zapfenstreich vgl. die kritische Analyse von Steuten: *Der große Zapfenstreich*. In: *Duisburger Beiträge zur soziologischen Forschung* 1999 (2).

militärisches Element und trug zu einer militärischen Inszenierung der Feier bei. Neben der Wirkung der militärischen Bezüge, die Nicht-Kombattanten beziehungsweise diejenigen, die sich nicht mit den Soldaten oder allgemein dem deutschen Militär identifizierten, vom Ritus ausschlossen, hatte auch die religiöse Zeremonie exkludierenden Charakter. Die Kreuze sowie der katholische und der evangelische Pfarrer bezogen sich allein auf eine christliche Tradition. Nichtchristliche Kriegsopfer repräsentierten diese Riten und Symbole nicht, obwohl doch das Kriegsopfermal ausdrücklich an alle Opfer des Zweiten Weltkrieges erinnern sollte. Die christlichen Bezüge verschließen sich einer Identifikation jüdischer Opfer beziehungsweise deren Hinterbliebener mit dem Gedenken in Rosenheim. Gleichzeitig muss sich auch die hier versammelte Gedenkgemeinschaft, und darüber hinaus die Stadtgemeinschaft, in den gewohnten christlichen Riten nicht mit der Schoah auseinandersetzen. Somit hat das Gedenkritual eine doppelt entlastende Funktion: Weder musste die Gemeinschaft sich Gedanken um die Erfindung neuer Formen des Gedenkens machen, noch mussten die handelnden Subjekte sich mit der deutschen Täter-Identität auseinandersetzen.

2.4.2.3 Säkulare Rituale

Auf die Predigten und die Reden folgte die rituelle Kranzniederlegung. Während Vertreter der Stadt, des Volksbundes, des Freistaates Bayern sowie einzelne Vereine ihre Gebinde vor dem Denkmal ablegten, spielte das Musikkorps des BGS das »Lied vom guten Kameraden«[927]. Bundeswehrsoldaten und die Schützenkompanien schossen dazu Salut.

---

927 Die Geschichte des Liedes lässt sich bis zum Beginn des 19. Jahrhunderts zurückverfolgen: Ludwig Uhland verfasste 1809 den Liedtext, der 1827 von Ferdinand Silcher vertont wurde. Hoffmann von Fallersleben publizierte das Lied 1848 im »Deutschen Volksgesangbuch«: Kaiser (2010): VOLKSTRAUERTAG, S. 82–83.

Das »Lied vom guten Kameraden« offenbart eine Kontinuität des Totengedenkens nach 1945 zum Heldenkult der Nationalsozialisten. Es scheint, als hätten die Akteure sich nicht kritisch mit den Formen und Elementen des Totengedenkens auseinandergesetzt.[928] Als Bestandteil des Rituals schafft das »Kameradenlied« eine verbindende Traditionslinie zwischen den Toten des Zweiten Weltkrieges und den Toten der vorangegangenen Kriege. Das Lied thematisiert lediglich das Sterben eines Soldaten sowie die Trauer seines Kameraden.

Diese Fokussierung auf den Tod der Kameraden kann in doppelter Hinsicht gedeutet werden. Zunächst als integrative Geste, die alle Kriegstoten als Kameraden begreift, gleich welcher Nation sie angehörten oder wie sie umkamen. Eine solche Lesart würde bedeuten, dass nicht nur die Opfer und ihre Kriegserfahrungen nivelliert, sondern dass auch Zwangsarbeiter und zivile Opfer militarisiert würden. In diesem Gestus hatte bereits der nationalsozialistische Heldenkult auch zivile Opfer des Luftkrieges zu aktiven Opfern für die »Volksgemeinschaft« stilisiert.[929] Interpretiert man also das Spielen des »Kameradenliedes« aus dieser egalisierenden Perspektive, so wäre in der umfassenden militärischen

---

928 Peter Reichel bezeichnete die Jahre bis zum Umbruch durch die 68er-Generation als eine »stille Zeit«, in der auch einige Riten des Kriegstotengedenkens nicht hinterfragt werden: Reichel, Peter: *Zwischen Dämonisierung und Verharmlosung.* In: Schildt, Axel (Hg.): *Modernisierung im Wiederaufbau*, Bonn 1993, S. 680.
Die Kontinuitäten zum nationalsozialistischen Heldengedenken ziehen sich bis in die Gegenwart. 2013 wurde bei der Kranzniederlegung das »Kameradenlied« gespielt, anschließend die Bayernhymne und die Nationalhymne gesungen; dadurch erfährt das »Kameradenlied« zusätzlich eine Aufwertung, tatsächlich als »heimliche Nationalhymne« (Oesterle).
929 Vgl. Kapitel III.3 in dieser Arbeit. Dietmar Süß analysiert den Massentod im Luftkrieg als »Chance und Gefahr« für das Regime: Süß (2011): LUFTKRIEG, S. 435. Nicole Kramer untersucht vor allem den Umgang des Regimes mit Zivilistinnen und Luftschutzhelferinnen, die im Luftkrieg umkamen: Kramer, Nicole: *»Kämpfende Mütter« und »gefallene Heldinnen«.* In: Süß, Dietmar (Hg.): *Deutschland im Luftkrieg*, München 2007, S. 95–97 und Kramer (2011): VOLKSGENOSSINNEN, S. 169–172.

Bezeichnung »Kameraden« auch für tote Zivilisten eine weitere Kontinuität zum nationalsozialistischen Totenkult zu sehen. Eine zweite Interpretationsmöglichkeit erscheint jedoch plausibler. So kann das Lied vom heroischen und pflichtbewussten Sterben eines Soldaten als exkludierendes Element der Feier verstanden werden. Denn die Fokussierung auf den sterbenden Soldaten erinnert lediglich an eine spezifische Kriegserfahrung, die der regulären Kombattanten. Alle anderen Opfergruppen schließt dieses Lied aus der Erinnerung aus. Damit nimmt das Ritual des »Kameradenliedes« die integrative Geste der Denkmals-Stifter zurück.

Gleichgültig, ob das Lied nun zivile Opfer militarisieren oder aus dem Gedenken ausgrenzen sollte, erfüllte es eine wichtige Funktion: Gemeinsam mit den Salutschüssen erwirkte das Lied eine militärische Inszenierung des zunächst bürgerlichen Rituals der Kranzniederlegung.[930]

Auf die Kränze der Initiatoren des Denkmals folgten die der Schützenkompanien und Vereine, »nach dem Alphabet«, wie es der Ablaufplan vorsah.[931] Neben den diversen Veteranenverbänden und dem Roten Kreuz legte auch die Hilfsgemeinschaft auf Gegenseitigkeit der ehemaligen Angehörigen der Waffen-SS (HIAG) einen Kranz nieder.[932] 1961 rief dies keinerlei Reaktion in der Bevölkerung, der Stadtpolitik oder in den Medien hervor. Während diese Tradition Jahrzehnte fortgesetzt wurde, artikulierte sich eine Empörung über die aktive Beteiligung der HIAG erst im Jahr 2011. Die Berichterstattung nach dem Volkstrauertag 2011 in München zeigte jedoch, dass auch zwei Generationen, einen Historikerstreit und eine immense wissenschaftliche Bearbeitung

---

930 Vgl. Kaiser (2010): VOLKSTRAUERTAG, S. 310–313 sowie Sörries (2002): KRANZ und Handwörterbuch des deutschen Aberglaubens (1937): KRANZ.
931 Dr. Steinbeißer (26.04.1961): Ablaufplan Einweihung der Kriegsgräberstätte Rosenheim, StARo 061-4/2 Einweihung des Kriegsopfermals.
932 Gruber: Rosenheim gab 527 Kriegstoten Heimrecht in geweihter Erde. In: *Mitteilungen und Berichte. Volksbund Dt. Kriegsgräberfürsorge e.V. Landesverband Bayern* (1/1961), S. 20–25; Gottes Segen für den neuen Soldatenfriedhof. In: *Oberbayerisches Volksblatt* 08.05.1961.

des Zweiten Weltkrieges später revanchistische und rechtsradikale Traditionsverbände entweder nicht als solche erkannt wurden (so die Rechtfertigung des bayerischen Innenministers) oder abseits linker, antifaschistischer Akteure kein Bewusstsein dafür existierte. Offiziere der ehemaligen Waffen-SS hatten die HIAG 1951 gegründet, die in den 1950er-Jahren zu einer Massenorganisation wuchs, der zeitweise bis zu 20.000 Mitglieder angehörten. Ihrem Selbstverständnis nach war sie eine »Selbsthilfeorganisation auf der Basis der Grundsätze der ehemaligen SS«.[933] Nach innen nahm die HIAG vor allem karitative Aufgaben wahr, sie suchte nach Vermissten und kümmerte sich um die Hinterbliebenen der Gefallenen. Nach außen kooperierte die HIAG mit Soldatenbünden und »unterhielt intensive Kontakte zu Politikern aller Parteien«.[934] Durch ihre karitative Ausrichtung und ihre politische Vernetzung war die HIAG in der unmittelbaren Nachkriegszeit in der Öffentlichkeit nicht nur stark präsent, sondern ihre Aktivitäten wurden auch honoriert.[935] Nachdem die Richter im Nürnberger Prozess gegen die Hauptkriegsverbrecher die Waffen-SS als »verbrecherische Organisation«[936] verurteilt hatte, stilisierten sich die ehemaligen Mitglieder der Waffen-SS als »kollektive Opfer alliierter Willkür«.[937]

---

933 Zum sozialen und politischen Selbstverständnis der HIAG s. Wilke (2009): GEISTIGE REGENERATION?, S. 441–445, hier S. 443.
934 Wilke (2009): GEISTIGE REGENERATION?, S. 433.
935 Zu diesem Schluss kommt Wilke (2009): GEISTIGE REGENERATION?, S. 447: »Die Ausrichtung der HIAG auf karitative Aufgaben, wie zum Beispiel Hinterbliebenenversorgung oder Vermisstensuchdienst, war nicht nur politisch unverfänglich und in der Situation der Nachkriegszeit notwendig, sondern wurde auch gesellschaftlich honoriert. Das offensive Bekenntnis der Organisation zur Demokratie und die Konstituierung nach dem Vereinsgesetz trugen darüber hinaus dazu bei, sie der Konspiration unverdächtig erscheinen zu lassen.« Erst Jahrzehnte nach Kriegsende geriet die HIAG in die öffentliche Kritik, wurde als rechtsextrem eingestuft vom Verfassungsschutz beobachtet, bis sich 1992 schließlich der Dachverband auflöste. Einzelne lokale Gruppierungen existieren bis heute.
936 Der Urteilsspruch findet sich in: (2001): HAUPTKRIEGSVERBRECHER, S. 189–414.
937 Wilke (2009): GEISTIGE REGENERATION?, S. 434 und Tauber (1967): EAGLE AND SWASTIKA, S. 332.

Erklärtes Ziel der HIAG war es daher, auf eine Rehabilitierung der Angehörigen der ehemaligen Waffen-SS hinzuwirken: Sie sollten nicht als »verbrecherische Organisation«, sondern als »Soldaten wie andere auch«[938] wahrgenommen und erinnert werden.

Die Kranzniederlegung der HIAG im Rahmen eines offiziellen Gedenkaktes ist als symbolische Politik mit dem Ziel der Anerkennung der ehemaligen Mitglieder der Waffen-SS als »Soldaten wie andere auch« zu betrachten. Werden die verstorbenen Angehörigen der SS im selben Raum und auf dieselbe Art und Weise erinnert wie Wehrmacht-Soldaten, so kommt dies einer symbolischen Gleichsetzung der beiden Truppenteile gleich. Der Kranz der HIAG symbolisiert jedoch vor allem die kollektive ehrende Erinnerung an eine Einheit der SS, die während des Krieges unter anderem Verbrechen gegen die Menschlichkeit verübt hatte und der eine »besondere Rolle bei der Ermordung der Juden eingenommen«[939] hatte.

Der Grund für die militärische Inszenierung der Feier und die Kontinuitäten zum Totengedenken im Nationalsozialismus müssen nicht allein auf die Akteure und deren Biografie als Kriegsteilnehmer zurückgeführt werden. Rituale entlasten die Ausführenden von dem Druck, selbst über eine Ausdrucksform beispielsweise der Trauer oder der gemeinschaftlichen Erinnerung entscheiden zu müssen.[940] Bekannte, eingeübte Rituale des militärischen Totengedenkens erlaubten zunächst, »Handlungen und Gefühle umzustrukturieren«[941] und ihnen im Ritual einen geordneten, gesellschaftlich legitimierten Ausdruck zu geben. Angesichts der unterschiedlichen Opfergruppen auf dem Ehrenfriedhof und der verschiedenen Kriegserfahrungen innerhalb der Stadtgemeinschaft hätte der Bezug auf eine einzige Tradition immer bedeutet, dass

---

938 Wilke (2009): GEISTIGE REGENERATION?, S. 436. Darauf zielte bereits die Verteidigung während des Prozesses in Nürnberg ab. Dieses Image transportierten auch Publikationen von ehemaligen Mitgliedern der Waffen-SS aus der unmittelbaren Nachkriegszeit, wie zum Beispiel Hausser (1956): WAFFEN-SS.
939 (2001): HAUPTKRIEGSVERBRECHER, S.301–307.
940 Hahn (1977): RITEN UND ZEREMONIEN, S. 71.
941 Hahn (1977): RITEN UND ZEREMONIEN, S. 72.

nicht alle Toten gleichermaßen im Ritual repräsentiert wären. So wie militärische Riten den Tod der Soldaten angemessen erinnern, so sind die christlichen Elemente der Feier ein deutlicher Bruch mit dem Nationalsozialismus. Insgesamt fallen jedoch die Dominanz der militärischen Rituale und die militärische Inszenierung der gesamten Feier auf. Vermutlich erschien es den Akteuren logisch, den Kriegstod in den Formen des kriegführenden Militärs zu erinnern und damit auch den Tod der Zivilisten zu überhöhen.[942] Der Blick nach Penzberg zeigt jedoch, wie ein ziviles Totengedenken an die Opfer des Krieges aussehen kann. So wurden dort beispielsweise anstelle militärischer oder religiöser Lieder klassische Trauermärsche gespielt.[943] Diese militärische Inszenierung erfüllte ganz bestimmte Funktionen. Indem die anwesenden Bürger an militärischen Ritualen partizipierten, fand auf der kommunitären Ebene[944] eine Identifikation der Zivilgesellschaft mit dem Militär statt. Gleichzeitig bilden die gemeinsam aufgeführten Rituale die Transformation von der Wehrmacht zur Bundeswehr ab. Die Performanz erwirkt diese neue Ausrichtung der Armee: Im Gegensatz zum »Dritten Reich« sind die Streitkräfte nun ein friedlicher Teil der Gesellschaft, »Bürger in Uniform«.

Rituale heben die Zeitlichkeit auf, sie schaffen Kontinuität. Dadurch tragen sie dazu bei, eine neue mit einer alten Ordnung

---

942 Besonders auffällig ist die Beisetzung des letzten Bürgermeisters von Eger, der 1952 in Rosenheim bestattet wurde. Auch hier wurde das Kameradenlied gesungen und so die Kameradschaft der Heimatvertriebenen symbolisiert. Der Trauerredner sprach sogar davon, dass Janka auf dem »Felde der Heimatarbeit ... gefallen« sei – damit war die Herausgabe einer Heimatzeitschrift gemeint, Janka selbst war nie Soldat. Obwohl sein Tod nicht die Folge einer direkten Kriegseinwirkung war, wird er militärisch erinnert. Vgl. hierzu ausführlicher Kapitel IV.7 in dieser Arbeit.
943 S. Kapitel V.1
944 Zur Klassifikation in kommunitäre, identifikatorische, transformatorische, gedächtnisstiftende, kurativ-philosophische, transzendent-magische und differenzierend bearbeitende Funktionen der Performanz vgl. Wulf, Christoph; Zirfas, Jörg: *Performative Welten*. In: Wulf, Christoph und Zirfas, Jörg (Hg.): *Die Kultur des Rituals*, München 2004, S. 18.

symbolisch zu versöhnen.[945] In diesem Sinne sind die militärischen Rituale, die die Bundeswehr gemeinsam mit den Hinterbliebenen, Veteranen und sonstigen Anwesenden aufführte, als Versöhnung der neuen militärischen Ordnung, der Bundeswehr, mit der alten, der Wehrmacht, zu sehen. Die Performanz der Gedenkgemeinschaft ermöglichte es, eine identitätsstiftende Traditionslinie zwischen der Bundeswehr und der Wehrmacht zu ziehen.[946] Die Partizipation der Zivilistinnen und Zivilisten bedeutete die gesellschaftliche Anerkennung der Bundeswehr als neuer Streitkraft.

Einweihungsfeiern bieten sich besonders für die Analyse kollektiver sozialer Gedenkpraktiken der Generation an, die den Krieg noch erlebt hatte und am Denkmal den persönlichen Verlust betrauerte. Zu dieser Zeit war das Denkmal nicht nur der »Ausgangspunkt für politisches und gesellschaftsorientiertes Handeln«[947], sondern war für die Hinterbliebenen der Ort, an dem sie um ihre Toten trauern konnten.[948] Das Denkmal wurde nicht nur durch die Intentionen der Akteure geformt, erst die Rezeption der Angehörigen, ihre Aneignung und die wiederkehrende Nutzung durch das kollektiv aufgeführte Ritual schuf einen sozialen Raum der Erin-

---

945 Voigt, Rüdiger: *Mythen, Rituale und Symbole in der Politik*. In: Voigt, Rüdiger (Hg.): *Politik der Symbole, Symbole der Politik*, Opladen 1989, S. 12. Als Beispiel führt Voigt den Händedruck Hindenburgs und Hitlers an, der verdeutliche, dass Hindenburg Hitler nun als Reichskanzler anerkenne und er für ihn nicht mehr der »böhmische Gefreite« war.
946 Seit 1982 sind die »Richtlinien zum Traditionsverständnis und zur Traditionspflege in der Bundeswehr« (der sog. »Traditionserlass«) fixiert. Zum Traditionsrepertoire gehören bis heute unter anderem das »Kameradenlied«: »So haben auch der Große Zapfenstreich als Ausdruck des Zusammengehörigkeitsgefühls und das Lied vom guten Kameraden als Abschiedsgruß ebenfalls einen festen Platz in der Traditionspflege.« Bundesministerium der Verteidigung: *Traditionserlass der Bundeswehr*. Online verfügbar unter http://www.bundeswehr.de/portal/a/bwde/!ut/p/c4/RYsxDo-AgDADf4gfo7uYv1K1AhQaCpq3yfXEyt1wuOdhh0PDhhMZnwworb IFn353vkZyaEFsRpMPIJblbrJiouUQaMoc8qglG_u7flKSiKlxlmV4qpIts/, zuletzt aufgerufen am 19.08.2015, § 23.
947 Young (1997): FORMEN, S. 43.
948 Am Denkmal finden soziale Praktiken sowohl des kollektiven wie auch des individuellen Gedenkens statt, vgl. Goebel (2007): MEDIEVAL MEMORY, S. 5.

nerung, des Gedenkens und der Trauer. Durch die Egalisierung der Opfer wurden politische Konflikte im kollektiven Gedenkritual ausgeblendet. Erst dadurch erhielt das kollektive Gedenken eine gemeinschafts- und identitätsstiftende Funktion für die Stadtgemeinschaft. Nicht nur die Reden, auch die Rituale des Gedenkens schwiegen von Feinden, Tätern und Opfern. So schufen die Akteure zwar einen Raum des Gedenkens und der Trauer, der offen war für alle Kriegserfahrungen. Jedoch legten sie auch den Grundstein für ein gemeinschaftliches Gedenken, das sich als kollektive Viktimisierung manifestierte und für die weiteren Jahrzehnte eine Auseinandersetzung mit dem Nationalsozialismus vor Ort sowie der eigenen Täterschaft erschwerte.

2.5 Auseinandersetzungen um das Gedächtnis der Stadt

Eine Gruppe jedoch wollte sich nicht mit dem Mahnmal für alle Opfer der beiden Weltkriege identifizieren. So kam es zu einer Auseinandersetzung über die städtische Erinnerungskultur, die diese bis in die 1980er-Jahre spalten sollte.

2.5.1 »... für ihre größten Opfer ein würdiges Ehrenmal ...«

Der Krieger- und Veteranenverein Rosenheim[949] hatte bereits seit 1955 in regelmäßigen Schreiben an den Stadtrat die Errichtung eines Gefallenendenkmals gefordert.[950] Auch als die Kriegsgräberstätte auf dem Friedhof bereits in der Bauphase war, wirkte der

---

[949] Im Folgenden wird der »Krieger- und Veteranenverein Rosenheim« als »Veteranenverein« abgekürzt. Wenn von »Veteranen« gesprochen wird, so sind damit die organisierten Mitglieder des Vereines gemeint. Zu den Veteranenvereinen als geschichtspolitischen Akteuren der frühen Nachkriegszeit vgl. Schwelling (2004): VETERANENVERBÄNDE.
[950] Rosenheim hat noch kein Kriegerdenkmal. In: *Oberbayerisches Volksblatt* 15.04.1958 (86); Hinterstocker: Leserbrief. In: *Oberbayerisches Volksblatt* 05.04.1960 (Nr. 80).

Verein weiter darauf hin, dass die Stadt Rosenheim ihren Gefallenen ein eigenes Kriegsopfermal errichten sollte. Der Vorsitzende des Vereins, Thomas Hinterstocker, brachte 1960 in einem Leserbrief seine Meinung zum Ausdruck, dass die Bürger Rosenheims es den »[...] gefallenen Heimatsöhnen schuldig [seien], ihnen für ihre größten Opfer ein würdiges Ehrenmal zu setzen«[951].

Der Konflikt um die Form des Gedenkens offenbart die grundlegend verschiedenen Ansichten über den Inhalt des Gedenkens, jeweils der Stadt beziehungsweise der Veteranen. So gründete das Drängen des Veteranenvereines auf einem Wunsch der Veteranen nach der Anerkennung des Opfers, das die Soldaten im Zweiten Weltkrieg gebracht hatten. Mit einem Denkmal zu Ehren der Gefallenen sollte der Einsatz aller Soldaten, auch der überlebenden, gewürdigt werden. Ein Denkmal, das an alle Opfer erinnerte und zum Frieden mahnte, konnte diesem Wunsch nicht entsprechen und wurde vehement abgelehnt. Dieses Verlangen nach einem würdigenden Andenken an die Kombattanten des Krieges zeigt zugleich, dass die Gruppe der Veteranen als Akteur in einer Form des Gedenkens verhaftet war, das in Deutschland nach 1945 nicht mehr zeitgemäß war. So hatte sich das Verständnis des »Opfers« als ein sakrifizielles Opfer der Soldaten gewandelt, hin zu einem viktimen Verständnis von »Opfern«, die unschuldig ihr Leben lassen mussten.[952] Die Veteranen jedoch beharrten auf diesem sakrifiziellen Opferbegriff.

Anfang 1960 sagte die Stadt Rosenheim den Veteranen zu, ein weiteres Kriegsopfermal zu errichten.[953] Obwohl es hauptsächlich von der Stadt Rosenheim finanziert wurde[954] und diese als Träge-

---

951 Hinterstocker: Leserbrief. In: *Oberbayerisches Volksblatt* 05.04.1960 (Nr. 80).
952 Fischer und Münkler unterscheiden zwischen drei Kategorien von Opfern: Fischer, Karsten; Münkler, Herfried (2000), S. 345. Zur Verschiebung in der Semantik des Opferbegriffes, dem von ihnen so bezeichneten »passive turn«, nach 1945 vgl. Fischer, Karsten; Münkler, Herfried (2000), S. 348.
953 Eine würdige Stätte für die toten Krieger. In: *Oberbayerisches Volksblatt* 106 02.02.1960 (2).
954 Der Verein wollte eine Haus- und Straßensammlung durchführen, und sich mit dem erworbenen Geld an der Finanzierung beteiligen: Gegen jede Ver-

rin fungierte, war der Veteranenverein eng in den Planungsprozess eingebunden.[955] Nachdem verschiedene Vorschläge des Vereins abgelehnt werden mussten, einigten sich beide Seiten zu Beginn des Jahres 1960 schließlich darauf, dass das neue Denkmal auf der Wiese gegenüber der Kapuzinerkirche, direkt neben der Friedhofsmauer, errichtet werden sollte.[956] Dieser Ort war zentral in der Stadt gelegen, und dazu nah am Friedhof, der die Soldatengräber barg. Unausgesprochen ging der Veteranenverein davon aus, das neue Denkmal hätte nun höchste Priorität innerhalb der Stadtverwaltung und sei bereits zum 110. Gründungsfest des Vereins im selben Jahr fertig. Unterdessen hatte der Verwaltungssenat der Stadt jedoch beschlossen, zunächst die Errichtung der Kriegsgräberstätte abzuwarten und zu »untersuchen, ob sich in diesem Rahmen das Gedächtnis für die Gefallenen nicht besser manifestieren ließe als mit Hilfe eines Denkmals, wie es vom Veteranenverein gefordert wird«.[957] Der Verein war empört und bezeichnete es in einem Artikel in der Lokalzeitung als »[...] beschämend, dass Rosenheim als Stadt gegenüber kleineren Gemeinden heute noch keines [= Kriegsopfermal; IL] besitze.«[958]

Die Zeit des Konfliktes zwischen der Stadt und dem Veteranenverein fiel in die kurze Zeit, in der SPD-Politiker als Oberbürgermeister die Geschicke der Stadt lenkten.[959] Erst als 1961 mit dem schwer kriegsbeschädigten Sepp Heindl (CSU) nicht nur ein Kriegsteilnehmer, sondern dazu noch ein Mitglied des Veteranenvereines Oberbürgermeister wurde, änderte sich die Haltung der Stadtverwaltung gegenüber dem neuen Denkmal. Vier Monate

---

    zögerung. In: *Oberbayerisches Volksblatt* 106 12.04.1960 (86).
955 Eine würdige Stätte für die toten Krieger. In: *Oberbayerisches Volksblatt* 106 02.02.1960 (2).
956 Eine würdige Stätte für die toten Krieger. In: *Oberbayerisches Volksblatt* 106 02.02.1960 (2).
957 Gegen jede Verzögerung. In: *Oberbayerisches Volksblatt* 106 12.04.1960 (86).
958 Gegen jede Verzögerung. In: *Oberbayerisches Volksblatt* 106 12.04.1960 (86).
959 Dies waren Sepp Sebald (vom 01.05.1958 bis 27.08.1960) und Herbert Springl (vom 06.11.1960 bis 23.03.1961). Sebald verstarb kurz nach Amtsantritt, und Springl musste aufgrund einer Verfehlung zurücktreten.

nach Heindls Amtsantritt beschloss der Stadtrat, gegenüber der Kapuzinerkirche ein Mahnmal zu errichten, das »den Gefallenen würdig ist und dem Ansehen der Stadt gerecht wird«[960], so Heindl wörtlich. Die Stadt stellte 50.000 DM für die Errichtung des Denkmals als Haushaltsposten ein und schrieb einen Wettbewerb zur Gestaltung aus, denn das neue Monument sollte mit den Worten Albert Steinbeißers (CSU) »nicht etwa ein Bauwerk, sondern ein Kunstwerk«[961] werden. Als mit dem Bildhauer Josef Hamberger schließlich im Dezember 1962 der Sieger des Wettbewerbes feststand und die Stadt die Mittel für den Bau freigab, feierte die Lokalpresse den Stadtratsbeschluss als »Weihnachtsgeschenk für die Gefallenen«[962].

Ausschlaggebend dafür, dass eine kleine Gruppe so großen Einfluss auf die Stadtverwaltung ausüben konnte, dass diese schließlich ein teures neues Denkmal schuf, waren 1961 die personellen Verbindungen zwischen den Akteuren. So waren einzelne Stadträte und der Oberbürgermeister gleichzeitig Mitglieder des Veteranenvereines[963] und setzten dessen Interessen in der Stadtpolitik um.

---

[960] Rosenheim bekommt ein neues Kriegerdenkmal. In: *Oberbayerisches Volksblatt* 107 14.10.1961 (236); Das Weihnachtsgeschenk für die Gefallenen. In: *Oberbayerisches Volksblatt* 24.12.1962.

[961] Rosenheim bekommt ein neues Kriegerdenkmal. In: *Oberbayerisches Volksblatt* 107 14.10.1961 (236).

[962] Das Weihnachtsgeschenk für die Gefallenen. In: *Oberbayerisches Volksblatt* 24.12.1962.

[963] Der Vorstand des Vereines formulierte diese Verflechtung öffentlich in der Lokalzeitung: »Wollen wir hoffen, dass durch den persönlichen Einsatz unserer Vereinskameraden Oberbürgermeister Heindl und Bürgermeister Reitter alle Stadträte sich verwenden, dass ein Ehrenmal geschaffen wird, das nicht nur uns Feldzugsteilnehmer, sondern auch die Allgemeinheit der Stadt Rosenheim zufrieden stellen kann und unseren gefallenen Kameraden würdig ist.« Der ganzen Stadt soll es gefallen. In: *Oberbayerisches Volksblatt* 108 19.07.1962 (164).

Abb. 10: Mahnmal Josef Hambergers gegenüber dem Städtischen Friedhof Rosenheim. Foto: Klaus G. Förg

2.5.2 Die Form des neuen Denkmals

Im November 1963 wurde an der Kapuzinerkirche neben dem Friedhof ein Ehrenmal eingeweiht, das nicht den Ruhm, sondern die Trauer in den Mittelpunkt stellen und ebenso wie das Monument auf dem Friedhof zum Frieden mahnen sollte. Einem heroisierenden Gefallenengedenken erteilten die Stadt als Trägerin sowie der ausführende Künstler eine klare Absage.[964]
Der Künstler Josef Hamberger griff die Bildsprache der Nachkriegszeit auf, die in oftmals abstrakten Formen die Trauer über den Tod im Krieg thematisierte: Vor neun Hochkreuzen aus verzinktem und patiniertem Eisen steht eine Plastik, die eine Person mit vor das Gesicht geschlagenen Händen darstellt. Die Hochkreuze sind in drei Gruppen zu je drei Kreuzen angeordnet und stehen symbolisch für den deutsch-französischen Krieg von 1870/71, den Ersten und den Zweiten Weltkrieg. Die »klagende Frau« davor soll auf »die Summe aller Kriege« verweisen: »Tod und Mord, Not und Einsamkeit, endlose Trübsal sind zu Stein geworden.«[965] Am Rande des Ensembles wurde eine Steinplatte mit den Daten der Kriege in den Boden eingelassen, an der bei Gedenkfeierlichkeiten Kränze niedergelegt werden sollten. Der Berichterstatter der lokalen Zeitung lobte das »herbe« Kunstwerk, das sich dem Thema des Kriegstotengedenkens ohne Pathos und Heroisierung stelle und die Betrachter zum Innehalten und Nachdenken anrege.[966]

---

[964] Im Vordergrund steht die Trauer, nicht der Ruhm. In: *Oberbayerisches Volksblatt* 109 15.11.1963 (264).

[965] Im Vordergrund steht die Trauer, nicht der Ruhm. In: *Oberbayerisches Volksblatt* 109 15.11.1963 (264).

[966] Im Vordergrund steht die Trauer, nicht der Ruhm. In: *Oberbayerisches Volksblatt* 109 15.11.1963 (264): »Mit dem Mahnmal an der Kapuzinerkirche, um dessen Aufstellung und Anlage sich vor allem auch Stadtbaurat Stadler sehr bemühte, ist Rosenheim um ein echtes Kunstwerk reicher geworden. Um ein Kunstwerk, das nicht die gefällige Linie sucht, dessen herbe und stellenweise harte Formgebung dem Besucher einiges abverlangt. Dies entspricht dem Thema, das weder pathetisch noch sentimental aufgefasst werden darf, um seinem Ernst gerecht zu werden.«

Die Formgebung zeigt, dass nach 1945 die Trauer die einzige anerkannte Ausdrucksmöglichkeit war, um öffentlich über den Krieg zu sprechen, den Krieg zu erinnern.[967] Nicht mehr Heldentum, Opferbereitschaft und Pflichterfüllung der Soldaten standen im Mittelpunkt der Erinnerung, sondern die bis dahin unvorstellbaren Folgen des Zweiten Weltkrieges. Die Akteure vermuteten wohl bereits, dass die Form und damit die Aussage des Denkmals dem Veteranenverein nicht gefallen würden. In einem Zeitungsbericht, der unmittelbar vor der Einweihung die Idee und die Aussage des Denkmals erläuterte, erklärten sie, dass trotz dieser zivilen Symbolsprache »[...] dem persönlichen Einsatz, der Tapferkeit der Kämpfenden kein Abbruch getan werden«[968] sollte. Das Denkmal solle daran erinnern, dass sich ein »derartiger Völkermord [...] niemals wiederholen« dürfe.[969] Mit Blick auf die Veteranen, auf deren beständigen Druck das Denkmal entstanden war, relativierte der Artikel diesen Verweis auf den »Völkermord« mit der Formulierung »so wenig Schuld der Einzelne daran haben mag«[970]. Diese Einschränkung, die eine individuelle Beteiligung von Rosenheimer Soldaten am nationalsozialistischen Vernichtungskrieg negierte, ermöglichte ein »ehrendes Andenken« an die gefallenen Soldaten, ohne ihre Täterschaft thematisieren zu

---

967 Zur Bedeutung, dass dies hier, wie in vielen anderen Städten auch, in Form eines Frauenkörpers passierte, vgl.: Seifert (2003): KÖRPER: »Obwohl Männern und Frauen im Kriegsgeschehen radikal verschiedene Rollen zugeschrieben werden, scheint die existenzielle und kataklystische Erfahrung des Krieges, scheinen Schmerz, Tod und Verwundung Augenblicke zu sein, in denen die Geschlechterdifferenz keine Rolle (mehr) spielt. Doch dieser Eindruck trügt. Auch in den Momenten des körperlichen Schmerzes und des Sterbens entfalten Geschlechterkonstruktionen ihre Wirksamkeit. Männer und Frauen sterben in Kriegen auf verschiedene Weise, an verschiedenen Orten und werden aus verschiedenen Gründen getötet.« S. 235.
968 Im Vordergrund steht die Trauer, nicht der Ruhm. In: *Oberbayerisches Volksblatt* 109 15.11.1963 (264).
969 Im Vordergrund steht die Trauer, nicht der Ruhm. In: *Oberbayerisches Volksblatt* 109 15.11.1963 (264).
970 Im Vordergrund steht die Trauer, nicht der Ruhm. In: *Oberbayerisches Volksblatt* 109 15.11.1963 (264).

müssen. Gleichzeitig definiert die Form des Denkmales Trauer als weiblich. Dies insinuiert, dass Frauen keine Täterinnen, sondern Opfer waren.[971] »In Nachkriegszeiten werden regelmäßig erhebliche Anstrengungen unternommen, um wieder zu tradierten Geschlechterkonstruktionen zurückzufinden«[972], stellte Ruth Seifert fest. Nicht zuletzt ist auch die Entscheidung der Rosenheimer »Stadtväter«, die Kriegstoten in Form eines gebückten Frauenkörpers zu erinnern, ein Versuch, die Geschlechterkonstruktionen wieder zu ordnen.

2.5.3 Die Einweihung des neuen Denkmals

Am Volkstrauertag 1963 wurde das neue Denkmal der Stadt Rosenheim eingeweiht. Die Lokalpresse berichtete, dass die Bevölkerung zahlreich und mit großem Interesse an der Feier teilgenommen hätte. Der Ablauf erinnerte an die Einweihungsfeier der Kriegsgräberstätte 1961: Ein Zug aus Vertretern der Stadtpolitik, Geistlichkeit, Bundesgrenzschutz, Bundeswehr und Traditionsverbänden marschierte von der Stadtmitte zum Platz vor der Kapuzinerkirche.[973] Dort empfing der Oberbürgermeister, der selbst aufgrund seiner Beinamputation nicht am Marsch teilnahm, die Gruppe.

In seiner Ansprache versicherte der katholische Dekan Josef Krempelsetzer die Erinnerungsgemeinschaft, dass das Wissen vom »Weiterleben der Toten in Christus [...] christlicher Trost und

---

971 Vgl. zu der Verbindung von »gender politics« und Repräsentationen des Todes: Hallam, Elizabeth: *Death and the Transformation of Gender in Image and Text*. In: Field, David (Hg.): *Death, Gender and Ethnicity*, London [u. a.] 1997, v. a. S. 109–115.
972 Seifert (2003): Körper, S. 236. Zu solchen »Remaskulinisierungs«-Bemühungen auf der Ebene der Symbolpolitik s. auch Jeffords, Susan: *The remasculinization of America*, Bloomington 1989.
973 Dieser Marsch war laut Lokalzeitung »bedeutend größer als in den Vorjahren«: Friede ist das Vermächtnis der Toten. In: *Oberbayerisches Volksblatt* 18.11.1963 (266).

Frohbotschaft für die Hinterbliebenen«[974] sei. Der evangelische Dekan Renner konzentrierte sich in seiner Ausführung auf das Konzept der Ehrfurcht. Ehrfurcht müsse die Erinnerungsgemeinschaft vor der »Pflichterfüllung, die den Tod einschließe«[975] haben, aber auch »vor dem Leid der Angehörigen und vor dem Begriff des Opfers«[976]. Der Verweis auf die soldatische Pflichterfüllung findet sich selten in den Predigten und Ansprachen der Geistlichen, vielmehr ist es eine Rechtfertigungsstrategie, die die Traditionsverbände in ihrem Gruppengedächtnis kultivierten. Während das Denkmal den Schwerpunkt auf Leid und Trauer legte, lag Renners Fokus eindeutig auf dem Opfer der Soldaten, das die Gemeinschaft der Überlebenden ehrfurchtsvoll anerkennen müsse. Denn das Opfer, »so schmerzlich es sei, [könne] doch die Krönung des Lebens sein«[977].

Oberbürgermeister Josef Heindl gedachte in seinem Redebeitrag der Toten der Heimat, der KZ-Insassen sowie der Opfer von Flucht und Vertreibung. Wie der Veteranenverein in seinen Forderungen nach einem Denkmal interpretierte auch Heindl das Sterben der Soldaten als ein sakrifizielles Opfer, also als das freiwillige Hingeben des eigenen Lebens. Den Volkstrauertag sah er als Anlass, sich darauf zu besinnen, dass es das Vermächtnis der Toten an die Lebenden sei, dauerhaft den Frieden zu erhalten.[978]

Der Kreisvorsitzende des Verbandes der Kriegsbeschädigten, Willi Hofmann, mahnte ebenfalls, das Opfer der Soldaten ehrfurchtsvoll zu erinnern. In seiner Rede setzte er alle Toten, egal ob sie Opfer oder Täter des Vernichtungskrieges waren,

---

974 Friede ist das Vermächtnis der Toten. In: *Oberbayerisches Volksblatt* 18.11. 1963 (266).
975 Friede ist das Vermächtnis der Toten. In: *Oberbayerisches Volksblatt* 18.11. 1963 (266).
976 Friede ist das Vermächtnis der Toten. In: *Oberbayerisches Volksblatt* 18.11. 1963 (266).
977 Friede ist das Vermächtnis der Toten. In: *Oberbayerisches Volksblatt* 18.11. 1963 (266).
978 Friede ist das Vermächtnis der Toten. In: *Oberbayerisches Volksblatt* 18.11. 1963 (266).

gleich: »belanglos, [...] ob der Einzelne aus Patriotismus oder unter dem Druck der Gesetze in den Krieg gezogen sei, der gewaltsame Tod in der Heimat oder durch politische Verfolgung erlitten worden sei«.[979] In seiner Funktion als VdK-Kreisvorsitzender funktionalisierte er das Opfer der Kriegstoten für seine Forderung nach einer anständigen Entschädigung der Hinterbliebenen und Kriegsversehrten, die »dieses großen Opfers würdig sei«[980].

Auch das Ende der Einweihungszeremonie glich der Feier von 1961. Zu den Klängen des »Kameradenliedes« legten die Repräsentanten von Stadt, Bundeswehr, Vereinen und Traditionsverbänden Kränze am Ehrenmal nieder.

2.5.4 »Die Antennen lehnen wir ab«: Die Spaltung des Totengedenkens

Während des Planungsprozesses hatte die Stadt als Bauträgerin dem Verein den Denkmalentwurf vorgelegt, damit das Kriegsopfermal dem Geschmack der Veteranen entspräche. In seiner Dankesrede bei der Einweihung des Denkmals hatte der Vorstand des Krieger- und Veteranenvereines noch der Stadt für ihr Engagement gedankt und den Künstler gelobt, der »die schwierige Aufgabe mit so viel künstlerischem Geschmack gelöst«[981] hätte. Jedoch zeigte sich in den folgenden Jahren, dass die Veteranen nicht von der Formgebung des Denkmals überzeugt waren und es nicht als Gefallenendenkmal in ihrem Sinne anerkannten.

Seit der Einweihungszeremonie 1963 fand der Rosenheimer Volkstrauertag am neuen Denkmal statt.[982] Das rituelle Gedenken

---

979 Friede ist das Vermächtnis der Toten. In: *Oberbayerisches Volksblatt* 18.11.1963 (266).
980 Friede ist das Vermächtnis der Toten. In: *Oberbayerisches Volksblatt* 18.11.1963 (266).
981 Friede ist das Vermächtnis der Toten. In: *Oberbayerisches Volksblatt* 18.11.1963 (266).
982 1961 und 1962 beging man den Volkstrauertag an der Kriegsgräberstätte des VDK im Städtischen Friedhof: Fackeln und Trommelwirbel am Soldatenfriedhof. In: *Oberbayerisches Volksblatt*. 20.11.1961 (266); Die Gefallenen

wurde in den 1960er-Jahren laut Zeitungsberichten von der Bevölkerung gut besucht. Der Veteranenverein jedoch, auf dessen Engagement hin das Denkmal entstanden war, zeigte bald nach dessen Einweihung sein Missfallen über das Mahnmal, da es auf die Darstellung von »echten Werten«, wie dem Heldentum, verzichtete.[983] Seine ablehnende Haltung führte dazu, dass es zum »jährlichen Dilemma« wurde, wie die Lokalzeitung schrieb, wo der Volkstrauertag begangen werden sollte: am neuen Mahnmal oder an der Kriegsgräberstätte im Friedhof.[984] Indem sich die Organisatoren für das neue Denkmal entschieden, machten sie die Kriegsgräberstätte im Friedhof sukzessive unsichtbar.

In der Frage, wo der Volkstrauertag begangen werden sollte, zeigt sich die unterschiedliche Auffassung der Akteure, wie der Toten gedacht werden solle: trauernd heroisierend. Dabei vergaßen und vermischten die Akteure die jeweils ursprünglichen Intentionen der beiden Mahnmale. Denn die Kriegsgräberstätte war als Mahnmal zum Frieden und zur Erinnerung an alle Kriegsopfer errichtet worden. Ausschlaggebend für den Bau des neuen Monuments hingegen war der Wunsch der Veteranen, die Gefallenen in einem eigenen Denkmal zu würdigen. Die Redner der Einweihungsfeier schrieben dem zweiten Mahnmal jedoch wiederum die Funktion

---

sollen Mahner und Richter sein. In: *Oberbayerisches Volksblatt* 19.11.1962 (267). In den Jahren zuvor fanden die Feierstunden in verschiedenen Sälen statt, anschließend marschierte ein Trauerzug zum Kriegsopfermal, das seit 1923 an der Loretokirche an die Gefallenen erinnerte: Der Volkstrauertag in Rosenheim. In: *Oberbayerisches Volksblatt* 14.11.1953 (156), S. 4; Der Volkstrauertag in Rosenheim. In: *Oberbayerisches Volksblatt* 16.11.1953, S. 4; Den Toten zum Gedächtnis – den Lebenden zur Mahnung. In: *Oberbayerisches Volksblatt* 19.11.1956 (267); Zum Gedächtnis der Gefallenen. In: *Oberbayerisches Volksblatt* 18.11.1957; Aus der Vergangenheit die Nutzanwendung ziehen. In: *Oberbayerisches Volksblatt* 17.11.1958; Gedächtnis und Gelöbnis zugleich. In: *Oberbayerisches Volksblatt* 16.11.1959 (264); Frieden ist das Vermächtnis der Toten. In: *Oberbayerisches Volksblatt* 14.11.1960.
983 Das zwiespältige Totengedenken. In: *Oberbayerisches Volksblatt* 20.11.1967 (277).
984 Das zwiespältige Totengedenken. In: *Oberbayerisches Volksblatt* 20.11.1967 (277).

ein, an alle Opfer zu erinnern und zum Frieden zu mahnen. Damit entsprach es nicht dem Bedürfnis der Veteranen. Diese wichen nun auf eine Gedenkstätte aus, die ursprünglich ein integratives Opferverständnis symbolisierte. In Abgrenzung zu dem zweiten Mahnmal schrieben die Veteranen der Kriegsgräberstätte nun jedoch die Funktion eines Erinnerungsortes für das Heldentum und das Opfer der gefallenen Soldaten ein. Dies zeigt, wie nicht die ursprüngliche Intention der Errichter eines Denkmals, sondern schließlich die rituelle Nutzung und fortwährende Zuschreibung durch die Akteure einem Denkmal seinen Sinn verleiht.

Am Volkstrauertag 1967 zeigte der Veteranenverein seine Ablehnung gegenüber dem neuen Denkmal deutlich. Zwar nahmen die Veteranen an der offiziellen Feierstunde der Stadt Rosenheim teil. Nach dem offiziellen Teil zogen sie jedoch in einem eigenen Trauermarsch, gemeinsam mit Abordnungen von BGS und Bundeswehr, zur Kriegsgräberstätte, um dort zu den Klängen des »Kameradenliedes« ihre eigene Kranzniederlegung zu zelebrieren.[985] Dieses Verhalten, das Etablieren einer »Gegenveranstaltung«, war als Affront gegen die Stadt als Trägerin des Denkmals gedacht und wurde genauso wahrgenommen.

Während der offiziellen Feier appellierte Bürgermeister Miehle an die Veteranen, sie sollten sich nicht über das neue Mahnmal ärgern, das nicht der gewohnten – und überholten – Ästhetik entspreche. Er rief die Erinnerungsgemeinschaft dazu auf, sich in dieses »Spannungsverhältnis zwischen Tradition und dem, was uns dieses Mahnmal zuruft«[986], zu begeben, nämlich die Verantwortung, aus dem Krieg zu lernen und für den Frieden einzutreten. Die Veteranen jedoch hielten an einer überholten Form des Totengedenkens fest, die das Sakrifizium der Gefallenen überhöhte. Als einen »peinlichen Nachgeschmack« bezeichnete es der Kommentar des Oberbayerischen Volksblattes, dass die Rosenheimer

---

985 Zweimal erklang das Lied vom guten Kameraden. In: *Oberbayerisches Volksblatt* 20.11.1967.
986 Das zwiespältige Totengedenken. In: *Oberbayerisches Volksblatt* 20.11.1967 (277).

Stadtgemeinschaft sich nicht einigen könne, an welchem Ort man nun der Kriegstoten gedenken solle.[987] In den 1970er-Jahren bürgerte sich jedoch diese Separation der Erinnerungsgemeinschaft am Volkstrauertag ein.[988]

1977 fand der Volkstrauertag zum ersten Mal wieder an der Kriegsgräberstätte im Friedhof statt. Indem sich die Stadt als Veranstalterin den Wünschen des Veteranenvereins ein weiteres Mal angenähert hatte, kam es zu keiner weiteren Spaltung der Zeremonie. Der Veteranenverein hingegen erinnerte die Stadt in regelmäßigen Abständen daran, dass er das 1963 eingeweihte Denkmal nicht als »Kriegsopfermal« akzeptierte. 1979 brachte Stadtrat und Vereinsmitglied Max Marey wieder einmal die Klage der Veteranen vor, wonach es in Rosenheim kein Kriegsopfermal gäbe.[989] Den Verweis auf die 1963 errichteten Kreuze, die an die Gefallenen erinnern sollten, ließ er nicht gelten: »Die Antennen lehnen wir ab«[990], so Marey. Nachdem die Stadt zwei Mahnmale für die Kriegsopfer errichtet hatte und der Bau des zweiten nur auf die Initiative des Veteranenvereins hin unternommen wurde, ging sie nicht mehr auf dessen neuerliche Forderung nach einem Gefallenendenkmal ein.

1985 erfüllte der Wirtschaftliche Verband Rosenheim (WV), eine private Vereinigung Rosenheimer Geschäftsleute, den Wunsch der Veteranen nach einem expliziten Gefallenendenkmal, indem er das Denkmal für die Toten des Ersten Weltkrieges restaurieren ließ.

Zudem veranlasste der WV, dass in dem Steinrondell ein Eisernes Kreuz und die Namen der 1939 bis 1945 gefallenen Rosenheimer angebracht wurden. Auch die Inschrift wurde erneuert und erinnerte nun an die »Für das Vaterland gefallenen Helden«.

---

987 Das zwiespältige Totengedenken. In: *Oberbayerisches Volksblatt* 20.11.1967 (277).
988 S. hierfür bspw. Volkstrauertag bereits am Samstag? In: *Oberbayerisches Volksblatt* 09.11.1972; »Tag für Tag für den Frieden wirken«. In: *Oberbayerisches Volksblatt* 20.11.1978 (267).
989 Veteranen wollen Denkmal. In: *Oberbayerisches Volksblatt* 28.08.1979 (197).
990 Veteranen wollen Denkmal. In: *Oberbayerisches Volksblatt* 28.08.1979 (197).

Oben: Abb. 11: Loretokapelle mit Gefallenendenkmal.
Foto: Klaus G. Förg

Unten: Abb. 12: Die restaurierte und ergänzte Innenseite des Gefallenendenkmals an der Loretokapelle. Foto: Klaus G. Förg

Sowohl die Symbolik als auch die Sprache sind den Kriegerdenkmälern näher, die nach 1871 beziehungsweise während des und nach dem Ersten Weltkrieg errichtet wurden. Im Gegensatz zu dem geläufigen Trend, die Unvorstellbarkeit des Massensterbens und industriell organisierten Vernichtens in einer neuen Denkmalikonografie auszudrücken, setzt diese Inschrift vom »Heldentod für das Vaterland« den Zweiten Weltkrieg in eine Kontinuitätslinie mit vorangegangenen Kriegen. Im selben Jahr erregte Richard von Weizsäckers Rede zum Kriegsende, in der er den 8. Mai 1945 als Tag der Befreiung bezeichnete, großes Aufsehen – die Auffassung des Kriegsendes und die Sprache der Erinnerungskultur waren schon deutlich fortschrittlicher als die Rosenheimer Veteranen und der Wirtschaftliche Verband.

Als das restaurierte Monument am Vorabend des Volkstrauertages eingeweiht wurde, drückte Bürgermeister Max Marey, inzwischen Vorsitzender des Veteranenvereines, seine Dankbarkeit aus und betonte, dass seine Organisation gerne die Aufgabe übernommen hätte, ein gemeinsames Denkmal für alle Gefallenen in Rosenheim zu schaffen.[991] Tatsächlich hatte sich das Engagement des Vereines weniger konstruktiv lediglich darauf beschränkt, die bestehenden Denkmäler zu kritisieren und zu boykottieren.[992]

2.6 Der Volkstrauertag in Rosenheim bis heute

Erinnerung ist – anders als ein in Stein gehauenes Denkmal suggeriert – nicht statisch, sondern ein dynamischer Prozess. Nach der Intention der Akteure, die das Denkmal errichteten, soll die Analyse der rituellen Nutzung am Volkstrauertag die Bedeutung der Kriegsgräberstätte für das kollektive Gedenken der Stadtgemeinschaft

---

991 Eisernes Kreuz. In: *Oberbayerisches Volksblatt* 18.11.1985 (266).
992 Wijsenbeek (2010): GEGENDENKMAL zeigt Möglichkeiten auf, mit unliebsamen Denkmalen umzugehen, indem Gegendenkmäler errichtet werden. Allerdings geht es hierbei um militaristische oder nationalsozialistische Denkmäler, die nicht entfernt, aber kontextualisiert werden sollen, um zum Nachdenken anzuregen ohne diese Spur der Geschichte zu tilgen.

über die Erlebensgeneration hinaus untersuchen. Dabei müssen neben der Gedenkrhetorik vor allem die Rituale und deren Performanz untersucht werden, denn sie zeigen, ob die Akteure die Formen des Gedenkens reflektierten und gegebenenfalls modifizierten oder ob lediglich überregionale Gedenknarrative in den Reden wiederholt wurden.

2.6.1 Ort

Seit seiner bundesweiten Einführung im Jahr 1952 bis zur Einweihung der Kriegsgräberstätte 1961 hatte der Volkstrauertag in Rosenheim keinen festen Ort. Die offizielle Feierstunde der Stadt fand in jährlich wechselnden Sälen statt, danach setzte sich ein Trauermarsch zum 1923 errichteten Gefallenendenkmal in Bewegung, dort wurden dann die Kränze niedergelegt.[993]

Im November 1961 feierte Rosenheim den Volkstrauertag zum ersten Mal an der neu errichteten Kriegsgräberstätte im Friedhof. Nur sechs Monate nach der feierlichen Einweihung, bei der die Redner betont hatten, das Denkmal solle an alle Opfer erinnern, und die verschiedenen Kriegsopfer, die hier bestattet worden waren, genannt hatten, bezeichneten die Repräsentanten der Stadt, ebenso wie die Medien, die Kriegsgräberstätte als »Soldatenfriedhof«.[994] Diese inoffizielle Umbenennung, die dem Gräberfeld den inklu-

---

993 Vgl. hierzu die Berichterstattung über die Volkstrauertage von 1953 bis einschließlich 1960: Der Volkstrauertag in Rosenheim. In: *Oberbayerisches Volksblatt* 14.11.1953 (156), S. 4; Der Volkstrauertag in Rosenheim. In: *Oberbayerisches Volksblatt* 16.11.1953, S. 4; Tag der Opfer des Krieges. In: *Oberbayerisches Volksblatt* 15.11.1954 (263), S. 4; Die Toten mahnen zum Frieden. In: *Oberbayerisches Volksblatt* 14.11.1955 (262); Den Toten zum Gedächtnis – den Lebenden zur Mahnung. In: *Oberbayerisches Volksblatt* 19.11.1956 (267); Zum Gedächtnis der Gefallenen. In: *Oberbayerisches Volksblatt* 18.11.1957; Aus der Vergangenheit die Nutzanwendung ziehen. In: *Oberbayerisches Volksblatt* 17.11.1958; Gedächtnis und Gelöbnis zugleich. In: *Oberbayerisches Volksblatt* 16.11.1959 (264); Frieden ist das Vermächtnis der Toten. In: *Oberbayerisches Volksblatt* 14.11.1960.
994 Fackeln und Trommelwirbel am Soldatenfriedhof. In: *Oberbayerisches Volksblatt* 107 20.11.1961 (266).

dierenden Charakter nahm und ein ausschließliches Gefallenengedenken evozierte, sollte sich schnell durchsetzen. Bis heute wird nur noch vom »Soldatenfriedhof« oder den »Soldatengräbern« gesprochen.[995]

Nachdem der Rosenheimer Veteranenverein nachdrücklich und ausdauernd ein neues Gefallenendenkmal von der Stadt gefordert hatte, wurde dies 1963 neben dem Friedhof eingeweiht.[996] Bis 1976[997] beging die Stadt Rosenheim hier den Volkstrauertag. Die Veteranen jedoch lehnten recht bald auch dieses Denkmal aufgrund seines umfassenden Opferverständnisses ab. Infolgedessen kam es zu einer Spaltung des Volkstrauertags. Während die Repräsentanten der Stadt und einzelner Vereine ihre Kränze im Rahmen der offiziellen Feier an diesem neuen Denkmal niederlegten, marschierte der Veteranenverein in den Friedhof, um dort an den Kreuzen der Kriegsgräberstätte seinen Kranz niederzulegen.[998]

Paradoxerweise gedachte der Veteranenverein seiner Gefallenen nun an ebenjenem Denkmal, welches ihm bei seiner Errichtung als Kriegsopfermal nicht genügt hatte. Mit seiner Abspaltung vom offiziellen Gedenken der Stadt Rosenheim sorgte der Veteranenverein dafür, dass das Denkmal innerhalb der Friedhofsmauern endgültig militärisch umcodiert und als Soldatenfriedhof wahrgenommen wurde.

---

995 Oberbürgermeister der Stadt Rosenheim (20.10.1982): Einladung zum Volkstrauertag, StARo/Sammlungen zur Zeitgeschichte: Volkstrauertag; Oberbürgermeisterin der Stadt Rosenheim (November 2013): Einladung zu den Gedenkfeiern am Volkstrauertag 2013, Schriftstück im Besitz der Verfasserin.
996 S. Kapitel V. 2.5.
997 1977 berichtet die Lokalzeitung, dass der Volkstrauertag »erstmals [...] vor den Soldatengräbern« begangen worden sei: Bewusst machen, wie notwendig Erhaltung des Friedens ist. In: *Oberbayerisches Volksblatt* 14.11.1977 (265).
998 1967 wird diese Spaltung zum ersten Mal in der Presse thematisiert: Zweimal erklang das Lied vom guten Kameraden. In: *Oberbayerisches Volksblatt* 20.11.1967. »Vergeben statt vergessen«. In: *Oberbayerisches Volksblatt* 16.11.1970; Gedenken und nachdenken. In: *Oberbayerisches Volksblatt* 20.11.1972; Warnung vor Terror und neuer Gewalt. In: *Oberbayerisches Volksblatt* 17.11.1975.

Das zweigeteilte Gedenken führte Oberbürgermeister Dr. Michael Stöcker 1977 wieder zusammen, indem er wieder die Kriegsgräberstätte zum Ort der Gedenkfeier bestimmte.[999] Seitdem findet dort die offizielle Feier der Stadt Rosenheim unter Teilnahme auch des Veteranenvereins statt. Die Stadt als Organisatorin der Zeremonie hatte sich dem Druck eines einzelnen Erinnerungsakteurs untergeordnet. Gleichzeitig betont die Verortung innerhalb des Friedhofes die trauernde Haltung des Gedenkens.

2.6.2 Märsche, Salutschüsse, Kameradenlied – Rituale des Volkstrauertags

1961 war die Einweihungszeremonie der Rosenheimer Kriegsgräberstätte gekennzeichnet von der Gleichzeitigkeit sakraler, religiöser und militärischer Traditionen und Rituale, die Feier als Ganzes war in ihrer Performanz militärisch inszeniert. Die Gedenkrituale waren ebenso statisch wie das Denkmal selbst.

Ein Gedenkmarsch, bestehend aus offiziellen Vertretern der Stadt und der Kirchen sowie Abordnungen von Bundesgrenzschutz und Bundeswehr, von Schützen- und Trachtenvereinen, zog von der Stadtmitte zum Friedhof, um dort in einer standardisierten Formel des Volksbundes der »Opfer von Krieg und Gewaltherrschaft« zu gedenken. Als ein wichtiger und vor allem physisch sehr präsenter Akteur hat sich in den letzten Jahren die Gebirgsschützenkompanie Rosenheim etabliert, die zwar weder ausdrücklich aus Soldaten und/oder Veteranen besteht, sich jedoch die »Pflege des wehrhaften Brauchtums« zum Motto gegeben hat.

Obwohl das Kernstück der Zeremonie die Ansprache des Oberbürgermeisters beziehungsweise die Feier eines ökumenischen Gottesdienstes war, bestimmten in der Aufführung und Anmutung die militärischen Elemente die Feier. So wurde der Trauermarsch begleitet von Trommelwirbel, während der Kranzniederlegungen

---

999 Bewusst machen, wie notwendig Erhaltung des Friedens ist. In: *Oberbayerisches Volksblatt* 14.11.1977 (265).

schossen die Gebirgsschützen Salut und das »Kameradenlied« wurde intoniert.

Die Vermutung, die Organisatoren der Feier hätten sich seit 1961 keine weiteren Gedanken mehr über deren Gestaltung gemacht, den Ablauf als ebenso in Stein gemeißelt angesehen wie das Denkmal, wird durch einen Vorfall im Jahr 2006 bestätigt. Damals legten Vertreter der HIAG einen Kranz unmittelbar neben dem der Bundespolizei nieder, ein Vorfall, der in der lokalen Presse nicht einmal erwähnt wurde. Erst 2011, als Bernd Kastner, Journalist der *Süddeutschen Zeitung*[1000], und Robert Andreasch von der Antifaschistischen Informations-, Dokumentations- und Archivstelle München e. V. (a. i. d. a.)[1001] auf die Teilnahme rechtsradikaler Gruppen beim Volkstrauertag in München aufmerksam machten, von der der Innenminister nichts gewusst haben wollte, veröffentlichte die Infogruppe Rosenheim auf ihrer Homepage einen Bericht samt Foto über die Kranzniederlegung der HIAG in Rosenheim 2006.[1002]

2.6.3 Von Gefallenen bis zum Generalbundesanwalt: Erinnerte Opfer

Zentraler Bestandteil der offiziellen Feier der Stadt Rosenheim am Volkstrauertag ist seit den 1950ern die Ansprache des Stadtoberhauptes, die an den Krieg und seine Opfer erinnert und zur Erhaltung des Friedens aufruft. Die Redner übernahmen bei dieser Aufzählung der Opfer durchweg und ohne Modifizierungen die

---

1000 Kastner (2011): *Nationalistische Gruppen beim Volkstrauertag*. Online verfügbar unter http://www.sueddeutsche.de/muenchen/nationalistische-gruppen-beim-volkstrauertag-gaeste-vom-rechten-rand-1.1235106, zuletzt aufgerufen am 10.05.2013.
1001 Andreasch (2011): *Rechtsum im Hofgarten*. Online verfügbar unter: icle&id=2604:rechtsum-im-hofgarten&catid=41:parteien-und-organisationen&Itemid=151, zuletzt aufgerufen am 10.05.2013.
1002 Infogruppe Rosenheim (2011): Volkstrauertag – Gäste vom rechten Rand. Online verfügbar unter http://infogrupperosenheim.tk/2011/12/volkstrauertag-gaeste-vom-rechten-rand/, zuletzt aufgerufen am 16.04.2014.

Gedenkformel, die der Volksbund jährlich in seiner »Handreichung zum Volkstrauertag« publiziert.[1003]

Die zentrale Opfergruppe, derer am Volkstrauertag in Rosenheim gedacht wird, sind die gefallenen deutschen Soldaten. 1955, zehn Jahre nach Kriegsende, erschien dem Redner des Volksbundes die Zeit reif, dass die Überlebenden »die gebrachten Opfer in ihrer ganzen Größe und Bedeutung erkennen würden«[1004]. Die Kontinuitäten zur nationalsozialistischen Überhöhung des Soldatentodes sind offensichtlich, wenn der Redner davon sprach, dass die Opfer verbunden seien mit »unendlich viel Liebe zu Familie, Volk und Vaterland, viel edle[r] Treue zum Kameraden, viel Opfermut, Gehorsam und Selbstüberwindung«.[1005] Das Sterben im Krieg wurde hier zuerst einmal lediglich als der aufopferungsvolle Tod von Soldaten thematisiert. Zudem wurde dieses Sterben vom Kämpfen und Töten abstrahiert und mit den »soldatischen Werten« von Kameradschaft, Opfermut und Gehorsam verknüpft. Der Redner erzeugte so nicht nur ein heroisches Bild der Kombattanten, dem Verweis auf den »Gehorsam« ist die gesamte Exkulpationsstrategie der deutschen Kriegsteilnehmer in der Nachkriegszeit implizit: der Verweis auf den Befehlsnotstand.

Die Kriegsgräberstätte in Rosenheim birgt verschiedene Opfergruppen und wurde explizit allen Opfern des Krieges gewidmet.[1006] Bereits ein Jahr nach der Einweihung bezeichnen die

---

1003 Vgl. Stadt Rosenheim (2013) und Das Kriegsopfermal wandert vom Innspitz in die Herbststraße. In: *Oberbayerisches Volksblatt* 31.05.2007 (123). Alexandra Kaiser untersuchte, wie sich die Gedenkformel über die Jahre hinweg wandelte, also wann welche Opfer erinnernswert wurden und in der Gedenkformel des VDK erwähnt werden. Als einziger Redner einer Feierstunde im Bundestag variierte der damalige Bundeskanzler Willy Brandt die Formel des Volksbundes. Vgl. Kaiser (2010): VOLKSTRAUERTAG.
1004 Die Toten mahnen zum Frieden. In: *Oberbayerisches Volksblatt* 14.11.1955 (262).
1005 Die Toten mahnen zum Frieden. In: *Oberbayerisches Volksblatt* 14.11.1955 (262).
1006 Anlage eines Ehrenhaines des VdK in Rosenheim (07.05.1961), StARo U1073.

Rosenheimer Stadtverwaltung und die Lokalpresse die Kriegsgräberstätte als »Soldatenfriedhof«[1007]. Das Mahnmal für »alle Opfer des Krieges« ist bis heute die letzte Ruhestätte nicht nur von Soldaten, sondern auch von Kriegsgefangenen, Frauen und Kindern. Was zunächst lediglich als sprachliche Ungenauigkeit erscheint, nimmt dem ursprünglich integrativen Gedenken der Stadtgemeinschaft, die sich auch der »fremden« Toten annimmt, ihren inkludierenden Charakter, es macht diese Funktion des Denkmals unsichtbar.

1972 forderte der Rosenheimer Oberbürgermeister Dr. Albert Steinbeißer, die Deutschen sollten ein unverkrampftes Verhältnis zu ihren Toten erreichen. Erst wenn sich die deutsche Nachkriegsgesellschaft »mit ganzem Herzen« sowohl zur Wehrmacht als auch zur Bundeswehr und ihren jeweiligen Soldaten bekenne, könne sie zu den Kriegstoten »die richtige Einstellung finden«[1008]. Oberbürgermeister Steinbeißer setzte damit die Soldaten der Bundeswehr und der Wehrmacht in eine Traditionslinie. Darüber hinaus verknüpfte er auch die Erinnerung an die Kriegstoten mit der Anerkennung der Bundeswehrsoldaten in der Gegenwart. Der

---

1007 Vgl. die Berichterstattung 1962: Die Gefallenen sollen Mahner und Richter sein. In: *Oberbayerisches Volksblatt* 19.11.1962 (267).

1008 »Dr. Albert Steinbeißer [OB; IL] [...] äußerte sich kritisch über die von Jahr zu Jahr schlechter werdende Teilnahme der Bevölkerung am Volkstrauertag, der in diesem Jahr zum Wahltag gemacht worden sei. Aus diesem Grunde habe er ursprünglich auf die Abhaltung einer Gedenkfeier verzichten wollen. Offensichtlich habe das deutsche Volk und seine Führung immer noch ein gestörtes Verhältnis zur jüngsten Vergangenheit. Solange man sich aber nicht mit ganzem Herzen zu den früheren Soldaten der deutschen Wehrmacht und den heutigen Soldaten der Bundeswehr bekenne und solange die heutigen Uniformträger mehr oder weniger als ein notwendiges Übel betrachtet würden, werde das Volk auch zu den Kriegstoten nicht die richtige Einstellung finden. Das habe mit Militarismus nichts zu tun, sondern sei nur ein sichtbarer Ausdruck nationaler Würde. Der Oberbürgermeister schloss seine Gedenkrede mit dem Wunsch, dass das ganze Volk und seine Führung bald und nachhaltig wieder zu einem ungestörten Verhältnis zu den deutschen und allen anderen Toten der Kriege und Gewaltherrschaft finden möge.« Gedenken und nachdenken. In: *Oberbayerisches Volksblatt* 20.11.1972.

Krieg sei mit der Kapitulation zudem nicht zu Ende gewesen, so Steinbeißer 1975.[1009] Auch der Heimatvertriebenen, der Kriegsversehrten und Kriegsgefangenen, deren Leid nicht im Mai 1945 geendet habe, müsse am Volkstrauertag gedacht werden.[1010]

Noch bevor in Auslandseinsätzen der Bundeswehr seit 1992[1011] wieder deutsche Soldaten ums Leben kamen, forderte der Terrorismus der Roten-Armee-Fraktion (RAF) im »Deutschen Herbst« der späten 1970er-Jahre viele Tote.[1012] Seit 1969 mahnte Steinbeißer vor Spaltungen im Inneren der bundesrepublikanischen Gesellschaft und verurteilte die zunehmende Gewaltbereitschaft. 1980 nahmen die Kirchenvertreter dann den Volkstrauertag zum Anlass, auch der Opfer der aktuellen Gewalt in Deutschland zu gedenken.[1013]

2.6.4 Rhetorik

Im Anschluss an das formelhafte Totengedenken nutzten die Rosenheimer Oberbürgermeister in ihren Reden den Anlass, um aus der Geschichte Lehren für die Gegenwart und die Zukunft abzuleiten und sich zu aktuellen Themen der bundesweiten Politik zu äußern.

1009 Warnung vor Terror und neuer Gewalt. In: *Oberbayerisches Volksblatt* 17.11.1975.
1010 Warnung vor Terror und neuer Gewalt. In: *Oberbayerisches Volksblatt* 17.11.1975.
1011 http://www.bundeswehr.de/portal/a/bwde/!ut/p/c4/DcjBDYAgDAX QWVyA3r25hXohRT7YgMUE1ITpJe_2aKdB-ZXITYpyppW2Q2b-3Gfd5mAgPTVDT-cxQ-6i3gVMb04pHDYycYeWyEK3cOt1pmX5GI-QYT/ zuletzt aufgerufen am 27.03.2014.
1012 Zur Geschichte der RAF vgl. Spreen, Dierk; von Trotha, Trutz: Krieg und Zivilgesellschaft, Berlin 2012; Häger, Hartmut: Kriegstotengedenken in Hildesheim, Hildesheim 2006; Düringer, Hermann; Mannitz, Sabine; Starzacher, Karl: Möglichkeiten und Grenzen kollektiver Erinnerung, Frankfurt a. M. 2007. Eine Analyse der öffentlichen Debatte über die RAF in den 1970er-Jahren gab Hanno Balz heraus: Münkler (2012): POSTHEROISCH.
1013 Würdige Feiern zum Volkstrauertag. In: *Oberbayerisches Volksblatt* 17.11.1980 (266).

Die Ansprachen zum Volkstrauertag waren in der zweiten Hälfte der 1970er-Jahre in Rosenheim vor allem von der Angst vor »bedenklichen Entwicklungen im Innern«[1014] geprägt, wie Oberbürgermeister Steinbeißer den Terrorismus der Roten-Armee-Fraktion (RAF) im Jahr 1976 bezeichnete. Bereits im Vorjahr hatte Steinbeißer es als Verpflichtung der Gesellschaft bezeichnet, der jungen Generation ein Gefühl der »Zusammengehörigkeit« zu vermitteln und so den Entwicklungen hin zu Terror und Gewalt entgegenzutreten. Denn nicht erst der Aufmarsch von Soldaten, sondern die individuelle Bereitschaft zu Gewalt und Terror im Innern seien die Wegbereiter für einen neuen Krieg. Der Volkstrauertag wurde hier zum Anlass genommen, um radikale linke Gruppen als Wegbereiter eines neuen Krieges zu stilisieren und vor ihnen zu warnen.[1015]

Der Kalte Krieg und das Angstszenario eines neuen, diesmal atomaren Weltkrieges prägten die Gedenkfeierlichkeiten der 1980er-Jahre. So mahnten die Redner 1982 an, die Politiker hätten aus der Vergangenheit des Zweiten Weltkrieges »wenig Lehren gezogen«[1016]. 1983 sprach Oberbürgermeister Michael Stöcker gar von einem drohenden »atomaren Holocaust«[1017]. Zum ersten Mal erwähnte ein Rosenheimer Stadtoberhaupt anlässlich des Volkstrauertages den Holocaust[1018]. Dies geschah jedoch nicht, um an die Millionen ermordeten Juden zu erinnern. Vielmehr war die Vokabel »Holocaust« schon zur Chiffre des Gewaltexzesses, der massenhaften Vernichtung geworden. Die Verbindung zur ursprünglichen Verwendung als Bezeichnung für den systematischen Mord

---

1014 Wie groß ist der Schritt zum Bürgerkrieg? In: *Oberbayerisches Volksblatt* 15.11.1976 (265).
1015 Warnung vor Terror und neuer Gewalt. In: *Oberbayerisches Volksblatt* 17.11.1975.
1016 Aus Vergangenheit wenig Lehren gezogen. In: *Oberbayerisches Volksblatt* 15.11.1982 (263).
1017 Totengedenken und Angst vor neuem Krieg. In: *Oberbayerisches Volksblatt* 14.11.1983 (262).
1018 Zuvor wurden die ermordeten Juden unter den »KZ-Häftlingen« subsumiert.

an den europäischen Juden geht in dieser Verwendung des Begriffes verloren. Angesichts der kollektiven Angst vor einem neuen Krieg wurden die Mahnungen zum Frieden in den 1980er-Jahren immer dringlicher vorgetragen.[1019] In dieser Zeit betraten auch kurzfristig linke und pazifistische Gruppen die Bühne der Erinnerungskultur. 1981 ergänzten sie das Denkmal für die Toten der Kriege von 1870/71 und 1866 um die Parole »make art, not war«[1020]. Im Jahr 1983 nahm eine pazifistische Gruppe am Volkstrauertag teil.[1021] Die Redner waren sich in diesen Jahren einig, dass man die Jugend, also die Generation, die den Krieg selbst nicht mehr miterlebt hatte, aktiv in das Gedenken einbeziehen müsse, da sie sonst die drohende Kriegsgefahr verdrängen würden.[1022]

Nach der Angst vor dem Atomkrieg war in den Jahren 1989 und 1990 die Wiedervereinigung der beiden deutschen Staaten das zentrale Thema der Reden am Volkstrauertag. Es wurden jedoch auch die lokalen Auswirkungen dieses nationalen Ereignisses verhandelt, wie zum Beispiel die Frage, wie man mit den ostdeutschen Flüchtlingen umgehen und sie in die Stadtgemeinschaft integrieren solle.[1023]

Die Mahnungen zu Frieden und Versöhnung wurden als Sinn des Kriegstodes hinfällig, als 1992 die Bundesregierung erstmals wieder deutsche Soldaten in einen Auslandseinsatz schickte. Bisher war das zentrale Sinnstiftungsnarrativ, dass die Toten des Zweiten Weltkrieges nicht umsonst gestorben seien, da die Erinnerung an

---

1019 Die Gefallenen als Mahnung für den Frieden. In: *Oberbayerisches Volksblatt* 19.11.1984; Trauer als Verpflichtung zum Frieden. In: *Oberbayerisches Volksblatt* 18.11.1985 (266); Tag des Gedenkens und Nachdenkens. In: *Oberbayerisches Volksblatt* 17.11.1986 (264).
1020 Kriegsopfermal beschmiert. In: *Oberbayerisches Volksblatt* 16.01.1981 (12).
1021 Totengedenken und Angst vor neuem Krieg. In: *Oberbayerisches Volksblatt* 14.11.1983 (262).
1022 Totengedenken und Angst vor neuem Krieg. In: *Oberbayerisches Volksblatt* 14.11.1983 (262).
1023 Volkstrauertag mit Blick nach Ost. In: *Oberbayerisches Volksblatt* 20.11.1989; Nicht neue Mauern bauen. In: *Oberbayerisches Volksblatt* 19.11.1990.

sie die Nachkriegsgesellschaft vor einem neuen Krieg zurückhalten würde. Nun jedoch starben wieder deutsche Soldaten in bewaffneten Konflikten innerhalb Europas, und die Mahnung zum Frieden als Sinn des inzwischen weit zurückliegenden Kriegstodes war überholt.[1024] Mit der Parole »Frieden nicht ohne Verantwortung« versuchte Oberbürgermeisterin Gabriele Bauer 2007, diese Ambivalenz zu überwinden, indem sie den Krieg als Einsatz für den Frieden deutete.[1025]

2.6.5 Nationalsozialismus vor Ort

In Rosenheim setzte der »Erinnerungsboom« 1989 ein. Eine Gruppe von Doktoranden der Geschichte kuratierte im Städtischen Museum die Ausstellung »Rosenheim im Dritten Reich« und konfrontierte so die Stadt mit einem unliebsamen und verdrängten Abschnitt ihrer Vergangenheit. Die Schau erhitzte die Gemüter, in der lokalen Presse entzündete sich ein lebhafter Streit zwischen einem Rosenheimer »Hobby-Historiker« und den Ausstellungsmachern, denen er vorwarf, allzu kritisch mit der deutschen und der Rosenheimer Geschichte umzugehen.[1026] Er selbst schilderte in einer Ausgabe der Heimatzeitung die Repressionen gegen die jüdische Familie Block, deren Ausbeutung, Deportation ins polnische Lager Piaski und Ermordung[1027] in einem unerträglich weich gezeichneten

---

1024 Ein Tag gegen das Vergessen. In: *Oberbayerisches Volksblatt* 15.11.1999 (264); Zarte Pflanze des Friedens schützen. In: *Oberbayerisches Volksblatt* 20.11.2000; Viele offene Fragen über den Frieden. In: *Oberbayerisches Volksblatt* 19.11.2001 (266); Konflikte nicht gewalttätig austragen. In: *Oberbayerisches Volksblatt* 18.11.2002 (266); Erinnern an Vergänglichkeit. In: *Oberbayerisches Volksblatt* 14.11.2005 (262); Friede als Programm für alle Christen. In: *Oberbayerisches Volksblatt* 20.11.2006 (267).
1025 Frieden nicht ohne Verantwortung. In: *Oberbayerisches Volksblatt* 19.11.2007 (266).
1026 Brief von Raimund Baumgärtner an Peter Miesbeck und Walter Leicht. In: MuRo-AA Dokumentation der Ausstellung »Rosenheim im Dritten Reich«.
1027 Die Familie wurde vermutlich im KZ Sobibór oder Belzec ermordet, genaue Belege gibt es darüber nicht.

Stil.[1028] Die Flut der Leserbriefe und der Briefwechsel zwischen Baumgärtner und dem Ausstellungsteam zeigt, wie heikel das Thema Nationalsozialismus vor Ort 1989 noch war, als offene, implizite oder gefühlte Schuldzuweisungen an Täter adressiert waren, die noch lebten.

Beim Volkstrauertag im selben Jahr ging es dann jedoch nicht um die Aufarbeitung der eigenen Vergangenheit, sondern der Mauerfall und die bevorstehende Wiedervereinigung waren die zentralen Themen der Reden. Mit »Blick nach Ost«[1029] mahnte Oberbürgermeister Michael Stöcker zu »Besonnenheit statt Intoleranz«[1030]. Der Stadtpfarrer erinnerte daran, dass 1989 noch ein Drittel der Bevölkerung Rosenheims den Zweiten Weltkrieg erlebt hätte, und rekurrierte in seiner Rede nicht auf den Krieg, sondern würdigte die Kriegsgeneration, welche die »Last des Wiederaufbaus getragen« habe: »Das Bemühen um Versöhnung sei zu allererst ihr Werk«, so betonte der katholische Dekan Anton Fredlmaier.

1990 mahnte Fredlmaier angesichts der immer älter werdenden Kriegsgeneration eine eingehende Beschäftigung mit der nationalsozialistischen Diktatur und dem Zweiten Weltkrieges an, da man »sonst Gefahr [laufe], ohne Geschichte zu leben«[1031]. Ein Geschichtsbewusstsein, das auch die unangenehmen Seiten der eigenen Vergangenheit nicht verschweigt, sei laut Fredlmaier die Voraussetzung dafür, »hellhörig« zu sein und »den Anfängen [= des neu erstarkenden Rechtsradikalismus; IL] zu wehren«.[1032] Außerdem regte Fredlmaier an, nun »diesen Abschnitt der Geschichte ohne Schuldzuweisungen zu verarbeiten«, nachdem »man über Jahrzehnte hinweg die Zeit des Krieges verschwiegen hat, und das

---

1028 Baumgärtner, Raimund: Mit dem Milchlaster ins Ghetto. In: *Oberbayerisches Volksblatt* 17.03.1989.
1029 Volkstrauertag mit Blick nach Ost. In: *Oberbayerisches Volksblatt* 20.11.1989.
1030 Volkstrauertag mit Blick nach Ost. In: *Oberbayerisches Volksblatt* 20.11.1989.
1031 Nicht neue Mauern bauen. In: *Oberbayerisches Volksblatt* 19.11.1990.
1032 Nicht neue Mauern bauen. In: *Oberbayerisches Volksblatt* 19.11.1990.

nicht nur aus Scham«.[1033] Zwar benannte auch Dekan Fredlmaier nicht den Nationalsozialismus in seiner lokalen Dimension konkret (»dieser Abschnitt der Geschichte«), aber sein Anliegen lässt erahnen, dass er den dokumentierenden, aufarbeitenden Ansatz der großen Ausstellung des Vorjahres befürwortete und weiter vorantreiben wollte.

Gemeinsam ist allen Rednern bis ins Jahr 2013, dass sie unverändert die Gedenkformel des Volksbundes übernahmen und das Gedenken am Volkstrauertag mit dem aktuellen Weltgeschehen verknüpften. Seit 1961 kann keine Dynamik in der Haltung der Trauerredner hinsichtlich der Kriegsopfer und der Vergangenheit festgestellt werden, die Täter-Opfer-Dichotomie blieb weiterhin unerwähnt, das Opfernarrativ bestimmte die Erinnerung. Während der Laufzeit der Ausstellung »Rosenheim im Dritten Reich« 1989 zeigten öffentlich ausgetragene Auseinandersetzungen, wie fragil das friedliche Zusammenleben innerhalb der Stadtgemeinschaft war, sobald Historiker konkrete Beweise für die lokale Ausprägung des Nationalsozialismus auch in Rosenheim präsentierten. Das Abtreten der Zeitzeugen wurde seit Mitte der 1990er-Jahre gemeinhin als Argument verwendet, um die Geschichte des Nationalsozialismus zu dokumentieren und aufzuarbeiten, solange noch Vertreter der Erlebensgeneration, der Kriegsgeneration, am Leben seien. Die Kontroversen, die in Rosenheim streckenweise den ersten Versuch einer Dokumentation des Nationalsozialismus vor Ort begleiteten, legen den Schluss nahe, dass eine gründliche Aufarbeitung besser gelingen könnte, wenn ohne Zeitzeugen auch der Schuldzusammenhang nicht mehr gegeben wäre und sich somit niemand persönlich von einer kritischen Geschichtsaufarbeitung angegriffen fühlen könnte.[1034]

1033 Nicht neue Mauern bauen. In: *Oberbayerisches Volksblatt* 19.11.1990.
1034 Vgl. zum »Abtreten der Zeitzeugen« und der damit fehlenden »schuldhaften Verstrickung« noch Lebender: Thiessen, Malte: *Das Konzentrationslager im Gedächtnis der Stadt*. In: Ehresmann, Andreas (Hg.): *Die Erinnerung an die nationalsozialistischen Konzentrationslager*, Berlin 2011, S. 187–188.

Einen ersten Versuch, explizit auch den nationalsozialistischen Terror vor Ort zu erinnern, machte Oberbürgermeisterin Gabriele Bauer 2013, als sie das Novemberpogrom von 1938 erinnerte.[1035] Da sie keine Gräber hätten und ihre Familien und Angehörigen ebenfalls getötet worden seien, sei es nun die Aufgabe der Nachgeborenen, die Erinnerung an sie wachzuhalten.[1036]

2.6.6 Reichweite/individuelle Teilnahme am Volkstrauertag

Seit seiner Wiedereinführung im Jahr 1952 ist der Volkstrauertag der bundesweite, gesetzlich festgeschriebene Gedenktag zum Andenken an die Toten der Weltkriege. Der relativ junge Feiertag, der 1922 zum ersten Mal begangen und von den Nationalsozialisten als »Heldengedenktag« zu Propagandazwecken instrumentalisiert wurde, war in der Bevölkerung noch nicht besonders verwurzelt.

Dies belegen die Berichte der lokalen Presse. Anlässlich des dritten Volkstrauertages, 1954, berichtete die Lokalzeitung noch, dass die Menschen sich zu der »Ehrenpflicht« bekannt hätten, den Kriegstoten »ein ehrendes Gedenken zu bewahren«[1037]. Ein Jahr später bezeichnete der Rosenheimer Trauerredner die rege Teilnahme der Bevölkerung am Volkstrauertag als Beweis dafür, dass das kollektive Totengedenken mithin »nicht nur [der] Einhaltung eines Gebotes«[1038] gleichkomme, sondern ein »echtes und allgemeines Bedürfnis des Volkes«[1039] sei. Bereits 1956 jedoch nannte

---

1035 Stadt Rosenheim (2013): Rede der Oberbürgermeisterin der Stadt Rosenheim Frau Gabriele Bauer beim Volkstrauertag 2013, 17.11.2013.
1036 Stadt Rosenheim (2013): Rede der Oberbürgermeisterin der Stadt Rosenheim Frau Gabriele Bauer beim Volkstrauertag 2013, 17.11.2013.
1037 Tag der Opfer des Krieges. In: *Oberbayerisches Volksblatt* 15.11.1954 (263), S. 4.
1038 Die Toten mahnen zum Frieden. In: *Oberbayerisches Volksblatt* 14.11.1955 (262).
1039 Die Toten mahnen zum Frieden. In: *Oberbayerisches Volksblatt* 14.11.1955 (262).

es der Reporter »beschämend«[1040], wenn in einer so großen Stadt so wenige Bürger an der offiziellen Gedenkstunde teilnähmen, dass der Festsaal nicht annähernd gefüllt sei.[1041] Ein in dem Bericht nicht identifizierter Redner der Feier nahm Bezug auf die in seinen Augen mangelhafte Beteiligung der Bevölkerung am ehrenden Kriegstotengedenken. Die »Sattheit«[1042] der Zeit sei schuld daran, dass die Gesellschaft der Überlebenden dazu neige, »das Heer der Kriegstoten zu vergessen«[1043].

Dieser Eindruck, dass die Bevölkerung kein Interesse am kollektiven Gedenken zeige, verlangt jedoch nach einer Differenzierung und Erklärung. Bis zur Einweihung der Kriegsgräberstätte 1961 hatte der Rosenheimer Volkstrauertag zwei Veranstaltungsorte. Zuerst gedachte man im Rahmen einer Feierstunde, meist im Saal des Kolpinghauses. Anschließend bewegte sich die Trauergemeinschaft in einem Zug zum Kriegsopfermal an der Loretokirche. Dort wurden kurze Reden gehalten und die Kränze von Stadtverwaltung, Parteien, Vereinen und Traditionsverbänden niedergelegt. Vor allem die Gebirgsschützenkompanien, und bis in die 1980er-Jahre auch die HIAG als Traditionsverband der Waffen-SS, nahmen mit zahlreichen Mitgliedern an der Feier teil. Die Zeitungsberichte über diese Volkstrauertage suggerieren, dass die Stadtbevölkerung beziehungsweise die Angehörigen vor allem an der Feierstunde, nicht mehr aber an der anschließenden rituellen Kranzniederlegung teilnahmen. Kollektives Gedenken als Ausdruck von Anteilnahme, gemeinschaftlicher Trauer und einer sinnstiftenden Narration der Vergangenheit war den Hinterbliebenen also durchaus wichtig. Es ist jedoch zu vermuten, dass die privaten Teilnehmer gleichsam unterwegs verloren gingen, da sie die rituelle Kranzniederlegung als

---

1040 Den Toten zum Gedächtnis – den Lebenden zur Mahnung. In: *Oberbayerisches Volksblatt* 19.11.1956 (267).
1041 Den Toten zum Gedächtnis – den Lebenden zur Mahnung. In: *Oberbayerisches Volksblatt* 19.11.1956 (267).
1042 Den Toten zum Gedächtnis – den Lebenden zur Mahnung. In: *Oberbayerisches Volksblatt* 19.11.1956 (267).
1043 Den Toten zum Gedächtnis – den Lebenden zur Mahnung. In: *Oberbayerisches Volksblatt* 19.11.1956 (267).

reine politische Repräsentation empfanden und nicht als Anerkennung des individuellen Opfers und des individuellen Schmerzes.

Insgesamt lässt sich feststellen, dass es vor allem Vertreter des Stadtrates, einzelner Parteien und Funktionäre von Verbänden waren, die in ihrer offiziellen Funktion am Volkstrauertag teilnahmen. Nachdem die Stadt Rosenheim 1963 ein zweites Kriegsopfermal errichtet hatte, kam es zu einer Spaltung der Feierstunde. Bereits 1965 äußerte Oberbürgermeister Steinbeißer die Befürchtung, dass die Reichweite des Volkstrauertages nachlasse, und forderte die Anwesenden auf, nicht in äußeren Formen zu erstarren, sondern das ehrende Gedenken an die Kriegsopfer als eine Ehrenpflicht zu erkennen und weiterhin mit Leben zu füllen.[1044] Seit den 1970er-Jahren thematisierten die Redner, wie man die »junge Generation« zur Teilnahme an der Gedenkveranstaltung bewegen könne.[1045] Gleichzeitig nahm die Teilnahme der Bevölkerung immer weiter ab. 1972 schlug der Oberbürgermeister sogar vor, den Volkstrauertag abzusagen, da am selben Sonntag Wahlen stattfanden und der Trauertag ohnehin nicht so »in den Herzen verwurzelt« sei, wie er es eigentlich sein sollte.[1046] Die Berichterstattung ging seitdem meist in die Richtung, dass der Volkstrauertag »immer erhalten« bleiben müsse, und mahnte zur Teilnahme aller Rosenheimer an der Veranstaltung.[1047] Spätestens seit den 1990er-Jahren sind es jedoch die Traditionsverbände, die das Bild der Gedenkveranstaltung in Rosenheim prägen.

Zusammenfassend lässt sich feststellen, dass der Volkstrauertag nie eine besonders große Reichweite innerhalb der Bevölkerung

---

1044 Nicht in äußeren Formen erstarren. In: *Oberbayerisches Volksblatt* 111 15.11.1965 (264).
1045 Die Jugend fehlte beim Volkstrauertag. In: *Oberbayerisches Volksblatt* 19.11.1979 (267); Volkstrauertag bereits am Samstag? In: *Oberbayerisches Volksblatt* 09.11.1972; Gedenken und nachdenken. In: *Oberbayerisches Volksblatt* 20.11.1972; Bauer (2010): Grusswort.
1046 Volkstrauertag bereits am Samstag? In: *Oberbayerisches Volksblatt* 09.11.1972; Gedenken und nachdenken. In: *Oberbayerisches Volksblatt* 20.11.1972.
1047 Der Volkstrauertag muss immer erhalten bleiben. In: *Oberbayerisches Volksblatt* 16.11.1992 (265).

Rosenheims hatte. Mit den Jahrzehnten ging die Anzahl der Privatpersonen, die am Volkstrauertag teilnahmen, stetig zurück. Mit der immer größer werdenden zeitlichen Distanz zum Geschehen – immerhin wurde der erste Volkstrauertag sieben Jahre nach Kriegsende begangen – kann die emotionale Verarbeitung ein Grund dafür sein, dass die Bevölkerung den Volkstrauertag nicht mehr so zahlreich frequentierte.[1048] Das kollektive Trauern war nicht mehr notwendig, um die Kriegserlebnisse und persönlichen Verluste zu verarbeiten. Es ist zu vermuten, dass auch der Streit um den Veranstaltungsort der Gedenkstunde seit 1963 zu einer »Müdigkeit«[1049] in der Bevölkerung beitrug. Die Trauer am Volkstrauertag ist keine soziale Praktik und keine Emotion, sondern eine Inszenierung, die aufgrund dieses Charakters kein Echo aus der Bevölkerung erfährt.[1050] Eine weitere Erklärung ist, dass die Angehörigen der Rosenheimer Kriegstoten in der Zwischenzeit weggezogen oder selbst verstorben waren. Dieses Fehlen der »Agenten der Erinnerung« (Jay Winter), die konkret um ihre »eigenen« Toten trauerten, trug dazu bei, dass die Reichweite des Volkstrauertages abnahm. Die nach dem Krieg geborene Generation frequentierte den Volkstrauertag fast gar nicht.

Auf ein grundsätzliches Desinteresse am Gedenken an die Kriegstoten lässt diese geringe und abnehmende Reichweite des Volkstrauertages jedoch nicht schließen. Die Einweihungsfeier der Kriegsgräberstätte 1961 war stark von Angehörigen der Toten besucht, und auch die Briefe an den Volksbund und die Friedhofsverwaltung belegen, dass die Hinterbliebenen Wege suchten und fanden, um ihren Angehörigen ein ehrendes Gedenken zu schaffen.

1048 Ein Beobachter des Volkstrauertages nannte es, in eine ähnliche Richtung tendierend, jedoch mit anklagendem Charakter, eine Abstumpfung der Herzen: Die Herzen sind stumpfer geworden. In: *Oberbayerisches Volksblatt* 17.11.1969 (275).
1049 Das zwiespältige Totengedenken. In: *Oberbayerisches Volksblatt* 20.11.1967 (277).
1050 Zum Volkstrauertag als »inszenierter Trauer«: Brumlik, Micha: *Trauerrituale und politische Kultur nach der Shoah in der Bundesrepublik*. In: Loewy, Hanno (Hg.): *Holocaust: Die Grenzen des Verstehens*, Reinbek bei Hamburg 1992, S. 191.

Auch in diesen Briefen lässt sich feststellen, dass der Volkstrauertag als Institution des Kriegstotengedenkens nicht besonders verwurzelt war: Die Angehörigen baten vor allem darum, die Gräber zu Geburtstagen, Todestagen, Allerheiligen oder anderen Feiertagen zu schmücken. Es lag also nicht nur an der relativ kurzen Geschichte des Volkstrauertages, dass er nur geringen Widerhall in der Bevölkerung fand. Das kollektive Gedenken am Volkstrauertag wurde darüber hinaus dem Bedürfnis der Hinterbliebenen nicht gerecht, individuell der Verstorbenen zu gedenken. Die bis dahin nicht gekannten Ausmaße des massenhaften Sterbens führten dazu, dass die Angehörigen den Wunsch hatten, der Verstorbenen als Individuen zu gedenken. Die Individualität, die ihnen im Sterben genommen worden war, wollten die Hinterbliebenen den Toten im Gedenken zurückgeben.

2.6.7 Auseinandersetzungen um das Gedenken

Mit dem ersten Auslandseinsatz der Bundeswehr veränderte sich die Bedeutung des Volkstrauertages. Seitdem sind es mit den Opfern der beiden Weltkriege nicht mehr zeitlich weit entfernte Kriegsopfer, derer gedacht wird. Die Angehörigen, Kameraden und Kameradinnen der toten Bundeswehrsoldaten sind als Agenten der Erinnerung lebendig und neue Akteure und Teilnehmer des Volkstrauertages.

Oberbürgermeisterin Gabriele Bauer war sich 2010 der Aufgabe bewusst, die einzelnen Erinnerungsgemeinschaften, welche die unterschiedlichen Generationen durch ihren unterschiedlichen biografischen Bezug zum Zweiten Weltkrieg darstellten[1051], zusammenzuführen: 65 Jahre nach Kriegsende nannte Gabriele Bauer die »Verbundenheit über Generationen«[1052] hinweg eine Aufgabe der Erinnerungsarbeit.

1051 Wolf und Burkart (2002): Einleitung, S. 12–13. Zu den unterschiedlichen Generationen als Erinnerungsgemeinschaften vgl. Reulecke (2007).
1052 Grußwort der Oberbürgermeisterin der Stadt Rosenheim Gabriele Bauer anlässlich des Volkstrauertages 2010 (14.10.2010).

Um den Zweiten Weltkrieg nicht in Vergessenheit geraten zu lassen, sei es eine Herausforderung an die Kriegsgeneration und die Akteure des Gedenkens, dass die kollektive Trauer am Volkstrauertag auch der »jungen Generation« nahegebracht werde, welche »keinen persönlichen Bezug mehr«[1053] zu den Betrauerten haben könne. Diese Herausforderung sei am besten durch eine gemeinsame Erinnerungsarbeit der Kriegsgeneration und der jetzt jungen Generation zu erreichen, die man zudem »emotional bewegen«[1054] müsse. Emotional bewegen, so Bauer, könnten am besten »Einzelschicksale, die exemplarisch für viele stehen«.[1055]

Solche Einzelschicksale von Rosenheimern zeigt seit 1997 ein Raum des Städtischen Museums mit den Biografien und Schicksalen Rosenheimer Juden, die deportiert und vertrieben wurden. Bereits 1993 publizierte der Historische Verein Rosenheim zusammen mit dem Haus der Bayerischen Geschichte die Tagebücher von Elisabeth Block.[1056] Ihre Aufzeichnungen dokumentieren die Repression gegen Juden in Rosenheim, ihren Einsatz als Zwangsarbeiter, schließlich die Deportation in das Lager Piaski, wo sich 1942 die Spur der Familie Block verlor. Vermutlich wurden Elisabeth Block und ihre Eltern im Vernichtungslager Belzec oder in Sobibór ermordet.[1057] Obwohl es diese Einzelschicksale von Rosenheimern also gibt und sie seit über 20 Jahren für die Öffentlichkeit dokumentiert, wissenschaftlich aufbereitet und präsentiert sind, ging Bauer in ihrer Rede auf kein konkretes Einzelschicksal ein.[1058]

1053 Bauer (2010): GRUSSWORT.
1054 Bauer (2010): GRUSSWORT.
1055 Bauer (2010): GRUSSWORT.
1056 Haus der Bayerischen Geschichte; Historischer Verein Rosenheim (Hg.): *Erinnerungszeichen. Die Tagebücher der Elisabeth Block*, Augsburg 1993.
1057 Vgl. Miesbeck, Peter: *Einleitung*. In: Haus der Bayerischen Geschichte und Historischer Verein Rosenheim (Hg.): *Erinnerungszeichen. Die Tagebücher der Elisabeth Block*, Augsburg 1993.
1058 Zur Lokalisierung des Nationalsozialismus: Schwartz, Michael: *Regionalgeschichte und NS-Forschung*. In: Dillmann, Edwin (Hg.): *Regionales Prisma der Vergangenheit*, St. Ingbert 1996.

Bedingt durch die immer umfassendere wissenschaftliche Bearbeitung der Verbrechen der Wehrmacht im Zweiten Weltkrieg entwickelte sich zu Beginn des 21. Jahrhunderts eine kritische Sicht auf die traditionellen Formen des Gefallenengedenkens in Deutschland. Die Kritik, die vor allem von politisch links orientierten Aktivisten ausging, manifestierte sich in Gegendemonstrationen beispielsweise anlässlich der Pfingsttreffen des Kameradenkreises der Gebirgstruppe in Mittenwald (seit 2002)[1059] und des Annaberg-Gedenkens in Schliersee (2007)[1060].

In Rosenheim nutzten Aktivistinnen und Aktivisten der Infogruppe Rosenheim den Volkstrauertag 2013, um unter dem Motto »Den deutschen Täter_innen keine Träne!«[1061] ihre umfassende Kritik an der Form und damit der Aussage der von der Stadt Rosenheim organisierten Gedenkfeier zu artikulieren.[1062] Als sich der Gedenkmarsch in der Fußgängerzone formierte und sich in Richtung des Städtischen Friedhofes in Bewegung setzte, begleiteten ihn etwa zehn bis fünfzehn Aktivistinnen und Aktivisten der Infogruppe und verteilten Flugblätter an Teilnehmer und Passanten. »Die linke Gegenveranstaltung wurde jedoch schon nach wenigen Minuten von der Polizei jäh beendet«[1063], wie die unabhängige linke Internetplattform Indymedia berichtete.[1064]

1059 Gedenkfeier ohne Störfeuer. In: *Münchner Merkur* 10.05.2010.
1060 Dässler: Nie, nie wieder Deutschland. In: *Miesbacher Merkur* 21.05.2007 (115).
1061 Flugblatt der Infogruppe Rosenheim (2013).
1062 Indymedia: Den deutschen Täter_innen keine Träne! Online verfügbar unter http://de.indymedia.org/2013/11/350281.shtml, zuletzt aufgerufen am 16.04.2014.
1063 Indymedia: Den deutschen Täter_innen keine Träne! Online verfügbar unter http://de.indymedia.org/2013/11/350281.shtml, zuletzt aufgerufen am 16.04.2014.
1064 »Die linke Gegenveranstaltung wurde jedoch schon nach wenigen Minuten von der Polizei jäh beendet. Es hagelte polizeiliche Platzverweise. Ein Aktivist wurde wegen einer angeblichen Beleidigung festgenommen und verbrachte die folgenden Stunden in einer Polizeizelle. Einem weiteren Antifaschisten wurde ein Transparent abgenommen.« Indymedia: Den deutschen Täter_innen keine Träne! Online verfügbar unter http://de.indymedia.

In ihrem Flugblatt prangerte die Infogruppe den Volkstrauertag als »martialisches Treiben« an und kritisierte die »Dominanz« der Gebirgsschützenkompanie Rosenheim, die mit denselben Waffen, die schon die Wehrmacht nutzte, als »trauernde[r] Mob«[1065] durch Rosenheim marschiere. Zuerst wurden also von der Infogruppe die Form des Volkstrauertages, die militärische Inszenierung und die paramilitärischen Gedenkakteure kritisiert. Wie zu Beginn des Kapitels gezeigt wurde, hat sich die Form des kollektiven Gedenkens an die Kriegstoten in Rosenheim seit der Einweihung der Kriegsgräberstätte 1961 nicht verändert. Inhaltlich weiteten die Trauerredner das Gedenken immer weiter aus und würdigten mit den Opfern von Flucht, Vertreibung, Terrorismus und Rassismus vor allem zivile Opfergruppen, was sich jedoch in den Ritualen und ihrer Performanz nicht niederschlug. Weiterhin dominierten tatsächlich Verbände in »Uniform oder Tracht«, die auch 2013 ausdrücklich eingeladen und zur Teilnahme in Uniform gebeten wurden.[1066] Die militärische Performanz des Volkstrauertages stand im krassen Gegensatz zu dem umfassenden Opfer-Verständnis, das in der Gedenkformel zum Ausdruck kam.

Nicht nur die Form des Volkstrauertages, auch die in ihm transportierten Aussagen störten die Infogruppe, besonders das Gleichmachen der Kriegstoten in einem Opfernarrativ, das Kriegserfahrungen nivelliere und die Täterschaft der Deutschen verschweige: »Sind nun alle ›irgendwie Opfer‹ [...]? Damit werden die Täter_innen, Wehrmachtverbrecher, SS-Mörder und alle, die die NS-Diktatur unterstützen, im Nachhinein als Opfern [sic] ihres eigenen Wahnes stilisiert.«[1067] Weiterhin stellte das Flugblatt klar, diese Nivellierung der Opfer diene »[...] ob bewusst oder nicht, der Rehabilitierung Deutschlands, der Abwehr und Negierung

---

org/2013/11/350281.shtml, zuletzt aufgerufen am 16.04.2014.
1065 Infogruppe Rosenheim (2013).
1066 Oberbürgermeisterin der Stadt Rosenheim (November 2013): Einladung zu den Gedenkfeiern am Volkstrauertag 2013, Schriftstück im Besitz der Verfasserin.
1067 Infogruppe Rosenheim (2013).

deutscher Schuld«.[1068] Von den Organisatoren der offiziellen Feier zum Volkstrauertag in Rosenheim forderte die Infogruppe nach der harschen Kritik eine »antifaschistische Gedenkkultur, die an die Opfer des Nationalsozialismus erinnert und die Täter klar benennt. Eine Gedenkkultur, die nicht von alten, bewaffneten Männern und Salutschüssen ins Lächerliche gezogen wird.«[1069]

Die in den Gedenkreden so oft beschworene »junge Generation« ist, das zeigt die Aktion von 2013, keineswegs pauschal in Gefahr, die deutsche Geschichte zu vergessen und damit eine Wiederholung zuzulassen. Ganz im Gegenteil sind sich politische Aktivisten nicht nur der Geschichte, sondern auch der Funktion und des Stellenwertes ihrer Vermittlung in der Erinnerungskultur sehr bewusst. Wenn der Volkstrauertag an Bedeutung für die Bevölkerung verliert, dann ist dies nicht auf ein mangelndes Geschichtsbewusstsein oder fehlende Bereitschaft zur Beschäftigung mit der Vergangenheit zurückzuführen. Unmittelbar nach dem Zweiten Weltkrieg waren es die politischen und gesellschaftlichen Akteure aus der Kriegsgeneration sowie die Bevölkerung, die selbst den Krieg erlebt hatte, die das statische Denkmal mit ihrer persönlichen Erinnerung und Trauer füllten und somit einen Raum des Erinnerns, Gedenkens und Trauerns schufen. 2013 sind kaum noch Vertreter dieser Generation am Leben. Für das kollektive Gedenken hat dies zur Folge, dass der Volkstrauertag auf der symbolischen Ebene zu einer reinen politischen Repräsentationsveranstaltung wird, da die Bedeutung des Tages, des Gedenkens, den Teilnehmern nur durch Worte vermittelt wird. Eine tatsächliche gemeinschaftliche Hinwendung zur Vergangenheit jedoch würde über die gemeinsame Aufführung von Ritualen erwirkt, die der Lebenswelt der »jungen Generation« näher sind als Salutschüsse und militärisches Liedgut.

Die Kritik linker Aktivisten ist insofern berechtigt, als die Gestalter des Volkstrauertages in Rosenheim den eigentlich dynami-

---

1068 Infogruppe Rosenheim (2013).
1069 Infogruppe Rosenheim (2013).

schen Prozess des Erinnerns wieder gerinnen ließen durch Rituale und Performanzen, mit denen sich lediglich Soldaten, Veteranen und Mitglieder paramilitärischer Verbände wie der Gebirgsschützen identifizieren können. Die Inhalte des Volkstrauertages sind anschlussfähig für eine breite Identifikation der Bevölkerung – die Form jedoch gilt es zu überdenken. Verantwortlich für diese Gerinnung des kollektiven Gedenkens in militärischen Formen ist auch die Einweihungsfeier 1961, die zwar neben militärischen auch säkulare und religiöse Rituale aufführte, jedoch als Gesamtes durch die Performanz der Rituale militärisch inszeniert war.

2.7 Zwischenfazit: Die Erinnerungskultur in Rosenheim

Das Gedenken der frühen Nachkriegszeit

Bereits eine erste, gescheiterte, Denkmalinitiative gab 1948 die Richtung für ein neues Denkmal in Rosenheim vor, das ausdrücklich allen Kriegsopfern gewidmet sein und schon in seiner Form eine Mahnung zum Frieden, keine Verherrlichung des Krieges darstellen sollte. Seit 1961 erinnert auf dem Städtischen Friedhof ein Ehrenfriedhof, der 527 Kriegstote, darunter Frauen, Kinder und Zwangsarbeiter, birgt, an die Toten des Krieges.

Bürgermeister Steinbeißer erklärte bei der Einweihungszeremonie im Mai 1961 die Motive der Gedenkakteure bei der Errichtung des Denkmals. Die große Zahl der Kriegstoten, symbolisiert durch individuelle Markierungen der Gräber, sowie die Öffnung eines Ehrenfriedhofes auch für Nicht-Kombattanten sollten die Schrecken des Krieges aufzeigen und im ehrenden Gedenken an die Toten zum Frieden mahnen. Die Sorge der Stadtverwaltung um die Gräber der »fremden Toten«, die ihre letzte Ruhe in dem Ehrenfriedhof gefunden hatten, symbolisierte die Integration von Neubürgern in die Stadtgemeinschaft, die sich nicht mehr als »Volksgemeinschaft« durch die Abgrenzung gegenüber anderen, »Fremden«, identifizierte. Vielmehr bewies die kommunale Gemeinschaft ihre wiedererlangte Funktionsfähigkeit, indem sie neue

Mitbürgerinnen und Mitbürger integrierte, die neue Konfessionen, Werte und auch unterschiedliche Kriegserfahrungen mitbrachten.

Um Konflikte zwischen Tätern und Opfern des Krieges abzumildern, war das vorherrschende Gedenknarrativ der Einweihungszeremonie der Bezug auf eine traumatische Kriegserfahrung, in dem sich alle Anwesenden als Opfer identifizieren konnten. Die Opfer-Identität als kleinster gemeinsamer Nenner einer disparaten Nachkriegsgesellschaft glättete Konflikte und diente als Hilfestellung zum friedlichen, gemeinschaftlichen Zusammenleben und -wirken in Rosenheim.

Gemeinsam mit dem Volksbund gestalteten Georg Lipp, ehemaliger Divisionspfarrer, und der Bürgermeister von Rosenheim die Feier, die säkulare, religiöse und militärische Rituale vereinte. Die spezifische Performanz der Rituale gab der Feier einen militärischen Rahmen, was eine Aufhebung der Zeitlichkeit zwischen den erinnerten Soldaten und den Soldaten der jungen Bundeswehr erwirken und somit die Einbettung der Soldaten in der Gesellschaft (»Bürger in Uniform«) nicht nur abbilden, sondern herstellen sollte.

Aneignungen des Denkmals

Erst die rituelle Nutzung durch die politischen und gesellschaftlichen Akteure aus der Kriegsgeneration und die Hinterbliebenen der Kriegstoten verbanden das statische Denkmal mit der Erinnerungsgemeinschaft, schrieben ihm so eine Bedeutung ein und stellten einen sozialen Raum her. Die Hinterbliebenen waren dabei nicht nur Rezipienten der Trauerreden. Erst durch ihre individuelle Aneignung stellten sie am Denkmal einen Raum der Trauer, nicht bloß der politischen Repräsentation, her. Solche individuellen Aneignungen waren beispielsweise Besuche am Grab, das Schmücken des Grabes und die Teilnahme an kollektiven Gedenkfeiern. Für die Hinterbliebenen war weniger der Volkstrauertag als religiöse Gedenktage wie Allerheiligen und der Totensonntag von Bedeutung.

Das kollektive Gedenken der Nachkriegsgeneration

Betrachtet man die Feiern anlässlich des Volkstrauertages, so lässt sich feststellen, dass mit dem Generationswechsel die Bedeutung des Denkmals als individueller Raum der Trauer schwand. Ebenso musste das gemeinschaftliche Gedenken am Volkstrauertag Jahrzehnte nach Kriegsende nicht mehr den Anforderungen einer disparaten Nachkriegsgemeinschaft gerecht werden.

Über die Jahrzehnte hinweg wurden immer mehr Opfergruppen in die Gedenkformel des Volksbundes integriert, die die Rosenheimer Oberbürgermeister am Volkstrauertag vortrugen. Gleichzeitig verlor das Denkmal schon in den 1970er-Jahren seine ursprünglich integrative Intention, da es nur noch als »Soldatenfriedhof« bezeichnet wurde. Bereits der Sprechakt unterschlug somit, dass dort auch zivile Opfer des Zweiten Weltkrieges bestattet sind. Eine Auseinandersetzung mit der eigenen Täterschaft oder der Ambivalenz, dass Deutsche nicht nur Opfer, sondern auch Täter waren, findet bis heute in den Reden am Volkstrauertag nicht statt. Mit dem Abtreten der Erlebensgeneration, also derjenigen, die am Denkmal um ihre Kameraden und ihre Familienangehörigen trauerten oder ihre eigene traumatische Erfahrung des Zweiten Weltkrieges verarbeiteten, verlor der Volkstrauertag auch in Rosenheim an Reichweite. Immer weniger Bürgerinnen und Bürger partizipierten an der Zeremonie, die so zu einer reinen politischen Repräsentationsveranstaltung wurde.

An der militärischen Inszenierung der Gedenkfeier hat sich seit 1961 nichts geändert. Dies führte 2013 zu einer Intervention linker Aktivistinnen und Aktivisten, die bewiesen, dass die in den Trauerreden oft beschworene »junge Generation« nicht geschichtsvergessen ist, nur weil sie nicht am Volkstrauertag teilnimmt. Vielmehr war es die überholte militärisch anmutende Performanz des Gedenkens, mit dem sich die Angehörigen der zweiten und dritten Nachkriegsgeneration nicht identifizieren konnten beziehungsweise wollten.

Die Gesellschaft der Überlebenden und das Gesicht des Kriegstodes

»Weit mehr als ein bloßes Erinnerungszeichen« sollte das Rosenheimer Kriegsopfermal darstellen. Mit der Einbeziehung aller Kriegsopfer wollten die Initiatoren des Projektes ein Mahnmal für den Frieden setzen. Verantwortlich für die Planung und Realisierung des Denkmals waren die Stadtverwaltung, der Volksbund und die katholische Kirche. Alle Akteure stammten aus der Generation der um 1900 bis 1910 Geborenen und hatten in jeweils unterschiedlichen Funktionen aktiv am Krieg teilgenommen. In der Planungsphase wurde weder über die Form, den Ort noch die Aussage des Denkmals kontrovers diskutiert. Bereits die erste Denkmalinitiative von 1949 hatte großen Zuspruch von verschiedenen Opferverbänden und aus der Bevölkerung erfahren. Vertreter dieser Organisationen waren jedoch im weiteren Verlauf weder an dem Bau des Denkmals noch an der Gestaltung der Einweihungsfeier beteiligt.

War 1949 das einzige Argument gegen den Denkmalbau, dass es angesichts der realen Nöte der Zeit verfrüht sei, ein Kriegsopfermal zu errichten, so hatte sich die Stadt Rosenheim 1961 von den Kriegsauswirkungen erholt und war wieder eine prosperierende Kommune. Die Mitfinanzierung durch den VDK und den Freistaat Bayern schonte zudem die Stadtkasse. Innerhalb der disparaten Stadtgemeinschaft vermieden die Akteure Konflikte, indem das Denkmal in einem integrativen Ansatz allen Opfern der beiden Weltkriege gewidmet wurde.

Diesen Gedanken verfolgten auch die Ansprachen bei der Einweihungsfeier. Im gemeinsamen Kriegstotengedenken anlässlich der Einweihungsfeier präsentierte sich die Erinnerungsgemeinschaft als eine homogene Gruppe von Kriegsopfern, ohne eine Wertung oder Abstufung der Kriegserfahrung. Die Täter-Opfer-Dichotomie wurde weder in den Gedenkreden noch in den Ritualen bearbeitet, stattdessen wurden diejenigen Opfer, die die Deutschen verursacht hatten, gleichgesetzt mit den deutschen Soldaten als Opfer des Krieges. Die Gesellschaft der Überlebenden stilisierte sich so zu einer Gemeinschaft von Opfern, deren divergierende Kriegserfahrungen und damit potenzielle Konflikte in einem egalisierenden Erinnerungsnarrativ aufgehoben wurden. Diese kollektive Opferwahrnehmung erzeugte zugleich eine Nivellierung aller Opfergruppen und versperrte sich einer Aufarbeitung des Nationalsozialismus vor Ort und der deutschen Täterschaft.

Die erinnerten Kriegstoten, das zeigt die Analyse der Einweihungsfeier, hatten 1961 in Rosenheim ein männliches Gesicht und trugen eine Uniform.[1070] Obwohl die Intention des Mahnmales war, alle Opfer zu erinnern[1071], rückten die Akteure teils mit ihren Reden, vor allem aber durch die militärische Inszenierung der Feier und die militärische Inszenierung der Rituale den Tod der Soldaten in den Mittelpunkt des Gedenkens. Obwohl auch Frauen auf der Kriegsgräberstätte bestattet worden waren, wurde die weibliche Opfer-Identität im Ritual ausschließlich über den Verlust des Ehemannes oder Sohnes konstruiert.[1072] Männer waren es, die im Krieg den Soldatentod gestorben waren, und Männer waren es, die 16 Jahre später die Gedenkfeiern zu Ehren der Toten gestalteten. Dies hatte zur Folge, dass alte Geschlechterbilder tradiert wurden, obwohl sich die Rolle der Frau schon im Krieg gewandelt hatte und Frauen nach dem Zweiten Weltkrieg als Trümmerfrauen zur Ikone des Wiederaufbaus stilisiert wurden.[1073] Das Gedenken, das sich auf Soldaten und damit auf Männer konzentrierte, trug überdies dazu bei, dass der Nationalsozialismus und der Zweite Weltkrieg ein männliches Gesicht erhielten. Die unterschiedlichen Rollen und Funktionen von Frauen im nationalsozialistischen Regime

---

1070 So werden gleich zu Beginn der Berichterstattung in der Lokalpresse die Betrauerten aufgezählt: »[…] an der letzten Ruhestätte von Vater, Bruder, Ehemann oder Sohn.« Gottes Segen für den neuen Soldatenfriedhof. In: *Oberbayerisches Volksblatt* 08.05.1961.
1071 Erst weiter im Text werden die Opfer differenziert und die 37 Zivilpersonen, Kinder und Luftwaffenhelferinnen genannt.
1072 Zum Umgang mit Frauen als Kriegsopfern in der Erinnerungskultur vgl. Eschebach, Insa: *Krieg und Geschlecht*, Berlin 2008; Seifert (2003): KÖRPER.
1073 Kramer, Nicole: *Ikone des Wiederaufbaus*. In: Arnold, Jörg; Süß, Dietmar und Thiessen, Malte (Hg.): *Luftkrieg*, Göttingen 2009.

rückten in den Hintergrund.[1074] Lediglich in der Rolle als Kriegerwitwe waren Frauen als Kriegsopfer in der Erinnerungskultur der Nachkriegszeit präsent.[1075] Diese symbolische Politik sollte dazu beitragen, wieder »klassische« Geschlechterbilder zu etablieren, die durch den Krieg in »Unordnung« geraten waren.[1076]

Vom Aspekt der *gender roles* abgesehen, erinnerte die Rosenheimer Stadtgemeinschaft vor allem »ihre« eigenen Toten. Dazu zählten die Redner und die Gründer der Denkmalinitiative zwar auch die Toten der Heimatvertriebenen, die in Rosenheim eine neue Heimat gefunden hatten. Auf das Schicksal von Fremden jedoch, die in Rosenheim als Kriegsgefangene oder Zwangsarbeiter starben, gingen die Trauerredner im Mai 1961 nur am Rande ein. Bürgermeister Steinbeißer erwähnte lediglich die »Toten [...] aus fremden Ländern«[1077], jedoch thematisierte er nicht, weshalb diese Fremden in Rosenheim gestorben waren und welche Rolle dabei den Ortsansässigen zukam.[1078] Über die kollektive Viktimisierung,

---

1074 Das Desiderat, auch Frauen als Täterinnen anzuerkennen, formulierte noch vor wenigen Jahren Nicole Kramer (2011): VOLKSGENOSSINNEN, S. 338. Bisher hat sich die Forschung kaum damit beschäftigt, zur Rolle von Frauen als Täterinnen oder Unterstützerinnen von Tätern vgl. Hagemann, Karen; Quataert, Jean H.: *Gendering Modern German History*, London 2007; darin v. a. Koonz, Caudia A.: *A Tributary and a Mainstream*. In: Hagemann, Karen und Quataert, Jean H. (Hg.): *Gendering Modern German History*, London 2007; Kramer (2007): HELDINNEN; Kramer, Helgard: *Einleitung*. In: Kramer, Helgard (Hg.): *NS-Täter aus interdisziplinärer Perspektive*, München 2006. Chamberlain, Sigrid: *Nationalsozialistinnen als Mütter*. In: Heimannsberg, Barbara und Schmidt, Christoph J. (Hg.): *Das kollektive Schweigen*, Köln 1992, thematisiert die Täterschaft von Nationalsozialistinnen als Mütter, die in der Erziehung die nationalsozialistische Weltsicht weitergaben. Allgemein zur Täterforschung vgl. das aktuelle Sammelwerk Paul, Gerhard: *Die Täter der Shoah*, Dachau 2002.
1075 Zur »Trauer der Mütter« und der geschichtspolitischen Implikationen vgl. Loraux, Nicole: *Die Trauer der Mütter*, Frankfurt a. M. u. a. 1992.
1076 Vgl. allgemein zur Verbindung von »gender« und Repräsentationen des Todes Hallam (1997).
1077 Gottes Segen für den neuen Soldatenfriedhof. In: *Oberbayerisches Volksblatt* 08.05.1961.
1078 Auch die lokale Presse bleibt hier vage und schreibt von »Russen, Letten,

ohne Schuldzuweisungen, konnte nach 1945 ein funktionierendes Zusammenleben in einer disparaten Stadtgemeinschaft gelingen, ein funktionierendes Kommunalwesen (wieder-)errichtet werden. Für die weiteren Jahre des kollektiven Gedenkens legten die Akteure in den 1950er-Jahren jedoch zunächst das Fundament für einen kollektiven Opfer-Diskurs, der einen Täter-Diskurs verhinderte.

Der Blick auf die Langzeitperspektive zeigt, dass dieses selbst viktimisierende Gedenken, das alle Opfergruppen gleichsetzt, sich bis in die Gegenwart fortsetzt. Die Rituale am Volkstrauertag dienen dazu, das kollektive Kriegstotengedenken in der zeitlichen Dimension zu verstetigen. Die Rituale waren jedoch 2013 noch genauso militärisch inszeniert wie 1961. Diese Statik hinsichtlich der Inszenierung der Feier steht in starkem Kontrast zu der Annahme, dass Erinnerung ein dynamischer Prozess sei. Regelmäßig finden neue Opfergruppen Eingang in die Gedenkformel, die der VDK für den Volkstrauertag publiziert. Mit der Zeit verringerte sich die Reichweite des Volkstrauertages stark. Hatten die Einweihungszeremonie und die Volkstrauertage der Nachkriegszeit noch den Charakter authentischer Trauerfeiern, so bedeutete das Abtreten der Erlebensgeneration einen zunehmenden Bedeutungsverlust des kollektiven Totengedenkens und damit eine inszenierte Schau-Veranstaltung für bestimmte Interessengruppen, die das früher authentische Gedenken und Trauern instrumentalisierten, um die überholten Werte ihrer alten Welt zu erhalten. Gleichzeitig werden die neuen Gefallenen, die toten Bundeswehrsoldaten, unter überkommenen Formeln erinnert.

Ungarn, Litauer[n], Esten, Rumänen, Männern, deren Angehörige in der Welt verstreut leben oder vielleicht schon tot sind. Sie wurden aufgenommen in die Gemeinschaft der Toten.« Gottes Segen für den neuen Soldatenfriedhof. In: *Oberbayerisches Volksblatt* 08.05.1961.

3. Lokale Erinnerungskulturen im Vergleich

Während der Rosenheimer Stadtrat 1949 das Vorhaben einer bürgerschaftlichen Initiative, ein integratives Denkmal für alle Kriegsopfer zu errichten, als verfrüht ablehnte, fand in Penzberg im selben Jahr die Einweihung des Mahnmales »An der Freiheit« zu Ehren der 16 Opfer der Penzberger Mordnacht statt. Unmittelbar nach Kriegsende und schon zu Beginn der jeweiligen Gedenkinitiativen zeigen sich also signifikante Unterschiede der Städte im Umgang mit den Kriegstoten. Nachdem die Ausprägungen der lokalen Erinnerungskulturen in den beiden vorangegangenen Kapiteln separat analysiert wurden, soll dieses Kapitel die Ergebnisse vergleichend zusammenfassen. Unterschiede und Gemeinsamkeiten des jeweiligen Gedächtnisses der Stadt werden im ersten Schritt herausgearbeitet und im zweiten Schritt auf ihre Ursprünge hin analysiert.

3.1 Die Akteure

Der erste Anstoß, in Rosenheim ein Denkmal für die Opfer des Krieges zu errichten, ging auf bürgerschaftliches Engagement zurück. Geistliche beider Konfessionen, Veteranen und Vertreter von Vereinen traten mit ihrer Idee an die Stadt heran. Nachdem die Idee in der lokalen Presse vorgestellt wurde, gingen zahlreiche Unterstützungsschreiben von Opferverbänden, aber auch von Kriegsversehrten, bei der Stadt Rosenheim ein. Diese lehnte das Vorhaben 1949 mit der Begründung ab, dass es angesichts der Nöte der Zeit noch verfrüht sei, ein Kriegsopfermal zu bauen. Realpolitik ging vor Symbolpolitik. Wenig später gründete der Rosenheimer Oberbürgermeister unter seinem Vorsitz den »Verein zur Errichtung eines Kriegsopfermals«. Damit signalisierte er die grundsätzliche Bereitschaft der Stadt und sicherte sich die Entscheidungshoheit in weiteren Diskussionen. Nach dieser gescheiterten Initiative ging das gesamte Engagement in der Denkmalsangelegenheit vom Stadtrat aus, auch wenn dies bis in die Mitte der 1950er nur sehr verhalten war. Während der Regierungszeit der SPD in Rosenheim tat sich wenig bei der Realisierung des Vorhabens, was regelmäßig von CSU-Stadträten, die gleichzeitig Mitglieder im Veteranenverein waren, angemahnt wurde. Den Schritt von gut gemeinten Absichtserklärungen hin zu konkreten Handlungen unternahm schließlich OB Josef Heindl (CSU), der selbst schwer versehrt aus dem Zweiten Weltkrieg zurückgekehrt war. Innerhalb von sechs Monaten nach seinem Amtsantritt war die Kooperation mit dem Volksbund und der Bayerischen Staatsregierung unterzeichnet, die schließlich 1958 zum Bau des Denkmales und seiner Einweihung 1961 führte.

In Penzberg war es von Beginn an der Stadtrat, der sich unmittelbar nach Kriegsende sowohl um die reale Versorgung der Hinterbliebenen der Opfer als auch um deren symbolische Anerkennung kümmerte. Einstimmig beschloss der Stadtrat, ein Mahnmal für die 16 Mitbürger zu errichten, die einem »Fliegenden Standgericht des Führers« in Penzberg am 28. April 1945 zum Opfer gefallen waren. Im Gegensatz zu Rosenheim gab es hier keine Bedenken, dass es zu früh sei, ein Denkmal zu errichten – dabei war auch Penzberg von den »Nöten der Zeit« wie Wohnungsnot, Hinterbliebenenversorgung und der allgemeinen Neuorientierung nach dem Kriegsende betroffen.

Keine der Denkmalinitiativen arbeitete jedoch isoliert, in beiden Fällen konstituierten sich Erinnerungskoalitionen. Schon 1949 hatten unterschiedliche Opfergruppen in Rosenheim signalisiert, dass sie ein integratives Kriegsopfermal befürworteten, danach beteiligten sie sich jedoch nicht mehr an dem Prozess. Als es schließlich zehn Jahre später an die Realisierung ging, arbeitete die Stadt Rosenheim mit dem Volksbund Deutsche Kriegsgräberfürsorge und der Bayerischen Staatsregierung zusammen, die jeweils ein Drittel der Gesamtkosten übernahmen. Diese Kooperation beruhte nicht auf einer ideellen Verbundenheit der drei Akteure. Für Rosenheim bedeutete es eine enorme finanzielle und tatkräftige Unterstützung, für den Volksbund war dies schließlich der Zweck seines Daseins, und die Bayerische Landesregierung war nicht zuletzt verpflichtet, die Pflege von Kriegsgräbern zu unterstützen. Anders war die

Gedenkkoalition in Penzberg strukturiert: Hier unterstützte die Bevölkerung die Initiative. Schon im Sommer 1945 wurden erste Spenden für die Hinterbliebenen der Opfer gesammelt, 1946 kam bei einer Sammlung in der Stadt für den Denkmalbau eine ansehnliche Summe zusammen. Vor allem der Gewerkschaftsbund der Bergarbeiter und das Staatskommissariat für rassisch, religiös und politisch Verfolgte unterstützten das Projekt finanziell und waren seine Fürsprecher auf überregionaler Ebene. Hier basierte die Zusammenarbeit der Erinnerungsakteure auf dem gemeinsamen Milieu sowie der geteilten Erfahrung, Opfer des Naziregimes zu sein.

Gemeinsam ist den beiden Gedenkinitiativen, dass es jeweils Angehörige der vorrangig erinnerten Opfergruppe waren, die das Projekt initiierten und verfolgten. Ihre persönliche Kriegserfahrung war die Motivation, der Kriegstoten öffentlich zu gedenken. Damit sollten nicht nur die vergemeinschaftenden und imagebildenden Funktionen des Gedenkens genutzt werden, sondern zunächst einer bestimmten Gruppe von Kriegstoten die Anerkennung für ihr Opfer ausgesprochen werden.

3.2 Der ästhetisch-materielle Ausdruck der Erinnerung

Die beiden Denkmäler unterscheiden sich in ihrer Form und Symbolsprache grundlegend. In Rosenheim wurden über 500 Tote der beiden Weltkriege in einer klassischen Kriegsgräberstätte des Volksbundes in individuellen Gräbern bestattet. Ihnen allen, Soldaten, Zivilistinnen, Zwangsarbeitern, ist die Gedenkstätte gewidmet. Über dem Ehrenfriedhof ragen drei Hochkreuze auf. Diese verweisen auf den Opfertod Christi und schreiben so dem Kriegstod einen übergeordneten Sinn ein, während das christliche Heilsversprechen gleichzeitig die Trauernden trösten soll. Auch in Penzberg orientierten sich die Bildhauer bei ihrem Entwurf eindeutig an der christlichen Ikonografie. Allerdings spendet hier kein Kreuz den Hinterbliebenen Trost, sondern eine überlebensgroße Statue eines halb nackten, gefesselten Mannes erinnert an die Verfolgung und Ermordung der 16 Penzbergerinnen und Penzberger.

Indem sich die Ikonografie dieser Plastik überdeutlich an die des gegeißelten Heilands in der Wieskirche anlehnt, wird auch der Tod der Penzberger auf eine Ebene mit dem des sich selbst aufopfernden Jesus Christus gehoben.

Nach dem Heldenkult des »Dritten Reiches« wiesen die nach Kriegsende in Westdeutschland errichteten Denkmäler vorwiegend solche abstrakte, meist christliche Bildzitate auf oder zeigten mit trauernden Hinterbliebenen die Folgen des Krieges. Penzberg ist hier eine Ausnahme. Dem Tod wird nicht mit abstrakten Formen der Stachel genommen, noch werden lediglich die Folgen des Krieges erinnert. Mit einer sehr konkreten Bildsprache zeigt das Monument in überlebensgroßer Dimension die Gewalt, die die Nazis den Penzbergerinnen und Penzbergern angetan hatten. Im Mittelpunkt des Denkmales steht in Penzberg also die Würdigung des aktiven Opfertodes für die Stadtgemeinschaft, wie es auch die Inschrift des Denkmales betont.

In ihrem konkreten beziehungsweise abstrakten Bezug auf den Kriegstod und dessen Wirkung auf die jeweilige Stadtgemeinschaft unterscheiden sich die Denkmäler stark. Die Kreuze auf dem Rosenheimer Friedhof trösten die Erinnerungsgemeinschaft, während das Denkmal »An der Freiheit« den Dank und die Ehrerbietung der Stadtgemeinschaft gegenüber den Toten ausdrückt. Ein Grund für die unterschiedliche Symbolsprache ist der Verweis auf die verschiedenen Kriegstoten: Während in Penzberg einer kleinen, homogenen Gruppe von Toten gedacht wurde, mussten die Rosenheimer Akteure heterogene Kriegserfahrungen glätten, um sie für ein disparates Kollektiv erinnerungsfähig zu machen.

Beide Denkmäler generierten einen sozialen Raum des Gedenkens, in dem sich die Erinnerungsgemeinschaft traf und als solche konstituierte. Die Akteure in Penzberg schufen am konkreten historischen Ort einen Erinnerungsraum, der die nationalsozialistische Gewalt anprangert und sich für politische Manifestationen eignet. Mit der Verortung auf dem Friedhof wurde der Erinnerungsraum in Rosenheim bereits als ein Raum der gemeinschaftlichen Trauer, die Unterschiede und Konflikte aufheben soll, konstruiert. Alles Politische wird zunächst bewusst außen vor gelassen, damit sich die disparate Stadtgemeinschaft auf das besinne, was sie alle vereint: dass sie einen persönlichen Verlust betrauern.

3.3 Erinnerte Opfer

Schon die erste Denkmalinitiative in Rosenheim schlug vor, ein Mahnmal zur Erinnerung an alle Opfer des Krieges zu errichten. Als die Kriegsgräberstätte 1961 eingeweiht wurde, widmeten der Volksbund, die Stadt und die Geistlichen sie explizit allen Opfern. Diejenigen, die in Rosenheim gestorben und begraben waren, erhielten eigene Gräber. Auf den »fernen Tod« an der Front verweist ein Findling am Eingang des Ehrenfriedhofes. Bei der Einweihungsfeier betonte der Rosenheimer Bürgermeister die integrative Funktion dieses Mahnmales: Rosenheim nehme sich aller Kriegstoten an, auch der fremden. Dieses integrative Gedenken brachte es jedoch mit sich, dass die jeweilige Kriegserfahrung der Toten und der Überlebenden sowie die Unterschiede zwischen Tätern und Opfern des nationalsozialistischen Regimes verwischt wurden. Ein kollektives Gedenken, das einen kleinsten gemeinsamen Nenner für die unterschiedlichsten Erfahrungen von Krieg und Gewalt finden wollte, musste unkonkret bleiben. Dadurch bot es den Hinterbliebenen wenig Identifikationspotenzial. Ohnehin lebten die meisten Hinterbliebenen der in Rosenheim Bestatteten nicht vor Ort und besuchten die Kriegsgräberstätte lediglich zur Einweihung im Jahr 1961. Für die Rosenheimer Familien, deren Angehörige weit entfernt begraben worden waren, konnte das Denkmal lediglich als Ersatz-Erinnerungsort dienen, der auf den fernen Tod verwies. Auch dieser ferne Tod trug dazu bei, dass das Gedenken in Rosenheim nicht konkret war. Der Erinnerungsraum deckte sich nicht mit dem Erfahrungsraum. Das Rosenheimer Denkmal hatte für die Stadtgemeinschaft eine rein memoriale Funktion: Auf symbolischer Ebene sollte das Opfer der Kriegstoten anerkannt werden, und die Hinterbliebenen sollten einen Ort für ihre Trauer haben.

Anders in Penzberg. Das zentrale Denkmal der Stadt wurde zu Ehren von 16 Bürgerinnen und Bürgern der Stadt errichtet, die kurz vor Einmarsch der amerikanischen Truppen von den Nationalsozialisten getötet worden waren. Die Erinnerung an die Opfer war in mehrerlei Hinsicht sehr konkret: Die Erinnerungsgemeinschaft, die sich in Penzberg konstituierte, war zugleich über das gemeinsame Erleben der »Mordnacht« verbunden. Der Tod der 16 Mitbürger war kein ferner Tod an der Front. Vielmehr hatten nicht nur die Hinterbliebenen, sondern die gesamte Stadtgemeinschaft die Jagd der Nationalsozialisten auf die Verdächtigen miterlebt und wurden am Morgen nach der Mordnacht mit den Leichnamen konfrontiert, die das Werwolfkommando an Bäumen oder Balkonen aufgeknüpft hatte. Der Erinnerungsraum war in Penzberg also deckungsgleich mit dem Erfahrungsraum. Das Gedenken manifestierte sich am historisch konkreten Ort. Diese Gewalterfahrung vor der eigenen Haustüre führte dazu, dass dem kollektiven Gedenken über die memoriale auch eine therapeutische Funktion zukam: Im kollektiven Gedenken fand die Stadtgemeinschaft eine Ausdrucksform, um über das kollektive Trauma der Mordnacht zu sprechen. Auch dies ist ein Grund dafür, weshalb es unmittelbar nach Kriegsende im Stadtrat und in der Bevölkerung Konsens war, so bald als möglich ein Mahnmal zu errichten.

3.4 Lokale Erinnerungsnarrative und ihre Funktionen

In den Medien des kollektiven Gedächtnisses formte sich in beiden Städten unmittelbar nach Kriegsende ein jeweils eigenes Erinnerungsnarrativ, das es erlaubte, über den Krieg zu sprechen, ihn einzuordnen, dem Kriegstod einen Sinn zu geben und aus der Vergangenheit konkrete Handlungsanweisungen für die Gegenwart abzuleiten.

Um die Überlebenden über den persönlichen Verlust zu trösten, musste auch nach dem scheinbar so sinnlosen Massensterben, dem gewaltsamen Tod im Krieg ein Sinn eingeschrieben werden. Die Redner der Einweihungszeremonie in Rosenheim waren sich einig, dass die hier Bestatteten alle für den Frieden und das Überleben der Familien gestorben seien. Der Frieden war in seiner Abstraktheit das Einzige, was allen Anwesenden als Sinnhaftigkeit vermittelt werden konnte, denn alle anderen Erklärungsversuche hätten unweigerlich darin münden müssen, dass Täter und Opfer konkret benannt und somit innerhalb der Stadtgemeinschaft Konflikte aufbrechen würden. Der einzige Täter in diesem Narrativ war der Krieg selbst. Mit plakativen Umschreibungen abstrahierten die Redner jedoch auch ihn von konkreten Faktoren wie persönlichen Entscheidungen, individueller Teilnahme am Vernichtungskrieg, konkreten Tätern und Taten. Als Opfer hingegen durften sich alle Anwesenden fühlen, die Opfer-Identität war der kleinste gemeinsame Nenner einer heterogenen Erinnerungsgemeinschaft. Warum die Erinnerten zu Opfern wurden, konkretisierten die Rosenheimer Akteure nicht. Kriegserfahrungen und Opfergruppen wurden nivelliert, um das Konfliktpotential innerhalb der neu zusammengesetzten Stadtgemeinschaft, die sich erst als solche begreifen musste, nicht zu einem realen Konflikt werden zu lassen. Der Gestus der Stadt zeigte sich in der Ansprache des Bürgermeisters: Die Stadt nimmt sich aller Kriegsopfer an, die hier gestorben sind. Nach innen sollte dies zeigen, dass die Neubürger in die Gemeinschaft integriert würden. Nach außen präsentierte sich Rosenheim so als Stadt, die die nationalsozialistische Vergangenheit ebenso überwunden hatte wie das Chaos und die Nöte der Nachkriegszeit. Das lokale Erinnerungsnarrativ sollte in Rosenheim also ausgleichend wirken und den Neubürgern gegenüber eine integrative Haltung präsentieren. Hier konnte die Analyse zeigen, dass die ursprüngliche Intention und die Inszenierung der Einweihungsfeiern die Ausprägung, die Formen und die Rhetorik der weiteren kollektiven, rituellen Nutzung eines Denkmales prägen.

In Penzberg wirkten die Akteure auf ein ganz anderes Erinnerungsnarrativ hin. Mit dem Denkmal und den Veranstaltungen zum 28. April etablierten sie die Penzberger Mordnacht als lokalen Erinnerungsort. Das Sinnstiftungsangebot für die Hinterbliebenen und alle Bürgerinnen und Bürger, die von dem Gewaltexzess traumatisiert waren, besagte, dass die 16 Opfer ihr Leben freiwillig für den Erhalt des Bergwerkes, also der damaligen wirtschaftlichen Grundlage der Stadt, hingegeben hätten. Gleichzeitig betonten sie, dass die Ermordeten, und damit auch die Stadt, dieses Opfer freiwillig im Kampf gegen den Nationalsozialismus gebracht hätten, und machten damit das Widerstandsnarrativ stark. Die Täter, das waren in der Penzberger Erinnerung die Anhänger des Killerkommandos. Jedoch wurde auch hier weder differenziert, noch lokalisierte man die Täter: Darüber, dass auch Penzberger an der Verfolgung und Ermordung der Opfer beteiligt waren, schwieg das Erinnerungskollektiv. Über die Identifikation mit den 16 Ermordeten und dem Verschweigen der Täter schufen die Erinnerungsakteure so die Grundlage dafür, dass die ganze Stadt sich als Opfer des Nationalsozialismus begreifen konnte. Indem man ein so dramatisches Ereignis wie die Mordnacht in eine geordnete Erzählung überführte, sollte dieses Narrativ der Stadtgemeinschaft dabei helfen, den Schock und das kollektive Trauma zunächst sagbar zu machen, zu begreifen und schließlich erinnernd zu verarbeiten. Nach außen demonstrierte die Stadtgemeinschaft so ihre Distanz zum Nationalsozialismus und schuf sich ein positives Image. Diese behauptete Distanz zum Nationalsozialismus, die auch in den 1980er-Jahren noch von Klaus Tenfelde vertreten wurde, erleichterte der Stadt den Übergang zu Frieden und Demokratie. Diese Neuausrichtung ging jedoch zu Lasten einer ausgewogenen Erinnerungskultur. Das lokale Narrativ konnte nur aufrechterhalten werden, weil die über 400 Männer aus Penzberg, die im Krieg gekämpft hatten und gestorben waren, keinen Eingang in das Gedächtnis der Stadt fanden. Die Erinnerung an sie drückte sich in individuellen Praktiken aus und fand lediglich an privaten Gräbern oder im kirchlichen Rahmen statt.

3.5 Die Dynamik der Erinnerung

Erinnern ist ein dynamischer Prozess. Diese Dynamik kann jedoch in den einzelnen Fällen unterschiedlich stark ausgeprägt sein. Die Ausgangsfragen waren hier, wie sich die Erinnerungsnarrative mit der Zeit wandelten, ob es bestimmte überregional bedeutsame Themen gab, auf die die lokale Erinnerungskultur Bezug nahm, und vor allem, wie die Akteure es während des *floating gap* schafften, das kommunikative Gedächtnis der Stadt in die Speichermedien des kulturellen Gedächtnisses zu überführen. Die Gestalter des kollektiven Gedenkens sehen sich dabei immer vor der Herausforderung, dass die Erinnerung einerseits auf Dauer gestellt werden soll. Eine solche Dauerhaftigkeit ermöglichten Rituale. Andererseits sollte dem dynamischen Charakter des Erinnerungsprozesses Rechnung getragen werden. In welchem Verhältnis zueinander sollten also Beständigkeit und Dynamik stehen, um das Gedächtnis der Stadt möglichst vielen ihrer Bewohner zugänglich und nachvollziehbar zu machen – und dies mit zunehmender zeitlicher Distanz zum Krieg?

Die Gestalter des Kriegstotengedenkens in Rosenheim setzten auf bekannte Rituale. Das kollektive Gedenken am Volkstrauertag ist bis heute eine Mischung aus religiösen und säkularen Ritualen, wobei letztere vornehmlich aus dem Traditionsbestand des Militärs stammen. Bereits die militärische Inszenierung der Einweihungszeremonie der Kriegsgräberstätte hatte zur Folge, dass deren Bedeutung umcodiert wurde: Aus dem Denkmal für alle Opfergruppen wurde schnell der »Soldatenfriedhof«. Dieser Bedeutungswandel wurde noch einmal verstärkt, als der Rosenheimer Veteranenverein ein eigenes Denkmal forderte, an dem ab 1963 der Volkstrauertag gefeiert wurde. Doch auch mit der Bildsprache dieses Denkmales, das eine trauernde Mutter zeigte, waren die Veteranen nicht einverstanden, da es nicht auf die explizite Fronterfahrung der Gefallenen und Veteranen verwies. In der Folge setzten sie sich geschlossen von der offiziellen Feierstunde der Stadt ab, die bis 1980 am neuen Denkmal stattfand. Zur gleichen Zeit veranstaltete der Veteranenverein »bei den Soldatengräbern« ein eigenes Totengedenken, das ausschließlich den gefallenen Kameraden galt. In den Jahren zwischen 1961 und 1980 fand ein Bedeutungswandel statt: Die einstmals als Zeichen des integrativen Opfergedenkens gebaute Gedenkstätte wurde von den Veteranen angeeignet und damit umcodiert zur Gefallenenehrung.

In den Reden zum Volkstrauertag nahmen die Repräsentanten von Stadt und Kirche immer Bezug auf die aktuelle Tagespolitik. Dabei blieben sie einer der wichtigsten Aussagen des Denkmales verbunden, das die Überlebenden zum Frieden mahnen sollte.

Im Sinne einer solchen Mahnung funktionalisierten sie auch die Kriegstoten, je nach Anlass gegen eine Eskalation des Kalten Krieges, für friedliches Zusammenleben in der Stadtgemeinschaft oder gegen als bedrohlich wahrgenommene innenpolitische Tendenzen wie die Studentenbewegung oder den Terror der RAF. Alljährlich wurden die Toten des Zweiten Weltkrieges zu geschichtspolitischen Zwecken instrumentalisiert. Als die Warnung vor einem neuerlichen Krieg unter deutscher Beteiligung mit den ersten Auslandseinsätzen der Bundeswehr und den ersten toten Bundeswehrsoldaten nicht mehr glaubwürdig war, fanden die Redner eine neue Strategie, die Kriegstoten in den Wertekanon und das aktuelle Programm der gegenwärtigen Politik zu integrieren: Nun sollten sie Zeugen dafür sein, dass es Deutschlands Verpflichtung sei, für den Frieden in der Welt zu sorgen – notfalls mit Waffengewalt und unter Aufopferung des eigenen Lebens deutscher Soldaten.

Jedes Jahr publiziert der Volksbund seine »Handreichung zum Volkstrauertag«, der die kommunalen Organisatoren Text- und Gestaltungsvorschläge für ihre Feier entnehmen können. In dieser Handreichung findet sich auch die offizielle Formel, die ausdrückt, welche Opfer an diesem Tag betrauert werden. Über die Jahrzehnte kamen immer mehr Gruppen hinzu, woran sich vor allem ablesen lässt, für welche Taten und Leiden die deutsche Öffentlichkeit nach und nach durch die historische Forschung, die Nachkriegsjustiz und Entschädigungsverfahren sensibilisiert wurde. Auch in Rosenheim wird jährlich dieser Vordruck des VDK verlesen – eine authentische und für Rosenheim spezifische Dynamik des Gedenkens lässt sich darin nicht feststellen. Vielmehr verharren die Oberbürgermeister in einer unreflektierten Rezeption des Volksbund-Vordruckes, in der die Opfergruppen zwar benannt werden, jedoch gleichzeitig in ihrer Allgemeingültigkeit abstrakt bleiben. Unter anderem diese abstrakt bleibende Erinnerung sowie das Verharren in überholten militärischen Traditionen führte in Rosenheim zu einer geringen Reichweite des Volkstrauertages.

Während des *floating gap* ist es den Rosenheimer Akteuren also nicht gelungen, die kommunikativ tradierten Erinnerungen der

Kriegsgeneration in das kulturelle Gedächtnis der Stadt zu überführen und das kollektive Gedenken so zu modifizieren, dass die Rituale weiterhin ihre überzeitliche Funktion erfüllen, dabei aber reflektieren, dass sich das Gedenken inhaltlich seit den 1950er-Jahren verändert hat. Zwar gibt es auch in Rosenheim einzelne Speicher des kulturellen Gedächtnisses, die den Nationalsozialismus vor Ort behandeln und so lokalisieren. Doch hat die Dissertation über »Bürgertum und Nationalsozialismus«, die in ihrer sozialwissenschaftlichen Ausrichtung Tenfeldes »Proletarischer Provinz« gleicht, nicht deren breite Rezeption erfahren und nicht zu einer Auseinandersetzung mit Rosenheims Vergangenheit als »Provinzstadt der Bewegung« geführt. 1989 zeigte die Ausstellung »Rosenheim im Dritten Reich«, wie der Nationalsozialismus vor Ort aussah, wie er funktionierte, welche Folgen er hatte. Mit einer Lokalisierung des Nationalsozialismus sowie der Verfolgungs- und Vernichtungspolitik kann im 21. Jahrhundert ein Weg beschritten werden, wie die Erinnerung an den Krieg und seine Toten auch für die Nachkriegsgenerationen anschlussfähig bleibt: Indem die Kategorie des Raumes stark gemacht wird, kann die distanzierende Wirkung der Zeitspanne zwischen Erfahrung und Erinnerung abgemildert werden. 1989 wurde die Ausstellung breit rezipiert, die öffentlich geführten Diskussionen darüber offenbarten jedoch, dass immer noch der Kontext der Schuld zu präsent war, als dass sich die Stadt der Vergangenheit wirklich kritisch hätte stellen können.

Ganz anders sieht es in Penzberg aus, das mit der Mordnacht über ein positives Erinnerungsnarrativ verfügt, sodass die Erfahrung des Nationalsozialismus vor Ort erinnert werden kann, ohne eine eigene Täter-Identität zugeben zu müssen. Hier zeigt sich auch, dass der Raum die Erinnerung maßgeblich beeinflusst: Denn je konkreter die Erinnerung an den Krieg im eigenen Erfahrungsraum, »vor der eigenen Haustüre«, verortet werden kann, desto größer ist die Reichweite kollektiven Gedenkens, wie das Penzberger Beispiel zeigte: Die Form des kollektiven Gedenkens änderte sich auch in Penzberg nicht, seit der Denkmalseinweihung und dem ersten Jahrestag der Mordnacht nach der Einweihung gab es zunächst eine Trauerfeier der Stadt an den Ehrengräbern. Es folgte ein Schweigemarsch zum Denkmal, wo eine politische Kundgebung stattfindet, die von den Parteien organisiert wurde.

Der signifikante Unterschied zum Rosenheimer Volkstrauertag ist, dass die Gestalter des Gedenkens in Penzberg auf eigene Elemente des Gedenkens setzten, die für sie in konkretem Zusammenhang mit dem Ereignis und den Getöteten stehen. Zudem sind die Rituale nicht militärisch inszeniert, sondern stammen durchweg aus der bürgerlichen Ritualwelt. Mit der Ausnahme des Schweigemarsches, dem die Blutfahne als Erinnerungsartefakt vorangetragen wurde und der seine Wurzeln in den katholischen Prozessionen hat, vollziehen die Penzberger säkulare und zivile Rituale des kollektiven Gedenkens. Dass die musikalische und performative Gestaltung selbst gewählt ist und sich nicht an einem militärischen Traditionsbestand orientiert, trägt zu einer hohen Identifikation der Penzberger Stadtbevölkerung mit dem kollektiven Gedenken am 28. April bei.

Die Akteure, vornehmlich politische Repräsentanten, funktionalisierten in ihren Reden zum Jahrestag der Penzberger Mordnacht die Erinnerung an die Gewalttat für ihre geschichtspolitischen Zwecke und beriefen sich auf die Toten, deren Andenken man es schuldig sei, für bestimmte Ziele einzutreten. Als der fünfte Jahrestag und der erste Revisionsprozess der Mordnacht auf denselben Termin fielen, nutzten die lokalen Politiker diesen Anlass, um gegen die Freisprüche des Augsburger Gerichts zu protestieren. Es empörten sich die kommunalen und überregionalen Politiker allgemein über die westdeutsche Nachkriegsjustiz, die ihrer Meinung nach zu lasch entnazifiziert worden sei. Philipp Auerbach, Staatskommissar für rassisch, religiös und politisch Verfolgte, war in dieser Funktion regelmäßig als Redner nach Penzberg eingeladen und nutzte den Anlass, um an die zahlreichen Opfer der nationalsozialistischen Vernichtungspolitik zu erinnern und diese Opfer in das kollektive Bewusstsein der Deutschen zu rücken. In den folgenden Jahrzehnten mahnten die Trauerredner mit Verweis auf die Gewalttat in Penzberg vor allem zu Toleranz und Integration, aber auch Wachsamkeit gegen politischen Radikalismus. Die

Penzberger Mordnacht wurde in diesen Reden dezidiert mit neonazistischer Gewalt in Verbindung gebracht. Die Redner nutzten das lokale Erinnerungsnarrativ, um die geografisch noch entfernt scheinende Gewalt von rechts mit dem Erfahrungsraum der Penzberger zu verknüpfen.

Während die gleich bleibenden Rituale darauf hinwirkten, dass die zeitliche Distanz überwunden und die Erinnerung somit auf Dauer gestellt wurde, trug die sinnfällige Verknüpfung nationalsozialistischer und rechtsextremer Gewalt dazu bei, dass das Gedenken nicht statisch wurde und nicht in bestimmten Handlungen und Idiomen gerann, sondern eine dynamische Qualität erhielt.

In Penzberg nutzten die Akteure unterschiedliche Strategien, um das Narrativ der Mordnacht über die Erlebensgeneration hinaus im kommunikativen und kulturellen Gedächtnis der Stadt zu speichern. Als ein solches Medium des kulturellen Gedächtnisses fungiert beispielsweise die 1982 erschienene Arbeit von Klaus Tenfelde über die »Proletarische Provinz«, die in Penzberg, vor allem aber in der wissenschaftlichen Kommunität weithin rezipiert wurde. Im Jahr 1995, das den Höhepunkt eines europaweiten Erinnerungsboomes darstellte, veranstaltete die Stadt ein vielfältiges Programm, um an die Mordnacht zu erinnern. Dazu gehörten unter anderem didaktische Projekte wie ein Zeitzeugengespräch und ein groß angelegtes Schülerprojekt am Gymnasium, ein Kunstprojekt für Schülerinnen und Schüler sowie eine Ausstellung im Penzberger Stadtmuseum. Dort wurde zusätzlich ein Raum gestaltet, der sich der Mordnacht widmet. Präsentiert werden hier emotionsgeladene Artefakte wie die mit dem Blut der Getöteten bespritzte Augenbinde, die ihnen vom Werwolfkommando bei der Exekution angelegt wurde, aber insgesamt konzentriert sich die Darstellung auf die individuellen Biografien der Opfer. Die Schulprojekte wurden in Penzberg weitergeführt, und dieses Zusammenwirken von Historisierung, kommunikativer Vermittlung, kollektivem Gedenken und didaktischen Programmen für Schüler bewirkte die nach wie vor ungebrochen große Anziehungskraft des Erinnerungsortes Penzberger Mordnacht.

VI. Fazit

Die am weitesten gefasste Frage, die die Einleitung aufwarf, war die nach der Veränderung des Umgangs mit dem Tod durch das Massensterben im Zweiten Weltkrieg.

Philippe Ariès beschrieb in seiner »Geschichte des Todes«[1079], wie die Menschen den Tod über die Jahrhunderte zähmten[1080] und ihn seit dem Ende des 19. Jahrhunderts aus dem Alltagsleben in Krankenhäuser, Hospize und Pflegeheime verdrängten.[1081] Diese Verdrängungstheorie war lange Zeit Konsens in der Erforschung der Geschichte des Todes. Erst seit dem Beginn des 21. Jahrhunderts betonten Forscherinnen und Forscher eine Rückkehr der Toten in die öffentliche Wahrnehmung, die sie jedoch der Präsenz der Massenmedien und Krankheiten wie AIDS zuschrieben.[1082] Das Zeitalter der Weltkriege klammerten sie aus der Erforschung des gesellschaftlichen Umgangs mit dem Tod aus, indem das massenhafte Töten und Sterben in den beiden Weltkriegen als Ausnahme von dieser Verdrängung des Todes aus der Öffentlichkeit verstanden wird.[1083]

1079 Ariès (1995): TOD.
1080 Ariès (1995): TOD, S. 42.
1081 Philippe Ariès bezeichnet u. a. das Krankenhaus als »Ort des verdrängten Todes« nach 1945.
1082 Rosenstock, Roland: *Six feet under. Bestattungskultur aus der Perspektive fiktionaler Fernsehunterhaltung.* In: Klie, Thomas (Hg.): *Performanzen des Todes: neue Bestattungskultur und kirchliche Wahrnehmung,* Stuttgart 2008, S. 208–221.
1083 Vgl. Rosenstock (2008) BESTATTUNGSKULTUR, S. 208: »Sieht man vom massenhaften öffentlichen Sterben in den beiden Weltkriegen ab und damit vom Schlachtfeld, dem Massengrab und dem ›Lager‹ als Ort des Verreckens, sieht man also in den tödlichen Folgen des Bombenkrieges und von Flucht und Vertreibung für die Zivilbevölkerung nur eine Momentaufnahme der ›Geschichte des Todes‹, dann wird das Krankenhaus nach 1945 zum Ort des ›verdrängten Todes‹.«

Damit verdrängte die Forschung bisher, dass das »Zeitalter der Extreme« (Hobsbawm) auch hinsichtlich der Präsenz des Todes und des Sterbens ein Extrem darstellte: Die Erfahrung des massenhaften Sterbens war nicht nur den Soldaten auf den Schlachtfeldern vorbehalten. Auch die Zivilbevölkerung war während des Zweiten Weltkrieges auf eine bisher nicht gekannte Art und Weise mit dem Tod konfrontiert: Nahezu jede Familie hatte Angehörige auf dem Schlachtfeld verloren, meist war es ihnen unmöglich, die Gefallenen selbst zu bestatten oder die Leichname in die eigene Heimatstadt zu überführen. Der Bombenkrieg brachte den Tod in die Städte, die die enorme Anzahl an Leichen nicht mehr ordentlich bestatten konnten, sondern Leichenberge auf öffentlichen Plätzen verbrannten.[1084] In den letzten Wochen des Krieges passierten die Todesmärsche von KZ-Häftlingen auch oberbayerische Dörfer und konfrontierten so die Bewohnerinnen und Bewohner mit den Gräueln der nationalsozialistischen Konzentrationslager. Penzberg schließlich ist nur ein Beispiel dafür, wie Werwolfkommandos noch kurz vor Kriegsende in den Städten auch gegen die deutsche Bevölkerung wüteten. Kurz: Der Tod fand in den Jahren von 1939 bis 1945 vielfältige Wege in das öffentliche Bewusstsein.

Die Ausgangsfrage der Untersuchung lautete, wie diese neue Präsenz des Todes den gesellschaftlichen Umgang mit dem Tod beeinflusste. Hinsichtlich des kollektiven Gedenkens der Stadtgemeinschaften ließen sich eine zunehmende Hinwendung zu den Weltkriegstoten und eine große Präsenz des Kriegstodes in der Öffentlichkeit feststellen. Denkmäler erinnerten an zentralen Orten an die Kriegstoten. An Gedenktagen wie Allerheiligen, Totensonntag, dem Volkstrauertag oder spezifischen örtlichen Daten wurde der Toten gemeinschaftlich rituell gedacht. Die Erinnerungsakteure funktionalisierten die Toten dabei zu unterschiedlichen Zwecken. Klassische Sinnstiftungsstrategien des politischen Totenkultes wie der Verweis auf das heldenhafte Sterben für Volk und Vaterland konnten nach dem Zweiten Weltkrieg nicht mehr funktionieren.

1084 S. Süß (2011): Luftkrieg, S. 438–451.

Die Erinnerungsakteure mussten neue sprachliche und nichtsprachliche Formen finden, um dem gewaltsamen Tod einen Sinn einzuschreiben. Zunächst sollte das Gedenken die Hinterbliebenen trösten und das Opfer der Toten anerkennen. Denkmäler und Zeremonien für die Kriegstoten sollten an die Kriegsgräuel erinnern und die Gesellschaft der Überlebenden zum Frieden mahnen. In den Gedenkreden wurden die Toten geschichtspolitisch instrumentalisiert und als Argument gegen so unterschiedliche politische Entwicklungen wie die deutsche Nachkriegs-Justiz oder den Terrorismus der RAF angeführt. Das kollektive lokale Gedächtnis fokussierte sich dabei jeweils auf die »eigenen Toten«, die aus der jeweiligen Stadt stammten. Sie wurden in doppeltem Sinne als Opfer erinnert: erstens in der Bedeutung des Sakrifiziums, also dass sie aufopferungsvoll ihr Leben für die restliche Handlungseinheit, die Stadtgemeinschaft, gegeben hätten. Die Betonung einer Opferidentität war in der Nachkriegszeit zentraler Bestandteil einer Erinnerungsstrategie, die sich auf die gefallenen deutschen Soldaten konzentrierte, deren Einsatz im Krieg rechtfertigte und als aktives Opfer für die Gemeinschaft überhöhte. Somit war die Konzentration auf die »eigenen« Gefallenen Teil der Strategie, das Ansehen der ehemaligen Wehrmachtssoldaten in der Erinnerung zu ehren.

Zweitens stilisierten die Stadtgemeinschaften die deutschen Kriegstoten zu unrechtmäßig erlittenen Opfern im Sinne des englischen *victim*. Die toten Angehörigen waren nun ein Opfer, das die Hinterbliebenen, die Familien ebenso wie die Stadtgemeinschaften, erlitten hatten und betrauerten. Während diese erlittenen Kriegsopfer also nach 1945 sehr präsent im kollektiven Gedächtnis waren, schwieg man über die verursachten Kriegsopfer weitestgehend. Das kollektive Totengedenken war Teil einer Viktimisierungsstrategie, mit der sich die westdeutsche Nachkriegsgesellschaft bewusst vom Nationalsozialismus und dem Vernichtungskrieg abzugrenzen versuchte.[1085] Diese Abgrenzungsversuche sollten den Übergang

---

1085 Während in Westdeutschland das Narrativ der Kriegsopfer prägend war, konzentrierten sich die Erinnerungsakteure in der DDR darauf, ihre antifaschistische Haltung gleichsam historisch zu belegen und sich als Opfer im

zur friedlichen Zivilgesellschaft und zur Demokratie erleichtern, führten jedoch langfristig zu einer Verdrängung der eigenen Täterschaft.

Häufig beklagten die Erinnerungsakteure eine zu geringe Beteiligung der Bevölkerung an den offiziellen Gedenkfeiern für die Toten. Hatte der Zweite Weltkrieg das persönliche, individuelle Totengedenken so sehr verändert, dass es nicht mehr im öffentlichen Raum stattfand? Zunächst muss festgestellt werden, dass auch an den Zeremonien zum Volkstrauertag regelmäßig Bürgerinnen und Bürger der Städte teilnahmen. Dies waren größtenteils Angehörige von Soldaten, die im Krieg gestorben waren. Kollektive Gedenkfeiern hatten jedoch keinen zentralen Stellenwert innerhalb der individuellen Praktiken, mit denen die Hinterbliebenen ihrer im Krieg gestorbenen Angehörigen gedachten. Vor allem ist dieser Rückzug ins Private wohl auf das entindividualisierende Totengedenken der Nationalsozialisten zurückzuführen, das zudem jeden Ausdruck von Trauer negiert hatte. Nach Kriegsende distanzierten sich die trauernden Hinterbliebenen von kollektiven Gedenkfeiern. In den persönlichen Erinnerungsformen der Hinterbliebenen lassen sich vor allem individualisierende Tendenzen ausmachen, wie zum Beispiel der häufig geäußerte Wunsch, in einem Kriegsgräberensemble einen selbst gestalteten Grabstein aufzustellen, der sich in der Form von den unzähligen anderen abheben sollte. Die Hinterbliebenen wollten ihre Toten nicht von einem politischen Akteur vereinnahmen lassen, sondern sie als Individuum erinnern.

Die Rituale selbst änderten sich kaum, sie wurden lediglich nicht bei kollektiven Feiern, sondern eben privat praktiziert – wenn auch meist im öffentlichen Raum. Vor allem der ferne Tod stellte eine große Herausforderung an die Übergangsriten dar, die die Hinterbliebenen meist modifizierten, um weit entfernt vom Grab die gewohnten Rituale vollziehen zu können. Der Raum zwischen den Trauernden und dem Grab konnte nicht nur imaginiert (mit Symbolgräbern und Ersatzhandlungen), sondern konkret überwunden

---

antifaschistischen Kampf gegen Hitler zu stilisieren.

werden, und so erfuhren die vom VDK organisierten Reisen zu Kriegsgräbern großen Zuspruch. Für die Hinterbliebenen erfüllten bald die Einweihungszeremonien von Kriegsgräberstätten die Funktion einer symbolischen Bestattung des Toten und waren als einzige kollektive Gedenkveranstaltung immer und über Jahrzehnte hinweg hoch frequentiert.

Die Hinterbliebenen wollten jedoch nicht nur den Raum im Gedenken überwinden. Seit dem Mittelalter legten die Menschen Wert auf das »gute Sterben« – also die bewusste Vorbereitung auf den Tod durch bestimmte Rituale. Der jähe Tod hingegen war gefürchtet. Der Tod im Krieg fügte sich in keine dieser Vorstellungen und gewohnten Kategorien und verlangte nach einer besonderen Zähmung, damit die Hinterbliebenen trotz ihres Schmerzes den Verlust verarbeiten konnten. Beim VDK gingen unzählige Anfragen nach der letzten Ruhestätte von Soldaten ein. Die genaue Bestimmung des Bestattungsortes war für die meisten Angehörigen der erste Schritt, um den Tod als real anzuerkennen. Ihnen war es ein Trost, dass die geliebte Person zumindest ein ordentliches Begräbnis erhalten hatte und es einen konkreten Ort gab, auf den man die Erinnerung richten konnte. Mit bekannten Repräsentationen des Todes konnten Hinterbliebene auch den fernen Tod an der Front in die eigene Erfahrungswelt integrieren.

Das massenhafte Sterben wirkte sich signifikant auf den gesellschaftlichen Umgang mit dem Tod aus. Die neue Symbolsprache der Denkmäler betonte in Westdeutschland nun die Kriegsauswirkungen und die Trauer der Hinterbliebenen, sei es als Einzelne oder als städtisches Kollektiv. Denkmäler, Rituale und Rhetoriken reproduzierten ein kollektives Opfernarrativ, das die disparaten Kriegs- und Verlusterfahrungen integrierte. Kommunale Denkmäler oder Trauerreden bei kollektiven Zeremonien erfüllten die Funktion, das individuelle Opfer der Toten und den Verlust der Hinterbliebenen anzuerkennen. So konnte die westdeutsche Nachkriegsgesellschaft über den Krieg und die Kriegstoten sprechen, das erlebte Trauma darin verarbeiten und gleichzeitig von deutschen Täterinnen und Tätern schweigen. Nicht der Tod, sondern der Akt des Tötens wurde im kollektiven Gedenken verdrängt.

Hannah Arendts Feststellung einer »fehlenden Trauer« in der deutschen Nachkriegsgesellschaft kann nicht bestätigt werden. Trauer fand vor allem in individuellen Praktiken Ausdruck, im öffentlichen Raum wurden ihr spezielle Orte und Tage außerhalb des Alltags zugewiesen. Diese Reglementierung des Gedenkens und der Trauer hatte einen ganz pragmatischen Zweck: Trotz der traumatischen Erfahrung des Weltkrieges konnte die Nachkriegsgesellschaft nicht in der Trauer verharren. Zusätzlich zu den Erfordernissen des Alltages mussten die Anstrengungen, die der demokratische Neuanfang mit sich brachte, bewältigt werden. Etwas Grundsätzliches im Umgang mit dem Tod, auch wenn er angesichts der horrenden Opferzahlen in der Öffentlichkeit und im Privaten präsenter war als zuvor, änderte sich nicht: Trauer und Gedenken hatten genau definierte Zeiten und Orte, rituelle Handlungen und Sprechmuster. Dies eröffnete Möglichkeiten, über die Trauer und den Verlust zu sprechen und gleichzeitig die Anforderungen des Alltags zu meistern und nicht in Trauer zu verharren.[1086]

Akteure: Intentionen, Konflikte und Koalitionen

Schon während des Krieges erlebten die christlichen Kirchen einen deutlich größeren Zulauf als die nationalsozialistischen Heldengedenkfeiern, wenn es um das Gefallenengedenken ging.[1087] Im Gegensatz zum nationalsozialistischen Heldenkult waren die Übergangsrituale der Kirchen im kulturellen Gedächtnis so verwurzelt, in der Bevölkerung so eingeübt, dass sie im Todesfall den Hinterbliebenen mehr Trost und Halt vermittelten. Das christliche Trostangebot ist konkret: Es verspricht ein Weiterleben nach

---

1086 Vgl. hierzu Freuds Ausführungen zu Trauer und Melancholie, der ein solches Verharren im Betrauern des verlorenen geliebten Objekts als krankhaft und neurotisch beschreibt: Freud: TRAUER.
1087 Als Quelle zur Einstellung der NSDAP gegenüber den Kirchen hinsichtlich der Gestaltung von Trauerfeiern s. Rosenberg (1942): LEBENSFEIERN, S. 26. Allgemein zu den Kirchen im »Dritten Reich« s. die Überblicksdarstellung von Strohm (2011): KIRCHEN.

dem Tod, ein Wiedersehen im Jenseits. Im Gegensatz dazu war das Sinnstiftungsangebot der Nationalsozialisten zu abstrakt, um den Angehörigen der Gefallenen Trost zu spenden: Weder das Überleben der Volksgemeinschaft noch der »Führer« oder das Fortbestehen des »Großdeutschen Reiches« konnten den Schmerz über den gewaltsamen Tod der Soldaten als Rechtfertigung in die propagierte »stolze Trauer« verwandeln. Trotz der seit 1933 aggressiv eingeübten Heldenrhetorik empfanden die Hinterbliebenen der Gefallenen den Verlust als schmerzvoll. Die »Volksgemeinschaft« als imaginierte Gemeinschaft[1088] war den Trauernden zu fern und die Vorstellung vom »ewigen Blute der Volksgemeinschaft«, in dem auch die Gefallenen nicht wirklich tot seien, zu abstrakt, um den Schrecken des Todes zu lindern.

In der unmittelbaren Nachkriegszeit waren der Totensonntag und Allerheiligen beziehungsweise Allerseelen die zentralen Totengedenktage. Der Volkstrauertag wurde erst 1952 zum ersten Mal wieder begangen. Im Gegensatz zu einem staatlichen Totengedenken oder einem Akteur wie dem Volksbund waren die religiösen Rituale weder militaristisch noch kriegsverherrlichend, sodass die Militärregierung die Aktivitäten der Kirchen nicht reglementierte. So konnten die Geistlichen unmittelbar nach Kriegsende der Bevölkerung Trost spenden und den gewaltsamen Tod in ein Sinnstiftungsangebot einordnen. Die christlichen Kirchen verstanden es nicht nur, Trost zu spenden. Mit dem Argument, dass unter anderem die Abkehr von Gott und der Kirche den Weltkrieg erst ermöglicht hätte, nutzten sie die Erinnerung an das gewaltsame Massensterben und -töten, um eine Rechristianisierung der Bevölkerung zu erwirken.[1089]

Ob seiner revanchistischen Tendenzen in der Weimarer Republik und der frühzeitigen freiwilligen Gleichschaltung im »Dritten Reich« wirkt es zunächst bemerkenswert, dass die Militärregierung es dem Volksbund deutsche Kriegsgräberfürsorge bereits 1946

1088 Anderson (2006): IMAGINED COMMUNITIES.
1089 S. dazu Süß (2011): LUFTKRIEG, S. 518.

erlaubte, seine Arbeit wieder aufzunehmen. Diese Entscheidung war beeinflusst von der großen Zahl an Kriegstoten und ungewissen Schicksalen, die in der Nachkriegszeit administrativ zu bewältigen und klären waren. Es war schlicht zu viel zu bewältigen, als dass man auf die bewährte Arbeit des Volksbundes dauerhaft hätte verzichten können. Neben dem Suchdienst des Roten Kreuzes war der Volksbund hierfür die wichtigste Stelle, da er über jahrzehntelange Erfahrung und bewährte Strukturen verfügte. Während die Militärregierung die Symbolik des materiellen Kriegstotengedenkens kontrollierte[1090], setzte sie beim administrativen Umgang mit den Kriegstoten auf etablierte Akteure und Strukturen – auch wenn dies bedeutete, einen revanchistischen Verbund wieder einzusetzen, der früh seine freiwillige »Gleichschaltung« vollzogen und sich aktiv am Heldengedenken der Nationalsozialisten beteiligt hatte.

Der VDK agierte sowohl im kollektiven als auch persönlichen Totengedenken. Dabei gestaltete er nicht nur beide Erinnerungsfelder mit, sondern verband die beiden Felder gleichsam. Das Kriegstotengedenken in der Bundesrepublik ist in vielerlei Hinsicht mit der Arbeit des Volksbundes verknüpft. Es ist eine spezielle Konstruktion, dass sich in Deutschland ein privater Verein und nicht direkt die Politik, beispielsweise ein eigenes Ministerium oder eine Dienststelle in einem Ministerium, um das Kriegstotengedenken kümmert.

Vereine, die sich der militärischen Traditionspflege verschrieben haben, wie die Krieger- und Veteranenvereine, prägen bis heute das Bild kollektiver Gedenkzeremonien. Ihre Befindlichkeiten hinsichtlich der Form kollektiver Erinnerung berücksichtigten die Gestalter der Feiern: Das Beispiel Rosenheim zeigte, dass das integrative, unmilitärische Totengedenken der Nachkriegszeit nicht den Geschmack des Veteranenvereins traf, der daraufhin so lange und vehement ein neues eigenes Kriegerdenkmal forderte, bis es die Stadt schließlich baute.

1090 Kontrollrat (1946): Direktive Nr. 30.

Meist waren es die Vertreter der Stadtpolitik, die die lokale Erinnerungskultur bestimmten, Geistlichkeit und Veteranenvereine gestalten sie lediglich mit. In Penzberg gab es zunächst einen Konflikt um das Gedenken, als die Parteien des Stadtrates über die Motivation des Engagements der Getöteten diskutierten, ob sie als aktive oder passive Opfer erinnert werden sollten und welcher Akteur sich um das Gedenken bemühen sollte. Die Kommunistische Partei vereinnahmte die Toten für sich, da sie sich aus ihrer Perspektive für die antifaschistische Ideologie geopfert hätten. Die Sozialistische Partei hingegen betonte, dass sie für die Stadtgemeinschaft gestorben seien. Anschlussfähiger für das Gedenken des Stadtkollektivs war freilich das letztere Argument. Das Stadtratsplenum beschloss, dass die Stadt das Totengedenken und die Formen der Erinnerung zentral organisieren und gestalten sollte. Seitdem finden an jedem 28. April zwei Zeremonien statt: die offizielle Gedenkfeier der Stadt an den Ehrengräbern und eine anschließende Kundgebung am Denkmal.

Der Fokus auf die lokalen Erinnerungskulturen zeigte, wie vielschichtig die Wechselbeziehungen der Akteure waren. In Rosenheim wurde vier Jahre nach Kriegsende das erste Denkmalprojekt angeregt, das jedoch die nächsten 15 Jahre nicht realisiert werden sollte, da die Wohnungsnot und die Versorgung der Kriegsversehrten akutere und wichtigere Themen der Stadtverwaltung waren. Die Gründungsmitglieder der Erinnerungsinitiative waren jedoch auch weiterhin aktiv in der lokalen Memorialkultur und waren in ihren Funktionen nicht scharf voneinander abzugrenzen. So war beispielsweise Georg Lipp nicht nur Geistlicher und Seelsorger, dem es am Herzen lag, der Bevölkerung einen Ort der Trauer zu errichten und damit Trost zu spenden. Lipp hatte auch als Feldgeistlicher an den Feldzügen im Osten und in Griechenland teilgenommen. Damit hatte er ganz persönliche Motive, den Gefallenen ein ehrendes Denkmal zu errichten. Nachdem die sozialdemokratischen Oberbürgermeister das Thema Kriegsopfermal Ende der 1950er-Jahren nicht weiterverfolgt hatten, machte es der 1961 ins Amt gewählte Kandidat der CSU zu einer Priorität der Stadtpolitik und realisierte es innerhalb von zwei Jahren. Die

Dynamik, die das Projekt mit dem personellen Wechsel erhielt, ging nicht auf rein politische Programme, sondern vor allem auf die Biografie des neuen Oberbürgermeisters zurück, der selbst im Zweiten Weltkrieg schwer verwundet worden war und Mitglied im Rosenheimer Veteranenverein war. Dieser Veteranenverein, der auf den Bau eines expliziten Kriegerdenkmales drängte, war in den Nachkriegsjahren immer mit mindestens einem Mitglied im Stadtrat vertreten, wo er sein Anliegen direkt formulierte. Auf der lokalen Ebene der Erinnerungskultur lässt sich also ausmachen, dass es nicht nur um Konflikte oder Koalitionen zwischen den Erinnerungsakteuren geht. Die vorgestellten Einzelfälle zeigen, dass dieselbe Person verschiedenen Akteursgruppen angehören und deren Interessen vertreten konnte und wie wichtig die Biografie für Motivationen von Akteuren ist.

Untersucht man die Akteursgruppen, die ein gemeinsames Interesse und Ziel ihrer Erinnerungsstrategie verfolgten, so zeigen sich in den Fallstudien deutliche Hierarchien der Akteure. Das Gedächtnis der Stadt wird vornehmlich von den offiziellen Vertretern der Kommunalpolitik gestaltet. Je nachdem, ob die Erinnerungsgemeinschaft sich in einem traditionell bürgerlich geprägten Stadtmilieu oder in einer Arbeiterstadt konstituierte, variierten die Koalitionen, die die Stadträte als Erinnerungsakteure eingingen. Im Falle Rosenheims waren es vor allem die katholische Kirche und der Veteranenverein, mit denen die Stadt zusammenarbeitete. Opfergruppen hatten keinen Anteil an der Gestaltung des Gedächtnisses der Stadt. Auch in Penzberg war der wichtigste Akteur die Stadtverwaltung. Unterstützung suchte sie sich im Milieu der Arbeiter und im Umfeld der Opfer des NS-Regimes und erhielt sie von Gewerkschaften, der VVN und dem Staatskommissariat für rassisch, religiös und politisch Verfolgte. Vertreter der Amtskirche beteiligten sich in diesem Fall nicht an dem offiziellen städtischen Gedenken.

Die Hierarchien der Akteure offenbaren auch eine Opferhierarchie im kollektiven Gedenken. So waren es in Penzberg die 16 ermordeten Mitbürgerinnen und Mitbürger, auf die sich das kollektive Gedächtnis fokussierte. Nicht nur die konkrete Betroffenheit der gesamten Stadtgemeinschaft, sondern auch das Narrativ vom Opfer im Widerstand gegen die Naziherrschaft ließen die Penzberger Mordnacht zum zentralen Erinnerungsort der Stadt werden. Mit dem Bezug auf das einzige positive Identifikationsangebot während der NS-Zeit konnte die Stadt Penzberg ein positives Stadtimage kreieren, das durch Denkmäler und Gedenkzeremonien, Schulprojekte und Ausstellungen bis heute reproduziert wird. Kriegsopfer, die nicht in dieses positive, antinationalsozialistische Stadtimage passten, weil sie auf die Teilhabe am nationalsozialistischen Vernichtungskrieg verwiesen, erhielten keinen eigenen Ort im Gedächtnis der Stadt. Die Gefallenen wurden vor allem privat erinnert. Der einzige Akteur, der sich des Gefallenengedenkens nach 1945 annahm, waren die Vertreter der Kirche, die in den 1950er-Jahren den Volkstrauertag organisierten und mit einem Gottesdienst begingen. Die Frage, wessen Opfer kollektiv erinnernswert war, wurde in Penzberg also vor allem davon bestimmt, welches Narrativ zu einem positiven Stadtimage beitrug. Dass die Hinterbliebenen der Gefallenen nicht als Stadtkollektiv, sondern im Familienverbund oder als kirchliche Gemeinde gedachten und es zu keinem Konflikt innerhalb der Stadtgemeinschaft kam, lässt darauf schließen, dass das kollektive städtische Gefallenengedenken nicht den höchsten Stellenwert innerhalb der sozialen Gedenkpraktiken hatte. Familiäre und gemeinschaftliche Bindungen innerhalb der Religionsgemeinschaft hatten hier eine stärkere Bindekraft.

Der fremden Toten wurde in beiden Städten in einem integrativen, nivellierenden Opfernarrativ gedacht, das alle gleichermaßen zu Opfern stilisierte und die deutsche Täterschaft nicht reflektierte. Im Lauf der Jahrzehnte reklamierten unterschiedliche Opfergruppen eine Anerkennung ihres Leides, jedoch waren auch darunter nicht die Opfer, beziehungsweise deren Hinterbliebenen von Zwangsarbeit, Kriegsgefangenschaft oder der Schoah. Dieser Befund stärkt die These, dass die Erinnerung Agenten brauchte, die sie wachhielten: Nach Kriegsende gab es in Rosenheim und Penzberg (und der Befund ließe sich auf einen größeren Radius ausweiten) keine Angehörigen mehr von Kriegsgefangenen, Zwangsarbeitern oder in der Schoah ermordeter Juden, die einen individuellen Ort und Raum im Gedächtnis der Stadt hätten einfordern können.

Funktionen des kollektiven Totengedenkens

Das lokale Totengedenken hat sowohl innerhalb der Kummune also auch nach außen wichtige Funktionen für die Stadtgemeinschaft.

Zunächst ist das Gedächtnis der Stadt eine Ausdrucksmöglichkeit, um über den Zweiten Weltkrieg und seine Folgen zu sprechen und damit das Erlebte zu verarbeiten. Denkmäler für die Toten zeigen, wie der gewaltsame Tod im Krieg eingeordnet wurde.

Im kollektiven Totengedenken wurden diese Sinnstiftungsangebote, ebenso wie Deutungen des Krieges, reproduziert und in der rituellen Aufführung eingeübt. Das Sprechen über den Krieg diente der Erinnerungsgemeinschaft dazu, sich selbst in der neu geordneten Nachkriegsgesellschaft zu verorten. Die Erinnerungsgemeinschaften vor Ort waren in der Nachkriegszeit sehr disparate Stadtgemeinschaften, in denen Täter wie Opfer des nationalsozialistischen Systems nun zusammenleben und sich im demokratischen System neu orientieren mussten. Angesichts der unterschiedlichen Kriegserfahrungen mussten die Akteure der lokalen Erinnerungskultur nach einem Narrativ suchen, das allen Kriegserfahrungen gerecht wurde. Die Lösung dieser heiklen Aufgabe versprach der Rückzug auf ein allgemeines Opfernarrativ: Jedes Mitglied der Erinnerungsgemeinschaft wurde als Opfer des Krieges begriffen. Um Gräben innerhalb der Stadtgemeinschaft zu überbrücken, nivellierten die lokalen Akteure die Gewalterfahrungen, hoben die Unterschiede zwischen Tätern und Opfern auf und etablierten als kleinsten gemeinsamen Nenner der Kriegserfahrung die Identität als Opfer des Krieges.

Hier lassen sich mehrere Funktionen ausmachen, die sich die Akteure vom kollektiven Totengedenken in der Stadtgemeinschaft erhofften: Das Negieren der Täterschaft und das Betonen der gemeinsamen Opfererfahrung sollte Konflikte ausgleichen, um das Zusammenleben innerhalb der disparaten Stadtgemeinschaft zu erleichtern. So fungierte das Totengedenken innerhalb der Stadtgemeinschaft stabilisierend und vergemeinschaftend.

In Penzberg konzentrierte sich das Gedächtnis der Stadt auf 16 Mitbürgerinnen und Mitbürger, die in den letzten Kriegstagen von den Nationalsozialisten getötet worden waren. Ihnen wurde eine herausragende Bedeutung für das Überleben der Stadt zugeschrieben. Das Engagement dieser Penzberger wurde im Nachhinein zum sakrifiziellen Opfer im aktiven Widerstand gegen das NS-Regime stilisiert und die Penzberger Mordnacht über die Jahre hinweg zum zentralen Erinnerungsort der Stadt. Das Narrativ vom antifaschistischen Widerstand einzelner Bürger wurde von den Akteuren der Erinnerung funktionalisiert, um der gesamten Stadt eine antifaschistische Identität zu geben. Das kollektive Erinnern an die Opfer der Penzberger Mordnacht dient bis heute einer ganzen Stadtgemeinschaft dazu, sich vom Nationalsozialismus und seinem Vernichtungskrieg zu distanzieren, indem sie sich auf den Widerstand Einzelner bezieht. Die Abgrenzung vom Nationalsozialismus erleichterte in Penzberg den Übergang von der Diktatur zur Demokratie: denn wer vermeintlich keine nationalsozialistische Vergangenheit hatte, der brauchte diese auch nicht aufzuarbeiten. Nach innen wirkte das Erinnerungsnarrativ als positives Identifikationsangebot für die Stadtgemeinschaft. Nach außen konstruierten die kommunalen Politiker ein positives Image der Bergarbeiterstadt.

Ebenso nutzte der Rosenheimer Oberbürgermeister das kollektive Gedenken zur Imagepolitik. Indem er allen Kriegstoten das »ewige Ruherecht« in der Rosenheimer Kriegsgräberstätte zusicherte, präsentierte er Rosenheim als eine Stadt, die nicht nur alle Toten in ihr Gedenken, sondern auch die Lebenden in die Stadtgemeinschaft integrierte. Das gleiche Narrativ, das innerhalb der Erinnerungsgemeinschaft zur Stabilisierung, Identifikation und Vergemeinschaftung beitrug, fungierte nach außen als positives Stadtimage.

Eng verknüpft mit der Konstruktion eines positiven Images der Erinnerungsgemeinschaft nach außen war die Funktionalisierung des Totengedenkens durch die Trauerredner, um mit der

Vergangenheit Politik zu betreiben. So verwiesen die Redner an Gedenktagen auf die Toten der beiden Weltkriege, um vor neuen Kriegen oder bedenklichen politischen Entwicklungen im Innern zu warnen und die Menschen zum Frieden zu mahnen. Mit den ersten Auslandseinsätzen der Bundeswehr zeigte sich jedoch eine neue Funktionalisierung der Kriegstoten, die nun das zentrale Argument für die Verteidigung von Frieden und Freiheit waren.

Gender Roles

Die Geschichte des erinnerten Kriegstodes ist eine Geschichte von trauernden Frauen und heldenhaft gefallenen Männern. Die Plastiken, die auf Trauer und Verlust verwiesen, stellten vorwiegend trauernde Frauen dar. Diese Gestaltung setzte die Annahme voraus, dass das Sterben und Töten im Krieg Männersache sei, während Frauen nur indirekt zu Opfern wurden, wenn der geliebte Sohn oder Ehemann starb.

Für Frauen hatte die Memorialkultur nach 1945 ein begrenztes Rollenrepertoire: entweder trauernde oder treu wartende Ehefrau respektive Mutter. Wenn es in den zeitgenössischen Medien um den individuellen Umgang mit Toten und Vermissten ging, so standen immer die Frauen im Fokus. Seien es Berichte über geschmückte Gräber und Denkmäler, über Reisen zu Kriegsgräbern oder Geschichten von Spätheimkehrern, Verschollenen oder für tot Erklärten, deren Frauen auch zehn Jahre nach Kriegsende noch treu warteten. Dieselben Berichte erwecken den Eindruck, dass auch bei den öffentlichen Gedenkfeiern eine Rollenverteilung vorherrschte, in der Männer lediglich als offizielle Repräsentanten, als organisierte Veteranen oder als Geistliche auftraten. Trauernde Teilnehmende waren Mütter und Ehefrauen. Trauer wurde weiblich codiert, allgemein zu einer weiblichen Sphäre deklariert. Die einzige Ausdrucksform, in der Trauer für Männer sagbar war, war die Trauer um Gefallene innerhalb des Narratives der Kameradschaft. So bezog sich die männliche Trauergemeinschaft der Veteranen auf die Fronterfahrung, einen Männerbund außerhalb der Zivilgesellschaft.

Auf Fotografien von Denkmalseinweihungen und Kriegsgräberreisen sind jedoch sehr häufig Paare zu sehen, die Männer in ziviler Kleidung zeigen, wie sie am Grab ihres gemeinsamen Kindes oder am Denkmal um ihr Kind trauern. Auch die Briefe an den Volksbund belegen, dass Männer nicht nur ihrer gefallenen Kameraden gedachten, sondern auch in ihrer Rolle als Vater und Bruder um Familienangehörige trauerten. Der Raum jedoch, den die Akteure mit dem kollektiven Gedenken schufen, negierte männliche zivile Trauer um Kriegstote.

Diese Konnotation von Trauer als »weiblich« und Sterben im Krieg als »männlich« impliziert eine traditionelle Rollenverteilung, die nach dem Krieg wiederhergestellt werden sollte. Der Krieg hatte zu einer Abwesenheit der Männer geführt, Frauen waren in traditionell als männlich zugewiesenen Bereichen tätig geworden, und der Alltag vieler Familien strukturierte sich in der Abwesenheit des Vaters neu. In den letzten Jahren des Krieges erlaubte die Propagandaleitung, dass auch die Todesanzeigen von Luftschutzhelferinnen, die in dieser Funktion umgekommen waren, mit dem Eisernen Kreuz versehen werden durften. Die Frauen an der »Heimatfront« sollten ebenso erinnert werden wie die Soldaten im Feld. Eine solche Heroisierung des weiblichen Kriegstodes wurde nach 1945 nicht weiterverfolgt. Die Sozial- und Familienpolitik in der Bundesrepublik wirkte darauf hin, diese Verschiebungen in den Geschlechterrollen wieder rückgängig zu machen. Angesichts der vielen Aspekte des alltäglichen öffentlichen und privaten Lebens, die durch den Krieg und die bedingungslose Kapitulation in »Unordnung« geraten waren, sollten Institutionen wie die Ehe und die Familie zu einer gesellschaftlichen Stabilisierung beitragen. Ehe und Familie wurden dabei in klassischer Rollenverteilung gedacht, was allerdings oft nicht mehr der Realität der westdeutschen Nachkriegsgesellschaft entsprach. Neben Debatten um sogenannte Onkelehen und die Versorgung von Kriegerwitwen war auch die Gestaltung des kollektiven Gedenkens ein Ausdruck dieser politischen Bemühungen, die Rollenbilder vor 1939 wiederherzustellen. So wurde den Frauen im Gedenken eine trauernde, kümmernde, zurückhaltende Rolle im Privaten zugeschrieben, während der aufopferungsvolle Kampf der Männer zur Verteidigung von Heimat und Familie erinnert wurde – was nicht der historischen Realität des deutschen Angriffskrieges entsprach. Diese Sprechmuster rechtfertigten das Kämpfen und Sterben im Angesicht der nationalsozialistischen Gräueltaten und der bedingungslosen Kapitulation.

Nicht nur innerhalb der Gesellschaft, auch nach außen erfüllten diese klar abgegrenzten Zuschreibungen von geschlechtsspezifischen Eigenschaften eine Funktion. Als Kriegsopfer waren vor allem die Gefallenen, also die Männer präsent im kollektiven Erinnerungsnarrativ. Frauen als Kriegsopfer wurden lediglich im Kontext des Luftkrieges und damit als unschuldige zivile Opfer erinnert.

So wurden die unschuldigen Opfer als besonders beklagenswert stilisiert und damit die Identität auch der Deutschen als Opfer, ihre Kriegserfahrung als Verlusterfahrung bekräftigt. Die Perspektive auf den Zweiten Weltkrieg entfernte sich von der Realität ab dem Moment, als die Westdeutschen den »totalen Krieg« lediglich aus der Opferperspektive erinnerten. In diesem Kontext waren Frauen die klassischen Repräsentationsfiguren für Nicht-Kombattanten. Diese Erinnerung negierte jedoch, dass Frauen im Zweiten Weltkrieg nicht nur passive Opfer waren, sondern auch aktive Rollen auf der Seite der Täter erfüllten: Als Rotkreuzschwestern, Luftschutzhelferinnen oder KZ-Aufseherinnen. Während im Gedenken an die Soldaten immer auch deren aktive Beteiligung am Krieg mitschwang, schienen die Deutschen mit den Frauen eine eindeutig als Opfer identifizierbare Gruppe gefunden zu haben. Dass auch Frauen Nazis waren, verwischte dieses Gedenken so stark, dass sich auch die historische Forschung erst seit den 1990er-Jahren aus einer dezidierten genderorientierten Perspektive mit den deutschen Täterinnen befasste.

Individuelles Gedenken

Bereits während des Krieges lässt sich die Distanz zwischen der von den Nationalsozialisten propagierten »stolzen Trauer« und den tatsächlichen sozialen Praktiken der Hinterbliebenen von Gefallenen feststellen. In der Nachkriegszeit war der ferne Tod eine zentrale Herausforderung an die Übergangsriten, wenn der Leichnam und das reale Grab weit entfernt waren. Die Bemühung, den Raum zwischen sich und dem Betrauerten zu überwinden, bestimmte die Übergangsrituale. In Ermangelung der realen Grabstätte fokussierten sich die Hinterbliebenen auf symbolische Repräsentationen des Verstorbenen beziehungsweise seines Grabes. Solche Repräsentationen waren beispielsweise Symbolgräber, in denen zwar nicht der Verstorbene bestattet war, die aber wie reguläre Gräber dessen Lebens- und Sterbedaten angaben.

Der Volksbund ermöglichte es den Angehörigen, das wirkliche Grab von Soldaten aus der Ferne zu schmücken.[1091] Die Gewissheit, dass der Vater, Bruder oder Ehemann in einem ordentlichen Grab bestattet worden war, spendete den Hinterbliebenen im Angesicht des unbegreiflichen gewaltsamen Todes Trost. Für viele Angehörige ging durch die vom Volksbund organisierten Reisen zu Kriegsgräberstätten im In- und Ausland auch der Wunsch in Erfüllung, zumindest einmal am Grab des Verstorbenen zu stehen. Sehr selten nahmen die Hinterbliebenen die Möglichkeit wahr, die Gebeine des Verstorbenen vom Volksbund exhumieren und überführen zu lassen.

Kollektives und individuelles Gedenken

Das kollektive Gedächtnis ist mehr als nur die Summe der einzelnen individuellen Gedächtnisse. Gleichwohl kann es ohne sie nicht existieren. Stadtgemeinschaften konstituieren sich als Erinnerungsgemeinschaften, die sich im kollektiven Gedenken ihrer Identität versichern und ein Image nach außen konstruieren. Die Akteure der städtischen Erinnerungskultur entscheiden über die Gestaltung von Denkmälern, planen Gedenkfeiern und betreiben auf diesen Feierlichkeiten Geschichtspolitik. Dabei haben sie vor

---

1091 Dies war aufgrund der internationalen Kooperationen in Westeuropa auch international möglich. Erst nach dem Fall der Mauer und dem Ende der Sowjetunion konnte der Volksbund sich auch im Osten um die Gräber von Kriegstoten kümmern.

allem die Funktion des Gedenkens für die Gemeinschaft, nach innen, und für das Image der Stadt, also nach außen, im Blick. Kollektiv wird das Gedenken jedoch erst durch die Teilhabe Einzelner an der gemeinschaftlichen Hinwendung zur Vergangenheit. Doch wie anschlussfähig war und ist das kollektive Gedenken für den Teil der Stadtbevölkerung, der nicht beispielsweise am Volkstrauertag aus repräsentativen Gründen teilnehmen muss?

Die Analyse der Volkstrauertage in Rosenheim konnte zeigen, dass solche offiziellen Gedenktage keine große Reichweite in der Bevölkerung hatten. In den ersten Jahren nach der Wiedereinführung des Volkstrauertages nahmen vor allem die Angehörigen der Kriegstoten am Volkstrauertag teil. Mit den Jahren nahm die Reichweite des Volkstrauertages kontinuierlich ab: Bereits 1972 erwog der Rosenheimer Oberbürgermeister deshalb sogar, auf die Zeremonie zu verzichten. Zu Beginn des 21. Jahrhunderts waren es vornehmlich Repräsentanten aus Politik, Militär und lokalem Vereinswesen, die am zweiten Sonntag im November den Friedhof besuchten. Aus der geringen Teilnahme der breiten Bevölkerung lässt sich schließen, dass nicht nur die Reichweite des Volkstrauertages gering war, sondern ihm auch individuell keine große Bedeutung beigemessen wurde.

Diese geringe Reichweite hat verschiedene Gründe. Über die Jahrzehnte hinweg ist sie schlichtweg durch die immer größer werdende zeitliche Distanz zum Zweiten Weltkrieg und damit das Ableben der Agenten der Erinnerung zu erklären. In der unmittelbaren Nachkriegszeit stellten die Hinterbliebenen der Kriegstoten eine Verbindung zwischen dem kollektiven Gedenken und den individuellen Erinnerungspraktiken her. Inzwischen jedoch sind immer weniger direkte Hinterbliebene am Leben, um die Erinnerung an die Toten des Weltkrieges lebendig zu erhalten. Dadurch war das kollektive Gedenken im Jahr 2013 nicht mehr mit persönlicher Trauer verbunden, sondern lediglich eine politische Repräsentation. Nicht nur die Teilnahme am Volkstrauertag ist ein Indiz für dessen geringen Stellenwert in der Bevölkerung. Auch die Blumenbestellungen von Hinterbliebenen an den Volksbund werden fast nie für den Volkstrauertag aufgegeben, der größte Teil der Angehörigen ließ die Kriegsgräber entweder zu kirchlichen Feiertagen oder persönlichen Jahrestagen schmücken.

Da die Bevölkerung bereits kurz nach seiner Wiedereinführung den Volkstrauertag nur schwach frequentierte, liegt die Vermutung nahe, dass die Deutschen nach den megalomanen politischen Totenfeiern der Nationalsozialisten nun Abstand vom kollektiven politischen Totengedenken genommen hätten. Kirchliche Totengedenktage wie Allerheiligen jedoch waren fest im mentalen Kalender, im kulturellen Gedächtnis der Bevölkerung verankert und waren auch von den Nationalsozialisten nicht vereinnahmt worden. Eine dritte, die Akzeptanz betreffende Ebene ist die des Raumes. Denn auch für den 28. April als kollektiven Gedenktag trifft zu, dass seine Tradition lediglich bis zur Mitte des 20. Jahrhunderts zurückreicht und die Zahl der Zeitzeuginnen und -zeugen der Penzberger Mordnacht als Agenten der Erinnerung jährlich abnimmt. Hier jedoch war die Reichweite zu Beginn der Erinnerungsinitiative sehr groß, und dies nicht nur innerhalb der Stadtgemeinschaft, sondern überregional und politisch – und ist es bis heute geblieben. Im Gegensatz zum Volkstrauertag richtet sich das kollektive Gedenken Penzbergs erstens auf eine Gruppe von Mitbürgerinnen und Mitbürgern und zweitens auf eine traumatische Gewalterfahrung vor der eigenen Haustür. Der Erfahrungsraum bestimmt, wie konkret die kollektive Erinnerung sich formieren kann: Gewalt im unmittelbaren sozialen Umfeld wird durch die gesamte Stadtgemeinschaft, die Erinnerungsgemeinschaft, konkret erinnert – im Gegensatz zur weit entfernten Fronterfahrung.

Individuelle Teilhabe am kollektiven Gedenken

In den Klagen der Erinnerungsakteure über dieses Fehlen der »Allgemeinheit« bei der Feierstunde findet man regelmäßig die Schlussfolgerung, die Kriegstoten seien vergessen, die Bevölkerung wolle sich ihrer nicht erinnern. Mit dieser Einschätzung lagen die Zeitgenossen falsch, wie die Analyse der individuellen Gedenkpraktiken zeigte.

So nahmen an der Denkmalseinweihung 1961 in Rosenheim Hunderte Angehörige der dort bestatteten Kriegstoten teil. Durch ihre individuellen Praktiken wie zum Beispiel das Tragen von dunkler Kleidung und das Schmücken der Kriegsgräber waren dies nicht nur passive Gäste der Zeremonie, sondern sie gestalteten sie aktiv als eine Trauerzeremonie. Auch dieses Beispiel zeigt, dass die Reichweite kollektiven Gedenkens umso größer wird, je konkreter das Gedenken ist.

Hinterbliebene schmückten an kirchlichen Feiertagen und an den jeweiligen Sterbetagen das ferne Grab der Gefallenen über einen besonderen Grabpflegedienst des Volksbundes oder die lokalen Friedhofsgärtnereien. Es war ihnen jedoch auch wichtig, selbst das Ritual des Grabschmückens an einem bedeutsamen Datum zu praktizieren, sodass die Angehörigen von Gefallenen das örtliche Kriegsdenkmal zu ihrem individuellen Ersatz-Erinnerungsort funktionalisierten, indem sie dort Blumen niederlegten oder Kerzen aufstellten. Durch diese Aneignung erweckten sie die Denkmäler gleichsam zum Leben, es waren nicht allein steinerne Erinnerungsmale, sondern Artefakte sozialer Praktiken des Gedenkens und Trauerns und damit Bestandteile des dynamischen Prozesses der Erinnerung. Mit der schwindenden Zahl der unmittelbar Betroffenen verloren auch diese Mahnmale ihren Charakter als Ort individueller Trauer und wurden zu statischen Objekten, die im Gedächtnis der Stadt immer unsichtbarer wurden.

Es war der Bevölkerung also sehr wohl wichtig, der Kriegstoten zu gedenken. Sie konzentrierte sich dabei jedoch auf die Erinnerung an konkrete Individuen und ging nicht in einem Erinnerungskollektiv auf. Nach dem gleichmachenden Heldengedenken der Nationalsozialisten lässt sich für die Nachkriegszeit der gegenteilige Trend feststellen. Die Hinterbliebenen gedachten ihrer Toten nicht nur im Stillen an persönlich bedeutsamen Gedenktagen. So ist es auf die nachdrückliche Initiative der Angehörigen von Gefallenen zurückzuführen, dass der Volksbund in den 1950er-Jahren die formale und symbolische Anlage seiner Kriegsgräber veränderte: Anstelle der überindividuellen Heldenhaine, in denen der Einzelne im Kollektiv aufgeht, erwirkten die Angehörigen individuelle Grabsteine für jeden einzelnen Toten. Nicht erst das Kollektiv, sondern bereits das Individuum war nun erinnernswert. Nachträglich weist dies darauf hin, dass die Familien von Soldaten die entindividualisierende nationalsozialistische Propaganda vom »Heldentod« nicht akzeptierten. Erst die Anerkennung des individuellen Verlustes versprach Trost. Das persönliche Totengedenken war also ein individualisierendes Gedenken.

Raum und Erinnerung

Welchen Einfluss hatte der Raum auf die Erinnerung? Wie strukturierte die Erinnerung den Raum? Diese Frage nach der Wechselwirkung von Raum und Erinnerung zog sich durch die Analyse. Die Kategorie Raum habe ich dabei sowohl konkret als geografischen Raum, der Orte und Distanzen beschrieb, als auch als sozialen Raum verstanden und entsprechend in die Analyse integriert.

Die Fronten des Zweiten Weltkrieges dehnten sich in ganz Europa aus, sie verliefen in Asien und Afrika, in der Luft, auf See und unter der Meeresoberfläche. An all diesen Fronten starben Menschen – weit entfernt von ihrer Heimat und der Heimat ihrer Familien. Emigration, die Internierung in Kriegsgefangenenlagern und Konzentrationslagern, Evakuierung, Flucht und Vertreibung führten Millionen aus ihrer Heimat, fort von ihren Familien und den Gräbern ihrer Angehörigen. Die Frage nach der Bedeutung des geografischen Raumes für das Kriegstotengedenken war in der Analyse zentral und zog sich durch alle Kapitel.

Angesichts des fernen Todes auf den Schlachtfeldern waren die Hinterbliebenen zunächst auf symbolische Repräsentationen des Todes angewiesen, wie beispielsweise die Gefallenenmeldungen von der Front, die entsprechend persönlich und ausführlich den Tod als Heldentod und die Beisetzung schilderten. Die Praktiken des Gedenkens waren anschließend darauf ausgerichtet, die geografische Distanz zum Grab zu überbrücken. Rituale wie die Bestattung wurden ersetzt durch Trauergottesdienste. Das fehlende Grab als traditioneller Ort der Trauer, das man regelmäßig besuchte und schmückte, wurde ersetzt durch Ersatzerinnerungsorte wie

Symbolgräber oder auch die individuelle Aneignung kollektiver Denkmäler. Reisen zu Kriegsgräberstätten des Volksbundes bildeten oft eine einmalige Ausnahme für die Hinterbliebenen. Weiter verbreitet waren Fotografien des individuellen Grabes auf dem Soldatenfriedhof, die als symbolische Repräsentation des Grabes zu Hause aufgestellt werden konnten. Das Bedürfnis der Hinterbliebenen, den Raum zwischen sich und dem Leichnam im Gedenken zu überwinden, bezog sich jedoch nicht nur auf die geografische Entfernung, sondern zeigt auch das Bedürfnis, den unvorstellbaren Tod auf dem Schlachtfeld mit bekannten Ritualen in den eigenen Erfahrungsraum zu integrieren.

Die Akteure der kollektiven Erinnerung betreiben jedoch auch Geschichtspolitik mit dem fernen Grab. So war das verwilderte Grab im Osten ein symbolträchtiges Argument im Ost-West-Konflikt. Westdeutsche Politiker und Geistliche prangerten in ihren Gedenkreden den Umgang der Sowjetstaaten mit den deutschen Kriegsgräbern an. Dass sie sich nicht um diese kümmerten und auch dem Volksbund die Pflege der Gräber verweigerten, wurde als Beleg für die vermeintliche Barbarei und die menschenverachtende Politik des Kommunismus angeführt. Auch die Heimatvertriebenen instrumentalisierten die in der alten Heimat zurückgelassenen Familiengräber, um ihre politischen Forderungen nach Rückkehr oder Restitution der verlorenen Güter zu untermauern.

Hier ist auch die Frage nach der konkreten Verortung der kollektiven Erinnerung im Stadtraum anzusiedeln. Keines der untersuchten Denkmäler wurde an einem zentralen Punkt in der Stadt errichtet. Wichtiger als die Zentralität war die symbolische Bedeutung des Ortes, an dem sich das Gedächtnis der Stadt materialisieren sollte. So erinnert das Mahnmal »An der Freiheit« am konkreten Ort der Hinrichtung an die Opfer der Mordnacht, während die Verankerung der kollektiven Erinnerung ausgerechnet am Stadtrand zunächst stutzig macht.

In der Nachkriegszeit wurden häufig Denkmäler innerhalb der kommunalen Friedhöfe oder in deren unmittelbarer Nähe errichtet und der Erinnerung von Beginn an eine trauernde Haltung eingeschrieben. Hier wurden Denkmäler errichtet, um den im jeweiligen

Ort Verstorbenen eine letzte Ruhestätte zu sichern. Die Stadtbewohner, deren Angehörige fern der Heimat bestattet waren, konnten diese Denkmäler als Ersatz für das individuelle Grab nutzen. Die Verortung des jeweiligen materiellen Ausdrucks kollektiven Gedenkens innerhalb der städtischen Topografie sagt also zunächst etwas über die Intention der Akteure aus: Wollten sie auf die Tat verweisen, oder wollten sie die Erinnerung als gemeinschaftliches Trauern etablieren?

Erfahrungsraum und Erinnerungsraum

Das kollektive Gedenken der Städte bezog sich immer auf einen bestimmten Erfahrungsraum. Im Falle Rosenheims war dieser sehr weit gefasst und bezog sich vor allem auf die Fronterfahrung der Soldaten. Ebenso wie die Fronterfahrung war auch das Schicksal der Kriegsgefangenen und Zwangsarbeiterinnen, die auf der Rosenheimer Kriegsgräberstätte beerdigt wurden, für das Gros der Rosenheimer Stadtgemeinschaft eine Erfahrung, die sich nicht mit ihrem individuellen Alltag und dem Erleben des Krieges deckte. Dazu kam, dass die letzte Opfergruppe keine Agenten der Erinnerung in Rosenheim hatte, und so bürgerte sich sehr bald nach der Einweihung dieses Ehrenfriedhofes die Bezeichnung »Soldatengräber« ein – der Erinnerungsort Kriegsgräberstätte wurde also seit 1963 nur noch mit dem Sterben deutscher Soldaten an der Front verbunden. Für die Zivilbevölkerung war der Tod beider Opfergruppen geografisch wie auch individuell-biografisch zu weit entfernt, als dass dieses Gedenken eine große Reichweite innerhalb der Bevölkerung hätte entfalten können.

Im Umkehrschluss bedeutet dies eine zunehmend größere Reichweite, je näher sich Erfahrungs- und Erinnerungsraum sind, wie das Beispiel der Penzberger Mordnacht zeigte. Dieses Erinnerungsnarrativ ist zentral für die Penzberger Stadtgemeinschaft, der jährliche Gedenktag hat bis heute eine große Anziehungskraft. In den unmittelbaren Nachkriegsjahren, in denen die Grundtendenz für die Formen und die Dynamik des kollektiven Gedenkens gelegt wurde, konstituierte sich die Penzberger Erinnerungsgemeinschaft als Erlebensgemeinschaft, die im gemeinschaftlichen Gedenken einen Weg suchte, um das erlebte kollektive Trauma zu verarbeiten. Das Gedenken am authentischen Geschichtsort spricht sehr konkret die Emotionen der Erinnerungsgemeinschaft an, was wiederum zur ausgeprägten Reichweite beiträgt.

Die im Kollektiv erinnerte Kriegserfahrung kann in den seltensten Fällen auf den individuellen Erfahrungsraum jedes Einzelnen in der Erinnerungsgemeinschaft angepasst werden, nur um den Gedenkfeiern eine größere Reichweite zu verschaffen. Die Beispiele zeigen jedoch, dass der Zulauf zu den Gedenkfeiern umso größer ist, je konkreter die Erinnerung gestaltet wird. Eine Lösung, um der schwindenden Beteiligung am Volkstrauertag entgegenzuwirken, könnte auf der lokalen Ebene also sein, die Erinnerung in dem Raum zu lokalisieren, mit dem sich die Erinnerungsgemeinschaft identifiziert, und nach den Ereignissen und Auswirkungen des Krieges in der eigenen Stadt zu fragen und diese zu erinnern. In Rosenheim wurde dies bereits von der Oberbürgermeisterin postuliert: Das Grauen der Schoah sollte konkret und begreiflich gemacht werden, indem man den individuellen Schicksalen Rosenheimer Juden nachgehen sollte. Laut Malte Thiessen ist diese Konfrontation der Stadtgemeinschaft mit dem Nationalsozialismus vor Ort nun spätestens im 21. Jahrhundert möglich, da weder Täter noch Opfer noch leben und somit der Schuldkontext fehlte der einzelnen Mitgliedern die Integration in die Erinnerungsgemeinschaft erschwert hätte.

Gemeinschaftliches Erinnern als sozialer Raum

Mithilfe unterschiedlicher Elemente gestalteten die Erinnerungsakteure den physischen Raum des kollektiven Gedenkens. In der gemeinschaftlichen Hinwendung zur Vergangenheit konstruierte die Erinnerungsgemeinschaft als Gesamtheit einen sozialen Raum. In diesem Raum wurde der Krieg in ein akzeptables Narrativ überführt, es wurde getrauert und es wurden aktuelle politische Themen verhandelt. Dieser soziale Raum manifestierte sich in besonders nachdrücklicher und sichtbarer Weise an bestimmten Tagen des kollektiven Gedenkens. Je nach Anlass konstituierte sich die Erinnerungsgemeinschaft als Trauergemeinschaft, als gesellschaftliches Milieu oder als politische Gruppierung.

Bisher wurde der Fokus auf die intendierte integrative, vergemeinschaftende, identitätsstiftende Funktion eines lokalen Gedenkortes gelegt. Solche Orte können jedoch auch durch ihre Bildsprache oder allein die geografische Verortung exkludierend wirken – auch wenn dies nicht das ursprüngliche Anliegen der Akteure war. Auf der Suche nach einer neuen Bildsprache des Kriegstotengedenkens entschieden sich die meisten Kommunen für Denkmäler, die in einer abstrakten Form der Trauer etwas Trost entgegensetzen sollten, und errichteten meistens christliche Kreuze, die den Opfertod von Jesus und das Heilsversprechen des ewigen Lebens symbolisieren. Ebendiese Kreuze jedoch verschließen sich der Erinnerung an die jüdischen Opfer der Schoah, also einer der größten Opfergruppen des Vernichtungskrieges. Auch die Rituale, die das kollektive Gedenken strukturieren, stammen jeweils aus einer bestimmten Tradition und verweisen auf eine Opfergruppe, ein Milieu oder eine Religion. Auch die Inszenierungen von Denkmalseinweihungen gestalten den sozialen Raum. Darüber hinaus weist diese besondere Feier den folgenden Gedenkfeiern die Richtung und schreibt dem Denkmal seine Bedeutung zu. So trug auch die Einweihungsfeier der Rosenheimer Kriegsgräberstätte, deren einzelne Rituale militärisch inszeniert worden waren, dazu bei, dass die integrative Wirkung verfehlt und der Ort, an dem Gefallene ebenso bestattet sind wie Zwangsarbeiter, lediglich als »Soldatenfriedhof« präsent ist im kollektiven Gedächtnis. Die Kriegserfahrung und damit das individuelle Opfer der im Luftkrieg getöteten Zivilisten, der Zwangsarbeiter oder Kriegsgefangenen fanden in einer militärisch inszenierten Einweihungszeremonie keinen Raum.

Diesen als Trauerort konstruierten Gedenkort machten die Angehörigen der dort Bestatteten bei der Einweihungszeremonie mit ihren Praktiken zum wirklichen Ort der Trauer. Eine weitere Form der individuellen Aneignung eines Gedenkortes als Trauerort sind das Schmücken der einzelnen Gräber durch die Angehörigen oder auch das Niederlegen von Blumen oder Kränzen an Denkmälern durch die Angehörigen von Gefallenen, denen ein individuelles Grab fehlt. Mit dem Voranschreiten der Zeit ging jedoch diese Dynamik des Gedenkens, die der Wechselwirkung zwischen individueller Aneignung und kollektivem Gedenken innewohnte, verloren: Der viel beschworene »Abschied der Zeitzeugen« bedeutete nämlich auch, dass die unmittelbaren Angehörigen der Toten des Zweiten Weltkrieges von der Bühne des kollektiven Gedenkens abtraten. Denkmäler wurden ohne ihre individuelle Aneignung wieder zu »unsichtbaren« Artefakten.

Für eine doppelte Konkretisierung der Erinnerungskultur

Erinnerung ist ein dynamischer Prozess. Sie materialisiert sich in Denkmälern, manifestiert und repetiert sich in Ritualen des gemeinschaftlichen und individuellen Gedenkens. Die Lokalstudie vermag es, die Dynamiken, die das kollektive Gedenken hervorbringt, im Detail und in der Langzeitperspektive zu untersuchen. Konzentriert sich die Analyse auf (vergleichend angelegte) Lokalstudien, so werden die unterschiedlichen Aspekte von Erinnerungskultur konkret:

- ihre Akteure und deren Intentionen,
- die Aushandlungsprozesse um das lokale Erinnerungsnarrativ,
- die Reichweite des kollektiven Gedenkens,
- die individuelle Aneignung kollektiver Gedenk- und Erinnerungsorte,
- die Entwicklung des Erinnerungsnarratives und der Gedenkkultur über die Jahrzehnte.

Die in dieser Arbeit untersuchten Städte dienten dabei nicht als Fallbeispiele für »die« typische westdeutsche Erinnerungskultur unmittelbar nach dem Zweiten Weltkrieg. Der individualisierende Vergleich konnte zeigen, dass die jeweilige Erinnerungskultur verschiedener Städte sich trotz deren geografischer Nähe, zur gleichen Zeit, im identischen politischen System und unter ähnlichen gesellschaftlichen Voraussetzungen in ganz unterschiedliche Richtungen entwickelte.

Ausschlaggebend für die jeweilige Ausprägung der lokalen Memorialkultur war die konkrete Kriegserfahrung der Stadtgemeinschaft und ihrer politischen Repräsentanten, die maßgeblich das städtische Gedächtnis bestimmten. Gibt es, wie in Penzberg, ein Ereignis, das ein Großteil der Stadtgemeinschaft erlebt hat, das vor Ort stattgefunden hat, so besteht die Möglichkeit, dass sich ein spezieller Erinnerungsort herausbildet, der nur in ebendiesem Ort und innerhalb dieser Gemeinschaft eine große Reichweite entfaltet, nach außen imagebildend wirkt und nach innen den einzelnen Mitgliedern der Erinnerungsgemeinschaft ein Gefühl von Identität mit der Stadt und der Stadtgemeinschaft vermitteln kann.

Je konkreter die Erinnerung lokalisiert wird, desto konkreter ist die individuelle Verbundenheit mit den Objekten des Erinnerns. Zur lokalen Komponente kommt in der Zeit, die vom Abschied der Zeitzeugen und dem 70. Jahrestag der bedingungslosen Kapitulation des Deutschen Reiches geprägt ist, die zeitliche Komponente. Schon seit den 1960er-Jahren, aber mit dem Abtreten der Erlebensgeneration immer stärker, beklagten die Akteure des Kriegstotengedenkens die abnehmende Teilnehmerzahl, folgerten daraus ein schwindendes Interesse an der Geschichte und mahnten an eine stetige, lebendige Erinnerung, da nur das Erinnern vor der Wiederholung schütze.

Erinnerung findet statt. Am Faktor Zeit, der den Erfahrungsraum in immer weitere Fernen rückt, können die Erinnerungsakteure nicht rütteln. Den Faktor des Raumes jedoch können sie für ihre Zwecke nutzen und der Erinnerung damit wieder zu einer höheren Reichweite verhelfen: Indem sie eine konkrete Erinnerung an den Nationalsozialismus, an den Zweiten Weltkrieg vor Ort etablieren. Nicht um einzelne Täter vorzuführen und einzelne Opfer bloßzustellen. Sondern um den konkreten Erfahrungsraum der Menschen im 21. Jahrhundert dazu zu benutzen, um dem Nationalsozialismus, dem abstrakten Krieg und dem namenlosen Sterben einen konkreten Ort im eigenen Erfahrungsraum zu geben.

Abb. 13: Mahnmal Josef Hambergers gegenüber dem Städtischen Friedhof Rosenheim. Foto: Klaus G. Förg

Anhang

Abbildungsverzeichnis

Abb. 1: Aufruf zur Protestversammlung, 1950, Penzberg. StAP EAP 063 Penzberger Mordnacht Nr. 3

Abb. 2: Das Denkmal »An der Freiheit«, Penzberg. Foto: Klaus G. Förg

Abb. 3: Ankündigung der Trauerfeier am 28. April 1950, Druckfehler im Original. StAP EAP 063 Penzberger Mordnacht Nr. 1

Abb. 4: »Wir sind zum Sterben für Deutschland geboren«. Winkler, Albert: NS-Chronik Penzberg, 1935–1936

Abb. 5: Der Schweigemarsch hält vor dem Rathaus, Penzberg 1990. StAP EAP 063 Penzberger Mordnacht Nr. 2

Abb. 6: Bergleute im Paradehabit an der Mariensäule, Penzberg 8. November 1933. Winkler, Albert: NS-Chronik Penzberg 1933–1935

Abb. 7: Die Kriegsgräberstätte auf dem Städtischen Friedhof Rosenheim. Foto: Klaus G. Förg

Abb. 8: Detailaufnahme des Stahlhelms am Eingang der Kriegsgräberstätte Rosenheim. Foto: Klaus G. Förg

Abb. 9a: Einmarsch der Abordnungen bei der Einweihungsfeier. StARo NL DIE 1961-687 Heldenfriedhof-Einweihung mit Feldmesse

Abb. 9b: Zwei ehemalige Militärpfarrer weihen die neue Kriegsgräberstätte im Rahmen einer Feldmesse. StARo NL DIE 1961-687 Heldenfriedhof-Einweihung mit Feldmesse

Abb. 9c: Angehörige bei der Einweihung der Kriegsgräberstätte in Rosenheim 1961. StARo NL DIE 1961-687 Heldenfriedhof-Einweihung mit Feldmesse

Abb. 10: Mahnmal Josef Hambergers gegenüber dem Städtischen Friedhof Rosenheim. Foto: Klaus G. Förg

Abb. 11: Loretokapelle mit Gefallenendenkmal. Foto: Klaus G. Förg

Abb. 12: Die restaurierte und ergänzte Innenseite des Gefallenendenkmals an der Loretokapelle. Foto: Klaus G. Förg

Abb. 13: Mahnmal Josef Hambergers gegenüber dem Städtischen Friedhof Rosenheim. Foto: Klaus G. Förg

Tabellen

Tabelle 1: Vermisste Soldaten aus Penzberg nach Geburtsjahrgängen

	Name	Vorname	Vermisst seit	Toterklärung	Geburtsjahr
1	M.	Josef	1944	o	1898
2	E.	Josef	1944	o	1901
3	R.	Wenzl	1942	o	1901
4	G.	Josef	1944	o	1903
5	K.	Sebastian	1939	o	1903
6	S.	Simon	1945	1953	1904
7	B.	Wilhelm	1943	1950	1905
8	M.	Max	1942	1950	1905
9	B.	Michael	1945	1962	1906
10	H.	Erwin	1944	1951	1906
11	W.	Hubert	k. A.	1953	1906
12	S.	Karl	1943	o	1906
13	J.	Josef	1942	1960	1907
14	B.	Georg	1943	o	1907
15	B.	Matthias	1944	1955	1908
16	B.	Matthias	1945	o	1908
17	S.	Alois	1944	o	1908
18	S.	Anton	k. A.	1953	1909
19	S.	Josef	1944	1950	1909
20	S.	Johann	1945	1953	1910
21	S.	Johann	1945	o	1910
22	H.	Josef Anton	1943	1955	1911
23	K.	Josef	k. A.	1953	1911

	Name	Vorname	Vermisst seit	Toterklärung	Geburtsjahr
24	S.	Jakob	k.A.	1955	1911
25	W.	Georg	1943	1955	1911
26	J.	Anton	1943	o	1911
27	K.	Georg	1945	o	1911
28	S.	Augustin Roman	1945	o	1911
29	A.	Johann Josef	1946	1961	1912
30	B.	Peter	1944	1955	1912
31	D.	Johann	1944	1983	1912
32	H.	Anton	1944	1945	1912
33	M.	Johann	1943	1953	1912
34	S.	Wilhelm	k.A.	1952	1912
35	W.	Josef	1944	1951	1912
36	R.	Friedrich	k.A.	1990	1913
37	H.	Gustav	1944	o	1913
38	D.	Jakob	1944	1983	1914
39	M.	Oskar Josef	k.A.	1958	1914
40	S.	Maximilian	1945	1950	1914
41	B.	Josef	1944	1968	1915
42	K.	Andreas Anton	k.A.	1945	1915
43	S.	Heinrich	1945	1951	1915
44	S.	Johann	1944	o	1915
45	B.	Ludwig	k.A.	1987	1916
46	B.	Andreas	1944	1954	1916
47	H.	August	1945	1966	1916
48	K.	Heinrich	1944	o	1916
49	R.	Georg	1944	o	1916
50	D.	Erich Isidor	1945	1951	1917
51	R.	Michael Ludwig	1945	1957	1917

	Name	Vorname	Vermisst seit	Toterklärung	Geburtsjahr
52	B.	Rupert Adolf	1944	o	1917
53	S.	Werner	1944	1953	1918
54	S.	Michael	1943	1953	1918
55	B.	Otto	1944	o	1918
56	K.	Max	1944	o	1918
57	P.	Johann	1945	o	1918
58	Z.	Friedrich	1945	o	1918
59	P.	Johan	1945	1957	1919
60	S.	Franz Xaver	1945	1960	1919
61	W.	Johann Nepomuk	1943	1960	1919
62	H.	Anton	1943	o	1919
63	H.	Anton	1942	o	1919
64	K.	Johann	1944	o	1919
65	R.	Johann	1944	o	1919
66	?	Johann	1943	o	1919
67	K.	Johann	1945	1959	1920
68	B.	Alfons	1944	o	1920
69	D.	Heinrich Wilhelm	1944	o	1920
70	L.	Franz	1945	o	1920
71	S.	Alfred	1945	o	1920
72	S.	Otto	1945	o	1920
73	V.	Georg	1945	o	1920
74	B.	Sebastian	1944	o	1921
75	F.	Wilhelm	k. A.	1945	1921
76	M.	Karl	1945	1977	1921
77	Z.	Oskar	1942	1966	1921
78	B.	Friedrich	1944	o	1921
79	S.	Anton	1945	o	1921

	Name	Vorname	Vermisst seit	Toterklärung	Geburtsjahr
80	G.	Josef	1945	o	1922
81	K.	Josef	1943	o	1922
82	S.	Max	1943	o	1922
83	T.	Max	1945	1974	1923
84	F.	Maximilian	k. A.	o	1923
85	K.	Martin	1945	o	1923
86	P.	Rudolf	1944	o	1923
87	G.	Alois	1943	1963	1924
88	R.	Franz Xaver	1945	1973	1924
89	A.	Josef	1944	o	1924
90	F.	Rupert	k. A.	o	1924
91	H.	Theodor	1943	o	1924
92	S.	Georg Josef	1943	o	1924
93	S.	Johann Josef	1944	o	1924
94	P.	Richard Josef	1944	1953	1925
95	W.	Johann	1945	1977	1925
96	W.	Rudolf	1944	1953	1925
97	E.	Franz Xaver	1944	o	1925
98	G.	Friedrich	1945	o	1925
99	B.	Ludwig	1945	1960	1926
100	S.	Erwin	1945	1953	1927
101	S.	Gottfried	1945	o	1927
102	K.	Jakob	k. A.	1983	k. A.
103	S.	Johann	k. A.	1954	k. A.
104	F.	Stefan	k. A.	o	k. A.
105	K.	Herbert	k. A.	o	k. A.
106	G.	Johann	1941	o	k. A.

Tabelle 2a: Für tot erklärte Soldaten aus Penzberg nach Geburtsjahrgängen

	Name	Vorname	Vermisst seit	Toterklärung	Geburtsjahr
1	S.	Simon	1945	1953	1904
2	B.	Wilhelm	1943	1950	1905
3	M.	Max	1942	1950	1905
4	B.	Michael	1945	1962	1906
5	H.	Erwin	1944	1951	1906
6	W.	Hubert	k. A.	1953	1906
7	J.	Josef	1942	1960	1907
8	B.	Matthias	1944	1955	1908
9	S.	Anton	k. A.	1953	1909
10	S.	Josef	1944	1950	1909
11	S.	Johann	1945	1953	1910
12	H.	Josef Anton	1943	1955	1911
13	K.	Josef	k. A.	1953	1911
14	S.	Jakob	k. A.	1955	1911
15	W.	Georg	1943	1955	1911
16	A.	Johann Josef	1946	1961	1912
17	B.	Peter	1944	1955	1912
18	D.	Johann	1944	1983	1912
19	H.	Anton	1944	1945	1912
20	M.	Johann	1943	1953	1912
21	S.	Wilhelm	k. A.	1952	1912
22	W.	Josef	1944	1951	1912
23	R.	Friedrich	k. A.	1990	1913
24	D.	Jakob	1944	1983	1914
25	M.	Oskar Josef	k. A.	1958	1914
26	S.	Maximilian	1945	1950	1914

	Name	Vorname	Vermisst seit	Toterklärung	Geburtsjahr
27	B.	Josef	1944	1968	1915
28	K.	Andreas Anton	k. A.	1945	1915
29	S.	Heinrich	1945	1951	1915
30	B.	Ludwig	k. A.	1987	1916
31	B.	Andreas	1944	1954	1916
32	H.	August	1945	1966	1916
33	D.	Erich Isidor	1945	1951	1917
34	R.	Michael Ludwig	1945	1957	1917
35	S.	Werner	1944	1953	1918
36	S.	Michael	1943	1953	1918
37	P.	Johan	1945	1957	1919
38	S.	Franz Xaver	1945	1960	1919
39	W.	Johann Nepomuk	1943	1960	1919
40	K.	Johann	1945	1959	1920
41	B.	Sebastian	1944	o	1921
42	F.	Wilhelm	k. A.	1945	1921
43	M.	Karl	1945	1977	1921
45	Z.	Oskar	1942	1966	1921
46	T.	Max	1945	1974	1923
47	G.	Alois	1943	1963	1924
48	R.	Franz Xaver	1945	1973	1924
49	P.	Richard Josef	1944	1953	1925
50	W.	Johann	1945	1977	1925
51	W.	Rudolf	1944	1953	1925
52	B.	Ludwig	1945	1960	1926
53	S.	Erwin	1945	1953	1927
54	K.	Jakob	k. A.	1983	k. A.
55	S.	Johann	k. A.	1954	k. A.

Tabelle 2b: Vermisste Soldaten aus Penzberg ohne Toterklärung nach Geburtsjahrgängen

	Name	Vorname	Vermisst seit	Geburtsjahr
1	M.	Josef	1944	1898
2	E.	Josef	1944	1901
3	R.	Wenzl	1942	1901
4	G.	Josef	1944	1903
5	K.	Sebastian	1939	1903
6	S.	Karl	1943	1906
7	B.	Georg	1943	1907
8	B.	Matthias	1945	1908
9	S.	Alois	1944	1908
10	S.	Johann	1945	1910
11	J.	Anton	1943	1911
12	K.	Georg	1945	1911
13	S.	Augustin Roman	1945	1911
14	H.	Gustav	1944	1913
15	S.	Johann	1944	1915
16	K.	Heinrich	1944	1916
17	R.	Georg	1944	1916
18	B.	Rupert Adolf	1944	1917
19	B.	Otto	1944	1918
20	K.	Max	1944	1918
21	P.	Johann	1945	1918
22	Z.	Friedrich	1945	1918
23	H.	Anton	1943	1919
24	H.	Anton	1942	1919
25	K.	Johann	1944	1919
26	R.	Johann	1944	1919

	Name	Vorname	Vermisst seit	Geburtsjahr
27	?	Johann	1943	1919
28	B.	Alfons	1944	1920
29	D.	Heinrich Wilhelm	1944	1920
30	L.	franz	1945	1920
31	S.	Alfred	1945	1920
32	S.	Otto	1945	1920
33	V.	Georg	1945	1920
34	B.	Friedrich	1944	1921
35	S.	Anton	1945	1921
36	G.	Josef	1945	1922
37	K.	Josef	1943	1922
38	S.	Max	1943	1922
39	F.	Maximilian	k. A.	1923
40	K.	Martin	1945	1923
41	P.	Rudolf	1944	1923
42	A.	Josef	1944	1924
43	F.	Rupert	k. A.	1924
44	H.	Theodor	1943	1924
45	S.	Georg Josef	1943	1924
46	S.	Johann Josef	1944	1924
47	E.	Franz Xaver	1944	1925
48	G.	Friedrich	1945	1925
49	S.	Gottfried	1945	1927
50	F.	Stefan	k. A.	k. A.
51	K.	Herbert	k. A.	k. A.
52	G.	Johann	1941	k. A.

Abkürzungsverzeichnis

a. i. d. a.	Antifaschistische Informations-, Dokumentations- und Archivstelle München e. V.
AGB	Allgemeiner Gewerkschaftsbund
BGS	Bundesgrenzschutz
BMW	Bayerische Motorenwerke
BRD	Bundesrepublik Deutschland
BSV	Bayerische Verwaltung der staatlichen Schlösser, Gärten und Seen
CSU	Christlich-Soziale Union
DDR	Deutsche Demokratische Republik
DGB	Deutscher Gewerkschaftsbund
DP	Displaced Persons
EAM	Archiv des Erzbistums München und Freising (München)
FAB	Freiheitsaktion Bayern
HIAG	Hilfsgemeinschaft auf Gegenseitigkeit der ehemaligen Angehörigen der Waffen-SS e. V.
KP	Kommunistische Partei (Bezeichnung in den Penzberger Stadtratsprotokollen)
KPD	Kommunistische Partei Deutschlands
KZ	Konzentrationslager
MAD	Meldungen aus dem Reich
NSDAP	Nationalsozialistische Deutsche Arbeiterpartei
RAF	Rote-Armee-Fraktion
SA	Schutzabteilung
SD	Sicherheitsdienst
SP	Sozialistische Partei (Bezeichnung in den Penzberger Stadtratsprotokollen)
SPD	Sozialdemokratische Partei Deutschlands
SS	Schutzstaffel

StAM	Staatsarchiv München
StAP	Stadtarchiv Penzberg
StARo	Stadtarchiv Rosenheim
StMI	Staatsministerium des Innern
SZ	Süddeutsche Zeitung
USFET	United States Forces European Theater
VdK	Verband der Kriegsbeschädigten, Sozialrentner und Hinterbliebenen
VDK	Volksbund Deutsche Kriegsgräberfürsorge
VDK-A	Archiv des VDK (Kassel)
VVN	Vereinigung der Verfolgten des Naziregimes
WASt	Wehrmachtsauskunftstelle für Kriegerverluste und Kriegsgefangene (seit 1939) Name seit 1951: Deutsche Dienststelle (WASt) für die Benachrichtigung der nächsten Angehörigen von Gefallenen der ehemaligen deutschen Wehrmacht
WV	Wirtschaftlicher Verband Rosenheim

Bürgermeister der Stadt Penzberg seit 1919

Name	Partei	Amtszeit
Hans Rummer	SPD	1919–1933
Johann Mühlpointner		1933
Stefan Schleinkofer		1933–1934
Otto Bogner	NSDAP	1934–1936
Otto Bogner	NSDAP	1936–1944
Josef Vonwerden	NSDAP	1944–1945
Jakob Dellinger		1945
Josef Raab	KPD	1945–1946
Anton Prandl	SPD	1946–1972
Kurt Weßner	SPD	1972–1996
Hans Mummert	SPD	1996–2014
Elke Zehetner	SPD	seit 2014

Bürgermeister/Oberbürgermeister Rosenheims seit 1863

Name	Partei	Amtszeit
Josef Rieder		1863–1865
Friedrich Stoll		1865–1889
Josef Wüst		1889–1919
Bruno Kreuter	BVP	1920–1929
Hans Knorr	BVP	1930–1934
Georg Zahler	NSDAP	1934–1938, ab 1. Juni 1935 mit der Amtsbezeichnung Oberbürgermeister
Hans Gmelch	NSDAP	1938–1945 Oberbürgermeister
Roman Keill		Mai 1945 kommissarischer Bürgermeister
Max Drexl		6. Mai 1945–3. August 1945 kommissarischer Bürgermeister
Hubert Weinberger	SPD	3. August 1945–2. Juli 1948 Oberbürgermeister
Hermann Überreiter	BP	1948–1958 Oberbürgermeister
Josef Sebald	SPD	1958–1960 Oberbürgermeister
Herbert Springl	SPD	1960–März 1961 Oberbürgermeister
Sepp Heindl	CSU	Juni 1961–1965 Oberbürgermeister
Albert Steinbeißer	CSU	1965–1977 Oberbürgermeister
Michael Stöcker	CSU	1977–2002 Oberbürgermeister
Gabriele Bauer	CSU	seit 2002 Oberbürgermeisterin

Personenübersicht

Name	Für die Analyse zentrale Funktion
Achtelik, Felix	Mitglied des Werwolfs
Ankermüller, Willi	Bayerischer Innenminister (CSU) 1947–1950
Auerbach, Philipp	Staatskommissar für rassisch, religiös und politisch Verfolgte in München 1946–1951
Badlehner, Michael	Opfer der Penzberger Mordnacht
Bauernfeind, Hans	Chef des »Fliegenden Standgerichts« der Werwolf-Einheit
Belohlawek, Gottlieb	Opfer der Penzberger Mordnacht
Bentrott, Kurt	Abteilungskommandeur im Werferregiment 22
Biersack, Franz	Opfer der Penzberger Mordnacht
Boos, Michael	Opfer der Penzberger Mordnacht
De Maizière, Thomas	· Bundesminister der Verteidigung (CDU) 2011–2013 · Bundesminister des Innern (CDU) seit 2013
Dreher, Johann	Opfer der Penzberger Mordnacht
Drexler, Anton	Gründer der Rosenheimer Ortsgruppe der NSDAP
Feuerer, Karl	Stellvertreter der KPD-Landesleitung in Bayern
Fleissner, Agathe	Opfer der Penzberger Mordnacht
Fleissner, Franz Xaver	Opfer der Penzberger Mordnacht
Geiger, Michaela	Parlamentarische Staatssekretärin im Verteidigungsministerium
Gmelch, Hans	Oberbürgermeister (NSDAP) von Rosenheim
Goebbels, Joseph	Reichsminister für Volksaufklärung und Propaganda 1933–1945
Göring, Hermann	1933 Reichskommissar für das preußische Innenministerium und Reichskommissar für Luftfahrt; danach Reichsminister für Luftfahrt
Grauvogel, Albert	Opfer der Penzberger Mordnacht

Name	Für die Analyse zentrale Funktion
Heindl, Sepp	Oberbürgermeister von Rosenheim (CSU) 11. Juni 1961–24. Juni 1965
Höck, Rupert	Opfer der Penzberger Mordnacht
Hoegner, Wilhem	· Bayerischer Ministerpräsident (SPD) 1945–1945 und 1954–1957 · Bayerischer Justizminister 1946–1947
Janka, Emil	Letzter deutscher Bürgermeister von Eger (Cheb), gest. in Rosenheim
Kastl, Josef	Opfer der Penzberger Mordnacht
Lauböck, Theodor	Gründer der Rosenheimer Ortsgruppe der NSDAP
Lehr, Robert	Bundesminister des Innern (CSU) 1950–1953
Lipp, Georg	Katholischer Stadtpfarrer Rosenheim, im Zweiten Weltkrieg Divisionspfarrer der Gebirgstruppe
März, Ludwig	Opfer der Penzberger Mordnacht
Ohm, Berthold	Oberstleutnant, Kommandeur des Werferregiments 22
Petric, Franz	Vorsitzender des Penzberger Denkmalkomitees
Prandl, Anton	Bürgermeister von Penzberg
Raab, Josef	Bürgermeister von Penzberg (KPD) 1945–1946
Rebhahn, Martin	Mitglied des Werwolfs
Rethage, Fritz	Batteriechef im Werferregiment 22
Reuter, Ernst	Oberbürgermeister von Berlin (SPD) 1948–1953 (1948 Wahl zum »Oberbürgermeister«, seit 1950 lautet die Bezeichnung: »Regierender Bürgermeister von Berlin«)
Rummer, Hans	· Bürgermeister von Penzberg (SPD) 1919–1933 · Opfer der Penzberger Mordnacht
Schäffer, Fritz	· Erster Bayerischer Ministerpräsident nach dem Zweiten Weltkrieg (CSU) · Bundesminister der Finanzen (CSU) 1949–1957 · Bundesminister der Justiz 1957–1961

Name	Für die Analyse zentrale Funktion
Schiefer, Gustav	Vizepräsident des Bayerischen Gewerkschaftsbundes
Schoening	Zivilgouverneur der Militärregierung in Weilheim
Schwertl, Paul	Opfer der Penzberger Mordnacht
Springl, Herbert	Oberbürgermeister von Rosenheim (SPD) 6. November 1960–23. März 1961
Steinbeißer, Albert	· amtierender Oberbürgermeister von Rosenheim März–Juni 1961 · Oberbürgermeister von Rosenheim (CSU) 19. September 1965–30. September 1977
Summerdinger, Johann	Opfer der Penzberger Mordnacht
Tenfelde, Klaus	· Historiker · Stadtrat in Penzberg (SPD)
Wessner, Kurt	Bürgermeister von Penzberg (SPD) 1972–1996
Wönner, Max	Gewerkschaftsvorsitzender
Zenk, Johann	Opfer der Penzberger Mordnacht
Zenk, Therese	Opfer der Penzberger Mordnacht
Zila, Ferdinand	Mitglied des Werwolfs
Zöberlein, Hans	Chef der Werwolf-Einheit

Quellenverzeichnis

Ungedruckte Quellen

Archiv des Erzbistums München und Freising

EAM SSB 484: Seelsorgsberichte Dekanat Rosenheim. Heilig Blut 1950.

EAM SSB 484: Seelsorgsberichte Dekanat Rosenheim. Heilig Blut 1953.

EAM SSB 484: Seelsorgsberichte Dekanat Rosenheim. Heilig Blut 1962–1963.

EAM SSB 485: Seelsorgsberichte Dekanat Rosenheim. Christkönig 1961–1963.

EAM SSB 485: Seelsorgsberichte Dekanat Rosenheim. Christkönig SSB 1944 und 1945.

EAM SSB 485: Seelsorgsberichte Dekanat Rosenheim. Christkönig.

EAM SSB 487: Seelsorgsberichte Dekanat Rosenheim. Kastenau 1952.

EAM SSB 708: Seelsorgsberichte Dekanat Werdenfels. Mittenwald 1954/1955.

EAM SSB 778: Seelsorgsberichte Dekanat Rosenheim. Generalbericht 1946.

EAM SSB 778: Seelsorgsberichte Dekanat Rosenheim. Generalbericht 1947.

EAM SSB 778: Seelsorgsberichte Dekanat Rosenheim. Generalbericht 1948.

EAM SSB 778: Seelsorgsberichte Dekanat Rosenheim. Generalbericht 1949.

EAM SSB 778: Seelsorgsberichte Dekanat Rosenheim. Generalbericht 1951.

EAM SSB 778: Seelsorgsberichte Dekanat Rosenheim. Generalbericht 1958-1960.

Mess- und Stipendienbuch des Benediktinerstiftes Rosenheim.

Archiv der KZ-Gedenkstätte Dachau

DaA 32592/44 Liste von Penzberger Sozialdemokraten, die am 28. Juni 1933 ins KZ Dachau eingeliefert wurden.

DaA NARA Alph. Reg. Nr. 101, S. 138–139.

Archiv des Volksbundes Deutsche Kriegsgräberfürsorge

VDK-A Vorgangsregister Grabnachforschungen Zweiter Weltkrieg.

VDK-A B.4 14.

Bayerisches Staatsarchiv München

StAM LRA 199528: Übergabe der Verwaltung vom Bayer. Landesentschädigungsamt auf die Bayerische Verwaltung der staatl. Schlösser, Gärten und Seen.

StAM LRA 199528: Landratsamt Garmisch Partenkirchen (15.05. 1946): Nachforschung nach amerik. und all. Soldatengräbern oder umbeerdigten Überresten amerik. oder all. Soldaten.

StAM LRA 199528: Staatskommissar (23.09.1947): Befehl der Militärregierung betreffend Exhumierung und Wiedereinbettung von Angehörigen alliierter Nationen.

Bezirksamt Weilheim (21.06.1929): Versammlung der NSDAP in Penzberg am Sonntag, 23. Juni 1929, StAM LRA 3886.

Bürgermeister der Stadt Penzberg (28.11.1945): Zahlenmäßige Feststellung der ehemaligen Parteimitglieder, StAM LRA 117250.

Gendarmerie Penzberg (24.06.1929): Nationalsozialistische Versammlung in Penzberg und Sindelsdorf, StAM LRA 3886.

Stadtarchiv Penzberg

StAP Sammlung Georg Reis.

StAP Albert Winkler: NS-Chronik (1933–1943).

StAP 063 Denkmal rassisch, politisch oder religiös Verfolgte: Bayerischer Gewerkschaftsbund (25.09.1948), Errichtung eines Denkmals für die Opfer des 28.4.45 in Penzberg.

StAP 063 Denkmal rassisch, politisch oder religiös Verfolgte: Bürgermeister der Stadt Penzberg (27.06.1949): Brief an den Deutschen Bergarbeiterverband.

StAP 063 Denkmal rassisch, politisch oder religiös Verfolgte: Marktgemeinderat Murnau (13.08.1948): Reproduktion des Werbefilmes zur Denkmalsenthüllung.

StAP 063 Denkmal rassisch, politisch oder religiös Verfolgte: Versandliste für Plakate zur Denkmalsenthüllung.

StAP 063 Denkmal rassisch, politisch oder religiös Verfolgte: Übersicht über Spenden für den Denkmalsbau.

StAP 063 Denkmal rassisch, politisch oder religiös Verfolgte. o. A.: Grundstein zum Denkmal für die Penzberger Opfer. Dr. Hoegner und Dr. Auerbach in der Bergmannstadt.

StAP 063 Denkmal rassisch, politisch und religiös Verfolgte: Ankündigung des Festkonzertes anlässlich der Denkmalsenthüllung am 10.10.1948.

StAP 063 Denkmal rassisch, politisch und religiös Verfolgte: Anschlag »Ankündigung des Verhandlungsbeginns am 14.06.1948«.

StAP 063 Denkmal rassisch, politisch und religiös Verfolgte: Der Wortlaut der Penzberger Urkunde.

StAP 063 Denkmal rassisch, politisch und religiös Verfolgte: Kinowerbung für die Denkmalsenthüllung in Penzberg.

StAP 063 Denkmal rassisch, politisch und religiös Verfolgte: Staatskommissar für rassisch, politisch und religiös (21.07.1948): Unterstützung des Denkmalbaus in Penzberg.

StAP 063 Penzberger Mordnacht (3): Plakat: Bekanntmachung der Trauerfeier am 28.04.1950.

StAP 063/3 Denkmal rassisch, politisch oder religiös Verfolgte: Plakat: Ankündigung einer Protestversammlung am 23.04.1950.

StAP Stadtratsprotokolle 1946: Stadtrat Penzberg, Beratung am 07.02.1946.

StAP Stadtratsprotokolle 1946: Stadtrat Penzberg, Beratung am 23.05.1946.

StAP Stadtratsprotokolle 1946: Stadtrat Penzberg, Beratung am 25.05.1946.

StAP Stadtratsprotokolle 1946: Stadtrat Penzberg: Beratung am 07.03.1946.

StAP Stadtratsprotokolle 1946: Stadtrat Penzberg: Niederschrift über die öffentliche Stadtratssitzung am 23.05.1946.

StAP Stadtratsprotokolle 1951: Stadtrat Penzberg: Sitzung am 18.05.1951.

StAP Stadtratsprotokolle 1953: Stadtrat Penzberg: Sitzung am 12.02.1953.

Städtisches Museum Rosenheim

MuRo AA Dokumentation der Ausstellung »Rosenheim im Dritten Reich«.

Stadtarchiv Rosenheim

StARo 060-2/1 - 2: Kriegsschäden.

StARo 061 – 4/1 Überführung eines italienischen Kriegsgefallenen.

StARo 061-4 Ausländergräber: Aufstellung über Ausländergräber auf dem Friedhof Rosenheim.

StARo 061-4 Ausländergräber: Friedhofsverwaltung Rosenheim (März 1946): Aufstellung über Ausländergräber auf dem Friedhof Rosenheim.

StARo 061-4/1: Kriegssterbefallanzeigen und Überführungen.

StARo 061-4/1: Aufstellung aller in Rosenheim Stadt verstorbenen und hier auf den Friedhöfen beerdigten Italiener.

StARo 061-4/1: Französische Kriegergräber auf dem Friedhof Rosenheim.

StARo 061-4/2: Beisetzungen von Zivilarbeitern aus ehemaligen Kriegsgebieten.

StARo 061-4/2 Ausländer, Staatenlose und Juden: Liste der im Stadtkreis Rosenheim verstorbenen Ausländer, Staatenlosen und Juden ab 1. Januar 1938.

StARo 061-4/2 Einweihung des Kriegerdenkmals: Ablaufplan Einweihung der Kriegsgräberstätte.

StARo 061-4/2 Einweihung des Kriegerdenkmals: Protokoll der Vorbesprechung zur Einweihung der Kriegsgräberstätte Rosenheim.

StARo 061-4/2, S. 121: Stadtverwaltung Rosenheim (17.11.1945): Beerdigungsliste über die Opfer der bei den Luftangriffen auf Rosenheim gefallenen bzw. an Luftkriegsfolgen Verstorbenen.

StARo 061-4/2: Einweihung des Kriegerdenkmals Dr. Steinbeißer (26.04.1961): Ablaufplan Einweihung der Kriegsgräberstätte Rosenheim.

StARo 061-4/2: Friedhofsverwaltung Rosenheim, Beisetzungen von Zivilarbeitern aus ehemaligen Kriegsgebieten.

StARo 061-4/2: Friedhofsverwaltung Rosenheim: Kriegsgefangene und ausländische Arbeitskräfte im Friedhof Rosenheim.

StARo 061-4/2: Liste von Kriegsopfern der ehem. deutschen Wehrmacht die in dem Rosenheimer Friedhof beerdigt wurden.

StARo 061-4/2: Ramer, Pläne für den Heldenfriedhof Rosenheim.

StARo 061-4/2: Überführung der in Deutschland verstorbenen französischen Staatsangehörigen nach Frankreich.

StARo 061 Bevölkerungsstatistik, Nr. 216.: Kriegsschäden und Bevölkerungsstatistik.

StARo 061/4-1 Kriegssterbefallanzeigen und Überführungen.

StARo 1 A 01 129: Oberbürgermeister der Stadt Rosenheim: Gedenken an die Opfer des Luftangriffes auf München.

StARo Friedhofsverwaltung 554/002: Hauptbuch für alle Beerdigungen und Überführungen von 1.1.1942 bis 31.12.1944.

StARo Friedhofsverwaltung 554/002: Hauptbuch für alle Beerdigungen und Überführungen von 1.1.1942 bis 31.12.1944.

StARo Friedhofsverwaltung 554/003: Hauptbuch für alle Beerdigungen und Überführungen ab 1. Jan. 1945.

StARo Friedhofsverwaltung 554/0047.

StARo I A 01 082: Ablauf des Heldengedenktages 1944 in Rosenheim.

StARo I A 1 Nr. 112: Beisetzung von britischen Staatsangehörigen auf dem Städtischen Friedhof Rosenheim.

StARo I A 1 Nr. 112: Bitte um Namhaftmachung der in Rosenheim verstorbenen Letten seit dem Jahre 1941.

StARo MAG I A 01 Nr. 112.

StARo NL DIE 1961-687.

StARo U1073: Anlage eines Ehrenhaines des VDK in Rosenheim (07.05.1961) 1279.

StARo VDI D 2 Nr. 18: Ausschuss zur Errichtung eines Kriegsopfermales (22.08.1949), Spendenaufruf.

StARo VI D 2 Nr. 18: Arbeitsgemeinschaft der Heimatvertriebenen Rosenheim (14.07.1949), Brief an den OB der Stadt Rosenheim.

StARo VI D 2 Nr. 18: Auszug aus dem Niederschriftenbuche des Kulturausschusses vom 14. Juni 1949.

StARo VI D 2 Nr. 18: Auszug aus dem Sitzungsprotokoll des Stadtrates Rosenheim (17.01.1951), Kriegergedächtnisstätte in der Christkönigkirche.

StARo VI D 2 Nr. 18: Berthold, Erläuterung des Entwurfes eines Kriegsopferdenkmals.

StARo VI D 2 Nr. 18: Brief v. privat an den OB betreffs Kriegsopfermal.

StARo VI D 2 Nr. 18: Kath. Stadtpfarramt Christkönig (13.02.1951): Dank für Zuschuss zur Errichtung einer Kriegergedächtnisstätte.

StARo VI D 2 Nr. 18: Kath. Stadtpfarramt Christkönig, Dank für Zuschuss zur Errichtung einer Kriegergedächtnisstätte.

StARo VI D 2 Nr. 18: Stadtrat Rosenheim (20.07.1949), Auszug aus dem Niederschriften-Buche des Stadtrates Rosenheim.

StARo VI D 2 Nr. 18: Verband der Kriegsbeschädigten, Errichtung eines Kriegsopfermals.

StARo VI D 2 Nr. 18: Vereinigung der Verfolgten des Naziregimes, Schreiben an den Oberbürgermeister der Stadt Rosenheim.

StARo VI D 2 Nr. 18.: Rückbericht an die Regierung von Oberbayern.

StARo/Sammlungen zur Zeitgeschichte: Kriegerdenkmal.

StARo/Sammlungen zur Zeitgeschichte: Volkstrauertag.

StARo/Sammlungen zur Zeitgeschichte: Zweiter Weltkrieg.

Gedruckte Quellen

Zeitungen und Zeitschriften

Der Egerländer

Der Lichtblick. Monatsschrift für Flüchtlinge, Ausgewiesene, Heimatlose und deren Freunde

Die neue Gemeinschaft

Egerer Zeitung

Garmisch-Partenkirchner Tagblatt

Hochland-Bote (Penzberg)

Hochlandbote. Sonderausgabe zum Penzberger Mordprozess

Kriegsgräberfürsorge

Miesbacher Merkur

Mitteilungen und Berichte

Münchner Katholische Kirchenzeitung. Bistumsblatt der Erzdiözese München-Freising

Münchner Merkur

Oberbayerisches Volksblatt Rosenheim

Penzberger Merkur

Penzberger Nachrichten- und Anzeigenblatt

Rosenheimer Anzeiger

Rosenheimer Tagblatt »Wendelstein«

Unser Sudetenland

Weihnachts-Mitteilungen der ehemaligen deutschen Gebirgstruppen

Quelleneditionen

Boberach, Heinz (Hg.): *Meldungen aus dem Reich 1938–1945. Die geheimen Lageberichte des Sicherheitsdienstes der SS*, Herrsching 1984.

Der Prozess gegen die Hauptkriegsverbrecher vor dem Internationalen Militärgerichtshof (IMT). Fotomechanischer Nachdruck in 23 Bänden, Frechen 2001.

Hemken, R. (Hg.): *Sammlung der vom Alliierten Kontrollrat und der Amerikanischen Militärregierung erlassenen Proklamationen, Gesetze, Verordnungen, Befehle und Direktive*. Stuttgart.

Rüter-Ehlermann, Adelheid; Rüter, C. F. (Hg.): *Justiz und NS-Verbrechen. Sammlung deutscher Strafurteile wegen nationalsozialistischer Tötungsverbrechen 1945-1966* (III.), Amsterdam 1969.

Gedruckte Quellen

BGBl. 27.05.1952: Gesetz über die Sorge für die Kriegsgräber.

BRD (2008): Verschollenheitsgesetz in der im Bundesgesetzblatt Teil III, Gliederungsnummer 401-6, veröffentlichten bereinigten Fassung, das zuletzt durch Artikel 55 des Gesetzes vom 17. Dezember 2008 (BGBl. I S. 2586) geändert worden ist. VerschG, vom 17.12.2008.

Lorenz, Georg (Hg.): Die Penzberger Mordnacht vom 28. April 1945 vor dem Richter. Zusammengestellt nach den Presseberichten des Hochlandboten, Garmisch-Partenkirchen.

Rosenberg, Alfred: Die Gestaltung der Lebensfeiern. Richtlinien 1942.

Online

Bundesministerium der Verteidigung: *Traditionserlass der Bundeswehr*. Online verfügbar unter http://www.bundeswehr.de/portal/a/bwde/!ut/p/c4/RYsxDoAgDADf4gfo7uYv1K1Ah-QaCpq3yfXEyt1wuOdhh0PDhhMZnwworbIFn353vkZyaEFs-RpMPIJblbrJiouUQaMoc8qglG_u7flKSiKlxlmV4qpIts/ zuletzt aufgerufen am 19.08.2015.

Indymedia: Den deutschen Täter_innen keine Träne! Bündnis gegen Geschichtsrevisionismus. Online verfügbar unter http://de.indymedia.org/2013/11/350281.shtml zuletzt aufgerufen am 16.04. 2014.

Infogruppe Rosenheim: Volkstrauertag – Gäste vom rechten Rand. (Schriftstück im Besitz der Verfasserin). Online verfügbar unter http://infogrupperosenheim.tk/2011/12/volkstrauertag-gaeste-vom-rechten-rand/ zuletzt aufgerufen am 16.04.2014.

Weitere Quellen im Besitz der Verfasserin

Grußwort der Oberbürgermeisterin der Stadt Rosenheim Gabriele Bauer anlässlich des Volkstrauertages 2010.

Oberbürgermeisterin der Stadt Rosenheim: Einladung zu den Gedenkfeiern am Volkstrauertag 2013.

Stadt Rosenheim: Rede der Oberbürgermeisterin der Stadt Rosenheim Frau Gabriele Bauer beim Volkstrauertag 2013, 17.11.2013.

Infogruppe Rosenheim: Den deutschen Täter_innen keine Träne! Für eine antifaschistische Gedenkkultur statt Volkstrauertag und Opfermythos! (Flugblatt)

Literaturverzeichnis

Artikel »Kranz«. In: Bächtold-Stäubli, Hanns (Hg.): *Handwörterbuch des Deutschen Aberglaubens* (Handwörterbuch des Deutschen Aberglaubens, 8), Berlin [u. a.] 1937, Sp. 381-428.

Rückschau auf 50 Jahre Seliger-Gemeinde: Gesinnungsgemeinschaft sudetendeutscher Sozialdemokraten, München 2001.

Allerseelen. In: Sörries, Reiner (Hg.): *Großes Lexikon der Bestattungs- und Friedhofskultur. Wörterbuch zur Sepulkralkultur.* Volkskundlich-kulturgeschichtlicher Teil: Von Abdankung bis Zweitbestattung, Braunschweig 2002, S. 10–11.

Ackermann, Volker: *Nationale Totenfeiern in Deutschland. Von Wilhelm I. bis Franz Josef Strauß: eine Studie zur politischen Semiotik*, Stuttgart 1990.

Ahonen, Pertti: *People on the Move. Forced Population Movements in Europe in the Second World War and its Aftermath*, Oxford [u. a.] 2008.

Aka, Christine: *Tot und vergessen? Sterbebilder als Zeugnis katholischen Totengedenkens* (Schriften des Westfälischen Freilichtmuseums Detmold, Landesmuseum für Volkskunde, 10), Detmold 1993.

Altenburg, Wolfgang; Prüfert, Andreas: *Bundeswehr und Tradition. Zur Debatte um das künftige Geschichts- und Traditionsverständnis in den Streitkräften*. 1. Aufl., Baden-Baden 2000.

Anderson, Benedict R.: *Imagined Communities. Reflections on the Origin and Spread of Nationalism*. Rev. ed, London/New York 2006.

Andreasch, Robert (2011): *Rechtsum im Hofgarten.* Online verfügbar unter icle&id=2604:rechtsum-im-hofgarten&catid=41:parteien-und-organisationen&Itemid=151, zuletzt aktualisiert am 10.05.2013, zuletzt aufgerufen am 10.05.2013.

Andresen, Knud: *Die Erforschung von Geschichtspolitik unter Aspekten des »Spatial turns«.* In: Schmid, Harald (Hg.): *Geschichtspolitik und kollektives Gedächtnis. Erinnerungskulturen in Theorie und Praxis* (Formen der Erinnerung, 41), Göttingen 2009, S. 93–106.

Arendt, Hannah: *Zur Zeit. Politische Essays.* Aktualisierte, erw. Neuausg, Hamburg 1999.

Ariès, Philippe: *Geschichte des Todes.* 9. Aufl., München 1995.

Arnold, Jörg: *The Allied Air War and Urban Memory. The Legacy of Strategic Bombing in Germany,* Cambridge 2007.

Arnold, Jörg: *»Nagasaki« in der DDR. Magdeburg und das Gedenken an den 16. Januar 1945.* In: Arnold, Jörg; Süß, Dietmar und Thiessen, Malte (Hg.): *Luftkrieg. Erinnerungen in Deutschland und Europa* (Beiträge zur Geschichte des 20. Jahrhunderts, 10), Göttingen 2009, S. 239–255.

Arnold, Jörg; Süß, Dietmar; Thiessen, Malte (Hg.): *Luftkrieg. Erinnerungen in Deutschland und Europa* (Beiträge zur Geschichte des 20. Jahrhunderts, 10), Göttingen 2009.

Asmuss, Burkhard: *Der Krieg und seine Folgen 1945. Kriegsende und Erinnerungspolitik in Deutschland,* Berlin u. a. 2005.

Assmann, Jan: *Kollektives Gedächtnis und kulturelle Identität.* In: Assmann, Jan und Hölscher, Tonio (Hg.): *Kultur und Gedächtnis,* Frankfurt a. M. 1988, S. 9–19.

Assmann, Aleida: *Jahrestage*. In: Münch, Paul (Hg.): *Jubiläum, Jubiläum. Zur Geschichte öffentlicher und privater Erinnerung*. 1. Aufl., Essen 2005, S. 305–314.

Assmann, Aleida: *Der lange Schatten der Vergangenheit. Erinnerungskultur und Geschichtspolitik*, München 2006.

Assmann, Aleida: *Geschichte im Gedächtnis. Von der individuellen Erfahrung zur öffentlichen Inszenierung*, München 2007.

Assmann, Aleida: *Erinnerungsräume. Formen und Wandlungen des kulturellen Gedächtnisses*. 4. Aufl., München 2009.

Assmann, Aleida: *Re-framing memory. Between individual and collective forms of constructing the past*. In: Tilmans, Karin; van Vree, Frank und Winter, Jay (Hg.): *Performing the Past. Memory, History, and Identity in Modern Europe*, Amsterdam 2010, S. 35–50.

Assmann, Aleida: *Der Kampf um die Stadt als Identitätsverankerung und Geschichtsspeicher*. In: Eigler, Friederike und Kugele, Jens (Hg.): *Heimat. At the Intersection of Memory and Space* (Memory and Cultural Memory/Medien und kulturelle Erinnerung, 14), Berlin 2012, S. 71–92.

Assmann, Aleida: *Formen des Vergessens*. In: Diasio, Nicoletta und Wieland, Klaus (Hg.): *Die sozio-kulturelle (De-)Konstruktion des Vergessens. Bruch und Kontinuität in den Gedächtnisrahmen um 1945 und 1989*, Bielefeld 2012, S. 21–48.

Assmann, Jan: *Die Lebenden und die Toten*. In: Assmann, Jan; Maciejewski, Franz und Michaels, Axel (Hg.): *Der Abschied von den Toten. Trauerrituale im Kulturvergleich*, Göttingen 2005, S. 16–36.

Assmann, Jan: *Das kulturelle Gedächtnis. Schrift, Erinnerung und politische Identität in frühen Hochkulturen.* 6. Aufl., München 2007.

Austin, John L.: *How to do Things with Words,* Oxford 1963.

Austin, John L.: *Zur Theorie der Sprechakte,* Stuttgart 1972.

Bächtold, Hanns: *Deutscher Soldatenbrauch und Soldatenglaube,* Straßburg 1917.

Baird, Jay W.: *To die for Germany. Heroes in the Nazi Pantheon,* Bloomington u. a. 1990.

Balcar, Jaromír; Schlemmer, Thomas (Hg.): *An der Spitze der CSU. Die Führungsgremien der Christlich-Sozialen Union 1946 bis 1955* (Darstellungen zur Zeitgeschichte. Hg. vom Institut für Zeitgeschichte, 68), München 2007.

Banse, Holger: *Im Schatten des militärischen Erfolgs. Kirchliche Kriegshilfe am Beispiel der Feldprediger bei der Division »Edelweiß«.* Hg. v. Stiftung für Sozialgeschichte des 20. Jahrhunderts, http://www.stiftung-sozialgeschichte.de/joomla/index.php/de/component/content/article/95-zeitschrift-archiv/sozial-geschichte-extra/beitraege/177-im-schatten-des-militaerischen-erfolgs.

Barclay, David E.: *Schaut auf diese Stadt. Der unbekannte Ernst Reuter,* Berlin 2000.

Bastian, Andrea: *Der Heimat-Begriff. Eine begriffsgeschichtliche Untersuchung in verschiedenen Funktionsbereichen der deutschen Sprache* (Reihe Germanistische Linguistik, 159), Tübingen 1995.

Bauerkämper, Arnd: *Das umstrittene Gedächtnis. Die Erinnerung an Nationalsozialismus, Faschismus und Krieg in Europa seit 1945,* Paderborn, München [u. a.] 2012.

Baum, Stella: *Plötzlich und unerwartet. Todesanzeigen*, Düsseldorf 1980.

Baumgärtl, H; Kläger, M; Leiling, O.H: *So war das damals 1945 mit der Freiheitsaktion Bayern. Erinnerungsschrift zur Feier des fünfundzwanzigsten Jahrestages der Freiheitsaktion Bayern am 27. u. 28. April 1970*, München 1970.

Becker-Trier, Heinz: *Es war Mord, meine Herren Richter!* 1958.

Behrenbeck, Sabine: *Der Kult um die toten Helden. Nationalsozialistische Mythen, Riten und Symbole 1923 bis 1945* (Kölner Beiträge zur Nationsforschung, 2), Vierow bei Greifswald, Köln.

Behrenbeck, Sabine: *Between Pain and Silence. Remembering the Victims of Violence in Germany after 1949.* In: Bessel, Richard und Schumann, Dirk (Hg.): *Life after Death. Approaches to a Cultural and Social History during the 1940s and 1950s*, Washington/Cambridge 2003, S. 37–64.

Benz, Wolfgang (Hg.): *Neuanfang in Bayern. 1945 bis 1949*, München 1988.

Benz, Wolfgang (Hg.): *Enzyklopädie des Nationalsozialismus*. 5., aktualisierte und erw. Aufl., aktualisierte Neuausg., München 2007.

Ben-Ze'ev, Efrat; Ginio, Ruth; Winter, Jay (Hg.): *Shadows of War. A Social History of Silence in the Twentieth Century*, Cambridge 2010.

Berking, Helmuth; Löw, Martina: *Einleitung*. In: Berking, Helmuth und Löw, Martina (Hg.): *Die Eigenlogik der Städte. Neue Wege für die Stadtforschung*, Frankfurt a. M. 2008, S. 7–14.

Bessel, Richard: *The Shadow of Death in Germany at the End of the Second World War*. In: Confino, Alon; Betts, Paul und Schumann, Dirk (Hg.): *Between Mass Death and Individual Loss. The Place of the Dead in twentieth-century Germany*, New York 2008, S. 51–68.

Bessel, Richard: *Germany 1945. From War to Peace*, London 2010.

Bessel, Richard; Schumann, Dirk: *Introduction: Violence, Normality, and the Construction of Postwar Europe*. In: Bessel, Richard und Schumann, Dirk (Hg.): *Life after Death. Approaches to a Cultural and Social History during the 1940s and 1950s*, Washington/Cambridge 2003, S. 1–14.

Bessel, Richard; Schumann, Dirk (Hg.): *Life after Death. Approaches to a Cultural and Social History during the 1940s and 1950s*, Washington/Cambridge 2003.

Biess, Frank: *The Search for Missing Soldiers. MIAs, POWs, and Ordinary Germans, 1943–45*. In: Biess, Frank; Roseman, Mark und Schissler, Hanna (Hg.): *Conflict, Catastrophe and Continuity. Essays on Modern German History*, New York 2007, S. 116–134.

Biess, Frank: *Feelings in the Aftermath. Toward a History of Postwar Emotions*. In: Biess, Frank und Moeller, Robert G. (Hg.): *Histories of the Aftermath. The Legacies of the Second World War in Europe*, New York 2010, S. 30–48.

Biess, Frank; Moeller, Robert G. (Hg.): *Histories of the Aftermath. The Legacies of the Second World War in Europe*, New York 2010.

Biess, Frank; Roseman, Mark; Schissler, Hanna (Hg.): *Conflict, Catastrophe and Continuity. Essays on Modern German History*, New York 2007.

Bock, Petra; Wolfrum, Edgar (Hg.): *Umkämpfte Vergangenheit. Geschichtsbilder, Erinnerung und Vergangenheitspolitik im internationalen Vergleich*, Göttingen 1999.

Bönisch, Georg; Andresen, Karen: *Die 50er Jahre. Vom Trümmerland zum Wirtschaftswunder*. 1. Aufl., München 2006.

Bourke, Joanna: *An intimate History of Killing. Face-to-Face Killing in Twentieth-Century Warfare*. 1. Aufl., London 1999.

Brakensiek, Stefan; Flügel, Axel (Hg.): *Regionalgeschichte in Europa. Methoden und Erträge der Forschung zum 16. bis 19. Jahrhundert* (Forschungen zur Regionalgeschichte, 34), Paderborn 2000.

Brandau, Doris (1996): *Die Aufbauleistung der Vertriebenen im Raum Rosenheim*. In: *Das bayerische Inn-Oberland/53*, S. 149–251.

Braun, Christian A.: *Der normierte Tod. Die sprachliche Gleichschaltung von Todesanzeigen im Dritten Reich. Dargestellt am Beispiel des Gauorgans »Der Führer«*. In: Braun, Christian A; Mayer, Michael und Weitkamp, Sebastian (Hg.): *Deformation der Gesellschaft? Neue Forschungen zum Nationalsozialismus*, Berlin 2008, S. 119–145.

Braun, Karl-Heinz: *Raumentwicklung als Aneignungsprozess*. In: Deinet, Ulrich und Reutlinger, Christian (Hg.): *»Aneignung« als Bildungskonzept der Sozialpädagogik. Beiträge zur Pädagogik des Kindes- und Jugendalters in Zeiten entgrenzter Lernorte*, Wiesbaden 2004, S. 19–48.

Brumlik, Micha: *Trauerrituale und politische Kultur nach der Shoah in der Bundesrepublik*. In: Loewy, Hanno (Hg.): *Holocaust: Die Grenzen des Verstehens. Eine Debatte über die Besetzung der Geschichte*, Reinbek bei Hamburg 1992, S. 191–212.

Buscher, Frank (2003): *The Great Fear. The Catholic Church and the Anticipated Radicalization of Expellees and Refugees in Post-War Germany*. In: German History 21 (2).

Butler, Judith (Hg.): *Raster des Krieges. Warum wir nicht jedes Leid beklagen*, Frankfurt a. M. 2010.

Capdevila, Luc; Voldman, Danièle: *War Dead. Western Societies and the Casualties of War*, Edinburgh 2006.

Chamberlain, Sigrid: *Nationalsozialistinnen als Mütter*. In: Heimannsberg, Barbara und Schmidt, Christoph J. (Hg.): *Das kollektive Schweigen. Nationalsozialistische Vergangenheit und gebrochene Identität in der Psychotherapie*. Erw. Neuausgabe, Köln 1992, S. 267–278.

Confino, Alon: *Germany as a Culture of Remembrance. Promises and Limits of writing History*, Chapel Hill 2006.

Confino, Alon: *Death, Spiritual Solace, and Afterlife. Between Nazism and Religion*. In: Confino, Alon; Betts, Paul und Schumann, Dirk (Hg.): *Between Mass Death and Individual Loss. The Place of the Dead in twentieth-century Germany*, New York 2008, S. 219–231.

Confino, Alon; Betts, Paul; Schumann, Dirk (Hg.): *Between Mass Death and Individual Loss. The Place of the Dead in twentieth-century Germany*, New York 2008.

Cornelißen, Christoph; Klinkhammer, Lutz; Schwentker, Wolfgang: *Nationale Erinnerungskulturen seit 1945 im Vergleich*. In: Cornelißen, Christoph; Klinkhammer, Lutz und Schwentker, Wolfgang (Hg.): *Erinnerungskulturen. Deutschland, Italien und Japan seit 1945*. Orig.-Ausg, Frankfurt a. M. 2003, S. 9–28.

Csáky, Moritz; Stachel, Peter (Hg.): *Die Verortung von Gedächtnis*, Wien 2001.

Damir-Geilsdorf, Sabine; Hartmann, Angelika; Hendrich, Béatrice (Hg.): *Mental Maps – Raum – Erinnerung. Kulturwissenschaftliche Zugänge zum Verhältnis von Raum und Erinnerung*, Münster 2005.

Damir-Geilsdorf, Sabine; Hendrich, Béatrice: *Orientierungsleistungen räumlicher Strukturen und Erinnerung. Heuristische Potenziale einer Verknüpfung der Konzepte Raum, Mental Maps und Erinnerung*. In: Damir-Geilsdorf, Sabine; Hartmann, Angelika und Hendrich, Béatrice (Hg.): *Mental Maps - Raum - Erinnerung. Kulturwissenschaftliche Zugänge zum Verhältnis von Raum und Erinnerung*, Münster 2005, S. 25–48.

Deinet, Ulrich; Reutlinger, Christian: *Einführung*. In: Deinet, Ulrich und Reutlinger, Christian (Hg.): *»Aneignung« als Bildungskonzept der Sozialpädagogik. Beiträge zur Pädagogik des Kindes- und Jugendalters in Zeiten entgrenzter Lernorte*, Wiesbaden 2004, S. 7–18.

Diem, Veronika: *Fremdarbeit in Oberbayern. Studien zur Geschichte der Zwangsarbeit am Beispiel Rosenheim und Kolbermoor. 1939 bis 1945*, Kolbermoor 2005.

Diem, Veronika: *Die Freiheitsaktion Bayern. Ein Aufstand in der Endphase des NS-Regimes*, Kallmünz 2013.

Döring, Jörg (Hg.): *Spatial turn. Das Raumparadigma in den Kultur- und Sozialwissenschaften* (Sozialtheorie), Bielefeld 2008.

Döring, Jörg; Thielmann, Tristan: *Was lesen wir im Raume? Der Spatial Turn und das geheime Wissen der Geographen*. In: Döring, Jörg (Hg.): *Spatial turn. Das Raumparadigma in den Kultur- und Sozialwissenschaften* (Sozialtheorie), Bielefeld 2008, S. 7–48.

Döring-Manteuffel, Anselm: *Die Bundesrepublik Deutschland in der Ära Adenauer. Außenpolitik und innere Entwicklung 1949–1963*. 2. Aufl., Darmstadt 1988.

Dörr, Margarete: *»Wer die Zeit nicht miterlebt hat ...«. Frauenerfahrungen im Zweiten Weltkrieg und in den Jahren danach/2: Kriegsalltag*, Frankfurt a. M. 1998.

Drexel, Margarete: *Alles was getan wird, geschieht für den Menschen! Ende der Bergbaukultur und erfolgreicher Strukturwandel in Penzberg/Oberbayern 1960–1972*, Penzberg 2001.

Düringer, Hermann; Mannitz, Sabine; Starzacher, Karl (Hg.): *Möglichkeiten und Grenzen kollektiver Erinnerung. Ambivalenz und Bedeutung des Kriegsopfer-Gedenkens*, Frankfurt a. M. 2007.

Echternkamp, Jörg: *Nach dem Krieg. Alltagsnot, Neuorientierung und die Last der Vergangenheit (1945–1949)*, Zürich 2003.

Echternkamp, Jörg: *Kriegsschauplatz Deutschland 1945. Leben in Angst, Hoffnung auf Frieden: Feldpost aus der Heimat und von der Front*, Paderborn, München [u. a.] 2006.

Echternkamp, Jörg: *Der Zusammenbruch des Deutschen Reiches 1945/2*. 1. Aufl. 2008.

Echternkamp, Jörg; Hettling, Manfred (Hg.): *Gefallenengedenken im globalen Vergleich. Nationale Tradition, politische Legitimation und Individualisierung der Erinnerung*, München 2013.

Ecker, Gisela: *Trauer zeigen. Inszenierung und die Sorge um den Anderen.* In: Ecker, Gisela (Hg.): *Trauer tragen – Trauer zeigen. Inszenierungen der Geschlechter*, München 1999, S. 9–25.

Eckkramer, Eva Martha: *Die Todesanzeige als Spiegel kultureller Konventionen. Eine kontrastive Analyse deutscher, englischer, französischer, spanischer, italienischer und portugiesischer Todesanzeigen*, Bonn 1996.

Eigler, Friederike; Kugele, Jens: *Introduction. »Heimat« at the Intersection of Memory and Space*. In: Eigler, Friederike und Kugele, Jens (Hg.): *Heimat. At the Intersection of Memory and Space* (Memory and Cultural Memory/Medien und kulturelle Erinnerung, 14), Berlin 2012, S. 1–12.

Eliade, Mircea: *Mythen, Träume und Mysterien. (Mythes, reves et mystères; dt.)*, Salzburg 1961.

Erll, Astrid: *Kollektives Gedächtnis und Erinnerungskulturen. Eine Einführung*, Stuttgart u. a. 2005.

Eschebach, Insa: *Öffentliches Gedenken. Deutsche Erinnerungskulturen seit der Weimarer Republik*, Frankfurt a. M., New York 2005.

Eschebach, Insa: *Praktiken öffentlichen Gedenkens im 20. Jahrhundert*. In: Ueberschär, Ellen (Hg.): *Soldaten und andere Opfer? Die Täter-Opfer-Problematik in der deutschen Erinnerungskultur und das Gedenken an die Opfer von Krieg und Gewaltherrschaft*, Rehberg-Loccum 2007, S. 31–43.

Eschebach, Insa: *Krieg und Geschlecht* (Materialien der Stiftung Brandenburgische Gedenkstätten, 3), Berlin 2008.

Fait, Barbara: *Demokratische Erneuerung unter dem Sternenbanner. Amerikanische Kontrolle und Verfassunggebung in Bayern 1946* (Beiträge zur Geschichte des Parlamentarismus und der politischen Parteien, 114), Düsseldorf 1998.

Fehrle: *Artikel »Erde«*. In: Bächtold-Stäubli (Hg.): *Handwörterbuch des Deutschen Aberglaubens*, Berlin und Leipzig 1930, S. 895–907.

Fendl, Elisabeth: *Beerdigung und Totengedenken in der »neuen Heimat«.* In: Fendl, Elisabeth (Hg.): *Das Gedächtnis der Orte. Sinnstiftung und Erinnerung.* (Schriftenreihe des Johannes-Künzig-Institutes, 8), Freiburg 2006, S. 81–116.

Fendl, Elisabeth (Hg.): *Das Gedächtnis der Orte. Sinnstiftung und Erinnerung.* (Schriftenreihe des Johannes-Künzig-Institutes, 8), Freiburg 2006.

Finder, Gabriel N.: *Yizkor! Commemoration of the Dead by Jewish Displaced Persons in Postwar Germany.* In: Confino, Alon; Betts, Paul und Schumann, Dirk (Hg.): *Between Mass Death and Individual Loss. The Place of the Dead in twentieth-century Germany,* New York 2008, S. 232–257.

Fischer, Karsten; Münkler, Herfried (2000): *»Nothing to kill or die for …«. Überlegungen zu einer politischen Theorie des Opfers.* In: *Leviathan* 28 (3), S. 343–362.

Fischer, Michael (1995): *Zur Sache: Am Ende stand ein Anfang. Zum 50. Jahrestag des Kriegsendes in Rosenheim am 2. Mai 1945. Zeitzeugen erzählen, wie sie das Ende der Naziherrschaft, den Einmarsch der Amerikaner und die ersten Monate in Freiheit in der Innstadt erlebt haben.* In: *Das bayerische Inn-Oberland/ 53,* S. 85–146.

Fischer, Michael; Schmidt, Rebecca: *»Mein Testament soll seyn am End«. Sterbe- und Begräbnslieder zwischen 1500 und 2000,* München/Berlin 2006.

Fischer, Wolfgang: *Das politische Gedenken an die Toten des Ersten Weltkiegs. Der Volkstrauertag in der Weimarer Republik,* München [u. a.] 2001.

Fischer-Lichte, Erika: *Performance, Inszenierung, Ritual. Zur Klärung kulturwissenschaftlicher Schlüsselbegriffe.* In: Martschukat, Jürgen und Patzold, Steffen (Hg.): *Geschichtswissenschaft und »performative turn«. Ritual, Inszenierung und Performanz vom Mittelalter bis zur Neuzeit* (Norm und Struktur. Studien zum sozialen Wandel in Mittelalter und Früher Neuzeit, 19), Weimar/Wien 2003, S. 33–53.

Förster, Alice; Beck, Birgit: *Post-Traumatic Stress Disorder and World War II. Can a Psychiatric Concept Help Us Understand Postwar Society?* In: Bessel, Richard und Schumann, Dirk (Hg.): *Life after Death. Approaches to a Cultural and Social History during the 1940s and 1950s*, Washington/Cambridge 2003,

Frei, Norbert: *Vergangenheitspolitik* (Veröffentlichung des Instituts für Zeitgeschichte), München 1996.

Frei, Norbert: *Abschied von der Zeitgenossenschaft. Der Nationalsozialismus und seine Erforschung auf dem Weg in die Geschichte.* In: *WerkstattGeschichte 20*, Hamburg 1998, S. 69–83. Online abrufbar: http://www.werkstattgeschichte.de/werkstatt_site/archiv/WG20_069-083_FREI_ZEITGENOSSENSCHAFT.pdf.

Frei, Norbert: *Beschweigen und Bekennen* (Dachauer Symposien zur Zeitgeschichte, 1), Göttingen 2001.

Frei, Norbert: *1945 und wir*, München 2005.

Freud, Sigmund: *Trauer und Melancholie.* In: Freud, Sigmund (Hg.): *Gesammelte Schriften*, Band 10.

Freud, Sigmund: *Widerstand und Verdrängung.* In: *Freud (Hg.) – Gesammelte Schriften*, Band 7, S. 296–312.

Frevert, Ute (2009): *Was haben Gefühle in der Geschichte zu suchen?* In: Geschichte und Gesellschaft 35 (2), S. 183–208.

Frevert, Ute u. a. (Hg.): *Gefühlswissen. Eine lexikalische Spurensuche in der Moderne*, Frankfurt a. M. 2011.

Fritzsche, Peter: *Volkstümliche Erinnerung und deutsche Identität nach dem Zweiten Weltkrieg*. In: Jarausch, Konrad Hugo und Sabrow, Martin (Hg.): *Verletztes Gedächtnis. Erinnerungskultur und Zeitgeschichte im Konflikt*, Frankfurt a. M., New York 2002, S. 75–99.

Fröhlich, Claudia; Heinrich, Horst-Alfred (Hg.): *Geschichtspolitik. Wer sind ihre Akteure, wer ihre Rezipienten?*, Stuttgart 2004.

Fuge, Janina; Hering, Rainer; Schmid, Harald (Hg.): *Das Gedächtnis von Stadt und Region. Geschichtsbilder in Norddeutschland* (Hamburger Zeitspuren, 7), München 2010.

Fügener, Katrin Ina C.: *Hans Rummer (1880–1945). Opfer der Mordnacht*, Penzberg 2005.

Fulda, Daniel; Herzog, Dagmar; Hoffmann, Stefan-Ludwig; van Rahden, Till (Hg.): *Demokratie im Schatten der Gewalt. Geschichten des Privaten im deutschen Nachkrieg*, Göttingen 2010.

Garbe, Detlef: *Äußerliche Abkehr, Erinnerungsverweigerung und »Vergangenheitsbewältigung«. Der Umgang mit dem Nationalsozialismus in der frühen Bundesrepublik*. In: Schildt, Axel (Hg.): *Modernisierung im Wiederaufbau. Die westdeutsche Gesellschaft der 50er Jahre* (Politik- und Gesellschaftsgeschichte, 33), Bonn 1993, S. 693–716.

Garbe, Detlef: *Seismographen der Vergangenheitsbewältigung. Regionalbewusstsein und Erinnerungsorte der NS-Verbrechen am Beispiel des ehemaligen KZ Neuengamme*. In: Knoch, Habbo (Hg.): *Das Erbe der Provinz. Heimatkultur und Geschichtspolitik nach 1945* (Veröffentlichungen des Arbeitskreises Geschichte des Landes Niedersachsen (Nach 1945), 18), Göttingen 2001, S. 218–232.

Giebel, Anne (2011): *Trauer und Erinnerung in München 1945-1955*. Unveröffentlichte Magisterarbeit, München.

Giesen, Bernhard: *Das Tätertrauma der Deutschen*. In: Giesen, Bernhard und Schneider, Christoph (Hg.): *Tätertrauma. Nationale Erinnerungen im öffentlichen Diskurs*, Konstanz 2004, S. 11–53.

Ginzburg, Carlo (1993): *Mikro-Historie. Zwei oder drei Dinge, die ich von ihr weiß*. In: *Historische Anthropologie* 1 (1).

Giordano, Ralph: *Die Traditionslüge. Vom Kriegerkult in der Bundeswehr*, Köln 2000.

Goebel, Stefan: *The Great War and Medieval Memory. War, Remembrance and Medievalism in Britain and Germany, 1914-1940*, Cambridge 2007.

Goltermann, Svenja: *The Imagination of Disaster. Death and Survival in Postwar West Germany*. In: Confino, Alon; Betts, Paul und Schumann, Dirk (Hg.): *Between Mass Death and Individual Loss. The Place of the Dead in twentieth-century Germany*, New York 2008, S. 261–274.

Goltermann, Svenja: *Die Gesellschaft der Überlebenden. Deutsche Kriegsheimkehrer und ihre Gewalterfahrungen im Zweiten Weltkrieg*. 2. Aufl., München 2009.

Goltermann, Svenja: *On Silence, Madness, and Lassitude: Negotiating the Past in Post-War Germany*. In: Ben-Ze'ev, Efrat; Ginio, Ruth und Winter, Jay (Hg.): *Shadows of War. A Social History of Silence in the Twentieth Century*, Cambridge 2010, S. 91–114.

Goltermann, Svenja: *Zwischen den Zeiten. Deutsche Soldaten und ihre Heimkehr aus dem Zweiten Weltkrieg*. In: Juterczenka, Sünne (Hg.): *Figurationen der Heimkehr. Die Passage vom Fremden zum Eigenen in Geschichte und Literatur der Neuzeit*, Göttingen 2011, S. 145–161.

Goschler, Constantin: *Schuld und Schulden. Die Politik der Wiedergutmachung für NS-Verfolgte seit 1945* (Beiträge zur Geschichte des 20. Jahrhunderts, 3), Göttingen 2005.

Graf, Friedrich Wilhelm: *Todesgegenwart*. In: Graf, Friedrich Wilhelm und Meier, Heinrich (Hg.): *Der Tod im Leben. Ein Symposion*, München [u. a.] 2004, S. 7–46.

Grebner, Gundula; Schulz, Andreas (Hg.): *Generationswechsel und historischer Wandel* (Historische Zeitschrift: Beiheft (Neue Folge), 36), München 2003.

Gregor, Neil (2003): »*Is he still alive or long since dead?*«*. Loss, Absence and Remembrance in Nuremberg, 1945–1956*. In: *German History* 21 (2), S. 183–203.

Gregor, Neil: *Trauer und städtische Identitätspolitik. Erinnerungen an die Bombardierung Nürnbergs*. In: Arnold, Jörg; Süß, Dietmar und Thiessen, Malte (Hg.): *Luftkrieg. Erinnerungen in Deutschland und Europa* (Beiträge zur Geschichte des 20. Jahrhunderts, 10), Göttingen 2009, S. 131–145.

Greverus, Ina-Maria: *Auf der Suche nach Heimat*, München 1976.

Hagemann, Karen; Quataert, Jean H. (Hg.): *Gendering Modern German History. Rewriting Historioigraphy*, London 2007.

Häger, Hartmut: *Kriegstotengedenken in Hildesheim. Geschichte, Funktionen und Formen. Mit einem Katalog der Denkmäler für Kriegstote des 19. und 20. Jahrhunderts* (Quellen und Dokumentationen zur Stadtgeschichte Hildesheims, 17), Hildesheim 2006.

Hahn, Alois: *Kultische und säkulare Riten und Zeremonien in soziologischer Sicht*. In: Hahn, Alois (Hg.): *Anthropologie des Kults*, Freiburg u. a. 1977, S. 51–81.

Halbwachs, Maurice: *Les cadres sociaux de la mémoire*, Paris 1925.

Halbwachs, Maurice: *Das Gedächtnis und seine sozialen Bedingungen*, Berlin 1985.

Hallam, Elizabeth: *Death and the Transformation of Gender in Image and Text*. In: Field, David (Hg.): *Death, Gender and Ethnicity*. 1. Aufl., London [u. a.] 1997, S. 108–123.

Hallama, Peter: *Geschichtswissenschaften, Memory Studies und der Passive Turn. Zur Frage der Opferperspektive in der erinnerungskulturellen Forschung*. In: Franzen, K. Erik und Schulze Wessel, Martin (Hg.): *Opfernarrative. Konkurrenzen und Deutungskämpfe in Deutschland und im östlichen Europa nach dem Zweiten Weltkrieg* (Veröffentlichungen des Collegium Carolinum, 126), München 2012, S. 9–27.

Hanika, Josef: *Heimatverlust und Totenehrung*. In: *Bayerisches Jahrbuch für Volkskunde* 1955, Regensburg 1955, S. 129–140.

Hartmann, Angelika: *Konzepte und Transformationen der Trias mental maps, Raum und Erinnerung. Einführende Gedanken zum Kolloquium*. In: Damir-Geilsdorf, Sabine; Hartmann, Angelika und Hendrich, Béatrice (Hg.): *Mental Maps – Raum – Erinnerung. Kulturwissenschaftliche Zugänge zum Verhältnis von Raum und Erinnerung*, Münster 2005, S. 3–24.

Haupt, Heinz-Gerhard; Kocka, Jürgen: *Historischer Vergleich. Methoden, Aufgaben, Probleme. Eine Einleitung*. In: Haupt, Heinz-Gerhard und Kocka, Jürgen (Hg.): *Geschichte und Vergleich. Ansätze und Ergebnisse international vergleichender Geschichtsschreibung*, Frankfurt a. M. u. a. 1996, S. 9–45.

Haus der Bayerischen Geschichte; Historischer Verein Rosenheim (Hg.): *Erinnerungszeichen. Die Tagebücher der Elisabeth Block*, Augsburg 1993.

Hausser, Paul: *Waffen-SS im Einsatz*, Göttingen 1956.

Heer, Hannes: *Vom Verschwinden der Täter. Der Vernichtungskrieg fand statt, aber keiner war dabei*, Berlin 2004.

Heimannsberg, Barbara: *Kollektive Erinnerungsarbeit und nationale Identität*. In: Heimannsberg, Barbara und Schmidt, Christoph J. (Hg.): *Das kollektive Schweigen. Nationalsozialistische Vergangenheit und gebrochene Identität in der Psychotherapie*. Erw. Neuausg, Köln 1992, S. 17–24.

Heimannsberg, Barbara; Schmidt, Christoph J. (Hg.): *Das kollektive Schweigen. Nationalsozialistische Vergangenheit und gebrochene Identität in der Psychotherapie*. Erw. Neuausg, Köln 1992.

Heineman, Elizabeth: *What Difference does a Husband make? Women and Marital Status in Nazi and Postwar Germany*, Berkeley 1999.

Heineman, Elizabeth: *Gender, Public Policy, and Memory. Waiting Wives and War Widows in the Postwar Germanys*. In: Biess, Frank und Moeller, Robert G. (Hg.): *Histories of the Aftermath. The Legacies of the Second World War in Europe*, New York 2010, S. 214–238.

Herbert, Ulrich; Schildt, Axel (Hg.): *Kriegsende in Europa. Vom Beginn des deutschen Machtzerfalls bis zur Stabilisierung der Nachkriegsordnung 1944–1948*, Essen 1998.

Herde, Georg: *Die Sudetendeutsche Landsmannschaft. Geschichte, Personen, Hintergründe: eine kritische Bestandsaufnahme*, Köln 1987.

Hettiger, Andreas: *Erinnerung als Ritual. Rhetorische Verfahren zur Konstruktion einer Kriegsveteranenkultur*, Tübingen 2005.

Hettling, Manfred; Echternkamp, Jörg: *Heroisierung und Opferstilisierung. Grundelemente des Gefallenengedenkens von 1813 bis heute*. In: Echternkamp, Jörg und Hettling, Manfred (Hg.): *Gefallenengedenken im globalen Vergleich. Nationale Tradition, politische Legitimation und Individualisierung der Erinnerung*, München 2013, S. 123–158.

Hitzer, Bettina (2011): *Emotionsgeschichte – ein Anfang mit Folgen*, H-Soz-u-Kult. Online verfügbar unter http://hsozkult.geschichte.hu-berlin.de/forum/2011-11-001, zuletzt geprüft am 28.08.2013.

Hobsbawm, Eric J.: *Das Zeitalter der Extreme. Weltgeschichte des 20. Jahrhunderts*, München 1998.

Hoffmann, Dierk: *Nachkriegszeit. Deutschland 1945–1949*. 1. Aufl., Darmstadt 2011.

Jacobmeyer, Wolfgang: *Vom Zwangsarbeiter zum heimatlosen Ausländer; die Displaced Persons in Westdeutschland 1945–1951*, Göttingen 1985.

Jäger, Marianna: *Todesanzeigen. Alltagsbezogene Bedeutungsaushandlungen gegenüber Leben und Tod*, Zürich 2003.

Janz, Oliver: *Das symbolische Kapital der Trauer. Nation, Religion und Familie im italienischen Gefallenenkult des Ersten Weltkriegs* (Bibliothek des Deutschen Historischen Instituts in Rom, 120), Tübingen 2009a.

Janz, Oliver: *Das symbolische Kapital der Trauer. Nation, Religion und Familie im italienischen Gefallenenkult des Ersten Weltkrieges*, Tübingen 2009b.

Jarausch, Konrad Hugo; Geyer, Michael: *Zerbrochener Spiegel. Deutsche Geschichten im 20. Jahrhundert*, München 2005.

Jarausch, Konrad Hugo; Sabrow, Martin (Hg.): *Verletztes Gedächtnis. Erinnerungskultur und Zeitgeschichte im Konflikt*, Frankfurt a. M., New York 2002.

Jeffords, Susan: *The remasculinization of America. Gender and the Vietnam War*, Bloomington 1989.

Jeggle, Utz: *In stolzer Trauer. Umgangsformen mit dem Kriegstod während des 2. Weltkriegs*. In: Jeggle, Utz; Bausinger, Hermann; Kaschuba, Wolfgang; Korff, Gottfried; Scharfe, Martin und Warneken, Bernd Jürgen (Hg.): *Tübinger Beiträge zur Volkskultur*, Tübingen 1986, S. 242–263.

Judt, Tony: *Geschichte Europas von 1945 bis zur Gegenwart*, Frankfurt a. M. 2009.

Jureit, Ulrike; Schneider, Christian: *Gefühlte Opfer. Illusionen der Vergangenheitsbewältigung*, Stuttgart 2010.

Jureit, Ulrike; Wildt, Michael: *Generationen*. In: Jureit, Ulrike und Wildt, Michael (Hg.): *Generationen. Zur Relevanz eines wissenschaftlichen Grundbegriffs*. 1. Aufl., Hamburg 2005, S. 7–27.

Kaelble, Hartmut: *Der historische Vergleich. Eine Einführung zum 19. und 20. Jahrhundert*, Frankfurt a. M. [u. a.] 1999.

Kaelble, Hartmut: *Vergleich und Transfer. Komparatistik in den Sozial-, Geschichts- und Kulturwissenschaften*, Frankfurt a. M. [u. a.] 2003.

Kaiser, Alexandra: *Von Helden und Opfern. Eine Geschichte des Volkstrauertags*, Frankfurt a. M. [u. a.] 2010.

Kaiser, Christine: *Rosenheim 1945 bis 1947.* In: Historischer Verein Rosenheim (Hg.): *Das bayerische Inn-Oberland/53. 1996,* Rosenheim 1996, S. 5–83.

Kaiser, Wolfgang: *Regionalgeschichte, Mikro-Historie und segmentierte Öffentlichkeiten. Ein vergleichender Blick auf die Methodendiskussion.* In: Brakensiek, Stefan und Flügel, Axel (Hg.): *Regionalgeschichte in Europa. Methoden und Erträge der Forschung zum 16. bis 19. Jahrhundert* (Forschungen zur Regionalgeschichte, 34), Paderborn 2000, S. 25–44.

Kast, Verena: *Trauern. Phasen und Chancen des psychischen Prozesses.* Neu gestaltete, um eine Einleitung erw. Ausg, Stuttgart 1999.

Kastner, Bernd (2011): *Nationalistische Gruppen beim Volkstrauertag. Gäste vom rechten Rand.* Online verfügbar unter http://www.sueddeutsche.de/muenchen/nationalistische-gruppen-beim-volkstrauertag-gaeste-vom-rechten-rand-1.1235106, zuletzt aktualisiert am 10.05.2013, zuletzt geprüft am 10.05.2013.

Kershaw, Ian: *Der Hitler-Mythos. Führerkult und Volksmeinung,* München 2002.

Kirsch, Anja: *Bestattungskultur im Wandel. Einige diskursanalytische Beobachtungen.* In: Heller, Birgit (Hg.): *Tod und Ritual. Interkulturelle Perspektiven zwischen Tradition und Moderne,* Wien [u. a.] 2007, S. 175–188.

Klee, Katja: *Im »Luftschutzkeller des Reiches«. Evakuierte in Bayern 1939–1953: Politik, soziale Lage, Erfahrungen* (Vierteljahreshefte für Zeitgeschichte, 78), München 1999.

Knab, Jakob: *Zeitlose soldatische Tugenden. Bis heute ist es der Bundeswehr nicht gelungen, sich aus den Fesseln einer fatalen Traditionspflege zu lösen.* In: *Die Zeit* 2005 (65).

Knab, Jakob: *Falsche Glorie. Das Traditionsverständnis der Bundeswehr*, Berlin 1995.

Köllmann, Wolfgang: *Zur Bedeutung der Regionalgeschichte im Rahmen struktur- und sozialgeschichtlicher Konzeptionen.* In: *Archiv für Sozialgeschichte* (1975), Bd. 15, S. 43–50.

Koonz, Caudia A.: *A Tributary and a Mainstream. Gender, Public Memory, and Historiography of Nazi Germany.* In: Hagemann, Karen und Quataert, Jean H. (Hg.): *Gendering Modern German History. Rewriting Historioigraphy*, London 2007, S. 147–168.

Kornrumpf, Martin: *In Bayern angekommen* (Dokumente unserer Zeit, 3), München 1979.

Koselleck, Reinhart: *Einleitung*. In: Koselleck, Reinhart und Jeismann, Michael (Hg.): *Der politische Totenkult. Kriegerdenkmäler in der Moderne*, München 1994, S. 9–20.

Koselleck, Reinhart: *Zur politischen Ikonologie des gewaltsamen Todes. Ein deutsch-französischer Vergleich*, Basel 1998.

Koselleck, Reinhart: *Formen und Traditionen des negativen Gedächtnisses*. In: Knigge, Volkhard und Frei, Norbert (Hg.): *Verbrechen erinnern. Die Auseinandersetzung mit Holocaust und Völkermord*. Lizenzausg, München 2002, S. 21–33.

Koselleck, Reinhart; Jeismann, Michael (Hg.): *Der politische Totenkult. Kriegerdenkmäler in der Moderne*, München 1994.

Kramer, Helgard: *Einleitung*. In: Kramer, Helgard (Hg.): *NS-Täter aus interdisziplinärer Perspektive*, München 2006, S. 9–26.

Kramer, Nicole: »*Kämpfende Mütter*« *und* »*gefallene Heldinnen*«. *Frauen im Luftschutz*. In: Süß, Dietmar (Hg.): *Deutschland im Luftkrieg. Geschichte und Erinnerung* (Zeitgeschichte im Gespräch, 1), München 2007, S. 85–98.

Kramer, Nicole: *Ikone des Wiederaufbaus. Die* »*Trümmerfrau*« *in der bundesdeutschen Erinnerungskultur*. In: Arnold, Jörg; Süß, Dietmar und Thiessen, Malte (Hg.): *Luftkrieg. Erinnerungen in Deutschland und Europa* (Beiträge zur Geschichte des 20. Jahrhunderts, 10), Göttingen 2009, S. 259–276.

Kramer, Nicole: *Volksgenossinnen an der Heimatfront. Mobilisierung, Verhalten, Erinnerung*, Göttingen, Oakville, CT 2011.

Krause-Vilmar, Dietfrid: *NS-Täter und NS-Verfolgte. Versöhnung über den Gräbern?* In: Düringer, Hermann; Mannitz, Sabine und Starzacher, Karl (Hg.): *Möglichkeiten und Grenzen kollektiver Erinnerung. Ambivalenz und Bedeutung des Kriegsopfer-Gedenkens*, Frankfurt a. M. 2007,

Kruse, Kai; Kruse, Wolfgang: *Kriegerdenkmäler in Bielefeld. Ein lokalhistorischer Beitrag zur Entwicklungsanalyse des deutschen Gefallenenkultes im 19. und 20. Jahrhundert*. In: Koselleck, Reinhart und Jeismann, Michael (Hg.): *Der politische Totenkult. Kriegerdenkmäler in der Moderne*, München 1994, S. 91–128.

Kühne, Thomas: *Zwischen Vernichtungskrieg und Freizeitgesellschaft. Die Veteranenkultur der Bundesrepublik (1945–1995)*. In: Naumann, Klaus (Hg.): *Nachkrieg in Deutschland*, Hamburg 2001, S. 90–114.

Kühne, Thomas: *Massen-Töten. Diskurse und Praktiken der kriegerischen und genozidalen Gewalt im 20. Jahrhundert*. In: Gleichmann, Peter Reinhart und Kühne, Thomas (Hg.): *Massenhaftes Töten. Kriege und Genozide im 20. Jahrhundert*. 1. Aufl., Essen 2004, S. 11–52.

Kühne, Thomas (Hg.): *The Holocaust and Local History. Proceedings of the First International Graduate Students' Conference on Holocaust and Genocide Studies*, London [u. a.] 2011.

Kühner, Angela: *Kollektive Traumata. Konzepte, Argumente, Perspektiven*. Orig.-Ausg, Gießen 2007.

Kulturamt der Stadt Rosenheim (Hg.): *Rosenheim im Dritten Reich* (Beiträge zur Stadtgeschichte), Rosenheim 1989.

Kümmel, Gerhard: *Death, The Military and Society. Casualities and Civil-Military Relations in Germany*, Strausberg 2005.

Lakowski, Andreas: *Stephanskirchen – Außenlager des Konzentrationslagers Dachau*. In: Kulturamt der Stadt Rosenheim (Hg.): *Rosenheim im Dritten Reich* (Beiträge zur Stadtgeschichte), Rosenheim 1989, S. 87–89.

Lanzinner, Maximilian: *Zwischen Sternenbanner und Bundesadler. Bayern im Wiederaufbau 1945–1958*, Regensburg 1996.

Large, David Clay (1987): *Reckoning without the Past. The HIAG of the Waffen-SS and the Politics of Rehabilitation in the Bonn Republic 1950–1961*. In: *The Journal of Modern History* 59, S. 79–113.

Latzel, Klaus: *Vom Sterben im Krieg. Wandlungen in der Einstellung zu Soldatentod vom Siebenjährigen Krieg bis zum II. Weltkrieg*, Warendorf 1988.

Latzel, Klaus: *Töten und Schweigen. Wehrmachtssoldaten, Opferdiskurs und die Perspektive des Leidens*. In: Gleichmann, Peter Reinhart und Kühne, Thomas (Hg.): *Massenhaftes Töten. Kriege und Genozide im 20. Jahrhundert*. 1. Aufl., Essen 2004, S. 320–338.

Lauffer, Otto (1916): *Der volkstümliche Gebrauch der Totenkronen in Deutschland*. In: Zeitschrift für Volkskunde, 1916 (26), S. 225–246.

Leibbrand, Jürgen: *Armenseelenkult und Andachtsgraphik im 19. und 20. Jahrhundert*. In: Landesdenkmalamt Baden-Württemberg (Hg.): *Forschungen und Berichte zur Volkskunde in Baden-Württemberg*. 1971–1973 (1), Stuttgart 1973, S. 21–41.

Leicht, Walter: *Rosenheim zwischen Stadterhebung und Erstem Weltkrieg*. In: Treml, Manfred und Pilz, Michael (Hg.): *Rosenheim. Geschichte und Kultur* (Quellen und Darstellungen zur Geschichte der Stadt und des Landkreises Rosenheim, 17), Rosenheim 2010, S. 205–234.

Leicht, Walter (Hg.): *Rosenheim wird Stadt. Die goldenen Jahre 1864–1914*, Rosenheim 2014.

Livingstone, David: *Remembering on Foreign Soil. The Activities of the German War Graves Commission*. In: Niven, Bill und Paver Chloe (Hg.): *Memoralization in Germany since 1945*, Basingstoke 2010, S. 69–77.

Loraux, Nicole: *Die Trauer der Mütter. Weibliche Leidenschaft und die Gesetze der Politik*, Frankfurt a. M. u. a. 1992.

Löw, Martina: *Raumsoziologie*, Frankfurt a. M. 2001.

Luberger, Karl: *Die Geschichte der Stadt Penzberg*, Penzberg 1969.

Luberger, Karl: *Geschichte der Stadt Penzberg*. Dritte, ergänzte Aufl., Penzberg 1985.

Luberger, Karl: *75 Jahre Stadt Penzberg*. In: Stadt Penzberg (Hg.): *75 Jahre Stadt Penzberg. Lebensfrohe und aufstrebende*

Stadt im bayerischen Oberland: Festschrift zur 75-Jahr-Feier (1919–1994), Penzberg 1994.

Ludewig, Hansgünter (Hg.): *Gebet und Gotteserfahrung bei Gerhard Tersteegen*, Göttingen 1984.

Lüdtke, Alf: *Einleitung: Herrschaft als soziale Praxis*. In: Lüdtke, Alf (Hg.): *Herrschaft als soziale Praxis. Historische und sozialanthropologische Studien*, Göttingen 1991, S. 9–64.

Lurz, Meinhold: *Kriegerdenkmäler in Deutschland. Band 4: Weimarer Republik*, Heidelberg 1985.

Lurz, Meinhold: *Kriegerdenkmäler in Deutschland. Band 6: Bundesrepublik*, Heidelberg 1987.

Mair, Karl: *Rosenheim in den 50er Jahren* (Beiträge zur Stadtgeschichte, 4), Rosenheim 2001.

Mair, Karl; Teyke, Tobias (Hg.): *»Hinaus zu den stillen Gräbern«. Der Rosenheimer Friedhof 1809–2009* (Beiträge zur Rosenheimer Stadtgeschichte, 10), Rosenheim 2009.

Manig, Bert-Oliver: *Die Politik der Ehre. Die Rehabilitierung der Berufssoldaten in der frühen Bundesrepublik*, Göttingen 2004.

Mannheim, Karl: *Das Problem der Generationen*. In: Mannheim, Karl: *Wissenssoziologie. Auswahl aus dem Werk*, hg. v. Kurt H. Wolff (Soziologische Texte, 28), S. 509–565, Berlin [u. a.] 1964.

Martschukat, Jürgen; Patzold, Steffen (Hg.): *Geschichtswissenschaft und »performative turn«. Ritual, Inszenierung und Performanz vom Mittelalter bis zur Neuzeit* (Norm und Struktur. Studien zum sozialen Wandel in Mittelalter und Früher Neuzeit, 19), Weimar/Wien 2003.

Martschukat, Jürgen; Patzold, Steffen: *Geschichtswissenschaft und »performative turn«. Eine Einführung in Fragestellungen, Konzepte und Literatur.* In: Martschukat, Jürgen und Patzold, Steffen (Hg.): *Geschichtswissenschaft und »performative turn«.* Ritual, Inszenierung und Performanz vom Mittelalter bis zur Neuzeit (Norm und Struktur. Studien zum sozialen Wandel in Mittelalter und Früher Neuzeit, 19), Weimar/Wien 2003, S. 1–32.

Meseth, Wolfgang: *Aus der Geschichte lernen. Über die Rolle der Erziehung in der bundesdeutschen Erinnerungskultur,* Frankfurter Beiträge zur Erziehungswissenschaft, Frankfurt a. M. 2005.

Metken, Sigrid (Hg.): *Die letzte Reise. Sterben, Tod und Trauersitten in Oberbayern. Katalog der gleichnamigen Ausstellung im Münchner Stadtmuseum vom 4. Juli bis 9. September 1984,* München 1984.

Miesbeck, Peter: *Einleitung.* In: Haus der Bayerischen Geschichte und Historischer Verein Rosenheim (Hg.): *Erinnerungszeichen. Die Tagebücher der Elisabeth Block,* Augsburg 1993, S. 17–53.

Miesbeck, Peter: *Bürgertum und Nationalsozialismus in Rosenheim. Studien zur politischen Tradition,* Rosenheim 1994.

Miesbeck, Peter: *Rosenheim unter nationalsozialistischer Herrschaft.* In: Treml, Manfred und Pilz, Michael (Hg.): *Rosenheim. Geschichte und Kultur* (Quellen und Darstellungen zur Geschichte der Stadt und des Landkreises Rosenheim, 17), Rosenheim 2010, S. 381–418.

Mitscherlich, Alexander; Mitscherlich, Margarete: *Die Unfähigkeit zu trauern. Grundlagen kollektiven Verhaltens.* 21. Aufl., München, Zürich 1990.

Mitscherlich, Margarete: *Erinnerungsarbeit. Zur Psychoanalyse der Unfähigkeit zu trauern,* Frankfurt a. M. 1987.

Moeller, Robert G.: *The Politics of the Past in the 1950s. Rhetorics of Victimisation in East and West Germany.* In: Niven, Bill (Hg.): *Germans as Victims. Remembering the Past in Contemporary Germany*, Basingstoke 2006, S. 26–42.

Mosse, George L.: *Fallen Soldiers. Reshaping the Memory of the World Wars*, New York 1990.

Mosse, George L.: *Die Nationalisierung der Massen. Politische Symbolik und Massenbewegungen in Deutschland von dem Napoleonischen Krieg bis zum Dritten Reich*, Frankfurt a. M. 1993.

Mosse, George L.: *Gefallen für das Vaterland. Nationales Heldentum und namenloses Sterben*, Stuttgart 1993.

Mosse, George L.: *War Stories. The Search for a Usable Past in the Federal Republic of Germany*, Berkeley 2001.

Münch, Paul (Hg.): *Jubiläum, Jubiläum. Zur Geschichte öffentlicher und privater Erinnerung.* 1. Aufl., Essen 2005.

Münkler, Herfried: *Heroische und postheroische Gesellschaften.* In: Spreen, Dierk und von Trotha, Trutz (Hg.): *Krieg und Zivilgesellschaft.* (Soziologische Schriften, 84), Berlin 2012, S. 175–187.

Musil, Robert: *Nachlass zu Lebzeiten.* 24. Aufl., Reinbek bei Hamburg 2004.

Nassehi, Armin: *Tod, Modernität und Gesellschaft. Entwurf einer Theorie der Todesverdrängung*, Opladen 1989.

Nawratil, Heinz: *Die deutschen Nachkriegsverluste unter Vertriebenen, Gefangenen und Verschleppten. Mit einer Übersicht über die europäischen Nachkriegsverluste.* Orig.-Ausg, München [u. a.] 1986.

Neumann, Peter Horst: *Kein Lied vom Heldentod*. In: Reich-Ranicki, Marcel (Hg.): *100 deutsche Gedichte und ihre Interpretationen. Band 3: Von Friedrich Schiller bis Joseph von Eichendorff,* Frankfurt a. M., Leipzig 1994, S. 243–246.

Neupert, Jutta: *Vom Heimatvertriebenen zum Neubürger. Flüchtlingspolitik und Selbsthilfe auf dem Weg zur Integration.* In: Benz, Wolfgang (Hg.): *Neuanfang in Bayern. 1945 bis 1949,* München 1988, S. 103–120.

Niehuss, Merith: *Familie, Frau und Gesellschaft. Studien zur Strukturgeschichte der Familie in Westdeutschland 1945–1960,* Göttingen 2001.

Niethammer, Lutz: *Diesseits des floating gap.* In: Platt, Kristin und Dhabag, Mihran (Hg.): *Generation und Gedächtnis. Erinnerungen und kollektive Identitäten,* Opladen 1995, S. 25–50.

Niven, Bill (Hg.): *Germans as Victims. Remembering the Past in Contemporary Germany,* Basingstoke 2006.

Nora, Pierre: *Les Lieux de Mémoire. I La Repblique,* Paris 1994.

Oesterle, Kurt (2001): *Die heimliche deutsche Hymne.* In: *taz Magazin* 10.11.2001.

Overmans, Rüdiger: *Deutsche militärische Verluste im Zweiten Weltkrieg.* 2. Aufl. (Beiträge zur Militärgeschichte, 46), München 2000.

Parkes, Colin Murray: *Bereavement. Studies of Grief in Adult Life,* London 1972.

Paul, Gerhard (Hg.): *Die Täter der Shoah. Fanatische Nationalsozialisten oder ganz normale Deutsche?* (Dachauer Symposien zur Zeitgeschichte, 2), Dachau 2002.

Peßler, Wilhelm (Hg.): *Handbuch der Deutschen Volkskunde. Zweiter Band*, Potsdam 1938.

Petersen, Thomas Peter: *Die Geschichte des Volkstrauertages.* 2. Aufl., Kassel 1999.

Piegsa, Bernhard: *Die Umsiedlung der Heimatvertriebenen und der Freistaat Bayern. Eine statistische Analyse* (Die Entwicklung Bayerns durch die Integration der Vertriebenen und Flüchtlinge, 11), München 2009.

Piskorski, Jan M.: *Die Verjagten. Flucht und Vertreibung im Europa des 20. Jahrhunderts.* 1. Aufl., München 2013.

Platt, Kristin; Dhabag, Mihran (Hg.): *Generation und Gedächtnis. Erinnerungen und kollektive Identitäten*, Opladen 1995.

Pohl, Karin: *Zwischen Integration und Isolation. Zur kulturellen Dimension der Vertriebenenpolitik in Bayern 1945–1975* (Die Entwicklung Bayerns durch die Integration der Vertriebenen und Flüchtlinge, 13), München 2009.

Probst, Volker G.: *Bilder vom Tode. Eine Studie zum deutschen Kriegerdenkmal in der Weimarer Republik am Beispiel des Pietà-Motives und seiner profanierten Varianten*, Hamburg 1986.

Reckwitz, Andreas (2003): *Grundelemente einer Theorie sozialer Praktiken. Eine sozialtheoretische Perspektive.* In: Zeitschrift für Soziologie 32 (4), S. 282–301.

Redlin, Jane: *Säkulare Totenrituale. Totenehrung, Staatsbegräbnis und private Bestattung in der DDR*, Münster, München [u. a.] 2009.

Reichel, Peter: *Zwischen Dämonisierung und Verharmlosung. Das NS-Bild und seine politische Funktion in den 50er Jahren. Eine*

Skizze. In: Schildt, Axel (Hg.): *Modernisierung im Wiederaufbau. Die westdeutsche Gesellschaft der 50er Jahre* (Politik- und Gesellschaftsgeschichte, 33), Bonn 1993, S. 679–692.

Reichel, Peter (Hg.): *Das Gedächtnis der Stadt. Hamburg im Umgang mit seiner nationalsozialistischen Vergangenheit* (Schriftenreihe der Hamburgischen Kulturstiftung, 6), Hamburg 1997.

Reichel, Peter: *Das Gedächtnis der Stadt. Hamburg im Umgang mit seiner nationalsozialistischen Vergangenheit. Zur Einführung*. In: Reichel, Peter (Hg.): *Das Gedächtnis der Stadt. Hamburg im Umgang mit seiner nationalsozialistischen Vergangenheit* (Schriftenreihe der Hamburgischen Kulturstiftung, 6), Hamburg 1997, S. 7–28.

Reichel, Peter: *Politik mit der Erinnerung. Gedächtnisorte im Streit um die nationalsozialistische Vergangenheit.* Überarbeitete Ausgabe, Frankfurt a. M. 1999.

Reichel, Peter: *Zwischen Pietät und Politik: Die Toten der Kriege und der Gewaltherrschaft in Deutschland im 20. Jahrhundert*. In: Greven, Michael T. und Wrochem, Oliver von (Hg.): *Der Krieg in der Nachkriegszeit. Der Zweite Weltkrieg in Politik und Gesellschaft der Bundesrepublik*, Opladen 2000, S. 168–182.

Reichel, Peter: *Vergangenheitsbewältigung in Deutschland. Die politisch-justitielle Auseinandersetzung mit der NS-Diktatur nach 1945*. Lizenzausgabe für die Bundeszentrale für politische Bildung (Schriftenreihe/Bundeszentrale für politische Bildung, 433), Bonn 2003.

Reichel, Peter; Schmid, Harald: *Von der Katastrophe zum Stolperstein. Hamburg und der Nationalsozialismus nach 1945*. 1. Aufl. (Hamburger Zeitspuren, 4), München 2005.

Reschika, Richard: *Ich will ins Meer der Liebe mich versenken. Die Mystik Gerhard Tersteegens für heute*, München 2013.

Reulecke, Jürgen: *Generationseinheiten als Erinnerungsgemeinschaften. Nachkriegsgenerationen und ihre Erinnerungen an den Zweiten Weltkrieg.* In: Giebeler, Karl (Hg.): *Erinnern und Gedenken. Paradigmenwechsel 60 Jahre nach Ende der NS-Diktatur?*, Berlin 2007, S. 53–65.

Richter, Isabel: *Der phantasierte Tod. Bilder und Vorstellungen vom Lebensende im 19. Jahrhundert*, Frankfurt a. M. 2010.

Rohe, Karl: *Wahlen und Wählertraditionen in Deutschland. Kulturelle Grundlagen deutscher Parteien und Parteiensysteme im 19. und 20. Jahrhundert*, Frankfurt a. M. 1992.

Roseman, Mark: *Generationen als »Imagined Communities«. Mythen, generationelle Identitäten und Generationenkonflikte in Deutschland vom 18. bis zum 20. Jahrhundert.* In: Jureit, Ulrike und Wildt, Michael (Hg.): *Generationen.* Zur Relevanz eines wissenschaftlichen Grundbegriffs. 1. Aufl., Hamburg 2005, S. 180–199.

Rosenstock, Roland: *Six feet under. Bestattungskultur aus der Perspektive fiktionaler Fernsehunterhaltung.* In: Klie, Thomas (Hg.): *Performanzen des Todes: neue Bestattungskultur und kirchliche Wahrnehmung*, Stuttgart 2008, S. 208–221.

Rosenwein, Barbara H.: *Emotional Communities in the Early Middle Ages* 2006.

Rothe, Katharina: *Das (Nicht-)Sprechen über die Judenvernichtung. Psychische Weiterwirkungen des Holocaust in mehreren Generationen nicht-jüdischer Deutscher*, Gießen 2009.

Rusinek, Bernd-A.: *Kriegsende 1945. Verbrechen, Katastrophen, Befreiungen in nationaler und internationaler Perspektive*, Göttingen 2004.

Russi, Florian (Hg.): *Im Zeichen der Trauer*, Weimar 2006.

Rüter-Ehlermann, Adelheid; Rüter, C. F. (Hg.): *Justiz und NS-Verbrechen. Sammlung deutscher Strafurteile wegen nationalsozialistischer Tötungsverbrechen 1945–1966* (III.), Amsterdam.

Sander, Ulrich: *Mörderisches Finale. Naziverbrechen bei Kriegsende*, Köln 2008.

Sattler, Anne: *Und was erfuhr des Soldaten Weib? Private und öffentliche Kommunikation im Kriegsalltag*, Münster, Hamburg 1994.

Schäfer, Julia: *Tod und Trauerrituale in der modernen Gesellschaft. Perspektiven einer alternativen Trauerkultur*, Stuttgart 2002.

Schäfer, Julia: *Tod und Trauerrituale in der modernen Gesellschaft. Perspektiven einer alternativen Trauer- und Bestattungskultur*. 2. Aufl., Stuttgart 2011.

Schaffer, Franz (1970): *Sozialgeographische Aspekte über Werden und Wandel der Bergwerksstadt Penzberg*. In: *Mitteilungen der Geographischen Gesellschaft in München* (55), S. 85–103.

Scharf, Helmut: *Kleine Kunstgeschichte des deutschen Denkmals*, Darmstadt 1984.

Schelsky, Helmut: *Die Generationen der Bundesrepublik*. In: Scheel, Walter (Hg.): *Die andere deutsche Frage. Kultur und Gesellschaft der Bundesrepublik Deutschland nach 30 Jahren*, Stuttgart 1981, S. 178–198.

Schmid, Harald: *Erinnern an den »Tag der Schuld«. Das Novemberpogrom von 1938 in der deutschen Geschichtspolitik*, Hamburg 2001.

Schmid, Harald (Hg.): *Geschichtspolitik und kollektives Gedächtnis. Erinnerungskulturen in Theorie und Praxis* (Formen der Erinnerung, 41), Göttingen 2009.

Schmid, Harald: *Regionale Erinnerungskulturen – ein einführender Problemaufriss*. In: Schmid, Harald (Hg.): *Erinnerungskultur und Regionalgeschichte*, München 2009, S. 7–22.

Schmid, Harald: *Vom publizistischen Kampfbegriff zum Forschungskonzept. Zur Historisierung der Kategorie »Geschichtspolitik«*. In: Schmid, Harald (Hg.): *Geschichtspolitik und kollektives Gedächtnis. Erinnerungskulturen in Theorie und Praxis* (Formen der Erinnerung, 41), Göttingen 2009, S. 53–76.

Schnädelbach, Anna: *Kriegerwitwen. Lebensbewältigung zwischen Arbeit und Familie in Westdeutschland nach 1945*, Frankfurt a. M. 2009.

Schnell, Hugo: *Die Wies. Wallfahrtskirche zum gegeißelten Heiland*, München, Zürich 1979.

Schönhoven, Klaus: *Geschichtspolitik: über den öffentlichen Umgang mit Geschichte und Erinnerung*, Bonn 2003.

Schwartz, Michael: *Regionalgeschichte und NS-Forschung. Über Resistenz – und darüber hinaus*. In: Dillmann, Edwin (Hg.): *Regionales Prisma der Vergangenheit. Perspektiven der modernen Regionalgeschichte (19./20. Jahrhundert)* (Saarland-Bibliothek, 11), St. Ingbert 1996, S. 197–218.

Schwelling, Birgit: *Krieger in Nachkriegszeiten. Veteranenverbände als als geschichtspolitische Akteure der frühen Bundesre-*

publik. In: Fröhlich, Claudia und Heinrich, Horst-Alfred (Hg.): *Geschichtspolitik. Wer sind ihre Akteure, wer ihre Rezipienten?*, Stuttgart 2004, S. 69–80.

Seidel, Hans; Tenfelde, Klaus: *Zwangsarbeit im Bergwerk. Der Arbeitseinsatz im Kohlenbergbau des Deutschen Reiches und der besetzten Gebiet im Ersten und Zweiten Weltkrieg*, Essen 2005.

Seiderer, Georg: *Würzburg, 16. März 1945. Vom »kollektiven Trauma« zur lokalen Sinnstiftung*. In: Arnold, Jörg; Süß, Dietmar und Thiessen, Malte (Hg.): *Luftkrieg. Erinnerungen in Deutschland und Europa* (Beiträge zur Geschichte des 20. Jahrhunderts, 10), Göttingen 2009, S. 146–161.

Seifert, Ruth: *Im Tod und im Schmerz sind nicht alle gleich. Männliche und weibliche Körper in den kulturellen Anordnungen von Krieg und Nation*. In: Martus, Steffen; Münkler, Marina und Röcke, Werner (Hg.): *Schlachtfelder. Codierung von Gewalt im medialen Wandel*, Berlin 2003, S. 235–246.

Siemens, Daniel: *Horst Wessel. Tod und Verklärung eines Nationalsozialisten*, München 2009.

Sienkiewicz, Witold: *Zwangsumsiedlung, Flucht und Vertreibung 1939–1959. Atlas zur Geschichte Ostmitteleuropas*. Lizenzausgabe der Bundeszentrale für Politische Bildung, Bonn 2009.

Soltau, Hans: *Wir gedenken. Reden zum Volkstrauertag 1951–1995*, Kassel 1995.

Sörries, Reiner: *Artikel »Arme Seelen«*. In: Sörries, Reiner (Hg.): *Großes Lexikon der Bestattungs- und Friedhofskultur. Wörterbuch zur Sepulkralkultur. Volkskundlich-kulturgeschichtlicher Teil: Von Abdankung bis Zweitbestattung*, Braunschweig 2002, S. 18–19.

Sörries, Reiner: *Artikel »Ars moriendi«*. In: Sörries, Reiner (Hg.): *Großes Lexikon der Bestattungs- und Friedhofskultur. Wörterbuch zur Sepulkralkultur. Volkskundlich-kulturgeschichtlicher Teil: Von Abdankung bis Zweitbestattung*, Braunschweig 2002, S. 23.

Sörries, Reiner: *Artikel »Kranz«*. In: Sörries, Reiner (Hg.): *Großes Lexikon der Bestattungs- und Friedhofskultur. Wörterbuch zur Sepulkralkultur. Volkskundlich-kulturgeschichtlicher Teil: Von Abdankung bis Zweitbestattung*, Braunschweig 2002, S. 179.

Sörries, Reiner: *Artikel »Todesanzeige«*. In: Sörries, Reiner (Hg.): *Großes Lexikon der Bestattungs- und Friedhofskultur. Wörterbuch zur Sepulkralkultur. Volkskundlich-kulturgeschichtlicher Teil: Von Abdankung bis Zweitbestattung*, Braunschweig 2002, S. 313.

Sörries, Reiner: *Artikel »Übergangsriten«*. In: Sörries, Reiner (Hg.): *Großes Lexikon der Bestattungs- und Friedhofskultur. Wörterbuch zur Sepulkralkultur. Volkskundlich-kulturgeschichtlicher Teil: Von Abdankung bis Zweitbestattung*, Braunschweig 2002, S. 361.

Sörries, Reiner (Hg.): *Großes Lexikon der Bestattungs- und Friedhofskultur. Wörterbuch zur Sepulkralkultur. Volkskundlich-kulturgeschichtlicher Teil: Von Abdankung bis Zweitbestattung*, Braunschweig 2002.

Sörries, Reiner: *Ruhe sanft. Kulturgeschichte des Friedhofs*, Kevelaer 2009.

Sörries, Reiner: *Herzliches Beileid. Eine Kulturgeschichte der Trauer*, Darmstadt 2012.

Spamer, Adolf: *Sitte und Brauch*. In: Peßler, Wilhelm (Hg.): *Handbuch der Deutschen Volkskunde. Zweiter Band*, Potsdam 1938, S. 33–236.

Spiegel, Yorick: *Der Prozess des Trauerns. Analyse und Beratung*, München 1973.

Spoerer, Mark: *Zwangsarbeit unter dem Hakenkreuz. Ausländische Zivilarbeiter, Kriegsgefangene und Häftlinge im Deutschen Reich und im besetzten Europa 1939–1945*, Stuttgart, München 2001.

Spreen, Dierk; von Trotha, Trutz (Hg.): *Krieg und Zivilgesellschaft*. (Soziologische Schriften, 84), Berlin 2012.

Stäbler, Wolfgang: *Weltwirtschaftskrise und Provinz. Studien zum wirtschaftlichen, sozialen und politischen Wandel im Osten Altbayerns 1928 bis 1933*, Kallmünz 1992.

Stäbler, Wolfgang: *Rosenheim von 1918 bis 1933*. In: Treml, Manfred und Pilz, Michael (Hg.): *Rosenheim. Geschichte und Kultur* (Quellen und Darstellungen zur Geschichte der Stadt und des Landkreises Rosenheim, 17), Rosenheim 2010, S. 351–380.

Steuten, Ulrich (1999): *Der große Zapfenstreich. Eine soziologische Analyse eines umstrittenen Rituals*. In: *Duisburger Beiträge zur soziologischen Forschung*, 1999 (2).

Stoffels, Michaela: *Kriegerdenkmäler in der Weimarer Republik zwischen nationaler Einheit und kultureller Vielfalt. Bürgerliche Ernnerungsparadigmen des Kriegstodes im Bonner Denkmalsbau*. In: *Bonner Geschichtsblätter, Bd. 53, S. 351–428*.

Stoffels, Michaela: *Kriegerdenkmale als Kulturobjekte. Trauer- und Nationskonzepte in Monumenten der Weimarer Republik*, Köln [u. a.] 2011.

Strohm, Christoph: *Die Kirchen im Dritten Reich* (Bundeszentrale für politische Bildung/Schriftenreihe, 1205), Bonn 2011.

Süß, Dietmar (Hg.): *Deutschland im Luftkrieg. Geschichte und Erinnerung* (Zeitgeschichte im Gespräch, 1), München 2007.

Süß, Dietmar: *Tod aus der Luft. Kriegsgesellschaft und Luftkrieg in Deutschland und England*, München 2011.

Szepansky, Gerda: *»Blitzmädel«, »Heldenmutter«, »Kriegerwitwe«. Frauenleben im Zweiten Weltkrieg*, Frankfurt a. M. 1986.

Tauber, Kurt P.: *Beyond Eagle and Wwastika. German Nationalism since 1945*, Middletown, Conn 1967.

Tenfelde, Klaus: *Proletarische Provinz. Radikalisierung und Widerstand in Penzberg/Oberbayern 1900–1945* (Bayern in der NS-Zeit, 4: Herrschaft und Gesellschaft im Konflikt), München u. a. 1981.

Thiessen, Malte: *Eingebrannt ins Gedächtnis. Hamburgs Gedenken an Luftkrieg und Kriegsende 1943 bis 2005*. 1. Aufl., München, Hamburg 2007.

Thiessen, Malte: *Gedenken an die »Operation Gomorrha«. Hamburgs Erinnerungskultur und städtische Identität*. In: Süß, Dietmar (Hg.): *Deutschland im Luftkrieg. Geschichte und Erinnerung* (Zeitgeschichte im Gespräch, 1), München 2007.

Thiessen, Malte: *Das kollektive als lokales Gedächtnis: Plädoyer für eine Lokalisierung von Geschichtspolitik*. In: Schmid, Harald (Hg.): *Geschichtspolitik und kollektives Gedächtnis. Erinnerungskulturen in Theorie und Praxis* (Formen der Erinnerung, 41), Göttingen 2009, S. 155–176.

Thiessen, Malte: *Das Konzentrationslager im Gedächtnis der Stadt. Gedenken an die »Befreiung« Neuengammes*. In: Ehresmann, Andreas (Hg.): *Die Erinnerung an die nationalsozialistischen Konzentrationslager. Akteure, Inhalte, Strategien*, Berlin 2011, S. 171–189.

Tilly, Charles: *Big Structures, large Processes, huge Comparisons*, New York 1984.

Tilmans, Karin; van Vree, Frank; Winter, Jay (Hg.): *Performing the Past. Memory, History, and Identity in Modern Europe*, Amsterdam 2010.

Tobias, Jim G; Schlichting, Nicola: *Heimat auf Zeit. Jüdische Kinder in Rosenheim 1946–47: zur Geschichte des »Transient Children's Center« in Rosenheim und der jüdischen DP-Kinderlager in Aschau, Bayerisch Gmain, Indersdorf, Prien und Pürten*, Nürnberg 2006.

Treml, Manfred: *Vom »neuen Bayern« zur Stadterhebung (1799–1864)*. In: Treml, Manfred und Pilz, Michael (Hg.): *Rosenheim. Geschichte und Kultur* (Quellen und Darstellungen zur Geschichte der Stadt und des Landkreises Rosenheim, 17), Rosenheim 2010, S. 169–204.

Treml, Manfred; Pilz, Michael (Hg.): *Rosenheim. Geschichte und Kultur* (Quellen und Darstellungen zur Geschichte der Stadt und des Landkreises Rosenheim, 17), Rosenheim 2010.

Ueberschär, Ellen (Hg.): *Soldaten und andere Opfer? Die Täter-Opfer-Problematik in der deutschen Erinnerungskultur und das Gedenken an die Opfer von Krieg und Gewaltherrschaft*, Rehberg-Loccum 2007.

Uhle-Wettler, Franz: *Zur Tradition der Wehrmacht. Keine Achtung für deutsche Soldaten?*, [Kiel] 1998.

Van Gennep, Arnold: *Übergangsriten. (Les rites de passage)*, Frankfurt a. M. 1986.

Vinken, Gerhard: *Lokale Sinnstiftung – Die Bedeutung der Denkmale*. In: Löw, Martina und Terizakis, Georgios (Hg.): *Städte und ihre Eigenlogik*. Ein Handbuch für Stadtplanung und Stadtentwicklung, Frankfurt a. M./New York 2011, S. 73–82.

Voigt, Rüdiger: *Mythen, Rituale und Symbole in der Politik*. In: Voigt, Rüdiger (Hg.): *Politik der Symbole, Symbole der Politik*, Opladen 1989.

Völker-Rasor, Anette: *Michael Boos (1888–1945): Opfer der Mordnacht*, Penzberg 2005.

Vovelle, Michel: *Der Friedhof*. In: Haupt, Heinz-Gerhard (Hg.): *Orte des Alltags. Miniaturen aus der europäischen Kulturgeschichte*, München 1994, S. 267–279.

Walter, Dirk (2004): *Die vergessenen Luftangriffe*. In: *Münchener Merkur*, 22.05.2004.

Weiß, Hermann: *Alte Kameraden von der Waffen-SS. Ist die HIAG rechtsextrem?* In: Benz, Wolfgang (Hg.): *Rechtsextremismus in der Bundesrepublik. Voraussetzungen, Zusammenhänge, Wirkungen*. Aktualisierte Neuausg, Frankfurt a. M. 1989, S. 202–212.

Welzer, Harald; Moller, Sabine; Tschuggnall, Karoline; Jensen, Olaf; Koch, Torsten: *Opa war kein Nazi. Nationalsozialismus und Holocaust im Familiengedachtnis*. 5. Aufl., Frankfurt a. M. 2005, c2002.

Wijsenbeek, Dinah: *Denkmal und Gegendenkmal. Über den kritischen Umgang mit der Vergangenheit auf dem Gebiet der bildenden Kunst*, München 2010.

Wilke, Karsten: *Geistige Regeneration der Schutzstaffel in der frühen Bundesrepublik? Die »Hilfsgemeinschaft auf Gegenseitigkeit der Angehörigen der ehemaligen Wafen-SS« (HIAG)*. In: Schulte, Jan Erik (Hg.): *Die SS, Himmler und die Wewelsburg*, Paderborn 2009, S. 433–448.

Wilke, Karsten: *Die »Hilfsgemeinschaft auf Gegenseitigkeit« (HIAG) 1950–1990. Veteranen der Waffen-SS in der Bundesrepublik*, Paderborn 2011.

Willibald, Claudia: *Luftschutzorganisation und Luftangriffe*. In: Kulturamt der Stadt Rosenheim (Hg.): *Rosenheim im Dritten Reich* (Beiträge zur Stadtgeschichte), Rosenheim 1989, S. 84–86.

Winkler, Heinrich August: *Griff nach der Deutungsmacht*, Göttingen 2004.

Winkler, Richard: *Rosenheims Industriegeschichte in Firmenporträts*. In: Treml, Manfred und Pilz, Michael (Hg.): *Rosenheim. Geschichte und Kultur* (Quellen und Darstellungen zur Geschichte der Stadt und des Landkreises Rosenheim, 17), Rosenheim 2010, S. 339–350.

Winter, Jay: *Sites of Memory, Sites of Mourning. The Great War in European Cultural History*, Cambridge 1995.

Winter, Jay: *Forms of Kinship and Remembrance in the Aftermath of the Great War*. In: Winter, Jay und Sivan, Emmanuel (Hg.): *War and Remembrance in the Twentieth Century*, Cambridge 1999, S. 40–60.

Winter, Jay (2001): *Die Generation der Erinnerung*. In: Werkstatt-Geschichte (30).

Winter, Jay: *Remembering War. The Great War Between Memory and History in the Twentieth Century*, New Haven 2006.

Winter, Jay: *Introduction. The Performance of the Past: Memory, History, Identity.* In: Tilmans, Karin; van Vree, Frank und Winter, Jay (Hg.): *Performing the Past. Memory, History, and Identity in Modern Europe*, Amsterdam 2010, S. 11–34.

Winter, Jay: *Thinking about Silence*. In: Ben-Ze'ev, Efrat; Ginio, Ruth und Winter, Jay (Hg.): *Shadows of War. A Social History of Silence in the Twentieth Century*, Cambridge 2010, S. 3–31.

Winter, Jay; Sivan, Emmanuel: *Setting the Framework*. In: Winter, Jay und Sivan, Emmanuel (Hg.): *War and Remembrance in the Twentieth Century*, Cambridge 1999, S. 6–39.

Wolf, Jürgen; Burkart, Günter: *Einleitung*. In: Burkart, Günter und Wolf, Jürgen (Hg.): *Lebenszeiten. Erkundungen zur Soziologie der Generationen*, Opladen 2002, S. 9–24.

Wolfrum, Edgar: *Geschichtspolitik in der Bundesrepublik Deutschland*, Darmstadt 1999a.

Wolfrum, Edgar: *Geschichtspolitik in der Bundesrepublik Deutschland 1949–1989. Phasen und Kontroversen*. In: Bock, Petra und Wolfrum, Edgar (Hg.): *Umkämpfte Vergangenheit. Geschichtsbilder, Erinnerung und Vergangenheitspolitik im internationalen Vergleich*, Göttingen 1999b, S. 55–81.

Wolfrum, Edgar: *Die beiden Deutschland (Berichte zur Geschichte der Erinnerung)*. In: Knigge, Volkhard und Frei, Norbert (Hg.): *Verbrechen erinnern. Die Auseinandersetzung mit Holocaust und Völkermord*. Lizenzausg, München 2002, S. 133–149.

Wolfrum, Edgar: *Die Suche nach dem »Ende der Nachkriegszeit«. Krieg und NS-Diktatur in öffentlichen Geschichtsbildern der »alten« Bundesrepublik Deutschland*. In: Cornelißen, Christoph; Klinkhammer, Lutz und Schwentker, Wolfgang (Hg.): *Erinnerungskulturen. Deutschland, Italien und Japan seit 1945*. Orig.-Ausg, Frankfurt a. M. 2003, S. 183–197.

Wulf, Christoph; Zirfas, Jörg: *Performative Welten. Einführung in die historischen, systematischen und methodischen Dimensionen des Rituals*. In: Wulf, Christoph und Zirfas, Jörg (Hg.): *Die*

Kultur des Rituals. Inszenierungen. Praktiken. Symbole, München 2004, S. 7–43.

Young, James E.: *Formen des Erinnerns. Gedenkstätten des Holocaust*, Wien 1997.

Zerubavel, Eviatar: *The Social Sound of Silence. Toward an Sociology of Denial*. In: Ben-Ze'ev, Efrat; Ginio, Ruth und Winter, Jay (Hg.): *Shadows of War. A Social History of Silence in the Twentieth Century*, Cambridge 2010, S. 32–46.

Ziemann, Benjamin: *Front und Heimat. Ländliche Kriegserfahrungen im südlichen Bayern* (Veröffentlichungen des Instituts zur Erforschung der europäischen Arbeiterbewegung, 8), Essen 1997.

Zimmermann, Harm-Peer (1999): *Der gute Kamerad. Ludwig Uhlands freiheitliche Konzeption des militärischen Totenkults*. In: Zeitschrift für Volkskunde 95, 1999, S. 1–13.

Zimmermann, Moshe: *Täter-Opfer-Dichotomien als Identitätsformen*. In: Jarausch, Konrad Hugo und Sabrow, Martin (Hg.): *Verletztes Gedächtnis. Erinnerungskultur und Zeitgeschichte im Konflikt*, Frankfurt a. M., New York 2002, S. 199–216.

Zwicker, Stefan: *»Nationale Märtyrer«: Albert Leo Schlageter und Julius Fucik. Heldenkult, Propaganda und Erinnerungskultur*, Paderborn u. a. 2006.

Bildanhang

Fotos von Klaus G. Förg

Unten: Der Eingang zum Penzberger Denkmal »An der Freiheit«

Rechts oben und unten: Die Ehrengräber auf dem Städtischen Friedhof Penzberg

S. 502: Das Denkmal »An der Freiheit« erinnert am historischen Ort an die Opfer der Penzberger Mordnacht.

S. 503: Die Namen der Opfer der Penzberger Mordnacht

S. 504 oben und unten: Einzelne Grabsteine auf der Kriegsgräberstätte im Rosenheimer Friedhof

S. 505: Die Rosenheimer Kriegsgräberstätte: Drei Hochkreuze überschauen das Gräberfeld, auf dem 527 Tote der Weltkriege ihre letzte Ruhe fanden.

RUMMER HANS
MARZ LUDWIG
BADLEHNER PAUL
BELOHLAWEK GOTTLIEB
HOCK RUPERT
SCHWERTL MICHAEL
SUMMERDINGER JOHANN
B'ERSACK FRANZ
BOOS MICHAEL
FLEISSNER XAVER
FLEISSNER AGATHE
KASTL JOSEF
GRAUVOGL ALBERT
ZENK JOHANN
ZENK THERESE
DREHER JOHANN

Publikationen des Historischen Vereins Rosenheim e. V.

Das bayerische Inn-Oberland (BIO)
Zeitschrift des Historischen Vereins Rosenheim
ISSN 0942-606X

1.–36. Jahrgang (1901–1971) sind *vergriffen*, ebenso die Jahrgänge 40, 41, 44, 46, 47, 53 und 57.

37. Jahrgang 1972
38. Jahrgang 1973
39. Jahrgang 1975
42. Jahrgang 1980
43. Jahrgang 1981
45. Jahrgang 1985
48. Jahrgang 1988
49. Jahrgang 1989
50. Jahrgang 1991
51. Jahrgang 1992
52. Jahrgang 1995
54. Jahrgang 1999
55. Jahrgang 2000
56. Jahrgang 2003
58. Jahrgang 2008
59. Jahrgang 2009
Personennamenschatz im Inn-Oberland – *vergriffen*
Loretokapelle zu Rosenheim – *vergriffen*
Petrus von Rosenheim (1962) – *vergriffen*
Inhaltsverzeichnis BIO Jahrgänge 1–40. (1976) – *vergriffen*

Das bayerische Inn-Oberland

Zeitschrift des Historischen Vereins Rosenheim

55. Jahrgang 2000

Verlag des Historischen Vereins Rosenheim

Quellen und Darstellungen zur Geschichte der Stadt und des Landkreises Rosenheim

Band I Walter Torbrügge: Vor- und Frühgeschichte in Stadt und Landkreis Rosenheim (1959) – *vergriffen*

Band II/1 Peter von Bomhard/Gerhard Stalla: Die Kunstdenkmäler der Stadt und des Gerichtsbezirks Rosenheim (1954) – *vergriffen*

Band II/2 Peter von Bomhard: Die Kunstdenkmäler des Gerichtsbezirks Prien (1957) – *vergriffen*

Band II/3 Peter von Bomhard: Die Kunstdenkmäler des Gerichtsbezirks Prien und der Nordosten des Landkreises Rosenheim (1964) – *vergriffen*

Band II/4 Gerhard Stalla: Register zu Teil 1–3 der Kunstdenkmäler der Stadt und des Landkreises Rosenheim (1984)

Band III Hans Moser: Chronik von Kiefersfelden (1959) – *vergriffen*

Band IV Ernst Kraus/Edith Ebers: Die Landschaft um Rosenheim (1965) – *vergriffen*

Band V Engelbert Wallner: Das Bistum Chiemsee im Mittelalter (1215–1508) (1967) – *vergriffen*

Band VI Adolph J. Eichenseer: Volksgesang im Inn-Oberland (1969)

Band VII Jürgen Rohmeder: Der Meister des Hochaltars von Rabenden (1971) – *vergriffen*

Band VIII Edgar Harvolk: Das Endorfer Volksschauspiel (1974)

Band IX Stefan Freundl: Salz und Saline – Dargestellt am Beispiel der ehemaligen Saline Rosenheim (1978) – *vergriffen*

Band X Max Pröbstl: Der Samerberg im Eiszeitalter – Hunderttausend Jahre auf einen Blick (1981) – *vergriffen*

Band XI Erwin Naimer: Das Bistum Chiemsee in der Neuzeit (1990) – *vergriffen*

Band XII Erinnerungszeichen – Die Tagebücher der Elisabeth Block. Hrsg. in Zusammenarbeit mit dem Haus der Bayerischen Geschichte (1993) ISBN 3-9803204-0-5

Band XIII Peter Miesbeck: Bürgertum und Nationalsozialismus in Rosenheim – Studien zur politischen Tradition (1994) – *vergriffen*

Band XIV Herbert Hagn/Willi Birkmaier: Hafnerhandwerk und Keramikfunde in Rosenheim (1997) ISBN 3-9803204-2-1

Band XV/1 Karl Mair/Michael Pilz: Rosenheimer Stadtbilder – Ansichten aus fünf Jahrhunderten. Vom Mittelalter bis zur Stadterhebung (2001) – *vergriffen*

Band XV/2 Karl Mair/Michael Pilz: Rosenheimer Stadtbilder – Ansichten aus fünf Jahrhunderten. Von der Stadterhebung bis in die Gegenwart (2006) ISBN 3-9803204-4-8

Band XVI Hans Smettan: Flora und Fauna – Von Stadt und Landkreis Rosenheim am Ende des 18. Jahrhunderts und seither eingetretene Veränderungen (2006) ISBN 978-3-9803204-5-6

Band XVII Manfred Treml/Michael Pilz (Hg.): Rosenheim – Geschichte und Kultur (2010) ISBN 978-3-9803204-6-7

Veröffentlichungen des Stadtarchivs/ Historischen Vereins Rosenheim e. V.

Beiträge zur Stadtgeschichte

Band I Peter Miesbeck/Wolfgang Stäbler u.a: Rosenheim in den 20er Jahren – Kleinstadtleben in Politik, Wirtschaft und Kultur (1987) – *vergriffen*

Band II Walter Leicht/Peter Miesbeck u.a.: Rosenheim im Dritten Reich (1989) – *vergriffen*

Band III Ingeborg Armbrüster: Frühe Photographie in Rosenheim – Der Hofphotograph Franz Xaver Simson (1994) – *vergriffen*

Band IV Karl Mair: Rosenheim in den 50er Jahren – Fotografiert von Hans Dietrich (2001), 2. Aufl. (2004) – *vergriffen*

Band V Ingeborg Armbrüster: Rosenheimer Schwung – Die Geschichte der Türmer- und Stadtmusikmeisterfamilie Berr (2002) ISBN 3-9807969-1-4

Band VI Karl Mair: Der Traum vom Glück – Die kühnen Projekte des Thomas Gillitzer in Rosenheim um 1900 (2002) ISBN 3-9807969-2-2

Band VII Evelyn Frick/Michael Grabow u. a: 400 Jahre Pfarrsitz Rosenheim St. Nikolaus 1603 –2003 (2003) ISBN 3-9807969-3-0

Band VIII Ludwig Weinberger: Moderne und Barock – Christkönigkirche und Roßackerkapelle in Rosenheim (2004) ISBN 3-9807969-4-9

Band IX Werner Krämer: Land unter an Inn und Mangfall! – Hochwasser in Rosenheim und Umgebung (2005)
ISBN 3-9807969-5-7

Band X Karl Mair/Tobias Teyke: »Hinaus zu den stillen Gräbern« – Der Rosenheimer Friedhof 1809–2009 (2009)
ISBN 978-3-9807969-6-5

Band XI Michaela Firmkäs/Walter Leicht/Lydia Zellner: Lockruf & Tradition – 150 Jahre Herbstfest Rosenheim 1861–2011 (2011)
ISBN 978-3-9807969-7-2

Band XII Walter Leicht (Hg.): Rosenheim wird Stadt – Die goldenen Jahre 1864–1914 (2014) ISBN 978-3-944725-00-0

Sonderveröffentlichungen

CD »Rosenheim 2000«

Karl Mair: Rosenheimer Bierkeller – Geschichte und Architektur der alten Bierkellerwirtschaften in Rosenheim (2003)

Franz Hilger: Ein Bügelbrett als Sprungbrett ins Kulturamt – Das erste Rosenheimer Kabarett der 50er Jahre und einige seiner Folgen (2004)

Albert Aschl: Ein Gymnasiastenleben in den Jahren 1938–1946 (2002)

Postkarten Doppelmayr

Rosenheim – Wachstum und Wandel (2014) – *vergriffen*

Alle genannten Werke können beim Historischen Verein Rosenheim e. V. unter www.historischervereinrosenheim.de bestellt werden. Vergriffene Werke kann man im Stadtarchiv einsehen.

Interviews zur Stadtgeschichte – DVD und Wortprotokoll –
ausleihbar im Stadtarchiv

Zeitzeuge / Zeitzeugin	Interviewer / Interviewerin	Jahr
Dr. Michael Stöcker	Dr. Otto Helwig	2013
Ludwig Weinberger M.A.	Prof. Dr. Manfred Treml	2013
Walter Thurl	Prof. Dr. Manfred Treml	2013
Dr. med. Günther Weigel	Peter Weigel	2013
Rosa Förg	Prof. Dr. Roland Feindor	2013
Franz Steegmüller	Prof. Dr. Roland Feindor	2014
Dr. Max Gimple	Dr. Otto Helwig	2014
Christian Danzl	Prof. Dr. Roland Feindor	2014
Manfred Rummel und Dr. Werner Scheuer	Dr. Helmut Klarner und Karl-Heinz Brauner	2014
Susanne Feindor	Prof. Dr. Roland Feindor	2014
Rudl Endriß	Dr. Otto Helwig	2015
Johann Bachinger	Prof. Dr. Roland Feindor	2015
Prof. Dr. Wolfgang Krawietz	Dr. Otto Helwig	2015
Josef Heindl	Dr. Helmut Klarner	2015
Hans Grießer	Hans Demberger	2015
Josef Hamberger	Dr. Evelyn Frick	2015
Elfriede und Max Prentl	Dr. Margit Ksoll-Marcon	2015
Elisabeth und Dr. Hans Mädler	Dr. Michael Schmidt	2015
Andreas Linder	Prof. Dr. Roland Feindor	2016
Walter Schatt	Dr. Otto Helwig	2016
Eva Rutz	Hans Demberger	2016
Erika Stadler-Goerke	Prof. Dr. Roland Feindor	2016
Sieglinde Noe	Dr. Otto Helwig	2016
Rolf Märkl	Dr. Evelyn Frick	2016